运筹帷幄的兵学秘诀　决胜千里的谋略智慧

图解

孙子兵法三十六计

（春秋）孙武等 著

思履 注

北京联合出版公司
Beijing United Publishing Co.,Ltd.

图书在版编目（CIP）数据

图解孙子兵法与三十六计 /（春秋）孙武等著；思履注. —北京：北京联合出版公司, 2016.8（2023.2重印）

ISBN 978-7-5502-8205-6

Ⅰ．①图… Ⅱ．①孙… ②思… Ⅲ．①兵法 – 中国 – 春秋时代②《孙子兵法》– 图解③《三十六计》– 图解Ⅳ．①E892.25-64

中国版本图书馆CIP数据核字（2016）第167869号

图解孙子兵法与三十六计

著　　者：（春秋）孙武等

注　　者：思　履

责任编辑：李　征

封面设计：韩立强

内文排版：潘　松

插图绘制：王蕴普　陈来彦　孔文鹏

北京联合出版公司出版

（北京市西城区德外大街83号楼9层　100088）

河北松源印刷有限公司印刷　新华书店经销

字数 696 千字　720 毫米 × 1020 毫米　1/16　29 印张

2016 年 8 月第 1 版　2023 年 2 月第 7 次印刷

ISBN　978-7-5502-8205-6

定价：68.00 元

前言

　　"用兵如孙子，策谋三十六"，《孙子兵法》与《三十六计》代表着我国古代军事理论的最高水平。它们所体现出的丰富的智慧和内涵，使其影响已远远超出军事学领域，不但为中外政治家、军事家学习和运用，而且被众多哲学家、文学家和企业家所借鉴，并成为人们日常生活的精神指导和成功指南。

　　《孙子兵法》的作者孙武，字长卿，孙子或孙武子都是对他的尊称。他是中国军事学的奠基人，古人称他为"兵圣"。孙武的生卒年月在历史上没有明确的记载，我们只知道他生于春秋晚期，出生地是齐国，活动于公元前6世纪末至公元前5世纪初，大约和孔子同时期。孙武从事军事活动是他由齐国到了南方的吴国以后，经吴国名将伍子胥推荐，和伍子胥一同辅助吴王治国练兵。当时吴王阖闾非常欣赏孙武和他著成的兵法十三篇，想看看兵法十三篇的可操作性，于是集合了吴宫一百八十名宫女请孙武训练。被娇宠惯了的两个任队长的吴王宠姬，三令五申之后仍然嬉戏无度，不听号令。孙武随即严命斩首，吴王出来说情也无效，结果一百八十名宫女被训练得令行禁止，纪律严明。之后，孙武担负起吴国的军国重任，他率领吴军西破强大的楚国，北方与齐晋抗衡，对吴国的崛起起了十分重要的作用。他所著的《孙子兵法》被喻为"兵经""百世谈兵之祖"，历代兵学家、军事家甚至政治家无不从中汲取养料，曹操、唐太宗、宋仁宗、王阳明、张居正等都曾力主学习此书。在国外，人们对《孙子兵法》更是推崇备至。不少国家的军校把它列为教材，比如美国的国防大学、西点军校、海空军指挥学院等就把《孙子兵法》列为战略学和军事理论的必读书。在商业领域，《孙子兵法》也是大放异彩，哈佛商学院将《孙子兵法》列为高级管理人才培训的必读教材，日本的"经营之神"松下幸之助更是将其奉为圭臬，他的经营思想中无不渗透着《孙子兵法》的军事精华。

　　《三十六计》是根据我国古代卓越的军事思想和丰富的斗争经验总结而成的兵书，是我国古代兵家计谋的总结和军事谋略学的宝贵遗产。该书在20世纪40年代之前，未见诸任何文献记载，因此无法确切考证是何人何时所著。据很多学者称是南北朝时檀道济所著。

"三十六计"一语，出自《南齐书·王敬则传》，《传》云："檀公（道济）三十六策，走为上计，汝父子为唯应走耳。"意思是王敬则讽刺东昏侯父子，败局已定，无可挽回，唯有退却，才是上策。《三十六计》蕴含了丰富的军事斗争经验和卓越的军事思想，集"韬略""诡道"之大成，素有兵法、谋略奇书之称，是古代兵家行军作战的决胜宝典。它蕴含着丰富的东方智慧，曾使中国历史多次被改写，并以独特的魅力影响着世界的政治、经济和军事，使世界无数政治家、企业家、军事家扬名于天下。法国海军上将科拉斯特称赞它是一本"小百科全书"，系统形象地描绘了"诡道的迷宫"，而日本人则称其为"运筹帷幄的诀窍"。它既是政治家、军事家的案头书，也是企业家与商人在商海中进退自如的法宝。

时至今日，《孙子兵法》与《三十六计》已被译为近30种文字在世界范围内广泛流传。本书将这两部经典著作合二为一，在原著基础上增设了注释、译文、名家品读、实用谋略和商业案例等栏目，在重现古典兵书原貌的同时，以现代视角对古典计谋进行全新解读。同时，为了帮助读者全面深入地理解这两部内容博大精深的著作，编者还精心绘制了数百幅精美插图，这些图分为战例示意图、战略解析图和人物事迹图。战例示意图是随文列举历代最经典的战例，绘制成战争双方军力部署、进退虚实以及天候地理的情况，以实际战例加深读者对原著的理解。战略解析图是随文绘制的用《孙子兵法》与《三十六计》解析著名战役战略思想的系列图表，使读者更加直观地掌握这两部著作所蕴含的令人惊叹的谋略智慧。人物事迹图生动再现了历史上著名的军事战争和政治斗争以及重大历史事件中的人物活动，让读者感受接近真实的历史情景，通过真实的人和事具体而微地学习《孙子兵法》与《三十六计》的用兵之道中所承载的普遍哲理。

科学简明的体例、充满智慧的文字、精美珍贵的图片、注重传统文化与现代审美的设计理念，多种视觉要素有机结合，打造出一个彩色的阅读空间，全面提升本书的欣赏价值和艺术价值。通过阅读本书，可以帮助读者在竞争日益激烈的当代社会里纵横捭阖、游刃有余，真正实现运筹帷幄之中，决胜千里之外。

目录

上篇　孙子兵法

下篇　三十六计

孙子，名武，字长卿，中国古代著名军事家、哲学家，被后世尊称为"兵圣"，其光辉的军事思想为古今中外军事家所尊崇。

上篇
孙子兵法

百世谈兵之祖，历代镇国之经

《孙子兵法》于公元前512年在吴国问世，孙武著，是中国现存最早的兵书，也是世界上最早的军事著作，被誉为"古代第一兵书"。

观诸兵书，无出孙武。

李世民

世界三大兵书

《孙子兵法》，春秋末期孙武著。

《战争论》，欧洲大革命时代德国克劳塞维茨著。

《五轮书》，日本战国时代宫本五藏著。

《孙子兵法》版本

竹简本

十一家注本

武经本

迄今最早的传世本为1972年山东银雀山出土的汉墓竹书《孙子兵法》，惜为残简，不能窥其全貌。经汉简专家整理，于1975年由文物出版社出版。

现存最早的刻本为南宋孝宗、光宗年间的《十一家注孙子》本。1961年中华书局上海编辑所影印《宋本十一家注孙子》。

1935年中华学艺社影宋刻《武经七书》本。

著名注释

曹操的《孙子略解》为《孙子兵法》最早的注释本。欧阳修曰："世所传孙子十三篇多用曹公、杜牧、陈皞注，号三家。"

曹操

《兵法》十三篇

战争准备			用兵规则			实战作业		地形研制			特种作战	
始计	作战	谋攻	军形	兵势	虚实	军争	九变	行军	地形	九地	火攻	用间
1.政治庙算论	1.经济速战论	1.战争全胜论	1.国防备战论	1.组织编制论	1.虚实十心法	1.会战迂回论	1.用兵九变论	1.行军宿营论	1.战术地形论	1.战略九地论	1.火攻方法论	1.敌情先知论
2.诡道十四法	2.补给因敌论	2.兵力优劣论	2.先胜部署论	2.兵势奇胜论	2.虚实战术论	2.会战治军论	2.利害变通论	2.相敌三十二法	2.将帅领导论	2.攻击五战术	2.安国慎战论	2.战略用间论
		3.君王统御论		3.奇袭造势论	3.兵形象水论	3.将帅性格论	3.将帅性格论	3.文武治军论		3.战地领导论		3.用间方法论
				4.兵势象石论						4.地缘治军论		
										5.开战方法论		

《孙子兵法》的传播

《孙子兵法》问世后并未迅速广泛传播 → **原因**
- 吴国王廷对十三篇秘而不宣。
- 当时传播媒介落后。
- 社会上重礼轻诈观对此书的贬斥。
- 其价值未被时人所发现等。

战国时广泛传播

孙、吴之书家有之

吉备真备

阿米欧

战国时，出现中国历史上最早的"孙子热"，《韩非·五蠹篇》说："藏孙、吴之书者，家有之。"

传入日本。734年，在中国留学的日本学生吉备真备将《孙子兵法》带回了日本。

传入欧洲。1772年，法国天主教耶稣会传教士约瑟夫·J.阿米欧翻译的《孙子兵法》在巴黎出版。

◎计 篇◎

【导读】

本篇一开始就揭示了战争的性质、意义和重要作用："兵者，国之大事，死生之地，存亡之道，不可不察也。"全面探讨了决定战争胜负的基本条件"五事""七计"，并阐述了"攻其无备，出其不意"的道理。

【原文】

孙子曰：兵者①，国之大事，死生之地，存亡之道，不可不察也。

故经之以五事②，校之以计而索其情③：一曰道，二曰天，三曰地，四曰将，五曰法。道者，令民与上同意也④，故可以与之死，可以与之生，而不畏危。天者，阴阳、寒暑、时制也⑤。地者，远近、险易、广狭、死生也⑥。将者，智、信、仁、勇、严也⑦。法者，曲制、官道、主用也⑧。凡此五者，将莫不闻⑨，知之者胜，不知者不胜。

故校之以计而索其情，曰：主孰有道？将孰有能？天地孰得？法令孰行？兵众孰强？士卒孰练？赏罚孰明？吾以此知胜负矣。

将听吾计⑩，用之必胜，留之；将不听吾计，用之必败，去之。

计利以听⑪，乃为之势，以佐其外⑫。势者，因利而制权也⑬。

【注释】

①兵：原指兵器。这里指战争。②经之以五事：指从道、天、地、将、法这五个方面对制胜的条件和因素进行分析研究。经，度量、衡量。③校（jiào）之以计而索其情：衡量敌对双方的各种条件，从中探求战争胜负的情形。校，通"较"，衡量、比较。计，指下文"主孰有道"等"七计"。④令民与上同意：使民众与国君的意志相一致。⑤阴阳：指昼夜、晴雨等天时气象的变化。寒暑：指寒冷、炎热等气温的波动。时制：指四季时令的更替。⑥远近、险易、广狭、死生：指路程的远近、地势的险阻或平坦、作战场地的宽阔或狭窄、地形是否

孙子曰：兵者，国之大事，死生之地，存亡之道，不可不察也。

有利于攻守进退。⑦智、信、仁、勇、严：指将帅的才能智谋、赏罚有信、爱护部属、勇敢果断、纪律严明等条件。⑧曲制：指有关军队组织编制等方面的制度。官道：指有关各级将官的职责区分、统辖管理等方面的制度。主用：指有关各种军需物资后勤保障的制度。主，掌管。用，物资费用。⑨闻：知道、了解。⑩将听吾计：有两种解释，一说"将"是"听"的助动词，表示假设；一说"将"指将领。这里取第一种解释。⑪计利以听：指有利的计策已经被采纳。计，这里指战争决策。以，同"已"。听，听从、采纳。⑫佐：辅助。⑬因利而制权：根据利害得失而掌握战场的主动权。

兵者，国之大事，死生之地，存亡之道

战争是国家的大事，关系到国家生死存亡。所以，制定策略应对战争，才能保证战争胜利，国家昌盛。

生死 —— 人之性命

兵者战争 ➡

存亡 —— 国之危亡

不可不察
要认真考察研究

【译文】

孙子说：战争，是国家的大事，它关系到生死存亡，是不可以不详加考察和研究的。

所以，要从以下五个方面分析研究，从计谋上加以衡量，并从中探求战争胜负的情形：一是道，二是天，三是地，四是将，五是法。道，是使民众与君主的意志相一致，所以可以使民众与国君一同赴死，一同相养相生，而不会畏惧危险。天，是指阴阳、寒暑、四时的更替变化。地，是指征战路途的远近，地形的险阻与平坦，作战场地的广阔与狭窄以及哪里是死地、哪里是生地等。将，是指将帅是否足智多谋，是否赏罚有信，是否爱护部属，是否勇敢果断，是否军纪严明。法，是指军队的组织编制、各级将官的职责区分、军需物资的供应管理等制度规定。凡属这五个方面的情况，将领们没有不知道的。只有充分地了解，才能获胜；否则，就不能取胜。

所以，要从以下七个方面对敌我双方的情况进行研究分析，从中探求战争胜负的情形，包括：哪一方的君主更正义？哪一方的将领更有才能？哪一方占据了更多的天时地利条件？哪一方的法令能够更加切实地贯彻执行？哪一方的兵力更为强大？哪一方的士卒更加训练有素？哪一方的赏罚更加公正严明？我们根据这些，就可以推知谁胜谁负了。

如果能听从我的计谋，用兵就一定能够胜利，我就留在这里；如果不能听从我的计谋，用兵就必定会失败，我就离开这里。

有利的计策已经被采纳，还要设法造势，以辅助作战的进行。所谓"势"，就是根据对敌我双方利害得失的把握而掌握主动权。

【原文】

兵者，诡道也①。故能而示之不能②，用而示之不用，近而示之远③，远而示之近；利而诱之，乱而取之，实而备之，强而避之，怒而挠之④，卑而骄之⑤，佚而劳之⑥，亲而离之，攻其无备，出其不意。此兵家之胜⑦，不可先传也⑧。

夫未战而庙算胜者⑨，得算多也⑩；未战而庙算不胜者，得算少也。多算胜，少算不胜，而况于无算乎！吾以此观之，胜负见矣⑪。

【注释】

① 兵者，诡道也：用兵打仗是一种诡诈、谲变的行为。诡，诡诈、奇诡。② 能而示之不能：意即能打却故意装作不能打，能守却故意装作不能守。示，显示、假装。③ 近而示之远：本来要从近处进攻，故意装作要从远处进攻。④ 怒而挠之：意即对于暴躁易怒的敌将，要用挑逗的办法激怒他，使其失去理智，轻举妄动。挠，挑逗。⑤ 卑而骄之：意即对于鄙视我方的敌人，应设法使其变得骄傲自大，然后伺机将其击破。⑥ 佚而劳之：意即对于休整充分的敌人，要设法使其疲劳。佚，通"逸"。⑦ 胜：奥妙。⑧ 不可先传：指不可事先进行传授，意即只能在战争中根据实际情况加以灵活运用。⑨ 庙算：古时候出师作战之前，一般要在庙堂里举行会议，商议谋划作战方略，分

夫未战而庙算胜者，得算多也。

析战争的利害得失，预测战争胜负，这就叫作"庙算"。⑩ 得算多：指具备很多取胜的条件。算，计数用的筹码，这里引申指获胜的条件。⑪ 胜负见矣：胜负的结果显而易见。见，通"现"，显现。

【译文】

　　用兵打仗是一种诡诈之术。所以，能打却装作不能打；能攻而装作不能攻；要打近处，却装作要在远处行动；要打远处，却装作要在近处行动。敌人贪利，就用利引诱它；敌人混乱，就乘机攻击它；敌人实力雄厚，就要注意防备它；敌人实力强劲，就暂时避开它的锋芒；敌人冲动易怒，就要设法骚扰激怒它；敌人鄙视我方，就要设法使其变得骄傲自大；敌人休整充分，就要设法使它疲困；敌人内部团结，就要设法离间它；要在敌人没有防备的地方发动攻击，要在它意料不到的时候采取行动。这是兵家取胜的奥妙所在，（其中的深意必须在实践中方能体会）是无法事先传授的。

　　凡是在开战之前就预计能够取胜的，是因为筹划周密，胜利条件多；开战之前就预计不能取胜的，是因为筹划不周，胜利条件少。筹划周密、条件具备就能取胜，筹划不周、条件缺乏就不能取胜，更何况根本不筹划、没有任何胜利条件呢？我们依据这些来观察，胜负的结果也就很明显了。

攻其无备，出其不意。

● 故经之以五事

从道、天、地、将、法五个方面分析研究战争胜负，方可制敌，赢取胜利。

赢得战争胜利须考量的五个方面

道	天	地	将	法
使民众与君主的意愿相一致，可与君主同生死。	季节、气候、天气条件。	地理条件。	将领素质。	军队组织编制，将帅职责区分，物资的供应管理等制度规定。

度量思考

主孰有道？将孰有能？天地孰得？法令孰行？
兵众孰强？士卒孰练？赏罚孰明？

推断出战争胜负

实用谋略

◎南唐灭亡的教训◎

战争是国家的大事，它关系到国家的生死存亡。因此，一定要重视战争，避免在战争中失利，否则就会使国家灭亡。南唐灭亡的史实，就充分说明了这点。

五代十国时，十国之一的南唐是建立在富庶的长江中下游地带的小朝廷。据史书记载，南唐烈祖李昪建立南唐，即位后实行与民休息的政策，由于地理条件优越，环境比较安定，南唐吸收了不少从北方流亡过来的劳力，使这里经济迅速地发展起来，出现了当时少有的繁荣气象。

此时，在北方，后汉大将郭威起兵推翻后汉的统治，建立了后周。郭威文武双全，他招贤纳士，革除弊政，减少赋税，终生保持节俭。经过郭威的精心治理，后周在很短的时间里就实现了国富民强。

郭威死后，他的养子郭荣即位。郭荣本姓柴，父亲柴守礼是周太祖郭威妻子的哥哥，后来由于家道中衰，投靠姑父郭威，遂改名为郭荣，他就是后来赫赫有名的周世宗。郭荣即位后，进行一系列政治改革，取得很大成效，史称"周世宗英毅雄杰，以衰乱之世，区区五六年间，威武之声，震慑夷夏，可谓一时贤主"。

后周太祖郭威像。

刚继位时，郭荣就立下了三十年的宏志："以十年开拓天下，十年养百姓，十年致太平。"他虽然在即位五年以后就患病辞世，但在这短短五年的时间里，后周已经成为当时最为强盛的国家，为后来北宋的统一全国奠定了坚实的基础。

在五代十国动荡的社会局面和频繁的朝代更迭中，郭荣认识到要想维持国家长期的繁荣稳定，没有一支强大的军队是不行的。于是他进一步整顿军队，对作战时贪生怕死的将领加以惩处，建立了一支精锐的禁军，为此后的南征北战创造了条件。

随着后周军力的增强，郭荣开始不断兼并各国土地，为实现统一全国的大业而努力。

在向西攻取了后蜀统治下的秦（今甘肃天水）、成（今甘肃成县）、阶（今甘肃武都东）、凤（今陕西凤县东）四州之后，郭荣立即将兵锋指向了南唐。

南唐虽然地富民丰，但南唐中主李璟却是一个昏庸无能的皇帝。他才华出众，应该说是一个优秀的文学家，但在治理朝政方面显然是碌碌无为的。他的周围经常聚集着一批文人，这些人身居要职，终日陪李璟饮酒作词，打发时日，使朝政更加混乱了。

就在南唐君臣醉生梦死的时候，后周军队在周世宗郭荣带领下，开始不断南下侵扰南唐，严重威胁着南唐的统治。

周世宗郭荣从显德三年（956）开始，三次亲征南唐。第一次南征时，后周军队进展顺利，但由于后唐将领刘仁赡死守寿州（今安徽寿县），后周大军一连攻打了好几个月，始终无法攻克，只好退兵。

公元957年，郭荣又一次亲征南唐，强攻拿下了寿州，但很快又撤兵回到北方。

南唐中主李璟。

　　第三次南征是在 958 年，因为准备充足，又总结了前两次的经验，加之郭荣注意收服民心，结果后周军队一鼓作气拿下了南唐的江北十个州，郭荣到达长江北岸，驻于迎銮镇（今江苏仪征）。

　　后来，后周大将赵匡胤率水师杀过长江，扰乱江南敌营，向南唐军队示威挑衅。南唐中主李璟被迫求和，又割淮南四州给后周，并削去帝号，向周称臣。这样，淮南江北十四州六十四县尽入后周手中，南唐每年还向后周进献大批贡物。

　　显德六年（959），周世宗郭荣病死，他的儿子柴宗训继位，即周隐帝，其时只有七岁。一年后，当时的禁军首领赵匡胤发动了"陈桥兵变"，黄袍加身做了皇帝。陈桥兵变次日，赵匡胤引兵回京，逼周隐帝禅位，改国号为宋。

　　公元 961 年，南唐中主李璟薨，他的第六子李煜继位。作为词人，李煜才华横溢；作为君主，他极不称职。欧阳修在《新五代史》中对他作了这样的评价："性骄侈，好声色，又喜浮屠；好高谈，不恤政事。"（欧阳修这句话的意思是说：李煜骄奢淫逸，喜好声色，又沉迷于礼佛诵经；喜欢空谈，不体恤政事。）

　　北宋在攻灭割据岭南一带的南汉后，形成北、西、南三面合围南唐的态势。为了延缓宋军的进攻，李煜每年向北宋进贡大量的财宝，又改革南唐制度，把国主的旨令"诏"贬称为"教"，将诸王降称为国公，尚书省降称为司会府，御史台降称为司宪府，等等。但是，这一切并不能改变赵匡胤灭掉南唐，进而统一全国的决心。

　　公元 974 年，赵匡胤以曹彬、潘美为帅，起兵十万讨伐南唐，大败唐兵于采石矶，而后围攻南唐都城金陵，次年十一月攻陷金陵，南唐后主李煜率领群臣出城迎降，南唐宣告灭亡。

　　南唐的经济和文化在当时是繁荣的，但是南唐君臣们懒于整军备战，整日沉溺于莺歌燕舞之中，终于在北宋的雄兵面前束手就擒。这正应了孙子所说的一句话："兵者，死生之地，存亡之道，不可不察也。"

宋军攻破南唐首都金陵。

◎宋襄公死守"仁义道德"◎

在春秋中期以前，战争行为普遍受到西周礼乐教化的影响，讲求"以仁为本"，"以礼为固"。随着争霸战争日益频繁，规模越来越大，这种披着"仁义道德"外衣的战争行为越来越不适应当时的需要。于是孙子提出了"兵者，诡道也"这一基本战争思想，而那些还在坚持着"仁战""德战"的人，则在战争中遭受一次又一次的惨败。

周襄王十四年（前638）初冬发生的泓水之战，是宋、楚两国为争夺中原霸权而进行的一场战役。这场战役的结果是宋襄公因思想保守、墨守成规而招致失败。

公元前643年，中原霸主齐桓公去世，他的儿子们在他死后展开了激烈的争位斗争。当时，齐桓公的宠臣竖刁、易牙等人操纵了齐国大权，他们赶走了公子昭，将公子无亏扶上了君位。齐国的大臣们都不服，没有人去朝见无亏这位新国君。

公子昭逃到了宋国。宋国是殷商的后裔，当时宋国的国君是宋襄公，他依照齐桓公生前的嘱托，支持公子昭复国，就通知各国诸侯，请他们共同护送公子昭回到齐国继承君位。但是宋襄公的号召力有限，只有三个小国带了点人马追随宋国。宋襄公便率领着四国的兵马前往齐国。齐国的大臣多数支持公子昭，于是与宋军里应外合，杀掉了竖刁和公子无亏，易牙见大势已去，匆忙逃到了鲁国。齐桓公的其他几个儿子纠集人马与四国军队作战，结果大败。在齐国大臣和四国军队的拥护之下，公子昭登上了君位，他就是齐孝公。

楚、宋泓之战。

由于帮助公子昭取得了君位，而齐国又是原来的诸侯盟主，所以宋国在诸侯中的地位就自然提高了。这时，齐国因内乱而势力衰弱，晋、秦也暂时无暇顾及中原。这样，长期以来受齐桓公遏制的南方强国楚国，就乘机进入中原，企图攫取霸权。而一贯标榜仁义的宋襄公，也想继承齐桓公的霸主事业；但从实力上来讲，宋国是远远不能和楚国相比的。于是宋襄公便打起了如意算盘：只要把楚国拉过来，那些托庇于楚国的小国自然也都臣服于自己，那样宋国的霸业就容易实现了。

宋襄公把这个想法告诉了公子目夷，公子目夷不赞成这样做，他认为一来宋国是个小国，想要当盟主，不会有什么好处；二来楚成王野心勃勃，善于权变，宋襄公很难与他争斗。

然而宋襄公不肯听从公子目夷的忠告。公元前639年春，宋襄公与楚成王、齐孝公在鹿上会盟。盟会上，宋襄公邀请楚成王及其盟国出席下一次的诸侯大会。没想到楚成王居然答应了，他们相约在宋国的盂地进行会盟。

到了这年的七月，宋襄公前往盂地

大会诸侯。临行前，公子目夷对他说："万一楚君不怀好意，可怎么办？您还是多带些兵马去，以防万一。"

宋襄公说："那不行，我们为了不再打仗才会盟，自己怎么反倒带兵马前去呢？"公子目夷见不能说服襄公，无奈之下，只好不带军队跟随前往。

在这次盟会上，楚成王和宋襄公都想当盟主，为此二人争执了起来。楚国势大，诸侯大多拥立楚王为盟主。宋襄公不服气，这时楚国的一班随从官员立即脱掉了外衣，露出里面的铠甲，二话没说就把宋襄公抓了起来。公子目夷趁乱逃回了宋国。

其后，楚军押着宋襄公前去攻打宋都商丘，公子目夷率领宋国的军民顽强抵抗，顶住了楚军的进攻。楚军曾以杀掉宋襄公相威胁，然而宋军没有中计，并回应说宋国已经立了新君。楚军围困宋都数月都未能攻下来，后来，在鲁僖公的调停之下，楚成王才答应将宋襄公释放回国。

宋襄公蒙受奇耻大辱，心中着实积了一口闷气，但他并没有能力去攻打楚国，于是决定先讨伐依附于楚国的郑国。他联合了几个诸侯国共同讨伐郑国，郑国立即向楚国求救，楚成王听到消息，并没有派兵去援救郑国，而是命令大军直接攻打宋国。宋襄公赶忙撤兵回来防御，宋军于是在泓水岸边驻扎下来，等待楚军的到来。

楚军到达泓水以后便开始渡河，其时宋军已经摆好了阵势。公子目夷对宋襄公说："敌众我寡，趁他们还没有完全渡河，请下令攻击他们吧。"宋襄公说："不行，还不到时候。"于是，大家就眼睁睁地看着楚军顺利地渡了河。渡河之后，楚军便乱哄哄地列队布阵，公子目夷又请求主动攻击，宋襄公说："不行，还不到时候。"等楚军摆好了阵势，宋襄公才下令攻击，强悍的楚军铺天盖地杀来，宋军被打得大败，士兵们四散逃命，宋襄公的大腿受伤，卫队也全部被歼灭了。

退回到城中，宋国人都埋怨宋襄公。宋襄公却说："君子不伤害已经受伤的人，不捉拿头发花白的人。古人作战，不在隘口处阻击敌人。我虽然是已然亡国的商朝的后代，但也不会攻击没有摆好阵势的敌人。"

公子目夷对他说："您其实并不懂得战争。强大的敌人来进攻我们，他们因为地形的原因而摆不开阵势，这是上天在帮助我们，这时候对其加以拦截然后攻击他们，难道有什么不对吗？就是在这样的有利情况下还要担心不能取胜，何况今天前来进攻我们的是强悍的楚兵呢？他们都是我们的敌人，对我们不会手下留情，就算他们的士兵中有老人，两军对阵时也应该把他们抓回来，何况其中年龄最大的也只不过是四十上下、头发花白的人呢！我们平日里训练士兵，就是为了让士兵在战场上杀死敌人。敌人受了伤但没有死，为什么就不能再次攻击他们让他们毙命呢？如果是因为您怜悯那些受伤的人而不想再次对他们加以伤害，那还不如开始就不击伤他们；您要是同情年长的敌人，那还不如向他们投降呢！"

第二年，宋襄公就因为腿伤过重而死去了。

战争本身就是一场你死我活的较量，

公子目夷对宋襄公言战争之理。

它的唯一意义就是看谁能取得最终的胜利。至于是通过什么样的途径，使用什么样的方法而获得胜利，人们也许会用道德标准去衡量它们是否合适，但更关心的往往是最终的结果。因为愚蠢地信守仁义道德而战败身死，使得国家破亡，生灵涂炭，在这样的结果面前还有什么仁义道德可言呢？对谁行仁义了，又对谁讲道德了呢？宋襄公的例子值得每一个人深思。

◎勾践灭吴◎

春秋末年，吴国和越国为争夺霸权，在公元前 506 年至公元前 473 年的三十多年间发生过多次交锋。公元前 494 年，吴王夫差在今浙江绍兴东南一带大败越国。越王勾践忍辱求和，一方面用卑屈的姿态麻痹夫差，一方面暗中积蓄力量，最后成功灭吴，一雪前耻。勾践灭吴的例子，在许多方面印证了《孙子兵法·计篇》的合理性与正确性。

吴国和越国是位于长江中下游的两个国家，崛起于春秋中后期。

公元前 494 年春，越王勾践讨伐吴国，结果为吴王夫差所败。勾践为保全越国，遂采纳大夫范蠡之计，派文种到吴国求和。文种到吴国后，极力劝说夫差答应议和。尽管吴大夫伍子胥极力反对，但夫差还是答应了越国的请求。

其后，勾践将国家交给文种治理，自己则和妻子、范蠡一道入吴为人质，并做了夫差的奴仆。夫差为了羞辱勾践，就让他住在吴王阖闾坟前的一个小石屋中守坟喂马，有时还故意要他牵马从吴国百姓面前走过。勾践忍辱负重，毫无怨言，对夫差百依百顺，伺候得无微不至。文种则不时派人用厚礼贿赂吴太宰伯嚭，让他在夫差面前多多美言。夫差认为勾践是真心归顺，便在三年后将他释放回国。

勾践回国后，首先下了一道"罪己诏"，检讨自己轻率与吴国开战，致使许多百姓在战争中送

吴军乘胜追击，把会稽围得水泄不通。

越王勾践卧薪尝胆。

命的行为。为了显示自己的诚意，勾践还亲自去慰问受伤的战士，抚养阵亡者的家属。

为了激励自己不忘雪耻，勾践特意睡在柴薪之上，并在屋中悬挂了一枚苦胆，每次吃饭之前都要先尝一尝。勾践和夫人与百姓同甘共苦，过着清贫的生活：勾践亲自下田耕作，夫人自己养蚕织布，他们吃饭不食鱼肉，所穿的衣服也不加修饰。

越国战败之后，人口锐减，经济上更是损失惨重，针对这一情况，勾践采取了休养生息的政策，以恢复国家的元气。勾践下令：妇女怀孕临产时要报告给官府，由官府派医生去看护；生男孩的人家奖赏两壶酒和一条狗，生女孩的人家奖赏两壶酒和一头小猪；生三胞胎的人家由官府出钱请乳母，生双胞胎的人家由官府补贴粮食。凡是死了嫡子的人家，免除三年的劳役；死了庶子的人家，免除三个月的劳役。勾践又减轻刑罚，鼓励百姓开荒种地，宣布十年之内免征赋税，每户人家都有三年的粮食储备。由于实行了"去民之所恶，补民之不足"的措施，越国百姓亲近勾践就像儿子孝敬父母一般。

在改革内政的同时，勾践继续对吴国采取怀柔的策略，不间断地送给夫差珍宝和美女。在送去吴国的美女之中，最得宠的就是西施。这一举措不仅消除了夫差对越国的戒备，也让其沉溺于财色之中，助长了他的骄气。勾践还暗中搞垮吴国经济，高价收购吴国的粮食，造成吴国的粮荒。勾践一直比较忌惮吴国那些贤能的股肱之臣，于是他巧用离间计让夫差疏远老臣伍子胥而更加宠信伯嚭。夫差刚愎自用，很轻易就中计了，对伍子胥的逆耳忠言越来越听不进去，后来又听信谗言，认定伍子胥要勾结齐国谋反，就派人给他送了一把宝剑，令他自杀。伍子胥嘱托门客，让门客等他死后把他的眼珠挖出来，置于东门之上，说自己要目睹吴国的灭亡。夫差这一自毁长城之举正中勾践下怀。

在取得一系列战争的胜利后，吴国领土得到了极大的扩展，夫差因此变得越来越骄狂自大，而勾践则静静地蛰伏着，随时准备给予敌人致命一击。

夫差完全没有看到越国的威胁，公元前484年，夫差听说齐景公去世，认为自己称霸中原的最佳时机已经到来，遂决定出兵北上伐齐，并在艾陵击败齐军。公元前482年，夫差又约晋定公和各国诸侯前往黄池（在今河南封丘西南）会盟，并带去了吴国三万精锐部队，只留下一些老弱军士同太子一起留守国内。

夫差的举国远征给了越国可乘之机。在吴军刚离国北上时，勾践就想出兵攻吴，被范蠡劝住，范蠡认为吴军离境不久，调头回师不难，越国应当暂缓出兵。数月之后，范蠡估计吴军已经抵达黄池，断定时机已经成熟，遂建议勾践率领越军四万九千人，兵分两路，一路切断北去吴军的归路，一路入侵吴国南部，进而直逼姑苏。

吴太子友得到越国来袭的消息，于是率兵到达泓上（今江苏苏州近郊），太子友知道吴国精锐尽出，国内空虚，决定不与越军交战，而是坚守待援，同时通知夫差尽快回军。然而部将不顾太子友坚守疲敌的主张，率军主动出击，虽然开始取得小胜，但最后却被越军打败。越军俘虏了太子友，趁势占领了吴国的国都姑苏。

夫差听说姑苏被占和太子被俘的消息时，正在与晋定公争夺霸主之位，为了封锁消息，他将前来报讯的人统统杀掉，并用武力威胁晋国让步，这才勉强做了霸主，然后又匆忙回军。然而，在归国途中，吴军士卒接连听到太子被杀、国都失守等消息，军心涣散，完全丧失了斗志。夫差感到现在反击没有必胜的把握，于是在途中派伯嚭向越国求和。勾践和范蠡估计己方的力量还不能立即消灭吴国，遂同意议和，然后撤兵回国。

夫差回到吴国后，自然咽不下这口恶气，本想马上报复越国，怎奈连年征战使国内经济遭受严重破坏，国内又接连闹起了灾荒，于是夫差宣布"息民散兵"，打算等待时机一雪前耻。

文种见到这一情况，担心等吴国实力恢复之后，要想再战胜它就很困难了，便建议勾践趁吴国疲惫、国内防务松弛之机，抓紧完成灭吴大业。勾践听完了文种的分析，采纳了他的建议，遂于公元前478年乘吴国大旱、仓廪空虚之机，再次进攻吴国。

与吴国决战前，勾践召集群臣进行了周密的部署，采纳了明赏罚、备战具、严军纪、练士卒等建议，做了充分的准备。勾践打出为国复仇的口号，赢得了越国人民的支持。并规定独子及体弱有病者免服兵役，家中有兄弟二人以上的留一人在家奉养父母。出师前又历数吴王夫差的罪状，使得全军士气高涨。

因为战前准备充分，又挟着上次得胜之威，越军一路势如破竹，所到之处尽数占领，一举消灭了吴军主力，彻底扭转了吴强越弱的形势。

吴军节节败退，最后固守姑苏，由于姑苏城防坚固，越军一时未能攻下，勾践便采取长期围困的战略。

外无援兵，内无粮草，吴军在苦苦坚持了两年后终于势穷力竭。越军趁势发起强攻，一举拿下姑苏城。夫差率残部逃到姑苏台上，眼看走投无路，只能派人向勾践求和。

勾践担心夫差效法自己忍辱负重，进而励精图治一雪前耻的例子，遂拒绝了他的请求。夫差见求和无望，最终自杀身亡，越国赢得了最终胜利，勾践也凭借灭吴之战成为春秋时期的最后一位霸主。

作为一个弱小的国家，越国能灭掉实力强大的吴国，具体原因有以下几点：

勾践与群臣商议灭吴。

首先，越国能从失败中吸取教训，制定正确的发展方略，"去民之所恶，补民之不足"。与此同时，勾践以复仇雪耻为号召，激发了越国人民强烈的爱国热情，他们热烈拥护国君，积极参与到灭吴的战事之中，真正做到了"令民与上同意"。

其次，在战略上，面对强大的敌人，越国能够避其锋芒、韬光养晦，并通过采用休养生息的政策，既保存了实力，又极大地增强了国力，为最终战胜强敌创造了条件。

再次，在蛰伏等待时机的过程中，越国对吴国君臣进行了充分研究，并针对他们的弱点，分别采取了"利而诱之""强而避之""亲而离之"等策略，有效地麻痹了敌人，妄自尊大的夫差自毁长城，穷兵黩武，亲手将自己的国家和臣民推向万劫不复的深渊。

吴王夫差兵败自杀。

最后，越国等到时机完全成熟时才发起攻击，临战前又进行精心策划，采取了乘虚偷袭的作战方针，出其不意，攻其不备，一击致命，打得吴军只有招架之功，而无还手之力，最终赢得了这场战争的胜利。

通过这个事例我们不难看出，越国采用的许多策略都与《孙子兵法·计篇》所述的思想相符合。

⊙ **名家论《孙子兵法》**

孙子的智战战略思想有两层含意：一是预见性，所谓"未战而庙算胜"（《计篇》）；二是智慧性，所谓"因形而措胜于众"（《虚实篇》）。这里的"制胜之形"，既可指作战方式，又可指战略策略。总之，是根据客观情况，随机应变，灵活处置。孙子的高明之处就在这里，究竟有些什么奇谋妙策，龙韬虎略，他一概采取引而不发的叙述，用他的话说，"此兵家之胜，不可先传也"（《计篇》）。

——吴如嵩

商业案例

❀ ○ 汉斯的"57"牌罐头 ○ ❀

《孙子兵法》不仅是古今军事家的必读书，也是现代企业家的重点研究对象。

日本企业家读了《孙子兵法》后，著有《用兵法经营》《怎样当企业领导》等书，后一本书的作者认为，智、信、仁、勇、严这将帅五德两千年后仍然适用。

美国通用汽车公司董事会主席罗杰·史密斯则说自己学习了两千多年前中国一位战略家所写的《孙子兵法》，形成了"战略家的头脑"，所以才能为公司创造了优秀的业绩。

在《孙子兵法》所提到的诸多战略中，"出奇制胜"实践起来难度极高，然而一旦实施成功，所获得的回报又极为丰富，故而为企业家们所高度重视，力求在商品设计、人才使用和产品营销中均能做到这一点。

以前人们常说"好酒不怕巷子深"，但在现代商品社会，好产品也需要大力推向市场，尤其是新产品刚上市的时候，其技术、性能等方面的优势尚未被顾客广泛了解，而普通的宣传手段往往达不到预定的效果，这时候就需要各种新奇的谋略，来一举打开市场。

1893 年，世界博览会在美国芝加哥举行。此次博览会规模极大，盛况空前，全球各大制造厂家都把本公司的产品送去陈列。美国"57"牌罐头食品公司的经营者汉斯先生自然也不会错失良机，他筹备了一大笔专款，力图让本公司的罐头在这次博览会上一炮而响，从而在国际市场上争得一席之地。

可惜事与愿违，汉斯公司的展出场地被安排在会场的一座小阁楼里，那是最偏僻的位置。博览会开幕后，参观者络绎不绝，但是汉斯公司的展位几乎无人问津，这自然使汉斯先生大为苦恼。眼看着一个星期的时间就这样过去了，自己却一无所获，汉斯先生并没有就此泄气，而是凭着对自己公司产品的自信以及多年来角逐商场的经验，想出了一个妙招。

随着博览会第二个星期的到来，会场中出现了这样一个现象：前来参观的人们经常能拾到一些做工精巧的小铜牌，铜牌上刻着一行字，指明谁拾到这块铜牌，谁就可以拿着它到位于某阁楼上的汉斯食品公司去换一件纪念品。这样的铜牌多达数千块。当然，它们其实都是汉斯先生派人抛下的。

本来门可罗雀的小阁楼很快被顾客挤得水泄不通，主办方甚至因为顾客蜂拥而至而担心阁楼会被挤塌下来，于是不得不请木匠将阁楼重新加固。汉斯食品公司的阁楼因此出了名，每个参观者都要争先恐后地奔向小阁楼，即使没有了小铜牌，这一热潮也不见消退，直至博览会闭幕仍是如此。而本来应该算是很不幸地和汉斯先生一起被分在阁楼的其他厂家，也因此沾了光，赚了三倍以上的利润。

机会可遇不可求，而计划又往往赶不上变化。要想把事情做好，就必须在制订周详计划的同时，根据实际情况灵活应变，因"势"得利。汉斯先生的完美计划遭遇了不利的情况，但他能灵活应对，因情造势，最后打了一个漂亮的大胜仗。

【点评】

《计篇》中提出了三条兵学原则：一、"先计而后战"，即预先对决定战争胜负的基本条件进行详细研究；二、"以庙算胜"，即为实现上述基本条件而进行战略准备与筹划，从而提出了大战略思维；三、"攻其无备，出其不意"，即灵活机动，提高作战时的能动性。

"国之大事，在祀与戎。""祀"是祭祀，"戎"就是战争。但我们研究战争，争取赢得最后胜利，不是为了战争本身，而是为了制止战争，是为了国家和民族的兴盛、人民的生命安全。这种对战争性质的深刻认识，对后世产生了极其深远的影响。

而且，这种对战争的认识，同样可以运用到我们的人生和事业当中——人总会面临诸如升学考试、就业选择乃至独立创业等人生的重大选择，它们关系着我们一生的幸福，故而必须做出正确的抉择。

在这种关键时刻，最重要的是什么？那就是精心研究一切主客观条件，对于难得的机遇一定要牢牢把握，这时候，我们也可以按照孙子提出的"五事七计"做出分析，努力为自己创造成功的条件。

比如运用到学习上，"五事"中的"道"，指学习的目的和目标；"天"和"地"，指应当具备的客观条件；"将"，指教师的教学水平；"法"，则指我们的学习方法。如果我们在学习中能对此进行全面的分析，发扬优势，改进不足，就能取得长足的进步。

人生大事亦如国家大事，不可不察。做好了这一点，我们就离自己的理想目标又迈进了一大步。

◎作战篇◎

【导读】

本篇论述了战争对人力、物力和财力的依赖关系，阐明了速胜之利及久战之害，全面论述了"兵贵胜，不贵久"这一速胜思想，并提出了"因敌于粮"以及奖励士卒、优待俘虏等原则，以使自己"胜敌而益强"。

【原文】

孙子曰：凡用兵之法，驰车千驷①，革车千乘②，带甲十万③，千里馈粮④；则内外之费⑤，宾客之用⑥，胶漆之材⑦，车甲之奉⑧，日费千金，然后十万之师举矣⑨。

其用战也胜⑩，久则钝兵挫锐，攻城则力屈⑪，久暴师则国用不足⑫。夫钝兵挫锐、屈力殚货⑬，则诸侯乘其弊而起⑭，虽有智者，不能善其后矣。故兵闻拙速，未睹巧之久也⑮。夫兵久而国利者，未之有也。故不尽知用兵之害者，则不能尽知用兵之利也。

【注释】

①驰车千驷(sì)：战车千辆。驰车，快速轻便的战车。驰，奔走。驷，原指同一车套四匹马，这里用作量词，即辆。②革车千乘(shèng)：重车千辆。革车，又叫守车、重车，是专门用于运送粮食和器械的辎重车辆。乘，辆。③带甲：穿戴盔甲的士兵，这里泛指军队。④千里馈粮：辗转千里运送粮食。馈粮，运送粮食。馈，供应、运送。⑤内外：这里泛指前方和后方。⑥宾客之用：指与各诸侯国使节往来所花的费用。⑦胶漆之材：指制作和维修作战器械所需的物资材料。胶漆，是制作、保养弓矢器械的材料。⑧车甲之

凡用兵之法，驰车千驷，革车千乘。

奉：指保养、补充武器装备的开销。车甲，车辆盔甲。奉，同"俸"，费用、花销。⑨举：出动。⑩用战也胜：指在战争耗费巨大的情况下用兵，就要求速战速胜。⑪力屈：力量耗尽。屈，竭尽、穷尽。⑫久暴师则国用不足：军队长期在外作战，国家的经济就会发生困难。暴，暴露。⑬屈力殚(dān)货：力量耗尽，财力枯竭。殚，枯竭。货，财货、财力。⑭弊：疲困，危机。⑮巧：巧妙，工巧。

【译文】

孙子说：大凡用兵，其规律是要出动轻型战车千辆，辎重车千辆，军队十万，还要跋涉千里运送粮食。那么前后方的用度，接待使节来宾的开支，胶、漆一类作战物资的供应，保养、补充武器装备的花销，每天的耗费多达上千金，然后十万大军才能出动。

用这样庞大的军队去作战，就要求速战速胜，时间一久就会使军队疲惫、锐气挫伤；攻城会使力量消耗殆尽；军队长期在外作战，会造成国家财力的紧张。军队疲惫、锐气挫伤、国力耗尽、财力枯竭，

那么其他诸侯就会乘此发兵进攻，到那时，即使有足智多谋的人，也无法收拾残局。所以，在用兵上只听说过有讲究战术简单而追求速胜的，没见过有讲究战术技巧而将战争拖得很久的。战事旷日持久而对国家有利的情形，从来就没有过。所以，不能完全了解用兵害处的人，也就不能完全了解用兵的益处。

● 故兵闻拙速，未睹巧之久也

行兵打仗只听说宁可粗略简单只求迅速取胜，没见过要求精巧而久拖战局的。速战速决才是胜负的关键。

行军用兵贵在神速

军队战备

- 人力 —— 军队十万。
- 物力 —— 武器、战车、粮食、耗材。
- 财力 —— 饷金、运输费用、器材保养、使节开支。

行军用兵时间越久

军队消耗增加

国家经济困难补给不足

军队疲惫锐气大减

诸侯国伺机动乱

国家动荡功败垂成

宁拙速而毋巧久

【原文】

善用兵者，役不再籍①，粮不三载②；取用于国③，因粮于敌④，故军食可足也。

国之贫于师者远输⑤，远输则百姓贫。近于师者贵卖⑥，贵卖则百姓财竭，财竭则急于丘役⑦。力屈、财殚，中原内虚于家⑧。百姓之费，十去其七；公家之费，破车罢马⑨，甲胄矢弩⑩，戟楯蔽橹⑪，丘牛大车⑫，十去其六。

故智将务食于敌，食敌一钟⑬，当吾二十钟；萁秆一石⑭，当吾二十石。

故杀敌者，怒也；取敌之利者，货也⑮。故车战得车十乘已上，赏其先得者，而更其旌旗。车杂而乘之，卒善而养之，是谓胜敌而益强。

故兵贵胜，不贵久。

故知兵之将，生民之司命⑯，国家安危之主也⑰。

【注释】

①籍：本指名册，这里作动词，指征集兵员。②载：运输、运送。③取用于国：指武器装备等从国内取用。④因：依靠。⑤国之贫于师者远输：因为用兵而导致贫困的国家，远途运输是一个重要的原因。师，军队。⑥贵卖：意思是物价飞涨。⑦急：这里有加重的意思。丘役：军赋。丘，古代地方行政区划单位，一丘为一百二十八家。⑧中原内虚于家：国内百姓的家因为远途运输而变得贫困、空虚。中原，这里泛指国内。⑨破车：战车破损。罢(pí)马：战马疲敝。罢，同"疲"。⑩甲胄(zhòu)矢弩：泛指装备战具。甲，铠甲。胄，头盔。矢，箭。⑪戟(jǐ)楯(dùn)蔽橹(lǔ)：泛指各种攻防兵器。戟，古代一种兵器的名称。楯，同"盾"。蔽橹，攻城时用作屏蔽的大盾牌。⑫丘牛大车：指辎重车辆。丘牛：从兵役中征集来的牛。⑬钟：容量单位，每钟相当于六十四斗。⑭萁(qí)秆：泛指牛、马等牲畜的饲料。萁，同"其"，豆秸。秆，禾茎。石(dàn)，

因粮于敌。

古代容量单位，三十斤为一钧，四钧为一石，即一百二十斤为一石。⑮取敌之利者，货也：想要使军队勇于夺取敌人的财物，就要先用财货来奖赏士卒。利，财物。货，财货，这里指用财货进行犒赏，以调动官兵杀敌的积极性。⑯生民：泛指民众。司命：星宿名，传说中主死亡，这里喻指命运的主宰。⑰主：主宰。

【译文】

善于用兵的人，不一再征集兵员，不多次运送粮草；武器装备等从国内取得，粮草则在敌国解决，这样，军队的粮食供应就得到满足了。

国家之所以会因为用兵而变得贫困，远途运输是重要原因，远途运输就会使百姓陷于贫困。临近军队的地区物价飞涨，物价飞涨就会使百姓财力枯竭，百姓财力枯竭，就更加急迫地征收赋税。国力耗尽，财政枯竭，国内就会家家空虚。百姓的财力，将会耗去十分之七；政府的财力，由于车辆破损、战马疲惫，装备、兵器、战具的补充以及辎重车辆的征调，要耗去十分之六。

所以，明智的将帅务求在敌国就地解决粮食的供给问题。消耗敌国一钟粮食，相当于从本国运送二十钟粮食；消耗敌国一石饲料，相当于从本国运送二十石饲料。

要想使士兵奋勇杀敌，就要激发他们同仇敌忾的勇气；要想夺取敌人的物资，就要用财货奖赏士卒。因此在车战中，缴获战车十辆以上，要奖赏最先夺得战车的士兵，并且更换战车上的旗帜，混入自己的战车编队之中。对于俘虏，要善待和供养他们。这就是所谓战胜敌人而使自己的力量更加强大。

所以用兵贵在速胜，而不宜旷日持久。

所以精通用兵之道的将帅，是民众命运的掌握者，是国家安危的主宰者。

● 国之贫于师者远输

国家会因用兵而招致贫困。因此善于用兵的人，就会尽量缩短出征的时日，减少战争的损耗，保留实力，稳定国情。

导致国家衰弱的连锁反应

出兵导致
国家贫困

远途运输

国家耗损严重
国力衰微

近军处物价飞涨

民不聊生
百姓人力耗尽

物资补给不足
百姓生活艰难

为保证补给
而增加赋税

于私

百姓财物
耗去七成。

于公

公家资产（战车、
战马、武器等）
耗损六成。

实用谋略

○诸葛亮陇上抢割新麦○

古代生产力落后，军事物资相对而言比较匮乏，将领都会尽量降低本国资源的消耗，而想方设法从敌人手中夺取粮食，来保障我军的粮草供应和需求。下面这个故事就很好地展示了何谓"取用于国，因粮于敌"。

公元 231 年二月，诸葛亮率领十万大军，四出祁山，继续进行伐魏大业，司马懿率张郃、费曜等大将迎战，两军就此展开了对峙。

诸葛亮兵至祁山后，发现魏军早有防备，便对众将说："孙子曰：'重地则掠。'深入敌人的腹地，就要掠取敌人的粮草来补充自己。现如今，我们长途远征，粮草供应不上，但据我估计，陇上的麦子已经成熟，我们可以秘密派兵去抢割陇上的麦子。"计议已定，诸葛亮便留下王平、张嶷等人守卫祁山大营，亲率姜维、魏延等部将直奔上邽。

诸葛亮陇上抢割新麦。

这时，司马懿率大军赶到祁山，却不见蜀军出战。司马懿心中疑惑，又得到消息说有一支蜀军径往上邽而去，立刻恍然大悟，急忙引兵去救上邽。

诸葛亮火速赶到上邽后，驻守上邽的魏将费曜领兵出战，姜维和魏延皆是当世勇将，他们将费曜打得大败。

趁此机会，诸葛亮命令手下三万精兵手执镰刀、驮绳，抢在司马懿大军到来之前，把陇上的新麦全都收割掉了，然后运到卤城打晒。

司马懿棋差一招，失去了陇上的新麦，心有不甘，于是和副都督郭淮引兵前往卤城，打算偷袭蜀军，趁乱夺回新麦，最好还能生擒诸葛亮。

而诸葛亮对此早有防备，他让姜维、魏延、马忠、马岱四将各带两千人马，埋伏在卤城东西的麦田之中。等到魏兵抵达卤城城下时，只听一声炮响，伏兵四起，蜀军主力趁势从城内杀出。司马懿在部将的护卫下拼死力战，总算突出重围，狼狈逃回大营。

⊙名家论《孙子兵法》

自从中国进入奴隶社会以来，凡国家遇有战事，都要告于祖庙，议于明堂，成为一种固定的仪式。这种活动，在本质上是制定克敌制胜的方略，也就是曹操所说"选将、量敌、度地、料卒，远近险易，计于庙堂也"。孙子正是在这种大量长期的实践活动和丰富的感性认识的基础上，因形就势，加以概括，形成了内容与形式紧密结合的"庙算"概念。

——于泽民

◎萨尔浒大战◎

努尔哈赤建立后金后，又花了两年多时间整顿内部，发展生产，扩充兵力。1618年，努尔哈赤召集八旗首领和将士誓师，宣布跟明朝有七件事结下了冤仇，称为"七大恨"。第一条就是明朝无故挑衅，害死了他的祖父和父亲。为了报仇雪恨，决定起兵征伐明朝。

第二年，努尔哈赤亲自率领二万人马进攻抚顺。他先写信给抚顺明军守将，劝他投降。守将李永芳一看后金军来势凶猛，临阵怯战，没有抵抗就投降了，后金军俘获了人口、牲畜共计三十余万口。明朝的辽东巡抚派兵救援抚顺，也被后金军在半路上打垮。努尔哈赤命令毁了抚顺城，带着大批战利品回到赫图阿拉。

消息传到北京，明神宗大怒，决定派杨镐为辽东经略，讨伐后金。杨镐经过一番紧张的调兵遣将，才集中了十万人马。1619年，杨镐分兵四路，由四个总兵官率领，进攻赫图阿拉。中路左翼是山海关总兵杜松；中路右翼是辽东总兵李如柏；北路是开原总兵马林；南路是辽阳总兵刘铤。为了扩大声势，号称四十七万。杨镐坐镇沈阳，指挥全局。

那时候，后金八旗军兵力，合起来不过六万多。一些后金将士得到情报，不免有点害怕，来找努尔哈赤，要他拿主意。努尔哈赤胸有成竹地说："别怕，管他几路来，我就是一路去。"

努尔哈赤发展生产，扩充兵力。

经过侦察，努尔哈赤得知杜松率领的中路左翼是明军主力，且其已经从抚顺出发打了过来，努尔哈赤就集中兵力，先对付杜松。

杜松是一员身经百战的名将。从抚顺出发的时候，天正下着大雪，杜松想抢头功，不管气候恶劣，急急忙忙冒雪行军。他先攻占了萨尔浒（今辽宁抚顺东）山口；接着分兵两路，把一半兵力留在萨尔浒扎营，自己带了另一部精兵攻后金的界藩城（今新宾西北）。

努尔哈赤一看杜松分散兵力，心里暗暗高兴，集中八旗的兵力，一口气攻下萨尔浒明军大营，截断了杜松后路。接着，又急行军援救界藩。正在攻打界藩的明军，听到后路被抄，军心动摇。驻守在界藩的后金军从山上居高临下地压下来，把杜松军杀得七零八落。努尔哈赤率领大军赶到，把明军团团围住。杜松左右冲杀想要突围，突然一箭飞来，正射中他的头部，杜松从马上栽下来就死掉了。部下明军被杀得尸横遍野，血流成河。一路人马先覆灭了。

北路的马林从开原（今辽宁开原）出兵，刚刚到离开萨尔浒四十里的地方，得到杜松兵败的消息，吓得急忙转攻为守，就地依山，扎下营垒，挖了三层壕沟，准备防守。努尔哈赤率领八旗兵从界藩马不停蹄地赶来，攻破明军营垒。马林没命地逃奔，才回到开原，第二路明军又被打散了。

坐镇沈阳的杨镐，正在等待各路明军的捷报，哪想到一连两天接到的竟是两路人马覆灭的坏消息，把他惊得目瞪口呆。他这才知道努尔哈赤的厉害，遂连忙派快马传令另外两路明军立刻停止进军。中路右翼的辽东总兵李如柏本来胆小，行动也特别迟缓，接到杨镐命令，便急忙撤退。山上巡逻的二十来名后金哨兵远远望见明军撤退，大声鼓噪，明军兵士以为后面有大批追兵，争先恐后地逃跑，自相践踏，也死了不少人。

剩下的一路是南路军刘綎。杨镐发出停止进军命令的时候，刘綎军已经深入到后金军阵地，各路明军失败的情况，他一点也不知道。刘綎是明军中出名的猛将，他使用一把一百二十斤的大刀，运转如飞，外号叫"刘大刀"。刘綎军军令严明，武器火药也多。进入后金阵地以后，连破几个营寨。

努尔哈赤知道刘綎骁勇，不能与之硬拼，于是他选了一个投降过来的明兵，叫他冒充杜松部下，送信给刘綎，说杜松军已经到达赫图阿拉城下，只等刘綎军去会师攻城。

刘綎没接到杨镐命令，不知道杜松军已经覆灭，信以为真，他怕让杜松独得头功，下令火速进军。这一带道路险狭，兵马不能够并列，只好改为单列进军。刘綎带兵走了一阵，忽然杀声四起，漫山遍谷都是后金伏兵，向明军杀来。刘綎正在着急，努尔哈赤又派一支后金兵穿着明军衣甲，打着明军旗帜，装扮成杜松军前来接应。刘綎毫不怀疑，把人马带进假明军的包围圈里。后金军里应外合，四面夹击，明军阵势大乱。刘綎虽然勇敢，挥舞大刀，杀退了一些后金兵，但是毕竟寡不敌众，他左右两臂都被砍伤，终于倒下被俘。

这场战役从开始到结束，只有五天时间，杨镐率领的十万明军损失了一大半，文武将官死了三百多人。这就是历史上著名的"萨尔浒之战"。

刘綎寡不敌众。

兵圣孙武

孙武小档案

姓名： 姓孙，名武，字长卿。
生卒： 约公元前545-前470年。
籍贯： 齐国乐安（今山东惠民县）人。
职业： 军事家、政治家。
著作： 《兵法》十三篇，被誉为"兵学圣典"。

显赫家世

遏 → 妫满 → 陈桓公 → 陈厉公 → 陈庄公 → 陈宣公

子、周武王女婿，封陈，称陈胡公。

公元前700年，陈桓公之子陈林杀死叔叔陈厉公，自立为君，史称陈庄公。

公元前693年，陈庄公死，由其弟接位，史称陈宣公。

舜后代，周武王时负责执掌陶器制作。

传至陈桓公，公元前707年其弟杀陈桓公，篡夺君位，史称陈厉公。

陈厉公长公子陈完与御寇生前是好友，怕牵连到自己，逃到齐国。

陈宣公废嫡立庶，杀死太子御寇。

陈完 → 孙武远祖

陈完在齐国工作干得好，齐桓公赐给他一些田庄，陈完一则为了隐姓避难，二则表示对齐桓公的感激，故以田为姓。 → 改姓田

子田孟夷

子田孟庄

子田文子须无

子田桓子无宇

田开：齐国有名乐师

田乞：齐国大夫

田书：齐景公朝官至大夫。后因齐景公赐姓孙，改姓名为孙书。 → 改姓孙

子孙凭：齐景公朝中为卿。

孙武

辉煌一生

六艺之射

8 岁，入"庠序"（公办学校），自小喜爱兵书，以祖父孙书、叔父田穰苴为榜样，想成为驰骋疆场的大将军。

21 岁，漫游天下，博览群书，研究历代战争兵法理论。

考察战场

著书

30 岁，写出《兵法》十三篇。

31 岁，在伍子胥帮助下入吴，献《兵法》十三篇，被吴王阖闾拜为将军。

献书

33 岁，入吴第三年，公元前 512 年，开始为西破强楚做准备。

西破强楚

39 岁，公元前 506 年，孙武率 3 万精兵，出其不意逼近楚国都郢城，与楚军五战五胜，打败 20 万楚军，仅用 10 天就攻占了郢都，楚昭王逃亡云梦泽。

心灰意冷

归隐山林

享誉古今

49 岁，公元前 496 年，吴王阖闾在吴越携李战役中受伤致死。夫差接位后骄心日盛，奢侈腐化，重用奸佞，诬陷忠良，独断骄横。孙武和伍子胥渐不被重用。

61 岁，公元前 484 年，伍子胥被陷害自刎而死。孙武隐退。孙武退隐到终老，一直没有离开吴国。公元前 472 年，吴亡；公元前 470 年，75 岁的孙武卒，死后葬在吴都郊外。

孙武和他的军事思想享誉古今、蜚声中外，对后世影响极为深远。后人尊称他为孙子、百世兵家之师、东方兵学的鼻祖。

◎吴楚柏举之战◎

关于"兵贵胜，不贵久"这一基本战略思想，孙子本人在公元前506年的吴楚柏举之战中为我们做出了最恰当的示范。

公元前515年，吴国公子光夺得吴国王位，他就是吴王阖闾。阖闾即位后，立志要称霸天下。他励精图治，整军经武，任用了伍子胥、孙武等杰出人才，吴国的国势因此而蒸蒸日上。

公元前512年，吴王阖闾先后灭掉了依附于楚国的小国徐国和钟吾国。之后，阖闾听从了伍子胥和孙武的建议，没有接着深入攻打楚国，而是采取分兵多路，轮番侵扰楚国的策略。楚军一年到头疲于应付吴军的肆意侵扰，搞得人困马乏，国力虚弱。

公元前506年，楚国令尹囊瓦率军围攻已归附吴国的小国蔡国，蔡国于是向吴国求救。吴国便打着兴师救蔡的旗号，由吴王阖闾亲自挂帅，孙武、伍子胥为大将，倾全国三万水陆之师直趋蔡境。囊瓦见吴军来势凶猛，不得不放弃对蔡国的围攻，回师防御本土。

当吴军与蔡军会合后，另一小国唐国也主动加入吴、蔡二军行列。于是，吴、蔡、唐三国组成联军，溯淮水浩荡西进。在淮水中行进一段路程后，孙武突然决定舍舟登陆，直插楚国纵深腹地。伍子胥不解其意，便问孙武："吴军习于水性，善于水战，为何改从陆路进军呢？"孙武回答说："用兵作战，贵在神速。要做到出敌之不意，攻敌之不备。逆水行舟，行进缓慢，吴军优势难以发挥，而楚军则有时间加强防备，这样就难于攻破他们。"伍子胥听完，连连点头称是。就这样，孙武挑选了三千五百名士卒作为前锋，身披坚甲，手执利器，以迅雷不及掩耳之势穿过楚国北部大隧、直辕、冥阨三道险关，挺进到汉水东岸。

楚昭王得知吴军已经抵达汉水东岸，急派令尹囊瓦和左司马沈尹戌，倾全国兵力，赶至汉水西岸，与吴军对峙。左司马沈尹戌向令尹囊瓦建议：由囊瓦率楚军主力沿汉水西岸正面设防。而他本人则率部分兵力迂回到吴军的侧后，毁其战船，断其归路。而后与囊瓦实施前后夹击，一举消灭吴军。这本是楚军击败吴军的上策。囊瓦起初也同意了沈尹戌的建议。可是沈尹戌率部出发之后，囊瓦担心沈尹戌抢了战功，于是在沈尹戌还未到达指定位置的时候，便传令三军，渡过汉水，主动向吴军发起进攻。

楚军的主动出击，正中了吴军的下怀。吴军主动由汉水东岸后撤，边撤边与楚军作战，在从小别（在今湖北汉川东南）至大别（今湖北境大别山脉）的这一段距离里与楚军三次交战，三战三

孙武弃舟登陆。

捷，最后在柏举与楚军决战。由于楚军此时已是疲惫不堪，士气低落，再加上上下异心，结果在此战中被吴军一举击溃，囊瓦弃军逃往郑国。楚左司马沈尹戌得知囊瓦主力溃败，急率本部兵马赶来救援。吴军先锋夫概部在沈尹戌部突然进击之下，损失惨重。吴军主力赶到后，孙武指挥部队迅速将沈尹戌部包围。尽管沈尹戌左冲右突，拼命厮杀，但始终无法冲出包围，无奈之下，沈尹戌命令其部下割下自己的首级回报楚王。柏举之战以吴国的胜利而告终。

柏举之战是春秋末期一次规模宏大、影响深远的战役。在柏举之战中，孙武以区区三万兵力击败楚国二十万大军，创造了中国战争史上以少胜多、快速取胜的光辉战例。战国时期军事家尉缭子曾赞道："有提九万之众，而天下莫能当者谁？曰：'桓公也。'有提七万之众，而天下莫敢当者谁？曰：'吴起也。'有提三万之众，而天下莫敢当者谁？曰：'武子也。'"（《尉缭子·制谈篇第三》）由此可见，孙武及其《孙子兵法》绝非纸上谈兵，而是在实战中总结出来的，并在实战中得到了验证。

商业案例

◎卡西欧和夏普的"以速取胜"之道◎

卡西欧公司一贯奉行的生产与行销策略是："在产品成长期赚钱，而不是在成熟期赚钱！"

每当新产品上市后没多久，公司就尽量把价格压低，然后迅速推出新的产品，最大限度地缩短产品的更新周期。即使有对手想分一杯羹，面对这种速战速决的营销策略，也会觉得竞争起来非常吃力。因为这一策略要求一个企业能及时对市场和消费者需求（包括现实的和潜在的两方面）做出非常敏锐的反应，这样才能迅速抓住稍纵即逝的商机。

以生产电子产品为主的卡西欧公司竟把电波的原理运用于销售中：他们在"波谷"到"波峰"之间赚钱，而且"周期"很短。这种销售方式逐渐形成了一种声势，使其获得了许多"短线"的利润。

而吉列在与夏普较量中的失败案例也从侧面向我们证明了"兵贵神速"的正确性。

20世纪60年代，美国的埃弗·夏普公司仅有2000万资产。一种新型的不锈钢剃刀问世之后，夏普公司敏锐地嗅到了其中蕴藏的商机，于是当即决定投资生产。而吉列公司当时已经是著名的大公司，占据了碳钢剃刀市场90%以上的份额。然而这一次，吉列公司的大脑却突然失灵了，只是一边反复论证该种新产品的成本与市场前景，一边采取了谨慎观望态度，结果在犹豫中让机会白白溜走。

6个月后，夏普公司的新型不锈钢剃刀投入市场，掀起了一股销售热潮，吉列公司无力与之抗衡，白白丢掉了不锈钢剃刀70%的市场。

作为市场防御者，必须具备能迅速识别入侵者的意图和及时做出反应的能力，这样才能防患于未然；否则贻误了商机，就会造成重大的甚至是致命的损失。

◎黑松的强力经销网◎

商场虽然如战场，但企业经营与真正的战争相比还是有所不同，"兵贵胜，不贵久"，一个企业固然在每一次的市场竞争中讲求速战速决，总体上却需要持续发展、长久经营，既贵胜又贵久，这样才能不断成长壮大。下面黑松汽水的经营案例，就充分说明了这一道理。

作为台湾最老牌的汽水厂商，"黑松汽水"数十年来一直是汽水界名牌中的常青树。而黑松之所以能长久地立于不败之地，除了针对市场需求不断做出调整，及时生产出各款符合消费者口味的新产品外，它强有力的经销商网同样居功至伟。

黑松共有两百多家经销商，而其中大型经销商的营业额高达每年一亿元以上。为了保持与经销商这种持久而深厚的关系，并不断进行强化，黑松公司每年都要在高档的饭店或景色明媚的风景区隆重款待各位经销商，同时根据瞬息万变的市场，向从各地赶来的销售商提供各种新的经营与行销训练，使其能迎接各种新挑战。

与黑松合作的经销商大都只经销黑松品牌的饮料，而不与其他饮料品牌合作，一般经销商的利润大约为 5%。正因为黑松与经销商之间形成了一种亲密无间的联系，所以在饮料界数十年来的市场竞争中，黑松能在各种行销战中取得最后的胜利，即使多次遭遇食品安全问题的冲击，也能很快渡过难关，屹立不倒。

而黑松企业能又"胜"又"久"的一个重要原因，就是做到了"卒善而养"——用优厚的待遇来留住经销商，鼓励他们为自己更加努力地工作，用少量的付出赢得了更长久的发展，这就是"胜敌而益强"。

【点评】

在《作战篇》中，孙子着重论述了战争给国家带来的影响。

孙子所在的年代，生产力低下，维持一支庞大的军队和进行旷日持久的战争往往会给国家和人民带来难以估量的负担和损失。因此，如何认识战争给国家带来的利与害，如何最大限度地减少战争给国家经济带来的不利影响，也就成了兵家的探究方向和追求的根本。

在《作战篇》中，孙子在分析了战争的持久可能给国家带来的一系列损害之后，提出了速胜的军事思想，认为用兵宁可"拙速"，不

孙子着重论述战争给国家带来的影响。

能"巧久"。接着，他又讲到了减少战争负担的具体方法，也就是"因粮于敌"，尽量在敌人的地盘上解决自己军队的吃用问题，将敌人的战车和士兵转化为自己的力量，以实现"以战养战"的目的。

后人将"兵闻拙速，未睹巧之久也"概括为"巧久不如拙速"的战争原则，历代兵家把它奉为圭臬。从战争所造成的损失和伤害来说，这无疑是正确的，尤其是普通人，与战争相伴随的鲜血与伤痛更是挥之不去的梦魇，而战争的代价最后也会转嫁到他们头上，自然会不遗余力地反对统治者穷兵黩武。

但就我们每个人来说，人生中有些事情着急是没用的，一个人的成长需要岁月的磨砺，知识需要长期学习、积累和不断更新，远大目标的实现更是需要坚持不懈的奋斗，等等。这就是"心急吃不了热豆腐""一口吃不成胖子"等俗语中所蕴含的深刻道理。

随着现代生活的节奏越来越快，社会的普遍心态也越来越浮躁，不少人一心只惦记着挣大钱、升高位，恨不能一夜暴富或者立马攀上世界之巅，或是不费吹灰之力就实现了人生的全部梦想。然而，这终究是不现实的，人生虽如白驹过隙，但终究是由一分一秒、一朝一夕慢慢累积起来的，要实现理想和目标，一定要有耐心，不要怕"巧久"，要使生活中的每一秒都变得充实起来。

◎谋攻篇◎

【导读】

本篇名为"谋攻"，强调的是以谋胜敌，着重论述了谋划进攻的问题，提出了"不战而屈人之兵"和"上兵伐谋"的原则，以及"必以全争于天下，兵不钝而利可全"的战略指导思想，揭示了"知彼知己，百战不殆"的著名军事规律。

【原文】

孙子曰：凡用兵之法，全国为上，破国次之^①；全军为上，破军次之；全旅为上，破旅次之；全卒为上，破卒次之；全伍为上，破伍次之^②。是故百战百胜，非善之善者也^③；不战而屈人之兵，善之善者也。

故上兵伐谋^④，其次伐交^⑤，其次伐兵^⑥，其下攻城。

攻城之法为不得已。修橹轒辒^⑦，具器械，三月而后成，距闉^⑧，又三月而后已。将不胜其忿而蚁附之^⑨，杀士三分之一而城不拔者，此攻之灾也。

故善用兵者，屈人之兵而非战也^⑩，拔人之城而非攻也，毁人之国而非久也，必以全争于天下，故兵不顿而利可全^⑪，此谋攻之法也。

故用兵之法，十则围之^⑫，五则攻之，倍则分之，敌则能战之^⑬，少则能逃之，不若则能避之^⑭。故小敌之坚，大敌之擒也^⑮。

【注释】

①全国为上，破国次之：以自己实力为后盾，完整地使敌方降服为上策；而通过战争，攻破敌方城池则稍逊一筹。全，全部、完整。国，春秋时主要指都城，有时也包括外城及周围地区。②伍：都是古代军队的编制单位。旧说一万二千五百人为军，五百人为旅，百人为卒，五人为伍。不过，春秋以后，各诸侯国军队编制不完全一样。③非善之善者也：是不好中最好的。④上兵伐谋：用兵的最高境界是用谋略战胜敌人。上兵，上乘的用兵之法。伐谋，以谋略攻敌赢得胜利。伐，进攻、攻打。谋，谋略。⑤伐交：指通过外交途径，分化瓦解敌人的盟友，巩固扩大自己的同盟，使敌人陷入孤立的境地，最后不得不屈服。⑥伐兵：以武力战胜敌人。⑦修橹轒(fén)辒(wēn)：制造大盾和攻城用的四轮大车。修，制作、制造。橹，这里指藤革等材料制的大盾牌。辒，攻城用的四轮大车，是以桃木制成，外蒙生牛皮，可以

全国为上。

容纳十余人。⑧ 距闉(yīn)：指为攻城做准备而堆积的高出城墙的土山。闉，同"堙"，土山。⑨ 蚁附之：指士兵像蚂蚁一样爬梯攻城。⑩ 非战：指不用交战的办法，而用"伐谋""伐交"等方法迫使敌人屈服。⑪ 顿：同"钝"，这里是疲惫、挫折的意思。⑫ 十则围之：有十倍于敌人的兵力，就要四面包围他。⑬ 敌则能战之：指同敌人兵力相等时，要设法战胜敌人。敌，这里指兵力相当、势均力敌。⑭ 不若则能避之：指当各方面条件均不如敌人时，要设法避免与敌交战。⑮ 小敌之坚，大敌之擒：力量弱小的军队，如果一味固守硬拼，就会为强大的敌人所俘虏。

【译文】

孙子说：大凡用兵的指导法则，使敌国完整地降服为上策，击破它就次一等；使敌军完整地降服为上策，击破它就次一等；使敌人全旅完整地降服是上策，击破它就次一等；使敌人全卒完整地降服为上策，击破它就次一等；使敌人全伍完整地降服为上策，击破它就次一等。因此，百战百胜，还不算是高明中的高明；不出战就能使敌人屈服的，才是高明中的高明。

所以，用兵的上策是用谋略来战胜敌人，其次是在外交上封锁、孤立敌人，再次是直接出兵击败敌人，下策是攻打敌人的城池。

上兵伐谋，其次伐交。

选择攻城是迫不得已的办法。建造攻城用的大盾和四轮大车，准备攻城的器械，费时三个月的工夫才能完成。而构筑攻城用的土山，又要花费三个月才能完成。如果主将不能控制自己愤怒焦急的情绪而驱使士兵们像蚂蚁一般爬梯攻城，士兵伤亡了三分之一，而城池未能攻克，这就是攻城所带来的灾难。

其下攻城。

所以，善于用兵的人，使敌军屈服不是靠交战，夺取敌人的城池不是靠强攻，灭亡敌人的国家不是靠久战。一定要用全胜的谋略争胜于天下。这样，军队不会劳累疲惫，又能取得完满的胜利。这就是以谋略攻取敌人的法则。

所以，用兵的法则，拥有十倍于敌人的兵力就包围敌人；拥有五倍于敌人的兵力，就主动进攻；拥有两倍于敌人的兵力就设法分割敌人；兵力同敌人相当的，要设法战胜敌人；兵力少于敌人的，要设法摆脱敌人；各方面条件均不如敌人的，要设法避开敌人的锋芒。因此，弱小的军队如果一味固守硬拼，就会成为强大敌人的俘虏。

● 上兵伐谋

巧用谋略来取得胜利是用兵之道的最高境界。

不战而胜的方法

上策	➡		谋略胜敌。	大获全胜
次之	➡		用兵威慑。	略逊一筹
再次	➡		武力战胜。	
下策	➡		攻城略地。	

修造武器。
准备器械。
构筑土山。
仍不可得 费时数月

谋攻的理想
屈人之兵而非战。
拔人之城而非攻。
毁人之国而非灭。
必以全争于天下

● 小敌之坚，大敌之擒

弱小的军队如果只知坚守硬抗，就可能成为强大敌人的俘虏。实力悬殊时，要灵活应对、见机行事，才能成事。

用兵之法

包围 — — 十倍于敌。

五倍于敌。 - - - 进攻

分散 — — 二倍于敌。

旗鼓相当。 - - - 迎战

摆脱 — — 稍逊于敌。

实力悬殊。 - - - 避战

【原文】

夫将者，国之辅也①。辅周则国必强，辅隙则国必弱②。

故君之所以患于军者三③：不知军之不可以进而谓之进④，不知军之不可以退而谓之退，是谓縻军⑤。不知三军之事而同三军之政者⑥，则军士惑矣。不知三军之权而同三军之任⑦，则军士疑矣。三军既惑且疑，则诸侯之难至矣，是谓乱军引胜⑧。

故知胜有五：知可以战与不可以战者胜；识众寡之用者胜；上下同欲者胜⑨；以虞待不虞者胜⑩；将能而君不御者胜⑪。此五者，知胜之道也。

故曰：知彼知己者，百战不殆⑫；不知彼而知己，一胜一负；不知彼，不知己，每战必殆。

【注释】

①辅：辅助，这里引申为助手。②隙：缺陷、漏洞。③患：危害。④谓：告诉，这里是命令的意思。⑤是谓縻(mí)军：这叫作束缚军队。縻军，束缚军队，使军队不能相机而动。縻，束缚、羁縻。⑥同：共，这里是参与、干预的意思。政：这里指军队的行政。⑦权：权变、权谋。任：统率、指挥。⑧引：引导、导致。⑨同欲：同心、齐心。⑩以虞待不虞者胜：指自己在有准备的情况下对付没有准备的敌人就能获胜。虞，有准备。⑪御：驾驭，这里是牵制、干预的意思。⑫殆(dài)：危险，失败。

【译文】

将帅，是国君的助手。如果辅助周密得力，国家就必定强盛；如果辅助上有缺失疏漏，国家就必定衰弱。

国君可能对军队产生危害的情况有三种：不知道军队不能前进而强令军队前进，不知道军队不能后退而强令军队后退，这叫作束缚军队；不懂得军中事务而去干预军队的行政，就会使将士们产生迷惑；不懂得军事上的权谋机变而去干涉军队的指挥，就会使将士们产生疑虑。军队既迷惑又心存疑虑，那么其他诸侯乘机进攻的灾难就随之来临了，这就叫作扰乱自己的军队而导致敌人的胜利。

将者，国之辅也。

所以，能够预知胜利的情况有五种：知道什么情况下可以打，什么情况下不能打的，能够取得胜利；懂得根据兵力多寡而采取不同战法的，能够取得胜利；上下一心的，能够取得胜利；事先有所准备来对付事先没有准备的，能够取得胜利；将帅贤能而国君不掣肘的，能够取得胜利。这五条，就是预知胜利的方法。

君患于军者三。

所以说，既了解敌人，又了解自己的，百战百胜；不了解敌人而了解自己的，胜负参半；既不了解敌人，又不了解自己的，每战必败。

● 将者，国之辅也

将帅是国君的左膀右臂，将帅能力的强弱，与君主关系的亲疏，都会影响国家的兴衰。

辅臣优劣可影响国家运势

良 将

庸 臣

辅佐周全	辅佐不周

与君主亲密	与君主疏离

五种可赢得胜利的情况　　　　**国君危害军队的三个可能**

扰乱己军　助敌获胜

— 掌握合适的战机。

— 了解双方兵力。

— 全军一心，同心协力。

— 随时备战，攻敌不意。

— 重用和信任有才将领。

不了解军队行军状况而下令行军，致使军队受束缚。

使军队士兵困惑不知道军队事务而干涉内务。

使军队士兵疑虑不知道用兵权谋而干涉军队指挥。

实用谋略

◎ 韩信尺书平燕地 ◎

孙子强调打仗时应以谋胜敌，提出了"不战而屈人之兵"和"上兵伐谋"的原则。"韩信尺书平燕地"的事迹，集中体现了这些军事原则。

公元前204年，韩信率军攻赵，赵军在井陉设防，准备迎击韩信。由于赵将陈余不听谋士李左车的建议，没有发兵袭击韩信的粮草辎重，后反被韩信设计诱出，二十万赵军遭到全歼。战后，韩信悬赏千金捉拿李左车。

韩信发出悬赏令后只过了几天，就有人报告说已经生擒了李左车，韩信下令把李左车押入

韩信向李左车请教。

帐中，诸将侧立两旁，旁人都以为这只是在斩李左车之前行个仪式罢了。谁知李左车进来后，韩信竟站起身来相迎，并亲自为李左车解开绳索，还叫人为李左车搬来椅子，自己则在旁边陪坐，就仿佛弟子见了老师一般，态度格外恭敬。

韩信极为客气地问李左车："在下想要向北攻燕，再向东伐齐，如何才能取得成功？"李左车皱着眉头说："我一个亡国大夫，不期待着苟活于人世，还是请将军另择高明吧！"

韩信说："在下听说百里奚在虞国的时候，不曾拯救虞国的危亡；等到了秦国，却辅佐秦穆公成就了霸业，这并非不是他为虞国献出的谋略拙劣，为秦国献出的谋略巧妙，只是用与不用，听与不听的问题罢了，所以才导致先后结果不同。要是陈余听从了您的计策，现在被捆着的恐怕就是在下了。如今在下是虚心求教，请您不要推辞了。"

李左车听完这番话很受感动，他对韩信说："将军渡过西河，俘虏了魏王，擒了夏说；又东下井陉，仅仅半天的时间，就破了二十万赵军，诛杀了赵王，威震天下，这是将军的长处。但经过连续作战，军队已经疲惫不堪，不能再战了。如今您要引军攻燕，燕人如果凭城固守，您会陷入欲战不得、日久粮尽的尴尬境地。燕国不能攻克，齐国又在东面称强，两国相对峙，那么刘邦和项羽谁胜谁负，就很难说了，这是继续进攻的短处。自古以来，良将用兵都是用长击短，切不可用短击长啊。"

韩信听了，连连称是，又接着问："那么现在应当用什么策略？"李左车说："我为将军谋划，不如先安兵息甲，镇抚赵民，犒赏将士，鼓舞士气。再暗中派一名能言善辩的谋士，拿着您的书信去拜见燕王，向他详陈利害，燕王畏惧将军的威名，想来不敢不从。等到燕国归降，再向东进攻齐国。齐国到时已然孤立，不亡还等什么！即使有智谋之士，也无法挽救其危亡了。这就是'不战而屈人之兵'的战法，请将军赶紧决定吧。"

韩信听了，不禁鼓掌叫好，立即派出一名说客，持书赴燕。不出李左车所料，燕王臧荼畏威乞降，马上写了降书，让使者带回来。韩信得了燕王降书，便派人报知刘邦，并且请求加封张耳为赵王，自己则整军备战，准备攻齐。韩信平燕正是借助"谋攻"不战而胜的典型例子。

◎苏秦谏齐王伐宋◎

孙子认为，在外交上孤立封锁敌人，是战胜敌人的一种计谋。"苏秦谏齐王伐宋"的事迹就是对孙子这一思想的最好证明。

战国中后期，燕国发生内乱，齐国趁机派兵攻燕，仅五十余天就占领燕国全境。后来，赵武灵王护送燕公子职回国，立为燕昭王。

燕昭王即位后，广纳贤士，积极准备对齐国进行大规模的报复行动。这时，洛阳人苏秦来到燕国，得到燕昭王的重用。

此时，齐、秦并称为东、西二帝，并且两国准备合力攻打赵国。如果赵国被打败，土地就会被齐、秦瓜分，到时齐国的国力就更强大，这对燕国来说，是极为不利的。燕昭王担心不能复仇，所以心里很忧虑。

苏秦猜到燕昭王的心意，因此主动请缨，请求出使齐国，实施对齐国的报复计划。燕昭王很高兴，于是派苏秦去了齐国。

苏秦来到齐国，见到齐王，开门见山地说道："齐、秦并称二帝，天下人是尊齐，还是尊秦呢？"

齐王说道："秦国强大，天下人自然是尊秦。"

苏秦又问："那么齐国放弃帝号，天下是爱齐呢，还是爱秦？"

齐王道："当然是爱齐了。"于是，齐王有心放弃帝号。

苏秦猜透了齐王的心思，便瞅准时机，又继续说道："两帝并立，共约伐赵，与齐军独自攻宋，哪一个更有利呢？"

齐王回答："当然伐宋有利！"

苏秦接着劝齐王道："如果我们同秦一样称帝，天下只尊秦国；如果我们放弃帝号，天下就爱齐而憎秦，共约伐赵又不如单独伐宋。因此，我主张您放弃帝号以顺应民心。"

齐王听从苏秦建议，联合赵国在阿地会盟，约定共同抗秦，秦、齐关系交恶。

不久，苏秦又鼓动齐国进攻秦国的盟友宋国，最终灭掉宋国，但齐国的实力也遭到严重衰弱。燕昭王看准时机，联合各国诸侯，以乐毅为统帅，一起讨伐齐国。最终，燕国不但成功复仇，还连克齐国七十多座城池，并掠走齐国大量金银财宝。

燕昭王以苏秦游说齐国，苏秦劝齐王去掉帝号，挑拨齐、秦的关系，又力劝齐王伐宋，以削弱齐国国力，为燕昭王复仇创造了条件，这则故事真可谓是"伐交"的典型范例。

苏秦谏齐王伐宋。

⊙名家论《孙子兵法》

"谋"在《孙子》书中主要是指"计"。这个"计"字，现在人们往往已不了解其本义。实际上它的本义是指计算，即出兵前在庙堂上使用一种叫算或筹、策的古老计算工具进行计算。

——李零

○赤壁之战○

"谋攻"的思想主要包含两个层次：一个是"不战而屈人之兵"，一个是在不得已而用兵作战的情况下，尽可能减少损失，实现破中求全。赤壁之战中，孙、刘联军在敌强我弱不得已而用兵的情况下，巧施计谋，最终击败了强大的曹操。

曹操基本统一北方之后，于建安十三年（208）正月回到邺城（在今河北临漳西南），开始着手准备南征事宜。

为了解决后顾之忧，曹操一面逼汉献帝封自己为丞相，进一步巩固了自己的地位；一

曹操操练水军。

方面又上表天子册封驻守关中地区的马腾和马超父子，又令马腾及其家属迁至邺城作为人质，减轻了来自后方的威胁。

同年七月，曹操挥师南下，攻打荆州（约今湖北、湖南一带）。八月，荆州牧刘表病死，其子刘琮继位。当时，刘备依附于刘表，又三顾茅庐请诸葛亮出山，率军驻扎在樊城，准备抵御曹军的进攻。刘琮无能，唯恐不敌曹操，便背着刘备偷偷降了曹操。直到曹操大军抵达宛城时，刘备才意识到刘琮已降，心中又惊又怒，为了避免陷入孤立，只能弃城南逃。

刘琮手下不少人和荆州的百姓听说刘琮打算投靠曹操，于是纷纷归附刘备，随他一起逃走，结果大大延缓了刘备军队的行进速度。有人劝刘备扔下百姓先走，刘备心中不忍，断然拒绝，最后被曹军精骑追上。刘备兵微将寡，不敌曹军，只带着张飞、赵云、诸葛亮等数十骑逃走。曹军夺得刘备军马、辎重不计其数。

此时，孙权盘踞江东已久，当时还击败江夏守将黄祖，攻克夏口，占领了江夏数县，打开了西入荆州的门户，正相机吞并荆、益二州（成都）。听闻曹军南下，孙权遂派鲁肃前往荆州，劝说刘备与己方联合。此后，刘备与关羽水军会合，加上刘表长子刘琦所部一万余人，一起退守下口。

十月，曹操留曹仁驻守江陵，自己亲率大军南下。诸葛亮见形势危急，于是主动向刘备请求出使东吴，然后与鲁肃一同前往柴桑（在今江西九江西南）。刘备也移师长江南岸，驻军樊口。

来到东吴后，诸葛亮故意用激将法刺激孙权，发现他并不愿受制于曹操，只是他看到对方人多势众，担心无法与之匹敌。于是诸葛亮就当前形势向孙权进行了详细分析，指出曹军有几项弱点：劳师远征、连续作战，士卒疲惫；曹军多为北方人，不习水战；时值初冬，粮草缺乏；水土不服，必生疾病。并表示只要利用好曹军的这些弱点，再联合刘备抗曹，是可以取胜的，孙权终于答应联刘抗曹。

曹操占领荆州之后，派人给孙权送来一封劝降书，其中隐含着恐吓之意。孙权立即召集群臣商议对策，以张昭为首的文官主降，而以老将黄盖为代表的武官坚决主战，两派各持己见，争论不休。孙权一时也难以决断，鲁肃则告诉孙权说，如果他自己投降曹操，还可继续为官，而孙权本为一方之主，即使投降，也不会为曹操所容，那些主张投降的人都是只顾自己利益，不足以采信。孙

权认同了鲁肃的看法。

驻守鄱阳的周瑜听说此事后，星夜赶回，在孙权面前就曹军弱点逐一进行了分析，与诸葛亮的观点大致相同；继而指出来自中原的曹军不过十五六万，而且久战之下多已疲惫，而曹军中的荆州降卒七八万人与曹操并不同心，不会为曹操卖命死战。最后，周瑜表示只要自己统率五万精兵就可以战胜曹操。

至此，孙权终于下定抗曹决心，并当众拔剑砍下桌角，说："诸将吏敢复有言当迎操者，与此案同！"于是任命周瑜和程普为左右都督，命其率三万精锐水师与刘备共同抗曹，孙权本人则亲为后援，替大军运输辎重粮草。

十二月，周瑜率军与刘备在樊口会合，两军总共五万人一起逆水而上，行至赤壁，与正在渡江的曹军相遇。当时曹军中瘟疫流行，新编水军与荆州水军配合尚不默契，士气也较为低落，结果双方刚一交战，曹军即大败而回。初战不利，曹操不得不将战船停靠在长江北岸，继续操练水军，等待良机。周瑜则把战船停靠在南岸，隔长江与曹军对峙。

由于江面上风急浪颠，曹操军中的北方士兵晕船现象极其严重，更不要提作战了，曹操便下令用铁索将舰船首尾相连，中间搭上木板，这样，人马在船上行走如履平地。黄盖于是向周瑜建议说，如今敌众我寡，难以战胜敌人，现在曹军船舰首尾相连，正可采用火攻将其消灭。周瑜采纳了这一计策，并与黄盖上演了一出"苦肉计"。黄盖写信向曹操诈降，骗取了他的信任。

准备就绪后，黄盖率艨艟（一种用于快速突击的小战船）、斗舰数十艘，上面满载干草，灌以油脂，并插上旌旗龙幡巧加伪装，乘着风势快速驶向曹军战船，曹军官兵毫无防备，还在引颈观望。在距离曹军二里处时，黄盖下令点燃柴草，自己则登上后面的战船，然后解开绳索，小船顺着大风如箭一般直接冲入了曹军水寨，风助火势，火借风威，曹军舰船被铁索相连，无法解开，霎时间变成了火海，大火还顺势蔓延至岸上的营寨，曹军人马烧死、溺死的不计其数。

对岸的孙刘联军趁机擂鼓向前，横渡长江，曹军士兵不敢恋战，纷纷逃命，曹操眼见败局已定，当即烧毁剩下的战船，引军从华容小道（今湖北监利北）退走，周瑜、刘备军队水陆并进，一直尾

火烧赤壁。

随追击。此战中曹军伤亡过半，孙刘联军取得了赤壁之战的胜利。

赤壁之战后，曹操失去了在短时间内统一全国的可能性，而孙刘两家则凭借此次大胜开始发展壮大各自的势力。可以说，赤壁之战对确立三国鼎立的局面具有决定性意义。

实力上处于劣势的孙刘联军，能正确分析形势，针对曹军弱点综合运用《孙子兵法》所提出的"伐谋""伐交""伐攻""用间""火攻"等策略，最终成就了这场以少胜多、以弱胜强的著名战役。

曹操败走华容道。

● 知彼知己，百战不殆

既要掌握敌军情报，也要清楚我军情况，这样才能做到百战百胜。

掌握全面信息才可制胜

战机的判断。

军队规模和战术。

上下团结一致。

万全的准备。

有能力的将领。

	认识状况		结　果
	对方（敌方）	自己（己方）	
1	○	○	百战百胜。
2	×	○	一胜一败。
3	×	×	一败涂地。

商业案例

◎ "戴尔"的不战而屈人之兵策略◎

"戴尔"是 PC（个人计算机）业的一个传奇，它成立于 1984 年，然而仅仅用了 17 年时间，就成功超越了"康柏"，成为全球 PC 业的头号供应商。而戴尔的成功，正是与它采用"不战而屈人之兵"的谋略有着很大关系。

戴尔刚刚成立的时候，PC 业的发展前景并没有想象中那么乐观，它正面临着一个难题：PC 市场的每一次变化，都会导致原有库存的大幅贬值，如果一个企业库存过多，必然会造成巨额损失，甚至还会断送企业的前途。对于戴尔来说，企业刚刚成立，产品还没有经过市场检验，产量保持在多少，才不至于积压过多库存呢？这实在难以预料。

为此，戴尔制定了一种新型的运营模式，即摒弃库存，将产业中传统上以供给来决定需求的模式，转变为以顾客订单的时间、数量来决定供给的模式。

通过运转这一模式，戴尔可以随时获得准确而即时的需求信息，从而大大提升了生产效率。而当市场出现变化的时候，戴尔也能比竞争对手更快地把握市场变化趋势，将新技术、新产品迅速推上一个利润空间更大、竞争压力更小的市场。这时，其他竞争对手也接受了戴尔的运作方式，自愿与戴尔保持同步，成为戴尔运营体系中的一个环节，从而形成一个强势的战略联盟，而戴尔无疑成为这一联盟的主宰。

战略联盟形成后，对于每一次的产品升级和市场变化，戴尔都能以 PC 业中最快的存货流通速率创造时间差，形成先发优势，使自己在一定时间内处于无竞争状态，实现了"不战而屈人之兵"的目的，在这种情况下，戴尔的胜出也就不足为奇了。

◎麦当劳旋风◎

所谓"以全争胜于天下"，运用在商场上，就是传达了运用谋略的重要性，麦当劳的营销方式正是其中的典范。

麦当劳是大型的连锁快餐集团，在全世界六大洲百余个国家均设有分店，主要出售汉堡包、炸鸡、薯条、沙拉、水果、汽水、冰品等。对于很多人来说，提到快餐店，第一反应就是麦当劳和肯德基，其品牌之深入人心可见一斑。

1940 年，麦当劳兄弟——迪克·麦当劳和马克·麦当劳在加州洛杉矶附近成立了第一家餐厅，然后迅速壮大，席卷全球。

如今，麦当劳在全世界的连锁店达三万多家，营业额更达上百亿美元。代表麦当劳的标志性金色拱门，早已成为各大城市街头的醒目标识。平均下来，每 17 个小时就有一家新的麦当劳连锁店在美国及世界各地开张。

各连锁店内干净卫生、明亮整洁，加上优雅的旋律，更能让人放松心情，在享用美食的同时，或者让身心尽情休憩，或者让自己与朋友欢快谈笑，或者让人安静看书上网。

总之，进入麦当劳，让人感觉是一种享受。正因如此，麦当劳每天都能吸引大批顾客上门，其中又以小朋友与年轻人居多。不过，麦当劳并不因目前的业绩感到满足，它们还在不断开发各种新口味的食物和饮品，希望以更优质的服务来留住客人，并争取更广大的市场。它的经营方式也逐渐推广开去，为其他各类快餐店所效仿。

【点评】

在《谋攻篇》当中，孙子提出了"上兵伐谋，其次伐交，其次伐兵，其下攻城"的战略思想，在整部《孙子兵法》中，到处都渗透着孙子对于"全胜"的追求。将战争的成本降至最低，而将战争的收益扩至最大，这可以作为"全胜"的另外一种诠释。实际上，无论是"伐谋""伐交""伐兵"，还是"攻城"，都是"谋攻"的具体表现形式，是谋略的作品。战之万变，皆在谋中，而善用谋者，总能以最小的损失换得最大的胜利，最终达到"以全争于天下"的目的。

在军事领域中，"伐谋"关系着将士的生死、国家的存亡；在经济领域中，"伐谋"关系着企业的兴衰；在个人事业中，"伐谋"关系着事业的成败乃至人生价值的高低。要想建立事业、实现个人价值，务必要善于伐谋、精于伐谋，只有如此方能达到"不战而屈人之兵"的效果。

在《谋攻篇》的最后，孙子提出了一条战争中最为真实朴素

不战而屈人之兵。

的规律，即"知彼知己，百战不殆"。所谓"知彼知己"，就是把敌我双方的各方面条件加以估计比较，以探求战争胜败的形势。具体的分析方法便是《计篇》当中的"五事"和"七计"，这实际上是战争前不可逾越的一步，战争双方哪一方能够更加深入地去"知己"和"知彼"，哪一方的胜算也就更大。

而现在，这一原则早已超越了军事范畴，成为指导人们进行实践活动的基本规律。

用于商业，它要求全面了解对消费者的定位是否准确，自己的产品是否适应市场需求，主要竞争对手的情况等；用于求职，它要求全面了解自己的长处和短处，招聘单位的性质，面试时还包括考官的真实意图等；用于交际，它指导我们更全面地认识彼此，以免错失良友或遇人不淑；等等。我们甚至可以说，生活中时时处处都需要牢记"知彼知己，百战不殆"这条真理。

知彼固然不易，真正知己却更难，知己知彼自然难上加难，需要的是智慧、决心和勇气，还有最重要的实践。

《孙子兵法》的灵魂——战略思想

何谓战略

战略，是指在形势混沌复杂、扑朔迷离多种选择存在情况下，选择一种成本最小、效益最大，同时具有可操作性的最佳应对方略。《孙子兵法》被认为是中国最早对战略进行全局筹划的著作。

《孙子兵法》中的战略思想

宏观战略—方向				中观战略—方法					微观战略—技巧			
计篇	作战篇	谋攻篇	形篇	势篇	虚实篇	军争篇	九变篇	行军篇	九地篇	地形篇	火攻篇	用间篇
慎战	速胜	全胜	先胜	出奇制胜	因敌制胜	以智取胜	因敌而变	善虑	将道	齐一	利动	先知
兵者，国之大事，不可不察。	兵贵胜，不贵久。	必以全争于天下。	先为不可胜，以待敌之可胜。	以正合，以奇胜。	致人而不致于人。	以迂为直，以患为利。	无恃其不来，恃吾有以待。	夫惟无虑而易敌者。	将之至任，不可不察。	齐勇若一，政之道也。	合于利而动，不合于利而止。	动而胜人，先知也。

可以归结为两个字

算：战略规划、分析、预测、运筹。

诈：说白了，就是靠欺骗成功。

准备战争

实施战争

战略分析

- 五事 —— 道、天、地、将、法。
- 七计 ——
  - 1.主孰有能。
  - 2.将孰有能。
  - 3.天地孰得。
  - 4.法令孰行。
  - 5.兵众孰强。
  - 6.士卒孰练。
  - 7.奖罚孰明。
- 庙算 —— 多算胜，少算不胜。
- 胜五 ——
  - 知可以战与不可以战者胜。
  - 识寡众之用者胜。
  - 以逸待劳者胜。
  - 将能而君不御者胜。
  - 攻其不备，出其不意。
- 知彼知己百战不殆

战略选择

上策

伐谋。 用谋略把敌人摆平，兵不血刃。张仪说服诸侯连横亲秦，用嘴皮子（谋略）就把敌人摆平了。

中策

伐交。 次好的策略是用外交封锁、孤立敌人，迫使敌人屈服。苏秦合纵六国以抗秦，即是伐交战略思想。

中下策

伐兵。 如果以上两个策略不行，那就得玩狠的，直接出兵击败敌人。张仪说魏失败，秦国出兵攻打魏国，占领了魏国不少土地，魏国被迫亲秦。

下策

攻城。 最下的策略是攻打敌人的城池，这是迫不得已的办法。公元前298年，齐约韩、魏合纵攻秦，赵、宋与秦联合，但赵、宋没有帮助秦国，齐、韩、魏经3年奋战才攻入秦函谷关，但三国也损失惨重，所谓"杀敌一千，自损八百"。

◎形 篇◎

【导读】

本篇主要论述攻守时的形势，提出"先为不可胜，以待敌之可胜"，即首先要确保自己立于不败之地，然后寻求敌人的可乘之隙，以压倒性的优势击败敌人，从而达到"自保而全胜"的目的。

【原文】

孙子曰：昔之善战者，先为不可胜①，以待敌之可胜②。不可胜在己，可胜在敌。故善战者，能为不可胜，不能使敌之可胜。故曰：胜可知而不可为③。

不可胜者，守也；可胜者，攻也。守则不足，攻则有余④。善守者，藏于九地之下；善攻者，动于九天之上⑤，故能自保而全胜也。

见胜不过众人之所知⑥，非善之善者也；战胜而天下曰善，非善之善者也。故举秋毫不为多力⑦，见日月不为明目，闻雷霆不为聪耳⑧。古之所谓善战者，胜于易胜者也。故善战者之胜也，无智名，无勇功。故其战胜不忒⑨，不忒者，其所措必胜⑩，胜已败者也。故善战者，立于不败之地，而不失敌之败也。是故胜兵先胜而后求战，败兵先战而后求胜⑪。善用兵者，修道而保法，故能为胜败之政⑫。

兵法：一曰度⑬，二曰量⑭，三曰数⑮，四曰称⑯，五曰胜。地生度，度生量，量生数，数生称，称生胜。故胜兵若以镒称铢⑰，败兵若以铢称镒。胜者之战民也，若决积水于千仞之谿者，形也。

【注释】

①先为不可胜：先创造条件，使敌人不能战胜自己。为，造就、创造。不可胜，指我方不致被敌人打败。②待：等待、寻找、捕捉。③胜可知而不可为：指胜利是可以预知的，但敌人是否会出现破绽从而被我击败，则不是我所能决定的。④守则不足，攻则有余：采取防守的办法，是因为自身的力量处于劣势；采取进攻的办法，是因为自身的力量处于优势。⑤九地、九天：九地极言深不可测，九天极言高不可测。⑥见：预见。不过：不超过。知：认识。⑦秋毫：用来比喻最轻微的事物。⑧闻雷霆不为聪耳：能够听到雷霆声算不上耳朵灵敏。聪，指听觉灵敏。⑨不忒(tè)：意思是无疑误，确有把握。忒，失误，差错。⑩措：筹措、措置。⑪求胜：希求胜利，这里含有希望侥幸取胜的意思。⑫政：主其事叫作"政"，这里引申指

先为不可胜，以待敌之可胜。

决定、主宰。⑬度：度量土地幅员。⑭量：容量，这里指战场容量。⑮数：数量，指计算兵员的多寡。⑯称：权衡，这里指双方力量的对比。⑰镒（yì）、铢（zhū）：都是古代的重量单位。一镒为二十四两，一两为二十四铢。这里用来比喻两军实力的悬殊。

【译文】

孙子说：从前善于用兵的人，先创造条件使自己不被敌人战胜，然后等待可以战胜敌人的时机。不被敌人战胜的主动权掌握在自己手里，能否战胜敌人则取决于敌人是否留下可乘之隙。所以，擅长作战的人，能（创造条件）使自己不被战胜，而不能保证敌人一定为我所战胜。所以说：胜利可以预见而不可强求。

不可胜者，守也。

不能战胜敌人的时候，就要加强防守；能战胜敌人的时候，就应该发起进攻。防守是因为取胜条件不足，进攻是因为取胜条件有余。善于防守的人，就像深藏于地下（而使敌人无从下手）；善于进攻的人，就像从九天之上发动攻击（而使敌人无从逃避）。如此，就能自我保全，从而大获全胜。

对胜利的预见不超过一般人的见识，不算高明中的高明；因为战胜而被天下人说好，不算高明中的高明。这就像能举起秋毫的不算力大，能看见日月的不算眼明，能听到雷霆之声的不算耳聪一样。古时候所说的善战之人，都是战胜那些容易战胜的敌人。所以那些善战之人即使胜利了，也不会留下智慧的名声，不会表现为勇武的战功。他们取得胜利是毫无疑问的。之所以毫无疑问，是因为他们所采取的作战方略和部署是合理的，战胜的是已经处于失败地位的敌人。所以善战之人，总是确保自己立于不败之地，而又不放过任何击败敌人的机会。因此，胜利的军队总是先从各方面寻求战胜敌人的条件，然后与之交战；失败的军队总是先与敌人交战，然后才希求侥幸获胜。善于用兵的人，能够从各方面修治"先胜"之道，确保"自保而全胜"的法度，因而能掌握战争胜负的决定权。

故其战胜不忒，不忒者，其所措必胜。

兵法上用五条法则来估计胜利的可能性：一是"度"，二是"量"，三是"数"，四是"称"，五是"胜"。根据战场地形的实

善守者藏于九地之下。

际情况，做出利用地形的判断；根据对战场地形的判断，计算出战场容量的大小；根据战场容量的大小，计算出双方兵力的多寡；根据双方兵力的多寡，判断出双方军事实力的强弱；根据双方军事实力的强弱，判断出作战的胜负。所以，胜利的军队（对失败的军队），就好像以镒称铢（那样居于绝对优势的地位）；失败的军队（对胜利的军队），就好像以铢称镒（那样居于绝对劣势的地位）。胜利者在指挥军队作战时，就像决开了千仞之上的溪水（那样势不可挡），这就是所谓的"形"。

兵法：一曰度，二曰量，三曰数。

● 先为不可胜

善于用兵的人，先创造条件使自己不会被敌人战胜，然后等待可以战胜敌人的时机。

如何做到不可战胜

加强自身防务建设，形成牢固的防守形势。

使自己立于不败之地

审时度势，对敌我双方实力进行综合对比。

战术上完善准备，使军队进可攻，退可守。

整顿军纪，鼓舞士气，并对制度进行修整，使敌军没有可乘之机。

● 自保而全胜

确立优势地位，创造有利条件，先确保军队立于不败之地，再寻求敌人的可乘之机。

兵法上用以下五条来估计胜利的可能性：

度	量	数	称	胜
土地大小	物资多少	军队数量	敌我实力	最终胜利

确认自己已处于绝对优势地位

- 要掌握双方军事实力的消长情况。
- 要因敌变化，随机处宜，灵活变通。

寻求敌人的可乘之机

取胜条件不充足，就应该采取守势。

取胜条件充足，就应该采取攻势。

自保而全胜

实用谋略

◎隋文帝先备后战灭陈国◎

孙子在论述攻和守时，强调首先要确保自己立于不败之地，然后寻求敌人的可乘之隙，最终在条件成熟的情况下，一鼓作气消灭敌人。隋文帝灭陈的事迹，便很好地体现了孙子的这一思想。

南北朝后期，当时的北周丞相杨坚受禅让而继帝位，建立隋朝，是为隋文帝。当时，南方陈朝与隋隔江对峙，而北部尚有游牧民族突厥不时南侵。尽管新建的王朝力量单薄，但隋文帝胸怀大志，决心先灭突厥，后灭陈朝，一统天下。

隋文帝与大臣商议灭陈大计。

隋军横渡长江天堑。

为了增强国力，隋文帝在政治、经济等方面进行了一系列改革，他精简政府机构，鼓励农耕，提倡习武，在他的精心治理下，隋朝政权巩固，社会安定，人口增长迅速。

开皇三年（583），隋军北上攻打突厥，为了稳住陈朝，以免其趁机进攻，导致自己腹背受敌，隋文帝对陈朝采取了十分"友好"的策略：每次抓获陈朝间谍，不但不杀，反而以礼相待并送还；如果有人前来投靠，只要是陈朝人，必定加以拒绝。

在击溃了突厥之后，隋文帝开始着手灭陈大计。但中间隔着长江天险，如果贸然进攻，很难一举成功。"不可胜者，守也"，隋文帝不急不躁，在耐心等待时机的同时，不断为自己创造获胜的条件。

每到收获季节，隋文帝就调集大军，集结于长江沿岸，并大肆制造过江攻陈的舆论。陈朝只能每次都紧急征调人马，结果不得不放弃田里的农活，延误了农时，影响了收成。江南的粮仓多是用竹木搭建而成，隋文帝就派间谍偷偷潜入陈国纵火，陈朝的粮仓多次被焚毁。这样过了几年，直接造成陈朝国库空虚，军队疲惫，国力日渐衰弱。

"守则不足，攻则有余。"面对上述有利形势，隋文帝判断灭陈的时机已经成熟，"可胜者，攻也"，于是果断任命杨素为水军总管，日夜操练水军。隋军屯兵大江前沿，每次换防时都故意虚张声势。陈军惊惧不已，以为隋军要渡江进攻，急忙调大军来防。时间久了，陈军疲于应付，劳累不堪，然而始终不见隋军进攻，渐渐地就放松了警惕。渡江前夕，隋军这边又派出大批间谍潜入敌国进行骚扰、破坏，搅得陈朝军民不得安宁，士气自然也变得低落。

开皇九年（589）大年初一，陈朝正沉浸在节日的喜庆氛围之中，正是警惕性最低的时候，隋军却在大将贺若弼的率领下，于午夜时分悄然渡江，顺利登上京口城楼。另一大将韩擒虎也率领数百勇士摸黑渡江，占领了采石矶。隋军宛如从天而降的神兵，正是"善攻者，动于九天之上"。

而后，两军从东西两面沿长江向陈朝都城建康进军。南朝军队在战斗力上向来不及北方军队，加上疏于防备，一个个惊慌失措，不战而逃。隋军一路攻无不克，二十天后占领建康。至此，隋朝终于结束了西晋末年以来三百多年的分裂局面，统一了中国。

◎李牧养精蓄锐胜匈奴◎

善于用兵的人，先创造条件不被敌人战胜，然后等待战胜敌人的时机。李牧养精蓄锐胜匈奴的故事，就充分说明了这一点。

战国时，北方少数民族匈奴的力量已经非常强大，屡次派骑兵南下侵扰赵国边境，掠夺财物。赵国不堪其扰。匈奴骑兵兵强马壮，动作迅猛，赵军只能疲于奔命，却无计可施。为抵御匈奴，赵孝成王任命李牧为边将，率兵驻扎在雁门关一带。

李牧上任后，却并不急于与匈奴交战，而是按照自己的方式来设立官吏。他把收上来的赋税全部人库，作为军费开支，每天宰杀牛羊，犒劳士兵；平日则加紧督促士兵操练骑射，精习武艺。他还命令士兵提高警惕，加强边境巡逻，完善烽火等报警设施，并派出许多间谍刺探匈奴人的动向。李牧不准士兵出去和匈奴人交战，命令全军："若匈奴来此侵扰，立即收拾财产，驱赶牛羊入城，严防死守。胆敢出战迎敌者，斩！"

匈奴每次来犯，军民便马上退入城中，不与匈奴交战，这样的情况一直维持了好几年，国家没有受到任何损失。可是匈奴那边却认为是李牧畏惧与自己交战，即使是守卫边境的赵国士兵也认为自己的将领怯懦。

赵王将这些情况告诉了李牧，暗示他改变方略。李牧却不作改变，处理匈奴侵扰的态度依然如故。赵王见此，十分恼怒，于是将李牧召回，撤了他的职，改派他人指挥边防军民。此后一年多的时间里，匈奴每来侵扰，新上任的将领就出城迎击，

李牧固守不出应对匈奴侵扰。

却多次战败，死伤了不少人马，财物损失也极其严重，靠近边境的地方甚至不能正常地耕田放牧。

不得已之下，赵王又想起了李牧，打算派他重新镇守边疆。李牧则坚持称病不出，赵王没办法，只好强请李牧出山，李牧趁机对赵王说："大王要是真想用我，我还是坚持原来的策略不变，只有你允许了，我才敢领命。"赵王同意了李牧的请求。

李牧复职之后，重申了以前与将士们的约定，还是采取敌人侵扰便退守的策略。匈奴来了不能和赵军交战，连续几年都没有重大战果，又掠夺不到任何东西，却始终认为李牧胆怯。李牧又经常奖赏将士，赏赐多了，将士们无功受禄，心中不安，宁愿不要赏赐犒劳，只想和匈奴痛痛快快地打上一仗。

李牧养精蓄锐胜匈奴。

眼见赵军上下士气高涨，李牧认为与匈奴大战一场的时机成熟，于是调集精锐部队准备作战。他精选了战车1300辆，战马1.3万匹，全身披甲、手持利刃的武士五万人，弓箭手十万人，每天率军操练，准备迎接即将到来的大战。

大战之前，李牧下令大开城门，将牛羊都驱赶到田野里。一时之间，牲畜、边民布满山野。匈奴人闻讯后，立即前来抢掠。李牧先是佯装不敌，节节败退，并且故意丢下数千人。匈奴单于见赵军不过如此，于是率领大军进入边境抢掠。

而李牧早已暗中布下奇阵，静候匈奴主力的到来。他命中军诱敌，以战车和弓弩手从正面迎击，实行防御作战，同时以骑兵和精锐步卒为预备队。匈奴骑兵受战车限制，早先来去如风的机动优势难以发挥，又受到弓弩手的射杀，损失惨重。李牧乘机指挥预备队从两翼

李牧率军追击匈奴残兵。

夹击包抄匈奴大军，经过激烈交战，匈奴大部被歼，李牧斩杀十万余骑。李牧乘胜北进，迫使邻近的东胡、林胡等边疆少数民族政权臣服于赵国。此后的十余年时间里，匈奴不敢再犯赵国边境。

从李牧对付匈奴的策略中，我们不难看出，李牧命令军队坚守要塞，只求护民保物而不求与敌交战，在养精蓄锐数年之后才与敌人对决，这正与孙子的"先为不可胜，以待敌之可胜"的战略思想相合。

◎王翦灭楚◎

战国后期，秦国大将王翦用坚守之策，一方面韬光养晦，厉兵秣马；一方面示敌以弱，让其麻痹大意，掉以轻心，最后一举灭掉了楚国这个强大的对手。这一事迹也充分体现了孙子"先为不可胜，以待敌之可胜"的战略思想。

公元前225年，秦王嬴政在统一六国之战中终于要面对自己最大的对手——楚国。一开始，嬴政询问老将王翦灭楚需要多少人马。王翦回答说，至少需要六十万。而这时，青年将领李信却扬言只要二十万人马就足以拿下楚国。嬴政听后，认为王翦年纪大了，不复当年之勇，心中非常失望，于是决定起用看上去更勇敢的李信为将军，

军中王翦。

蒙武为副将，率二十万兵马进攻楚国。王翦默不作声地退下，然后告老还乡。

李信初战告捷，心中更是轻敌，而后纵深挺进，深入楚国腹地。楚王派项燕为大将，领兵二十万。两军会战于西陵，秦军遭遇埋伏，腹背受敌，猝不及防之下，大败而逃。项燕则乘胜追击，杀秦军都尉七人、士卒无数，直至平舆，收复了全部的失地，李信伐楚最终以惨败告终。

消息传回国内后，嬴政一怒之下削除了李信的官职，然后亲自登门请以病告退还乡隐居的王翦出山。王翦无法推托，只好答应出兵，但他仍坚持原来的说法，非六十万人马不足以战胜楚军。

秦王不解，王翦解释说："列国互相争斗，都是以强凌弱，以多侵少。每次交战，杀人动辄数万，围城动辄数年，有些国家更是全民服兵役，军队人数剧增。想那楚国是大国，地域广阔，人口众多，资源丰富，只要楚王一声令下，很快就能动员百万之众参战。我们要想征服楚国，六十万兵马恐怕还嫌少呢。"嬴政听罢，心服口服，马上拜王翦为大将，命其率六十万大军征讨楚国。

王翦灭楚。

王翦率军来到楚国边境后，楚军闻讯立即发兵。两军在边境上对垒，战事一触即发。然而出人意料的是，王翦只命令军队驻扎于天中山下，连营十里，不许出战，只能坚壁固守。项燕每日派人到阵前挑战，王翦任凭对方如何挑衅，都高挂免战牌置之不理，军士一概不许应战。就这样日复一日，项燕也认为王翦年事已高，胆怯无用，惧怕楚军，于是他渐渐重蹈李信骄傲轻敌的覆辙，这种情绪在整个军营中逐渐弥漫开来。

与对外表现出的安静截然相反，秦军军营内部完全是另外一番景象：王翦命人每天杀猪宰羊，改善士兵饮食，而且将军与士兵同吃同住，上下同心，亲如一人。王翦一面禁止部下出战，一面却教导士卒进行投石和跳跃的训练。楚军听到这一消息后，对秦军更加蔑视，认为他们不思进取，玩物丧志，实际上，王翦正是用这种巧妙的方式来帮助士兵增强体质，提高战斗技能，同时麻痹了敌人。此外，王翦还命令秦军不许越过楚国边界去砍柴，抓获楚国边境百姓要用酒肉热情款待，然后释放回家。没过多久，秦军怯战和"友好"的讯息，在楚国边境一传十，十传百，楚国百姓的心情从一开始的对抗与恐惧，逐渐转为亲近与安定。

如此相持了一年多，项燕求一战而不可得，于是戒备松懈，士兵慵懒，疏于防备和操练，对战争毫无警觉。而秦军休整操练一年有余，精力旺盛，士气高昂。王翦见此，认为伐楚的时机已经到来，此时出击必胜无疑。

于是，在某一天，王翦突然下令向楚军发起全面进攻。他选出两万精兵作为先锋，又分兵数路同时向楚军发起猛攻，并命令部队打败敌人后各自为战，向楚国纵深进攻。有备而来的秦军势如破竹，所向披靡。楚军毫无防备，仓皇应战，一触即溃，士兵纷纷逃散，曾经强大的楚军如今竟是不堪一击。王翦乘胜追击，在短短几个月内就先后攻占了淮北、淮南、江南等地，一举攻破楚都寿县

（今安徽曹县西南），最后俘虏了楚王负刍，大将项燕被迫自杀。

当时有句俗语言道："横则秦帝，纵则楚王。"可见楚国实力之强盛与秦国不相上下，然而从公元前225年到公元前223年，秦国仅用了三年时间，就灭掉了楚国。撇开政治、经济等一系列更为深刻的历史背景不谈，单是灭楚之战的经过就颇值得后人深思。

商业案例

○《华府邮报》的成功○

先保证自己不被打败，再争取打败对手，这一思想不仅适用于军事领域，也适用于商业领域。《华府邮报》的成功，就很好地证明了这一点。

《华府邮报》是一份中文报纸，主要发行区域为美国首都华盛顿及其邻近地区，于1983年3月创刊。《华府邮报》之所以发展迅速，主要有以下几个原因：

一、以华盛顿地区华人为主要消费群体，经常以华人或地区的社团活动为新闻主题，而将美国或其他国际新闻放在次要地位。

二、重视读者的生活需求，如开辟儿童版，登载医疗、税务、移民、房地产，还有电影电视、武侠小说、婚丧喜庆等各种贴近生活的新闻，读者觉得有亲切感，自然购买更加踊跃。

三、用低价招揽广告，然后将各类广告归并起来，并协助广告商进行美工设计。拥有这些优厚的条件，报纸在创办之初广告就蜂拥而至，有时广告太多，不得不临时增加一个版面。发展到后来，出现了这样一种情况：哪家商号不在《华府邮报》上刊登广告，就好像它不是当地的华人商店，尤其以诊所、饭店、杂货店等最为明显。

四、报纸以周报的方式发行，发行量在5000份到10000份之间，而且报纸就摆在超市里免费赠送，也接受订阅，一年只收十美金的邮费。

五、尽量降低成本。全天工作人员只有五六人，公司的股东会帮忙送报纸，主要是去超市或送小孩上中文学校时顺便代劳。拉广告等事宜则由几位兼职业务员负责，虽然没有薪酬，但可以从广告中抽成。

美国的华人很多，有这样庞大的消费群体，华文报纸数量自然不少，竞争激烈，此起彼落。而《华府邮报》之所以能在竞争中保持稳固的态势，主要是靠"先为不可胜"来巩固自己，尤其懂得突破传统中文报的格局，将办报方针定位在满足读者需求上，如广告太多需要增加版面，但往往会出现剩余，这时候就干脆整版登载武侠小说。这样的报纸或许"格调"不够高，却牢牢抓住了读者的眼球和心理，很多人看完后都大呼过瘾，欲罢不能。

办报作为一项文化服务事业，首先必须具备为文化服务的热忱，抱着这种信念才能有所发展。当然，有了利润，报纸才能长久维持下去，而广告是报社最大的财源，但有一点必须弄清楚，只有报纸的水平能够吸引到足够多的读者，厂商才会考虑在上面投放广告。归根结底，报纸本身的水准才是最关键的。如果一心只想着赚钱，就是本末倒置了。

○国际商业贸易中的"胜于易胜者"○

善于作战的人，总是选择去对付那些已经处于极易被战胜的位置上的敌人。而在国际商业贸易中，这个道理多为那些资金实力较弱、技术较落后的国家或商家所采用。

20世纪90年代，我国正处于市场经济发展的初级阶段，与发达国家相比较，重工业产品如机床、工程机械等较为落后，只能出口到东南亚和非洲等不发达地区，而很难进入欧美、日本等发达国家和地区的市场。

因为在不发达地区，我国的重工业产品在人力资源、价格上拥有很大优势，容易击败发达国家较贵的重工业产品。但我国出口到日本和西方国家的以自行车居多而汽车极少，因为我国的汽车在当地无论是价格还是质量，基本上毫无优势，自行车则价廉物美，深受消费者的欢迎。出口到俄罗斯的以轻工业产品为主，因为俄罗斯的工业本身发展极不平衡：重工业非常发达，轻工业则落后得多，我国的轻工业产品在价格、样式上与其他国家相比，可说是占有绝对优势。

中国的工业起步较晚，基础比较薄弱，与日本和西方国家的差距并非短时间内所能弥补，这种客观存在的先天不足决定了我国一开始无法与发达国家硬碰硬，在这种情况下，策略的选择就非常重要。正是靠着"胜于易胜者"这一销售方式，中国的经济逐渐发展起来了，为我国由制造大国逐渐转向制造强国创造了有利的条件。

【点评】

　　《形篇》实际上是孙子"全胜"思想的一种延伸。在这里，孙子指出，胜利者与失败者在战争之前所处的形势就已经不同了。在战争中能够取得胜利的一方，往往在军事实力、外部环境、战前筹划等各方面都比对手高出一截，所以在开战之前就已经处于胜利的地位。

　　诚然，在历史上，以少胜多，以弱胜强的例子屡见不鲜，但《孙子兵法》讨论的是战争中的普遍规律，即实力决定着战争的主动权。实力的强大就像"决积水于千仞之溪者"，一旦倾泻下来，便势不可当。

孙子谈兵。

　　然而，对于战争的胜负是否就完全由实力决定，孙子的态度还是十分谨慎的，他没有打保票，只是告诉我们："不可胜在己，可胜在敌。"是不是能够打败敌人，这是由诸多因素决定的；但是，我们至少要保证使自己立于不败之地。

　　战胜对手、获得荣誉当然令人神往，但其间的难度正如孙子所言："胜可知而不可为。"做一件事到底能不能成功，自己本身可以决定一部分，剩下的则还要取决于其他因素。比如你可以通过刻苦学习，巩固并提高知识水平，但是当你走进考场之后，同学的水平也是会变化的，而考试过程本身也会出现不确定因素，因此是否能取得理想的名次或者成绩是没有绝对把握的。

　　客观地讲，没有人能绝对"立于不败之地"，因为你会这样想，对手也会这样想，甚至比你做得更好。但我们不必悲观绝望，凡事先打好基础，充分利用一切条件，尽最大努力，这样，成功的概率就大多了；即便是失败了，也可以问心无愧。

《孙子兵法》对竞争取胜之道的启示

集中 9
集中兵力，以多胜少。

主动 8
将对抗的主导权控制在自己手里。

先知 1
尽可能多了解对手。

任势 7
积极创造有利于自己的态势。

竞争取胜之道

五事 2
道、天、地、将、法。

击虚 6
选择对手脆弱的环节打击。

全胜 3
以谋略使敌军屈服。

出奇 5
颠覆性的策略。

诡道 4
尽可能欺骗对手。

战争的本质 → 暴力对抗行为

蕴含巨大破坏性。

耗费巨大。

杀敌一千，自损八百。

易演化为互相报复伤害的恶性循环。

取胜之道

战略家追求的

不是战略家追求的

以最小的代价，取得最完美的胜利

取胜代价过于惨重，意味着新灾难的开始

跳出战争来理解战争 → 找到一条超越战争的取胜之道

　　战争只是一种手段，战争本身并不是目的。明智的战略家，避免将取胜的重心放在暴力的直接对抗上，追求的是不战而屈人之兵的全胜之道。

◎ 势 篇 ◎

【导读】

本篇主要论述在军事实力的基础上，如何发挥将帅的指挥才能："奇"与"正"相结合，使战术生生不息、变化无穷，还要善于选择人才，从而形成有利态势并善加利用，出奇制胜地打击敌人。

【原文】

孙子曰：凡治众如治寡①，分数是也②；斗众如斗寡③，形名是也④；三军之众，可使必受敌而无败者⑤，奇正是也⑥；兵之所加，如以碫投卵者⑦，虚实是也⑧。

凡战者，以正合⑨，以奇胜。故善出奇者，无穷如天地，不竭如江河。终而复始，日月是也。死而复生，四时是也。声不过五，五声之变⑩，不可胜听也。色不过五，五色之变⑪，不可胜观也。味不过五，五味之变⑫，不可胜尝也。战势不过奇正，奇正之变，不可胜穷也。奇正相生⑬，如循环之无端⑭，孰能穷之⑮？

【注释】

① 治众如治寡：管理人数众多的部队就如管理人数很少的部队一样。治，治理、管理。② 分数：把整体分为若干部分，这里指军队的组织编制。③ 斗众：指挥人数众多的军队作战。④ 形名：指古时军队使用的旌旗、金鼓等指挥工具，这里引申为指挥。古代战场上投入的兵力多，分布面积很广，加上通信不发达，临阵对敌时，将士们无从知道主帅的指挥意图和信息，所以主帅便用高举的旗帜来让将士明白何时前进或后退等，用金鼓来节制将士进行或结

凡治众如治寡。

束战斗。形，指旌旗。名，指金鼓。⑤必受敌：一旦遭受敌人进攻。必，一旦。⑥奇正：指古代军队作战的变法和常法，常法为"正"，变法为"奇"。含义甚广，简单来说，就是指常规战术和灵活变换的战术。⑦碫（duàn）：磨刀石，泛指石块。⑧虚实：指强弱、劳逸、众寡、真伪等，这里是以强击弱、以实击虚之意。⑨合：会合、交战。⑩五声：我国古代将宫、商、角、徵、羽五个基本音阶称为五声。⑪五色：我国古代以青、赤、黄、白、黑五种颜色为正色。⑫五味：指甜、酸、苦、辣、咸五种味道。⑬奇正相生：奇正之间相互依存、转化。⑭循环之无端：指奇正变化转换，循环不止，永无尽头。循，顺着。环，圆环。无端，无始无终。⑮穷：穷尽。之：代指奇正相生变化。

三军之众，可使必受敌而无败者。

【译文】

孙子说：要想做到管理人数众多的军队像管理人数少的军队一样，靠的是好的组织编制；要想做到指挥人数众多的军队作战如同指挥人数少的军队作战一样，靠的是指挥号令的有力贯彻；要想使三军将士，即使受到敌人的攻击也不会溃败，要靠"奇、正"运用得当；要想使军队进攻敌人如同以石击卵一般，靠的是"以实击虚"的战略战术运用得当。

凡战者，以正合，以奇胜。

大凡作战，都是以正兵当敌，以奇兵取胜。所以，善于出奇制胜的人，其战法变化就如天地那样无穷无尽，如江河那样永不枯竭。终而复始，就像日月此起彼落；死而复生，就像四季交替更迭。声音不过是宫、商、角、徵、羽，然而这五个音阶的组合变化，却产生了听不胜听的音调；颜色的正色不过是青、赤、黄、白、黑，然而这五种颜色的配合变化，却产生了看不胜看的色彩；味道不过是酸、甜、苦、辣、咸，然而五种味道的调配变化，却产生了尝不胜尝的味道。战势，不过奇、正两种，然而这奇与正的变化，却无穷无尽。奇、正的变化，就像顺着圆环行走，没有起点和终点，谁能穷尽它呢？

⊙名家论《孙子兵法》

"虚实"和"奇正"都属于"有所有余，有所不足"的运用之妙。但这两个概念又有所不同。"虚实"主要是指整个战局的兵力部署，即如何通过分散集结的运动变化以造成预定会战地点上的我优敌劣（"我专而敌分"，"我众敌寡"）；而"奇正"则是指投入实际战斗的兵力配置，即按先出、后出，正面接敌与侧翼突袭，主攻和助攻等而对兵力所做的分配。范围各不相同。

——李零

● 治众如治寡

> 只要编制合理，号令得当，治理再大的军队也如同治理一个小军队一样简单。

统领大军"如烹小菜"的方法

组织编制

国 ◄ 国家、邦国。

军 ◄ 最高编制单位12500人。

旅 ◄ 战车编组单位500人。

卒 ◄ 基层组织单位100人。

伍 ◄ 最基层组织单位5人。

信息通讯

金（锣）鼓（战鼓）。

旌旗号角。

烽火狼烟。

快马驿站。

正兵当敌
奇兵取胜
奇正相生
无穷无尽

正 法
先出为正，正面为正，明战为正。

奇 策
后出为奇，侧翼为奇，暗攻为奇。

作战指挥

组织编制　　　指挥作战　　　信息通讯

三者兼具，则无往不利

【原文】

激水之疾①，至于漂石者，势也；鸷鸟之疾②，至于毁折者，节也③。是故善战者，其势险，其节短。势如彍弩④，节如发机⑤。

纷纷纭纭，斗乱而不可乱也⑥；浑浑沌沌，形圆而不可败也⑦。乱生于治，怯生于勇，弱生于强⑧。治乱，数也⑨；勇怯，势也；强弱，形也。故善动敌者，形之，敌必从之⑩；予之，敌必取之。以利动之，以卒待之⑪。

【注释】

① 激水之疾：指湍急的水流以飞快的速度奔泻。疾，急速。② 鸷(zhì)鸟：凶猛的鸟，如鹰、雕等。③ 节：节奏。④ 彍(guō)弩：指张满待发的弓弩彍。彍，把弓弦张满。⑤ 发机：触发弩机的机钮，将弩箭突然射出。机，弩机，古代兵器，"弩"的机件，类似于今天枪上的扳机。⑥ 斗乱：指在混乱的状态下作战。⑦ 形圆：指摆成圆阵，保持态势，部署周密，首尾连贯，与敌作战时应付自如。⑧ 乱生于治，怯生于勇，弱生于强：关于这句话有两种解释：一说，在一定条件下，"乱"可以由"治"产生，"怯"可以由"勇"产生，"弱"可以由"强"产生。一说，军队要装作"乱"，本身必须"治"；要装作"怯"，本身必须"勇"；要装作"弱"，本身必须"强"。这里取第一种解释。⑨ 治乱，数也：

激水之疾，至于漂石者。

军队的治与乱，是由组织编制是否有序决定的。数，指军队的组织编制，即前面所说的"分数"。⑩ 形之，敌必从之：指用假象去迷惑敌人，敌人必定会判断失误而上当。形，即示形，将伪装的形态展示给敌人。⑪ 以利动之，以卒待之：指用小利引诱调动敌人，用伏兵等待敌人并一举将其击破。

【译文】

湍急的流水以飞快的速度奔泻，以致能把石块漂移，这是由于它强大的水势；猛禽从空中突然疾速俯冲下来，以致能使目标毁折，这是由于它节奏的迅猛。因此，善于指挥作战的人，他所造成的态势是险峻的，他的行动节奏是短促的。这种态势，就像张满弓弩；这种节奏，就像扣发弩机。

旌旗纷乱，人马混杂，在混乱的情形下作战，要能使自己的军队整齐不乱；在战局模糊不清、势态混沌不明的情况下作战，要部署周密而能应付四面八方的情况，保持态势让自己立于不败之地。在一定条件下，严整可以转化为混乱，勇敢可以转化为怯懦，强大可以转化为弱小。军队的严整与混乱，是由组织编制是否有序决定的；勇敢与怯懦，是由军队所处的态势决定的；强大与弱小，是由实力决定的。所以，善于调动敌人的人，制造假象来迷惑敌人，敌人一定会被他调动；给敌人一些小利，敌人一定会前来夺取。用利益来引诱调动敌人，再埋伏士兵伺机打击它。

⊙ **名家论《孙子兵法》**

战法只有灵活多变，奇正相生，互为其根，做到出其不意、攻其无备，才能收到出奇制胜的功效。奇正的巧妙运用，又能创造出我实敌虚的有利态势。所以不仅虚与实、奇与正互为其根，而且奇正与虚实也是互相依存、互为条件。

——李零

斗乱而不可乱也

即使再混乱的局面，都不能使己方变得混乱，要冷静沉着，以合适的谋略方式应对。

要擅于应对你的敌人

 治　有严整的组织。   乱　装作混乱示敌。

 勇　士卒勇猛有志。   怯　装作怯懦示敌。

 强　有强大的兵力。   弱　装作弱小示敌。

1. 整治或混乱，由编制的好坏决定。
2. 勇敢或怯懦，由战势的得失产生。
3. 强大或弱小，由兵力优劣而形成。

1. 用假象迷惑敌人，敌人一定会上当。
2. 用利益引诱敌人，敌人一定会被诱惑。

用好处牵动敌人。 用伏兵伺机伏击敌人。

擅于牵制敌人

【原文】

故善战者，求之于势，不责于人①，故能择人而任势②。任势者，其战人也③，如转木石。木石之性，安则静④，危则动⑤，方则止，圆则行。故善战人之势，如转圆石于千仞之山者，势也⑥。

【注释】

①不责于人：不苛求部属。责，苛求。②择人而任势：挑选适当的人才，充分利用形势。任，任用、利用。③战人：指挥将士作战。与《形篇》中"战民"的意义相同。④安：安稳，这里指地势平坦。⑤危：高峻、危险，这里指地势高峻陡峭。⑥势：指在"形"（军事实力）的基础上，发挥将帅的主观能动性，所造成的有利的军事态势和强大的冲击力量。

【译文】

所以，善于指挥作战的人，所寻求的是可以利用的"势"，而不会苛求部属，因而能选到合适的人去利用有利的形势。能够利用有利形势的人，他指挥将士作战，就像转动木头和石头那样。木头和石头的

如转圆石于千仞之山。

本性，放在平坦的地方就静止，放在高峻陡峭的地方就滚动；方形的木石就容易静止不动，圆形的木石就容易滚动。所以善于指挥作战的人所造成的有利态势，就如同把圆石从千仞的高山上推下来（那样不可阻挡），这就是所谓的"势"。

⊙名家论《孙子兵法》

我们要讲《孙子》的战术思想，首先要从中国古代战术学的名称"形势"说起。《孙子》书中有《形》《势》两篇，对"形""势"二字的含义有具体解释。

"形"，含有形象、形体等义，在《孙子》书中主要指战争中客观、有常、易见的诸因素。如《形》提到"胜可知而不可为"，这种"可知而不可为"之"胜"就是"形"。它主要是指实力的概念，即所谓"强弱，形也"（《势》）；而实力的概念又主要与军赋制度，即算地出卒之法有关。所以《形》要以"地生度，度生量，量生数，数生称，称生胜"作为全篇的总结。它是对应于战争认识过程的第一阶段，即定计过程。

"势"，含有态势之义，在《孙子》书中主要指人为、易变、潜在的诸因素。它与"形"相反，多指随机的、能动的东西，如利用优势，制造机变灵活（"势者，因利而制权也"）；利用环境，制造勇敢（"勇怯、势也"）。它是对应于战争认识过程的第二阶段，即计的实行过程。

"形"和"势"这两个概念在《孙子》书中有一定区别，但又可相互转化，有时显得含义无别。例如《虚实》所说"故形人而我无形"，"形兵之极，至于无形"。这种"形"很明显已经不是什么客观、有常、易见的"形"，而是人为造成的变化莫测之"形"，实际上也就是"势"。"形""势"两字连言，含义主要是指后者，即人为的态势。

银雀山汉简《奇正》说："有所有余，有所不足，形势是也。"它所指的主要就是"战斗的部属与实施"这一概念，所以在中国古代兵书分类中，"形势"也就成为战术学的代名词。

——李零

● 善战者，求之于势

　　善于指挥作战的人，会把精力专注于战势上。要善于创造和利用各种态势来制造胜利的机会。

利用"势"赢得胜利

善战者
求之于势，不责于人

择人而任势

安则静。

危则动。

任势者
其战人也，如转木石

方则止。

圆则行。

实用谋略

◎耿弇出奇制胜◎

　　行军打仗时，充分发挥将帅的指挥才能，使战术生生不息、变化无穷，这对战役的胜败起到非常关键的作用。"耿弇出奇制胜"的故事，就是一个很好的例子。

　　东汉初年，全国各地分布着大大小小的农民起义队伍和打着各色旗号的地主割据武装，刚刚称帝的光武帝刘秀仅占有司隶校尉部（今陕西中部、河南西部地区）和冀、幽、豫、并等州（今河北、山西大部，河南南部，安徽西北部地区），其余土地均为地方豪强所占据。

　　建武五年（29）十月，建威大将军耿弇奉光武帝之命率军东进，征讨割据势力张步。张步闻讯后，急令其大将军费邑率兵据守历下城，同时又分兵驻守祝阿，还在泰山、钟城等地列阵布兵，企图阻截汉军东进。

耿弇率军渡过黄河后，首先攻打祝阿，从早上开始攻城，还没到中午就将城攻了下来。耿弇还故意将包围圈打开了一个口子，让城中的守军得以逃往钟城。驻扎在钟城的军队听说祝阿已然陷落，人人惊恐，最后竟然弃城而四散逃走。此时，坐镇历下的费邑一面凭城固守，一面派自己的弟弟费敢率兵前往巨里驻守。耿弇分析

耿弇出奇制胜。

了当时的形势之后，决定进军巨里。到达巨里后他命士兵砍伐树木，说是要放火烧城。过了几天，有叛逃过来的人报告说：费邑听说耿弇要攻打巨里，想要前来救援。根据这一情报耿弇立即命令军队准备攻城器具，并且通告各部，三日后攻城，还暗地里释放捉来的俘虏，并且故意让俘虏得知攻城的日期。这些俘虏回到费邑那里，将耿弇攻城的日期告诉了费邑。

三日之后，费邑果然带了三万精兵前来救援。耿弇大喜，对诸将说："我所以准备攻城器具，就是想引诱费邑前来，如今他带兵来到这里，正是我所希望的。"随即留下了三千人马驻守巨里大营，自己带领精兵占据了附近的高地。费邑军到后，立即遭到了耿弇的伏击，耿弇的士兵从高地上俯冲下来，有如洪水一般，费邑的部队招架不住，很快就全军覆没了，费邑本人也被斩杀。耿弇命人将费邑的首级展示给巨里城中的守军观看，城中守军万分惊恐。费敢自知难以守住巨里，便带领军队逃回了张步那里。

此次耿弇与费氏兄弟的较量，便是对"奇、正"巧妙运用的最佳说明。耿弇准备攻城器具，这是攻城之前必须要做的工作，是极为常规的攻城之法，这就是"正"；而攻城是假，骗费邑前来救援才是真。屯兵高地之上，只等费邑一到便冲下破之，这就是"奇"。正与奇说来简单：一个是常规的，是最一般的方法和原则；一个是不常规的，讲求的是以奇兵制胜。然而奇正的搭配，却形成了千万种战法，衍生出千万条计谋。

◎淝水之战◎

大凡作战，都是以正兵当敌，以奇兵取胜。善于出奇制胜的人，其战法变化就如天地那样无穷无尽。东晋将领谢石在"淝水之战"中出奇制胜，便很好地体现了这一点。

东晋时，占据北方的前秦在贤臣王猛的辅佐下迅速强盛起来，秦王苻坚踌躇满志，一心想吞并偏安江南的东晋王朝。王猛去世前，再三告诫苻坚不要发兵攻打东晋。但没过多久，苻坚就把王猛的苦心叮咛抛在了脑后，欲以"疾风扫秋叶"之势一举荡平东南，完成大统。

公元383年八月，苻坚不顾群臣反对，亲率步兵六十万、骑兵二十万、羽林军三万从长安南下；又命梓潼太守裴元略率水师七万从巴蜀顺流东下，向建康进军。苻坚骄狂地宣称："以吾之众旅，投鞭于江，足断其流。"意思是把队伍所有的马鞭投到江里，就能截断水流。

面对这生死存亡的危急关头，东晋王朝中以丞相谢安为首的主战派决意奋起抵御。晋帝任命谢安之弟谢石为征讨大都督，谢安之侄谢玄为先锋，率领战斗力较强的"北府兵"（东晋战斗力最强的主力军，是从北方的流亡移民中选拔精壮者，经过严格训练而建立起来的一支军队）八万迎击秦

军主力；派胡彬率领水军五千火速增援战略要地寿阳（今安徽寿县）；任命桓冲为江州刺史，率十万晋军于长江中游地区阻截顺江东下的秦巴蜀军。

十月十八日，苻坚之弟苻融率前锋部队攻占寿阳，并俘虏了守将徐元喜。苻坚一到寿阳，就派原东晋将朱序前往晋军大营劝降。然而，令苻坚万万想不到的是，朱序到晋营后不但没有劝降，反而向谢石提供了秦军的情况，并献策说："秦军虽有百万之众，但还在

东晋降将朱序前往晋军大营。

进军之中，如果兵力集中起来，晋军将难以抵挡。应该趁秦军尚未全部抵达的时机，迅速发起进攻，只要能击败其前锋部队，挫其锐气，就能击破前秦百万大军。"谢石认为朱序的分析很有道理，便采纳了他的建议，改变先前制订的坚守不战、待敌疲惫再伺机反攻的作战方针，决定转守为攻，主动出击。

十一月，谢玄派刘牢之率精兵五千奔袭洛涧，揭开了淝水之战的序幕。秦将梁成率部五万在洛涧边上列阵迎敌。刘牢之分兵一部迂回到秦军阵后，切断其归路；自己则亲率士兵强渡洛水，猛攻秦阵。秦军不敌，勉强抵挡了一阵便土崩瓦解，死伤达一万五千余人，主将梁成战死，余下的官兵争先恐后渡过淮河逃命去了。

洛涧大捷令晋军士气空前高涨。谢石趁势水陆并进，直抵淝水（今淝河，在安徽寿县南）东岸，在八公山边扎下大营，与寿阳的秦军隔岸对峙。苻坚在寿阳城上，看到晋军军容严整，行阵整齐，心中有些惊慌，误把淝水东面八公山的草木也当成是晋兵了。他对弟弟苻融说："这是劲敌！怎能说他们是弱敌呢？"于是命令部队坚守河岸，等待后续援军的到达。

谢石看到敌众我寡，知道只能速战速决；但秦军紧逼淝水西岸布阵，晋军无法渡河交战，此时他心生一计，便派使者去见苻融说："将军率军深入晋地，却紧逼河岸布阵，难道是想长久相持，而不打算速战速决吗？不如你把阵地稍稍向后移，空出一块地方，让我军渡过淝水，双方一决胜负，如何？"

秦军诸将都表示反对，但苻坚认为己方可以将计就计：先让军队稍向后退，等到晋军渡河渡到一半时，突然以骑兵冲杀，晋军进退两难，又无法组织起有效的抵抗，必败无疑。这也是兵法上常用的一招。

苻融对苻坚的计划表示赞同，于是答应了谢石的要求，指挥秦军后撤。但秦兵人数众多，加上多是被强行征至前线卖命，士气低落，结果一后撤就失去了控制，阵势大乱。谢玄率领八千多骑兵，趁势抢渡淝水，向秦军发起了猛烈进攻，这正是"善战者，其势险，其节短。势如弩，节如发机"。

与此同时，身处秦军阵后的朱序大声喊道："秦兵败了！秦兵败了！"周围的秦兵信以为真，纷纷转身奔逃。后军的动摇就像滚雪球一样蔓延到了前军。苻融眼见大事不妙，急忙骑马前去阻止，企图稳住阵脚，不料战马被乱兵冲倒，还没从地上起来，就被后面晋军的追兵杀死。

失去主将的秦兵越发混乱，没多久便彻底崩溃。前锋的溃败自然引起后部的惊恐，秦军后方主力也随之溃逃，最后全军向北败退。秦军溃兵宛如惊弓之鸟，一路只顾逃命，不敢稍作停留，听到风声和鹤的鸣叫声，都以为是晋军追兵的呼喊声，吓得心胆俱裂。晋军乘胜追击，一直到达寿阳附近

的青冈。秦兵慌不择路，人马自相践踏，死尸遍野，苻坚本人也中箭负伤，最初的近百万人马逃回洛阳时仅剩十余万。

淝水之战，前秦军被歼和逃散的共七十多万，苻坚统一南北的希望彻底破灭。不仅如此，鲜卑慕容垂部率领完整无损的三万人马趁机自立，羌族的姚苌和其他各族也重新崛起，北方暂时统一的局面宣告结束，再次分裂成多个地方民族政权。苻坚本人则在两年后为姚苌所杀，前秦也随之灭亡。

淝水之战。

"淝水之战"是中国历史上以少胜多的著名战例，它对后世兵家的战争观念和决战思想产生了深远的影响。

○孙膑示形诱敌大破魏军○

在《势篇》中，孙子第一次提到了"形"的概念。形就是故意摆出某种态势，使敌人受到误导，从而受制于我，让我们牵着鼻子走。"取"与"予"，在军事上就是用行为迷惑敌人，用小利引诱敌人，然后用精锐之师等待敌人。战国中期著名的军事家和军事理论家孙膑就曾以此法大破魏军。

孙膑是孙子的后代，出生于齐国。他青年的时候曾与庞涓一起向鬼谷子学习兵法。后庞涓投奔魏国，得到魏惠王的赏识，被任命为大将军。庞涓自忖才能不及孙膑，害怕孙膑到魏国影响自己的前程，更担心他到别国后成为自己的对手，于是将孙膑骗到魏国，说是要举荐孙膑为官。孙膑不知是计，欣然答应；到魏国后不料庞涓诬陷孙膑私通齐国，魏惠王听信了庞涓的谗言，对孙膑处以膑刑（古代一种挖掉膝盖骨的酷刑），使之终身残疾。又在孙膑脸上刺字，意欲使他终身不能在外领兵，且羞于见人。孙膑为了逃离魏国，佯装癫狂，从而暂时躲过了庞涓对他的进一步迫害。后齐国大将田忌得知孙膑是一位不可多得的人才，此时又身处险境，便想方设法把孙膑带回到齐国。孙膑到了齐国之后，为齐威王所器重，被任命为齐国的军师。

公元前341年，魏国发兵进攻韩国，韩国向齐国求救。此时齐威王已经去世，齐宣王继承了君位。齐宣王采用孙膑"深结韩之亲而晚承魏之弊"的主张，答应救援韩国，却不急于发兵。目的是想要在韩、魏交战，两国皆受到损耗之后齐国坐收渔翁之利。韩、魏交战，韩军五战五败，

孙膑受刑。

魏军也实力大损。齐宣王这才于次年以田忌为将，孙膑为军师，发兵救韩。孙膑率齐军直驱魏都大梁。庞涓闻讯，暴跳如雷，大骂孙膑狡猾，发誓与齐军决一死战，遂率兵十万回击齐军。

孙膑示形诱敌。

鉴于此次魏军气势旺盛，并且是有备而来的实际情况，孙膑决定因势利导，利用魏军求胜心切的弱点，采取诱敌深入，伺机伏击敌人的战略。齐军前锋与魏军稍一接触，便佯装不能抵挡，向东撤退。在撤退途中，齐军还有意制造出士兵逃散的假象：第一天造了十万人吃饭用的灶，第二天造了五万人吃饭用的灶，第三天只造了三万人吃饭用的灶。庞涓与孙膑交手，本来是万分谨慎的，可看到齐军留下来的灶大幅度地减少，便认为是齐军胆怯，士兵都逃亡了，于是丢下了步兵和辎重，自己带领轻骑日夜兼程地追赶，想趁此全歼齐军，擒获孙膑。

齐军退至马陵（今河南范县西南）后，孙膑决定在马陵道设下埋伏。马陵道是夹在两山间的峡谷，进易出难，两旁树木茂盛，适合隐藏军队，且不易被人发觉。孙膑计算行程，判断魏军将于日落后追至这里，于是派士兵砍伐树木堵住道路，又挑选了一万名弓弩手埋伏在道路两侧的山上，约定天黑后见到火光就一齐放箭，最后命人将路中央的一棵大树剥去树皮，写上"庞涓死于此树之下"八个大字。

日暮时分，庞涓果然率军追到马陵，他发现道路被堵住了，大喜过望，说："齐军堵住道路，说明畏惧我们追赶，我们离他们不会很远了，传令继续前进！"等军队全都进入了狭窄的马陵道，有军士禀报说前面有棵大树上隐隐约约有字迹，庞涓于是来到树前，命士卒点燃火把，亲自上前辨认字迹。待火把点燃，他往树上一瞧，大惊失色，喊道："我中孙膑之计了。"话音未落，只见两

庞涓败于马陵道。

侧山上万弩齐发，杀声四起。庞涓带来的十万士兵，都被射死在峡谷之中，庞涓本人也因羞愤而自杀。齐军随即乘胜进攻魏军的后续部队，全歼了魏军主力，俘获魏军主将太子申。

齐威王、齐宣王知人善任，重用孙膑，使得齐国在军事上取得了一系列的胜利。

商业案例

◎史玉柱"主动还债"◎

出奇的销售策略，往往能在企业发展过程中发挥关键作用。史玉柱"主动还债"的例子便是一个明证。

2001年1月30日，《珠海特区报》上登出了一条名为"收购珠海巨人大厦楼花（楼花，指尚未竣工的商品房在完工达25%以上时就推向市场销售。买楼花即预购房屋，卖楼花即预售房屋）"的公告，称将以现金方式收购珠海巨人集团在内地发售的巨人大厦楼花，收购者为珠海一家名为"士安"的公司。

士安公司是什么来历，为何要这么做？后来人们才知道，这一收购行动，从头到尾都是巨人集团的总裁史玉柱在幕后一手导演的。

这件事还要从头说起，1994年初，史玉柱领导的巨人集团斥巨资建造"巨人大厦"，原计划盖38层，后来决定加到54层。然而发展到最后，大厦竟然被加高到72层。史玉柱将筹码押在了卖"楼花"上。

但市场总是瞬息万变，等到巨人集团卖楼花的时候，国家宏观调控已经启动，对卖楼花开始做出限制。1996年，巨人大厦最终因为资金链断裂而停工，先期购买了大厦楼花者纷纷要求退款。而巨人集团又在此时爆发财务危机，陷入了困境，可谓是雪上加霜。

史玉柱的主动还债之举造成了巨大的反响，尽管不少人质疑他是在为新产品——脑白金进行炒作，但客观来看，这一举动既实践了当初的诺言，重塑了重信守诺的形象，又使企业和他本人重新成为人们关注的焦点，轻轻松松就赢得了巨大的广告效益，可以说是一举两得。

【点评】

　　势，就是态势，它的含义非常广泛。在《势篇》当中，孙子没有给出"势"的确切定义，只是用常见的例子来类比，"木石之性，安则静，危则动，方则止，圆则行，故善战人之势，如转木石于千仞之山者，势也"。由此我们能够体会出，势实际上是一种落差、一种动力。电因为有了电势差才形成了电流；水因为有了高低不平的地势才能够流动；苍鹰捕捉猎物的时候快如电光石火，是因为它从高空中俯冲而下；大军背水扎营却大败敌人，是因为已无退路只能死中求生。

　　孙子说"治众如治寡"，又说"斗众如斗寡"，多寡通吃，举重若轻，这样高深的境界，看上去普通人是难以企及了。其实不然，只要讲求方法，复杂事情往往也能迎刃而解。

　　生活中遇到的情况和问题更加复杂，但无论问题是大是小、是多是少，总是"万变不离其宗"，只要方法对头，总是能够解决的。

　　孙子又说："以利动之，以卒待之。"这一作战原则向我们阐述了应该如何面对"取舍"与"得失"。古往今来，凡成大事者，无不有大气魄、大胸怀，为了长远的利益，可以暂时放弃某些小利；为了掌握全局，可以舍弃局部；为了换取更大的胜利，可以付出部分牺牲的代价。《老子》上说："将欲取之，必先予之。"可以说是孙子示形动敌，以利诱敌思想的本源。

《孙子兵法》语言艺术浅析

"词约而意丰，自古以兵著书者罕所及。"

——苏轼

简练　《孙子兵法》突出之语言风格，言简意明、言简意深、言简意畅。

"兵者，诡道也。……利而诱之，乱而取之，实而备之，强而避之，怒而挠之，卑而骄之，佚而劳之，亲而离之。"

——《计篇》

《孙子兵法》语言艺术在一定程度上甚至可以和《诗经》相匹敌。

韵化　一般来讲，在先秦时代，诗必押韵，文章则多不用。但是，为了使文章悦耳动听易诵，可把文章尽量韵化，《孙子兵法》就是这样。

"……佯北勿从，锐卒勿攻；饵兵勿食，归师勿遏；围师必阙，穷寇勿迫。"

——《军争篇》

灵活而广泛的修辞运用

比喻	"故其疾如风，其徐如林，侵掠如火。"《军争篇》
排比	"木石之性，安则静，危则动，方则止，圆则行。"《势篇》
夸张	"故善出奇者，无穷如天地，不竭如江河。"《势篇》
对偶	"亡国不可以复存，死者不可以复生。"《火攻篇》
层递	"知彼知己，百战不殆；不知彼而知己，一胜一负；不知彼，不知己，每战必殆。"《谋攻篇》
反复	"多算胜，少算不胜，而况于无算乎！"《计篇》
蝉联	"地生度，度生量，量生数，数生称，称生胜。"《形篇》

◎虚实篇◎

【导读】

本篇主要论述如何"致人而不致于人"。交战之前，应"先处战地而待敌"，抢先完成作战部署，以逸待劳。作战时，要善于隐藏和伪装自己，做到"我专而敌分"；还应根据实际情况的变化，主动灵活地采用相应战术，"避实而击虚"，"因敌而制胜"。

【原文】

孙子曰：凡先处战地而待敌者佚①，后处战地而趋战者劳②。故善战者，致人而不致于人③。能使敌人自至者，利之也；能使敌人不得至者，害之也。故敌佚能劳之，饱能饥之，安能动之。

出其所不趋④，趋其所不意。行千里而不劳者，行于无人之地也。攻而必取者，攻其所不守也；守而必固者，守其所不攻也。故善攻者，敌不知其所守；善守者，敌不知其所攻。微乎微乎⑤，至于无形，神乎神乎，至于无声，故能为敌之司命。

进而不可御者，冲其虚也；退而不可追者，速而不可及也。故我欲战，敌虽高垒深沟，不得不与我战者，攻其所必救也；我不欲战，画地而守之，敌不得与我战者，乖其所之也⑥。

故形人而我无形⑦，则我专而敌分；我专为一，敌分为十，是以十攻其一也，则我众而敌寡；能以众击寡者，则吾之所与战者约矣⑧。吾所与战之地不可知，不可知，则敌所备者多；敌所备者多，则吾之所与战者寡矣。故备前则后寡，备后则前寡，备左则右寡，备右则左寡，无所不备，则无所不寡。寡者，备人者也；众者，使人备己者也。

【注释】

①凡先处战地而待敌者佚：指在作战的时候，如果能率先占据阵地，就能使自己处于主动地位，以逸待劳。处，占据。佚，通"逸"，安逸、从容。②后处战地而趋战者劳：指在作战的时候，如果后来占据战地，仓促应战，就会疲劳被动。趋战，这里指仓促应战。趋，奔赴。③致人而不致于人：调动敌人而不为敌人所调动。致，招致、引来。④出其所不趋：出兵要指向敌人无法救援的地方，即击其空虚。出，出击。不，这里当"无法""无从"讲。⑤微：微妙。⑥乖其所之：指调动敌人，把它引向别的地方去。乖，违背、背离，这里有改变、调动的意思。之，往、去。⑦形人而我无形：指使敌人现形而我方隐藏真形。形人，使敌人现形。我无形，即我无形迹。⑧能以众击寡者，则吾之所与战者约矣：能够以众击寡，那么我想要攻击的敌人必定弱小有限，难有作为。约，少而弱。

凡先处战地而待敌者佚。

【译文】

孙子说：凡是先占据战地而等待敌人前来的就从容主动，后到达战地而且仓促应战的就疲劳被动。所以，善于指挥作战的人，能调动敌人而不为敌人所调动。能使敌人自己自投罗网的，是用利益引诱它的结果；使敌人不肯前来的，是因为让它感受到了威胁。所以，敌人休整得好，就要使它疲劳；敌人粮草充足，就要使它饥饿；敌军驻扎安稳，就要使它移动。

先占据战地而等待敌人前来的就掌握主动权。

出兵要指向敌人无法救援的地方，行动于敌人意料不到的方向。部队行军千里而不觉得疲困，是因为行进在没有敌人防守的区域里。只要发起进攻就必然能够夺取，是因为攻击的是敌人没有防守的地方；只要防守就必然固若金汤，是因为防守的是敌人不敢进攻或不宜进攻的地方。所以，善于进攻的人，能使敌人不知道该怎样防守；善于防守的人，能使敌人不知道该如何进攻。微妙啊，微妙到看不出一点形迹；神奇啊，神奇到听不见一点声息。因此能够成为敌人命运的主宰。

想要进攻，敌人就无法抵御，因为攻击的是敌人防备虚弱的地方；想要撤退，敌人就无法追击，因为行动速度让敌人追赶不及。所以，己方如果想交战，敌人即使据守深沟高垒，也不得不出来与己方交战，这是因为己方攻击的是敌人必须援救的地方；己方如果不想交战，即使只是在地上画了座城池进行防守，敌人也无法与我交战，这是因为我诱使敌人改变了进攻方向。

所以，要设法使敌人暴露形迹而使我军不露痕迹，那么我就可以集中兵力，而敌人不得不分散兵力处处防备。我将力量集中于一处，敌人的力量却要分散于十处，这样，我以十倍的力量去攻击

仓促应战者被动。

它，从而造成我众而敌寡的局面；能做到以众击寡，与我正面交战的敌人就会减少。我所要进攻的地方敌人无法得知，无法得知，敌人需要防备的地方就会很多；敌人需要防备的地方多了，我所要进攻并与之交战的敌人就会相对减少。所以，防备了前面，后面的兵力就会减弱；防备了后面，前面的兵力就会减弱；防备了左翼，右翼的兵力就会减弱；防备了右翼，左翼的兵力就会减弱；处处防备，就会处处兵力薄弱。兵力之所以处处薄弱，是由于处处防备的缘故；兵力之所以强大，是迫使敌人分兵防备我们的结果。

● 出其所不趋，趋其所不意

向敌人来不及救援的地方出兵，向敌人想不到的地方行军。避实而击虚，才是战胜之道。

攻

向敌人不急于进兵的地方出兵，向敌人意料不到的方向行进。

攻击敌人不设防的
地方必然能得手

善攻者
敌不知其所守

守

走千里长途却不困乏的是走
在没有敌人出没的地方。

防守敌人不进攻的
地方必然牢固

善守者
敌不知其所攻

避实击虚的作战方法

进

己军想要决战，敌人就不得
不作战，因为进攻了它必须
要救援的地方。

退

己军不想决战，敌人就无法来
作战，因为已将它牵引到别的
方向去。

● 致人而不致于人

抢先占据战场主动权，不为敌人所牵制，才能主动灵活地争取战争的胜利。

调动敌人行动以制胜

致人而不致于人

	致　人	致于人
战机（天时）	先行而主动。	受牵制而被动。
地势（地利）	抢占有利地形。	落入敌军陷阱。
军容（人和）	从容备战。	疲惫应战。

先据战地以待敌人来战的安逸
后据战地以趋敌就战的疲劳

以利益诱敌，
以危害威胁。

使敌人自动来战。

使敌人不得来战。

敌人补给充足。

使之饥饿。

敌人安逸修整。

敌人安处不动。

使之疲劳。

使之被调动。

● 形人而我无形

以示形的方式诱敌暴露其目的，而不使自己暴露行迹。以"虚"掩"实"，巧妙运用战术战胜敌人。

以虚对实的战略方法

| 形人而我无形 | 与战之地不可知 |

诱敌暴露企图而我军隐藏

己军进攻敌方而不让敌军知道

己军集中而使敌军分散

敌军处处防备则兵力分散

并非我军真的势众，而是通过战术使敌军分散而无法聚合。

我军势众而敌军势寡

【原文】

故知战之地，知战之日，则可千里而会战。不知战地，不知战日，则左不能救右，右不能救左，前不能救后，后不能救前，而况远者数十里，近者数里乎？以吾度之①，越人之兵虽多，亦奚益于胜败哉②？故曰：胜可为也。敌虽众，可使无斗。

故策之而知得失之计③，作之而知动静之理④，形之而知死生之地⑤，角之而知有余不足之处⑥。故形兵之极，至于无形；无形，则深间不能窥⑦，智者不能谋。因形而错胜于众⑧，众不能知；人皆知我所以胜之形⑨，而莫知吾所以制胜之形。故其战胜不复⑩，而应形于无穷。

夫兵形象水⑪，水之形，避高而趋下；兵之形，避实而击虚。水因地而制流，兵因敌而制胜。故兵无常势，水无常形；能因敌变化而取胜者，谓之神。故五行无常胜⑫，四时无常位⑬，日有短长，月有死生⑭。

【注释】

①度 (duó)：忖度、推测、推断。②越人之兵虽多，亦奚益于胜败哉：指越国军队虽然人数众多，然而不懂得众寡分合的运用，对战争的胜败又有什么帮助呢？奚，疑问词，何、岂。益，补益、帮助。③策：筹算，策度。得失之计：指敌人计谋的优劣得失。④作：兴起，这里是挑动的意思。动静之理：指敌人的行动规律。⑤死生之地：指敌人的优势所在或薄弱致命环节。⑥角：较量，这里指进行试探性进攻。⑦深间不能窥：指即使有深藏的间谍，也无法探知我方的真实情况。窥，偷看。⑧错胜于众：指将胜利摆在众人面前。错，同"措"，放置。⑨形：形态，这里指作战的方式方法。⑩战胜不复：获胜的方法不重复，意思是作战方法机动灵活。⑪兵形：用兵的规律。⑫五行

用兵要根据敌情来制定不同的取胜方法。

无常胜：指金、木、水、火、土五种元素相生相克而没有定数。古人认为，金、木、水、火、土是构成万物的基本元素，它们彼此间是"相生相胜"的关系。所谓"相生"，即木生火，火生土，土生金，金生水，水生木。所谓"相胜"，又叫"相克"，指金克木，木克土，土克水，水克火，火克金。⑬四时无常位：指春、夏、秋、冬四季推移变化永无止息。四时，四季。常位，指一定的位置。⑭日有短长，月有死生：指白昼因季节变化而有长短的变化，月亮因循环而有盈亏的变化。日，这里指白昼。死生，这里指盈亏晦明的月相变化。

【译文】

　　所以，能够预知交战的地点，能够预知交战的日期，那么即使相隔千里也可以前去与敌人交战。如果不能预知交战的地点，不能预知交战的日期，就会导致左军救不了右军，右军救不了左军，前军救不了后军，后军救不了前军，何况远的多达几十里，近的也要相隔几里呢？据我分析，越国的士兵虽多，可是对决定战争的胜败又有什么帮助呢？所以说，胜利是可以争取的。敌人虽然众多，但可以使它无法与我交战。

　　所以，要通过分析筹算来推知敌人作战计划的优劣得失；要通过调动敌人来了解敌人的活动规律；要通过佯动示形的方式来探明敌人生死命脉之所在；要通过试探性的进攻来掌握敌人兵力的虚实强弱。所以，佯动示形以诱敌的战术运用到极致，就进入了"无形"的境界。没有了形迹，即使有深藏的间谍，也无法窥知我方的真实动向；即使是老谋深算的敌人，也想不出对付我方的计策。

故知战之地，知战之日。

即使把根据具体情况灵活运用战术而取得的胜利摆在众人面前，众人还是看不出其中的奥妙所在。人们都知道我军取胜的战略战术，却不知道我军所用战术必然克敌制胜的奥妙。因为每一次取胜所采用的方法都不是简单的重复，而是针对不同的情况灵活运用、变化无穷。

用兵的规律就像水。水流动的规律，是避开高处而流向低处；用兵打仗的规律，是避开敌人的坚实之处而攻击其虚弱的地方。水根据地势的高低而不断改变其流向，用兵则要根据敌情来制定不同的取胜方法。所以，用兵打仗没有固定不变的方式方法，就像水流没有一成不变的形态一样。能够根据敌情的变化而灵活取胜的，就可以叫作"用兵如神"了。五行相生相克而没有定数，四季交替更迭而没有一定的位置，白昼有短有长，月亮有缺有圆（用兵的规律和自然现象一样，永远处于变化之中）。

● 形兵之极，至于无形

示形诱敌的方法运用到极处，便能使人无所循迹，这就是所谓的以虚对实，以无形取胜。

侦察敌情的四个步骤

估计敌情	挑动敌军	观察地形	战斗侦察
明了敌军作战计划之优劣。	了解敌军活动之规律。	摸清敌军所在地形之利弊。	探明敌军兵力部署之虚实。

间谍无法探取我方虚实，谋士不能献计对付我方。

侦察敌人虚实的步骤和运用虚实之秘才能以无形制胜。

实用谋略

◎ 司马懿平定辽东 ◎

孙子指出，善于作战的人，一定要善于调动敌人，而不要为敌人所调动。司马懿在平定辽东时，没有直接强攻敌人的城池，而是把敌人调动出来，最终将其歼灭。

司马懿平定辽东。

魏明帝景初二年（238），魏明帝曹睿把太尉司马懿从长安召回京师洛阳，命他率军去征讨雄踞辽东的公孙渊。

魏明帝问司马懿："行军四千里远征作战，虽说要用奇谋取胜，但也要有足够的兵力，不应当过分计较军费开支的多少。据你推测，公孙渊将采取什么样的对策？"

司马懿回答说："放弃城邑而预先逃走，这是上策；凭据辽水以抗拒我军，这是中策；坐守襄平而单纯防御，这是下策。"

明帝又问："这三种计策，公孙渊将会采用哪一种呢？"

司马懿答道："只有贤明的人才能正确估量敌我双方的力量，并能预先对所用计策做出正确取舍，而这并不是公孙渊所能做到的。"

明帝又问："此次出征往返将用多少天？"

司马懿回答说："前往辽东需要一百天的时间，班师回朝需要一百天的时间，与公孙渊作战也需要一百天的时间，再用六十天的时间进行休整。这样，一年时间足够了。"

于是，司马懿率军向辽东进发。公孙渊派遣大将军卑衍、杨祚率领数万步骑兵进驻辽隧，构筑围墙堑壕二十余里，以此抵御司马懿的进攻。魏军诸将都想立即发起攻击，但司马懿说道："敌人构筑坚固的防御工事，这是想长期地与我军对峙，企图把我军拖垮。要是现在去进攻，那正好落入他们的圈套。再说敌人主力集中在这里，他们的老巢必定空虚。我军舍此不攻而直捣襄平，就一定能够大破公孙渊。"

于是，司马懿命令魏军多插旗帜，伪装成要进攻敌人阵地南端的样子，自己却率领大军偷偷渡过济水，向北直取襄平。驻守在辽隧的卑衍、杨祚发觉己方中计，就迅速率本部人马救援襄平。军队行至首山的时候，公孙渊又命令回军截击魏军，司马懿率军迎战，大破公孙渊军队。魏军随即前来围攻襄平。

当时正逢秋雨连绵之际，辽水暴涨，船只能够借着雨水一直行到襄平城下。雨下了一个多月还没有停止，长久在雨水中浸泡的魏军士卒军心开始动摇。很多人提出来要找高处重新扎营。司马懿此时却传令下去："有敢再言要移营者斩。"都督令史张静违反了命令，司马懿毫不留情地将他斩首示众，军队这样才安定下来。

而襄平城中的公孙渊军，凭借着大水的阻隔，竟然还能在魏军包围圈的缺口处放牧打柴。魏军诸将再也不能忍受了，都要求对其进行攻击，司马懿则根本不听。随军司马陈珪提出疑问说："当年您率军攻打上庸的时候，八支人马一齐攻城，昼夜不息，因而只用了十五天便将城攻破，杀了孟达。如今您长途跋涉而来，却变得谨慎而多有顾虑，对此，我实在有些迷惑不解。"

司马懿说："上庸之战，孟达兵少而粮食却够吃一年，我军兵力相当于孟达四倍，但粮食却不够吃一个月，以仅有一个月的存粮来对抗敌人一年

魏军大营浸泡在洪水之中。

的存粮，怎能不求快速制胜？用四倍于敌的兵力去攻打敌人，即使损失一半兵力，只要城攻破了，还是值得的。这种情况之下是不去计较人员伤亡的，而且只是从敌我粮食多少这一情况出发。如今的形势是敌众我寡，敌饥我饱，加之大雨不停，攻城器械未备，急忙进攻又能有什么作为？我军从京师远道而来，不怕敌人进攻，只怕敌人逃走。现在敌人的粮食将尽，而我军的合围却还没有完成，如果现在去抢他们的牛马，抄取他们的柴草，这是催他们逃跑啊。战争是一种诡诈的行为，做将帅的要善于根据具体的情况制定出相应的策略。现在敌人虽然饥饿，但还不肯束手就擒。我们应当伪装成无能为力的样子稳住它。要是因为贪求小利而使他们逃走，那能算是好的策略吗？"

不久，雨过天晴，司马懿令部队制造攻城器械，挖掘地道，堆起攻城的土山，开始日夜不停地攻城。城中的公孙渊军疲于应对，又陷于粮尽的窘困境地，甚至出现了人吃人的现象，城中的很多将领士兵都出城投降。这样，没过几日，襄平城便被攻破了。公孙渊和他的儿子公孙修带领着几百骑兵向东南方向突围，被魏军追上，皆被斩杀。司马懿就这样平定了辽东。

司马懿令士卒挖掘地道。

平定辽东之役中，司马懿决定不攻重兵防守的辽隧，转攻兵力薄弱的敌人老巢襄平，而辽隧的军队得知这一消息，也从深沟高垒里跑了出来，去救援襄平，半途为魏兵所败。司马懿避实击虚、引蛇出洞的战术，正应了孙子的"故我欲战，敌虽高垒深沟，不得不与我战者，攻其所必救也"的思想。

在这次战役中，司马懿还运用了示形诱敌的战术。秋雨连绵无法速攻之际，故意摆出无所作为之态，以求稳定住敌人，不使其仓皇逃窜。"形"是《虚实篇》中所要详细阐述的一个重要概念。形就是表象，这种表象可以是敌人的，可以是自己的；可以是真的，可以是假的。通过表象看到本质，使敌人暴露真形是制胜的关键；而隐藏自己的真实意图，做出种种假象迷惑敌人同样也很重要。孙子所说的"策之而知得失之计，作之而知动静之理，形之而知死生之地，角之而知有余不足之处"，就是为了看清敌人的真实意图和具体情况所进行的周密而详细的探知活动，然后才能制定出有效的克敌之法，使力量有所专攻。至于"形人而我无形"的境界，则是在使敌人暴露的要求之上又加上了隐藏自己一条。能够将自己的真实情况和真实意图隐藏起来，敌人对我也就无从下手，不知道对我应该防备些什么，最终对我处处进行防备，形成了"我专而敌分"的局面。

◎虎牢之战◎

孙子说，两军交战时，一定要做到"致人而不致于人"，也就是"先处战地而待敌"，善于隐藏和伪装自己，避实而击虚。虎牢之战，便是避实击虚、避锐击惰的成功战例。

隋朝末年，统治日趋腐朽残暴，隋炀帝横征暴敛，荒淫无道，刑罚酷烈，兵役苛繁，结果弄得民不聊生，社会矛盾激化，最终导致爆发了轰轰烈烈的农民大起义。到公元617年初，出现了三大起义军

李渊起兵。

中心：李密瓦岗军转战于河南地区，窦建德起义军活跃于河北一带，杜伏威起义军崛起于江淮地区。

与此同时，隋朝的一些贵族和官吏也纷纷起兵反隋，从太原起兵的李渊父子便是其中一支。

李渊父子起兵后，先后消灭一批割据势力，很快攻入长安。

公元618年，李渊在长安称帝建国号为唐，他就是唐高祖。此后，李渊开始着手进行统一全国的战争，他首先选择进攻洛阳的王世充。王世充在洛阳与唐军苦战半年，不能退敌，便向窦建德求助。

窦建德充分意识到，王世充若被消灭，那么唐军的下一个进攻目标就是他了。正所谓"唇亡齿寒"，自己岂能隔岸观火，坐视不救？因此决定先联合王世充击唐，然后相机消灭王世充，进而夺取天下。于是窦建德在兼并了山东地区的孟海公起义军之后，于公元621年春亲率十余万兵马西援洛阳。窦军连下管州（今河南郑州）、荥阳、阳翟（今河南禹州市）等地，很快进抵虎牢以东的东原一带（即河南荥阳东北广武山）。

虎牢为洛阳东面的战略要地。早在武德四年（621），唐军王君廓部就在内应的协助下，先行袭占该地。李世民在洛阳久攻未下，窦军又偷袭虎牢的不利形势下，于青城宫召开前线指挥会议，商讨破敌之策。

会上，大多数唐军将领主张暂先退兵以避敌锋，但唐宋州（治所在今河南商丘南）刺史郭孝恪、记室薛收等人却反对这么做。他们认为，王世充据守洛阳坚城，兵卒善战，其困难在于粮草匮乏；窦建德远来增援，兵多势众。如果让王、窦联手合兵，窦以河北粮草供王，就会给唐军制造很大的麻烦，也将使李唐的统一事业受挫。因此，他们主张在分兵围困洛阳孤城的同时，派唐军主力扼守虎牢，阻止窦军的西进，先消灭窦建德军，届时洛阳城就能不攻自破。李世民采纳了这

唐军将领商议应对窦建德军之策。

一建议，立即将唐军一分为二，令李元吉、屈突通等将继续围攻洛阳；自己则率精兵三千五百人，于三月二十四日先期出发，进据虎牢。

李世民抵达虎牢的次日，即率精骑五百东出二十余里，侦察窦建德军的情况。他派徐世勣、秦叔宝、程知节等人率兵埋伏于道旁，自己则与尉迟敬德等向窦建德军营进发。在距窦军军营六里地处，李世民故意暴露自己的行踪，引诱窦建德出动骑兵追击。等窦军骑兵进入预先设伏的地点之后，徐世勣等及时向敌人发起攻击，击败窦军追兵，歼敌三百余人。这次战斗规模虽小，却挫伤了窦军的锋芒，对窦军的虚实也有了了解。

窦军被阻于虎牢东，一个多月不得西进，几次战斗又都失利，士气开始低落。四月间，窦军的粮道被唐军截断，窦军大将张青特被俘，这使得窦军的处境更加不利了。此时，国子祭酒凌敬劝窦建德改变作战计划：率主力渡黄河，攻取怀州、河阳，再翻越太行山，入上党，攻占汾阳、太原，然后攻下蒲津（今山西永济西）。并指出这样做有三个好处：这些地方唐军防守薄弱，窦军有必胜把握；拓地收众，可以极大增强窦军的实力；威胁关中，迫使唐军回师援救，以解洛阳之围。

窦建德认为凌敬的话有道理，准备采纳，但这时王世充频频遣使告急，部将又多受王世充使者的贿赂，主张直接援救洛阳，于是窦建德被迫放弃凌敬的合理建议，而与唐军对峙于虎牢一线，处境越来越被动了。

不久，李世民得到情报：窦军企图乘唐军草料用尽，到河北岸牧马的机会，袭击虎牢。李世民将计就计，遂率兵一部过河，南临广武，在观察了窦军动静后，故意在河渚留马千余匹，诱使窦建德军出战。

次日，窦军果然中计，出动全部主力，在汜水东岸布下阵来。窦军的阵形北依大河，南连鹊山，正面宽达十多公里，摆出一副进攻的架势。李世民正确地分析了形势，指出窦军没有经历过大战，现在摆出一副咄咄逼人的阵势，显然有轻视唐军之意。于是他决定暂时按兵不动，等待窦军疲惫之后，再行出击，届时一举消灭敌人。这样，李世民一面严阵以待，使窦军无隙可乘；一面派人召回留在河北岸的诱兵，准备出击。

窦建德轻视唐军，仅遣三百骑过汜水向唐军挑战，李世民派部将王君廓率二百长矛兵出战。两军往来交锋数次，未分胜负，各自退回本阵。战斗呈现胶着状态。

窦建德沿汜水列阵，自辰时直至午时，士卒饥饿疲乏，支撑不住，都瘫倒在地上。李世民看到这些迹象后，即派遣宇文士及率领三百精骑先进行试探性攻击，并且指示说：如果窦军严整不动，即撤回军队；如其阵势有动，则可引兵继续东进。宇文士及至窦军阵前，窦军的阵势开始动摇。李世民见状，当机立断，下令出战，并亲率骑兵先行出动，渡过汜水后，直扑窦建德的大营。

当时，窦建德正欲召集群臣议事，唐军骤然而至，群臣均惊慌失措，纷纷四处溃逃，窦建德

急忙下令骑兵出战，但是为时已晚，唐军已经冲入窦建德的营帐之中。窦建德被迫向东撤退，为唐军窦抗部所截，陷入进退两难的境地。接着，李世民所率的精骑也突入窦军大营，双方展开激战。李世民命秦叔宝、程知节、宇文歆等部截住窦军的后路，对窦军实施分割包围。窦军见大势已去，遂惊慌溃逃。唐军乘胜追击十五公里，俘获窦军五万余人。窦建德本人也负伤坠马被俘，其余军卒大部溃散，仅窦建德妻率数百骑仓皇逃回河北。至此，窦军基本被歼灭。

唐军大破窦建德军。

唐军取得虎牢之战的胜利后，主力回师洛阳城下。王世充见窦军被歼，而自己也陷入内外交困，走投无路的绝境，遂于绝望之中献城投降。

虎牢之战，唐军消灭窦建德主力部队十万人，接着又迫降了洛阳王世充的残余守军，夺取了中原的大部分地区，取得"一举两克"的重大胜利。虎牢之战是我国古代"围城打援"的著名战例，也是李唐统一全国的最关键一战。至此，唐王朝的统一事业基本完成。

虎牢之战中，李世民采用围城打援、避锐击惰、奇兵突袭、一举两克的策略，其卓越的指挥才能发挥得淋漓尽致。具体说来，李世民之所以取得虎牢之战的胜利，除了凭借唐军自身的强大实力外，还与他正确运用战略战术有莫大关系。李世民在这一战中的指挥才能表现为：

一、先期占据战略要地虎牢，形成了有利于己、不利于敌的态势。

二、注重观察和分析敌情，并在此基础上制定正确的作战方针，灵活机动地打击敌人。

王世充投降唐朝。

三、临机应变自如，将计就计，捕捉战机，利用敌人骄傲轻敌、兵疲将惰等弱点，及时发起突袭，给敌人以意想不到的打击。

四、在采取突袭行动时，正确选择主攻方向，集中兵力攻打窦军统帅部，造成其指挥中枢的瘫痪。并注重战术配合，运用穿插、迂回、分割等手段，将窦军各部逐一击破。

五、突袭得手后，适时展开战场追击，穷追猛打，以扩大战果。

商业案例

◇ ○异军突起的苹果机○ ◇

在企业的经营管理中，"致人而不致于人"十分关键，甚至能够决定企业的生死存亡。一般来说，一个新产品、一种新技术，总会有许多公司在同时进行开发和研究，谁先把新产品、新技术投放到市场，谁就能取得主动权，而后至者则要花费几倍、几十倍的努力，才能在市场中分得一杯羹，甚至永远被排除在市场之外。

无论是用奇还是用正，现代商战都强调掌握主动权，而掌握主动权的标志就是占领市场，"先处战地"，而后制定市场准入标准，达到"致人而不致于人"的目标。

1982年，美国《幸福》杂志公布了美国企业500强名单，名不见经传的苹果计算机公司首次入选，名列第411位。更为厉害的是，苹果计算机公司年仅5岁，是500强中最年轻的。仅仅过了一年，苹果计算机公司跃升到了第291位，营业额高达9.8亿美元。

究竟是什么让苹果计算机公司在短时间内异军突起的呢？

1976年，美国的许多计算机厂家都把研究和生产大型计算机作为重点，而对个人计算机不屑一顾，认为个人计算机前途不大，利润不高。这时，21岁的史蒂夫和26岁的沃兹尼克却认为个人计算机必定有个很好的消费市场，所以决定在大家都忙着搞大型计算机的时候，另辟蹊径，终于成功研制出"苹果"个人计算机。从此，美国计算机界又多了一位呼风唤雨的巨人。

【点评】

"虚"与"实"是一对矛盾，而我们的世界正是由无数矛盾交织而成的，就像有白天就会有黑夜，有美丽就会有丑恶，有长处就会有短处。实际上，矛盾是世间万物内在联系和相对性的一种表现。《老子》里说："天下皆知美之为美，斯恶已。皆知善之为善，斯不善已。故有无相生，难易相成，长短相形，高下相倾……"可见，在很早的时候，人们就开始认识到了世间万物的关联性和相对性，进而又认识到了这种关联性和相对性也是随着环境和立场等因素的变化而不断变化的。

古希腊哲学家赫拉克利特有一句名言："人不能两次踏入同一条河流。"意思是说，河水是不停流动的，当人们第二次踏入同一条河流时，他们所接触到的水流已不是原来的水流而是变化了的新水流了。这句名言揭示了一个真理：世间的一切事物都处在不断变化之中。

孙子的"兵形象水"同样印证了这一道理：战场上瞬息万变，因而选择作战方向、制定作战方针、实施作战计划都必须灵活机动。

人生的道路虽然不如战场凶险，但也充满了各种变数，所以人们常说"每天的太阳都是新的"，既然计划赶不上变化，那么，唯一的应对办法就是因势利导。具体问题具体分析，方不至于被湮没。

《孙子兵法》常用名言

春秋后期三大圣哲

儒圣孔子

己所不欲，勿施于人。

道圣老子

水善利万物而不争，处众人之所恶，故几于道。

兵圣孙子

《计 篇》
将者，智、信、仁、勇、严也。

《作战篇》
故兵贵胜，不贵久。

《谋攻篇》
知彼知己，百战不殆。

《形 篇》
胜兵先胜而后求战，败兵先战而后求胜。

《势 篇》
善战者，求之于势，不责于人，故能择人而任势。

《虚实篇》
攻而必取者，攻其所不守也；守而必固者，守其所不攻也。

《军争篇》
善用兵者，避其锐气，击其惰归，此治气者也。

《九变篇》
故用兵之法，无恃其不来，恃吾有以待也；无恃其不攻，恃吾有所不可攻也。

《行军篇》
令之以文，齐之以武，是谓必取。

《地形篇》
知彼知己，胜乃不殆；知天知地，胜乃不穷。

《九地篇》
兵之情主速，乘人之不及，由不虞之道，攻其所不戒也。

《火攻篇》
主不可以怒而兴师，将不可以愠而致战。

《用间篇》
故三军之亲，莫亲于间，赏莫厚于间，事莫密于间。

◎军争篇◎

【导读】

　　本篇比较系统地论述了军争的意义、利弊、原则和方法：要先于敌人占据要地，掌握有利战机，争取战场主动；不仅要看到军争的利，还要看到军争的害，更要学会趋利避害，并提出了"避其锐气，击其惰归"的著名军事原则。

【原文】

　　孙子曰：凡用兵之法，将受命于君，合军聚众①，交和而舍②，莫难于军争③。军争之难者，以迂为直，以患为利④。故迂其途，而诱之以利，后人发，先人至，此知迂直之计者也。

　　故军争为利，军争为危⑤。举军而争利，则不及；委军而争利，则辎重捐⑥。是故卷甲而趋⑦，日夜不处，倍道兼行⑧，百里而争利，则擒三将军⑨，劲者先，疲者后，其法十一而至⑩；五十里而争利，则蹶上将军⑪，其法半至；三十里而争利，则三分之二至。是故军无辎重则亡，无粮食则亡，无委积则亡⑫。

　　故不知诸侯之谋者，不能豫交⑬，不知山林、险阻、沮泽之形者⑭，不能行军，不用乡导者⑮，不能得地利。

【注释】

①合军聚众：指聚集民众，组成军队。合，聚集、聚结。②交和而舍：指两军剑拔弩张对垒而处。交，接，接触。和，即"和门"，指军门。③军争：两军争夺制胜的条件。④以迂为直，以患为利：指以迂回曲折的途径达到近直的目的，化不利为有利。迂，迂回、曲折。患，祸患、不利。⑤军争为利，军争为危：指军争是为了使形势对自己有利，但军争也是一件危险的事情。⑥委军而争利，则辎重捐：如果放弃笨重的物资器械而去争利，那么装备辎重将会遭受损失。委军，指丢弃笨重物资器械，轻装前进。委，丢弃、舍弃。辎重，指行军时运输部队携带的物资，包括军用器械、营具、粮秣、被服等。捐，损失。⑦卷甲而趋：指卷起铠甲急速行进的意思。甲，铠甲。趋，快速前进。⑧倍道兼行：以加倍的速度昼夜不停地连续行军。倍道，行程加倍。兼行，昼夜不停地连续行军。⑨三将军：指上、中、下三军主帅。⑩十一而至：指部队仅有十分之一的兵力到位。⑪五十里而争利，则蹶（jué）上将军

合军聚众。

奔赴五十里而争利，则前军将领很可能遭受挫败。蹶，失败、挫败。⑫无委积则亡：指军队没有物资储备作补充，就无法生存。委积，泛指物资储备。⑬不知诸侯之谋者，不能豫交：不知道诸侯列国的意图谋划的，不宜与其结交。⑭沮(jǔ)泽：水草丛生的沼泽地带。⑮乡导：即向导。

故不知诸侯之谋者，不能豫交。

【译文】

孙子说：大凡用兵的法则，将帅接受国君的命令，从聚集民众结成军队，到开赴前线与敌人对阵，这期间最困难的事情莫过于与敌人争夺制胜的条件。争夺制胜条件最困难的地方，又在于如何以迂回曲折的方法达到近直的目的，如何化不利因素为有利因素。所以，要使敌人的路途变得迂曲，用小利引诱误导敌人，这样，即使自己比敌人后出发，也能先敌人而到达。如此就算是掌握了"迂"与"直"的道理的人。

所以，争夺制胜条件是为了使形势对自己有利，但争夺制胜条件也常常是一件危险的事情。如果以整支军队去争利，往往因为行动迟缓而无法按时到达预定地点；如果放弃笨重的物资而去争利，辎重就会被丢下。因此，卷起铠甲急速行进，日夜不停，速度加倍地连续行军，赶到百里以外去与敌人争利，三军将帅很可能为敌人所擒，强健的士兵先到达，疲困的士兵远远地落在了后面，这样的做法常常导致只有十分之一的兵力能够如期到达；奔行五十里去与敌人争利，前锋部队的将领很可能遭受挫败，这样的做法常常导致只有半数的兵力能够如期到达；奔行三十里去与敌人争利，只有三分之二的兵力能够如期到达。须知军队没有辎重就会遭受失败，没有粮食就不能生存，没有物资储备就无以为继。

以迂为直。

所以，不了解诸侯列国战略意图的，不能与其结交；不熟悉山林、险阻、沼泽等地形的，不能率众行军；不使用向导的，就不能得到地利。

● 军争之难者

两军争夺制胜的条件最难的是如何将自己的劣势加以利用，使之成为抵抗敌军的有利条件。

以虚对实的战略方法

君主 ——指派→ 将帅 ——组织→ 民众 ——编制→ 军队

与敌人争夺有利的制胜条件 ←出征—

其难点在于

通过曲折达到径直的目的。

如何将不利形势转为有利形势。

通过谋略筹划使之实现

先发制人，化不利为有利

运用以弯曲迂回为捷径，变不利为有利的道理

【原文】

故兵以诈立^①，以利动，以分合为变者也^②；故其疾如风^③，其徐如林^④，侵掠如火，不动如山，难知如阴^⑤，动如雷震；掠乡分众^⑥，廓地分利^⑦，悬权而动^⑧。先知迂直之计者胜。此军争之法也。

《军政》曰^⑨："言不相闻，故为金鼓；视不相见，故为旌旗。"夫金鼓旌旗者，所以一人之耳目也；人即专一，则勇者不得独进，怯者不得独退，此用众之法也。故夜战多火鼓，昼战多旌旗，所以变人之耳目也^⑩。

故三军可夺气^⑪，将军可夺心^⑫。是故朝气锐，昼气惰，暮气归。故善用兵者，避其锐气，击其惰归^⑬，此治气者也。以治待乱，以静待哗，此治心者也。以近待远，以佚待劳，以饱待饥，此治力者也。无邀正正之旗^⑭，勿击堂堂之陈^⑮，此治变者也。

故用兵之法，高陵勿向^⑯，背丘勿逆^⑰，佯北勿从^⑱，锐卒勿攻^⑲，饵兵勿食^⑳，归师勿遏^㉑，围师必阙^㉒，穷寇勿迫^㉓。此用兵之法也。

【注释】

① 兵以诈立：指用兵打仗应当以诡诈多变取胜。② 以分合为变：指用兵打仗应当视不同情况而灵活处置兵力。③ 其疾如风：指军队行动快速如风。④ 其徐如林：指军队行动缓慢时，犹如严整的森林。徐，缓慢。⑤ 难知如阴：指军队隐蔽时，犹如阴云遮天。⑥ 掠乡分众：指分兵数路，掠夺敌国乡邑。⑦ 廓地分利：指应当开疆拓土，扩大战地，分兵占领扼守有利地形。廓，通"扩"，开拓、扩展。⑧ 悬权而动：指权衡敌我形势，相机而动。⑨《军政》：古兵书名。⑩ 变人之耳目：指根据不同情况变换指挥信号，以便适应士卒的视听能力，即让士兵的耳朵和眼睛更容易察觉下

佯北勿从。

故兵以诈立。

达的命令。变，适应。⑪夺气：指挫伤士气。夺，剥夺，这里指打击、挫伤。⑫夺心：指动摇将军的决心。古人在用兵时，很重视扰乱和动摇敌将的决心。⑬避其锐气，击其惰归：避开敌军锐气，等到敌军怠惰疲惫、士气低落时进行攻击。⑭无邀正正之旗：指不要正面迎击旗帜整齐、部署周密的敌人。邀，迎击、截击。⑮勿击堂堂之陈(zhèn)：指不要攻击士气旺盛、阵容严整的敌人。陈，古"阵"字。⑯高陵勿向：如果敌人已经占据高地，就不要去进攻它。陵，山陵。向，这里是仰攻的意思。⑰背丘勿逆：如果敌人背倚丘陵险阻，就不要正面迎击它。背，背靠、倚靠。逆，这里是迎击的意思。⑱佯北勿从：敌人如果是伪装败退，就不要追击。佯，假装。北，败北。⑲锐卒：锐气正盛的部队。⑳饵兵：诱兵，用来诱敌的小部队。㉑归师勿遏：敌军如果正在向其本国撤退，就不要去阻截它。遏，阻止、拦阻。㉒围师必阙(quē)：指在包围伏击敌人时，应当留出缺口，避免敌人走投无路而作困兽之斗。阙，通"缺"。㉓穷寇勿迫：已经陷入绝境的敌人，不要过分逼迫它。

【译文】

用兵打仗是建立在诡诈多变的基础上的，任何举措都要根据是否对自己有利来决定，分散或集中兵力要根据情况而灵活变化。所以，军队急速行进时要快速如疾风，缓慢行进时要严整如密林，攻击敌人时要迅猛如烈火，原地待命时要肃然如山岳，隐蔽时要像阴云蔽日，行动时要势如雷霆。掠夺敌国的乡邑，要分兵多路进行；开拓疆土，要分兵扼守有利地形；要先权衡利害得失，然后相机而动。先懂得了"迂"与"直"的道理的就能胜利，这就是争夺制胜条件的原则。

《军政》中说："用语言指挥听不到，因而使用锣鼓指挥；用动作指挥看不清，因而就使用旌旗指挥。"金鼓和旌旗，是用来统一军队作战行动的。全军上下的行动已然统一，勇猛的士兵就不会贸然单独前进，怯懦的士兵也不会擅自单独后退，这就是指挥众人作战的方法。所以夜间指挥作战多用火光和锣鼓，白天指挥作战多用旌旗，这样做都是为了适应士卒的视听能力。

是故朝气锐，昼气惰，暮气归。

对于敌人的军队，可以设法使其士气低落；对于敌人的将领，可以设法动摇他的心志。因此，军队的士气在初战时饱满旺盛，经过一段时间后就会逐渐怠情低落，最后就会彻底衰竭。所以善于用兵的人，要设法避开敌人的锐气，等它怠惰疲惫、士气消沉的时候再去攻击，这是掌握士气的方法。以我军的严整来对待敌军的混乱，以我军的镇静来对待敌军的哗恐，这是掌握军心的方法。以我军靠近战场的优势来对待敌军远道而来的劣势，以我军的从容休整来对待敌军的奔走疲劳，以我军的粮草充足来对待敌人的饥肠辘辘，这是掌握军队战斗力的方法。不截击旗帜整齐、部署周密的敌人，不攻击士气旺盛、阵容严整的敌人，这是掌握灵活机变的方法。

故善用兵者，避其锐气，击其惰归。

所以，用兵的法则是：敌人占据高地，就不要去仰攻；敌人背靠丘陵险阻，就不要从正面进攻；敌人假装败退，就不要跟踪追击；对敌人的精锐部队，不要主动与之交锋；对敌人诱我进攻的部队，不要去理睬；对正在撤退回国的敌人，不要加以阻截；包围伏击敌军时，一定要留出缺口；对陷入绝境的敌人，不要过分逼迫。这些都是用兵的法则。

● 先知迂直之计者胜

战争中懂得运用以迂为直计谋的人才能取得胜利。战争并不是向前进攻才能胜利，迂回的作战方式可能带来更大的利益。

如何迂回作战取得胜利

备战

结交诸侯
要了解诸侯列国的计谋。

行军作战
要熟悉山林沼泽险阻地势。

了解地形
要任用当地人做向导。

用兵
出兵 ----- 要奇诈多变。
行动 ----- 要见机行事。
调遣 ----- 要视情况而定。

速
行进像狂风般迅速。

缓
列阵如森林般严整。

攻
进攻像火般猛烈。

收
退守像水般柔顺。

行军

蔽
隐蔽像阴霾般严密。

动
行动像雷霆般震撼。

夺粮
夺粮要分兵数路。

开疆
开疆要权衡形势。

● 金鼓旌旗者

└ ─ 金鼓和旌旗是古代战争中用来传递消息的方法中的两种方式。

为何使用金鼓旌旗

原因一

士兵在战争中听不到
将帅指挥口令。

原因二

士兵在战争中看不到
将帅指挥动作。

用金鼓旌旗指挥

使用旌旗指挥
使其可见。

多用锣鼓号令
使其可闻。

使士兵更好地接收指令，按令行动

实用谋略

❀ ○避其锐气，击其惰归——合肥之战○ ❀

善于用兵之人，总是避开敌人初来时的锐势，等敌人疲惫时再狠狠予以打击。三国时吴、魏合肥之战，就是这一军事思想的最好体现。

赤壁之战后，孙权与曹操又交战数次，前者均取得了胜利。孙权认为曹操势力已经衰弱，不足为患，这正是自己扩张地盘的绝佳时机，于是在公元214年，亲率水军沿长江攻打曹操的江北重镇——皖城。

这次行动的总指挥是东吴大将吕蒙。吕蒙任命甘宁为升城督，命其督导攻城部队，而自己则率领精锐部队在后面跟进。甘宁手持链条，身先士卒，亲自率军攻城，很快就把皖城拿了下来。

吕蒙率军北进。

拿下皖城后，孙权又命令吕蒙继续挥师北上，围攻合肥。此时，曹操正率军讨伐汉中的张鲁。临行前，曹操曾交给合肥护军薛悌一封书信，封角处写着：等东吴大军北攻合肥时再开启。这时东吴军队马上到达合肥，诸将就拆开曹操留下的密信。曹操书信中说：孙权到达合肥时，我军由张辽和李典出去迎战，乐进则负责守城，不得与敌军交战。诸将看到曹操的指示，都颇感疑惑：敌多我寡，势如危卵，还要出兵击贼，这不是自寻死路吗？况且张辽、乐进、李典三人向来不和，遇到这样的情况，谁也不服从谁的命令，这样安排岂不是自取灭亡？

在这个危急关头，张辽、乐进、李典三人冰释前嫌，决定齐心协力共破敌军。张辽披甲持戟，率领八百名死士杀向孙权的部队。东吴军队未作防备，张辽带队冲进了东吴军营之中，亲自斩杀了两名将领，并且高喊着："张辽在此！"敢死队冲进吴军阵营，孙权大惊，左右侍卫急忙拥着孙权退到小土丘上，并奋力抵挡袭营的曹军。

张辽率领将士从凌晨一直激战到中午，致使吴军士兵死伤无数，士气也渐渐低沉下来，张辽遂领军回城，整备守城事宜。而魏军初战告捷，军心大振，将领们对张辽也心悦诚服。

不久，东吴的后续部队到达合肥，孙权于是决定大举攻城。然而，合肥城墙高且坚固，东吴诸将连续强攻了十几日都打不下来，吕蒙、甘宁等人一时也想不出什么破城良计，此时东吴军中疾疫流行，再打下去也没什么意义，孙权只好下令班师回朝。

张辽在城上看着吴军撤退，发现孙权主阵排在大军的最后方，而且兵力很少，便与李典、乐进率领合肥的守军出城袭击。

凌统过逍遥津渡口。

孙权看到合肥城步骑齐出，知道大事不妙，赶紧命前面已撤退的部队返回。但是前锋部队已经走得很远，一时赶不回来。最终，孙权在右部督凌统所属的三百侍卫奋死力战之下，才勉强逃脱。

合肥之战，曹军躲避东吴军队的锋芒，并趁其麻痹大意时，派出精锐部队进行偷袭。待东吴军队无奈撤退时，曹军又偷袭它的后备军队，险些擒获东吴主孙权，这充分体现了"避其锐气，击其惰归"的军事思想。

○邲之战○

孙子认为，在行军打仗时，要学会趋利避害，并提出了"避其锐气，击其惰归"的著名军事原则。春秋时期的邲之战，就是这一军事原则的最好体现。

邲之战，是春秋中期的一次著名会战，是当时两个最强大的诸侯国——晋、楚为争霸中原而进行的第二次重大较量。在此次会战中，楚军利用晋军内部意见不一、指挥无力等弱点，适时出击，战胜对手，从而一雪城濮之战中失败的耻辱，在中原争霸斗争中暂时占了上风。

周定王十年（前597）春，楚庄王以郑国私通晋国为由，大举伐郑，围攻郑都新郑（今属河南）。六月，新郑城破，郑襄公向楚军请和。楚庄王同意与郑国媾和，并退兵三十里，派使臣与郑国会盟。郑襄公则派自己的弟弟子良到楚国去做人质。郑国是晋国进入中原的必经之地，晋国自然不能放弃，楚围郑之际，晋景公便决定派荀林父率上、中、下三军援救郑国。

但是，晋国进军缓慢，贻误了作战时机。当郑与楚媾和的消息传来时，晋军才抵达今河南省黄河北岸的温县地区，战略上陷入了被动。主帅荀林父认为救郑已无意义，欲引军而还。上军主将士会亦认为，楚国内部稳定，军队训练有素，从时机、准备、士气上都处于有利地位，如果现在同它作战一定对晋不利，主张暂缓行动，等待时机。而中军副将先縠则认为，面对强敌，晋军如果退缩，那就必将使晋国的霸业落空，因此极力反对撤军。后来，他竟不顾荀林父的军令，自率中军一部渡河。这种行为打乱了荀林父的军事部署，这时，晋军大将司马韩厥向荀林父建议道："先縠以偏师攻敌，势必招致危险，您身为元帅，对此是负有责任的。还不如命令全军渡河前进，这样，即使打了败仗，责任也是由大家共同承担。"荀林父被迫令全军南渡黄河，行至邲地（今河南衡雍西南），由西向东背靠黄河列阵。

楚庄王以郑国私通晋为由，大举伐郑。

不久，晋军北进至于邲地（今郑州北），并纵马到河边饮水。得知晋军渡河而来，楚庄王近臣伍参建议与晋交战，楚庄王及孙叔敖则认为征服郑国的目的已经达到了，没必要再与晋国交战，遂决定率军南撤。伍参又向楚庄王进言："荀林父统率中军，但是将士们根本不听他的命令。如今晋军将帅之间有矛盾，打仗的话晋军必定失败；况且您是堂堂大国的君主，如果就这样避战，恐怕会给国家带来耻辱，望大王三思啊！"楚庄王听后，打消了南撤的念头，决定与晋国一战，于是率兵向北推进，抵达管地。

晋、楚两军对峙之际，郑襄公派遣使臣皇戌前往晋营，劝说荀林父进攻楚军。对于郑国的这一建议，晋军将帅又进行了一场争论。郤縠主张立即出战，认为打赢了这一仗，不但能威慑楚国，还能使郑国臣服于晋国。下军副将栾书则不同意郤縠的看法，他认为楚军实力强大，不容易对付，搞不好还会使自己陷入困境；而之所以郑国所以来劝战，纯粹是出于对自身利益的考虑，即希望晋、楚速战速决，以战争结局来决定自己的去从。荀林父一时难以做出决定。

为了麻痹晋军，并使其怠于防备，楚庄王先派少宰到晋营之中谦辞请和，表示楚国这番出师北上，只是为了教训一下郑国，并无开罪晋国的意思。晋国上军将领士会代表荀林父以礼相答，而先縠也与楚使会面，并厉言说道："晋军这才前来，正是为了把楚军从郑国赶走，如果楚国不退军，那么晋国只好进攻你们了。"楚国少宰出使晋营归来后，楚庄王又几次遣使到晋军营帐求和。荀林父本来就因为将不从命而没有决战之心，现在又被楚国一再示弱求和的假象所迷惑，所以放松了戒备。后来，荀林父与楚使正式约定盟期，以求体面回师。楚庄王见决战时机成熟，遂派善战的许伯、乐伯、摄叔率军突袭，冲入晋营，斩杀晋军将士无数，然后撤了回去。

荀林父一心想与楚结盟，仍旧不做战斗准备，不久又派魏锜、赵旃二将赴楚营约盟。以前，魏、赵二人曾向荀林父求公族大夫和卿之职，但是荀林父没有答应。魏、赵二人想趁出使楚军的机会，抢了荀林父的功劳。于是，两人到达楚营后，擅自向楚军发起进攻，结果被楚军打得大败。楚军主力遂借机倾巢而出，猛烈攻打晋军各部。

荀林父正待楚使来盟，没想到楚军如潮而至，他惊慌失措，急忙下令全军渡河北撤，并宣称"先渡河者有赏"。晋上军设伏未动，中军、下军纷纷向河边溃逃。

晋军没有了统一的指挥，在楚军追击之下，溃不成军，死伤惨重。晋中军大夫赵婴齐因预先备有船只，故而率所部抢先渡河。中军余部和下军退至河边，相互抢夺船只，先上船者甚至斫斩攀船者的手指，导致船上断臂断指积成一堆，晋军损失惨重。所幸的是，楚军并没有打算在河岸聚歼晋军，而且此时晋上军在士会指挥下，设伏挫败了楚公子婴齐所率领的楚左军，晋下军大夫荀首也射杀了楚先锋将领连尹襄老，俘获了楚公子谷臣，所有这些都起到了掩护晋军渡河的作用，晋军大部终于渡河脱离了危险。

经过一天的激烈战斗，楚军取得了战争的胜利，楚庄王率军进至衡雍（今河南原阳西），祭祀河神，作先君之庙，宣告楚胜晋败，凯旋回师。

邲之战中，楚国的战略战术可以分为以下三步：

第一步，诱敌。围困郑国，引诱晋国来援。晋军远道而来，必然疲惫，楚军正好以逸待劳。

第二步，示弱。楚国在发动进攻之前一再请和示弱，一方面使晋军放松戒备；另一方面，自己的军队会因此而愤怒，表现出强烈的求战欲望。

第三步，袭击。最后选择了发动突然袭击的方式攻击晋军，时机选得恰到好处。

实际上，以当时双方的战力和心态来说，即便是正面交锋，楚国依然占有较大胜算。采取了以上的战略战术，楚国不仅轻松地战胜晋国，而且还取得了完胜。

❖○李文忠劳敌之术○❖

善于用兵的人，应当设法避开敌人的锐气，等它怠惰疲惫、士气消沉的时候再去攻击，这样才能取得战争的胜利。李文忠疲劳敌人的战术，正是这一军事原则的集中体现。

洪武二年 (1369) 春，正在北方追击元朝残余势力的征虏副将军常遇春暴病而亡，明太祖万分悲痛，追封他为开平王。同时，明太祖诏命李文忠袭常遇春之职，发兵攻打庆阳。

李文忠兵至太原，听说元将脱列伯围攻大同，大同危在旦夕。李文忠对诸将说道："将在外，君命有所不受。只要有利于战局，专擅也无妨。现在大同被围，宜速去救援，若禀命而后再行动，岂不坐失良机？"遂引军出雁门，行至马邑，与元平章刘帖木率领的数千游骑相遇。李文忠指挥部下与敌交战，结果大败元军，生擒元将刘帖木。

李文忠率明军进至白杨门，择地安营扎寨。这天夜里，天降雨雪，满山都成了银白色。李文忠不敢有丝毫大意，引亲兵在营外巡视，见雪地上似有行人踪迹，立即策马而还，督军前移五里后才阻水立寨。诸将询问缘故，李文忠说："以前安营之处是元军伏兵的地方，很危险。现在移兵到此地，稍觉安全，但须严加防范，以警惕元军劫营。"

果然不出所料，脱列伯派兵乘夜劫营，被李文忠部的炮矢击退。次日，天色微明，李文忠秣马厉兵，派出两营军士前去挑战。此时，折腾一夜的元军正准备埋锅造饭，见明军杀来，也顾不得吃饭，强打精神上马迎战。双方打了几个时辰，未分胜负。李文忠的属下认为应速战速决，于是劝李文忠发兵增援，李文忠泰然自若，并不发兵。待元军战到疲惫不堪之时，李文忠立即上马，率两路大军左右夹击，如泰山压顶般包抄过来。元军整日没有吃饭，已经没有一点力气了，这时又看到大批明军向他们杀来，个个吓得惊慌失措。脱列伯腹背受敌，欲打马逃遁，李文忠赶上一枪刺死他的战马，脱列伯从马下摔了下来，被生擒活捉。元军余众见主帅被俘，纷纷下马乞降，李文忠大获全胜。

《十一家注·李荃》中说："敌逸，我能劳之者，善功也。"李文忠先派小股部队与敌人纠缠，把敌人搞得疲惫不堪，而大部队却以逸待劳，待时机成熟再发起猛攻，从而一举歼灭敌人。

李文忠进击元军。

◎诸葛亮妙用木牛流马◎

军争就是要争夺战争主动权。两军交战的时候，谁拥有主动权，谁就能够克敌制胜。诸葛亮妙用木牛流马退敌的故事，便体现了军争的思想。

诸葛亮最后一次北伐曹魏，率军出祁山而与魏军对峙。魏将司马懿知道蜀军粮草运输困难，所以采取了坚守不出的策略。在此情况下，诸葛亮命蜀军制造了先进的运输工具——木牛流马，蜀军的粮草供应问题因而得以解决。

司马懿听说这一情况后吃了一惊，心里暗想道："我之所以坚守不出，就是因为他们粮草不能接济，想着他们会自行溃败；可如今他们用了此法，必是作了打持久战的打算，不想退兵了，这可怎么办？"于是急唤张虎、乐綝二人，吩咐道："你二人各引五百军士，从斜谷小路抄出；待蜀兵驱过木牛流马，便一齐杀出；不可多抢，只抢三五匹便回。"

张乐二人依令，各引五百军士，扮作蜀兵，埋伏在斜谷之中。不多时，果然看见蜀将高翔引兵驱木牛流马而来。等蜀军将要全部通过斜谷之时，魏军突然杀出，抢了几匹木牛流马便速速收兵回营了。司马懿看了木牛流马，十分高兴，说："你会用此法，难道我不会用！"逐令巧匠百余人，照原样制造木牛流马。不到半个月，便造出两千余只，而且使用效果与诸葛亮所造的一般无二。司马懿随即命令镇远将军岑威引一千军士，驱驾木牛流马去陇西搬运粮草，运输速度大大提高，魏营的军将无不欢喜。

高翔回到营中，向诸葛亮报告了魏军抢夺木牛流马一事，诸葛亮笑着说："我正是要他去抢，我只费了几匹木牛流马，不久便可得到他们更多的财物！"几天后，有人来报说魏兵也造了木牛流马，正往陇西搬运粮草。

诸葛亮听到这一消息，心中大喜，说："果然不出我所料。"当下唤大将王平来见，吩咐说："你引一千人马，扮作魏人，星夜偷过北原，只说是巡粮军，径直赶往运粮之所，将魏军护粮之人杀散；而后驱木牛流马奔回北原。魏军必然追赶，你就将木牛流马口内舌头扭转，牛马就不能行动。你先弃之而走，等我率兵赶到，你再回兵将牛马舌头扭过来，继续行走！"王平领命而去。诸葛亮又唤张嶷来见，吩咐说："你引五百军士，都扮作六丁六甲神兵，鬼头兽身，用五彩涂面，内

蜀军制造木牛流马。

诸葛亮妙用木牛流马。

藏烟火之物，伏于山旁。待木牛流马到时，放起烟火，一齐拥出，驱牛马而行。魏人见到后，必然怀疑是神鬼，一定不敢来追赶。"张嶷也领命而去。诸葛亮又吩咐魏延、姜维引一万兵，去北原寨口接应木牛流马；派廖化、张翼引五千兵，去截断司马懿去路。

魏将岑威用木牛流马运送粮草，这时手下忽然报告说前面有兵巡粮。岑威令人前去探听虚实，听说确是魏兵，这才放心前进，与巡粮军兵合一处。走不多时，忽听身后大乱，又有人大喊道："蜀中大将王平在此！"岑威还没缓过神来，就被王平一刀斩了，押粮的魏军也四散逃走。王平当下依诸葛亮之计尽驱木牛流马而回。魏将郭淮闻听军粮被劫，急忙引军来救。王平于是命令军士扭转木牛流马舌头，弃之而走。郭淮也没有上来追赶，只是叫魏军将木牛流马驱回；可是无论军士们如何推拉，那木牛流马就是纹丝不动。

没过多久，就听到鼓角喧天，杀声四起，郭淮定睛一看，是魏延、姜维引军杀来。王平也引军杀回。在三路人马的夹攻之下，郭淮大败而归。王平又让军士将木牛流马舌头扭转回去，那木牛流马又可以行走了。郭淮望见了，很不甘心，正想要回兵再追，只见山后出现了一队形状诡异的怪物，他们个个手执旗剑，龇牙咧嘴，驱驾着木牛流马如风般向自己杀来。郭淮看了大惊失色，说："这一定是有神相助啊！"于是不敢再去追赶。

诸葛亮故意让魏军劫走木牛流马，在木牛流马内暗设机关，使魏军不知其中奥妙，延误了时机，而蜀军则趁机完成了集结，这些都是对孙子以迂为直、以利诱敌思想的绝妙运用。

◎四面楚歌◎

公元前203年八月，项羽和刘邦议和，约定以鸿沟（在今河南荥县境贾鲁河）为边界，"中分天下"，互不侵犯。一个月后，项羽领军东归，刘邦也想引兵向西。此时，刘邦的谋臣张良、陈平劝谏道："天下三分之二已经归我所有，而楚军目前粮草不足、士兵疲乏，正是灭项羽的天赐良机，岂可养虎遗患！"刘邦醒悟，遂火速命韩信、彭越等大将同时出兵，自己则亲率大军追击楚军，准备合力灭楚。

然而，韩信、彭越均按兵不动。张良见此情形，向刘邦献计说："要想调动韩、彭二人，必须给他们赏赐。请大王派人告知他们：如果打败楚军，将平分楚地，韩、彭各半。"刘邦依计行事，韩、彭二人得此消息后，果然立即大举进兵。经过数次激战，最终韩信用计将项羽团团困于垓下（在今安徽灵璧县东南）。

楚军士气低落。

楚军被困日久，粮食渐渐吃光，时值隆冬，寒风凛冽，士兵们饥寒交迫，军心不稳。一天晚上，夜深人静时分，四周突然响起楚地的民歌，在箫声的伴奏下越显凄凉："寒夜深冬兮，四野飞霜。天高水固兮，寒雁悲怆。最苦戍边兮，日夜彷徨……"

项羽听了，大吃一惊，心想："难道汉军已经完全占领了楚地？不然的话，为何他队伍中的楚人会这么多呢？"楚歌还在唱着，即使在寒风中也能听得清清楚楚："虽有田园兮，谁与之守？邻家酒热兮，谁与之尝？白发倚门兮，望穿秋水。稚子忆念兮，泪断肝肠……"

哀怨的歌声此起彼伏，不绝于耳，项羽军队中的士卒多为楚地人，听到家乡民歌，自然而然地勾起了思乡之情，有的随之唱和，有的潸然泪下，这样一来，他们哪里还有心思打仗！楚军士兵开始三三两两地叛逃，发展到后来，竟然整批整批地逃到汉营。

面对如此糟糕的情况，项羽也无可奈何，何况他也在这四面楚歌中丧失了斗志，只能借酒浇

项羽自刎。

愁，对着最宠爱的妃子虞姬，他心里感到悲痛，慷慨悲歌道："力拔山兮气盖世。时不利兮骓不逝。骓不逝兮可奈何！虞兮虞兮奈若何！"（力量足以拔起大山啊，勇气压倒当世。时运不利啊，乌骓马不能奔驰。乌骓马不能奔驰啊，可怎么办！虞姬啊虞姬啊，我该拿你怎么办！）

歌罢，项羽潸然泪下，旁边的人也都低声哭泣起来。虞姬鼓励项羽赶快杀出重围，然后在他面前自刎身亡。项羽悲愤交加，带着八百余名士兵突围，等他浴血奋战，逃至乌江边时，身边仅剩下二十八骑。面对追来的大批汉军，有人劝项羽忍一时之辱，先过江，以图东山再起。项羽感到无颜面对江东父老，最终拔剑自刎。至此，刘邦在楚汉之争中彻底胜出，不久即建立汉朝，是为汉高祖。

可惜项羽至死不知在汉营中唱楚歌的并非全是楚地人，而这实际上是张良布置的"攻心夺气"之策。张良教所有的汉军将士唱楚歌，不费吹灰之力就瓦解了楚军的军心。

商业案例

◎以退为进的谈判◎

在商业谈判中，退避的策略也可以掌握主动权，以退为进的谈判方式，正是军争思想在商业领域的灵活运用。

英国友尼利福公司总经理柯尔可谓是一位深谙"以退为进"之道的大师。在企业经营和商业谈判中，柯尔不时采取退让策略，把更多的利益让给对方，而这样做的结果往往是退一步最后却进了两步。

柯尔很早就在非洲东海岸建立了友那蒂特非洲子公司，从业人员达 14 万。公司的重要财源之一是栽培食用油料落花生。二战结束后，非洲各地掀起民族独立运动高潮，独立的国家纷纷把土地收归国有，友那蒂特非洲子公司也时刻面临被逐出的危险。

在这个关键时刻，柯尔在老朋友的帮助下，对友那蒂特非洲子公司采取了任用非洲人为首席经理人员、非洲人与白人同工同酬等六项有利于非洲各国的改革措施。在与几内亚政府交涉时，柯尔主动表示将公司撤出去。几内亚政府为柯尔的诚意所感动，出人意料地表示希望柯尔的公司留下来。在与加纳政府交涉时，柯尔主动地把栽培地交还给加纳政府。加纳也为柯尔的诚意所感动，并邀请柯尔的友尼利福公司成为政府食用油料的买卖代理人，这意味着柯尔在加纳是食用油经营权的唯一持有者。在非洲其他国家，柯尔的主动退让策略也都得到了大小不同的"回报"。实际上，在风起云涌的非洲独立运动中，柯尔不但没有受到损失，反而有所收获。

【点评】

《军争篇》论述的是如何与敌争夺有利的制胜条件，即如何争夺有利的战地和战机的问题，因为二者在战争中有着至关重要的意义。

关于赢得军争的方法，孙子提出了"迂直"的概念。迂直的主导思想便是"以迂为直"，讲求的是用计谋使敌人受到误导和牵绊，用小利引诱迟滞敌人，使自己能够在敌人率先出发的情况下，却先敌人而到达。孙子所说的"故迂其途，而诱之以利，后人发，先人至"就是这个意思。"以迂为直"的战略表面上看可能意味着多付出、多耗费，实际上却能使自己始终处于主动的地位，因为敌人始终是在被我所支配和左右。

人们常说："忍一时，风平浪静；退一步，海阔天空。"又说："宰相肚里能撑船。"说的都是"以迂为直、以退为进"之意。

孙武的战争观：重战、备战、慎战

《孙子兵法》流传于世，不仅在其对战争策略运用问题的论述，更重要的是全书弥散的"慎战、重战、备战"战争观（思想）。

孙武曰："兵者，国之大事，死生之地，存亡之道，不可不察也。"重视战争、研究战争，既知战争之害，又晓战争之利，才能慎重对待战争。

孙武曰："用兵之法，无恃其不来，恃吾有以待也；无恃其不攻，恃吾有所不可攻也。"以备防战，以备应战，以备止战。

孙武对战争采取十分谨慎的态度，告诫君王："非利不动，非得不用，非危不战。""主不可以怒而兴师。"告诫主将："将不可以愠而致战。"因为"怒可以复喜，愠可以复悦，亡国不可以复存，死者不可以复生。故明君慎之，良将警之。"

慎战思想是孙武作为一代军事家对战争的理性思考，也是孙武对战争的人性化思量，他并不崇拜武力，也不迷信使用武力。

◎九变篇◎

【导读】

本篇主要论述主将应根据不同情况灵活运用不同的战略战术,提出"有备无患"的战略思想,强调"智者之虑,必杂于利害",要趋利避害,防患于未然。最后点明"将有五危",应当引以为戒。

【原文】

孙子曰:凡用兵之法,将受命于君,合军聚众。圮地无舍①,衢地交合②,绝地无留③,围地则谋④,死地则战⑤;塗有所不由⑥,军有所不击,城有所不攻,地有所不争,君命有所不受。

故将通于九变之地利者⑦,知用兵矣;将不通于九变之利者,虽知地形,不能得地之利矣。治兵不知九变之术⑧,虽知五利⑨,不能得人之用矣。

是故智者之虑,必杂于利害⑩,杂于利而务可信也⑪;杂于害而患可解也⑫。

是故屈诸侯者以害⑬,役诸侯者以业⑭,趋诸侯者以利⑮。

故用兵之法,无恃其不来,恃吾有以待也;无恃其不攻,恃吾有所不可攻也。

故将有五危:必死⑯,可杀也;必生⑰,可虏也;忿速⑱,可侮也;廉洁⑲,可辱也;爱民,可烦也。凡此五者,将之过也,用兵之灾也。覆军杀将,必以五危,不可不察也。

【注释】

①圮(pǐ)地无舍:不可在难以通行的山林、险阻、沼泽等地宿营。圮地,难于通行的地区。圮,毁坏、倒塌。舍,止,这里指宿营。②衢(qú)地:四通八达的地区。衢,四通八达。交合:结交邻国以为后援。③绝地:指交通困难、水草粮食缺乏、部队难以生存的地区。④围地:指地形四面险阻、出入通路狭窄的地区。⑤死地:指不经过死战就无法生存的地区。⑥塗:通"途",道路。⑦九变:多变之意,这里指作战中的各种机变,即在军事行动中,要根据不同情况灵活运用一般原则,做到应变自如,而不要墨守成规。⑧九变之术:指与"九变"相关的具体手段和方法。⑨五利:指上文中的"塗有所不由,军有所不击,城有所不攻,地有所不争,君命有所不受"。

将有五危。

⑩杂于利害:兼顾到利益和害处两个方面。杂,搀杂,这里引申为兼顾。⑪信:通"伸",伸行、发展。⑫杂于害而患可解:指在不利的情况下,考虑到有利的方面,祸患就可以解除。⑬屈诸侯者以害:指用诸侯所害怕的事情去迫使他们屈服。⑭役:役使,这里指役使诸侯为我效力。业:指危险的事情。⑮趋诸侯者以利:关于这句话有两种解释:一说指用小利引诱调动诸侯,使其疲于奔走;一说指以利

益引诱诸侯，使其追随归附自己。这里选择后一种解释。⑯ 必死：这里指有勇无谋，只知死拼。⑰ 必生：这里指贪生怕死，临阵畏怯。⑱ 忿（fèn）速：这里指急躁易怒。忿，愤怒。⑲ 廉洁：这里指洁身清廉，自矜名节。

【译文】

孙子说：大凡用兵的法则，主将接受了国君的命令，就开始征集民众，组织军队。军队行进时，不可在"圮地"上宿营；在"衢地"上应该结交邻国；不可在"绝地"

将在外君命有所不受。

上停留；遇到"围地"要有所防范和谋划；陷入"死地"时要殊死奋战。有的道路不要通过，有的敌军不要攻击，有的城池不要攻占，有的地方不要争夺，即使是国君的命令，不适合的也可以不执行。

所以，将帅如果能够通晓各种机变的利弊并加以灵活运用，就是懂得用兵了；将帅如果不能够通晓各种机变的利弊，即使知道地形情况，也不能获得地利之便。指挥军队而不知道各种机变的方法，即使知道"五利"（即圮、衢、绝、围、死），也不能充分发挥军队的作用。

因此，明智的将帅考虑问题，必定同时兼顾利与害两个方面。在有利的情况下考虑到不利的方面，所做的事情就一定能够成功；在不利的情况下考虑到有利的方面，祸患就可以解除了。

因此，要想迫使诸侯屈服，就用其最害怕的事情去威胁他们；要想役使诸侯为我效力，就要用危险的事情去烦扰他们；要想使诸侯归附自己，就要用利益去引诱他们。

所以，用兵的法则是，不要寄希望于敌人不来，而要依靠自己做好充分的准备；不要寄希望于敌人不进攻，而要依靠自己拥有使敌人无法进攻的力量。

将帅有五种致命的弱点：一味死战硬拼，就可能被敌人诱杀；贪生怕死，就可能被敌人俘虏；急躁易怒，就可能因为敌人的侮辱而轻举妄动；一味廉洁好名，就可能因为敌人的毁谤而丧失理智；一味仁慈爱民，就可能因为烦扰过多而不得安宁。这五点是将帅易犯的过错，是用兵的灾难。军队的覆灭、将帅的被杀，原因必定是出于这五点，做将帅的人不可不慎重考虑啊。

绝地无留。

● 故将有五危

将帅有五种致命弱点，如果不留心防范，或是被敌军加以利用，都会造成兵败。

造成将领兵败的五个弱点

死拼硬打	贪生怕死	急躁易怒	廉洁好名	仁慈爱民
被杀害	被俘虏	被轻视	被侮辱	多烦扰

将领之过错，用兵之灾难

全军覆没，将帅被杀

实用谋略

◎孙武不受君命◎

公元前 515 年，吴国公子光夺得吴国王位，称阖闾。阖闾即位后，注重搜罗各种人才，立志称霸于天下。孙武的好友伍子胥将孙武推荐给了吴王，孙武进见时就将自己撰写的这兵法十三篇呈献给了吴王。

吴王看过了兵法，连连称好，但是不知孙武是否能将这些理论运用于实战当中，便对孙武说："你的兵法十三篇，我已经看过了，确实是不同凡响，但不知实行起来如何，可否用它小规模地演练一下，让我们见识见识？"孙武回答说："可以。"吴王又问："先生打算用什么样的人去演练？"孙武答："随君王的意愿，用什么样的人都可以。不管是高贵的还是低贱的，也不论是男的还是女的，都可以。"吴王想给孙武出个难题，便拨了一百多个宫女让孙武演练。孙武把这一百

孙武严明军纪斩杀吴王爱姬。

多个宫女分成了左右两队，并让吴王最为宠爱的两位美姬分别为左队和右队的队长。

孙武首先向宫女们讲明了演练的要领，而后又申明了军令，这才让宫女们进行操练；哪知那些宫女们视操练如儿戏，一个个笑得前仰后合，队伍一片混乱。孙武平静地说："这次你们的动作不合规定，是因为我讲的还不够明确，你们对军令也不太熟悉，责任在我。"于是又把军令和演练的要领重申了一遍，然后命令重新开始操练。可是宫女们不但不听号令，而且笑得比上一次更厉害，练兵场上一片喧哗。孙武严肃地说："规定不明确，军令不熟悉，这是将帅的罪过；规定已经明确，军令已经熟悉，还要明知故犯，这就是士兵的过错了。"说罢，下令按军法从事：处死两名队长。吴王在台上看见孙武要杀自己的两个爱姬，大为惊骇，立即派人向孙武求情说："寡人已经知道将军善于用兵了；可是，我若没有这两个爱姬侍候，吃饭也没有味道，请将军饶了她俩吧！"孙武毫不留情地说："臣既然受命为将，将在军中，君命有所不受。"

孙武执意杀掉两位队长，任命两队的排头充当队长，继续练兵。当孙武再次击鼓发令时，众宫女前后左右，进退回旋，跪爬滚起，全都合乎规矩，阵形十分齐整。孙武请吴王阖闾检阅，阖闾正因为失去爱姬不高兴，说："让她们回去休息，我不愿下去看了。"孙武便求见阖闾，说："令行禁止，赏罚分明，这是兵家的常法，为将治军的通则。对士卒一定要威严，只有这样，他们才会听从号令，打仗才能克敌制胜。"听了孙武的一席话，吴王阖闾怒气消散，终于拜孙武为吴军的统帅。

◎周亚夫平定七国之乱◎

在战争中，要善于根据特殊的情况，灵活变换战术以赢得战争的胜利。周亚夫平定七国之乱，便集中体现了孙子随机应变、灵活机动的作战指挥思想。

刘邦战胜项羽建立汉王朝以后，为了巩固自己的统治，杀掉了汉初所分封的绝大多数异姓王，并大封同姓子弟为王，企图用血缘关系将刘氏一统天下的局面长期维持下去。但是他所分封的同姓王的地域占了汉朝的大半疆土，而皇帝直辖的郡县相对较少，结果同姓诸侯王割据一方，势力越来越大，逐渐形成尾大不掉之势。

汉文帝在位时，已经注意到了这一问题，采取了一些措施，以图削弱诸侯王势力，加强中央

集权。景帝即位以后，诸侯王对朝廷的威胁日益严重，诸侯国财富日增，势力日强，几乎到了要与朝廷分庭抗礼的地步。景帝听从大臣晁错"削藩集权"的主张，先后削夺了赵、楚、吴等国部分郡县的统治权，将这些郡县收归中央管辖。

诸侯王们不甘心力量就此被削弱，纷纷表示对"削藩"的强烈不满，当时反对最强烈的是吴王刘濞。吴国的都城在广陵（今江苏扬州北），辖有豫章（今江西地区）、会稽（今苏南和浙江地区）等郡，封土广大，财力雄厚。铸钱和贩盐关系着经济和民生命脉，一向由国家掌控，刘濞却在自己的封地里私自铸钱，煮盐贩卖，暗中积蓄力量，企图夺取皇位。"削藩"的举措让他看到了可乘之机，于是纠合楚王、胶西王、齐王、菑川王、胶东王、济南王、济北王、赵王等诸侯王，准备发动叛乱。

景帝三年（前154）正月，朝廷下令削夺吴国会稽、豫章二郡，吴王便打着"诛晁错、清君侧"的旗号，首先起兵，并迅速派人通知闽越、东越出兵相助。由于齐王悔约背盟，济北王被部下劫持无法发兵，故而实际参加叛乱的仅有七国，史称"七国之乱"。

景帝得知七国叛乱后，一开始被叛军的口号所迷惑，错误地估计了形势，便采取姑息安抚的政策，腰斩了无辜的晁错，又恢复了诸王的封地，想以此来换取七国的退兵。但叛军依然马不停蹄地向长安进发，因为杀晁错只是一个借口，他们所图谋的乃是皇位。看清了这一形势，景帝痛悔不该诛杀晁错，并下定决心平叛。他任命周亚夫为太尉，让其负责平叛事宜。

周亚夫接到命令后，向景帝提出了他所制订的作战方案：吴、楚联军行动迅捷、矫健勇猛，加上士气正盛，应尽量避免与之正面交锋，不如暂且让他们占领梁国，自己正好利用这段时间率大军迂回至吴军背后，断其粮道，然后一举制伏叛军。景帝采纳了周亚夫的意见。

周亚夫率军从长安出发，准备兵分数路，最终在洛阳会师。后来，在部属的建议下，周亚夫

诸侯国私自煮盐铸钱。

突然改变原定计划，绕道而行：避开崤、渑（在今陕西潼关至河南渑池一带），绕道武关（在今陕西丹风东南），经南阳（今属河南）直奔洛阳。虽然大军比原定路线多走了一两天时间，却令埋伏在崤、渑之间的敌军伏兵扑了个空。这样，周亚夫不仅神不知鬼不觉地抵达了洛阳，还突然发兵攻占荥阳，抢先控制了洛阳武库及荥阳西北的敖仓（军用粮仓）。之后，周亚夫立刻派兵清除了半道上的吴、楚伏兵，使潼关、洛阳间的交通补给线畅通无阻，巩固了后方的安全。

周亚夫坚守营垒，按兵不动。

接下来，周亚夫率军三十余万东出荥阳，进抵淮阳。吴、楚军队之前一路势如破竹，气势高涨，为了避其锐气，周亚夫引兵到东北方，屯于昌邑（在今山东金乡西北）。其时吴、楚联军正猛烈攻打梁国，梁国形势危急，梁王向周亚夫求救，周亚夫却按兵不动。梁王于是上书向景帝报告梁国战事吃紧，景帝诏令周亚夫派兵救援，周亚夫却坚守营垒，按兵不动。趁吴、楚联军将注意力都集中在攻打梁国上，周亚夫派出轻骑，悄悄迂回到联军后方，截断了他们的粮道。

粮道被断，粮草短缺，吴、楚联军陷入了进退维谷的境地。他们想与周亚夫的军队速战速决，于是不断向坚守不出的周亚夫下战书，但无论敌人如何挑衅，周亚夫只是闭门坚守。乘敌人懈怠之时，再不时派出精兵袭扰联军。

吴楚联军采用了很多种进攻方案，比如佯攻壁垒的东南角，实攻西北角，但都被周亚夫一一识破。吴楚联军久攻不下，又无退路，加上粮草不足，很快就陷入了困境，士气受挫，汉军以逸待劳，不时给敌人以沉重打击。兵疲粮尽的联军只能无奈撤退。

就在联军撤退之时，周亚夫立刻派出精锐部队追击，取得大胜。楚王刘戊被迫自杀，吴王刘濞丢弃了大部分军队，只带几千亲兵向南逃去。汉军穷追不舍，刘濞逃至丹徒（在今江苏镇江市东南），企图依托东越作最后挣扎。周亚夫趁势追杀，俘虏了大批吴国将士，并下令说："凡有能擒住吴王的，赏千金。"所谓"重赏之下必有勇夫"，一个多月后，东越王在汉军的威逼利诱下，杀了吴王刘濞，献上了他的首级。

周亚夫仅仅用了三个月的时间，便消灭了七国之乱的主力——吴、楚联军。很快，其他数国也一一被击败，作乱的诸侯王或自杀或被诛杀，声势浩大的七国之乱终于被彻底平定。

在平定七国之乱的过程中，周亚夫的表现正符合孙子所说的"将通于九变之地利者，知用兵矣"：面对危急的形势，他没有急于杀敌建功，依然保持冷静的头脑，闭门坚守，"塗有所不由，军有所不击，城有所不攻，地有所不争，君命有所不受"；他用千金引诱东越王，巧妙除掉了刘濞这个心腹大患，正是"趋诸侯者以利"。这一切，无不展现了他作为一个优秀的将帅所具备的素质。

◎陆抗于西陵平叛◎

作为将领，能否根据战场形势的变化，及时对战略做出调整，这对于一场战役的胜败，甚至整个战争的全局，都有着重大关系。

公元272年秋，东吴西陵（在今湖北宜昌西北）都督步阐突然投降晋朝。东吴大将军陆抗闻讯，急忙派将军左奕、吾彦等率军征讨。晋武帝得知这一消息后，命荆州刺史杨肇前往西陵，又命车骑将军羊祜率步军出击江陵，巴东将军徐胤率水军出击建平，以援救步阐。

陆抗命令士兵在西陵城外修筑坚固严密的长围，对内可以围困步阐，对外可以抵御晋朝援军。士卒们昼夜不停地劳作，叫苦不迭。部将认为不必修筑长围，只要抢在晋援军赶来之前强攻拿下西陵城即可。但西陵城的防御设施均为陆抗亲手设置，其坚固程度只有陆抗心中最清楚，此城不可能很快被攻克。

陆抗向众将言讲自己心中忧虑。

防御工事刚刚筑成，晋将羊祜就带领五万晋兵赶到了江陵。东吴诸将又提出，不应只守西陵，还应分兵保卫江陵。陆抗说："江陵城防坚固，兵源充足；即使敌人攻下江陵，也一定守不住，不必担忧。但如果晋军占领了西陵，那么南山的众多夷人就会发生骚乱，会后患无穷。"

考虑到江陵的北面道路平坦，陆抗又令江陵都督张咸修筑大堤挡住江水，使江水都转而流往平地，以防止步阐叛军溃逃。

晋将羊祜本来是想利用所阻的江水行船运粮，却故意放出消息说要破坏大堤。陆抗听到后，准确判断出对方意图，立即令张咸抢先破坏大堤。当羊祜到达当阳时，只见大堤已经遭到破坏，不得不改船为车。但车的运载量不及船，用车运送粮食，占用了大量的人力和时间。

就在两军对峙时，发生了一件意外的事情：吴军都督俞赞叛逃投降晋军，形势瞬间变得十分严峻。陆抗对众将说："俞赞是军中的老将，对我军的虚实了解得极为详细。我之前常常忧虑夷兵训练不严，战斗力不强。俞赞必定会建议敌人以其为突破口，向我军营发起进攻。"于是陆抗连夜换防，将夷兵换到别处，而调集精兵把守原来夷兵的营垒。

第二天，晋将杨肇果然率兵攻打原来夷兵驻守的地方。陆抗命令向晋军出击，霎时间矢石如雨，晋军死伤无数。陆抗想乘胜追击，又担心步阐从围内攻击，导致腹背受敌，因此便命部下大声呐喊，奋力鸣鼓，摆出追击的样子。杨肇的军队听到鼓声，害怕被吴军追上，遂丢盔弃甲，拼命逃窜。陆抗见状，派轻骑跟踪追击，又大败晋军。羊祜见杨肇兵败，无力再战，只好撤退。

陆抗知道后顾之忧已经解除，便掉转过头来，集中全力向步阐发起进攻，没多久便拿下了西陵，活捉了步阐，将他和同谋将吏数十人全部斩首，而对其余的胁从者则予以赦免，这场叛乱终于被平定了。

◎杨玄感怒而失谋◎

作为一名将领，指挥作战时一定要保持头脑冷静，如果思维受到情绪影响，就很容易把军队带入绝境。隋朝宗室杨玄感，就因头脑不冷静而招致兵败。

隋朝末年，隋炀帝性喜享乐，奢华无度，又穷兵黩武，四处征战，百姓不堪忍受，纷纷起来反抗。

礼部尚书杨玄感负责督运粮草，他对隋炀帝的所作所为一向感到不满，于是趁机起兵造反，挥师直取东都洛阳，队伍迅速扩大到十万余人。驻守西部的代王杨侑听说东部情况危急，连忙派出四万精兵火速前往救援。此时隋炀帝正在远征高句丽，得知杨玄感造反的消息后，急忙回朝镇压。

杨玄感看到赶到东都的援军越来越多，知道己方形势危急，于是急召好友李密和大将李子雄商杨玄感围攻弘农城不下。

议。李密和李子雄建议说："洛阳城固兵多，短时间内恐怕很难拿下来。不如我们直取潼关，进入关中，到时打开永丰仓赈济百姓，就能赢得人心，以关中为落脚之地，再伺机向东进攻，争夺天下。"杨玄感分析当前的形势，认为二人说得有理，便立即撤去对洛阳的包围，率大军向潼关疾速进发。

弘农（今河南陕县）是杨玄感大军取潼关的必经之地。弘农太守杨智积对部下说："如果杨玄感进入关中，恐怕将来胜负难料。我们应该将其滞留在这里，等到援军前来，再一举消灭他们！"因此，就在杨玄感率大军准备绕过弘农城时，杨智积突然站立在高高的城头上对杨玄感破口大骂，污言秽语，不堪于耳。

杨玄感听到后，勃然大怒，命令大军立刻停止前进，将弘农城团团包围起来。李密苦苦相劝道："追兵现在就在身后，万万不可在此逗留。小不忍则乱大谋，将军请三思而行！"杨玄感咽不下这口气，说道："量弘农只是一座小小的城池，能奈我何？我非得捉住杨智积这个匹夫，以泄心头之恨！"说罢，杨玄感便下令攻城。孰料杨智积早有准备，杨玄感指挥部队连攻三天，也未能将城池拿下。

这时，飞报突然传来："追兵已经接近弘农！"杨玄感大吃一惊，这才慌忙撤去包围，继续转向潼关进军。但一切都为时晚矣，隋炀帝的大军在潼关外追上了杨玄感。杨玄感不敌，连战连败，在逃往上洛（今陕西商县）的途中，连战马也倒毙了，身边的士卒尽皆逃散，只剩下他和兄弟杨积善两个人。杨玄感悔恨交加，对兄弟说道："我只因一念之差，不听忠言，结果兵败至此，再也无脸面见人，你杀了我吧！"杨积善举剑杀死哥哥，然后自刎。

孙子说："忿速，可侮也。"杨玄感正是忘了这一点，因为忍受不了敌人的侮辱而轻举妄动，钻进了杨智积所设的圈套，导致自己兵败身亡。正如李密所说的"小不忍则乱大谋"，为将者当谨记勿忘。

商业案例

◎"围地则谋"摆脱困境◎

"九变"强调的是灵活多变，这一计谋应用于商业领域，也能发挥奇效。

以前，纺织业一直是 A 省对外销售的主力。后来电子资讯业兴起，发展势头极其迅猛，已经超过了纺织，但纺织业本身还具有一定的潜力。而 A 省的纺织业之所以能历久不衰，靠的正是业界人士不断创新，以及遇到困难时团结一致、同舟共济的精神。

有段时间 A 省遭遇能源危机，各大合成纤维厂因此举步维艰，过去所赚的利润在短短三四年间就全赔了进去，而且损失还有继续扩大的迹象。

为了应对这一危机，1977 年，华隆、国华、联隆、鑫新、宝城五家化纤工厂决意合并经营。合并之后，公司以华隆为名，各公司的股权由会计师换算比率后重新分配，高阶人事与董事会则从五家公司原有人员中选择。经过一番整合，公司资本实力变得更加雄厚，财务制度也更加健全，经营渐渐有了起色，最终摆脱困境，越来越兴隆。

五家公司在面对经营上的困难时，深谙"围地则谋"之理，能达成共识，主动"谋"合并，彼此从激烈竞争的敌手变成了共渡难关的伙伴，从而使自己再次崛起，也带动了整个纺织业市场的发展。

◎舍小利，得大益◎

1993 年 8 月，荷兰海内肯啤酒公司宣布回收已投放到澳大利亚、瑞士、英国、中国香港等八个国家和地区市场上的一种玻璃瓶装啤酒。原因是该公司在这种啤酒生产过程中检测出了混有玻璃碎渣的产品，于是怀疑已经投放到国外市场的这种啤酒可能有漏检的"危险品"。在回收这种啤酒的同时，该公司还大力进行宣传，请消费者不要买这种啤酒。

海内肯公司作为世界著名啤酒公司，其产品长期以来雄踞国际市场，此番回收，经济损失巨大，而且也冒着极大的市场风险。事实证明，海内肯的此次行为不仅保住了名牌形象，而且赢得了消费者的信心，比起因回收啤酒所付出的代价，海内肯公司赢得了更大的收益，而且对公司长远的发展产生了深远的影响。

【点评】

　　"九"，在这里是为数众多的意思。古人造字以纪数，起于一，极于九；"九"于是常用来形容一些不可穷尽的事物。"变"，在这里指的是用兵作战中的灵活机变。本篇用"九"来形容"变"，就是为了让人们对战场形势的瞬息万变，战略战术的随时随事而变，利弊转换的因人因地而变有一个最直观的感悟和认识。

　　《九变篇》强调的是将帅们在战场上的判断力和随机应变的能力。世界上的一切事物都在不停地运动和变化着，战争也是如此，任何人都不可能经历两次完全相同的战争，因为构成和影响战争的因素也在不断地变化着。

　　因此，将帅们需要知道一些相对固定的程式，比如在某些情况下能够做什么，应该做什么；但更要根据战场上的实际情况对这些程式进行取舍，有些路不能走，有些目标不能攻击，君主所下达的有些命令不一定要执行，一切都要根据现实情况而定。

　　孙子所说的善于打仗的将帅，是那些长于迅速准确地判断形势，能够灵活机变地采取相应策略的人。正如他所说："是故智者之虑，必杂于利害。"

　　没有杰出智慧的军事将领只能逞匹夫之勇，难以成就大事。而对于任何一个行业的管理者来讲，杰出的智慧就像一盏明灯之于黑夜那样重要。随着现代科学技术的高速发展，生产技术日趋精密，分工明确而细致，生产力大幅度提高，随之而来的竞争压力也越来越大。在这种情况下，一个企业是在激烈的竞争中脱颖而出，还是被势不可挡的滔滔洪流所淘汰，在很大程度上取决于这个企业的领导者是否具有杰出的智慧，是否具有敏锐的市场洞察力、判断力和决策力，从而在纷繁复杂的形势下权衡利弊，趋利避害，把风险降低到最小，实现利益的最大化。

孙武的间谍观

据《左传》记载，夏朝时就已经出现了"谍"："使女艾谍浇。"女艾是我国有记载以来的第一个间谍。

孙武的用间观 → 舍得金钱和爵禄

因间

内间

反间

死间

生间

做到知彼 → 赢得战争

必取于人

出兵十万

花费　VS　花费

情报费　特务费

如果吝惜区区百金，而不肯重用间谍，以致不能了解敌情而遭受失败，这种人是不配做统帅三军的将领；这样的国君，不是能打胜仗的国君。

百姓耗费，公家的开支，每天花费千金。

民众不能从事耕作劳动的多达七十万家。

◎行军篇◎

【导读】

本篇主要论述行军作战的要领——在山地、江河、盐碱沼泽地、平地四种地形上行军、宿营、作战的具体原则和要求，以及通过具体现象观察判断敌情的"相敌三十二法"，并提出了"令之以文，齐之以武"的治军思想。

【原文】

孙子曰：凡处军相敌①：绝山依谷②，视生处高③，战隆无登④，此处山之军也。绝水必远水⑤；客绝水而来⑥，勿迎之于水内，令半济而击之，利⑦；欲战者，无附于水而迎客⑧；视生处高，无迎水流⑨，此处水上之军也。绝斥泽⑩，惟亟去无留⑪；若交军于斥泽之中，必依水草而背众树，此处斥泽之军也。平陆处易而右背高⑫，前死后生⑬，此处平陆之军也。凡此四军之利⑭，黄帝之所以胜四帝也⑮。

凡军好高而恶下⑯，贵阳而贱阴⑰，养生而处实⑱，军无百疾，是谓必胜。丘陵堤防，必处其阳而右背之。此兵之利，地之助也⑲。上雨，水沫至，欲涉者，待其定也。

凡地有绝涧、天井、天牢、天罗、天陷、天隙⑳，必亟去之，勿近也。吾远之，敌近之；吾迎之，敌背之。军行有险阻、潢井、葭苇㉑、山林、蘙荟者㉒，必谨复索之㉓，此伏奸之所处也。

【注释】

①处军：指行军作战中，在各种不同的地形条件下，军队行军、作战、驻扎诸方面的处置方法。处，处置、部署。相敌：指观察判断敌情。相，观察。②绝：横渡、穿越。③视生处高：居高向阳。视生，向阳。④战隆无登：指在高地上与敌人作战，不宜自下而上仰攻。隆，高地。登，攀登。⑤绝水必远水：横渡江河，要驻扎在离河流稍远的地方，这样才有进退回旋的余地。⑥客：这里指敌军。⑦勿迎之于水内，令半济而击之，利：不要在敌军刚到水边时就迎击，而应该乘敌

应当在居高向阳的地方安营。

军渡河渡到一半时发起攻击。这时敌首尾不接，行列混乱，攻击容易取胜。迎，迎击。水内，水边。半济，渡过一半。济，渡。⑧附：靠近。⑨无迎水流：不要逆着水流在敌军的下游布阵或驻扎，以防敌军投毒、顺流来攻或是决堤淹我。迎，逆。⑩绝斥泽：通过盐碱沼泽地带。斥，盐碱地。泽，沼泽地。⑪惟亟去无留：遇到盐碱沼泽地带，应当迅速离开，不可停留驻军。惟亟去，指应该迅速离开。惟，宜。亟，急、迅速。去，离开、离去。⑫平陆处易

而右背高：指遇到开阔地带，应该选择在平坦之处安营
扎寨，最好把军队置于高地前，以高地为倚托。平陆，
平原地带。易，平坦。右背高，指军队要背靠高地以为
依托。右，上的意思，古时以右为上。⑬ 前死后生：前
低后高。死，这里是低的意思。生，这里是高的意思。
⑭ 四军：指前文所述的山、水、斥泽、平陆四种地形
条件下的处军原则。⑮ 黄帝之所以胜四帝也：这就是
黄帝能战胜四方部族首领的缘由。传说黄帝曾败炎帝于
阪泉，诛蚩尤于涿鹿，北逐獯鬻，统一了黄河流域。四
帝，四方之帝，即四方部落联盟的首领，一般指炎帝、
蚩尤等人。⑯ 好 (hào) 高而恶 (wù) 下：喜欢高处而厌恶
低下的地方。⑰ 贵阳而贱阴：重视向阳之处而轻视阴
湿地带。贵，重视。阳，向阳干燥的地方。贱，轻视。

行军过程中遇到险阻、积水低洼之地、水草丛聚之地、山林
茂密以及草木繁盛的地方，必须谨慎地、反复地搜索。

阴，背阴潮湿的地方。⑱ 养生：指物产丰富、便于生
活的地方。实：坚实，这里指地势高的地方。⑲ 地之助：指得自地形的辅助。⑳ 绝涧：指两岸陡峭、溪谷深峻、水
流其间的地形。天井：指四周高峻、中间低洼的地形。天牢：指高山环绕、易进难出的地形。牢，牢狱。天罗：指
草深林密，荆棘丛生，军队进入后如同陷入罗网中难以摆脱的地形。罗，罗网。天陷：指地势低洼、道路泥泞、车
马易陷的地形。陷，陷阱。天隙：指两山相向、涧道狭窄、难于通行的谷地。㉑ 潢 (huáng) 井、葭 (jiā) 苇：指长满
芦苇的低洼地带。潢井，积水低洼之地。潢，积水池；井，指内涝积水、洼陷之地。葭苇：芦苇，这里泛指水草丛
聚之地。㉒ 山林、翳 (yì) 荟 (huì)，指草木长得很繁茂的山林地带。翳荟，草木长得很茂盛。㉓ 必谨复索之：必须
谨慎、反复地搜索。复，反复。索，寻找、搜索。

【译文】

　　孙子说：凡是部署军队和观察敌情，都应该注意：通过山地时，要沿着低谷行进；安营扎寨时，
要选择居高向阳之地；如果敌人占据了高地，千万不可仰攻，这些是在山地行军布阵的法则。横渡
江河之后，应当驻扎在离江河稍远的地方；如果敌军渡河来战，不要在河中迎击，而要等它渡水渡
到一半时予以攻击，这样最有利；要想同敌人决战，就不要在紧靠水边的地方迎击敌人；应当在居
高向阳的地方安营，切勿迎着水流布阵或驻扎，这些是在江河地带行军布阵的法则。通过盐碱沼泽
地带时，应当迅速离开，不可停留；若是在盐碱沼泽地带遭遇敌人，务必使军队靠近水草而背倚树
林，这些是在盐碱沼泽地带行军布阵的法则。在开阔的平原地带驻军，要选择地势平坦的地方，最
好背靠高处，造成前低后高的态势，这些是在平原地带行军布阵的法则。以上四种行军布阵原则所
带来的好处，是黄帝能战胜“四帝”的原因所在。

　　凡是驻军，总是喜欢高地而厌恶低洼的地方；总是看重干燥向阳的地方而轻视阴冷潮湿的地方；
最好是驻扎在物产丰富、便于生活的地方，将士们才不会生出各种疾病，这是军队必胜的重要保证。
在丘陵、堤防地带，必须驻扎在向阳的一面，而且要背靠着它。这些都是对行军布阵有利的措施，

若交军于斥泽之中，必依水草而背众树。

是地形地势对军队的辅助。河流上游下雨涨水，水沫漂来，洪水将至，若想涉水渡河，一定要等到水势平稳以后再渡，以防山洪暴至。

凡是遇上"绝涧""天井""天牢""天罗""天陷""天隙"这些地形，必须迅速离开，不要靠近。我军要远离它，而让敌军接近它；我军要面向它，而让敌军背靠它。行军过程中遇到险阻、积水低洼之地、水草丛聚之地、山林茂密以及草木繁盛的地方，必须谨慎地、反复地搜索，因为这些区域都是敌人容易设下伏兵和隐藏奸细的地方。

● 凡军好高而恶下

军队驻扎，要选择居高向阳的地方。行军、驻军都要讲求自然条件的选择，这样才能有助于顺利前进。

行军驻军自然环境选择

| 驻军 | 地势高，向阳处 | → | 防止士卒染患疾病 |

行军

水险

上游下暴雨，水流湍急，等水势平稳方可渡过，以防山洪。

使我军远离 使敌军接近

地形

绝涧 两岸峭壁，水流其间的地形。

天井 四周高峻，中间低洼的地形。

天牢 山险环绕，易进难出的地形。

天罗 荆棘丛生，难于通过的地带。

天陷 地势低洼，泥泞易陷的地带。

天隙 两山之间狭窄的谷地。

植被

芦苇丛生的低洼地。 草木繁茂的山林地区。

仔细反复搜索

【原文】

敌近而静者，恃其险也；远而挑战者，欲人之进也；其所居易者，利也①。众树动者，来也；众草多障者，疑也②；鸟起者，伏也；兽骇者，覆也③。尘高而锐者，车来也；卑而广者，徒来也④；散而条达者，樵采⑤；少而往来者，营军也⑥。辞卑而益备者⑦，进也；辞强而进驱者，退也⑧；轻车先出居其侧者，陈也；无约而请和者，谋也；奔走而陈兵车者，期也⑨；半进半退者，诱也。杖而立者⑩，饥也；汲而先饮者，渴也；见利而不进者，劳也。鸟集者，虚也；夜呼者，恐也；军扰者，将不重也；旌旗动者，乱也；吏怒者，倦也；粟马肉食⑪，军无悬�⑫，不返其舍者，穷寇也。谆谆翕翕⑬，徐与人言者，失众也；数赏者，窘也⑭；数罚者，困也⑮；先暴而后畏其众者，不精之至也⑯；来委谢者，欲休息也⑰。

兵怒而相迎，久而不合，又不相去，必谨察之。兵非益多也⑱，惟无武进⑲，足以并力、料敌、取人而已⑳；夫惟无虑而易敌者㉑，必擒于人。

卒未亲附而罚之则不服㉒，不服则难用也；卒已亲附而罚不行，则不可用也。故令之以文，齐之以武㉓，是谓必取㉔。令素行以教其民㉕，则民服；令不素行以教其民，则民不服。令素行者，与众相得也㉖。

【注释】

① 其所居易者，利也：指敌军之所以不扼守险要而驻扎在平地上，一定有它的好处和用意。② 众草多障者，疑也：在杂草丛生的地方设有许多遮障物，这是敌人企图迷惑我。③ 兽骇者，覆也：野兽受惊奔窜，这是敌军大举来袭。覆，覆盖。④ 徒：步兵。⑤ 散而条达者，樵采也：飞尘分散而细长，时断时续。这是敌人在砍薪伐柴。条达，指飞尘分散断续的样子。⑥ 营军：准备设营的敌军。⑦ 辞卑而益备：指敌人派来的使者言辞谦卑，暗中却加紧备战。辞，言辞。⑧ 辞强而进驱者，退也：敌人派来的使者言辞强硬，并摆出进逼的姿态，这往往是撤退的征兆。⑨ 期：期求，这里指期求与我军交战。⑩ 杖而立：倚仗手中

鸟起者，伏也。

兵器而站立。杖，扶、依仗。⑪ 粟马肉食：指敌军用粮食喂战马，杀牲口吃。⑫ 军无悬瓿 (fǒu)：指军队收拾炊具。瓿，同“缶”，汲水用的瓦罐，泛指炊具。⑬ 谆谆翕翕 (xī)：士卒聚在一起低声议论。谆谆，叮咛。翕翕，聚合。⑭ 数赏者，窘也：敌军一再犒赏士卒，这往往说明敌人已经没有办法了。⑮ 数罚者，困也：敌军一再处罚士卒，这往往说明其已经陷入困境。⑯ 先暴而后畏其众者，不精之至也：将帅先对士卒凶暴，后来又惧怕士卒，这太不精明了。精，精明。⑰ 来委谢者，欲休息也：敌方托词派使者来谈判，是想休战。委谢，指敌方托词派使者来谈判。委，托、借。谢，告、语。休息，这里指休兵息战。⑱ 兵非益多：兵力不是越多越好。⑲ 惟无武进：只是不要恃武冒进。武进，恃勇轻进，即冒进。⑳ 足以并力、料敌、取人而已：只能做到集中兵力、正确判断敌情、争取人心以便使部下全心效力就可以了。并力，合力，这里指集中兵力。料敌，分析判断敌情。取人，善于争取人心。㉑ 无虑而易敌：没有深谋远虑而又轻敌妄动。易，轻视。㉒ 亲附：亲近依附。㉓ 令之以文，齐之以武：指用政治、道义来教育士卒，用军纪、军法来约束管理士卒。文，这里指政治、道义。武，这里指军纪、军法。㉔ 必取：必胜。取，取胜。㉕ 素行：平素认真施行。素，平素、一贯。民，这里指士卒。㉖ 令素行者，与众相得也：指军令平素能够顺利执行的，是因为军队统帅同兵卒之间相处融洽、相互信任。相得，相投合，即相互信任。得，亲和。

【译文】

敌军离己军很近而仍保持镇静的，这是仗着它占据了险要的地形；敌军离己军很远而前来挑战的，是想引诱己军进入圈套；敌军之所以（不扼守险要而）居于平地，一定是因为有利可图。林中树木摇动，一定是敌军正向我袭来；草丛中多设遮蔽物，一定是敌人布下疑阵想迷惑己军；鸟儿惊起，是因为下面设有伏兵；野兽受惊奔逃，是因为敌军大举来袭；飞尘又高又尖，这是敌人的战车驰来；飞尘低而宽广，这是敌人的步兵向我开

判明敌情，得到部下的信任和全心效力，也就足够了。

来；飞尘断续分散，这是敌人在砍柴（并拖往营中）；飞尘稀薄而时起时落，这是敌人正准备安营扎寨。敌方使者言辞谦卑而暗中加紧战备的，是要向我发起进攻；敌方使者言辞强硬而敌军又向我驱驰进逼的，是在准备撤退；敌人先出动轻型战车并且部署在侧翼的，是在布列阵势；敌人没有事先约定就突然来请和的，其中必定有阴谋；敌人（频繁调动）往来奔走，并且已经摆开兵车列阵的，是想要与我军交战；敌军半进半退（往复徘徊）的，是想要引诱我军上前。敌兵倚仗手中的兵器才能站立的，是因为饥饿；敌兵从井中打上水就争相饮用的，是因为（缺水）干渴；敌人见到利益而不进兵的，是因为疲劳过度；敌营上有飞鸟停集的，说明已是空营；敌营夜间有人惊呼叫喊的，说明其心中恐惧；敌营惊扰纷乱的，说明敌将没有威严；敌营旌旗胡乱摇动的，说明其队伍已经混乱；敌营官吏急躁易怒的，说明其已经疲倦；敌人用粮食喂马，杀牲口吃，收拾炊具，部队不返回其营寨的，是准备拼死一搏；士卒聚在一起低声议论，敌将低声下气同部下讲话的，是已经失去人心；敌将一再犒赏部属的，说明已经无计可施；敌将一再惩罚部属的，说明已经陷入困境；将帅先对士卒暴虐而后又畏惧士卒的，说明他不精明了；敌人托词派使者来请求谈判的，是想休兵息战。

敌军盛怒而与己军对阵，却久不交战，又不离去，必须谨慎地观察它的意图。兵力并非越多越好，只要不轻敌冒进，并能集中兵力，判明敌情，得到部下的信任和全心效力，也就足够了。只有那些不懂得深思熟虑而又狂妄轻敌的人，才必然会成为敌人的俘虏。

令素行者，与众相得也。

士卒还没有亲附自己就贸然处罚他们，那他们就不会真心顺服；不真心顺服，就难以使用他们去打仗了。士卒对自己已经亲近依附，但仍不执行军纪军法，这样也不能使用他们去打仗。所以，要用"文"的手段来教育士卒，用"武"的方法来管理士卒，这样的军队打起仗来必能取胜。平素能严格贯彻命令、教育士卒，士卒就会养成服从的习惯；平素不能严格贯彻命令、教育士卒，士卒就会养成不服从的习惯。平素的命令能顺利贯彻执行，这是将帅与士卒之间关系融洽（相互取得了信任）的缘故。

实用谋略

◎王坚坚守钓鱼城◎

《行军篇》中介绍了在江河地带行军作战的方略，南宋末年王坚挫败蒙古大军的故事，就是这一方略的成功运用。

王坚坚守钓鱼城。

元定宗贵由死后，蒙哥继位做了蒙古大汗，是为元宪宗。蒙哥汗采取迂回的策略，绕道西南，向南宋发起进攻。他亲率西路主力四万人马，经六盘山进入四川，苦战一年之后，抵达钓鱼城（今四川合县）下。

钓鱼城地处嘉陵江、涪江、渠江的汇合处，四周被刀削斧凿般的悬崖绝壁所包围，可谓是"一夫当关，万夫莫开"。蒙哥汗企图拿下钓鱼城，从而进军重庆，与蒙古南路军会师，然后就可以直取南宋首都临安。因此，钓鱼城成为两军必争之地。

镇守钓鱼城的将领为王坚，他早在蒙哥汗到达之前，就命人储备了足够的粮食，并开凿了水源。当时山城中有百姓约十万人，守城将士也有一万余人。蒙哥汗向钓鱼城发起一次又一次的猛攻。王坚率全城军民据险而战，奋勇杀敌，将蒙古军的攻势尽数挡了回去。数月过后，蒙古军死伤惨重，但始终无法攻克钓鱼城。

一天，王坚命令守军将两条十五斤重的鲜鱼以及百余张蒸面饼抛入城外蒙古军的营地，并投书蒙古军，称即使再攻十年，钓鱼城也能岿然不动。

当时正值酷暑季节，蒙古族人本来就畏暑恶湿，加上水土不服，导致军中暑热、疟疾、霍乱等疾病横行，疫情相当严重。蒙哥汗眼见屯兵已久却攻不下钓鱼城，心中宛如火燎。为了观察城内虚实，蒙哥汗命令士兵在钓鱼城前建起了一座高高的望台。

王坚发现蒙哥汗亲自在城下督建望台，心中大喜，立即吩咐将士准备炮石轰击望台。蒙哥汗不知王坚的计划，望台刚一建好，就连忙登上台顶。王坚等的就是这个机会，命令士兵立刻发炮，摧毁望台。蒙哥汗被飞石击成重伤，不久死去，蒙古军队只能黯然撤离。

王坚充分利用钓鱼城临江，且四面环山的有利地形，不仅成功守住了城池，还直接打死了敌军首领，堪称经典的防御战例。

○沙苑、渭曲之战○

《孙子兵法·行军篇》说:"兵非益多也,惟无武进,足以并力、料敌、取人而已;夫惟无虑而易敌,必擒于人。"沙苑、渭曲之战中,西魏军的大胜和东魏军的惨败证明,孙子所说的处军、相敌原则,对于战争的胜败有着重大意义。

公元420年,东晋大将刘裕代恭帝而立,国号宋,史称刘宋。刘宋政权据有黄河以南大部分地区,黄河以北地区则为鲜卑族

宇文泰率兵攻占恒农。

拓跋氏建立的北魏政权所占据。公元534年,北魏分裂为东魏和西魏两个政权(东魏以邺城为都,西魏则以长安为都)。

北魏分裂后,东魏和西魏之间曾发生过多次战争,沙苑、渭曲之战便是其中的一次具有关键意义的战役。在这次战役中,东魏出动了二十万大军,西魏则以七千精骑迎战。尽管强弱悬殊,但由于西魏统帅宇文泰在"处军相敌"方面胜出东魏统帅高欢一筹,因而西魏军最终能以弱胜强,打败了强大的东魏军队。

沙苑、渭曲之战的过程是怎样的呢?下面就具体了解一下。

北魏分裂之后,东魏仗着地广人多以及军事上占有相对优势,企图出兵占领西魏的战略要地潼关,但均被击退。公元537年八月,西魏宰相宇文泰亲自率军东进,攻占了东魏的军事要地恒农(在今河南三门峡市西)。东魏宰相高欢一面命大将高敖曹领兵三万夺回恒农,一面亲率主力二十万人,从太原、临汾南下,由蒲坂(今山西永济)西渡黄河,进袭关中,由此拉开了沙苑、渭曲之战的序幕。

战争开始时,宇文泰得到高欢西进的消息,便下令全力阻止敌军。他命大将王熊坚驻守华州(今陕西大荔),同时派人到各地征调兵马,并从恒农抽调近万人驰援关中。高敖曹趁势包围了恒农。高欢率领大军渡过黄河后,立即向华州城发起总攻。然而,华州城防坚固,短时间内难以攻克,高欢无奈之下,只好命令军队在华州北面的许原驻扎下来。

宇文泰回到渭南后,本想立即进攻高欢。但是众将均对此表示反对,认为各地征调来的兵马还在途中,目前敌我兵力相差悬殊,暂时不宜出击。宇文泰则认为:东魏军首攻华州不下,便屯兵于许原观望,说明军队人数虽多,但战斗力不强,因此应该趁其立足未稳,不熟悉地形之际,打他们一个措手不及;东魏军队若是站稳脚跟,就会继续西进,逼近长安,到时人心动摇,形势将对西魏更为不利。宇文泰的一番分析让众将心服口服,于是西魏军开始作战斗准备。

九月底,西魏军在渭水之上搭建了浮桥,宇文泰亲率轻骑七千,北渡渭水。十月一日,西魏军在距东魏军六十里处的沙苑驻扎了下来。

到达沙苑后,宇文泰立即派士卒乔装成许原一带的居民,潜到东魏兵营附近侦察敌情。经过一番侦察,宇文泰证实了自己的判断:敌军人数多于己方,但战斗力不强,而且骄傲轻敌。此时,宇

文泰部将李弼建议利用这里沙丘起伏、沼泽纵横、芦苇丛生的地形，预先设下埋伏，张开口袋，然后诱敌深入，一举消灭敌人。而宇文泰此次出征，只准备了三天的粮食，他正想采用奇计以求速战速决，李弼这一建议正中他下怀，于是欣然采纳。

高欢听说西魏军已推进至沙苑，他求胜心切，还没有做好具体部署，便决定亲率大军出城与西魏军决战。高欢出发后，宇文泰依照先前计划，把军队埋伏在渭曲，并约定击鼓为号，然后发起总攻。东魏军行至渭曲附近

高欢率军进入沼泽搜索宇文泰军。

时，大将斛律羌举见到渭曲地形复杂，不利野战，便向高欢建议留下部分兵力在沙苑与宇文泰相对峙，另以精兵向西进攻长安。高欢却急于与东魏军决战，拒绝采纳这一明智建议。

高欢准备焚烧芦苇，火攻西魏军，又遭部将侯景、彭乐的反对，他们认为己方的兵力占压倒性优势，根本不用担心宇文泰偷袭；况且只有活捉了宇文泰，才能摧毁西魏军队的战斗意志，到时长安便不攻自破了。高欢觉得部将的话很有道理，便决定放弃火攻，下令挥军进入沼泽，活捉宇文泰。

东魏军人数众多，深入沼泽地后便不成队形，陷入混乱。宇文泰等东魏军进入伏击圈后，命令士卒擂鼓呐喊，西魏军从左右两翼猛烈冲击东魏军，很快将其截为数段。东魏军本来就难以发挥兵力优势，这时一看中了埋伏，更加惊慌失措了，只想着赶紧逃出沼泽地带。西魏军趁势奋力拼杀，斩杀六千余人，俘敌八万。

东魏军大败溃散，高欢在部将的掩护下仓皇逃至蒲津，渡河东撤而去。西魏取得了沙苑、渭曲之战的全面胜利。

东、西魏之间曾发生过多次战争，沙苑、渭曲之战并不算大型战役，但我们仍可以从中得到很多启示。《行军篇》中提到，处军的关键在于选择于己有利而于敌不利的地形，并能在此基础上布置好军队；相敌的关键在于正确地分析判断敌情，能透过敌军活动的现象看穿其本质。从沙苑、渭曲之战的全过程可以看出，宇文泰在军事部署及"处军相敌"方面均深得兵法要领。

战役一开始，宇文泰就没有被东魏的兵势吓倒，还通过华州一役看透了东魏军的弱点，制订了伏击歼敌的计划：战前派人乔装侦察，摸清了敌人的基本情况，成功地将敌人引至事先布好的伏击圈中，最后一举击败敌军。

而东魏的失败，一方面是由于骄傲轻敌；另一方面，高欢及部将明知地形复杂，易遭伏击，却仍旧恃众贸然轻进，违背了孙子所说的处军、相敌原则，从而导致了东魏的惨败。

◎郭威治军"齐之以武"◎

孙子在治军方面提出了"令之以文，齐之以武"的原则，并要求赏罚适时适度。郭威治军的故事，就是一个很好的例子。

五代十国时期，后汉发生了李守贞、赵思绾、王景崇为首的"三镇之乱"，朝廷派大将郭威率

兵前去征讨。

出征前，郭威向太师冯道请教治军之策，冯道说："李守贞是一员老将，他所依靠的，是将士同心。若是你能重赏将士，必定能打败他。"郭威听罢，连连点头。

李守贞盘踞于河中城（今山西永济市蒲州镇）外，郭威率军到达城外，切断城内与外界的联系，准备以长期围困的方法来逼迫李守贞投降。

郭威牢记冯道的教诲，部下有

郭威治军"齐之以武"。

功即赏，将士受伤患病即去探望，即使犯了错误也不加严惩。时间一长，尽管郭威赢得了军心，但是军队里的姑息养奸之风也蔓延开来。

李守贞陷入重围后，几次想派人向西突围，去找赵思绾联络，但都被郭威击退。后来，李守贞听说了郭威治军的情况，便派一批精干的将士秘密潜出河中城，扮作平民百姓，在郭威驻军营地附近开设了数家酒店。这些酒店不仅价格低廉，而且可以赊账。

既有这等美事，郭威手下的士卒们自然经常结伴前去喝酒，还喝得酩酊大醉，将领们也不加约束。李守贞见计策奏效，遂派部将王继勋率千余精兵乘夜偷偷潜入河西后汉军营，发动突袭。后汉军毫无戒备，被杀得四处溃逃。

郭威知道后，急忙调派人手增援，但将士们只是你看看我，我看看你，竟无人敢奋勇向前。危急中，裨将李韬舍命冲出，众将士这才鼓足勇气，跟了上去。王继勋兵力不足，又无后援，功亏一篑，只能退回河中城。

这次突袭给郭威敲响了警钟，军纪松弛所造成的危害令他不寒而栗，于是下令道："若非犒赏宴饮，所有将士一律不得私自饮酒，违者军法论处。"谁知军令颁布的第二天清早，郭威爱将李审就违反了军令。李审是郭威的爱将，郭威听说后，又气又恨，尽管心有不忍，但是再三思量之下，还是令人将李审推出营门斩首示众，以正军法。

将士们见郭威连爱将李审都杀掉了，这才收敛了放纵之心，从此，后汉军纪严明，万众一心。没过多久，郭威便向河中城发起攻击，一举平定了李守贞，又趁势击败了赵思绾和王景崇，最终平定了"三镇之乱"。

郭威在治军初期以优厚的赏赐来聚拢人心，让士兵归顺依附；后来又及时醒悟，以严厉的军纪约束将士，甚至不惜杀死爱将来树立威严，因此最终平定了"三镇之乱"。

商业案例

◎瘟疫里蕴藏的商机◎

中国有句流传千百年的农谚："月晕而风，础润而雨。"意思是：月亮周围有大圆环，这是刮风的征兆；垫在房屋柱下的石头湿润了，这是天要下雨的征兆。由此可见，尽管"月晕""础润"微不足道，但其蕴含的自然规律对人类而言是至关重要的。人类社会的许多现象也有规律可循，只要我们认真观察并总结经验，就一定能透过现象抓住本质。

在企业经营中，一句话、一条消息、一张照片就能使企业增加百万收入，也可能使拥有百万巨资的企业倒闭，其关键在于经营者是否有心，是否慎言"微不足道"。

1875 年初春的一个上午，美国亚默尔肉类加工公司的老板菲力普·亚默尔像往常一样，正在细心阅读当天的报纸，一条简短的消息吸引住了他的注意力。这条消息只有一百多字，讲的是墨西哥最近发现了疑似瘟疫的病例。

就是这条不起眼的消息，却让亚默尔像发现了新大陆一样，他马上意识到，一旦墨西哥真的发生了瘟疫，就会传到美国与墨西哥接壤的加利福尼亚州或得克萨斯州。加州和得州是美国主要的肉类供应基地，如果当地发生瘟疫，全美的肉类供应肯定会紧张起来，肉价自然也会随之猛涨。

事后，亚默尔开始进行全方位的分析，并着手研究相应的对策。当天，他就派家庭医生亨利赶到墨西哥进行实地调查。几天后，亨利从墨西哥发回电报，证实当地确实发生了瘟疫，而且疫情严重，蔓延得非常迅速，已经到了难以控制的地步。

亚默尔接到电报后，立刻集中全部资金收购加州和得州的肉牛和生猪，并将其迅速转运至离加州和得州较远的东部地区进行饲养。

不出亚默尔所料，墨西哥境内的瘟疫在两三个星期内就蔓延到了美国西部的几个州。美国政府下令：严禁一切牲畜从这几个州外运，以防疫情蔓延。

肉类供应基地的产品禁止外运，美国国内顿时肉类奇缺，价格随之暴涨。亚默尔趁机把先前囤积在东部的肉牛和生猪高价抛售，在短短的几个月内净赚了 900 万美元。要知道，当时的 900 万美元比现在的几亿美元还多。就这样，一条简短的新闻成就了一笔巨大利润。

亚墨尔独具慧眼，从瘟疫即将流行的征兆中，预测到可能出现的商机，充分把握住了瘟疫蔓延所带来的机遇，进而大赚了一笔。

> **【点评】**
>
> 《行军篇》里所论述的内容可以扼要地归纳为三点：处军、相敌和治军。"处军"是指在各种地形条件下，对于军队行军、作战、驻扎等问题的处置方法；"相敌"是指观察和判断敌情；"治军"就是对于军队的治理。
>
> 在孙子所处的时代，并没有精密的观测仪器和数据统计手段作为辅助，《行军篇》中的"相敌"三十二法，是白昼时直接用视力在阵地前沿进行敌情观测的方法的总结，这些方法虽然原始，却具体而生动。孙子能见微知著，看到事物的本质，着实令人佩服。
>
> 两军对垒时，有些将领和孙子一样明察秋毫，能从一些微不足道的现象中，通过逻辑推理，判断出对方的动态和战争的走向。有些将领却对这些现象视而不见，以致坐失良机招致惨败。为什么会出现这种情况呢？这里面自然有经验丰富与否的因素，但更重要的是将领在见微知著这一重要素质上存在着很大的差异。
>
> 见微知著，需要丰富的经验、通透的洞悉力和判断力，还需要谨慎又大胆的推理。"见微知著"中，关键在于"知"。能透过"微"看到"著"，是一个成功人士必备的能力。
>
> 生活中亦是如此。注重生活中的细节，或许会发现重大的内涵和意义。牛顿关于苹果与地心引力说的故事，我们都耳熟能详。我们不一定要成为牛顿那样伟大的科学家，但是细心观察生活，发现生活之美，不也能给生活增添乐趣和价值吗？
>
> 讲究"文武"之道，凡事以身作则，如果我们能在生活中努力做到这两点，一方面可以使自己做事情更有效率；另一方面可以团结激励身边的人，最大限度地发挥团体的力量。

孙膑对孙武思想学说的继承和发展

春秋末期

孙武 —— 孙驰
　　　 孙明 —— 孙顺 —— 孙机 —— 孙操
　　　 孙敌

《孙武兵法》

战国初期

孙膑

《孙膑兵法》

1972年4月，山东银雀山汉墓同时出土了《孙子兵法》《孙膑兵法》竹简兵书，证实了《史记》记述的正确性，即历史上孙武、孙膑各有其人，并都著有兵法。

孙膑小档案

姓名：本名孙伯灵，因受过膑刑故名孙膑。

生卒：？—公元前316年。

籍贯：战国时期齐国阿鄄之间（今山东阳谷县阿城镇、菏泽市鄄城县北一带）。

职业：军事家。

著作：《孙膑兵法》。

成就：取得桂陵之战和马陵之战的胜利。

孙膑与庞涓同拜鬼谷子门下学兵法，孙膑的才智高于庞涓，由此招来庞涓的妒忌，后庞涓为魏惠王将军，骗孙膑到魏，诬陷孙膑外通敌国，惨遭膑刑（削去膝盖骨）。后孙膑被齐国使者偷偷救回齐国，成为田忌的门客。孙膑帮助田忌用上中下马战术打败齐王，赢得千金，被齐威王任为军师。桂陵之战中用围魏救赵战术大破魏军。马陵之战中，以减灶之法诱惑庞涓孤军冒进，射杀庞涓，大败魏军。

孙膑对孙武思想学说的继承和发展

战争观

继承孙武战争观，认为兵者，不仅是关系国家安危存亡的大事，还是除暴乱、禁争夺，实现和巩固国家统一的重要手段。

战略战术运用

事备后动
继承孙武有备无患的思想，提出举兵"事备而后动"，反对草率用兵、仓促致战。

倡导攻城
孙武不主张攻城，孙膑提出：难攻的城不可贸然进攻，但易攻的城要坚决去攻。

讲究阵法
孙武没有对阵形展开论述，孙膑论述了"方""圆""雁行""钩行"等十种阵形的用途和布列方法。

灵活用兵
继承和发展孙武灵活用兵理论，重视"阵""势""变""权"。

治军建军

富国强兵
孙武认为国家经济是战争胜利的必要保证，孙膑站在更高的角度，认为战争就是整个综合国力的较量，富国强兵才能立于不败之地。

挑选良将
与孙武一样，重视将帅的选择。

爱护兵卒
孙武把士兵当作战争的工具，孙膑则强调人在战争中的决定作用和人的社会地位及尊严，并认为"兵之胜在于选卒"。

赏罚分明
孙武讲求信赏、明罚，但只是治军原则和御兵手段。孙膑主张以法治军，有完备的法规条文，全军在统一法规下严格治理。

◎地形篇◎

【导读】

本篇主要论述"地有六形"与"兵有六败"，即分析了六种不同的作战地形及相应的用兵原则，指出了胜败的关键在于将帅的优劣和士兵的强弱，强调将帅要重视对地形的研究和利用，对于失利，将帅应负起主要责任。并在篇末点出，只有知己知彼、知天知地，才能全胜、久胜。

【原文】

孙子曰：地形有通者①，有挂者②，有支者③，有隘者④，有险者⑤，有远者⑥。我可以往，彼可以来，曰通；通形者，先居高阳，利粮道，以战则利。可以往，难以返，曰挂；挂形者，敌无备，出而胜之；敌若有备，出而不胜，难以返，不利。我出而不利，彼出而不利，曰支；支形者，敌虽利我，我无出也；引而去之⑦，令敌半出而击之，利。隘形者，我先居之，必盈之以待敌⑧；若敌先居之，盈而勿从，不盈而从之。险形者，我先居之，必居高阳以待敌；若敌先居之，引而去之，勿从也。远形者，势均，难以挑战，战而不利。凡此六者，地之道也⑨；将之至任，不可不察也。

故兵有走者⑩，有弛者⑪，有陷者⑫，有崩者⑬，有乱者，有北者。凡此六者，非天之灾，将之过也。夫势均，以一击十，曰走。卒强吏弱，曰弛。吏强卒弱，曰陷。大吏怒而不服⑭，遇敌怼而自战⑮，将不知其能，曰崩。将弱不严，教道不明⑯，吏卒无常⑰，陈兵纵横⑱，曰乱。将不能料敌，以少合众，以弱击强，兵无选锋⑲，曰北。凡此六者，败之道也；将之至任，不可不察也。

【注释】

①通者：这里指广阔平坦，四通八达，我可以去，敌人也可以来的地区。通，通达。②挂者：这里指前平后险、易入难出的地区。挂，悬挂、牵碍。③支者：这里指敌对双方皆可据险对峙，不易发动进攻的地区。支，支撑、支持。④隘者：狭窄之地，这里指两山之间狭窄的通谷。⑤险者：险要之地。⑥远者：这里指敌我相距很远。⑦引：引导、率领。⑧必盈之以待敌：一定要动用充足的兵力堵住隘口，以对付来犯的敌军。盈，满、充足。⑨地之道：关于利用地形的原则。⑩兵：这里指败兵。⑪弛：涣散、松懈，这里指将官软弱无能、队伍涣散。⑫陷：陷没，这里指虽然将官

我可以往，彼可以来，曰通。

勇猛顽强，但士卒没有战斗力，导致将官孤身奋战，力不能支，最终陷于失败。⑬ 崩：土崩瓦解，比喻溃败。⑭ 大吏怒而不服：小将（部将）怨怒，不服从指挥。⑮ 怼（duì）：怨恨。⑯ 教道：指对部下的训练、教育。⑰ 常：指常法，法纪。⑱ 陈：同"阵"。⑲ 选锋：挑选勇敢善战的士卒组成的精锐部队。

【译文】

孙子说：地形可分为通、挂、支、隘、险、远六种。凡是我军可以去，敌军可以来的，叫作"通"。在"通"这种地形条件下作战，应该抢先占领地势高而向阳的地方，并保证粮草运输畅通无阻，这样作战就有利。凡是可以前往，但难以回退的，叫作"挂"。在"挂"这种地形条件下作战，如果敌人没有防备，就可以突然出击从而战胜它；如果敌人已经有了防备，出击了却不能取胜，而又难以退回，这样对我军就会很不利。我军出击不利，敌军出击也不利的地形，叫

隘形者，我先居之，必盈之以待敌。

作"支"。在"支"这种地形条件下作战，即使敌人以利益来引诱我，我也不能出击，最好是佯装引军撤退，诱使敌人出击，待它出动到一半的时候，我突然发起攻击，这样就会对我军有利。在"隘"这种地形条件下作战，我军若能抢先占领，就要用重兵封锁隘口，等待敌人的到来。如果敌人已经抢先占领隘口，并用重兵防守，我就不要去攻打；如果敌人没有用重兵封锁隘口，就迅速攻取它。在"险"这种地形条件下作战，若是我抢先将其占领，那就必须控制那些地势高而向阳的地方，等待敌人的到来；若是敌人抢先将其占领，那就应该引军撤退，不要去进攻。在"远"这种地形条件下作战，敌我双方势均力敌，不宜挑战；若是勉强求战，会对我军产生不利影响。以上六点，均是利用地形作战的原则，是将帅的重要责任之所在，不可不认真考察研究。

导致军队作战失败的情况可以分为走、弛、陷、崩、乱、北六种。凡是属于这六种情况的，都不是上天降下的灾祸，而是由于将帅的过失造成的。在敌我双方势均力敌的情况下，以一击十（而导致失败）的，叫作"走"。士卒强悍、将官懦弱（而导致失败）的，叫作"弛"。将官强悍、士卒懦弱（而导致失败）的，叫作"陷"。部将对主将有所怨怒，不服从指挥，遇到敌人意气用事，擅自出战，主将不了解他的能力（而导致失败）的，叫作"崩"。主将软弱缺乏威严，训练教育军队方法不得当，官兵都不守规矩，布阵列兵杂乱无章（而导致失败）的，叫作"乱"。主将不能正确判断敌情，以少击多，以弱攻强，又没有精锐部队作为中坚力量（而导致失败）的，叫作"北"。以上六点，均是导致军队败亡的原因，是将帅的重要责任，不可不认真考察研究。

> ⊙ **名家论《孙子兵法》**
>
> 　　除了武装，决定战术的另一个重要因素，就是地形。有什么武装，就有使用这种武器的战术；在什么地方打仗，也有最适于这个特殊地方的打法。武器是各式各样的，地形是各式各样的，战术也是各式各样的。
>
> ——李零

● 凡此六者，败之道也

导致军队失败的有六种情况，需要多加注意，不要因人为因素而导致功败垂成。

六种导致失败的人为因素

走

敌我实力相当，派兵去打十倍于己的敌军而失败。

弛

士卒强悍，将吏懦弱，以致军队散漫而失败。

陷

将吏强势，士卒懦弱，以致军队畏缩而失败。

崩

将领不服从命令，遇敌莽撞迎战，主将又不了解其情况，无法加以指挥而失败。

乱

主将懦弱，缺乏威信且训教不明，使士卒无所遵循而失败。

北

主将不能正确估计敌情，以少击多，以弱击强，且没有精锐部队而失败。

凡此六者
败之道也

【原文】

　　夫地形者，兵之助也。料敌制胜，计险阨远近①，上将之道也②。知此而用战者必胜，不知此而用战者必败。故战道必胜③，主曰无战，必战可也；战道不胜，主曰必战，无战可也。故进不求名，退不避罪，唯人是保④，而利合于主⑤，国之宝也。

　　视卒如婴儿，故可与之赴深谿⑥；视卒如爱子，故可与之俱死。厚而不能使⑦，爱而不能令⑧，乱而不能治，譬若骄子，不可用也⑨。

　　知吾卒之可以击，而不知敌之不可击，胜之半也；知敌之可击，而不知吾卒之不可以击，胜之半也；知敌之可击，知吾卒之可以击，而不知地形之不可以战，胜之半也。故知兵者⑩，动而不迷，举而不穷⑪。故曰：知彼知己，胜乃不殆；知天知地，胜乃不穷。

【注释】

①险阨 (è)：这里是指地势的险易情况。阨：通"厄"，险要之处。②上将：这里指主将。③战道：指战场实情。④唯人是保：指对个人的处境毫不在意，只求保全民众和士卒。人，指士卒、民众。⑤利合于主：符合于国君的利益。主，指国君。⑥深谿：极深的溪涧，这里比喻危险地带。谿，同"溪"。⑦厚：厚养、优待。⑧爱而不能令：对士卒只知溺爱而不能令使。爱，溺爱。令，令使、使用。⑨譬若骄子，不可用也：此句指为将者，仅施仁爱而不济以威严，只会使士卒成为骄子而不能使用。⑩知兵者：指真正懂得用兵的将帅。⑪举而不穷：变化无穷使敌人难以捉摸。举，措施。

【译文】

地形是用兵打仗取得胜利的辅助条件。正确判断敌情，掌握制胜的主动权，研究地形的险易，计算道路的远近，这些都是高明的将帅能够取胜的方法。掌握了这些方法而应用于指挥作战的就必定能够胜利，不掌握这些方法而去指挥作战的就必定会失败。所以，如果根据战场实情进行分析，有着必胜把握的，即使国君主张不要打，坚决去打也是可以的；如果根据战场实情进行分析，没有必胜把握的，即使国君主张一定要打，不打也是可以的。进不谋求战胜的功名，退不回避违抗君命的罪责，只求使民众和士卒得以保全，行动符合于国君的利益，这样的将帅才算是国家的宝贵财富。

夫地形者，兵之助也。料敌制胜，计险阨远近，上将之道也。

将帅对待士卒如同爱护婴儿，那么士卒就会与他共赴艰险；将帅对待士卒如同爱护自己的儿子，那么士卒就会与他同生共死。对士卒过分宽厚就无法使用他们，过分溺爱就无法命令他们，管理混乱松懈就无法约束治理他们，这样的军队就好像娇生惯养的孩子，是不能用来打仗的。

只了解自己的军队有能力去攻击敌人，而不了解敌人不可以攻击，取胜的可能性只有一半；只了解敌人能够被击败，而不了解（时机尚未成熟）

视卒如婴儿，故可与之赴深谿；视卒如爱子，故可与之俱死。

自己的军队还不宜去攻击敌人，取胜的可能性也只有一半；知道敌人能够被击败，并且知道（时机已经成熟）我军可以前去攻打它，但不了解地形条件不利于作战，取胜的可能性仍然只有一半。所以，真正懂得用兵的将帅，行动时不会迷惑，采取的战略战术变化无穷。所以说：了解自己，了解敌人，就能常胜不败；了解天时，了解地利，胜利就可以永无穷尽。

◎郭进拒辽军◎

《地形篇》中，孙子论述了利用地形的重要性，他说："地形者，兵之助也。"可见较好地利用地形，可以帮助我方赢得主动。郭进拒辽军的战例，就是对孙子这一思想的成功实践。

公元979年，宋太宗赵光义在统一南方之后，开始准备讨伐十国中最后一个割据政权——北汉。

宋太宗命潘美为北路都讨使，进攻太原，自己随军亲征。北汉是辽国的属臣，宋朝一旦兴兵伐汉，辽国很可能派兵救援，为了堵截辽国的援兵，宋太宗又命将军郭进率军在石岭关驻守。

果然不出所料，辽景宗听到宋朝北伐的消息后，先是派宰相耶律沙和冀王塔尔火速前去解围，又派南院大王耶律斜轸率其部属前去援救。耶律沙进至石岭关附近的白马岭时，宋军已经抢先占据了白马岭的高地险隘。

在此之前，当地连下了几场暴雨，这使得原先并不深的山涧水势猛涨，已经可以到达人的腰部了。面对湍急的涧水和把守着高地隘口的宋军，耶律沙没有冒进，而是在这里安营扎寨，等待后续部队到来，然后再相机行事。塔尔则耻笑耶律沙胆小怕死，执意要率领先头部队渡涧。耶律沙劝道："目前宋军抢先占据了有利地形，我军贸然渡涧，恐怕凶多吉少，还是小心为妙！"塔尔却说："北汉现如今危在旦夕，再这样拖拖拉拉，只怕会贻误战机，到时想救他们也救不了了。"于是下令渡涧。

看到塔尔正率领辽军渡涧，守卫在白马岭上的宋军立刻摇旗呐喊，击鼓助威，但是并没有出击。塔尔观察了一会儿，发现不见动静，认为宋军是在虚张声势，便放心大胆地向对岸前进。

郭进耐心等待，直到塔尔的先头部队渡过山涧大半之后，才将令旗一挥，命令守在隘口的士兵放箭。霎时间，乱箭如蝗，正在渡水的辽兵纷纷中箭倒下，然后被湍急的涧水冲走了。而侥幸登上对岸的士兵则被疾驰而至的宋军骑兵砍翻在涧边。塔尔和他的儿子以及五名将领都被乱箭射死在山涧中。这时，南院大王耶律斜轸及时赶到，下令辽军全线撤退，这才避免了辽军的更大伤亡。

经此一役，郭进成功地将辽军阻截在石岭关。宋太宗则率领大军从容地向太原发起进攻，北汉主刘继元无力与宋军相抗衡，又久盼辽军不至，只得开城向宋太宗投降。

宋军在战争中抢先占据有利地形，以逸待劳，居高临下，等辽军渡涧时突然发起袭击；而在宋军抢先占据高地险隘的不利情况下，辽军主帅不但没有谨慎应对，反而贸然进攻，结果落得个惨败身死的下场。

郭进拒辽军。

◎东晋灭南燕之战◎

淝水之战后，前秦很快灭亡，北方暂时统一的局面被打破，先后建立起十几个割据政权，它们互相争斗，混战不休。其中比较强大的政权是北魏，与东晋接壤的是南燕和后秦，南燕的建立者为鲜卑族慕容德。

东晋在淝水之战后接连收复了徐、兖、青、豫、梁等州（今江苏、山东、河南、陕南地区）。然而，没过多久，东晋发生内乱，这些地方落入了南燕和后秦手中。

东晋大将刘裕本是平民出身，后来在战争中崭露头角，逐步掌握了东晋的军政大权。刘裕当权后，一方面排除异己，扩充自己的势力；一方面轻徭薄赋，以缓和社会矛盾。同时，他打着恢复中原的旗号，加紧训练军队，积极准备北伐。这些措施的施行，巩固了刘裕的地位，也增强了东晋的经济和军事实力，为北伐创造了条件。

南燕是刘裕进攻的第一个目标。在与南燕的战争中，刘裕准确判断敌情，慎重选择北伐路线，根据地形灵活变换战术，最终取得了北伐的胜利。

公元409年三月，南燕君主慕容超派将军慕容兴宗等人率骑兵袭占东晋的宿豫（今江苏宿迁），俘虏了阳平太守和济阴（今山东定陶西北）太守。随后又派将军公孙归攻陷济南，俘虏了太守及百姓千余人。

为了争取广大民众的支持，提高自己的威望，刘裕上表请求北伐南燕，以收复失地。刘裕的这一主张，只得到了少数人的支持，大多数朝臣均认为不可。刘裕便向他们作了一番分析，指出南燕的弱点：国土较小，政治腐败，没有长远的战略眼光。刘裕说服了皇帝，决定以水军、车兵、步兵、骑兵联合作战，并制定了沿途筑城、分兵留守、巩固后方、主力长趋北进的作战方针。

同年四月十一日，刘裕率领十万大军从建康出发，由水路过长江，自淮水至泗水前行，五月抵达下邳（今江苏沂北）。刘裕扔下航船辎重，率步兵向南燕境内的琅琊（在今山东临沂北）进发，并沿途筑建城堡，分兵留守，以防被南燕骑兵切断后路。

南燕将领公孙归攻陷济南。

晋军到达琅琊之前，南燕早已得到消息，急忙将莒城（今山东莒县）、梁父（今山东泰安）的守军调走。晋军继续向前开进，打算从琅琊至广固（在今山东青州西北），然后直捣南燕都城。

当时，从琅琊到广固的路有三条：一是沿沂水北上，由琅琊经东莞（今山东莒县东莞镇），越过大岘山（在今山东沂水北），直捣临朐（今山东临朐）、广固，此乃捷径，水路运输比较方便；但大岘山极为险峻，山高七十余丈，周围二十多里，山上

晋军北越大岘山。

关口（今穆陵关）只能通过一辆战车，有"齐南天险"之称。二是向东北经莒城、东武（今山东诸城）入潍水北上，再折向西，进趋广固；此路迂远，劳师费时。三是向北越泗水经梁父，再转向东逼近广固；这条路中山路太多，行军、运输均比较困难。

经过反复斟酌，刘裕决定走第一条线路，他的部将心中疑虑，说："如果南燕军仗着大岘山这道天险伏击我军，或者坚壁清野断绝我军的粮草，我军孤军深入，恐怕不仅无法灭燕，还将败无归路。"

面对疑问，刘裕胸有成竹地侃侃而谈："之前，南燕曾利用其骑兵优势两次攻入东晋淮北地区，却只是掳掠人口、财物而没有攻城占地。"据此，刘裕判断：南燕首领是个没有深谋远虑的贪婪之辈，进则专思抢掠，退则各惜禾苗。加上之前南燕弃守莒城、梁父等要地，刘裕坚信，南燕一定认为晋军孤军远征，难以持久，所以不准备在大岘山以南作战，而有意引诱晋军主力深入南燕腹地，然后以临朐、广固等坚城为依托，在平坦地区同晋作战，以便使自己的骑兵优势得到最大限度的发挥，因此他们进不会过临朐，退不会守广固，并且绝不会守险清野。听了这番分析，将士们坚定了北越大岘山、直捣南燕腹地同燕军作战的决心。

早先慕容超得知晋军北上的消息时，便召群臣商议对策，征虏将军公孙五楼提出了三条计策，他说："晋军轻捷果敢，意在速战，我军不应与其正面交锋，而应扼守大岘，阻止敌军深入，用拖延时日的办法来挫其锐气；然后选精骑沿海南下，切断敌军粮道，另命兖州之兵沿着山路东下，腹背夹击，这是上策。命令各地郡守据险固守，坚壁清野，同时毁掉地里的庄稼，使晋军无法就地掠夺粮草，又求战不得，只需数月，晋军弹尽粮绝，自然会乖乖撤兵，我军就可以轻松获胜，这是中策。放纵敌人越过大岘山，出城正面迎战，这是下策。

如果采取上策，燕军就可以凭险固守，阻挡晋军深入南燕腹地；即使退却，也有利于发挥燕军骑兵的优势，进可攻，退可守，可以与东晋军队打持久战。中策虽然要损失一些粮食，但也能大量减少己方人员的伤亡。"

但慕容超拒绝采纳上策和中策，认为东晋远道而来，实为疲敝之师，不能久战。而自己据五州（徐州、并州、幽州、兖州、青州）之地，拥富庶之民，铁骑万群，麦禾布野，为什么要抢先拔除禾苗、迁徙民众，使自己蒙受损失呢？于是决定采纳下策。手下将领极力劝谏，希望他能回心转意，慕容超却一意孤行。桂林王兼太尉慕容镇退朝后叹息说："陛下既不同意出大岘迎敌，又不准坚壁清野，放纵敌人深入我腹地，无异于坐以待毙，我们必将落个身死国灭的下场啊！"慕容超听说后，勃然大怒，立刻将慕容镇下狱。不久，他调回了莒城、梁父的守军，修筑广固城池，整顿兵马以待晋军。

六月十二日，晋军到达莒城，然后火速越过大岘山。眼见脱离险境，而燕军又未采取行动，刘裕总算松了一口气，对左右说道："现在我军已经越过了危险地带，深入敌人腹地，士卒们都会拼死作战；而这里的原野上长满了成熟的庄稼，我军再无缺粮之忧。可以说，敌人的命运尽在我的掌握之中。"

晋军成功越过大岘山。

经过激烈的争夺，晋军夺取了水源城。水源临近临朐，刘裕开始布置军队，准备与南燕军争夺临朐。六月十八日，晋军主力抵达临朐城南附近，距城只有数里。慕容超突然出动主力骑兵万余夹击晋军。刘裕有针对性地在步兵的两翼布置了四千车兵，并以骑兵在车后机动，组成一个步、骑、车兵相互配合的阵势，有效地抵御了燕军骑兵对晋军步兵主力的冲击。双方激战半日，不分胜负。此时，刘裕的参军胡藩建议说，燕军全部出动，临朐此时守备必定空虚，正可出奇兵走偏僻小道去袭击临朐城。刘裕欣然应允，立即派兵奇袭

晋军总攻广固城。

临朐。临朐兵力薄弱，被晋军一举攻下。慕容超惊慌失措，单骑逃出，刘裕趁机率军猛攻，燕军大败，数十名南燕将军被斩杀，慕容超败回广固，晋军首战告捷。

临朐之战结束后，晋军乘胜连夜发起追击，直逼广固城下。广固城四周都是绝涧，短时间内难以攻取。刘裕命晋军修筑高达三丈的长墙和三重沟堑，打算长时间地围困敌军。刘裕招抚投降的燕军将士，选贤任能，以怀柔之策瓦解敌军军心；同时就地取粮，停止从后方运送粮草，从而使晋军处于更加有利的位置。

面对这一情形，慕容超并没有积极展开防御，而是派尚书张俊、韩范前往后秦搬取援兵，自己则消极等待，将希望都寄托在援兵身上。

后秦此时正和大夏激烈交战，根本无力出动大军救援南燕。九月，张俊、韩范不但未从后秦搬来救兵，反而先后降了刘裕。韩范素来受到南燕人敬重，刘裕便让他绕城宣示燕人降晋之事，燕军士气更加低落。此前，南燕将领张纲也降了东晋，此人善于制造攻城器具，于是晋军让他设计新的攻城器具。

次年二月，刘裕率军发起总攻，南燕尚书悦寿开门迎降。慕容超率领数十名骑兵突围逃走，后被晋军俘虏，送至建康斩首。至此，这场战争以晋胜燕亡而宣告结束。

此战中，刘裕之所以能够取胜，主要在于他既了解自己，也了解敌人，还深切地意识到了地形对于己方的利弊。他正确地分析了南燕政权贪婪、目光短浅的特点，由此料定慕容超不会凭险固守大岘山，于是果断选择了一条捷径直入敌国腹地，大大缩短了战争进程。这正是孙子所说的"料敌制胜，计险阨远近，上将之道也"。

南燕骑兵善于在平原上作战，而晋军步兵在平原作战容易被骑兵冲垮，根据这一情况，刘裕将车阵这一古老的作战队形与战法运用到战争中，组成了一个步、骑、车兵相结合的阵势，从而有效地克己之短，抑敌之长。在两军对峙的时候，刘裕又及时派兵奇袭敌人薄弱的后方，为最后的胜利奠定了基础。根据敌情灵活制定相应的战略战术，这正是"动而不迷，举而不穷"。

而燕军之所以失败，除了慕容超目光短浅、骄傲自负外，另一个重要原因就是慕容超不懂得利用地形之利而克敌制胜。《地形篇》说："隘形者，我先居之，必盈之以待敌；险形者，我先居之，必居高阳而待敌。"慕容超弃大岘山之险，放弃了能有力阻击敌人进攻的地形，而选择与敌正面交锋，结果首战失利，不仅丧失了主动权，也严重削弱了军队士气，导致了最后的失败。

◎黄天荡之战◎

南宋建立后，宋高宗偏安东南一隅，并无收复失地之志。这时，金人仍然穷追不舍，屡次侵袭宋境。南宋建炎三年（1129）十月，金兀术（本名完颜宗弼）统兵南下，深入长江流域，并攻破建康，接着又攻破都城临安。宋高宗赵构坐船一直逃到海上，这才没有成为金军的俘虏。在大肆烧杀掳掠之后，金军于第二年开始北撤。

抗金名将韩世忠闻讯，急忙率水军八千，于三月十五日先期赶至镇江，将金军阻截于焦山、金山之间。此后，双方在长江之上展开激战。韩世忠的夫人梁红玉亲自披挂上阵，擂鼓助威，宋军士气大振，奋勇争先，重挫金军。金军溯江而上，韩世忠在后面紧追不舍，且战且行。在宋军的阻击下，金军进入了河道湮塞的黄天荡。

黄天荡位于长江下游，原本是江中一条断港，后来河道湮塞，有进无出。金军对江南水道不熟，误入此处，进退不得。金兀术无计可施，只得向韩世忠表示，愿意献出在江南掠夺的所有财物，买路渡江，结果被韩世忠严词拒绝。金军被困在黄天荡达四十八天，眼看就要全军覆没，这时宋军的一名叛徒向金兀术献上一计，指引金兵一夜之间凿通黄天荡背面的老鹳河故道，该河道长达三十里，直通秦淮河。金军于四月十二日逃出黄天荡，反居宋军上游。

此时，金军援兵也赶到真州接应，金兀术于是决定折返黄天荡，与韩世忠军进行决战。韩世忠水军多海舰，船身高大，稳定性好，攻击力强。为了发挥己军这一优势，韩世忠命令工匠赶制了许多用铁链联结的大挠钩，又从水兵中挑选身体健壮者反复练习大挠钩的使用方法，用以对付金军的小战船。

金兀术得到消息后，经过仔细研究，决定在战船内装土，上铺木松，两舷凿洞安置桨棹，等到无风时出击，然后用火箭射向宋军大船的

黄天荡之战。

篷帆。船内装土，可以让船在水面上更加稳定，不易倾覆；铺上木板，可以使对方无处下钩；风平浪静时出击，一方面能克服小船不耐风浪的弱点，一方面更能发挥其机动灵活的优势，而宋军战船体积大，无风难以行动，进退不灵活，反而成了火攻的好对象。

黄天荡一役，宋军果然大败，战船多被焚毁。尽管宋军在这一战中失败，但也沉重打击了金军的嚣张气焰，此后三十年内，金军再未大规模南下。

黄天荡一战，宋军先利用黄天荡易进难出的地形，以八千水军成功阻击十万金军渡江；后来金军逃出包围，并针对宋军水师的特点制定了有针对性的策略，扳回了一局。由此可见，能够影响战场形势的因素很多，甚至任何一个因素都可能改变战局，绝不容忽视。地形终究只是辅助，不可过分依赖地利，将领能够审时度势，扬长避短，才是克敌制胜的最大法宝。

商业案例

◎ 人心换人心 ◎

孙子提出过"视卒如爱子"的观点，这一观点在社会生活以及商业领域也同样适用。

蔡元培做北大校长的第一天，校工恭恭敬敬地站在学校马路两侧，向他们的校长致敬，这时，蔡元培下了马车，向校工们鞠躬回礼，在场所有的人都惊呆了，因为当时的官办学校里等级森严，校长与高高在上的官吏没有区别。蔡元培向校工致敬的做法，无疑是对大学官僚制度的一大挑战。蔡元培的一个微小的动作，开启了北大的新风气和新时代。

现代企业都讲求员工的忠诚。对于智慧的企业管理者来说，要求员工忠诚并不困难，不过是个人心换人心的问题。某著名大型企业举行员工集体婚礼，所有领导包括总裁亲自为员工开车迎亲，总裁亲自主持婚礼，为新人们送上祝福。在全体员工的努力下，这家企业在该行业领域中逐渐脱颖而出，并一举成为龙头老大。

在企业管理中，领导要关心、爱护员工，就像对待自己的家人一般，这样，员工也会尊敬、热爱领导，把企业当成自己的家，并在工作中努力做出成绩，生产出高质量的产品，以回报领导的关爱，企业也会因此而兴旺发达起来。中建五局"以信为本、以和为贵"的主流文化，追求的就是一种和谐发展，以人为本的境界，把人和看作和谐的基础，强调"人和"是企业的灵魂，让员工在企业中从事工作时找到家的感觉，让每个人的价值都能得到充分发挥。

美国名将奥马尔·布莱德雷说："理解人、关心人的领导者不仅会得到每一位属下的全心回报，还会得到他们的耿耿忠心。"军队如此，企业亦然。

⊙名家论《孙子兵法》

自然因素，就是孙子所说的"天"与"地"。任何战争都是在一定的时空范围内进行的，必然要受到自然条件的影响。孙子说："夫地形者，兵之助也。"地形的"远近、险易、寒暑、时制"等天候条件，不仅对一般的军事行动有影响，对古代火攻的实施，作用更为直接。因此，《孙子》认为巧妙地利用自然环境，趋利避害，也是构成战力的重要方面。

从军事地形学的角度说，孙子对他所认识到的地面空间进行了具体的分析，并且归纳出一个精辟的结论："地形者，兵之助也。"（《地形》）从军事地理学的角度说，孙子对他所认识的地理环境，从自然地理和人文地理的结合上论述了其在战争中的地位和作用。他的名言"知己知彼，胜乃不殆；知天知地，胜乃可全"（《地形》），以及他在论述"五事""七计"时讲的"天地孰得"，都是从战略高度强调地理对于克敌制胜的重要作用的。

——李零

【点评】

古代的战争大多数是在陆地与水面上进行的，因此，地形往往对战争的成败有着重要的意义。在《地形篇》中，孙子开门见山地总结了六种地形："通""挂""支""隘""险""远"。每种地形都从敌我两个角度考虑其利弊，以及该如何应对。这些缜密而周详的思考不但反映出孙子对于战争规律孜孜不倦、必穷其理的精神，更体现着孙子朴素的辩证思想。

地形是客观存在的，对于各种地形条件的正确认知和运用，是将帅们最重大的责任之一。正如孙子所说，是"将之至任，不可不察也"。很多情况下，地形条件会对战争的胜负产生导向意义，在某些情况下更是直接决定着战争的胜负。

如果说地形是客观存在的，是不会轻易变化的，那么将帅们对于军队的指挥，对于战法的运用，对于部队的治理就是主观能动的，是随时都可以变化和调整的。在这一层面上，孙子讲述了因为将帅的失误或无能而导致军队失败的六种情况："走""驰""陷""崩""乱""北"。他强调说："凡此六者，非天之灾，将之过也。"

虽然战争的结果最终是由某些深层次的原因决定的，如人心向背等，但这里讨论的是用兵治军之法，因此只能将战争的胜负定义在有限的范围之内，探讨的是用兵治军之法对于战争的意义与影响。而在通常情况下，将帅对军队的指挥以及平日里对军队的治理，可以理解为决定战争胜负的决定性因素。

而在现实生活中，总会有人做你的上级，或者你去当别人的上级。如果上司无能，自己干起活来肯定满腹牢骚。自己当上司，如果管理不善，只会让下属白流汗水，下属同样会怨恨不服。这么看来，"将帅无能，累死三军"的说法是很有道理的。因此，做上级并非像很多人想象的那样轻轻松松且风光无限，他们往往需要具备更强的能力，还要承担比部下更重大的责任。

在本篇当中，孙子还论述了将帅爱护士卒所应掌握的尺度。他首先对将帅应该爱护士卒予以肯定，他说道："视卒如婴儿，故可与之赴谿；视卒如爱子，故可与之俱死。"但将帅对士卒的爱护又不同于父母对婴儿的爱护：父母对于婴儿的爱护是无私的，是不要求任何回报的；而将帅对于士卒的爱护则是为了让他们与自己同生共死，这其实是对人心的一种利用。

然而，即便是以恩惠制人，也要掌握尺度。如果施加恩惠而使自己的威严受损，那还不如不施加恩惠。如果士兵因为将帅的爱护而模糊了"将"与"士"之间的界限，那么他们就很可能会产生以下犯上、不服从命令等情绪。这是将帅们需要注意避免的。孙子说"厚而不能使，爱而不能令，乱而不能治，譬若骄子，不可用也"，说的就是这个问题。这段话，也为天下所有为人父母者敲响了警钟，"棍棒底下出孝子"固然不可取，"娇儿不孝"也应该谨记。关爱而不骄纵，引导孩子健康成长，才是正确的教育方式。

将帅对军队的指挥以及平日里对军队的治理。

曹操对传承《孙子兵法》的贡献

曹操，汉魏之际著名的政治家、军事家，三国时魏国的开创者，是今存《孙子兵法》的第一个注本作者。

曹操在世时，担任东汉丞相，后为魏王。

197 年 –221 年，曹操先后击败吕布、袁术、袁绍等豪强集团，征服乌桓贵族，统一北方，并实行一系列政策恢复经济生产和社会秩序，奠定了曹魏立国的基础。

曹操注孙子卷上

計篇

［曹操曰］：計者，选将、量敌、度地、料卒，远近险易，计于庙堂也。

孙子曰：兵者，国之大事，死生之地，存亡之道，不可不察也。

故经之以五事，校之以计而索其情，一曰：道，二曰：天，

操曰：谓下五事七计，求发我之情也。「曹

曹操十分推崇《孙子兵法》，曾说："吾观兵书战策多矣，孙武所著深矣。"《孙子兵法》言简义深，一般人不易读懂其中道理。经曹操的整理与注释，方使《孙子兵法》得以流传至今。

曹操对《孙子兵法》既有精深的理解，又有创造性的发挥。如对"五事""七计"之庙算，他说："计者，选将、量敌、度地、料卒，远近险易，计于庙堂也。"

鲁迅

曹操精兵法，善诗歌，散文亦清峻整洁，开启并繁荣了建安文学，给后人留下宝贵的精神财富，史称建安风骨。鲁迅评价其为"改造文章的视师"。曹操也擅长书法，尤其章草，唐朝张怀瓘在《书断》中评其为"妙品"。

◎九地篇◎

【导读】

孙子认为，只有上知天文、下知地理，那才算是称职的军事指挥员。只有懂得地形的利用，才算懂得用兵；如果只了解地理环境的自然形态，而不懂得它对军事行动的影响和规律，那是不能在战争中合理利用地形地物的。

本篇主要论述将帅应掌握"九地之变"，即九种不同的作战地区及相应的用兵原则，阐述了致敌被动的要旨和"兵之情主速"的决胜原则，以及"并敌一向，千里杀将"，即如何利用"人情之理"统领军队深入敌国作战等问题。

【原文】

孙子曰：用兵之法，有散地①，有轻地②，有争地③，有交地④，有衢地，有重地⑤，有圮地，有围地，有死地。诸侯自战其地，为散地。入人之地而不深者，为轻地。我得则利，彼得亦利者，为争地。我可以往，彼可以来者，为交地。诸侯之地三属⑥，先至而得天下之众者，为衢地。入人之地深，背城邑多者，为重地。行山林、险阻、沮泽，凡难行之道者，为圮地。所由入者隘，所从归者迂，彼寡可以击吾之众者，为围地。疾战则存，不疾战则亡者，为死地。是故散地则无战，轻地则无止⑦，争地则无攻⑧，交地则无绝⑨，衢地则合交⑩，重地则掠⑪，圮地则行，围地则谋，死地则战。

所谓古之善用兵者，能使敌人前后不相及，众寡不相恃⑫，贵贱不相救⑬，上下不相收⑭，卒离而不集，兵合而不齐。合于利而动，不合于利而止。敢问："敌众整而将来，待之若何？"曰："先夺其所爱⑮，则听矣。"兵之情主速，乘人之不及，由不虞之道⑯，攻其所不戒也。

凡为客之道⑰，深入则专⑱，主人不克⑲；掠于饶野⑳，三军足食；谨养而勿劳，并气积力㉑；运兵计谋，为不可测。投之无所往㉒，死且不北，死焉不得㉓，士人尽力。兵士甚陷则不惧，无所往则固㉔，深入则拘㉕，不得已则斗。是故其兵不修而戒㉖，不求而得，不约而亲，不令而信。禁祥去疑㉗，至死无所之。

吾士无余财，非恶货也；无余命，非恶寿也㉘。令发之日，士卒坐者涕沾襟㉙，偃卧者涕交颐㉚。投之无所往者，诸刿之勇也㉛。

故善用兵者，譬如率然㉜；率然者，常山之蛇也㉝。击其首则尾至，击其尾则首至，击其中则首尾俱至。敢问："兵可使如率然乎？"曰："可。"夫吴人与越人相恶也，当其同舟而济，遇风，其相救也如左右手。是故方马埋轮，未足恃也㉞；齐勇若一，政之道也㉟；刚柔皆得，地之理也㊱。故善用兵者，携手若使一人㊲，不得已也。

【注释】

①散地：指诸侯在自己的领地内同敌人作战，其士卒在危急时很容易逃散的地区。②轻地：指军队进入敌境不深，士卒离本土不远，危急时易于轻返的地区。③争地：指我军占领有利、敌军占领也有利的地区。④交地：指道路纵横、地势平坦、交通便利的地区。交，纵横交叉。⑤重地：指进入敌境已深，隔着很多敌国城邑的地区。⑥三属

(zhǔ)：指敌我与其他诸侯国毗邻的地区。属，连接、毗邻。⑦无止：不要停留。止，停留。⑧争地则无攻：指双方必争的要害地区，应该先于敌人占领，若是敌人已抢先占领，则不宜强攻。⑨交地则无绝：指在交地上部署军队，各部之间应保持联系，互相策应，不可断绝。绝，断绝。⑩衢地则合交：指在衢地上应加强外交活动，结交诸侯作盟友，以为己方后援。合交，结交。⑪重地则掠：指深入敌方腹地，后方运输补给困难，要掠夺敌人的粮食，就地解决军队的补给问题。掠，掠取、夺取。⑫众寡不相恃：指大部队与小部队之间不能互相依靠、协同。⑬贵贱不相救：

孙子曰：用兵之法，有散地，有轻地。

指军官和士兵之间不能相互救援。⑭收：聚集、收拢。⑮先夺其所爱：首先攻取敌人所必救的要害之处。爱，比喻敌人最关键、最重要的地方。⑯由不虞之道：要走敌人不易料到的道路。由，经过、通过。虞，料想，预料。⑰为客之道：指离开本土进入敌境作战的基本原则。客，这里指离开本土进入敌境作战的军队。⑱专：专心一意，这里指深入敌国重地，士卒没有退路，只能死战。⑲主人不克：指在本国作战的军队，无法战胜客军。主人，指在本国作战的军队、被进攻的一方。克，战胜。⑳掠于饶野：掠夺敌方富饶田野上的庄稼。㉑并：合，引申为集中、保持。㉒投之无所往：把部队投置于无路可走的绝境。投，投放、投置。㉓死焉不得：指士卒连死都不怕，还有什么做不到呢？㉔固：牢固，这里指军心稳定。㉕拘：拘束、束缚。㉖不修而戒：士卒不待督促整治，就懂得加强戒备。修，整治。㉗禁祥去疑：禁止迷信活动，消除疑虑和谣言。祥，吉凶的预兆，这里指占卜之类的迷信活动。㉘吾士无余财，非恶货也；无余命，非恶寿也：我军士卒没有多余的钱财，这并不是他们厌恶财货；没有多余的性命（却拼死作战），这并不是他们不想活下去。恶，厌恶。寿，寿命。㉙士卒坐者涕沾襟：坐着的士卒热泪沾满了衣襟。涕，眼泪。襟，衣襟。㉚偃卧者涕交颐：躺着的士卒泪流面颊。偃，仰倒。颐，面颊。㉛诸刿(guì)之勇：像专诸、曹刿那样英勇无畏。诸，专诸，春秋时吴国的勇士。公元前515年，吴公子光（即后来的吴王阖闾）要杀吴王僚自立，于是设宴招待僚。席上，专诸用暗藏在鱼腹中的剑刺死了吴王僚，自己也当场被杀。刿，曹刿，春秋时期鲁国的武士。鲁君与齐君在柯地（今山东东阿）会盟时，他持剑劫持齐桓公，迫使其当场订立盟约，归还齐国所侵占的鲁国土地。㉜率然：古代传说中的一种蛇。㉝常山：即恒山。㉞方马埋轮，未足恃也：把马并排地系在一起，把车轮埋起来，想以这种方式来稳定军队，是靠不住的。方，并列，这里是系在一起的意思。㉟齐勇若一，政之道也：要想使士卒齐心协力，奋勇杀敌，靠的是组织指挥得法。㊱刚柔皆得，地之理也：使强者和弱者都能尽其力，在于恰当地利用地形。刚柔，这里指强弱。㊲携手：这里是带领、统率的意思。

不求而得，不约而亲。

【译文】

孙子说：按用兵的规律，可以将战地分为散地、轻地、争地、交地、衢地、重地、圮地、围地、死地九种。诸侯在自己的领地上与敌作战，这样的地区叫作"散地"；进入敌境但尚未深入敌人腹地，这样的地区叫作"轻地"；我方得到就对我有利，敌方得到就对敌有利的地区，叫作"争地"；我军可以前往，敌军可以前来的地区，叫作"交地"；同几个诸侯国毗邻，先到的就可以结交诸侯并取得援助的地区，叫作"衢地"；深入敌国腹地，隔着很多敌国城邑的地区，称为"重地"；山林、险阻、沼泽等行军困难的地区，叫作"圮地"；进入的道路狭窄险要，退归的道路迂回曲折，敌人以少数兵力就能击败我众多兵力的地区，叫作"围地"；迅猛奋战则能生存，不迅猛奋战就灭亡的地区，叫作"死地"。因此，处于散地则不宜作战；处于轻地则不可停留；遇上争地则要先于敌人占领，如果敌人已经占领，就不宜强攻；遇上交地则（要相互策应）不要断绝联络；进入衢地则应结交诸侯以为己援；深入重地则应掠取粮草物资；遇上圮地则要迅速通过；陷入围地则应运用智谋，防止被困；陷入死地则要迅猛奋战，死里求生。

古时候善于用兵的人，能够使敌人的部队首尾不能相顾，主力与小部队不能相互依靠，将官与士兵之间不能相互救援，上下之间（相互隔断）无法收拢，士卒溃散而不能集中，士卒即使集合起来也是阵型混乱。在对我有利的情况下就行动，在对我不利的情况下就停止。请问："如果敌军众多而且阵容齐整地向我发起进攻，该如何对付它呢？"答曰："首先夺取敌人的要害之处，这样，它就不得不听凭我的摆布了。"用兵之道贵在神速，乘敌人措手不及的时候，走敌人意料不到的道路，攻击敌人没有戒备的地方。

大凡进入敌国作战的基本原则是：深入敌境则军心专一，在本土作战的敌军便无法战胜我；掠夺敌人富饶田野上的庄稼，使全军给养充足；精心地养护士卒，不要使他们疲劳，保持士气，积蓄力量；部署兵力，计算谋划，使敌人无法揣测我的意图。将军队置于无路可走的绝境，士卒们就会宁死而不败退；士卒们既然连死都不怕，就没有人不尽力作战。士兵们深陷危险的境地，就会无所畏惧；无路可走，军心就会稳固；深入敌境，军心就不会涣散；遇到迫不得已的情况，就会殊死战斗。因此，在这样的情况下，军队不须整饬就懂得加强戒备，不待要求就能完成任务，不待约束就能亲密协作，不待命令就会遵守纪律。禁止迷信，消除士卒的疑惑，他们就会至死也不退避。

我军士卒没有多余的钱财，这并不是他们厌恶财货；豁出性命去作战，这并不是他们不想长寿。命令下达之日，坐着的士卒热泪沾满了衣襟；躺着的士卒泪流满面。将军队置于无路可走的绝境，士兵们就会像专诸、曹刿一样勇猛无畏。

所以，善于用兵的人，能使部队像率然一样（自我策应）。所谓"率然"，是常山的一种蛇，攻击它的头部，尾部就会来救援；攻击它的尾部，头部就会来救援；攻击它的中部，头尾都会来救援。试问："可以使部队像率然一样吗？"答曰："可以。"吴国人与越国人虽然互相仇视，但是当他们同船渡河而遭遇风浪时，他们互相救助（配合默契）犹如一个人的左手和右手。因此，想用把马匹系在一起、掩埋车轮的办法来控制军队，是靠不住的；要使全军齐心协力奋勇无畏如同一人，就要靠指挥驾驭有方；要使强弱不同的士卒都能充分发挥作用，就要靠将帅恰当地利用地形。所以善于用兵的人，统率三军如同使用一人，这是由于将军队置于不得已的境地而形成的。

率然之蛇。

● 何谓九地

古时作战有九种不同的作战地区，每种地区都有相应的用兵原则。对症下药，才能保证战争的胜利。

九种战地区分及应对方法

己方

散地 —— 诸侯在自己国境内作战地方。 ➡ **不宜作战**

敌方

敌国浅近处

轻地 —— 进入敌人国境不深的地方。 ➡ **不可停留**

争地 —— 我军占领有利，敌军占领也有利的地方。 ➡ **先敌占据** 如敌方先占领则不可强攻。

交地 —— 我军可往，敌军也可来的地方。 ➡ **各部相连 防敌阻绝**

要塞及腹地

衢地 —— 敌我及其他诸侯国接壤，先到就能先结交邻近诸国，取得支援的地方。 ➡ **多结交邻国**

重地 —— 深入敌境，越过很多城邑的地方。 ➡ **夺取物资 就地补给**

形势严峻处

圮地 —— 山林、险阻、水网、湖沼等难于通行之地。 ➡ **迅速通行**

围地 —— 进兵的道路狭隘，退回的道路迂远，敌军用少数兵力就能击败我军多数兵力的地方。 ➡ **巧设奇谋**

死地 —— 奋起反抗才能够生还的地方。 ➡ **迅猛奋战 死中求生**

● 善于用兵者

古时善于用兵的人，有能使敌军溃散的本事，有清楚的用兵原则。

用兵之能

能使敌军

前后军不能相互衔接。	大军和支队不能相互倚靠。	将领和士兵不能相互救助。	上下级不能相互扶持。	被击溃的士兵不能重新集合。	重新集合的士兵不整齐。

如果敌人众多齐整地进攻。 → **夺取最紧要的物资和地盘使其陷于被动**

用兵原则

用兵核心

战事合于国家的利益就出兵 不合于国家的利益就停止

兵贵神速

趁敌不及。　出敌不意。　攻敌不备。

【原文】

　　将军之事，静以幽①，正以治②。能愚士卒之耳目，使之无知。易其事，革其谋③，使人无识；易其居，迂其途，使人不得虑。帅与之期④，如登高而去其梯。帅与之深入诸侯之地，而发其机⑤，焚舟破釜，若驱群羊，驱而往，驱而来，莫知所之。聚三军之众，投之于险，此谓将军之事也。九地之变，屈伸之利，人情之理，不可不察。

　　凡为客之道，深则专，浅则散⑥。去国越境而师者，绝地也；四达者，衢地也；入深者，重地也；入浅者，轻地也；背固前隘者⑦，围地也；无所往者，死地也。是故散地，吾将一其志；轻地，吾将使之属⑧，争地，吾将趋其后⑨；交地，吾将谨其守；衢地，吾将固其结⑩；重地，吾将继其食⑪；圮地，吾将进其途；围地，吾将塞其阙⑫；死地，吾将示之以不活⑬。故兵之情，围则御⑭，不得已则斗，过则从⑮。

　　是故不知诸侯之谋者，不能预交⑯；不知山林、险阻、沮泽之形者，不能行军；不用乡导者，不能得地利。四五者，不知一，非霸王之兵也。夫霸王之兵，伐大国，则其众不得聚；威加于敌，则其交不得合。是故不争天下之交⑰，不养天下之权⑱，信己之私⑲，威加于敌，故其城可拔，其国可隳⑳。

　　施无法之赏㉑，悬无政之令㉒；犯三军之众㉓，若使一人。犯之以事，勿告以言㉔，犯之以利，勿告以害㉕。投之亡地然后存，陷之死地然后生。夫众陷于害，然后能为胜败。故为兵之事，在于顺详敌之意㉖，并敌一向，千里杀将，此谓巧能成事者也。

　　是故政举之日，夷关折符，无通其使㉗，厉于廊庙之上㉘，以诛其事㉙。敌人开阖，必亟入之㉚。先其所爱，微与之期㉛。践墨随敌㉜，以决战事。是故始如处女，敌人开户；后如脱兔，敌不及拒㉝。

【注释】

①静：沉着冷静。幽：幽深。②正：严肃公正。治：不乱。③易：改变。革：变更。④帅与之期：将帅使部队约期赴战，即将帅赋予部队具体的战斗任务。期，约定时间。⑤机：弩机。⑥深则专，浅则散：指在敌国境内作战，深入则军心专一，浅进则军心涣散。⑦背固前隘：指背后地势险要，前面道路狭隘，进退容易受制于敌的地区。⑧使之属(zhǔ)：使军队的部署相连接。属，连接、连续。⑨争地，吾将趋其后：在争地作战，我们要迅速进兵到争地的后面。⑩衢地，吾将固其结：遇上衢地，我们要巩固与诸侯国的结盟。结，这里指结交诸侯。⑪继其食：补充军粮，保障供给。继，继续，引

要焚烧船只，打破锅子，破釜沉舟。

申为保障、保持。⑫塞其阙(quē)：堵塞缺口，意在迫使士兵拼死作战。阙，缺口。⑬示之以不活：指向将士表示死战到底的决心。⑭围则御：被包围就会奋起抵御。⑮过则从：指士卒陷入危险的境地，就会听从指挥。过，这里指身陷危境。⑯预：通"与"。⑰不争天下之交：不必争着同别的国家结交。⑱不养天下之权：不必在别的国家培植自己的权势。⑲信：信从，这里指依靠。私：这里指自己的力量。⑳隳(huī)：毁坏、摧毁。㉑施无法之赏：施行超出惯例的奖赏。㉒悬：悬挂，这里指颁发。㉓犯：这里指驱使、使用。㉔犯之以事，勿告以言：只驱使士卒去做事，而不告诉他们这样做的意图。㉕犯之以利，勿告以害：驱使士卒完成某项任务时，只告诉他们有利的一

面，而不告诉他们危险的一面。㉖详：通"佯"。㉗政举之日，夷关折符，无通其使：决定战争行动之日，要封锁关口，废除通行凭证，阻止与敌国使节的外交往来。政举之日，指决定战争行动的时候，即战争前夕。政，这里指战争行动。举，实施，决定。夷，这里指封锁。折，折断，这里可理解为废除。符，泛指通行凭证。古时用木、竹、铜等做成牌子，上书图文，分为两半，作为传达命令、调兵遣将和通行关界的凭证。使，

是故政举之日，夷关折符。

使节。㉘厉：通"砺"，这里是反复计议的意思。廊庙：即庙堂，指最高决策机构。㉙诛：治，这里是谋划决定的意思。㉚敌人开阖（hé），必亟入之：敌人出现疏失空隙，己方必须迅速乘虚而入。敌人开阖，指敌人有隙可乘。阖，门扇，这里比喻敌方的空隙。亟，急。㉛微：无。期：这里约期交战。㉜践墨随敌：指实行战略计划要随敌情而变化。践，实行。墨，墨线，这里指战略计划、部署。㉝始如处女，敌人开户；后如脱兔，敌不及拒：开始时要如处女般柔弱沉静，使敌人放松戒备；随后要如逃脱追捕时的兔子般迅速敏捷，使敌人来不及抗拒。

【译文】

统率军队这种事情，要沉着冷静以使思虑深远，严肃公正以使队伍井然有序。要蒙蔽士卒的视听，使他们对军事行动一无所知；要经常变更战法，不断改变谋略，使人无法识破；要经常改换驻地，故意迂回绕道，使人们无法推测我方的意图。将帅赋予军队具体的作战任务，要像让人登高后而撤掉梯子一样，使其有进无退。将帅与军队一同深入诸侯国土，要像触发弩机射出弩箭一样，使其一往直前。要焚烧船只，打破锅子，破釜沉舟（以示死战的决心），驱使士卒要如驱赶羊群一般，赶过去，赶过来，使他们不知道要前往何处。聚集全军将士，将他们置于危险的境地（迫使他们拼死奋战），这就是统率军队作战的要务。根据地形的变化而灵活采取应对措施，根据战争态势的发展而采取相应的屈伸、进退战略，掌握全军将士在不同情况下的心理状态，这些都是将帅不能不认真考察和研究的。

大凡在敌国境内作战的基本规律是：深入敌境，军心就会变得专一；进入敌国不深，军心就容易涣散。离开本国，越过边境而进入敌国作战的地区，叫作"绝地"；四通八达的地区叫作"衢地"；深入敌国腹地的地区叫作"重地"；在敌国境内，但尚未到达其纵深的地区叫作"轻地"；背后有阻险而前方狭隘的地区叫作"围地"；无路可走的地区叫作"死地"。因此，在散地，我就要使全军上下意志统一；在轻地，我就要使军队前后连接、互相策应；在争地，我就要使后续部队迅速跟进；在交地，我就要谨慎防守；在衢地，我就要巩固与诸侯国的结盟；在重地，我就要保障粮草的供给；在圮地，我就要争取尽快通过；陷入围地，我就要堵塞缺口；陷入死地，我就要向众将士表示死战到底的决心。所以，士卒的心理变化情况是：受到包围就会奋起抵御，迫不得已就会拼死战斗，身处险境就会听从指挥。

因此，不了解诸侯的计谋和策略的，就不能预先与之结交；不熟悉山林、险阻、沼泽等地形的，就不能行军；不使用向导的，就不能获得地利之助。对于九地之利害，有一样不了解的，都不算是能称王争霸的军队。能称王争霸的军队，攻伐大国，能使其来不及动员民众、集结军队；威力加于敌人头上，能使其无法与别国结交。因此，（拥有这样的军队）就不必争着与别的诸侯国结交，也不必在各诸侯国培植自己的势力，只要依靠自己的力量，把威力加在敌人头上，就可以夺取敌人的城邑，摧毁敌人的国家。

　　施行超出惯例的奖赏，
颁布打破常规的号令，这样
就能做到指挥全军如同指挥
一个人一样。驱使士卒去做
事，而不告诉他们这样做的
意图；只告诉他们有利的一
面，而不告诉他们危险的一
面。将士卒置于危险的境地，
然后才能保存；使士卒陷入
死地，然后才可以死里求生。
军队陷于险境，然后才能（凭
借自己的积极和主动）争取
胜利。所以，指挥作战这种
事，在于弄清敌人的意图，
（一旦时机成熟便）集中兵

施无法之赏。

力指向敌人的一点，千里奔
袭，擒杀敌将。这就是所谓的巧妙运筹能够成就大事。

　　因此，在决定战争行动的时候，就要封锁关口，废除通行凭证，停止与敌国的外交往来，要在
庙堂上反复计议，以谋划制定战略决策。一旦发现敌人有隙可乘，就要迅速发兵乘虚而入。首先攻
取敌人最关键的地方，不要轻易与敌人约期决战。实施战略部署的时候要根据敌情的变化而不断做
出调整，以求得战争的胜利。因此，战争开始时要表现得像处女般柔弱沉静，诱使敌人放松戒备；
然后要像逃脱追捕时的兔子那样迅速敏捷，使敌人措手不及，无法抵抗。

⊙名家论《孙子兵法》

　　战争是在一定的时间和空间中进行的。孙子时代的战争都发生在地面和水面。《孙子兵法》
论述到的地面主要是山地、丛林、平原和旷野，而草原、戈壁、沙漠、岛屿等地形都没有涉及。
它所论述的水面主要是江河湖泽。虽然当时吴国已有近海作战，如公元前485年徐承率吴国水
军由海上进攻齐国，但孙子在他的兵法中却没有反映和总结。

　　从军事地形学的角度说，孙子对他所认识到的地面空间进行了具体的分析，并且归纳出一
个精辟的结论："地形者，兵之助也。"（《地形篇》）从军事地理学的角度说，孙子对他所认识
的地理环境，从自然地理和人文地理的结合上论述了其在战争中的地位和作用。他的名言"知
彼知己，胜乃不殆；知天知地，胜乃可全"（《地形篇》），以及他在论述"五事""七计"时
讲的"天地孰得"，都是从战略高度强调地理对于克敌制胜的重要作用的。

　　……

　　我国的地理学源远流长，早在先秦时代就已经出现了专门的著作，比较著名的有《尚书·禹
贡》《山海经·五藏山经》《穆天子传》《周礼·职方氏》《尔雅·释地》《管子·地员、度地、地图》
等。这些著作内容十分丰富，可视为我国地理学研究的开端。

　　作为地理学重要分支的军事地理学也在先秦时代就表现出了自己独具的特色。其杰出的代
表当推《孙子兵法》。《孙子兵法》中的《地形篇》《九地篇》《行军篇》等可称得上先秦时代
论述兵要地理和战术地形的不朽篇章，是我国军事地理学发展史上一座高大的丰碑。

　　孙子的军事地理学内容丰富、立论新颖、思维独特，应当引起我们的重视。

　　……

　　孙子对军事地形进行了分类，确定了概念，并且对这些地理现象做出了若干规律性的总结。
《孙子兵法》涉及了几十种地形名称，如不了解其分类标准，便很难确切地把握其含义，甚至
会被那众多的地理名称弄得迷离惝恍。孙子是我国研究军事地理的开山鼻祖，对后世的影响极
为深远。因此，从《孙子兵法》中寻绎其分类标准对于我们学习和研究孙子的军事地理观是十
分必要的。

　　　　　　　　　　　　　　　　　　　　　　　　　　　　　　　　　　　——吴如嵩

● 将军之事，静以幽，正以治

统率军队就要做到沉着冷静，幽深莫测，严肃而有条不紊。

如何统领全军

静以幽

冷静而莫测的权谋，不会被人轻易揣测识破。

- 蒙蔽士卒耳目，使其对军事计划一无所知。
- 改变任务，变更计谋，使人不能识破。
- 改变驻地，进军迂回，没有人能推断出我的意图。

赋予任务要像登高撤去梯子一样，有进无退。

带军深入诸侯领地，要像离弩之箭，一往直前。

指挥军队要像赶羊一样，让人猜不出最终目的地。

正以治

严肃而有条理地指挥，再多的军队也可以治理得有条不紊。

将军之事
集合全军
投身险地

战地情况多变复杂要
会随机应变伸缩进退

士卒心态随情而异要能
善于察觉并巧加运用

● **为客之道**

进入敌境作战，情况更加凶险，但只有将士卒置于险境，才能使其全身心投入战斗，方能取胜。

> **行军应"置之死地而后生"**

> **入敌国作战的原则**

要深入敌境，使军心团结，敌人就不能制我。

在富饶地区掠取粮草，使全军给养充足。

让战士休养生息，勿使疲劳，提高士气，积蓄力量。

部署战斗，巧设计谋，使敌人不可揣测。

将军队置于险境 ➡ **则军队不令而威**

士卒身陷危地就无所畏惧。

无路可退，则军心稳固。

深入敌国就不易涣散。

迫不得已就会拼死战斗。

不待整饬就能加强戒备。

不待要求就能完成任务。

不待约束就能亲近相助。

不待申令就能信守纪律。

禁止迷信谣言。

战死也不会避让。

> **实用谋略**

○高平之战○

《九地篇》中说道：善于指挥打仗的人，能够使敌人前后部队无法相顾及，官兵不能相救援，并趁机歼灭敌人。高平之战中，后周军使北汉军陷入前后隔断，首尾不能联系的境地，并趁此一举歼灭了北汉军，此战例很好地体现了孙子的这一思想。

高平之战是后周和北汉、契丹联军之间进行的一次关键性战役，也是五代十国时期最为重要的一次决战，它最终以周世宗大获全胜而告终。

五代十国时期，北汉曾多次南下进攻后周，但是后周军队总能在太祖郭威的率领下击退北汉军队。

公元954年，郭威去世，其养子柴荣（实际上是郭威的内侄，柴荣是其妻子柴守玉的哥哥柴守礼的儿子）即位，就是周世宗。北汉主得知这个消息，非常高兴，立刻向契丹请兵，再次南下攻打后周。契丹派武定节度使、政事令杨衮率领万余骑兵和北汉会师于晋阳，北汉主亲自统帅三万人马，和契丹合兵南下。后周昭宁节度使李筠派部将穆令均率领两千人马迎击北汉军队，自己则率领主力在后面扎营。北汉前锋都指挥使、武宁节度使张元徽设下埋伏，自己佯败诱敌，结果穆令均中伏被杀，士卒折损了上千人。

北汉主刘崇。

李筠退回潞州，凭城固守。周世宗得到禀报，打算亲自出征。但是大臣们都认为：北汉主自晋州惨败以后，一定不敢再亲自出征。而皇帝刚刚即位，人心还未稳定，不宜亲征，应该派下面的将帅去抵御。但是周世宗有自己的看法，他认为：北汉主刘崇趁我国大丧来进攻，必定是轻视我年少没有经验，一定会亲自前来，想一举吞并我国，我不能不亲自出征。于是，周世宗率领禁军从京城开封出发。在北上的途中，禁军控鹤都指挥使赵晁派人向周世宗进言，劝阻亲征。周世宗大怒，将赵晁囚禁在怀州。北汉主不知道周世宗亲自出征，他看潞州城坚固，一时难以攻取，就越过潞州不攻，直取大梁。北汉兵的前锋与后周军在高平以南相遇，被周军击退。周

周世宗力排众议。

世宗生怕北汉军撤退，遂加紧前进。北汉主刘崇在巴公原排开阵势准备迎击，他亲自率领中路军，张元徽率领东路军，杨衮率领西路军（即契丹骑兵），军容极盛。这时，后周军前锋行进过于迅速，河阳节度使刘词率领的后军落在了后面。面对这种敌众我寡的局面，周军的将士难免怀有畏惧心理。而周世宗反而更加镇定，坚信一定可以打败北汉与契丹的联军。于是，他命令白重赞与侍卫马军都虞候李重进在西面统率左军，樊爱能、何徽在东面统率右军，向训、史彦超率领精骑在中间列阵，殿前都指挥使张永德率领禁军护卫皇帝。周世宗自己也全身披挂铠甲，并跨马到阵前督战，双方都严阵以待。

北汉主看到后周人马不多，认为不用契丹的人马也可以击败周军，他对手下的将领说："我用汉军就可以击败周军，哪用得着契丹人。今天不但要一举击败周国，还要让契丹人知道我们汉军的厉害。"北汉的将领们也都表示赞同。杨衮在阵前观察了后周军的阵势和军容，对北汉主说："周军是强敌，不可贸然进攻。"北汉主不以为然地说道："机不可失，将军就不要再说了，且看我来破敌。"杨衮不再言语，静观汉军的举动。当时天上吹起东北风，不久又突然转为

北汉主率军应战。

南风。北汉副枢密使王延嗣派司天监李义向北汉主进言，劝北汉主出击。枢密直学士王得中认为风势不利，不宜出击，北汉主不听，命东路军率先发起进攻，张元徽亲自率领千余精骑冲击后周的右军。后周的右军主将樊爱能、何徽本来就有怯战心理，交战不久，看到北汉军来势很猛，抵挡不住，就率领骑兵率先逃走。后周右军被击溃，有上千步兵解甲投降。周世宗看到战事紧急，后周军濒临溃败的边缘，便亲自率领左右的亲兵冒着矢石出阵督战。

后来的宋太祖赵匡胤当时还是后周禁军将领，他先招呼同伴向前冲锋，又请张永德率军从左翼出击，自己率军从右翼出击。张永德同意，两人各率领两千人马随周世宗出击。赵匡胤身先士卒，奋力杀向敌阵。主将奋勇当先，士卒更是拼死力战，无不以一当百，北汉兵抵挡不住，纷纷溃败下来。后周内殿直马仁禹也激励同伴进击，他自己跃马猛射，连毙数十敌军，后周军的士气更加高涨了。北汉主知道周世宗亲自出战，遂命人对张元徽进行嘉奖，并催促张元徽乘胜进攻。张元徽继续向前进攻，不料战马被射倒，自己从马上摔了下来，被后周士兵斩杀。张元徽一死，北汉军士气低落，后周军乘胜追击，把北汉军杀得大败。

此后，北汉主刘崇亲自挥舞旗帜，试图稳住军心，但是这也无法阻止北汉军的溃败。杨衮看到后周军如此骁勇，不敢救援，又痛恨刘崇不听自己的劝告，所以立即率领契丹骑兵撤退了。这时，从战场上溃败下来的后周将领樊爱能、何徽等人率领溃军一路抢劫辎重，散布谣言，并企图阻止后军大将刘词继续前进。刘词不听，继续率军向前进发，在黄昏时与前军会合，当时北汉尚有士兵万余人，隔山涧布阵，企图抵抗。后周军得到增援，又发起猛攻，北汉军崩溃了，王延嗣被杀，后周军一路追杀到高平，北汉将士的尸体布满了山谷，丢弃的军资器械到处都是。走投无路的北汉士兵被迫投降了后周。最终，北汉主刘崇仅仅率领百余骑兵逃回了晋阳。这样，后周在高平大战中取得了最终胜利。

高平之战，直接关系到后周的存亡兴衰。在右军已经被击溃的危急情况下，周世宗亲自出阵，极大地鼓舞了后周军的士气，从而挽救了岌岌可危的战局。

◎背水一战◎

楚汉相争期间，刘邦手下的大将韩信在平定魏国以后，又率兵越过太行山，向东攻打臣服于项羽的赵国。赵王歇和成安君陈余、广武君李左车调集二十万兵力，守住了太行山以东的咽喉要地井陉口（即井陉关，在今河北获鹿西），并准备与韩信展开决战。

当时，赵军的军政实权都掌握在陈余手中，李左车向他献计说："听说韩信率领的军队连战皆捷，大胜魏国，正是士气高涨之时，其锋芒不可阻挡，但是，对于军队来说，粮饷是至关重要的。而井陉地势险要，战车、骑兵均不能并列成行，军队绵延数百里，这样一来，押运粮草的队伍势必远远落在后面。如果您能拨给我精兵三万，出小路截断汉军的粮草，而您则深挖战壕，高筑营垒，坚守不战，使他们进退不得，到时我再出奇兵断其后路，不出十天，韩信的人头就能送到将军面前。希望您认真考虑我的计策，否则，一定会成为韩信的俘虏。"

陈余率军返回营垒。

可惜陈余只是个迂腐刻板的书生，经常宣称用兵要讲仁义道德，认为正义的军队不可采用阴谋诡计，于是说道："兵书上讲'十则围之，倍则战'。韩信的军队虽然号称数万，实际上不过几千而已，现在竟然千里迢迢赶来袭击我们，早已是疲惫不堪。在这种情形下，如果一味回避而不主动出击，等到大量后续部队赶到，还怎

李左车谏陈余及赵王。

么可能对付他呢？何况诸侯也会因此认为我们懦弱胆小，就会趁势前来攻打我们。"于是拒绝采纳李左车的意见。

韩信派人暗中打探，知道李左车的计策没有被采纳，心中大喜，这才大胆地带领部队进入井陉道，在离井陉口三十里的地方扎下营寨。

半夜时分，韩信突然颁布了一道紧急命令：在军中挑选两千轻骑，每人拿一面代表汉军的红旗，从隐蔽的小道上山，绕道到井陉关后，埋伏在丛林中，随时注意赵军的动向。韩信告诫说："交战时，赵军发现我军后，我军立即退回。对方一定会倾巢出动来追击我军，那时候，你们火速冲进赵军营垒，拔掉赵军的旗帜，竖起汉军的旗帜。"这些军士领命后，立即出发了。

过了一会儿，韩信又让副将传达开饭的命令，并向士兵们说道："这只是临时充饥，等明天打垮了赵军，大家再正式会餐。"将士们听了，都不敢相信，只是假意说"好"。韩信随后派出一万人马作为先头部队，背靠河水布阵迎战。赵兵远远看见对方背水布阵，大笑不止。第二日，天刚刚亮，韩信就张设了大将的旗帜和仪仗，声势浩大地率军开出井陉口，赵军见状，立刻打开营垒，冲出去

攻击汉军。双方激战一段时间，韩信命部下假装不敌，抛下旗鼓，纷纷退回河边的阵地。赵军见汉军惨败而退，立刻倾巢出动，争夺汉军的旗鼓，并穷追不舍。

汉军心知后面是河，不能再退，于是个个殊死奋战。面对勇猛的汉军，赵军也无可奈何。这时，预先埋伏在山上的汉军，早已按照韩信的指示，迅速冲进赵军的空营，将赵军的旗帜尽数拔掉，竖起了两千面汉军红旗。

赵军与汉军交战了一阵，眼见无法取胜，又不能俘虏汉军的主将韩信，只好撤兵回营。当他们回到城下时，突然看到营帐间插满了汉军的红旗，大为震惊，以为汉军已经攻破了营垒，俘虏了赵王和将领。于是军队大乱，纷纷溃散，将领们虽然严厉阻止，甚至诛杀逃兵，但也无济于事。在汉军的两面夹击下，赵军惨败，成安君陈余被杀，赵王歇和广武君李左车被汉军俘获。

在庆功宴上，手下将领问韩信道："兵法上说，要背山面水列阵，现在你背水布阵，居然获胜了，是什么道理？"韩信说："这也是兵法上有的，只是你们没有注意罢了。兵法上不是也有'陷之死地而后生，置之亡地而后存'的说法吗？我如果留下一条退路，士兵们早就四散逃走了，怎么还会拼死作战呢？"

《九地篇》中说："疾战则存，不疾战则亡者，为死地。"又说："死地则战。"韩信作为一个杰出的军事家，正是利用了这一点，在准备充足的前提下布下了背水之战，促使士兵们殊死奋战、死中求生，最后大获全胜。

◎李愬雪夜袭蔡州◎

安史之乱使唐王朝元气大伤，开始由盛转衰，各地节度使趁机独揽大权，割据一方。后来，唐朝国力有所恢复，边疆形势逐渐缓和，在这样的背景下，为了维护统一的局面，加强中央集权，唐王朝开始致力于削藩。

公元807年，唐宪宗顺利平定西川、夏绥、镇海三镇的叛乱，开始着手讨伐淮西、成德的割据势力。李愬奇袭蔡州，正是平定淮西节度使吴元济割据势力时发生的故事。

元和九年（814），淮西节度使吴少阳病死，其子吴元济承袭淮西节度使一职，不仅拒纳中央派来的吊祭使者，而且发兵四处烧杀掳掠。唐宪宗于是决定派兵讨伐他。

朝廷军队分四路进攻淮西，其中，南、北路军略有进展，东、西路军则被淮西军击败。其后两年间，朝廷多次更换东、西路军的统帅，可惜收效甚微。于是，唐宪宗决定起用李愬，让他负责征伐吴元济。

公元817年正月，李愬到达淮西。当时，唐军屡战屡败，士气低落，士兵们甚至产生了惧战心理。面对这一情况，李愬对士兵们说道："天子知道我李愬生性懦弱，能忍受战败的耻辱，因此才派我来安抚你们。至于攻城拔寨，

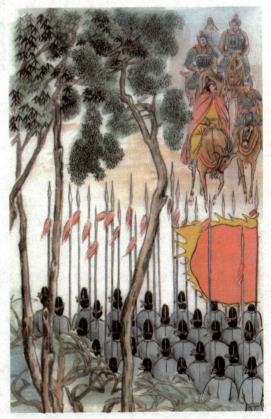

李愬训练军队。

那不是我负责的事。"听了李愬这席话，士卒们
才稍稍安下心来。

但这只能治标，不能治本，李愬上任后，
首先就做了大量工作以安定军心。他亲自慰问
士卒，抚恤伤病者，既不讲究长官的威严，也
不强调军政的严整。此举一方面是为了安抚士
兵，一方面是向敌人佯示自己无所作为，再加
上他上任前地位和名气均不算高，吴元济果然
放松了戒备。

等将士们情绪稳定之后，李愬便下令修理
器械，训练军队。他实行优待俘虏及降军家属
的政策，对俘获来的敌军官员、将领给予充分
信任，并委以官职，有了这些人的帮助，李愬
才逐渐摸清了淮西军的虚实。

这时，由于当地战乱频繁，出现了大批百
姓逃亡的现象。面对这一情况，李愬派人安抚
百姓，并派驻军队予以保护。这一举措，使唐
军赢得了民心。

这年五月，李愬出兵包围了蔡州。五月
二十六日，李愬派兵攻打朗山，淮西军闻风前
来救援，唐军腹背受敌，败下阵来。李愬手下
诸将都懊丧不已，但李愬本人却说："我军若是
连战皆胜，敌人必定会加强戒备。这次失败，
正可以麻痹他们，方便日后出其不意地消灭敌
人。"不久，他招募了三千士兵，亲自训练，以增强军队的实力。

李愬雪夜袭蔡州。

九月二十八日，经过周密部署，李愬突然占领了关房（今河南遂平）外城，歼灭淮西军一千
余人。淮西军兵败后，剩下的士兵退守内城。李愬命军队佯装撤退，淮西派五百骑兵追击，唐军
大为惊慌，眼看就要败退，李愬当场下令道："敢后退者，斩！"于是官军掉过头去攻击淮西军，
将其杀得大败。

将士们本想趁胜攻城，但李愬认为，如果暂不取城，敌人必定分兵守卫此城，而我军正可趁
敌人兵力分散之机夺取蔡州，因此下令还营。降将李佑建议道："蔡州的精兵都驻守在洄曲及其周
围，蔡州城内只余下老弱残兵，何不乘虚直抵蔡州城，等外围的叛军听到消息赶来救援时，吴元济
已经束手就擒了。"这一意见与李愬的想法不谋而合。

十月，眼见条件已经成熟，李愬开始部署袭击蔡州的计划，他命随州刺史史文镇守文城栅，
命降将李佑等率三千士兵为前锋，自己亲率三千人为中军，李进城率三千人为后军，奇袭蔡州。为
了保证军机不外泄，军队出发时，李愬只命一直向东前进，而没有告知这次行动的目的地。

行动的当天风雪交加，军队东行六十里后到达张柴村。李愬率军突袭这个村子，将淮西军布置
在此处的守军及通报紧急军情的烽火兵一网打尽，抢占了这一要地。李愬命令士兵就地小憩片刻，
随后留下五百人截断桥梁，以阻止洄曲方面的淮西军回援蔡州，另派五百人监视朗山方向的救兵。

阻截援军的计划部署完毕后，李愬亲自带领部队趁着夜色、冒着大雪继续向东急行。众将不
解，向他询问行军方向，李愬这才说出自己的计划：去蔡州城捉拿吴元济。

将士们一听，全都大惊失色，这是因为夜晚的天气异常寒冷，沿路都能看见冻毙的士兵和马

匹，而且行经的道路异常险峻，之前从未走过，他们都认为此去必死无疑。但李愬军纪严明，无人敢违抗，大家只能奋力向前。经过一番急行军，他们在天未亮时便赶到了蔡州。这时，唐军经过近城处一个鹅鸭池，李愬灵机一动，想出了一条妙计：惊打鹅鸭以掩盖军队行进的声音，并分散淮西军的注意力。

自从吴少阳割据以来，蔡州城就一直被叛军占据着，附近也没发生过大的战事，这使得城中守军防备松弛，毫无戒备之心。唐军借着风雪和夜幕的掩护，不费吹灰之力就进入了蔡州城。

天明的时候，有人向吴元济汇报说，唐军已经攻入了蔡州。但是他根本不相信，直到听到唐军的呐喊声，他才仓促带着亲兵登上内城抵抗。蔡州百姓火烧内城南门，唐军趁势破门而入，擒获了吴元济。

当时，吴元济的部将董重质正率领数万精兵据守洄曲，城破之后，李愬厚待董重质的家属，命其子前去招降董重质。恰好朝廷北路军也在此时占据了洄曲。余下州县守兵见蔡州已破，便先后投降，平定淮西之战至此告终。

之后，成德方面的割据势力慑于中央的压力，也上表归顺朝廷。淮西、成德是唐代藩镇中的强镇，通过平定这两个藩镇，唐王朝又赢得了暂时的统一。

在蔡州奇袭战中，李愬先是针对士兵因屡战屡败而产生的厌战、惧战心理，一方面稳定军心，一方面示弱惑敌，然后制定了避实击虚、速战速决的战略。在行动一开始，他对部下守口如瓶，正是孙子所说的"犯之以事，勿告以言"。

而且，李愬善于利用地形、气候等作战条件，以影响士兵的心理，保证军队战斗力的充分发挥，使其坚定殊死作战的决心。这就是《九地篇》中所说的"投之亡地而后存，陷之死地然后生"。李愬很清楚，他所率领的军队曾经多次战败，士气受到了极大影响，要想使这支军队重振士气，就必须将士兵置于险恶的环境之中，到那时，"士兵甚陷则不惧，无所往则固，深入则拘，不得已则斗"。所以，李愬选择了在风雪严寒之夜，让士兵"由不虞之道，攻其所不戒"，最后一举拿下了蔡州城，活捉了吴元济。

◎岳钟琪平叛◎

雍正元年（1723），居住在青海的厄鲁特蒙古和硕特部首领罗卜藏丹津率领数十万人发动叛乱，并胁迫青海、蒙古各部首领于察罕托罗海会盟，妄图实现兼并青海、蒙古各部的野心，这一举动严重威胁到清朝在青海地区的统治。

同年，雍正帝派川陕总督年羹尧负责平叛军务，四川提督岳钟琪率军前往接应。清军一方面截断叛军进犯内地、退入西藏的通道，一方面出兵归德堡（今青海贵德），重创叛军主力。

1724 年一月，岳钟琪率军深入青海腹地，猛攻郭隆寺，歼敌六千余人，极大地震慑了叛军。罗卜藏丹津见大势已去，一面上书"请罪"乞和，一面却暗地里聚众十万，据守柴达木地区乌兰木和尔，想要继续顽抗。岳钟琪分析当前局势，认为敌人此时元气尚未恢复，应当趁此机会用精悍的轻骑兵快速袭

岳钟琪平叛。

击其老巢。朝廷采纳了岳钟琪的建议，委任他为奋威将军，主持西征战事。

同年二月，岳钟琪率领精兵五千、战马万匹，以迅雷不及掩耳之势攻取了位于哈达河边的敌军据点，然后马不停蹄地翻越崇山，直抵敌军大本营。

在岳钟琪的指挥下，清军骑兵一路势如破竹，直入敌营，叛军毫无戒备，被这突如其来的攻击打得晕头转向，顷刻间溃不成军。罗卜藏丹津见势不妙，慌忙换上妇女的服装，带领残部逃走，余下的人只能纷纷伏地请降。岳钟琪发现敌酋逃走，立刻率军追击，一直追到桑骆海，除罗卜藏丹津只身逃往准噶尔之外，余众尽数被俘获。

岳钟琪仅率领千余人深入重地，倚仗快速出击的战术，一举捣毁敌人的大本营，歼敌数万，这一战正是突袭战的典范。

商业案例

◎茅台酒走向世界◎

孙子所谓"衢地"，指的是四通八达、敌我与其他诸侯国接壤的地区，一般都离本土较远，是交战各方必争的战略要地。谁能抢在前面占领它，谁就能掌握战争的主动权。古今中外的军事家们无不为夺取衢地而绞尽脑汁，留下了许多著名战例。

在现代商战中，形形色色的"商品交易会""博览会""展销会"不时在世界各地隆重举行。"会议"的所在地，便成了企业家们商战中的"衢地"。谁能在会上出风头，成为获胜者的概率就要大很多，商业合作机会也会比以前更多。

1915年，当茅台酒第一次在巴拿马万国博览会上开瓶时，它飘散出来的浓香，一下子征服了各国的评酒大师。茅台第一次在国际展台亮相，就立刻步入国际名酒的行列。

据史料记载，茅台酒的酿造开始于汉武帝年间，距今已有两千多年的历史。而正是凭借巴拿马万国博览会这一盛大的舞台，茅台酒才真正走向了世界。

◎快速反应留住市场◎

孙子说："兵之情主速。"用兵打仗如果速度缓慢，那么自己很有可能先被敌人一口给吃掉了。猛狮逐鹿，兔起鹘落，一个"速"字决定生死。

战争需要速度，办企业、搞经营也需要速度。有句俗话说得好：当真理还在穿鞋子的时候，谣言已经跑遍了全世界。所谓"众口铄金，积毁销骨"，当发生危机公关事件时，任何一家企业都应该建立快速反应机制，果决行动，从而迅速控制事态，否则会扩大突发危机的范围，甚至可能失去对全局的控制。

1993年7月，美国百事可乐公司突然遭遇谣言袭击：罐装百事可乐内出现了注射器和针头，甚至有人活灵活现地描述针头如何刺破了消费者，说得是有鼻子有眼。人们立刻把此事与传染艾滋病联系起来。一时间，许多超级市场把百事可乐纷纷从货架上撤走。面对这突如奇来的灾难，美国百事可乐公司的高层迅速做出反应，在第一时间内做出三项决策：第一，先向投诉者道歉，后邀请其到生产线上参观，使其确信百事可乐质量可靠，还给予其一笔可观的奖金以示安慰；第二，不惜代价买下美国所有电视、广播公司的黄金时间和非黄金时间，反复进行辟谣宣传，并播放百事可乐罐装生产线和生产流程录像；第三，与美国食品与药物管理局密切合作，由该局出面揭穿这是件诈骗案，政府部门主管官员和公司领导人共同出现在电视荧屏上，事实得以澄清。

◎企鹅丛书的诞生◎

面对突发事件，临危不乱，快速、及时、果断地采取应对措施，甚至可以拯救一个企业的生命。

艾伦·莱恩是英国人，他在年轻时就继承了伯父的事业，出任了希德出版社的董事。当时，出版社的处境已是举步维艰，几乎陷入绝境。

针对当时图书市场上只有高价精装书和庸俗读物的情况，莱恩决定出版价格低廉的平装书。第一套平装系列丛书共十本，规格也比精装本缩小了。这样不仅节省了封面制作的成本，也节省了纸张，再加上莱恩决定以购买再版图书重印权的方式出版这十本书，因而大大降低了成本费。莱恩把每本书的价钱压到六便士，这样，人们只要少吸六支香烟就可买到一本书。

这套书的封面很引人注目，这是因为莱恩在上面设计了一个惹人喜爱的丛书标志物——一只翘首站立的小企鹅。因此，莱恩把这套丛书起名为《企鹅丛书》。莱恩还用颜色表示图书的类别：紫色为剧本，浅蓝色为传记，橘红色为小说，灰色为时事政治读物，绿色为侦探类作品，黄色为其他类别读物。这一系列的改革使这套书不仅在外观上鲜艳明快，让人耳目一新，而且在装订上显得简单朴实，印刷上更是字迹工整。

1936 年元旦，希德出版社改名为企鹅图书公司。企鹅图书公司一直坚持薄利多销、为大众服务的原则，因此能垄断英国平装书市场二十多年。

【点评】

战争不仅是智谋的较量，也是力量、意志、决心和勇气的决斗。孙子说"围地则谋，死地则战"——当陷入九死一生的绝境时，利用全军将士的求生之心，激发他们决一死战的勇气，反败为胜，是为"陷之死地而后生"。

战争中是这样，生活中也是如此。一个初出茅庐的求职者在残酷的竞争中处处碰壁，一个小企业濒临破产的窘境，一个城市面对突如其来的灾害，一个人突然遭受恶毒的流言蜚语的攻击……生活就是如此，不管你愿不愿意，它就是会突然间给你设置前面有恶虎挡道，背后有饿狼追随的绝境，而且更不巧的是你正走在独木桥上，桥下是湍急的河流。

怎么办？如果你瘫倒在地，那么就成为虎狼的美餐了。不如跳下河去，也许有机会游到没有危险的浅滩。如果你不会水，那就只能选择从狼和虎的防线上突破。哪边胜算大，哪怕大一点点，也要鼓起勇气，作最后一搏。也许不一定每次都能赢，但是如果不去试，那就肯定连赢的机会都没有。

战争是最残酷的一项人类活动，它令人生离死别、家破人亡。"不战而屈人之兵"的案例毕竟是少数，既然战争不可避免，既然不是你死就是我亡，那就不如"投之无所往"，奋"诸、刿之勇"，或者可以"置之死地而后生"。

一位母亲见自己的孩子从十层楼高的窗台上掉了下来，就在那一瞬间，她不知从哪里爆发出来力量，从十几米远的地方飞身冲到楼底下接住了孩子！这个速度，比有记录的人类最快的短跑速度还快。

事后，这位母亲本人也感到万分惊讶，她说自己当时其实什么也没想，一心只想着一定要在孩子落地之前接住他。正是这种强烈的心情让她柔弱的身躯爆发出了"投之无所往"的力量。

人们常常嘲笑"困兽犹斗"，但是这种求生精神又何尝不令人动容？在漫漫人生道路上，碰到挫折与困境，一定要鼓起"投之无所往"的勇气，战胜它们，即使被打败，也不可失去尊严。

如何学习《孙子兵法》

授人以鱼

授人以鱼只供一餐之需。

而授人以渔终身受用不尽。

授人以渔

学习的思维就是先问自己三个问题：是什么？为什么？怎么办？这是认识问题的逻辑思维过程，也是解决问题的最有效方法。

《孙子兵法》是什么

"世界第一兵家名书"，穿越古今，享誉中外，"引无数英雄竞折腰"。

为什么学习《孙子兵法》

《孙子兵法》深刻揭示了竞争规律，能够帮助我们在激烈的竞争中立于不败之地。

《孙子兵法》充分展示了战略智慧，能够帮助我们提高战略思想水平。

《孙子兵法》蕴含了丰富的文化内涵，能够帮助我们在经济发展中形成独特的竞争优势。

选书　多比较
看作者——权不权威。
看出版社——名气大不大。
看版权页——几版几次印刷。
看前言、目录——了解主要内容和结构。
看正文——是否有注释、译文,扫除阅读障碍。

读懂　弄懂文义
逐字、逐句、逐篇弄懂文义,通解原著,了解基本精神。

解悟　多思索
长期体会、思索而达到深刻的理解,并能初步应用。

运用　实践运用
全面认识、把握和应用。

怎么学习《孙子兵法》

令之以文、齐之以武"员工管理就是要……

学懂会用《孙子兵法》是困难的,这也是学习一些国学经典的共性。主要原因是浓缩性太高,一般情况只提供结论、方法和技术,而不加以论证和解释。因此,我们学习时必须摒弃速成思想,循序渐进地学,多次重复地学,持之以恒,才能有所悟,有所成。

◎火攻篇◎

　　本篇主要论述了火攻的种类、条件和实施方法，主张火攻与兵攻相结合。同时阐述了"主不可以怒而兴师，将不可以愠而致战"的慎战思想。

　　此篇体现了孙子重利的原则。合于利则动，不合于利则止。只有在有利可图的情况下，才可以实施行动。如果在行动的时候，受到性格、情绪、恩怨等因素的影响，只顾逞匹夫之勇，那么结果只能是损失利益，或是抱恨终生。

【原文】

　　孙子曰：凡火攻有五：一曰火人①，二曰火积，三曰火辎②，四曰火库，五曰火队③。行火必有因④，烟火必素具⑤。发火有时，起火有日。时者，天之燥也；日者，月在箕、壁、翼、轸也⑥，凡此四宿者⑦，风起之日也。

　　凡火攻，必因五火之变而应之⑧。火发于内，则早应之于外。火发兵静者，待而勿攻，极其火力，可从而从之⑨，不可从而止。火可发于外，无待于内，以时发之。火发上风，无攻下风。昼风久，夜风止。凡军必知有五火之变，以数守之⑩。

　　故以火佐攻者明⑪，以水佐攻者强。水可以绝，不可以夺⑫。

　　夫战胜攻取，而不修其功者凶⑬，命曰费留⑭。故曰：明主虑之，良将修之。非利不动，非得不用⑮，非危不战。主不可以怒而兴师，将不可以愠而致战⑯。合于利而动，不合于利而止。怒可以复喜，愠可以复悦，亡国不可以复存，死者不可以复生。故明君慎之，良将警之，此安国全军之道也。

【注释】

①火人：指焚烧敌军人马。②火辎：指焚烧敌军辎重。③火队(suì)：指焚烧敌人的运输设施。队，通"隧"，指运输设施。④因：条件。⑤烟火必素具：发火用的器材必须平时就准备妥当。烟火，指发火用的器具、燃料等物。素，平素、经常。具，准备。⑥箕、壁、翼、轸：中国古代星宿名，是二十八宿中的四宿。⑦四宿：即箕、壁、翼、轸四个星宿。古代认为月亮运行到达这四个星宿位置时多风。⑧应：策应。⑨从：跟从，这里指进攻。⑩数：指前文所说的"发火有时，起火有日"等火攻条件。⑪明：这里指效果显著。⑫夺：剥夺，这里指焚毁敌人的物资器

烧毁敌军的辎重。

械。⑬修：修治，引申为巩固。⑭命：明命。费留：即白费。留，通"流"。⑮非得不用：不能取胜就不要用兵。得，得胜、取胜。用，用兵。⑯愠(yùn)：怨愤、恼怒。

【译文】

孙子说：火攻的方式有五种：一是火烧敌军人马，二是焚烧敌军粮草，三是焚烧敌军辎重，四是火烧敌军仓库，五是火烧敌军的运输设施。实施火攻必须具备一定的条件，发火器材平时就要准备妥当。放火要选择适当的时候，起火要选择有利的日期。所谓适当的时候，是指天气干燥；所谓有利的日期，是指月亮行经箕、壁、翼、轸这四个星宿的位置，凡是月亮行经这四宿的位置时，就是起风的日子。

以火佐攻。

凡是用火攻，必须根据上述五种火攻所引起的变化，灵活部署兵力加以策应。在敌营内部放火，就要早早派兵在敌营外进行策应。火已燃起而敌军依然保持镇静的，就应等待观察，切勿贸然发起攻击，等到火势最猛烈的时候，根据情况，可以进攻就进攻，不可以进攻就要停止。火也可以在敌营外燃放，那样就不必等待内应，只要时机成熟就可以放火。在上风放火时，不可从下风进攻。白天风刮得久了，夜晚就容易停止。军队必须懂得这五种火攻方法的变化运用，等火攻的条件具备时，再来实施。

用火来辅助军队进攻，效果非常显著；用水来辅助军队进攻，攻势可以得到加强。水可以将敌军分割开来，但不能焚毁敌人的军需物资。

大凡打了胜仗，攻取了土地、城池，而不能及时巩固胜利的，会非常凶险，这种情况叫作"费留"。所以说：英明的君主要慎重考虑这个问题，贤良的将帅要严肃处理这个问题。不是对国家有利的，就不要采取行动；没有取胜的把握，就不要用兵；不到危急关头，就不要轻易开战。君主不可以因为一时的恼怒而兴兵打仗，将帅不可以因为一时的愤怒而贸然出战。符合国家利益的才可以行动，不符合国家利益的就要停止。恼怒了还可以重新欢喜起来，愤怒了还可以重新高兴起来，但是国家灭亡了就不复存在了，人死了也不能复生。所以，英明的君主对于战争应该十分慎重，贤良的将帅对于战争应该时刻保持警惕，这是安定国家、保全军队的根本之道。

⊙ **名家论《孙子兵法》**

重战，就是重视战争，提高警惕，加强戒备。平时国家对敌人可能的进攻，应该采取的态度是"无恃其不来，恃吾有以待也，无恃其不攻，恃吾有所不可攻也"。当国家一旦遭受侵犯的时候，就要为挽危救亡而战，采取积极的攻势行动"屈人之兵"，甚至可以打出去，深入敌境，"拔人之城"，"毁人之国"。但是这一重战原则并不能成为好战者的口实，为了避免片面性，孙子同时还提出慎战原则。

慎战，指对发动战争要取慎重态度。用战是为了安国保民，不是国君将帅逞威泄愤的手段，也不是追求形式上的战胜攻取。……汉简逸文中还有"兵，利也，非好也"的论述。孙子所说的"利"和"功"的落脚点，都在"安国保民"上。《火攻篇》末尾一段话集中地表述了孙子这一思想，他说："非利不动，非得不用，非危不战。主不可以怒而兴师，将不可以愠而致战；合于利而动，不合于利而止。……故明君慎之；良将警之，此安国全军之道也。"

——于泽民

火攻有五

火攻是古代作战方式之一。有五种方法，且需要天时地利人和等多方面条件配合。孙子专辟此篇单独论述，足见火攻的重要性。

火攻的种类和条件

火攻的种类

火人	火积	火辎	火库	火队
焚烧敌人的人马。	焚烧敌人的粮草。	焚烧敌人的辎重。	焚烧敌人的仓库。	焚烧敌人的运输设施。

火攻的条件
- 发火的器材
- 有利的时机

有利的时机
天气干燥之时。

有利的日子
月亮运行到箕、壁、翼、轸四个星宿的位置时，即起风的日子。

◎官渡之战◎

《火攻篇》中说："故以火佐攻者明，以水佐攻者强。水可以绝，不可以夺。"意思是：用火来辅助军队进攻，效果非常明显；用水来辅助军队进攻，攻势可以加强。水可以将敌人分割断绝，却不能像火那样烧毁敌人的粮草军需、物资器械。军队一旦失去了粮草军需，军心就会大乱，战斗也无法继续下去。官渡之战中，曹操就是利用这一谋略，将袁军的粮草尽皆烧毁，使得袁军军心大乱，最终取得了胜利。

东汉建安四年（199）六月，占据冀、青、并等州的北方最大割据势力袁绍，在消灭幽州公孙瓒之后，聚集军队十万、战马万匹，开始南下讨伐曹操，官渡之战由此拉开了序幕。

袁绍举兵南下的消息传到许昌，曹军诸将认为己方难以战胜袁绍，曹操却说："我知道袁绍的为人，他缺少智谋，意气用事，表面上逞强，骨子里虚弱，兵力虽多但部署不当，手底下的将官骄横而政令不一。所以他是很难有所作为的。"于是聚兵两万迎击袁绍。

八月，曹操率军占领黄河北岸的重镇黎阳，并派臧霸率领精兵进入青州一带，以巩固右翼，防止袁军从东面袭击许昌；又令于禁率领步骑两千屯守黄河南岸的重要渡口延津，东郡太守刘延驻守白马，以阻止袁军渡河和长驱南下。九月，曹操回到许昌，把主力安置在官渡筑垒固守，以阻挡袁绍从正面进攻。同时，他还派人镇抚关中，拉拢凉州，以稳定侧翼。

正当曹操全力以赴布置对袁作战时，刘备突然背叛曹操，杀死了曹操的徐州刺史车胄，占据下邳，屯兵沛县，兵力迅速增至数万人，并联络袁绍，准备与其合力攻打曹操。曹操认真分析当前形势，认为刘备是人杰，是心腹大患；而袁绍见识短浅，绝非自己的对手。于是曹操在次年正月率领精兵东伐刘备。

当时，有人建议袁绍趁曹操攻击刘备的时候，从背后袭击曹军，但袁绍没有采纳。结果曹操顺利攻占了沛县，并趁势收复了徐州、下邳，还迫使关羽投降自己。刘备全军溃败，无奈之下，只

关羽白马坡斩颜良。

好前往河北投靠袁绍。曹操获胜后，把军队撤回官渡，准备与袁绍决战。

同年二月，袁绍亲率大军进抵黎阳，并派郭图、淳于琼、颜良进攻白马城，企图夺取黄河南岸的重要据点，以掩护主力渡河。四月，曹操为赢得主动，亲自率兵北上，准备解除白马之围。出兵白马之前，曹操采纳了谋士荀攸的建议，先引兵到延津，佯装要渡河袭击袁绍的后方，袁绍当即分兵救援。曹操却乘机率领轻骑袭击白马的袁军。颜良仓促应战，被关羽斩杀，白马之围得以解除。

袁绍闻讯后，立即派大将文丑与刘备率领五千骑兵渡河追击曹军。而曹军当时只有骑兵五六百人，情急之下，曹操下令军卒解鞍放马，又将辎重丢弃在路旁。文丑大军见曹军丢弃的马匹、辎重，便你争我抢，乱作一团。曹操见此情形，急令军卒掉头杀向袁军。袁军顿时大败，大将文丑也在乱军之中被斩杀。此番曹军连斩颜良、文丑两员大将，袁军大为震惊。袁绍下令把军队退到阳武，曹操也还军官渡固守。

八月，袁绍兵临官渡，依沙堆扎营，东西数十里。曹操也扎下营寨与袁军对峙。九月，曹军几度出击，但均未能取得胜利。这时，袁绍下令构筑橹楼，命军士在楼上用箭俯射曹营，曹军士兵伤亡惨重。为了扭转这种被动局面，曹操命工匠连夜赶造霹雳车，向袁军还以飞石，摧毁了袁军的橹楼。

曹、袁双方的大军对峙月余。其间，袁绍遣刘备领兵去汝南，扰乱曹操后方。又遣韩荀率步骑往西，欲切断曹军西道补给。曹操的部将曹仁领兵击败了刘备，继而大破韩荀于鸡洛山（在今河南密县东北）一带。此时，曹军又得司隶校尉钟繇自关中输送来的二千多匹战马，实力大大增强。

然而，随着双方相峙日久，曹军粮将尽，士卒也十分疲乏。面对这一情况，曹操一筹莫展，心里非常着急。与此同时，袁绍命大将淳于琼率领一万余众从后方运来粮草，将粮草囤积在距袁军大营以北四十里的乌巢。袁绍帐下的谋士沮授建议袁绍增兵护卫乌巢，以防曹军袭击，袁绍不听。谋士许攸、将领张郃又建议以轻骑袭击许昌，袁绍仍不采纳。

许攸见自己的建议不被采纳，愤而投奔曹操，并献计偷袭乌巢。曹操听后大喜，当即留曹洪、荀攸守卫官渡大营，自己亲率步骑五千人，连夜出发，直奔乌巢。到达乌巢后，曹军立即围住粮囤放火，霎时间，火焰四起，烟雾遮天。袁军的守将淳于琼见曹兵人数不多，于是出营组织反击。曹操挥军猛攻，迫使淳于琼退守营屯。这时，救援乌巢的袁军骑兵已经逼近乌巢，曹操拒绝了分兵阻击援军的建议，仍旧集中兵力攻击乌巢守军，并对身边将官说道："敌兵到了我背后再告诉我。"士卒们见曹操心意坚决，皆殊死拼杀，最后大破乌巢守军，擒杀袁将淳于琼。

袁绍派去攻打曹军大营的张郃、高览二将得知乌巢已被攻破，又闻袁绍对他们二人起疑心，于

乌巢粮草被焚烧。

是投降了曹操。曹操乘势向袁军主力发起进攻，结果大获全胜。袁绍及其子袁谭只带了八百余骑，仓皇逃往河北。历时一年有余的官渡之战，以曹操的全面胜利而宣告结束。

◎鄱阳湖之战◎

元末的鄱阳湖之战，是朱元璋在统一江南的过程中，率军在鄱阳湖（今江西鄱阳湖）击败陈友谅军的著名战役。在这场战役中，朱元璋采用火攻战术重创陈军，这也成为其取胜的关键。

元朝末期，朝政废弛，社会动乱，农民起义如火如荼。在江南，形成了两支强大的义军势力——朱元璋和陈友谅军。为了争夺天下，朱、陈二人展开了一场激烈厮杀。

至正二十三年（1363）七月，朱、陈二军在康郎山（在今江西鄱阳湖内）湖面遭遇。当时，陈军巨舰联结布阵，展开数十里，"望之如山"，气势夺人。朱元璋针对其巨舰首尾连接而不利进退的弱点，将己方舰船分为二十队，每队都配备大小火炮、火铳、火箭、火蒺藜、火枪、神机箭和弓弩，下令各队接近敌舰时，先发火器，次用弓弩，靠近敌舰时再用短兵器进行格斗。

朱军大将徐达身先士卒，率舰队勇猛冲击，击败陈军前锋，毙敌一千五百人，缴获巨舰一艘。俞通海乘风发炮，焚毁陈军二十余艘舰船，陈军被杀和淹死者甚众。但朱军伤亡也不少，尤其是朱元璋坐舰搁浅被围，险遭不测。战斗呈胶着状态，从早晨至日暮，双方未分胜负，最后鸣金收兵，战斗告一段落。

这时，朱元璋亲自率领水师出战。但陈舰巨大，朱军舰小不能仰攻，接连受挫。朱元璋及时采纳了部将郭兴的建议，决定改用火攻破敌。黄昏时分湖面上吹起东北风，朱元璋选择勇敢士兵驾驶七艘渔船，船上装满火药柴薪，朱军迫近敌舰，顺风放火，风急火烈，迅速蔓延。一时烈焰飞腾，湖水尽赤，转瞬之间烧毁陈军数百艘巨舰，陈军死伤过半，陈友谅的两个兄弟及大将陈普略均

鄱阳湖之战。

被烧死。朱元璋挥军乘势发起猛攻，又毙敌二千余人。

陈友谅遭受重创，于是下令把抓到的俘虏全部杀掉泄愤。朱元璋却反其道而行之，将俘虏全部送还，并悼死医伤，瓦解陈军士气，从而大得人心。陈军内部分崩离析，士气更加低落。

经过一个多月的对峙，陈友谅被困湖中，军粮殆尽，计穷力竭，于是孤注一掷，于八月二十六日，由南湖嘴冒死突围，企图进入长江退回武昌。行至湖口时，朱军以舟师、火筏四面猛攻，陈军无法前进，复走泾江，又遭伏兵阻击，左冲右突，打不开生路，陈友谅中箭而死，军队溃败，五万余人投降。

火攻陈友谅舰队。

鄱阳湖之战中，朱元璋面对舰只庞大、装备精良的陈军，冷静、敏捷地捕捉敌方的弱点，利用风向、水流等自然条件，及时抢占有利攻击阵位，不失时机地实施火攻，充分发挥火器的作用，终于以少胜多、以弱胜强，创造了我国水战史上的著名战例。

◎ 火烧博望坡 ◎

"火"在善于用兵的人手里，是克敌利器。需要注意的是，火攻并非在敌人的队伍中烧把大火这样简单，它仰仗于精妙的部署，必须确保敌人不知不觉地落入"火"的陷阱，并不给敌人留下任何灭火的机会。

公元207年秋天，曹操命夏侯惇、于禁、李典等人率领十万大军到达新野（今河南省新野县），准备攻打刘备。刘备得知这个消息后，便找诸葛亮商议对策。诸葛亮决定用火攻的办法来对付曹军。诸葛亮注意到一个名叫博望坡的地方，准备在这里实施自己的计划。于是，他命令关羽带领一千兵卒埋伏在博望坡左边的豫山，张飞率领一千兵卒埋伏在博望坡右边的安林。诸葛亮告诉关羽和张飞，看到曹军后不要急于开战，注意观察南方，看到南方起火后再纵兵出击。原来，曹军远道而来，必定会携带大量军粮，因此，关羽和张飞的主要任务就是烧掉敌人的粮草。粮草一旦被焚毁，敌人必然惊慌。之后，诸葛亮又安排人手准备引火的东西，命赵云带领一支小队人马到博望坡候敌，他嘱咐赵云说："只准输，不准赢。"

曹军很快就抵达博望坡，夏侯惇分出部分精兵做先头部队，其余的则由于禁和李典率领押着粮草走在后面。到博望坡后不久，他们就遇到了赵云。而两军相遇，又少不了一番厮杀。不过，赵云遵从诸葛亮的命令，只输不赢，比画了两下，就佯装败退而逃。夏侯惇不知是计，穷追不舍，追到半路又遇见刘备的大军，而刘备也和赵云一样，才刚一交锋，就开始撤退。

赵云和刘备的"不堪一击"让夏侯惇骄傲起来，他一门心思追击刘备等人，而不顾己方负

火烧博望坡。

责押运粮草的兵马，也没有注意到自己已进入一片危机四伏的芦苇地。这让跟在后面的于禁和李典非常担心。李典等派人通知夏侯惇，要他注意周围环境，提防刘备实施火攻。夏侯惇这才意识到自己已置身于危险之中。时值秋日，天干物燥，风力又猛，正好为实施火攻创造了大好条件。芦苇丛中突然冒起的熊熊大火让曹军登时乱作一团。滚滚浓烟遮蔽了他们的视线，灼热的火焰将他们一个个逼上死路，偏在这个时候，赵云又领兵杀来，这让本已惊恐不已的曹军更加慌乱。夏侯惇无力组织反击，只好冒烟逃跑。

另一方面，李典和于禁的情况也好不到哪儿去，他们早已顾不上着了火的粮草，一心想着杀出一条血路以脱离危险。不料，他们二人又在路上遇到了关羽，费了很大力气才保住性命，逃回许昌。

张飞在斩杀了数名曹将后赶来和关羽会合，二人都对诸葛亮大为钦佩。曹军被杀散后，刘备将兵力聚集一处，将缴获来的曹军物资分发给手下的将士，然后兴高采烈地返回了新野。

在这场博望坡之战中，诸葛亮运用火攻计，重挫了来势汹汹的强敌。

商业案例

◎巧借东风而生财◎

在战争中巧借水、火之势，可以化劣势为优势，从而以弱胜强。现代商战中，思维敏捷的商人往往巧借各种辅助力量，取得良好的市场效益。

1992年，湖南常德举办了首届桃花源游园会、国际文化研讨会，商品成交额高达十几亿元，引进外资项目也有数十个，这是借东晋大文学家陶渊明的名作《桃花源记》而生财。巴西的贝利是一代"球王"，而"贝利"成了著名商标，这是借"名"生财。浙江温州人通过海外华侨的商店出售自己的产品，这是借"地"生财。日本的吉田忠雄买来美国生产拉链的机器，又首创各种不同合金材料制作拉链，其产品产量占全世界总产量的35%，年销售额达二十多亿美元，这是"借鸡下蛋"而生财。诸如此类，不胜枚举。

"他山之石，可以攻玉。"不管是在现代战争、商战、体育竞赛里，还是在高科技发明创造中，巧借东风，巧妙利用外在辅助力量，是杰出的军事家、企业家、教练员、运动员和科学家们取得事业成功的重要手段之一。

【点评】

火攻是古代战争中常用的一种攻击方法，之所以常用，在于火攻的效果明显，破坏力大，而攻击所付出的代价却很低。本篇主要从火攻的种类、条件和实施方法几个方面对火攻进行了论述。

在《火攻篇》的最后，孙子强调了巩固胜利的重要性。认为即使是取得了战争的胜利，但不能将其巩固，这也是十分危险的事情。

孙子还语重心长地告诫君主将帅们用兵作战要慎之又慎，不能因为一时的冲动愤怒而举兵作战，战争的出发点就是要对国家有利，我们可以看出，孙子是一个对于国家和人民非常负责任的将领，他把将帅的职责和使命看得十分重大。

孙子告诫国君和统帅对待战争要谨慎，不可因一时之怒而妄逞干戈。我们在生活中，在做任何一件事情之前，都应该理性地克制个人情绪，控制自己的行为，决不可逞一时之气。

《孙子兵法》的哲学观

　　哲学被称为大道之源、百科之首。哲，是大智慧。哲学，是大智慧的学问，是反映自然界、社会和人们思维规律的学问。《孙子兵法》是一部饱含哲学思想的著作。

占卜

不信天道鬼神。反对以占卜、问鬼神的形式来预测战争。

决策

主张科学决策。从国家利益出发，而不是从主观感情出发，是正确决策第一步。

知彼

实事求是。知彼知己，通过对敌我双方客观条件的比较，来预测战争的胜利。

主动

重视发挥人的主观能动性。在作战中取得主动，避免被动。

《孙子兵法》朴素的唯物论

利与害

如何看待战争、是否发动战争、怎样驾驭战争，出发点是考察战争本身的利益大小、得失多少。根本宗旨是以尽可能小的代价，换取最大的利益。

全与偏

主张全胜之策角逐于群雄，争胜于天下。但要把全与偏有效地统一起来，决不能为了全胜而放弃战胜。

奇与正

奇正相生，奇与正互相结合。

虚与实

虚实互转，避实击虚要懂得虚实之间的转换。

《孙子兵法》朴素的辩证法

◎ 用间篇 ◎

【导读】

　　本篇主要论述用间的重要意义，以及间谍的种类及使用方法，强调任用智能之士为间谍定能成就大功，提出了先知敌情"不可取于鬼神""必取于人"的朴素唯物主义观点。本篇与论述战略决策的《计篇》首尾呼应，使孙子"知己知彼""先胜而后求战"的"全胜"思想得以贯穿始终。

【原文】

　　孙子曰：凡兴师十万，出征千里，百姓之费，公家之奉①，日费千金；内外骚动，怠于道路，不得操事者②，七十万家③。相守数年④，以争一日之胜，而爱爵禄百金，不知敌之情者，不仁之至也，非人之将也，非主之佐也，非胜之主也。

　　故明君贤将，所以动而胜人⑤，成功出于众者，先知也⑥。先知者，不可取于鬼神⑦，不可象于事⑧，不可验于度⑨，必取于人，知敌之情者也。

　　故用间有五：有因间⑩，有内间，有反间，有死间，有生间。五间俱起，莫知其道⑪，是谓神纪⑫，人君之宝也。因间者，因其乡人而用之⑬。内间者，因其官人而用之⑭。反间者，因其敌间而用之。死间者，为诳事于外⑮，令吾间知之，而传于敌间也。生间者，反报也⑯。

　　故三军之事，莫亲于间⑰，赏莫厚于间，事莫密于间⑱。非圣智不能用间⑲，非仁义不能使间⑳，非微妙不能得间之实㉑。微哉！微哉！无所不用间也。间事未发，而先闻者，间与所告者皆死。

　　凡军之所欲击，城之所欲攻，人之所欲杀，必先知其守将、左右、谒者、门者、舍人之姓名㉒，令吾间必索知之。

　　必索敌人之间来间我者，因而利之，导而舍之㉓，故反间可得而用也。因是而知之，故乡间、内间可得而使也。因是而知之，故死间为诳事，可使告敌。因是而知之，故生间可使如期。五间之事，主必知之，知之必在于反间，故反间不可不厚也。

　　昔殷之兴也，伊挚在夏㉔；周之兴也，吕牙在殷㉕。故惟明君贤将，能以上智为间者㉖，必成大功。此兵之要，三军之所恃而动也。

【注释】

①奉：同"俸"。②操事：这里指操作农事。③七十万家：指出兵打仗，要有大量民众承受繁重的徭役、赋税，而不能正常地从事生产劳动。④相守：相持。⑤动：举动。⑥先知：这里指事先知道敌人的情况。⑦取于鬼神：指用祈祷、祭祀鬼神和占卜等办法去取得（敌情）。⑧象：相类。⑨不可验于度：指不能用日月星辰运行的位置来验证敌情。验，验证、应验。度，度数，这里指日月星辰运行的度数（即位置）。⑩因间：即本篇下文所说的"乡间"——依赖与敌人的乡亲关系来直接获取情报，或利用与敌军官兵的同乡关系打入敌营，从事间谍活动以获取情报。⑪道：途径、规律。⑫纪：即道。⑬因：凭借、根据。⑭官人：这里指敌国官吏。⑮为诳（kuáng）事于外：假装泄露机密，故意向外散布虚假消息，以欺骗、迷惑敌人。诳，迷惑、欺骗。⑯反：通"返"。⑰三军之事，莫亲于间：军队中没有比间谍更为亲信的了。⑱密：秘密、机密。⑲圣智：才智超群。⑳非仁义不能使间：指如果吝惜爵禄、金钱，不能真诚对待间谍，

就不能使其乐于效命。㉑非微妙不能得间之实：不是用心精细、手段巧妙的将领，不能获得间谍的真实情报。实，这里指实情。㉒守将：指主管将领。左右：指守将身边的亲信。谒(yè)者：指负责传达通报的官宦。门者：指负责守门的官吏。舍人：指守将的门客幕僚。㉓导：引导、诱导。舍：释放。㉔伊挚：即伊尹。他原本是夏桀之臣，商汤用他为相，灭了夏桀，建立了商（又称殷）。㉕吕牙：即姜子牙，俗称姜太公。他原本为殷纣王之臣，周武王姬发在他的辅佐下，打败了纣王，建立了周朝。㉖上智：指具有很高智谋的人。

用间有五。

【译文】

孙子说：凡是出兵十万，千里征战，百姓的耗费，公家的开支，每天都要花费千金；国内局势动荡不安，民众（为战事所迫而）疲惫于道路，不能从事耕作劳动的，多达七十万家。交战双方相持数年，是为了有朝一日赢得胜利，如果因为吝惜爵禄和区区百金钱（而不肯重用间谍），以致不能了解敌情而遭受失败，是不仁到了极点，（这种人）不配做统率三军的将领，不配做君主的助手；这样的国君，不是能打胜仗的好国君。

所以，英明的君主和贤良的将帅，之所以一行动就能战胜敌人，而成就超出于众人之上，是因为他们能够事先了解敌情。事先了解敌情，不能用求神问鬼的方式来获取，不能用相似的事情作类比，不能根据日月星辰运行的位置去进行验证，而是从了解敌情的人那里获取。

使用间谍的方式分为五种：因间、内间、反间、死间、生间。同时使用这五种间谍，能使敌人无从知道我用间的规律（从而无以应对），这是神妙莫测的道理，是国君克敌制胜的法宝。所谓"因间"，是指利用敌人的同乡做间谍。所谓"内间"，是指利用敌方的官吏做间谍。所谓"反间"，是指收买或利用敌方的间谍为我所用。所谓"死间"，是指故意散布虚假情报，并通过我方间谍把情报传达给敌方间谍，使敌人上当受骗（然而敌人一旦发现上当，我方间谍往往难逃一死）。所谓"生间"，是指派往敌方侦察而能活着回来报告敌情的人。

所以军队中的亲信，没有比间谍更为亲信的了，奖赏没有比间谍更为优厚的了，事情没有比间谍所做的更为机密的了。不是才智超群的人不能使用间谍；不是仁慈慷慨的人不能使用间谍；不是谋虑精细、手段巧妙的人不能获得间谍所提供的真实情报。微妙啊！微妙啊！无时无处不可以用间。用间的计谋尚未施行，而秘密已经先行泄露的，那么间谍和知道机密的人都要处死。

凡是想要攻打的敌方军队，想要攻占的敌方城邑，想要刺杀的敌方人员，都必须先了解主管将领、左右亲信、负责传达通报的官员、守门官

内间。

死间。

　　吏以及门客幕僚的姓名，命令我方间谍一定要将这些情况侦察清楚。

　　必须查出敌方派来刺探我方情报的间谍，根据具体情况对其加以利用和收买，诱导他，再放他回去，这样，策反的间谍就可以为我所用了。通过反间得知了敌情，乡间、内间也就可以为我所用了。通过反间得知了敌情，就可以通过死间来散布虚假情报给敌人了。通过反间得知敌情，所以生间就可以按照预定时间返回报告敌情了。这五种间谍的使用，国君都必须懂得，懂得的关键在于如何使用反间。所以，对于反间不可不给予优厚的待遇。

　　昔日殷商的兴起，是由于重用了在夏为臣的伊尹；周朝的兴起，是由于重用了在殷为官的姜子牙。所以，只有英明的君主和贤能的将帅，能任用智慧高超的人充当间谍，必定能成就巨大的功业。这是用兵的关键所在，是整个军队采取行动所依赖的东西。

⊙名家论《孙子兵法》

　　孙子主张以"上智为间"，用那些睿智聪颖的智谋之士担当战略侦察的重任，这正反映了他对智战的重视。他举例说："昔殷之兴也，伊挚在夏；周之兴也，吕牙在殷。"吕牙即姜子牙，姜子牙辅佐周武王灭商的故事，由于《封神演义》的广泛流传已为人们所熟知，我不想赘述。这里只把伊挚其人其事略加介绍，以加深我们对《孙子兵法》战略策略思想的认识。

　　伊挚又称伊尹，尹是官名。伊尹是商汤的右相，协助商汤进行了灭夏的鸣条（今山西永济市）之战。这次战争发生在公元前16世纪初，比孙子诞生要早一千年。当时，商汤为了推翻夏桀残暴的统治，派伊尹深入夏都三年，侦探夏王朝的战略情报。伊尹又协助商汤制定了翦夏羽翼、争取民心、逐步壮大实力的策略。当看到夏桀政治腐败，众叛亲离，败亡之形已露端倪时，他即准确地判断灭夏的条件已经成熟、时机已经到来，于是请求商汤大举出兵。正是由于伊尹做了大量的、多方面的战略侦察工作，因此很快赢得了战争的胜利。

　　早于孙子一千年的伊尹就有这样的深谋远虑，不能不使我们惊叹。无怪乎孙子竭力主张"未战而庙算胜"，后世的兵家甚至提出"贵谋而贱战"（《汉书·赵充国传》），"以计代战一当万"（《晋书·杜预传》）。因为，它实在是军事斗争中的一柄利剑。

——吴如嵩

● **成功出于众者，先知也**

能事先知道敌方的情报，了解对方的行动的人，方能胜过他人。

> **要先了解敌人的情况**

要了解更多的敌情

- 不可迷信鬼神占卜。
- 不可借用过去相似的事件类比。
- 不可靠观察日月星辰位置变动占卜。

 借用间谍刺探敌情

因间

（又叫乡间）利用敌国普通乡民做间谍。

内间

利用敌国官员做间谍。

反间

利用敌国间谍为我方做间谍。

死间

潜入敌营为我方散播假消息以乱视听，一旦事发必死。

生间

派往敌方侦察而能活着回来报告敌情的人。

功成

奖赏丰厚，加官晋爵。

事败

牢狱之灾，祸及性命。

● 五间俱起，莫知其道

能熟练使用五种间谍，敌人就无法预料你的行动，无法知道你的想法，这样就能探知敌情。

要善于使用"五间"

了解敌方的基本信息

将帅　亲信　信使　间谍　幕僚　门吏

内间和因间可以启用。 ← 策反敌方间谍做我方反间，使其为我方通传消息。

死间可以传虚假消息。　生间可以返回报告敌情。

如君主能善于使用这五种间谍必将成就大功业

❀ ○陈平离间项羽君臣○ ❀

孙子特别重视"用间"的重要意义，认为这是用兵作战的要事之一，并强调在使用间谍时，必须机智、果敢和精心细致。刘邦离间项羽君臣的故事，就是用间计的典型事例。

公元前 204 年，楚汉之争已经到了最激烈的时候。这时，刘邦已被项羽困在荥阳城中达一年之久，无论是外援还是粮草都已断绝。

刘邦派人向项羽请和，但是项羽不肯答应。刘邦内外交困，无计可施，只好去找谋士陈平商

陈平向刘邦献计。

量对策。陈平献计道："项羽为人刚愎自用，猜忌多疑，他所依赖的不过是亚父范增、钟离眛、龙且这些人。况且，项羽每次赏赐功臣时，都吝惜爵位和封邑，因此人们都不愿为他效命。大王如能舍得几万金，实施反间计，离间项羽君臣的关系，一旦项羽阵营发生内讧，我军就能趁机发起反攻，那时定能击败楚军。"

刘邦听到这一建议，觉得很有道理，于是立刻拿出四万金，交给陈平，让他负责实施计谋。陈平用重金收买楚军将士，让他们散布流言说："钟离眛、龙且、周殷等将领功勋卓著，项王却没有对他们裂土封王。龙且等人心中不满，打算与汉王联合，等到消灭项王之后，平分项王的土地。"谣言逐渐传到项羽耳中，项羽果然因此起了疑心，不仅不再与钟离眛等人商议军机大事，甚至开始怀疑亚父范增，对范增越来越不尊敬。适逢刘邦派使者与项羽议和，项羽便派使者回访，企图借机探察谣言的真伪。

陈平听说项羽派来了使者，正中自己下怀，立刻指使侍从拿出上等的餐具和精美丰盛的食品，送进使者房间。使者刚一进屋，就被热情地邀至上座，陈平见到使者，对范增赞不绝口，又再三问起范增的起居情况，并附耳低声问道："亚父有何吩咐？"使者不解地说道："我是霸王派来的，不是亚父派来的。"陈平一听，佯装惊讶道："我本来以为是亚父派来的使者，谁知却是项王的使者！"马上叫了几个下人撤去上等酒席，随

陈平设宴款待项羽使者。

后把使者领到另一间布置极为简陋的客房，换上劣等的食物和餐具，陈平则一脸不高兴地拂袖而去。楚使没想到会受此大辱，心中气愤难平，回去后便一五一十地报告给了项羽，项羽越加确定范增私通汉王。

此时的范增还不知道项羽已经对他产生了怀疑，几次三番劝项羽速取荥阳，项羽却拒不听从。过了一段时间，范增也听到了军中的谣言，再联想到项羽的态度，便知道自己已经

范增受到项羽猜疑。

被怀疑了，于是对项羽说道："天下大事成败已经基本定了，请大王好自为之，我年岁大了，身体不好，希望大王能让我回乡养老。"

不料项羽十分薄情，竟然当场答应了他的请求，言语间毫无挽留之意。范增想到自己对项羽忠心耿耿，最后竟然落得如此下场，不禁又气又恨，加上他年事已高，归乡途中一病不起，最后死在路上。

陈平见反间计奏效，便让一位将领冒充刘邦开东城门出降，以吸引楚军的注意力，而刘邦本人和陈平等人则在众将的掩护下趁机从西门离开，匆匆逃离荥阳。

❀❀❀ ◎蒋干盗书◎ ❀❀❀

用间用得巧妙，可以诱使敌人内部不和，激化其矛盾，从而达到削弱敌人的目的。

东汉末年，曹操占领荆州之后，因为北方士卒不习水战，于是任用荆州降将蔡瑁和张允为都督，让他们负责训练水军，为进攻江东做准备。

蔡、张二人久居荆州，深谙水战之法，一旦真让他们训练水军，将会对江东形成极大的威胁。东吴大都督周瑜对此很担忧，想除掉蔡瑁、张允二人，但一时又想不出良策来。

一天，周瑜正在帐中议事，有人通报说曹操的谋士蒋干来访。周瑜闻讯，立刻猜出了蒋干来意，他突然计上心头，于是如此这般吩咐了一番，让众将士依计而行。

蒋干，字子翼，九江（今安徽寿县）人。幼时与周瑜同窗读书，交情颇厚，后为曹操帐下幕

周瑜迎接蒋干。

僚。这次出访江东，是他主动向曹操请命而来，目的是想向周瑜劝降。

周瑜亲自带着部属出帐迎接。众人见面寒暄一番之后，周瑜便挽着蒋干的手一同走入大帐，请文武官员从旁作陪，设宴款待蒋干，并解下腰间佩剑交给大将太史慈，命他掌剑监酒，吩咐道："子翼和我是同窗好友，虽然是从江北过来的，但他并不是曹操的说客，诸位不要多心。今天是我们老同学相见，诸位只准叙朋

蒋干盗书。

友之情，不准言军旅之事，若有人胆敢提起两家战事，就立即推出门外斩首！"

蒋干一听，大惊失色，哪里还敢开口说出自己的来意。周瑜又转头对蒋干说道："我自领兵以来，向来是滴酒不沾，今日故友相会，定要喝个一醉方休！"说罢，传令军中奏起音乐，自己不等人劝就一杯一杯不停往肚子里灌，很快就喝得酩酊大醉。蒋干满腹心事，因此不敢多饮酒，以免误了大事。

宴罢，蒋干搀扶着醉醺醺的周瑜回到帐中，周瑜说很久没有和蒋干见面，一定要与他同榻而眠。说完后就和衣而卧，才躺下一会儿就鼾声如雷。蒋干惦记着自己曾在曹操面前夸下海口，不知就这样空手而回该如何交代，哪里能入睡？他看周瑜睡得正熟，帐内残灯尚明，桌上堆满了文书，便翻身下床，一边紧张地注视周瑜的动静，一边翻看文书。翻着翻着，忽见里面有一封书信，细看之下竟是蔡瑁、张允写给周瑜的降书。蒋干看罢，大吃一惊，慌忙将信藏在身上。待要再翻看其他文书，周瑜突然在床上翻了个身，梦中含含糊糊地呓语道："子翼，我定叫你在数日之内看到曹操首级。"蒋干含糊答应着，连忙熄灯上床，假装睡下。

将近四更时分，只听得有人进帐唤道："都督醒了吗？"周瑜睡眼蒙眬地问道："床上睡的是什么人？"那人答道："都督忘了吗，是您自己邀请子翼共寝的。"周瑜懊恼地说："我平日从不醉酒，昨天喝醉了，不知可曾说过些什么？"那人道："江北有人过来……"周瑜急忙小声喝止："低声！"又去看蒋干，连叫"子翼"，蒋干只装熟睡，一声不应。周瑜同来人轻轻走出帐外，蒋干则竖起耳朵躲在帐内偷听。那人低声说道："蔡、张二位都督道：'急切间无法下手。'……"后面的话因为声音太小，无法听清，蒋干心中着急，但又不敢轻举妄动。过了一会儿，周瑜回到帐内，又连声呼唤蒋干的名字，蒋干不应，仍然蒙头假睡。周瑜遂脱衣上床就寝。

蒋干暗想：周瑜为人精细，天亮后若不见了蔡、张二人的书信，岂肯与我善罢甘休？因此，刚到五更，蒋干就趁周瑜熟睡之机，偷偷地爬起来，溜出帐外，叫上随身小童，径直走出军营，守营将士也不阻拦。蒋干飞快地赶到江边，寻了小船，飞一般赶回江北去见曹操。

曹操看到蒋干呈上的书信后，勃然大怒，立刻唤蔡瑁、张允入帐，不容二人分辩，就命手下武士将其推出斩首。可是刚等二人人头落地，曹操便忽然醒悟，知道自己中了周瑜的计，可惜一切都为时晚矣，只好另换了两个都督训练水军。

就这样，大战尚未开始，周瑜便用反间计轻而易举地除掉了曹军最为得力的两个水军将领，为日后的胜利奠定了基础。

◎石勒用间智取王浚◎

西晋末年，爆发了"八王之乱"，百姓无法容忍战乱的祸害，遂纷纷起来反抗。而一些少数民族首领也趁机起兵，建立了割据政权，羯人石勒就是其中的一个。

石勒，字世龙，羯族人。年轻时与汲桑一起追随公师藩造反，他们劫掠郡县，释放囚犯，聚集了一批亡命之徒，势力越来越大。后来，石勒等人在一次战斗中失败，汲桑也被晋军所杀，于是石勒前往投奔已称汉王的刘渊。

石勒归顺刘渊后，东征西讨，为其立下了汗马功劳，他自己的势力也在征战中不断发展壮大起来。公元311年，地方豪强王弥密谋除掉石勒，以吞并他的势力，却不慎走漏了消息，结果石勒抢先下手，杀死了王弥，吞并了他的全部人马。

王弥死后，幽州刺史王浚成为石勒的最大威胁。王浚是西晋的地方实力派，早有自立为帝之心，他曾想兼并石勒的势力，但是遭受了失败。尽管如此，石勒的军师张宾叮嘱石勒说："虽然王浚兵势衰弱，但要想彻底消灭他，只可智取，不可硬战，如果现在假装归顺王浚，并表示愿意辅助他当皇帝，那么他一定会喜出望外。等到王浚疏于防范时，再一举消灭他，这才是上策。"石勒采纳了这一建议，并依照张宾的计谋行事。

石勒派门客王子春、董肇等人带上许多珍宝去拜见王浚，并附上书信一封。信里石勒对王浚十分恭维，并表示希望王浚能顺应天意民心，登基称帝；又表示自己将会像对待亲生父母那样崇敬拥戴王浚。

在给王浚上书献宝的同时，石勒还让使者以重金笼络王浚的心腹近臣枣高。王浚见石勒归顺，高兴万分，当即将王子春等人封侯，并派使者以地方特产答谢石勒。不久，王浚的部下阴谋叛变，并派使者去向石勒请降，石勒当场杀了使者，将此事告知王浚，以表忠诚。王浚因此更加信任石勒。

石勒派门客王子春带上许多珍宝去拜见王浚。

后来，王子春与王浚的使者一同归来。石勒预先得到消息，遂下令将精兵和武器都隐藏起来。使者到达时，石勒摆出迎接天子使节的架势，向北拜见王浚的使者，态度恭敬地接过他的书信。王浚赐给石勒拂尘，石勒先是假装惶恐不敢收下，等勉强接受后又毕恭毕敬地把它挂在墙上，每天早、晚都要对着拂尘敬拜。与此同时，石勒派董肇向王浚上书，约定日期亲自去幽州奉上皇帝的尊号。王浚的使者回去后，把这些情况告诉王浚。王浚认定石勒忠诚不二，至此疑心尽释。

石勒经过反复刺探，确信王浚已经相信了自己，便开始着手准备消灭王浚。

石勒先召见王子春，命他汇报幽州的情况，王子春说："幽州去年发生大水灾，百姓连饭都吃不上，王浚手中有数百万斤粮食，却坐视百姓挨饿，不肯开仓放粮。而且王浚征收赋税极为频繁，统治苛刻残酷，又不听忠言，残害贤臣良将，属下无法忍受，背叛逃亡的有很多。在外，鲜卑、乌桓与其离心离德；在内，枣高、田矫贪虐横暴，军队疲敝，人心动摇。而王浚还口出狂言，说汉高祖、魏武帝都不足以与他相提并论。"

得知王浚众叛亲离，幽州又正陷于饥荒贫困之中，石勒遂决定发兵突袭幽州。但他又怕并州刺史刘琨趁机从背后偷袭。张宾建议利用刘琨与王浚的矛盾，写信请求刘琨允许自己讨伐王浚来将功补过。石勒按张宾的意思，安抚住了刘琨，解除了后顾之忧。

石勒上书给王浚。

公元314年，石勒率领轻骑日夜兼程向幽州进发。石勒到达易水时，王浚手下的督护孙纬收到消息，立即派人给王浚送信，请求抵抗。不料王浚却说："石勒到这里来，是要拥戴我当皇帝的。如果有谁还敢再说石勒的坏话，我就立刻处死他！"

不仅如此，王浚还大设宴席等待石勒的到来。清晨，石勒率军赶到蓟县，让守城的人开门。因为一切都进行得太过顺利，石勒怀疑城内有埋伏，还想出了一条计策来应对：他先驱赶了几千头牛羊，声称是献给王浚的礼物，实际上是用这些数量众多的牲畜来堵塞街巷，使王浚的军队无法出战。

直到这时，王浚才意识到大事不妙，可惜已经太迟了。结果，王浚为石勒所擒，后被处死。就这样，石勒占据了幽州，吞并了王浚的军队，为其以后自立为赵王创造了条件。

从这个故事中，我们不难看出，孙子所说的用间的方法，石勒都已掌握，并能熟练运用，他之所以能轻取王浚，正是连续用间的成果：石勒的门客王子春为生间，他被派往王浚营中，一方面投书示好，一方面侦察王浚在幽州的政治和军事情况；石勒又以重金收买了王浚的心腹枣嵩，将其作为内间，使得王浚对石勒更加信任；石勒又巧妙利用王浚使者，在其来访时制造假象，让使者将虚假情报带回，成功地蒙蔽了对方。

通过连续用间，石勒在全面掌握敌情、占据先机的同时，也使得王浚彻底陷入了错误的认识和判断之中，为最后的出奇制胜创造了条件。

商业案例

◎数说商业间谍◎

在激烈的商战中，谁领先一步，谁就稳操胜券；谁落后一步，谁就会被排斥在市场的大门外，甚至导致公司破产，名败身亡。为了获取商业情报，公司与公司之间，商业谍战几乎趋于白热化。

在一项针对美国1558家大公司的调查中，有1224家公司毫不隐讳地说，他们拥有自己的间谍网，经常（有时是不得不）对对手搞工业间谍活动。美国海湾石油公司说，他们一年就"流失"了数千份提取、提炼石油新技术的资料，其中，有的资料仅仅一份就值100万至500万美元。

在法国，情况也是如此。以1980年为例，仅有据可查的工业间谍盗窃案就有58562起，损失多达几十亿法郎。美国著名的安全问题专家贝奎说："在美国，小公司偷大公司，大公司偷小公司，人人都在相互偷窃。"他还指出：美国科技成果的失窃，使美国厂商每年至少损失200亿美元。

◎可口可乐的配方◎

孙子说，"非微妙不能得间之实"，用间套取敌方机密简直就是一门艺术。相应地，保护自己的机密，防止核心机密泄露，也成了一门关键的艺术。

为了防止企业的经济机密和核心技术泄露，很多企业采取各种措施加强保密工作。自1886年，可口可乐的配方在美国亚特兰大诞生以来，一直保密至今。在与合作伙伴的贸易中，可口可乐公司从来只向合作伙伴提供半成品，获得其生产许可的厂家只能得到浓缩的原浆配合可口可乐成品的技术和方法，却得不到原浆的配方和技术。

可口可乐公司历任领导人都把保护秘方作为首要任务。为了保护这一秘方，可口可乐公司将这一饮料的发明者约翰·潘伯顿手写的秘方藏在银行的保险柜中。如果谁要查询这一秘方必须先提出申请，经由信托公司董事会批准，才能在有官员在场的情况下，在指定的时间内打开。

可口可乐的核心技术由三种关键成分组成，这三种成分分别由公司的三个高级职员掌握，三人的身份被绝对保密。同时，这三个高级职员签署了"决不泄密"的协议，而且，连他们自己都不知道另外两种成分是什么。三人不允许乘坐同一交通工具外出，以防止发生飞机失事等事故导致秘方失传。截至2000年，知道可口可乐秘方的总共不到十人。而在技术如此发达的今天，可口可乐的秘方依然未被破解，将保密工作做得如此天衣无缝，无怪乎可口可乐能长期在饮料市场独占鳌头。

【点评】

在本篇一开始，孙子就着重论述了使用间谍的重要意义。我们知道，孙子对于制胜的重要理念之一便是"知彼知己，百战不殆"，这个理念也无不体现在《孙子兵法》的每一章节当中。

在日费千金、消耗巨大的战争期间，为战争所困的士兵与人民无不盼望着战争尽快结束，然而在大多数情况下，战争只有两种结果：不是胜，就是负。要想快速地取得胜利，就要制定出行之有效的制敌之法。

而在战争中，谋划和用间贯彻始终，而且互为关联。了解和掌握敌情，是正

善于用间能扰乱甚至颠覆对方军心。

确制定军事战略战术的基本前提，关系着战争胜负全局。孙子指出，两国"相守数年，以争一日之胜，而爱爵禄百金，不知敌之情者，不仁之至也，非人之将也，非主之佐也，非胜之主也"。使用间谍作为探知敌方内幕实情的最有效的办法，虽然耗费"爵禄百金"，但与劳民伤财的战争本身相比，绝对"物超所值"。

孙子把因为爱惜爵禄而不重用间谍的统治者视作极为不仁的人，还说："成功出众者，先知也。"认为要想获得战争的成功，就必须预先知晓敌情。而用间除了有此作用以外，还有一层更为重要的意义，那就是通过间谍传递假信息、假情报传递给敌人，误导对方，以此来达到改变敌人作战意图，削弱其力量的目的。

《孙子兵法》的人才价值观

合格的将帅

1 道德要求
进不求名，退不避罪。

3 智能要求
求之于势，不责于人。

2 管理要求
令之以文，齐之以武。
视卒如子，上下同欲。
有功必赏，有过必罚。

4 具备五德
智——足智多谋。
信——赏罚有信。
仁——仁爱士卒。
勇——勇敢坚毅。
严——威严肃众。

5 避免五危
必死，可杀也——一味死战硬拼，可能被敌人诱杀。
必生，可虏也——贪生怕死，可能被敌人俘虏。
忿速，可侮也——急躁易怒，可能因为敌人的侮辱而轻举妄动。
廉洁，可辱也——一味廉洁好名，可能因为敌人的毁谤而丧失理智。
爱民，可烦也——一味仁慈爱民，可能因为烦扰过多而不得安宁。

孔子　孙子

五德中，孙子将"智"列为第一。孔子也曾将"智"列为第一——"智者不惑，仁者不忧，勇者不惧"。足见"智"的重要。

下篇

三十六计

第一套
◎胜战计◎

❀◎第一计　瞒天过海◎❀

【原文】

　　备周则意怠①，常见则不疑。阴在阳之内，不在阳之对②。太阳，太阴③。

【注释】

①备周则意怠：防备十分周密，往往容易让人意志松懈，削弱战斗力。怠，松懈。②阴在阳之内，不在阳之对：兵法上指秘计往往隐藏在公开的事物里，而不是处在公开事物的对立面上。阴阳乃我国传统哲学和思想文化的基点，有关阴阳的思想不仅笼罩了整个宇宙，而且影响了所有意识形态领域。阴阳学说将宇宙万物都看作对立统一体，表现出朴素的辩证思想。阴阳之说最早见于《易经》一书，但阴气、阳气之说最早是由道家创始人老子提出的。此计中所讲的"阴"，意思是机密、隐蔽；"阳"，意思是公开、暴露。③太阳、太阴：相传伏羲以阴阳集成八种图形，即八卦。周文王又将其推演为六十四卦。阴阳在军事上涉及的范围十分广泛，无论是

瞒天过海。

阴晴雨雪等天时气象，还是山川湖泽等地理形态，又或是攻防进退等战略战术，都可以分为阴阳相对的关系。一般来说，柔、暗、后、奇、虚等为阴，刚、明、先、正、实等为阳。阴中寓阳，阳中隐阴，二者可以互相转化，阳发展到极端必然转变为阴，阴发展到极端必然转变为阳。

【译文】

　　防备得十分周密，往往容易让人松懈大意；经常见到的人和事，往往不会引起怀疑。把秘密隐藏在公开的事物中，而不是和公开的形式相对立。非常公开的事物中往往蕴藏着非常机密的事物。

【计名讲解】

　　此计名出自《永乐大典·薛仁贵征辽事略》。

　　贞观十七年（643），唐太宗御驾亲征，统率三十万大军向高句丽进发。当大军浩浩荡荡来到东海边时，只见大海一望无际，海上波浪滔天，此处离都城已经甚为遥远，而高句丽远在千里之外的对岸。三十万大军人数众多，要如何渡过大海？此时的唐太宗开始后悔当初不听房玄龄和杜如晦的劝谏，执意远征高句丽，当即召集将领和谋士前来商议，询问是否有过海之计，尉迟敬德说："可以问张士贵。"张士贵是当时的前部总管，于是唐太宗问他："爱卿是否有办法？"张士贵回禀说："请让臣思考一下。"然后大家就散了。

张士贵回到自己的营寨后，招来部下商议，部下建议问计于薛仁贵，说他必有奇谋。张士贵请薛仁贵至帐下，对他说了此事。薛仁贵思考了一番，说："皇上担心的是大海阻隔，难征高句丽。我有一计，能叫千里海水来日不见半滴。上至皇上，下到小兵，都如履平地，安稳渡海。你意下如何？"然后附在张士贵耳边，将自己的计策如此这般说了一遍，张士贵听罢大喜，于是薛仁贵回去后就依计行事。

太宗所在的华丽房子实是先前由一条大船装饰而成。

数天后，张士贵和诸将领去见太宗，说：当地有一个老人，他听说皇帝在此，就特地来见驾，并表示三十万大军远渡重洋的军粮全由他一个人负责就可以了。太宗非常高兴，立即传令召见老人。随后，老人请太宗和文武百官前往海边一间华美的房子里去验收粮食。太宗来到海边后，眼前是数不清的房子，而且四壁都用彩帐遮围，而大海则不见踪迹。

老人请太宗进入靠东边的一间屋子，只见室内铺满了彩锦绣幔，地上也铺着厚厚的褥子，桌上早已摆上了美酒佳肴。太宗及百官席地而坐，开怀畅饮，把过海之事忘得一干二净。

过了一会儿，只听四壁的帷幕被风吹得哗哗作响，波涛声响如雷鸣，桌子上的杯盏东倒西歪，众人的身子也晃个不停。太宗不由心生疑惑，忙命近臣拉开帷幕查看，不看则已，一看愕然，外面竟然是一望无际的大海，满目所见皆是海水。太宗大惊，急忙问道："这是在什么地方？"张士贵忙起身奏道："这就是臣的过海之计。现在赶上顺风，陛下及三十万大军正乘船渡海，前往高句丽，已经到东岸了。"太宗出去一看，发现自己果然是在船上。事已至此，太宗再无退路，只能下定决心去攻打高句丽。

原来，太宗所在的华丽房子并非是什么老人的家，而是由一条大船装饰而成，那位老人正是薛仁贵所扮，这条"瞒天过海"之计正是他所献。

从这个故事可见，瞒天过海原意就是瞒着天子——唐太宗，使之在不知不觉中渡过大海。比喻用谎言和伪装隐瞒自己的真实意图，背地里偷偷行动。从兵法上来讲，就是指采用伪装手段，制

唐太宗御驾亲征高句丽。

造公开的假象。这里指人为地造成对方的错觉，以达到获胜的目的。

　　运筹设谋，既不能不合时宜，也不能在无人地域施用。如夜间盗窃，或在僻巷暗杀，都是愚昧的庸俗行为，绝不是决策者所应有之举。当初孔融被围，太史慈要设法突围救援，便骑着马，执着鞭，带上弓箭，领着两名骑士做随从，并让骑士各自拿着一个箭靶，打开城门走了出去。这时城内的守军和城外的围兵见了大吃一惊，他们看到太史慈等人牵着马走进了城下的堑壕里立上箭靶，在那里练习射箭；练完了箭，便又回城了。第二天又照样如此，那些围城的士兵便有的躺着，有的站着观看，神色不显得那么吃惊了。如此这般的一连练习了好几天，那些围城的士兵便（渐渐习以为常）一个个躺在地上，连看都懒得看了。这时，太史慈认为时机已到，便整好装，扬鞭策马，径直突围而去。等到敌兵醒悟过来时，他已经驰出数里之远了。

● 瞒天过海

以说谎和伪装的手段向别人隐瞒自己的真实意图，而另一方面在背地里偷偷地行动。主要用于战役伪装，以隐蔽军队的集结、发起攻击的时间等，达到出其不意的目的。

防备周到 ➡ 松懈斗志　　　　惯常可见 ➡ 不疑有他

秘计
让人熟视无睹，常见不疑。

示假隐真　示形于敌

趁敌人大意时进攻

取得胜利

实用谋略

◎刘邦荥阳脱困◎

在战场上，用谎言和伪装向敌人隐藏自己行踪的真实意图，而在背地里采取行动，这就是瞒天过海之计。在楚汉相争中，刘邦就曾施用这一计谋，成功地脱离了项羽的包围。

公元前203年，刘邦被项羽率军围困在荥阳已经长达一年，刘邦几次想要求和，都因项羽手下的第一谋士亚父范增坚决反对而没有成功。

正在这时，幸亏刘邦手下谋士陈平施计离间项羽君臣。项羽中了反间计，赶走了范增这位最得力的谋臣。范增年事已高，又因气恨交加引发了背上的毒疮，没多久就去世了。项羽就此失去了最有力的臂膀。

这时，项羽挥军猛攻荥阳。荥阳被围困已久，粮道和对外联络早已切断，城中食物匮乏，士兵无力支持。眼看荥阳摇摇欲坠，随时都会被破，这时，又是陈平给刘邦献了一计："请大王速速写一封诈降信送给霸王，将投降地点约定在东门。这样，霸王必定会将大军布置在东门外，然后我们再想办法把他在西、北、南门的卫士引到东门去，这样，大王就可以从西门冲出去了。"刘邦认为这个计策可行。

很快，陈平就领着一个名叫纪信的将军来见刘邦，原来此人面目跟刘邦长得颇为相似，陈平打算让他化装成汉王的样子出去诈降，以吸引敌人的注意，使项羽把兵力集中在东门，为己方西门的突围创造条件。

第二天天还没亮的时候，汉军便打开东门，陈平之前征集了两千名妇女，命她们一批一批地从东门出去。围困南、西、北门的楚兵已经听说了汉军求和的消息，放松了警惕，现在一听东门外竟然全是美女，便争先恐后地涌向东门。

正在这闹哄哄的时刻，忽然有人大喊一声："汉王来了！"大家抬头一看，果然见到纪信假扮的"汉王"坐在车驾中，由仪仗队开道，缓缓走出东门，一路上还宣称汉军粮食已尽，不得不投降。楚军士兵听说这一消息，纷纷欢呼，更加你推我搡地要前往东门围观。

纪信一行人一直走到楚营近前，项羽才发现坐在车中的是他人假冒，并非刘邦本人，勃然大怒，欲待追击，然而真正的汉王早已乘着东门一片混乱，带着陈平、张良、樊哙等数十骑，杀开一条血路，从西门逃出，向关中方向而去。

虽然事后项羽杀死了纪信，又杀了刘邦留下的守城官员，怎奈纵虎归山，事情再也无法挽回。后来，刘邦在垓下之战中消灭了项羽，统一了天下。

陈平瞒天过海解荥阳之围。

◎檀道济唱筹量沙◎

刘宋时期，大将檀道济曾上演过一出"瞒天过海"的好戏，不但迷惑敌人，也使自己脱离了困境。

南朝宋武帝刘裕死后，其子刘义隆继位，即宋文帝。元嘉七年（430）十一月，宋文帝任命檀道济为都督，命其率众讨伐北魏。

檀道济北上伐魏，战事最初进行得很顺利，曾多次大破魏军，这使得檀道济有些轻敌，开始冒进起来。次年二月，檀道济率军攻打历城时，魏将叔孙建、长孙道生率领一支轻骑截断了宋军的粮道，又一把火烧毁了宋军的粮草。粮草被焚毁，宋军将士无法继续前进，檀道济只好下令全军撤退。

这时，北魏俘获了一批宋军士兵，他们将檀道济大军缺粮的情况告诉了魏军主将。魏军见有隙可乘，就立即追赶，将檀道济的大军包围起来，打算趁此机会一举歼灭宋军。不过，北魏的军队多次败于檀道济的手上，此时对檀道济仍旧十分忌惮，尽管现在已经把宋军团团围困住了，但一时还不敢发起攻击，唯恐又中了檀道济所设的圈套，只得不断派人刺探宋军的虚实，打算在有十足把握的情况下再发起进攻。

内缺粮草，外有伏兵，宋军内部军心浮动，檀道济的处境变得十分危险。如果真的让敌人确定己方已经彻底断粮了，那么敌人一定会主动出击，到时后果将不堪设想。檀道济不愧是久经沙场的老将，在困境之中，他突然注意到营中地形十分独特，于是一条计策就涌上心头了。

不久，檀道济命令士兵在夜里点起灯，称量沙子，边量边高声报出筹码："一斗，两斗，三斗……"并把量过的沙土堆成一个个高高的沙堆。北魏的探子远远听见唱筹的声音，赶紧回去报告给主将。魏军主将一听，大惊失色，赶紧派人前去查看。而檀道济早有准备，他命人将营中剩余的少

檀道济唱筹量沙。

部分粮食撒在沙堆表面，远远望去就像是一堆一堆的粮食。探子看到伪装的粮堆，以为宋军粮草充足，就回去把看到的情况告诉给主将。

魏军主将不相信探子的话，就把他杀了，并亲自带兵去查看。这时，檀道济突然命令全体士兵披挂上阵，而他自己也一反常态，不骑马而改乘车，不披甲而穿一身白色的布服，带领士兵从容前进。魏军见宋军军容严整，认为檀道济在被包围的情况下仍然能如此不慌不忙地撤走，一定是设有埋伏，不敢冒险追击，就这样，宋军安全撤走了。等到北魏士兵知道上当后，宋军已经走得很远了。

◎刘备巧语欺袁绍◎

刘备在栖身于袁绍处的日子里，起初，整日思念失散了的关羽和张飞。后来，当他得知关羽在曹操处落脚的消息后，又为无法与关羽相聚而忧愁。

一天，汝南的刘辟、龚都遣刘备的故吏孙乾为使，约袁绍与他们合力共破曹操。袁绍由于不知

道汝南方面实力如何，一时踌躇未定。这时孙乾在探望刘备时献策说："皇叔不借此机会脱身还等什么？"刘备说："我离开此地又能前往何处？"孙乾："皇叔可在汝南发展自己的势力，这样关将军日后也能有个寄身之处。不然的话，关将军能冒险来投袁绍吗？白马之战关羽杀了袁绍两员大将，袁绍岂能不忌恨他？"刘备说："卿所虑极是，不过我怎样才能脱身呢？"孙乾笑道："这还不容易？明日袁绍与主公议事时，主公主动请求出使汝南不就得了？"刘备听罢大喜。

刘备向袁绍请求出使汝南。

第二天，当袁绍向刘备计议与汝南合力讨伐曹操大计时，刘备说："待我亲往汝南，探望考察一番再作决策为宜。"袁绍也觉得这样比较稳当，便遣刘备即刻动身。

刘备到了汝南，见刘辟兵寡式微，不能立足，遂打消了留在汝南的念头。于是又回到了袁绍处。

没过几天，刘备又听说关羽已从曹操处脱身，还与三弟张飞会合于古城，且招揽了许多兵马。刘备心想，现在可是从袁绍处脱身的时候了。于是把简雍召请来密议脱身之计。

简雍说："主公明日可去见袁绍，就说前往荆州约刘表共同伐曹。他若应允，我们可以趁机脱身。"刘备问："卿如何脱身？"简雍："主公不必多虑，我自有脱身之法。"

次日，刘备对袁绍说："刘表镇守荆襄九郡，兵精粮足，我前去约他共同伐曹如何？"袁绍说："我也曾遣使去过他那里，只是他不肯与我合作。"刘备说："我与他同是汉室宗亲，我去劝他，他必不推辞。"袁绍说："若能与刘表结盟，要比与汝南刘辟联合强得多了。"于是命刘备即日起程。

刘备刚走，简雍又对袁绍说："刘表在荆州根基牢固，他与刘备又是同宗，我怕刘备说不成刘表反被刘表说服，留在荆州不归。不如我和他同去，一则可以共同说服刘表，二来可以督促他不日即归。"袁绍说："卿想得很周全，汝可速去。"这样，简雍和刘备联手演了一出"瞒天过海"的好戏，成功从袁绍处脱身了。

就这样，刘备、简雍从袁绍处双双脱身，会合了关羽、张飞、赵云一同到汝南驻扎下来。

刘备与简雍密议脱身之计。

179

❀ ○长城饭店名扬海外○ ❀

瞒天过海的显著特点是在行动中隐藏自己的真实意图，并能神不知鬼不觉地实现目的。长城饭店名扬海内外，靠的就是"瞒天过海"。

1983 年，北京长城饭店正式营业，它是我国第一家五星级宾馆，也是第一家中美合资的宾馆。开业伊始，饭店面临的首要问题就是如何招揽顾客。长城饭店的基本客户主要来自香港、澳门及海外各国和地区，如果用常规广告的方式进行宣传，费用将极为高昂，简直就是天文数字。

起初，长城饭店也曾在美国几家报纸上登过广告，但收效甚微，加上后来经费不足，只得停止。不过，饭店的宣传活动并未就此终止。为了缓解八达岭长城过于拥挤的问题，北京市政府出资整修了慕田峪长城。慕田峪长城刚刚修复好，长城饭店得知了其准备开放的消息，认为这是一个绝好的机会，于是赶紧向慕田峪长城管理处提出举办一次招待外国记者的活动，并表示自己将负责全部费用。双方经过一番磋商后，很快达成协议。在这次活动中，有一项内容是请外国记者游览整修一新的慕田峪长城，目的当然是通过外国记者替慕田峪长城打开知名度。

活动开始的这一天，当外国记者们陆续到达山顶时，主办方取出法国香槟，供记者们饮用。长城和香槟，分别代表着东西方文化，在这里形成了鲜明的对比，但这个画面又是如此和谐美好。记者们本就拥有比常人更加敏锐的"嗅觉"，自然是连连叫好，同时纷纷举起手中的照相机，把这一场景拍摄下来。而各大报纸的编辑也对这一题材表现出浓厚的兴趣，于是第二天，世界各地的报纸几乎都刊登了这次慕田峪长城行的照片。

长城饭店既以"长城"为名，也随之名声大振。长城饭店的公关经理是一位美国小姐，曾经当过记者，这次通过记者的镜头、编辑的笔头将长城饭店介绍给世界，不仅省下了大笔费用，而且所起到的效果远远比广告要好得多。尝到甜头之后，这位精明的公关小姐自然不愿就此停手，于是在心中盘算着举办一次规模更大的公关活动。不过，这样的机遇总是可遇而不可求的。好在功夫不负有心人，机会总算是来了。

1984 年 4 月 26 日至 5 月 1 日，美国总统里根访问中国。一得到这个重要消息，长城饭店立即着手了解里根访华的日程安排和随行人员名单。得知此次访问有一个五百人左右的新闻代表团随行，其中包括美国的三大电视广播公司、各通讯社及著名的报刊。长城饭店的公关经理喜出望外，酝酿已久的计划终于可以付诸实施了。

这个计划具体内容是什么呢？

首先，免费邀请美国驻华使馆工作人员来饭店参观，饭店的总经理亲自征求使馆对服务质量的意见，并多次上门求教。之后就以美国投资的一流饭店应该接待美国的一流新闻代表团为理由，提出了想接待里根随行的新闻代表团的请求，并最终获得了接待美国新闻代表团的机会。

其次，饭店对新闻代表团的各项要求都予以满足。为了使各新闻机构能及时将稿件发回国内，饭店主动在楼顶上架起扇形天线，并把高级套房布置成发稿的工作间。饭店对美国三大电视广播公司尤其重视，给予了特殊照顾：露天花园古色古香，饭店将其介绍给 ABC 公司；"艺亭苑"茶园富有中国园林特色，饭店将其中的六角亭介绍给 CBS 公司；顶楼酒吧"凌霄阁"中西合璧，饭店将其介绍给 NBC 公司，这些地方都成了三大公司播放电视新闻的背景。这样一来，西方各国的公众一下子就将长城饭店的精华尽收眼底。总经理还提出，只要广播电视公司在播映时说一句"我是在北京长城饭店向观众讲话"，那么，一切费用从优，其目的自然是使公众牢牢记住"长城饭店"这一名字。只是一句话而已，各广播电视公司面对优渥的交换条件当然不会推拒，而长城饭店则在优惠的服务中成功实现了自己的预期目标，将品牌推向了世界。

实现以上两个步骤后，长城饭店再接再厉，又把目标对准了里根总统的答谢宴会。须知这样的答谢宴会规格极高，之前都是在人民大会堂或美国大使馆举行，并没有在其他地方举行的先例。但长城饭店还是大胆做出了尝试。

他们一方面向中美两国礼宾司的首脑及有关执行部门的工作人员详细介绍饭店情况，向他们提供详细而全面的资料。另一方面，饭店负责人邀请各方首脑及各级负责人对饭店进行参观考察。长城饭店的店容店貌、酒菜质量和服务水平，不仅在中国首屈一指，就算在世界上也属一流，饭店的负责人对此极为自信。

果不其然，到场的中美官员对饭店赞不绝口，美方代表回去后，向里根总统反映了饭店的情况，里根总统听后，立即同意在长城饭店举行答谢宴会。

举行答谢宴会当天，中美首脑、外国驻华使节及中外记者在长城饭店云集。电视将长城饭店豪华宴会厅中的盛况清清楚楚地呈现在世界观众面前，与此同时，美国三大电视广播公司的节目主持人和各国电视台的记者异口同声地说："现在我们是在中国北京长城饭店转播里根总统访华的最后一项活动——答谢宴会……"在衣香鬓影、觥筹交错的画面中，"长城饭店"深深烙在了公众的心中。里根总统的夫人南希回国后给长城饭店写了一封信，信中说："感谢你们周到的服务，使我和我的丈夫在这里度过了一个愉快的夜晚。"

这次盛大而成功的公关活动，让长城饭店声名鹊起，享誉海内外。各国旅游者、经商者、访问团慕名而来，各大旅游公司也纷纷前来签订合同。38个国家的首脑率代表团访问中国时，都在长城饭店举办了答谢宴会。从此，"长城饭店"终于扬名海内外了。

◎珠宝商的真假王妃之计◎

用谎言和伪装的手段，实现以假乱真的效果，从而谋取利益，这是许多"聪明"商家常用的方法。

1981年7月29日，查尔斯王子与戴安娜王妃在3500名来自世界各地的嘉宾的见证下，于伦敦圣保罗大教堂举行了世纪婚礼。这次婚礼被誉为20世纪最为隆重的爱情盛事，不仅当年是英国乃至世界的最重大新闻之一，到今天也一直为人们所津津乐道。1985年，伦敦一位珠宝商注意到这次婚礼在民众中的巨大影响，于是精心策划了一个促销方案。

这位珠宝商首先找到了一位长相酷似戴安娜王妃的模特，然后让她穿上戴安娜经常穿的衣服，并改成戴安娜的发型，接下来才是重点，珠宝商就她的神态和气质进行了长时间的针对性模仿训练。等到她的一颦一笑、一举一动皆可乱真时，珠宝商开始有条不紊地展开自己的计划。

一天晚上，这家珠宝店灯火通明，服饰整洁鲜明的老板神采奕奕地站在门口，好像在恭候什么要人的光临一样。路边往来的行人顿时被这种架势吸引住了，纷纷驻足观看。

过了一会儿，一辆高级轿车缓缓驶来，最后停在了珠宝店门口。车门打开，众人惊奇地看到"戴安娜王妃"面带微笑、姿态优雅地从车上走下来，对聚拢来的行人点头致意。老板笑容可掬、态度殷勤地将"戴安娜王妃"迎进珠宝店，彬彬有礼地向她一一介绍店中各种项链、耳环、钻石等贵重首饰。"戴安娜王妃"一边称赞，一边挑选了几件首饰。而老板早就邀请了电视台记者，将这些场面全部拍摄了下来。

第二天，电视台在黄金时段播放了这段新闻录像。事前，老板还特意关照记者把它拍成"默片"，所以新闻录像从头至尾都没有一句解说词。

这段新闻录像一下子震动了整个伦敦，戴安娜王妃的崇拜和追随者纷纷涌进这家珠宝店，疯狂抢购"戴安娜王妃"称赞过的各种首饰。珠宝店变得门庭若市，生意异常红火，短短几天的营业额就将开业多年来的营业总额远远甩在了后面。

因为这则新闻所造成的声势过于轰动，甚至惊动了皇家内宅。皇室发言人郑重声明："经查日程安排，戴安娜王妃没有去过那家珠宝店。"

面对这则声明，珠宝店老板振振有词地说："新闻录像中并未说那位嘉宾就是戴安娜王妃，是围观公众想当然地把她当成了王妃。"

○何礼杰假戏真唱○

房地产业是当今一大热门行业，行情十分火爆，虽然风险极大，但冲着其中高昂的利润，依然有不少人甘冒倾家荡产的风险往里冲。

何礼杰是香港一个小房地产商，他准备拿出自己名下唯一一块地皮，与一家实力雄厚的城建开发公司进行合作开发。他手中的这块地皮位于交通要道的一侧，属于黄金地段，而城建开发公司也有意将其开发成一个大规模的商业广场，其设计部门甚至在谈判前就已拿出了设计方案，可谓势在必得。

何礼杰在知道开发公司的确有意于此项目之后，故意在与公司代表的接触和商谈过程中，一直小心翼翼，不露口风，摆出待价而沽的姿态；开发公司知道何礼杰只是一个小地产商，而且仅有这一块地皮，便隐藏起浓厚的兴趣，讨价还价，寸步不让，公司代表坚持一条原则：何氏出地，公司投资，建成后的铺租和售房收入按四六分成，公司占60%。何礼杰不接受，谈判就此陷入了僵局，该怎么办呢？

就在这时，何礼杰似乎有意放弃与城建公司共同开发的打算，他与一位阿拉伯富商接触频繁，两人多次共进午餐，一起出入舞厅，甚至还多次在家中会面，显得极为友好亲密。这一情报引起了开发公司情报人员的注意，并被转到了公司决策者面前，结合近期阿拉伯商人涉足香港房地产界的情形，他们怀疑何氏意欲与阿拉伯富商合作，而且，从何氏那边也传出类似的风声。

这么一来，开发公司的人再也坐不住了，因为他们对这块地皮的前景十分看好，并把对它的开发作为今后三年公司的主要项目，何况连设计方案都预先做好了，怎么能让它落入别人手中？为了避免何礼杰把这块地皮转手卖给他人，开发公司只能在后来的谈判中节节退让。双方最后签订了合同，何礼杰不仅可以在建成后享受40%的收益，还可以在合同签署后当即获得一笔300万港币的补偿金，可谓是大获全胜。

面对这样丰厚的收益，何礼杰心中窃喜，只有他自己知道，那位阿拉伯富商是在一个酒会上偶然结识的，对方无意于房地产业，自己与他也只是故作亲密，演一场戏而已，借此增加谈判的筹码。而这一招"瞒天过海"之计不仅让自己获得远期的利益，现在还另有300万元到手，果然妙绝。

【点评】

人们在观察和处理事情的过程中，由于对某些事情习以为常而产生了松懈和疏漏，此计正是着眼于这一点而趁机示之以假象，以掩盖某项行动，然后把握时机，出奇制胜。瞒天过海是寓暗于明，关键在于一个"瞒"字，瞒得过就能大功告成，瞒不过则会弄巧成拙。不过，需要注意的是，"瞒"是"过海"的必要手段，而不是最终目的。

瞒天过海的情形大致可分为以下几种：

一、制造假象。以假乱真，从中得利。

二、阳奉阴违。使对方失去警觉、放松戒备，这样就为"过海"创造了条件。

三、隐藏踪迹。诱使敌人暴露企图和行踪，自己却不露形迹。

四、混淆视听。转移敌人的注意力，使其无法察觉己方的真正意图。

瞒天过海的基本思想是用欺骗的手段暗中行动，虽然欺骗在与人相交的过程中不值得提倡，但是在战场和商场上，以及危急关头却是一种行之有效的基本手段，可以达到出其不意的效果。

○第二计　围魏救赵○

【原文】

　　共敌不如分敌①，敌阳不如敌阴②。

【注释】

　　①共敌：指兵力较集中的敌人。共，集中的。分：分散。②敌阳：指敌人精锐强盛的部分。敌，动词，攻打。敌阴：指敌人必然存在的空虚薄弱环节。

【译文】

　　攻打兵力集中的敌人，不如设法使它分散兵力而后各个击破；正面攻击敌人，不如迂回攻击其空虚薄弱的环节。

【计名讲解】

　　此计名出自《史记·孙子吴起列传》，讲的是战国时齐国与魏国的桂陵之战。

　　公元前353年，魏惠王想报失去中山之地的旧仇，于是派大将庞涓前去攻打中山。这中山原本是魏国邻近的一个小国，先归附于魏国，后来赵国趁魏国国丧之机而抢夺之。庞涓认为中山不过是弹丸之地，离赵国又近，不如直接攻打赵国的都城邯郸，既报了旧仇又好好教训一下赵国，可谓一举两得。魏王听了，欣喜非常，好像看到他的霸业将从此开始，立即以庞涓为将，拨给他五百辆战车、十万大军，然后浩浩荡荡杀奔赵国而去，赵军不敌，节节败退。

　　次年，魏军包围了赵国都城邯郸。危难之际，赵王急忙向盟国齐国求救，并许诺解围后将中山割让给齐国。齐威王之前一直坐山观虎斗，现在看时机差不多了，于是应允出兵。他命田忌为大将，孙膑为军师，率兵八万出发去救援赵国。

　　孙膑与庞涓曾一同拜在鬼谷子门下。庞涓做了魏国大将之后，魏王听说孙膑的大名，想用重金聘请他。庞涓深知孙膑能力远在自己之上，心生嫉妒，于是设计将孙膑骗到魏国，施以膑刑。幸亏孙膑装疯才逃过一劫，后来在齐国使者的救助下逃到齐国，并得到齐威王的重用。这一次，孙膑复仇的机会终于来了。

　　齐军进入魏赵交界之地时，田忌试图派军队直奔赵都邯郸，攻打包围邯郸的魏军。苦候已久的复仇之机就摆在眼前，相信任何一个人都会激动不已，但孙膑却表现得很冷静，并不急于与庞涓在战场上兵戎相见。他坚决反对田忌领兵直趋邯郸与魏军决战的计划，说："如果想解开一个纷乱的结绳，不能用蛮力去强行拉扯；如果要排解争斗，就不能把自己也卷进去；如果要解除重围，最好的办法就是抓住要害，避开敌军人多势众的地方，攻击其空虚

孙膑定计围魏救赵。

薄弱之处，敌方受到挫折和牵制，围困自然会解除。"然后建议道："现在魏赵交战，魏国的精锐部队必定倾巢而出，集中在前线，国内只剩下一些老弱残兵。您不如带部队直插魏国的都城大梁（今河南开封），占据它的交通要道，攻击它空虚的后方，魏军必然会放弃赵国而回师自救。这一举既可以解救赵国，还能在魏军回撤的途中进行截击，其军必败。"

田忌依计而行，带兵直奔大梁而去。齐军攻打魏国的消息马上传开了。不出孙膑所料，正在赵国前线的庞涓听闻后院起火，急忙从赵国退兵。魏军回国心切，日夜兼程往国都赶。齐军得到消息，迅速从大梁撤围，在魏军回国的必经之地桂陵一带布下埋伏，严阵以待。齐军占据了地形之利，魏军长途跋涉，早已是筋疲力尽，被齐军打得溃不成军。庞涓勉强收拾残部，退回大梁，赵国之围自然解除。

桂陵之战，齐军之所以能击败强大的魏军，一是选择了正确的进攻方向，二是抓住了魏军疲惫不堪的有利战机。从而产生了历史上著名的"围魏救赵"的故事。

十三年后，齐魏再度交战，孙膑又施此计伏击庞涓，并将其包围，庞涓兵败自刎。孙膑从此名扬天下，世传其兵法。

古人的按语说："治兵如治水：锐者避其锋，如导疏；弱者塞其虚，如筑堰。故当齐救赵时，孙膑谓田忌曰：'夫解杂乱纠纷者不控拳，救斗者，不搏击，批亢捣虚，形格势禁，则自为解耳。'"意思是说：对敌作战就好像治水一般：对待凶猛的敌人，一定要先避开它的冲击，而采用疏导引流的办法，等它力量分散后再打；对待弱小的敌人，要采用筑堤堵流的办法，必须抓住其弱点，然后一举围歼。因此，当齐国援救赵国的时候，孙膑对田忌说道："凡想解开乱丝结绳的，不能用手掌拍，也不能挥舞拳头打；同样，调解争斗的，只能动口劝说，而不能动手参与其中。"对待敌人，只避实就虚，攻其要害，使敌人受到挫折，受到牵制，这样才能轻而易举地将敌人消灭。

治兵如治水，锐者避其锋。

● 围魏救赵

原指战国时齐军用围攻魏国的方法，迫使魏国撤回攻赵部队而使赵国得救。后指袭击敌人后方的据点以迫使进攻之敌撤退的战术。其基本思想是强调攻其所必救，歼其救者；攻其所必退，歼其退者。

避敌锋芒 逐个击破

对敌　　　　　　　　　攻敌

分散敌人　　集中敌人　　正面击敌　　背后袭敌

作战不利

擒敌得胜

实用谋略

🏵○孔明巧计退曹兵○🏵

　　曹操得知东吴大都督周瑜病逝的消息，准备趁此机会再次兴兵进犯江东，消灭孙权。就在这时，有探马报告说，刘备正在打造兵器，训练军队，准备攻取西川。曹操大惊，深知刘备若是占据了西川，将会如虎添翼，到那时，再要剪除刘备的势力可谓难上加难。

　　曹操有心先去攻打刘备，又不愿错失这次灭吴的大好时机，正在犹豫不决之际，谋士陈群建议道："刘备和孙权已经结盟，如果刘备进攻西川，丞相您就命人带兵直趋江南，孙权必会向刘备求助。而刘备只想着夺取西川，肯定无心分兵救援孙权。这样一来，我们就可以先攻下东吴，平定荆州，然后再想办法拿下西川。"曹操听罢，感觉茅塞顿开。

　　决定了进攻方向之后，曹操又担心到时后方空虚，西凉的镇东将军马腾会趁机袭取许都（今河南许昌）。于是，曹操派使者去凉州，以朝廷的名义加封马腾为征南将军，命他前往许都随军讨伐孙权。

马腾不疑有诈，让长子马超留守西凉，自己带着次子马休、马铁及五千西凉兵卒来到许昌城下。结果父子三人惨遭杀害，西凉兵也被曹操消灭。

曹操认为后顾之忧已经解除，当即起兵三十万，直扑江东。面对曹操咄咄逼人的气势，孙权立即命鲁肃派使者前往荆州

刘备收到孙权来信。

刘备处求援。刘备收到孙权的求援信，顿感左右为难：如果只顾攻取西川，而不顾东吴，必定导致孙刘联盟的瓦解，何况曹操消灭东吴之后，下一个目标就是自己，所谓唇亡齿寒，不可不救；但如果支援孙权，放弃西川，白白浪费良机，岂不可惜？

正在刘备犹豫不决之时，军师诸葛亮恰好从南郡赶回荆州，他看罢江东的求救信，胸有成竹地说道："主公勿忧，这次既不必出兵东吴，也不必停止攻打西川，我自有妙计使曹操不敢进兵东南。"他让来使带回一封信，信中只说："如果曹军南犯，刘皇叔自有退兵之策。"

刘备向诸葛亮求问到底有何妙策，诸葛亮说："曹操平生最担心的就是西凉之兵。现在他杀了马腾，自以为可以高枕无忧，但马腾长子马超仍然统领着西凉之众。主公只消修书一封，劝说马超兴兵入关，使曹操首尾不得兼顾，这样一来，他只能乖乖从东吴撤兵。"刘备闻言大喜，连忙派人带着他的亲笔书信火速前往西凉。

马超听说父亲和两个弟弟遇害的噩耗，当场放声大哭，痛骂曹操，无时无刻不想着替亲人报仇。他一见刘备来信，便点齐西凉兵马，正准备进发时，西凉太守韩遂请马超相见。韩遂与马腾是结义兄弟，他告诉马超：曹操派人送来书信，以西凉侯的封号为诱饵，让韩遂擒拿马超。韩遂表示与马超亲如叔侄，不忍加害，愿意与马超一起联军攻打曹操，报仇雪恨。然后韩遂杀掉曹操的使者，征调手下军马，与马超合兵一处，二人率二十万大军，浩浩荡荡杀向关内，连续攻下长安、潼关。曹操得到关中警报以后，无心继续南下攻打东吴，急忙回师西北。

诸葛亮巧妙利用当时各方割据势力互相牵制的情况，向刘备献上"围魏救赵"之计，只用了一封书信就轻而易举地制止了曹军南犯，不仅解除了东吴的危机，而且使刘备能继续攻打西川，为日后蜀国的建立打下了基础。

◎王守仁解安庆之围◎

王守仁，字伯安，号阳明子，世称阳明先生，故又称王阳明，浙江余姚人。

1519年6月，明宗藩宁王朱宸濠突然发动叛乱。王守仁时任汀赣巡抚、金都御史，本来奉命去福建剿匪，行至丰城，正好传来宁王叛乱的消息。虽然当时手中并无多少人马，但王守仁依然积极备战，在调配军粮、修治器械的同时，发出讨贼檄文，历数宁王罪状，要求各地起兵勤王。

当时，王守仁最为担心的，是故都南京一旦为宁王朱宸濠所占领，到那时，宁王就有了称帝的资本，又占了地利，那就不容易消灭了。所以在一开始，王守仁虚张声势，大肆散播虚假消息，扰

乱宁王视线，让他以为各路大军已经成合围态势。同时使用反间计，使宁王对部下进攻南京的策略产生怀疑。宁王果然上当，一度犹豫观望，没敢发兵攻打南京，王守仁则利用这半个月的时间做好了充分的防守准备，等到宁王再想进攻南京时，发现已经错失良机。

王守仁召集众人商议退敌之策。

七月，朱宸濠留部分人守卫南昌，自己率六万叛军出鄱阳湖，沿江东下，先后占领了九江、南康，直趋安庆城下，安庆危在旦夕。安庆为南京的西方门户，是长江中下游的军事战略要地。一旦叛军占领了安庆，南京将岌岌可危。

这时，王守仁已经召集了八万军队，对外号称三十万。闻知安庆告急，王守仁立即召集众将开会商议退敌之策。会上，推官王晖对大家说："宁王攻打安庆，却始终无法攻克，说明其士卒疲惫、士气低落。如果现在率大军前往救援，与安庆守兵形成前后夹攻之势，必能取胜。打败朱宸濠之后，其老巢南昌城自然是唾手可得。"听了王晖的分析，众将议论纷纷，意见不一。

王守仁则不同意王晖的看法，他说："王君你只知其一，不知其二。试想，我军如果要去营救安庆，必须经过叛军镇守的南昌，其中的困难暂且不说，就是成功到达安庆，与朱宸濠相持，双方势均力敌，胜负也难以预料。况且安庆守军经过连日激战，必定疲惫不堪，不能指望他们成为我军的援应。而如果此时南昌城内的敌人趁机在我军背后截断我粮道，占据了南康和九江的敌人再趁机夹攻我，到那时，我军腹背受敌，岂不是自蹈危地吗？依我之见，不如首先攻打南昌。宁王的精锐之师已倾巢而出，南昌的守军一定很薄弱。而我军气势正盛，要攻破南昌并不难。宁王听说南昌危急，不可能眼看着巢穴失守而无动于衷，必然还兵自救，到时安庆之围自可解除。而等朱宸濠赶回南昌时，城池早已为我占领，这样一来，叛军的士气将会大大降低。我军再乘势发起攻击，必可大获全胜。"听了这一番深入细致的分析，王晖和众将官心悦诚服，当场达成一致意见——攻打南昌。

正当王守仁准备出发时，探子来报：叛军在南昌城南面设下伏兵，作为城援。王守仁立即派五千骑兵，黄夜出发，从小道悄悄掩至叛军伏兵身后。

然后王守仁率大军来到南昌城下，即刻攻城。

王守仁解安庆之围。

果然不出他所料，南昌叛军势单力孤，加上他之前做了大量的宣传工作，谎称军队人数众多，守军心慌，渐渐不支。城南的伏兵本欲前来相救，却被王守仁事先安排的五千骑兵打得落花流水，四散溃逃。几天后，王守仁攻克了宁王的老巢南昌。

宁王正忙着日夜督军进攻安庆，但由于城内守军顽强抵抗，战事长期没有任何进展。而南昌失守的消息却在此时传来，宁王大惊失色，急忙下令撤兵还救南昌。他手下的李士实进谏说："现在赶回去救援南昌恐怕已经晚了。倒不如一不做、二不休，即刻起兵，直取南京。"

听了他的意见，朱宸濠沉吟半晌，方说道："南昌乃我之根本，经营许久，城中有大量的金钱粮草，绝不可落入对方手中。无论如何，我都要夺回南昌。"李士实见朱宸濠主意已定，心知劝不动他，只得作罢。

朱宸濠率军登舟，溯江而上，回援南昌。王守仁派主将分五路迎敌，一路设伏，先把叛军的先锋船队引进埋伏圈，然后出奇兵掩杀，叛军大败。朱宸濠眼见局势不妙，急忙从九江和南康调精锐部队出击，再战王守仁。王守仁派几路大军迎战，并直取南康。

这一仗非常关键，战况也相当激烈，其间官军一度退却，幸亏王守仁部将伍文定当机立断，斩杀了后退之人，激起了众将士一决死战之心，最后终于打败了敌人。

朱宸濠仍不甘心自己的失败，收拢各部舟船，结成一个方阵，以求固守，又拿出金银珠宝犒赏诸人，要他们拼死一搏。

但王守仁一眼就看出方阵的破绽，他决定仿效火烧赤壁的例子，用火攻打败宁王。第二天，当宁王和群臣正在船上召开"早朝"会议时，王守仁派人将小船装满干草和引火之物，然后纵火烧毁了宁王的副船，船上众人纷纷跳水逃生，大部分成了阶下囚。宁王因乘坐的旗舰搁浅，不能行动，只能换乘小船逃命，后来被王阳明的部下擒获。不久，南康、九江也被官军收复，宁王之乱全面平息，前后只用了35天。

王守仁在安庆被围的危急关头，冷静地采取"围魏救赵"的办法，率军急攻南昌，不仅迫使朱宸濠撤军回援，成功解除了安庆之围，而且占领了叛军的老巢，有力地打击了叛军士气，使其连战连败，最后落得全军覆没的下场。

◎李秀成解天京之围◎

清咸丰七年（1857）底，太平天国内讧，清廷趁机重建江南大营，缩小对天京的包围圈。面对这紧急的形势，天京朝中主持朝政的洪仁玕与李秀成商议，决定先攻下杭州，一旦清军分出兵力相救，便集中力量直捣江南大营。

计策已定，李秀成、石达开成功突围，随即兵分两路：李秀成直奔杭州，石达开则向湖州进军。杭州是清军的粮草基地，战略地位十分重要。杭州城内更有一万精兵把守，守备森严。李秀成率军到达城下，令士兵接连发起进攻，无奈都被击退。心急如焚的李秀成正不知如何是好，这时忽然天降大雨。已经连续苦战数日的杭州守军疲惫不堪，于是撤回城中躲雨休息。正是在这天夜里，李秀成亲自挑选了一千多名精壮的勇士，连夜用云梯翻越了城墙，为太平军打开了城门。

李秀成解天京之围。

等到城内官兵醒来，太平军已经攻入了城内。杭州城已破，为了吸引江南大营的清军火速来援，李秀成又指挥士兵点燃了清军的粮仓。果不其然，江南大营的将领张玉良立刻率领十万兵马回援杭州。

而李秀成在烧光粮草之后，迅速领兵赶回天京。与此同时，石达开的部队也回撤天京。两队人马都巧妙地绕开了张玉良的队伍，避免与其正面交锋，等到张玉良赶到杭州时，早已是人去城空。而驻守天京的洪秀全见围守的清军已经分兵，于是下令全线出击。这时天京清兵受到太平军的几面夹击，得知杭州失守的清兵本来已经无心恋战，再加上人马锐减，顿时溃不成军，死伤近六万，损失惨重。

天京之围终于解除，清廷苦心经营的江南大营再次被捣毁，洪仁玕和李秀成围杭州救天京的妙计可谓大获成功。

商业案例

◎巧寻谈判突破口◎

"围魏救赵"的"围"只是手段，"救"才是最终目的。而要达到目的，就要分散对方的注意力。在商业领域，同样也需要围魏救赵的策略。例如，在进行商业谈判时，巧寻谈判的突破口，对于取得谈判的主动权，以至赢得最后的胜利，有着十分关键的意义。

1993 年 8 月，中国的一家进出口公司从国外购进了 200 万吨 DW 产品。但是，由于对方延期交货，致使该公司失去了几次展销良机，遭受了一些损失。不过，考虑到该产品质优价廉，颇受消费者欢迎，各大厂家也竞相前来订货，所以该公司并没有向对方索赔。

过了不久，DW 产品在国内供不应求，该公司瞅准商机，准备同外商洽谈重复进口该产品事宜。为了降低商品的采购成本，提高公司盈利水平，同时也为国家节约外汇资金，该公司打算向对方提出在价格上降低 10% 的要求。同时，该公司也意识到，在目前国际市场并未出现明显变化的情况下，如果在谈判一开始就提出要求，一定很难令对方接受。于是，该公司经过研究，找到了突破口，设计了一套颇为周密的谈判方案。

谈判伊始，该公司先发制人，就上次那 200 万吨货物延期交付之事大做文章，说道："由于贵方上次延期交货，使我方几次失去展销良机，导致我方遭受了重大的经济损失。"对方听罢，以为该公司会趁机提出索赔要求，心里十分着急，连忙对延期交货问题加以解释，并不断表示歉意。

眼看时机成熟，该公司趁机提出降价的要求，并明确指出，希望能通过降价 10% 来弥补上次延期交易所造成的损失。对方无奈，只好同意。该公司乘胜追击，提出将当初预定的 200 万吨货物增加到 500 万吨，对方因为理亏，一开始就落了下风，最终不得不在合同上签字，谈判圆满结束。

在这次谈判中，这家进口公司的谈判者懂得如何成功运用围魏救赵之计，他们不是直接涉入自己真正关心的问题，而是迂回绕道，等待时机，使对方摸不清自己的真正意图，结果顾此失彼，最终不得不妥协。谈判者巧妙运用了围魏救赵之计，使谈判一举成功，不仅达成了预期的目标，而且趁势扩大了战果。

◎巧购高价住宅◎

在商业谈判陷入僵局的时候，如果一方使用逆向思维，采取"舍近求远"的办法，从本源上去解决问题，那样也会取得一招制胜的神奇效果。下面所说的"巧购高价住宅"的故事，就是这一方法的集中体现。

有一位先生准备全家移民国外，想出售自己的高价位住宅，于是他把此事托给房地产中介公司代理，开价 2300 万元。

中介公司业务员接受委托后，积极策划广告，将该房产推向市场，就其在地理位置、房间布局及配套设施方面的优越性展开了强大的宣传攻势。

两周后，一位买主在参观完住宅后感到很满意，但至多愿出 2000 万元购买此房。业务员于是回头找屋主议价。经过三天的协商，屋主终于同意将售价降为 2100 万元，并声明不再降价，否则立即解除合约。

尽管如此，中间仍然有 100 万元的差价，鉴于卖方态度坚决，业务员只能硬着头皮去找买方协调。费尽一番唇舌之后，买方做出让步，同意再加价 50 万元，即总价 2050 万元。为了表明自己购房的决心与诚意，买方还当场付了 100 万元的斡旋金（也称握权金，指买方在出价时，为表达申购意愿所支付的款项，以委托中介去跟屋主斡旋）。

就在交付斡旋金的当晚，买方又找到业务员，告诉他说，一个月前自己曾在别处看过一栋房子，各方面的条件都比现在这所房屋更合心意，只是当时屋主不肯降价，只好放弃。谁知道那家中介公司刚刚突然打来电话，说屋主愿意按照我提出的价格出售，如果这家房主仍不肯降价，希望能退回 100 万元的斡旋金。

要知道，中介在买卖双方商谈的时候，并没有决定退款或不退款的权力，只有当屋主同意或屋主接受买方的价钱后，买方又反悔，这时中介才能没收其预交的斡旋金。但目前的情况是：一方绝不降价，而另一方决不再加价，中介夹在中间，左右为难。他唯一能做的，就是尽快把信息传给屋主，由屋主自行决定。

屋主听到消息后，也很为难：买方说更中意前一户房子，看上去有反悔的迹象，如果自己马上答应他的要求，然后对方反悔，那么自己就有权没收对方的斡旋金，这就等于本钱降了 100 万元，以后再怎么卖都是稳赚。但是，能赚到这 100 万元的前提是必须在原售价基础上再降价 50 万元，接受买方所提出的 2050 万元的价格。目前经济不景气，房地产市场持续低迷，若是坚持不肯降价，一旦错失了这笔买卖，不知道什么时候才能等到新的买主，也不知道是否还有人肯出 2050 万元的价钱，毕竟现在可是买方市场。

事情来得太突然，卖方左思右想也拿不出一个妥善的办法，买方又以"前屋屋主催问甚急"为由频频催促中介尽早回话，否则就立即退回斡旋金。

思前想后，屋主决定赌一把，同意以买方价格出售，赌的就是如果买方拒绝，则可顺理成章地将 100 万元收入囊中。

中介人将屋主的决定转告给买方，买方听后心中窃喜，表面上却装出无可奈何的样子，申辩自己比较喜欢前屋，但后屋的卖方现在同意了自己的开价，如果反悔，将立刻损失 100 万元。

最后，买卖双方终于勉强成交，达成协议。在这个案例中，买方在商谈陷入僵局的时候，运用"围魏救赵"的谈判策略，以 100 万元斡旋金为诱饵，又以"前屋"之事为由逼迫对方让步，使其陷入进退维谷的局面，成功地诱使屋主落入自己设好的圈套之中，达到了自己的目的。

【点评】

古人云："治兵如治水。"对敌作战就好比治水：面对弱小的敌人，应当抓住时机消灭它，就像筑堤围堰拦住水流；面对来势凶猛的强敌，应当避其锋芒，或者攻击敌人的薄弱环节，或者袭击敌人的要害部位，或者绕到敌人背后，迫使敌人放弃原来的目标，像疏导洪水那样诱使敌人分兵，是一种转化敌我双方地位的迂回策略。

其中，"围魏"是"救赵"的前提条件，也就是说，只有确定"围魏"能够达到"救赵"这个目的时才能使用这个计策，否则就是一厢情愿的空想。

○第三计　借刀杀人○

【原文】

敌已明，友未定①，引友杀敌，不自出力，以《损》推演②。

【注释】

① 友未定：指盟友徘徊观望，态度不定的情况。友，指军事上的盟友，也指除敌、我两方之外的第三者中，可以结盟以为助力的人、集团或国家。②《损》：指《易经》中的《损》卦。《易经·损》曰："损下益上，其道上行。"论述的是"损"与"益"的相互转化关系：将《损》卦反过来推演，就成了《益》卦，这里指借用盟友的力量去打击敌人，势必使盟友遭受损失，但是盟友的损失正可以换来自己的利益。

【译文】

在敌方已经明确，而盟友的态度还不确定的情况下，要引诱盟友去消灭敌人，自己就不用出力（以此来保存实力），这是按照《损》卦推演出来的。

【计名讲解】

此计名出自明代戏剧《三祝记》。该剧主要讲述了北宋时期，范仲淹的政敌密谋打算让毫无作战经验的范仲淹领兵征讨西夏，其目的就是借兵强马壮的西夏军队这把锋利的"刀"来除掉范仲淹。

"借刀杀人"的本义是阴谋使他人与自己的仇人结怨，从而利用他人去杀掉仇人。比喻自己不出面，借他人之手害人。运用在军事上，是指为了保存己方实力而巧妙地利用矛盾间接杀人的谋略。

古人的按语为："敌象已露，而另一势力更张，将有所为，便应借此力以毁敌人。如子贡之存鲁、乱齐、破吴、强晋。"意思是说：敌对的征象已经十分显露，而另一股势力也正在不断发展，并且还将起到重大的作用，因此要立即借用这股势力去消灭敌人。就像古代子贡为了保卫鲁国而搅乱齐国、破坏吴国以及增强晋国所运用的策略那样。

借刀杀人。

● 借刀杀人

为了保存自己的实力而巧妙地利用矛盾的谋略。当敌方动向已明，就千方百计诱导态度暧昧的友方迅速出兵攻击敌方，自己的主力即可避免遭受损失。此计是根据《周易》六十四卦中《损》卦推演而得。

盟军 ← 借其兵力 诱其出兵 ← 我方 ← 利益归于 ← 敌军

替我军攻打

实用谋略

◇刘备一言杀吕布◇

"借刀杀人"主要体现在善于利用第三者的力量，除掉自己的敌人，以达到取胜的目的。"刘备一言杀吕布"的故事，就是这一计策的具体体现。

吕布本是董卓的义子。东汉末年，董卓把持朝政，挟汉献帝以令诸侯。后来，司徒王允设计离间吕布与董卓的关系，董卓终于为吕布所杀。其后，董卓的余党李榷、郭汜、张济、樊稠等人一边抵抗吕布，一边攻破京城，杀了王允。吕布先后投奔南阳太守袁术、渤海太守袁绍、上党太守张杨、陈留太守张邈，但是都没有获得重用。后来，吕布又带兵投奔刚刚得到徐州的刘备。刘备想把徐州让给吕布，

吕布杀董卓。

但遭到张飞的强烈反对，因此只好叫吕布驻军在徐州附近的沛县。

吕布到达沛县后，曹操采纳谋士荀彧的"驱虎吞狼"之计，借用天子的名义要刘备去讨伐袁术，却让吕布趁机夺了徐州。吕布夺得徐州后，又采纳谋士陈宫的建议，邀请讨伐袁术失败的刘备回到徐州，让他驻军在沛县。刘备无奈，只好接受这一现实。

刘备一言杀吕布。

刘备驻守沛县，与吕布的军队守望相助，关系十分友好。这时，袁术派大将纪灵率领大军讨伐刘备，吕布出面调解，辕门射戟，使纪灵不敢进攻刘备，解除了刘备的危难。这样，刘、吕二军的关系更好了。吕布曾对刘备说："我今天解了你的危难，今后你若得志，不可忘记我的恩义啊！"刘备再三感谢。后来，张飞拦路抢了吕布派人从山东买回的一百五十匹马，引发了两家矛盾，吕布围攻沛县讨马，刘备等突围投靠曹操。

曹操率领大军亲征徐州，吕布兵败，退入下邳城坚守。两个月后，吕布在睡觉时被捆绑起来，然后其部将打开城门，将其献给曹操。

曹操在白门楼上处置吕布及其随从，是否斩杀这员盖世骁将，曹操一时犹豫不定。当时刘备在场，吕布对刘备说："公为座上客，布为阶下囚，为何不发一言而相救呢？"刘备点头应允。一会儿曹操上楼，吕布表示自己愿意投降，以辅佐曹操平定天下。曹操回头问刘备说："如何？"刘备却回答说："公不见丁建阳、董卓之事乎？"吕布听罢，十分生气，于是大骂刘备道："这个家伙是最无信的人！"又谴责刘备说："你难道不记得辕门射戟时的情形了吗？"刘备一言不发，曹操于是下令将吕布缢死，然后割下脑袋示众。

◎曹操借刀杀祢衡◎

假借他人之手，除掉自己的敌人，这是一种很高明的计策。曹操借刘表之手杀掉祢衡的故事，正是出自这一计策。

汉献帝建安初年，曹操想派使者去荆州劝说荆州牧刘表归顺自己。这时，谋士贾诩向他建议道："刘表喜欢与当代的名士交往，希望您能派一位名士前往荆州，这样就能达到目的了。"曹操认为贾诩的建议很有道理，就想物色一位名士，于是他找到了祢衡。

祢衡是汉末名士，长于文学和辞令，且与孔融交善。他来到曹操府中，曹操并没有特别重视他，因此祢衡心有不满。在宴会上，祢衡几次三番羞辱曹操，说曹操没有识人之才，手底下尽是无用之人。

曹操听了祢衡的一番话，不禁大怒。这时，曹操的部将张辽向曹操说道："祢衡这个人说话如此放肆，不如让我杀了他吧？"

曹操笑笑说："这个人在外面有点虚名，我今天杀了他，人家就会议论我容不得人。"他沉默了一会儿，心中顿生一计，只见他装出大度的样子，用手指着祢衡说："我现在派你出使荆州。如果你能劝降刘表，我就委任你做大官。"

祢衡早就听说过刘表的为人，知道他残暴不仁，他心里明白，刘表是不会归降曹操的，出使荆州多半会凶多吉少，这分明是曹操借刀杀人的伎俩，所以坚决不肯答应。曹操立即传令侍从，要他们备下三匹马，派两个人挟持祢衡前往荆州。

曹操借刀杀祢衡。

祢衡到荆州见了刘表之后，表面上颂扬刘表的功德，实际上尽是讥讽之语。刘表不高兴，叫他去见黄祖。有人问刘表："祢衡戏谑主公，为何不杀了他？"刘表说："祢衡多次羞辱曹操，曹操不杀他，是因为曹操怕因此失去人心，所以叫他当说客到我这里来，要借我的手杀他，使我蒙受害贤的恶名。我如今让他去见黄祖，让曹操知道我刘表有见识。"众人皆说好。

祢衡到了黄祖的地盘，黄祖邀请祢衡一起饮酒，二人喝得大醉。这时，黄祖向祢衡问道："你在许都有什么人？"

祢衡说："大儿孔融，小儿杨修。除此二人，别无人物。"

黄祖又问："我像什么呢？"

祢衡回答说："你像庙中的神，虽然受祭祀，遗憾的是不灵验！"

黄祖大怒，说道："你把我比成泥塑木雕，看来你是不想活了！"于是下令杀了祢衡。祢衡至死骂不绝口。曹操得知祢衡受害，笑着说："腐儒舌剑，反自杀了！"

曹操老谋深算，绝不是黄祖一类的莽汉和蠢人。他既想杀掉祢衡，又不想担负害贤之名，避免使自己招贤纳士的大计受到半点损害。经过与祢衡的谈话，曹操知道祢衡这种人肯定会为达官显贵所嫉恨，所以便派他去出使刘表，企图借刘表之手杀死祢衡，以泄心头之恨。刘表识破了曹操的计谋，竟然也容忍了祢衡的讥讽，但他令祢衡去见黄祖，将祢衡推到了刀口上。不过曹操也没有失算，不管祢衡最终死在谁的手中，曹操的计谋都是成功的。

◎刘秀巧除心腹大患◎

刘秀的哥哥是被更始帝刘玄所杀，当时刘秀势力单薄，只能把悲痛深深地埋在心中，装出懦弱无能的样子，甚至主动回去向刘玄请罪。但刘秀知道忍辱负重并非长远之计，毕竟他名声在外，迟早会落得和哥哥一样的下场，因此想方设法摆脱了刘玄的控制，拥有了独立的地盘。

与刘玄决裂后，刘秀率兵向长安进军。而洛阳乃是通往长安的军事重地，刘玄派李轶前往镇守，以阻挡刘秀大军的西进之势。

刘秀手下的将军冯异给李轶写了一封劝降信。李轶看完信后，内心极为矛盾——他知道刘玄成不了大事，早就有意脱离，但是他曾经参与杀害刘秀之兄的行动，故不敢轻易归顺刘秀，担心对方容不下他。于是，李轶给冯异回了一封信，信中写道："今天你我都镇守着军事要地，地位举足轻重。若你我能同心同德，那我还会有什么顾虑呢？请将我的意思转达给萧王（即刘秀），我愿意为他尽微薄之力。"

当这封措辞委婉的信到达冯异手上后，他很快就明白，李轶这是在暗示自己，让自己保证他归顺后的生命安全及高官厚禄。于是，冯异给李轶回信表示劝勉与安慰，同时出兵攻打洛阳周围各县，看李轶是否发兵援救，以试探他是否真的有诚意。而李轶果然信守承诺，不与冯异交战。

冯异经过一番试探，见李轶的确言行一致，就把此事的经过报告给了刘秀，并递上李轶的信，劝刘秀不计前嫌，接受李轶的归顺。

但即便不计较杀兄之仇，刘秀也深知李轶是一个反复无常之人，今天他能背叛刘玄投向自己，明天也能背叛自己归顺他人，这种人留着始终是心头之患。但是，如果现在将他拒之门外，对战局的发展又十分不利。

经过反复考虑，刘秀终于想出一条借刀杀人的妙计。他在给冯异的回信中，对是否接受李轶归顺这个问题避而不谈，只是提醒道："李轶此人诡计多端，心思深沉难测，一般人难以看明白。大家还是各自坚守阵地为上，防止李轶耍什么花招。"然后，刘秀故意泄露了李轶打算归降的事，并派人暗中大肆传播，众人对此议论纷纷。

就这样一传十，十传百，不久，刘玄手下的另一员大将得知这个消息，知道李轶怀有二心，就派人刺杀了他。这样一来，洛阳驻军突然失去主将，军心动摇，许多人纷纷投奔到刘秀军中，局势很快发生了逆转。

刘秀借敌人之手杀了李轶，既除掉了自己的心腹大患，又避免落下个杀害降将的坏名声。

○洪秀全借刀除异己○

清朝后期，爆发了震惊中外的太平天国起义。以洪秀全、杨秀清为首的起义领袖，在起义过程中发挥重大作用。不过，洪、杨二人却在关键时刻为争夺权力而发生内讧，最终，洪秀全运用"借刀杀人"之计，不但杀掉杨秀清，还铲除了其他人的势力。

1851年，广西农民洪秀全发动了金田起义。起义军在短短两年内就攻占了江南重镇南京。不久，洪秀全以南京为都，将其改名为天京，并定国号为"太平天国"。

定都天京后，洪秀全建造了天王府，此后，他深居简出，只顾享受奢靡的生活，军政大权都落在了东王杨秀清手中。

杨秀清把持朝政，专横跋扈，不仅对同等地位的其他诸王颐指气使，甚至不把洪秀全放在眼里。他经常假传"天父"圣旨，训斥洪秀全，洪秀全尴尬恼怒，却又不能反抗，满朝文武更是敢怒而不敢言。

随着太平天国在战事上取得一系列胜利，特别是在杨秀清的指挥下，太平军击破了围困天京三年之久的清军江南大营以后，东王杨秀清的声望达到鼎盛，而这也让他生出了篡夺大位的野心。

追逐权力的欲望一旦滋生，便难以遏

洪秀全坐镇天王府。

制。杨秀清开始一步一步实施自己的计划，他先以调虎离山之计将诸王先后调离天京：北王韦昌辉去江西，翼王石达开回湖北，燕王秦日纲赴丹阳。其后，杨秀清开始了他夺权计划的第二步。七月初，他假传神旨，谎称天父下凡，令洪秀全亲往东王府，并质问洪秀全道："你和东王都是我的儿子，东王立下了这么大的功劳，为什么只称九千岁？"洪秀全只好答道："东王打江山有功劳，也应当是万岁。""天父"又问："东世子（杨秀清的儿子）难道只是千岁吗？"洪秀全回答说："东王称万岁，世子自然也是万岁。"

杨秀清被杀。

　　洪秀全之所以如此委曲求全，只是慑于杨秀清的权势，他暗地里却开始布置除掉杨秀清的计划。于是，洪秀全秘密下诏，命韦昌辉、石达开、秦日纲三人统兵回京救驾。这三人中，驻守丹阳的秦日纲首先抵京，但因势单力薄未敢动手。八月三日，韦昌辉率三千精兵从江西赶回天京。二人秘密觐见洪秀全，然后连夜派兵扼守全城的要害之地，占据了所有通往东王府的街道，接着以迅雷不及掩耳之势直闯东王府，杨秀清为秦日纲所杀。本来照洪秀全的旨意，此次行动只杀杨秀清及其兄弟三人，但韦昌辉公报私仇，在东王府内实施大屠杀，除杨秀清第五子漏网外，其余人等无一幸免。这其实是韦昌辉的阴谋，因为他也有夺权的野心，于是趁此机会铲除异己，意欲为日后夺权铺平道路。

　　十天之后，石达开才匆匆赶到天京，觐见天王洪秀全，知道了整件事情的详细情况，于是气愤地斥责韦、秦二人滥杀无辜。韦昌辉认为石达开偏袒杨秀清，又想杀了石达开。石达开识破了他的意图，不敢久留天京，连夜匆匆出城。结果，韦昌辉当晚率兵屠戮了石达开的家眷，又派秦日纲率万余人追杀石达开。

　　事情发展到这个地步，洪秀全再也不能坐视不理，他责怪韦昌辉杀人太多，认为屠杀石达开的家人是绝情寡义之举。韦昌辉听了，心中愤愤不平，觉得洪秀全一味袒护石达开，这是要联合石达开一起来对付自己，于是想要一不做二不休来个斩草除根，连洪秀全一起杀掉。谁知洪秀全早有准备，经过两天的较量，洪秀全将韦昌辉及其党羽二百余人全部杀死。秦日纲后来也被召回处斩。至此，这场"天京变乱"才算被平息。

　　洪秀全借刀杀人，铲除了异己，巩固了自己的地位。其后，太平天国的所有大事，均由洪秀全一人独自决断。

商业案例

◎威尔逊高价出售品质和服务◎

　　20世纪40年代，威尔逊从父亲手里继承了美国塞洛克斯公司。一天，德国籍发明家约翰·罗梭上门拜访威尔逊，交谈间，他说起自己正在研究的干式复印机。威尔逊也觉得其中大有商机，二人一拍即合，同意双方共同合作开发。

　　经过反复研制，塞洛克斯公司终于制作出了干式复印机样机——塞洛克斯914型复印机。当时市面上所有的复印机都是湿式的。这种复印机使用前必须用专门涂过感光材料的复印纸，印出的文件则是湿漉漉的，需要干透了才能取走，使用起来非常麻烦。相比之下，干式复印机就要便利得多。

威尔逊在慎重研究过整个市场之后，决定将此产品作为"拳头产品"推出。他一开始是打算把首批货物以成本价销售，以图打开市场。他的律师提醒说："这种行为是倾销，是法律禁止的。"于是威尔逊将卖价定为 2.95 万美元。要知道，干式复印机的成本仅为 2400 美元，这个定价相当于成本的十多倍，就连副总经理罗梭也被吓呆了。

当时，法律明令禁止高价出售商品，威尔逊却信心十足，说："我不出售成品，而是出售品质和服务，这就足够了。"

不出所料，这种干式新型复印机果然因定价太高而被禁止出售。但之前展销期间，人们已经见识过它独特的性能，无不渴望能尽快使用这种奇特的机器。

而威尔逊早已独占了这种新型复印机的生产专利权，所以当他以出租服务的形式将干式复印机重新推出时，顾客立刻蜂拥而至。尽管租金并不便宜，但受到之前定价很高这种潜意识的影响，顾客依然认为物超所值。

1960 年，威尔逊的黄金时代来临——干式复印机迅速流行起来，虽然公司尽量加快生产，但产品仍然供不应求。

由于产品被塞洛克斯公司独家垄断，加上原有的高额租金所产生的影响，所以，尽管塞洛克斯 914 型复印机后来出售的价位很高，但消费者依然争相购买，丰厚的利润像潮水一样滚滚涌来。这一年，公司营业额高达 3300 万美元，市场占有率达 15%。五年后，公司营业额上升至四亿美元，市场占有率大大超过了湿式复印机，达 66%。到了 1966 年，公司营业额上升至 5.3 亿美元。

塞洛克斯公司因此被美国《财富》杂志评为"十年内发展最快的公司"，从此跻身于世界巨型企业的行列。

威尔逊的成功之道在于他奇妙地运用"借刀杀人"之计，表面上是法律禁止了威尔逊高价出售的行为，实际上却是威尔逊借法律这把"刀"的威势，封死了消费者的购买之门，逼他们走向威尔逊早已为其准备好的租借之路。同时，威尔逊还制定了超出平常的高租金，斩断了消费者廉价租用的念头，为后来的高价出售预先做好了准备。

【点评】

《兵经百字·借字》中说："艰于力则借敌之力，难于诛则借敌之刃。"

杀人有愚笨与高明之分。愚笨者杀人，往往是亲自出马，虽然一时痛快，却费时费力，而且总有东窗事发的那一天，到时势必承担相应的后果。高明者则假手于人，不仅达到了目的，而且将自己撇得干干净净，所以有句话叫作"杀人莫见血，见血非英雄"。

借刀杀人主要是为了保存己方实力，尤其是当敌方动向已明时，就应当设法诱导态度暧昧的盟友迅速出兵攻击敌方，我方虽不可避免会有小的损失，但主力却能得以保全，也是大大得利。

借刀也要讲求方法和艺术，不管是明借、暗借，还是强借、诱借，总之不能露出任何马脚。而"借"的内容也是多方面的，如：诱敌就范，以逸待劳；使敌人相互间产生错觉，自相残杀；武器和谋略取之于敌，用之于敌，以其人之道还治其人之身；离间敌人高层，除去威胁最大的敌人。

必须牢记的是，借来的"刀"一定要锋利，否则不仅杀不成人，往往还会殃及自身。

◎第四计　以逸待劳◎

【原文】

困敌之势①，不以战；损刚益柔②。

【注释】

①困敌之势：迫使敌人处于困顿的境地。②损刚益柔：出自《易经·损》。"刚"与"柔"本来是相对的，在一定条件下又可相互转化。兵法上是指在敌我双方总的力量不变的情况下，根据强弱相互转化的原理，先逐渐消耗敌人的有生力量，使敌人由优势变为劣势，由主动变为被动，而我方自然也就由劣势变为优势，由被动变为主动，这时再发动进攻，便能克敌制胜。

【译文】

要迫使敌人处于困顿的境地，不一定要直接出兵攻打，而是采取"损刚益柔"的办法（令敌人由盛转衰、由强变弱，再发动进攻，便可获胜）。

【计名解说】

此计名出自《孙子兵法·军争篇》："故三军可夺气，将军可夺心。是故朝气锐，昼气惰，暮气归。故善用兵者，避其锐气，击其惰归，此治气者也。以治待乱，以静待哗，此治心者也。以近待远，以佚（通"逸"）待劳，以饱待饥，此治力者也。"

以逸待劳。

以上这段话的大意为：对于敌人的军队，可以设法使其士气低落；对于敌人的将领，可以设法动摇他的心志。因此，军队的士气在初战时饱满旺盛，经过一段时间后就会逐渐怠惰低落，最后就会彻底衰竭。所以善于用兵的人，要设法避开敌人的锐气，等它怠惰疲惫、士气消沉的时候再去攻击，这是掌握士气的方法。以我军的严整来对待敌军的混乱，以我军的镇静来对待敌军的喧哗，这是掌握军心的方法。以我军靠近战场的优势来对待敌军远道而来的劣势，以我军的安逸休整来对待敌军的奔走疲劳，以我军的粮草充足来对待敌人的饥肠辘辘，这是掌握军队战斗力的方法。不截击旗帜整齐、部署周密的敌人，不攻击士气旺盛、阵容严整的敌人，这是掌握灵活机变的方法。

又见于《孙子兵法·虚实篇》："凡先处战地而待敌者佚（通"逸"），后处战地而趋战者劳。故善战者，致人而不致于人。能使敌人自至者，利之也；能使敌人不得至者，害之也。故敌佚能劳之，饱能饥之，安能动之。"

上段的大意为：凡是先占据战地而等待敌人前来的就从容主动，后到达战地而且仓促应战的就疲劳被动。所以，善于指挥作战的人，能调动敌人而不为敌人所调动。能使敌人自投罗网的，是用利益引诱它的结果；使敌人不肯前来的，是因为让它感受到了威胁妨害。所以，敌人休整得好，要想法使它疲劳；敌人粮草充足，要想法使它饥饿；敌军驻扎安稳，要想法使它移动。

● 以逸待劳

当敌人势气旺盛的时候，不要直接对其发起进攻，而是先坚守住自己的阵地，消磨敌人的意志，使敌人为我所调动而疲于奔命。待时机成熟时，要及时采取行动，从而后发制人，一举消灭敌人。

面对强敌

直接进攻

被动受挫。

积极防御
逐次消耗

以柔克刚。

审时度势
因势利导
后发制人

实用谋略

◎曹刿论战◎

以逸待劳之计，就是在敌人气势正盛之际，采取不直接进攻的战略，坚守住自己的阵地，消磨敌人士气，使敌人疲于奔命。同时审时度势，寻找最有利的战机，从而后发制人，一举破敌。齐、鲁长勺之战中，曹刿待齐军疲劳后再率领鲁军发起进攻，最终打败了强大的齐国。这则故事正是"以逸待劳"的典型战例。

公元前 684 年，齐国拜鲍叔牙为大将，派其带领大军侵犯鲁国，一直推进到长勺（在今山东莱芜东北，一说在曲阜北）一带。

鲁庄公听到消息后，决定奋起反抗。大臣施伯极力推荐一个名叫曹刿的人，说此人文武双全，如果让他带兵，一定能战胜齐国。

于是鲁庄公马上派施伯把曹刿请来，向他请教怎样才能打退齐军。曹刿问庄公凭什么与齐国一战，庄公说自己一生尽力为百姓做事，因此可以得到百姓的拥护。曹刿说这是取胜的关键，并表示愿意追随庄公前去迎敌。庄公听罢，非常高兴，于是拜曹刿为大将，让他随自己一起出征。

齐军与鲁军在长勺摆开了阵势。齐军之前一路高歌猛进，士气高昂，鲍叔牙一见到鲁军，就立刻命令击鼓进军。这时，只听见齐军那边战鼓齐鸣，杀声震天，兵士们如潮水般冲了过来，鲁庄公也急忙下令鲁军击鼓迎敌。曹刿制止了鲁庄公，说："敌人刚打了胜仗，现在锐气正盛，如果交锋，正中他们下怀，不如暂缓交兵，严阵以待，等待适当时机，千万不可急躁。"

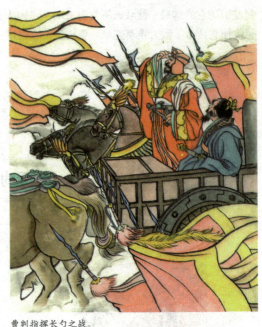

曹刿指挥长勺之战。

齐军一阵冲锋过来，但鲁军并不与之交战，只是竭力稳住阵脚。齐军见没有冲垮鲁军的队列，只得退回原地。

过了一会儿，齐军再次擂鼓冲锋，鲁军依然坚守不出，阵地也纹丝不动，齐军只能重归本营。但鲍叔牙并不死心，并据此判断鲁军势弱怯战，于是命令齐军第三次击鼓进军，准备一举消灭鲁军。经过两次冲锋，齐军将士认为鲁军懦弱不敢出击，斗志已经松懈。曹刿听到齐军第三次击鼓，便对鲁庄公说："现在是出击的时候了！"

齐军正在冲锋，忽然听到鲁军阵中传出震耳欲聋的鼓声，又看到鲁军士兵像猛虎下山一样冲了过来，顿时心中慌乱，被杀得溃不成军，大败而逃。

鲁庄公见齐军逃却，正要下令全线追击，又被曹刿制止："且慢，等我看看。"说完，曹刿跳下车，查看地上的车辙马迹，又跳上车，手扶横档向逃走的齐军方向张望了一阵，然后说："可以放心追击。"鲁军一路尾随，把齐军赶出国境。此役鲁军大获全胜，缴获的战利品堆积如山。

事后，鲁庄公问曹刿为什么头两回不迎战，而要在敌人第三次击鼓时才出击。曹刿答道："凡是打仗，凭的完全是士气。当第一次击鼓时，齐军的士气非常旺盛，不可硬拼；第二次击鼓时，齐军的斗志已经有所松懈；到第三次击鼓时，齐军士气衰竭，已经没什么战斗力了。而这时我军初次鸣鼓进攻，攻疲乏之敌，自然能旗开得胜。"

鲁庄公点头称是，但仍然不明白齐军败退时为什么不立刻追击。曹刿回答道："齐国是大国，素来诡计多端，虽然逃跑了，但我唯恐还有埋伏。我看见对方的车辙印杂乱无章，远处的旗帜也倒下了，这才确定他们是真的溃散，所以才敢放心大胆地追击。"

◎城濮之战◎

"以逸待劳"的关键，是趁着敌军士气正盛的时候，调动敌人主动前来攻打我方，而我方则要在这一过程中逐渐消磨敌军的士气，寻觅时机一举将其消灭。

春秋前期，晋国与楚国争夺中原地区的霸主。公元前 633 年冬，楚派大将成得臣领军，同时联合陈、蔡、郑、许等诸侯国共同攻打宋国。宋国派使臣向晋国求救。晋文公召集群臣商议此事，大臣们都认为楚国经常发兵攻打中原诸侯，如果晋文公能挺身而出，扶助弱小，那么成就霸业就指日可待了。晋文公几经思量，决定攻打楚国的盟国曹国和卫国，并认为届时楚国必定引兵救援，这样自然就可以解除楚国对宋国的包围了。

公元前632年春，晋军攻占了曹国和卫国，并俘虏了两国国君。楚成王并不想同晋文公交战，听说晋国出兵的消息后，急忙命成得臣从宋国退兵。但成得臣自恃兵强马壮，认为宋国已经是囊中之物，迟早可以拿下，不肯半途而废。他还派人对楚成王说："我虽不敢说一定能打胜仗，至少也要拼个死活。"楚成王听了，很不高兴，将大军调回国内，只留下少部分兵力归成得臣指挥。

成得臣对此也并不在意，依然雄心勃勃地想要做出一番功绩给楚成王看。他先派人通知晋军，要他们释放曹、卫两国国君。晋文公则暗中告诉这两国国君，如果他们答应跟楚国断交，就恢复他们的君位。结果，他们真的按晋文公的意思去办了。

成得臣本来是想援救这两个国家，却不料它们反而先跟楚国断交，气得火冒三丈，说："分明是重耳逼他们做的。"于是立即命令全军赶到晋军驻扎的地方。

两军相遇之后，晋文公立刻下令晋军退避三舍。将士们反对说："我们的统帅是国君，对方的统帅则是臣子，哪有国君让臣子的道理？"

大臣狐偃解释说："打仗先要占个理字，理直就气壮。当年楚王曾经帮助过主公，主公向他许下过一旦要是两国交战，晋国将退避三舍的诺言。今天我们后撤，就是为了实现这个诺言。如果我们对楚国失信，就是我们理亏。如果我们退了兵，他们却不罢休，步步进逼，那就是他们输了理，到时再跟他们交手也不迟。而且，后退还可以避开楚军锐气，待其斗志松懈时再与之交战，获胜的把握更大。"

楚成王与成得臣。

众将士见狐偃说得有理，于是晋军一口气后撤了三十里。见楚军尾随追来，又继续后撤，一共退了九十里，到了城濮（今山东鄄城西南）才停下来，并布置好了阵势。

楚国有部分将领见晋军后撤，想就此停止攻势。但成得臣认为晋军怯战，坚决不听部下的建议，下令穷追不舍，一直追到城濮，与晋军相互对峙。

成得臣还派人给晋文公下了一封战书，其中的措辞十分傲慢。晋文公回答说："我们从来都不敢忘记贵国的恩惠，所以一直退让到这里。既然你们不肯谅解，那我们只好在战场上一较高低了。"

大战开始后，两军刚一交手，晋军就佯装败退，他们还把砍下来的树枝拖

晋文公退避三舍。

在战车后面，这样战车后退时，地上就会扬起一阵阵的尘土，伪装出十分慌乱的模样。

成得臣骄傲自大，向来不把晋人放在眼中，不假考虑就率军追了上去，正中晋军埋伏。晋军的主力部队猛冲过来，将楚军拦腰截断，原来伪装败退的晋军则掉转头与主力部队前后夹击，把楚军分割围歼。

晋文公吩咐将士们只要打败楚军即可，不得继续追杀。成得臣收拢败兵残将，在回国的半路上，觉得无法向楚成王交代，就自杀谢罪了。这就是"城濮之战"。

晋国打败楚国的消息传到当时周朝的都城洛邑后，周襄王亲自到践土（在今河南原阳西南）慰劳晋军。晋文公趁此机会召集各国诸侯召开大会，订立盟约，继齐桓公之后成为中原的第二个霸主。

城濮之战中，晋军主动退避三舍，既避开了楚军锋芒，又激励了晋军士气，此消彼长，最终赢得了战争的胜利。

◎铁木真以逸待劳破劲敌◎

铁木真成为蒙古部首领之后，招携怀远，举贤任能，势力一天天地强盛起来。曾与铁木真结为盟友的札木合心怀不满，寻机要与铁木真一比高低。

铁木真的叔父拙赤居住在撒阿里川一带，他经常令部属到野外放牧。一次，他的一群马被人劫走，放马人急忙通报拙赤。拙赤极为愤怒，只身一人前去追赶。傍晚时分，拙赤追上劫马者，把为首的那个人用箭射倒，然后乘乱将马群赶回。

铁木真以逸待劳破劲敌。

原来，拙赤射中的那个人正是札木合的弟弟。札木合闻讯悲恨交加，遂联合塔塔儿部、泰赤乌部等十三部，合兵三万，杀奔铁木真的营地。

铁木真得到消息后，立即集合部众三万人，分作十三翼，做好迎敌的准备。开始的时候，铁木真的部队抵挡不住气势汹汹的札木合军，不得不且战且退。

在军务会议上，博尔术对铁木真说："敌军气焰方盛，意在速战速决，我军应以逸待劳，等敌军力衰之时再出击掩杀，定获全胜。"铁木真采纳了博尔术的意见，聚众固守。札木合几次遣军进攻，都被铁木真的弓箭手一一射退。

本来，草原兴兵，不带军粮，专靠沿途抢掠或猎获飞禽走兽来筹备食物。札木合远道而来，军粮渐少，又无从抢夺，士兵只得四处寻觅野物，整日不在军营当中。博尔术见敌军东一队西一群，势如散沙，立即入帐禀报铁木真。铁木真认为时机已到，遂命各部奋力杀出。

此时的札木合正在帐中休息，得知铁木真发动进攻，慌忙吹号角集合部队，可是他的士兵大多数出外捕猎，来不及回归。札木合手下的十二个主将因敌不过排山倒海而来的铁木真军，纷纷落荒而逃。札木合见大势已去，遂骑快马从帐后逃走。已养足精力的铁木真军，像砍瓜切菜一样，将在帐营中的札木合部队数千人全部消灭。

这场战斗结束后，铁木真在蒙古草原的声威日振，附近的部落纷纷前来归附。

◎陆逊火烧连营◎

三国时期，吕蒙白衣渡江，关羽大意失荆州，最后败走麦城，为东吴所擒杀。蜀主刘备得到噩耗后，痛哭流涕，怒不可遏，发誓要为结拜兄弟报仇雪恨。

诸葛亮和诸位大臣都苦苦哀劝，希望刘备以大局为重，不要因一时意气破坏孙刘联盟，使曹操有机可乘。但刘备报仇心切，根本不听劝告，亲自率领七十万大军征伐东吴。蜀军从长江上游顺流进击，居高临下，一路势如破竹，连胜十余阵，直至彝陵、猇亭一带，深入吴国腹地五六百里。东吴难以抵挡，连折数员大将，甘宁、潘璋等先后战死，举国震惊。

孙权见蜀军声势浩大，心生畏惧，赶紧派人向刘备求和，但遭到断然拒绝。孙权无奈，经阚泽举荐，只能启用当时名不见经传的青年将领陆逊为大都督，命其率五万人迎战。

蜀军攻势猛烈，一路急进。东吴将士见其步步紧逼、来势汹汹，都摩拳擦掌，想要和蜀军决一死战。但陆逊深谙兵法，正确地分析了当前局势，对将士们说道："刘备率军东征，锐气正盛，而且他们地处上游，占据了险要地带，呈居高临下之势，我军难以进攻，故不可与之硬拼，一旦失利，后果非同小可。应当坚守不出，等到蜀军疲惫、士气低落时，再伺机反击。"

陆逊手下众将士本来就对这个毫无资历的年轻书生心存轻视，现在见他不肯出战，更加认定他是个胆小鬼，都在背地里愤愤不平。陆逊也知道众将士对自己有看法，说："我虽然只是一介书生，但主上对我委以重任，认为我有一项长处，就是能忍辱负重。各位将军务必各守隘口，牢据险要，不许轻举妄动。违令者斩！"军法严明，众将心中即使再怎么不满，也无人敢公开违抗。

陆逊上任后，有意识地实行战略撤退，吴军完全撤出了山地。刘备见东吴方面避而不战，加上蜀军人数众多，在五六百里的山地一带难以展开，欲战不能，反而处于被动地位，只得下令沿路扎下大营，前后长达七百里地。

刘备派人每天去东吴阵前骂战，但陆逊耐性极好，一直按兵不动，双方对峙达半年之久。刘备见蜀军士气开始低落，心中十分焦急，于是派几千人马从山上到平地扎营，想以此引诱东吴出击，以便与陆逊展开决战。

陆逊对手下众将说："据我观察，蜀兵在平地扎营，周围山谷中必有伏兵。"于是依然坚持不出战。刘备见自己的计策不奏效，而蜀军粮草补给也越来越困难，不得不陆续将队伍从山上迁到平地，以便更好地取水用粮。

陆逊火烧连营。

陆逊看到蜀军战线绵延数百里，首尾难以兼顾，又在山林中安营扎寨，犯了兵家之大忌，于是召集手下众将士，决定向蜀军发起进攻，他解释说："蜀军刚来时，气势旺盛，我们无法轻易取胜。现在，蜀军已经疲惫，士气低落，防卫松懈，我们获胜的时刻已经到了。"

就在这天晚上，陆逊命令将士们每人携带火种和一束茅草，趁着蜀军不备，悄悄潜入他们的营地，四处点火。蜀营用木栅栏连在一起，在大风的吹动下，火势很快蔓延，七百里连营瞬间成了一片火海，东吴一下就攻破了蜀军四十座大营。

刘备见火势已无法阻挡，蜀军伤亡惨重，且有好几员蜀军大将被迫投降，因此只能带着残兵败将逃往白帝城。经此一役，刘备又悔又恨，一病不起，不久便去世了。

陆逊面对数量远超自己且士气旺盛的敌人，坚守不出，以逸待劳，最后伺机反攻，火烧蜀军连营，大获全胜，创造了战争史上以少胜多的著名战例。

商业案例

◎美商再次遭遇"珍珠港突袭"◎

在进行商业谈判的时候，不采取直接进攻的策略，而是渐渐消耗对方的士气，以逸待劳，并寻找有利的时机，后发制人，往往能赢得谈判的主动权。

一位美国商人前往日本东京，准备参加一次为期14天的谈判。这位商人胸怀大志，心想着一定要大获全胜。在出发之前，他做了大量的准备工作，看了很多关于日本人的心理、精神及文化传统方面的书籍。

飞机着陆后，美国商人受到了日本方面的热情接待，两位等候已久的日本商人先是诚恳而热情地表达了对他的问候，随后就把他送上了一辆豪华舒适的轿车。美国商人舒舒服服地靠在轿车后面的丝绒沙发上，心想：显然，日本人把自己看作非常重要的人物。他见日本商人坐在两张折叠椅上，姿态僵硬，于是友好地说："过来一起坐吧，后面能坐得下。"

日本商人说："哦，不，您是重要人物，需要好好休息。"

美国商人心中更加得意。

轿车行驶的过程中，日本商人问他："您会讲日语吗？"

"不会。"美国商人回答，"不过，我随身带了一本日文字典。"

日本商人又问："您是否一定要准时乘飞机回国？我们可以帮您办好机票和所有的手续，并且安排这辆轿车准时送您到机场。"

美国商人心想：日本人考虑得真是周到。于是顺手掏出返程机票交给日本人，以便让轿车在那一天准时去接他。但实际上，这样一来，他已经主动将"自己所拥有的时间"这个重要情报告诉了对方。

美国商人的下榻之处被安排在一家高级酒店，日本商人客气地说："您的一切花费均由我方来承担，请尽情享用。"然后问道："您之前来过日本吗？"

"不，我是第一次来日本。"

日本商人听了，热情地说："那您一定要在这里多逗留几天，看看我们日本的名胜和文化，我们会安排您去各地旅行一番。"

美国商人觉得，这次谈判一定会让他感到愉快而又舒心。

接下来的几天，日本商人周到地安排了美国公司代表的行程，从参观皇宫、神庙，到介绍艺妓、花道、茶道等文化，再到去听用英语讲授佛教的学习班等，将日程表排得满满当当，绝口不提谈判事宜。每当美国商人问起何时开始谈判，日本商人总是说："还有时间，还有时间。"一切似乎都在暗示美国商人，谈判及签约都是轻而易举的事情，不必多虑。

一直到第十二天，谈判才算开始，但因为日本商人提出安排了专门的活动而早早结束。第十三天，谈判又因为日本商人设宴盛情款待美方代表而提前结束。

第十四天早上，实质性的谈判才真正开始。正谈到紧要关头，美国商人突然被告知飞机起飞时间快到了，送他去机场的那辆轿车已经到了。日本商人"好心"地提出建议：剩下的问题在车上继续谈，但这样短暂的路程，美国商人已经没有时间去讨价还价了，到达机场前，只能在日本商人早已拟好的协议上签了字。该协议被日本人称为"偷袭珍珠港后的又一次胜利"。

日本人之所以能够在此次谈判中获胜，是因为他们预先知道了美国人所拥有的时间，知道他无法空手而回，所以先消耗他的时间，最后以逸待劳，获得了自己想要的结果。

◎福特后发制人◎

在市场竞争中，面对激烈的竞争环境，可以选择养精蓄锐，采用以逸待劳的计策，后发制人，以赢得市场。

福特汽车公司由亨利·福特创办于20世纪初，在经过许多风雨和波折后，终于成为全球最大的汽车企业之一。

20世纪20年代初，正值美国汽车工业全面起飞的时期，其他各大汽车公司纷纷推出色彩明快鲜艳的新型汽车，以满足消费者的不同喜好和需求，因而销路大畅，只有福特车保持黑色的外观不变，显得严肃而呆板，结果销量急剧下降，出现了不景气的现象。

各地代理商和公司内部人员中有不少都建议福特供应花色汽车，但都被他坚决地顶了回去："福特车只有黑色的。我不觉得黑色有什么不好，至少比其他颜色耐旧一些。"公司的生产越来越艰难，福特开始裁员，将部分设备停工，又以节省电费为由将夜班调成白班。

公司内人心浮动，甚至连福特夫人也大惑不解，福特却笑着说："我自有主张，先不告诉你，等想妥了再说。"夫人依然感到疑惑，她担心这样下去，员工们迟早都会纷纷离去。福特则信心十足地说："我们公司的待遇比其他任何企业都高，员工们不会想走的，而且他们都知道我这个人有着绝不服输的性格，相信我不肯跟风抢着生产浅色汽车一定是另有计划。"

也有员工建议说："我们还是应该生产少部分新车投入市面上进行销售，起码不至于让人说我们公司快要倒闭了。"福特只是神秘地一笑："随便他们怎么说吧，谣言越多只会对我们越有利。"而对于这种反常的现象，人们心中也很奇怪，不断询问公司是不是正在设计新车，是不是和其他公司一样会生产各种颜色的新车。

福特回答说："不是正在设计，而是已经定型；也不是和其他公司一样，而是独一无二的，而且，我们的新车一定比别家都要便宜！"这是福特毕生最为得意的"杰作"之一：公司购买废船拆卸后炼钢，从而大大降低了钢铁的生产成本，为即将推出的A型汽车在市场上独占鳌头奠定了胜利的基础。

1927年5月，福特突然宣布：生产T型车的工厂全部停工。公司成立24年以来，这还是第一次停止新车的出厂，市面上所销售的都是存货。

该消息一经宣布，举世震惊，各种猜测纷纷出炉，但除了公司几个高级主管干部外，谁也不知道福特究竟打的是什么主意。更让人疑惑的是，工厂停工后，里面工人并没有被解雇，每天仍然照常上下班。这一情况自然引起了新闻界的极大兴趣，于是报上经常能见到各种有关福特的新闻，这更加助长了人们的好奇心。

两个月后，福特终于向外界透露：新的A型汽车将于今年12月上市。这个消息不亚于一枚重磅炸弹，引起的震动比宣布工厂停工更大。到了年底，在人们的翘首企盼中，色彩华丽、典雅轻便的福特牌A型车终于开始上市了，而且价格非常低廉。不出福特所料，A型车的销售市场非常火爆，帮助福特公司出现了第二次起飞的辉煌局面。

由于T型车的开发，福特公司早早地确定了自己在美国汽车工业中的领先地位。这次面对其他竞争对手以色彩和外形为武器发起的挑战，福特并没有急着正面应战，盲目跟风生产，而是按兵不动，养精蓄锐，暗中设计新产品，充分扬长避短，抓住价格和质量这两个关键做了充分准备。一等到时机成熟，就推出新产品，使对手的产品由强变弱、由优变劣，自己则一举制胜。老福特正是靠着"以逸待劳"策略后发制人，从而达到"青出于蓝而胜于蓝"的效果。

◎友尼利福公司以退为进巧渡难关◎

英国友尼利福公司的经理柯尔在企业经营中一直遵循一个基本信条：不拘于体面，而以互利为前提。根据这一信条，他经常在企业经营和商业谈判中采用退让策略，甚至在必要的时候甘愿妥协让步。不过，他这样做往往是为了赢得时机发展自己，所以最后往往是退一步进两步，实际上还是自身获益。

友尼利福公司早年在非洲东海岸设有大量子公司，因为当地有丰富的肥料，适合栽培食用油原料——落花生，是一块宝地，也是友尼利福公司的主要财源之一。

第二次世界大战结束后，非洲的民族独立运动蓬勃发展起来，东海岸这些肥沃的落花生栽培地逐步被新兴的非洲国家没收，使得该公司面临着极大的危机。为了挽回局面，柯尔迅速指示当地子公司采取如下方案：第一，迅速启用非洲人担任非洲各地所有子公司的首席经理；第二，取消黑人与白人之间的工资差异，实行同工同酬；第三，在尼日利亚设立经营干部养成所，把非洲人培养成为公司的干部，并着重强调要采取互利互惠的策略，以逐步寻求生存之道，应以创造最大利益为要务，不可拘泥于面子问题。

柯尔在与加纳政府的交涉中，为了表示尊重对方的利益，主动把自己的栽培地交给加纳政府，从而获得加纳政府的好感。后来为了报答他，加纳政府指定友尼利福公司为政府食用油原料买卖代理人，这就使柯尔在加纳享有一定的特权。在同几内亚政府的交涉中，柯尔表示愿意自行撤走公司。他这种坦诚的态度反而使几内亚政府深受感动，因而几内亚政府允许柯尔的公司继续留在几内亚经营销售。在与非洲其他几个国家进行交涉时，柯尔也采用了主动退让的策略，纷纷收到了良好的效果。欲擒故纵之计的巧妙运用，使公司平安渡过了难关。

在生意场上，遇到特殊情况时，如果顽固不化，一味咄咄逼人，很可能陷入死胡同，而必要的退让则可以换来更大的利益。当然，退让策略要运用得适时而得体，尤其要注意事先充分掌握对方的心理，还要正确估计自己控制局势的能力，千万不可滥用。

【点评】

两军对垒时总是逸者胜，劳者败，从中可以掌握克敌制胜的法宝，那就是创造条件使己逸，使敌劳。

以逸待劳之计主要强调，要想使敌方处于困境，不一定要一味进攻，关键是掌握主动权，积极调动敌人而不被敌人所调动，以静制动，以不变应万变。

此计对我们的生活很有启发。比如有些学生喜欢用题海战术提高成绩，觉得做的题越多，效果就越好。他们不可谓不勤奋，付出的努力不可谓不多，但那些一味死读书的学生其实成绩并不理想，尤其是到了关键的考试中，还因为过于疲劳而影响了发挥。如果将考试看作是敌人，那么学生们也应该注意采用正确的战略战术，临战前注意养精蓄锐，最后方可克敌制胜。

◎第五计 趁火打劫◎

【原文】

敌之害大①，就势取利，刚决柔也②。

【注释】

①害：这里指敌人所遭遇的困难、危险的处境。②刚决柔也：出自《易经·夬》卦："象曰：夬，决也，刚决柔也。"这里指强大者趁机征服弱小者，即力量强盛又处于有利的形势时，应当果敢决断，优柔寡断就会错失良机。

【译文】

当敌人遇到危难时，就要趁势出兵夺取胜利。这是一个强大者果敢决断，抓住有利战机，制服敌人的谋略。

【计名解说】

此计名出自吴承恩的章回体小说《西游记》第十六回"观音院僧谋宝贝，黑风山怪窃袈裟"。

话说唐僧立誓要前往西天雷音寺取回真经，他拜别唐王后，一路向西而行。途经五指山，救出了五百年前因大闹天宫而被如来佛祖镇压在此的齐天大圣孙悟空，并收他做了大弟子。

一天晚上，唐僧师徒二人来到一座名叫"观音禅院"的寺庙投宿。庙中方丈听说二人是从东土

孙悟空向方丈展示袈裟。

大唐而来，前往西天拜佛求经，甚是热情，命人给他们敬茶。

唐僧见茶具或是美玉雕成，或是镶金嵌银，茶也是上好的茶叶，不由赞叹了一句。方丈说："老爷是从天朝上国而来，广览奇珍，这些器物不足为道。可有什么好宝贝，借给弟子一观？"三藏说："路途遥远，哪里能带什么宝贝。"悟空在旁边说："师父包袱中的那件袈裟不就是件宝贝么，给他看看又如何。"

众僧听了，一个个冷笑不已，方丈道："袈裟算得了什么宝贝。像我就有不止二三十件，要说到我师祖，足有七八百件。"转头命众僧，"拿出来让唐朝的长老也看看。"

方丈让人开了库房，抬出十二个柜子，然后开了锁，只见这些袈裟都是绫罗锦绣，精美无比。

悟空看了，笑道："好，好，让你也看看我们的。"唐僧忙扯住悟空，悄悄道："你我单身在外，不可与人斗富，恐有什么意外。"悟空却道："放心，包在老孙身上。"急忙走过去，刚把包袱解开，就见有霞光迸出，悟空又把包在袈裟外的两层油纸去掉，抖开袈裟，霎时间红光满室，彩气盈庭，真是件世所罕见的绝世宝贝。众僧见了，无不欢呼雀跃，交口称赞。

而方丈见了这等稀世珍宝，果然生了歹意，他当即走上前，对唐僧跪下，眼中含泪，说："弟子没缘法，老爷这件宝贝，方才展开，可惜天色晚了，弟子老眼昏花看不清楚。"唐僧说："掌上灯来再看。"方丈说："这宝贝本身就光亮，一点上灯就更加看不清了。请长老允许弟子拿回房中，细细地看一夜，明天一早就送还。"唐僧吃了一惊，不由埋怨悟空生事，悟空不以为然地笑道："怕什么，让他拿去看，出了什么差错尽管找老

趁火打劫。

孙就是。"方丈听了，高兴万分，命小童把袈裟拿回后房，又派人打扫禅堂，请二人安歇。

回到后房，方丈却抱着袈裟号啕大哭，众僧慌忙来劝，却原来是他对这袈裟越看越爱，空有那么多袈裟，都比不上这一件，深恨不能为己所有。有个和尚说："这还不好办！趁他们睡熟的时候，找几个人把他们杀了，把尸首埋在后园，白马和包袱就都是我们的了。"另一个和尚却说："不好，唐僧看着容易对付，他那个徒弟恐怕有些棘手，万一没得手，岂不是自招祸患？不如搬些柴草，把三间禅堂一把火烧了，就是别人看到了，只说是那两人自己不小心失了火，连我们的禅堂都烧了。正好掩人耳目。这件袈裟不就成了咱们的传家之宝吗？"

方丈觉得此计甚妙，于是吩咐全寺上下几百个和尚一起搬柴，把禅堂围得密不透风。唐僧此时早已睡熟，而孙悟空却被门外人的脚步声和堆柴声惊醒，就变成一只小蜜蜂飞出禅堂查看，却见和尚们正要放火，不由心中暗笑，欲待打他们一顿，但这些和尚都是凡人，不经打，一下子就打死了，恐怕到时候师父又要责怪自己行凶，因此不如将计就计。

于是他一个筋斗翻到南天门，向广目天王借来宝贝"辟火罩"，回去罩住了唐僧和白马，自己坐到方丈的屋脊上保护袈裟。看到和尚们堆好柴，点起火，便掐诀念咒，一口气吹过去，霎时间狂风大作，烈焰腾空，大火向四周蔓延开来，整个观音院成了一片火海。众僧抢救不迭，被烧得抱头鼠窜，哭天喊地，这正是引火烧身，自食其果。

所谓"螳螂捕蝉，黄雀在后"。这场冲天大火也惊动了山中的野兽和妖怪。观音院正南有一座山，叫黑风山；山上有一个洞，叫黑风洞；洞里住着一个妖怪，叫黑风怪。这天晚上黑风怪正在睡觉，却见窗上透入亮光，还以为是天亮了，起身一看，却发现是观音院中的火光给照亮的。他与观音院方丈素有交情，于是急忙前去相救。黑风怪来到寺中正要救火，却发现后房安然无恙，屋脊上还坐着一个人，正在放风。他奔入后房一看，就见霞光万道，正是袈裟放出的异彩。黑风怪认得此乃佛门之宝，便起了贪念，救火的心思顿消，来了个趁火打劫，拿起那袈裟径直回山去了。

"趁火打劫"的原意是趁别人家里失火，正处于一片混乱、无暇自顾的时候，乘机偷抢人家的东西。乘人之危在平日是不道德的行为，用在军事上，是指趁着形势混乱，或敌方遇到麻烦、危险时，迅速出击，或一举制服对手，或从中获利、扩充实力，所以又叫"乘虚而入"。《孙子兵法·计篇》云："乱而取之。"《十一家注孙子》中说"敌有昏乱，可以乘而取之"，就是讲的这个道理。

趁火打劫

当敌方身处困境的时候，就要趁机进兵出击，将敌人制服。
——《孙子兵法·计篇》云："乱而取之。"唐朝杜牧解释孙子此句
说："敌有昏乱，可以乘而取之。"

敌人居于劣势

内忧

占有敌人的土地。

外患

掠夺敌人的人口和财物。

乘敌之危就势取胜

◎诸葛亮安居平五路◎

"趁火打劫"的特点，就是利用时机，果断地打击对方。在施用此计时，一定要掌握时机，如果选择时机不对，那就不能取得成功。司马懿讨伐蜀国失败，就是一个很好的证明。

夷陵之战结束后，刘备率领残兵败将退往白帝城。蜀军在夷陵几乎全军覆没，刘备又愧又恨，竟一病不起。临终之前，他从成都招来诸葛亮等人，托付后事，随即病逝。诸葛亮立年幼的刘禅为帝，自己总领军国大事。

刘备去世的消息传到了魏国，曹丕高兴不已，想来个趁火打劫，"乘其国中无主，起兵伐之"。这时，司马懿向曹丕献上一计："陛下可修书一封，差使前往辽东鲜卑国，拜见国王轲比能，并以金帛贿赂他，请他率领辽西羌兵十万，从旱路攻取西平关；再修书一封，派遣使者前往南蛮之地，

拜见蛮王孟获，请他起兵十万，攻打益州、永昌、牂牁、越嶲四郡，以威胁西川的南面；再遣使前往吴国，与孙权修好，并以割地为条件，请求孙权起兵十万，攻打两川峡口，径取涪城；又可差使令降将孟达率领十万上庸兵，西攻汉中；然后命大将军曹真为大都督，领兵十万，由京兆径出阳平关取西川。"司马懿认为，在这五十万大军的夹击之下，即便诸葛亮有姜太公的军事才能，也无法抵挡。

诸葛亮安居平五路。

曹丕听后，认为这是条妙计，便立即按计行事，联合东吴、南蛮、西番诸家，共起五路大军数十万人马，大举伐蜀。

蜀国得到消息，朝野上下一片慌乱，后主刘禅不知该怎么办，只好向丞相诸葛亮请教退敌之策。然而，诸葛亮以"染病"为由闭门谢客，一连数天都不见人影，更不用说出面料理公务、应付危机了。刘禅又急召丞相入朝商议军务，丞相府的下人却回报说："丞相生病了，无法出门。"刘禅急得团团转，忙派董允、杜琼两位大臣登门探病，实际上是去禀报军情，诸葛亮却避而不见。

刘禅无奈，只得率领百官亲自登门拜访。到了丞相府门口，刘禅让百官在外等候，自己独自走进相府中，却见诸葛亮"独倚竹杖，在小池边观鱼"。

刘禅站在后面看了很久，这才徐徐问道："丞相无恙否？"诸葛亮回头一看，发现竟然是后主，慌忙弃杖，伏地谢罪。刘禅扶起他，询问为何一直待在府内，不肯出去理事。诸葛亮大笑，扶后主入内室坐定，告诉他五路大军伐蜀的事情，自己早有所闻，刚刚并不是在观鱼，而是在思考，而且已经有了对策。

其实，诸葛亮之所以闭门不出，甚至连后主的宣召也不理会，一是为了冷静观察，沉着应对；二是为了保守军事机密。后主到来之前，诸葛亮早已暗中调遣兵马，驱退了羌王轲比能、蛮王孟获、叛将孟达、魏将曹真这四路大军。

原来，诸葛亮经过一番观察和分析，迅速制定出了退敌之策：轲比能所进犯的是西平关，而现在的蜀将马超祖上是西川人氏，一向深得羌人的拥戴，羌人把马超誉为"神威天将军"，诸葛亮便派使者送快信令马超紧守西平关，埋伏四路奇兵，每日轮换把守，以抗拒敌军；南蛮孟获引兵侵犯四郡，诸葛亮令人写快信派蜀将魏延带领一路军马在险要地段进进出出，以作为疑兵之计，南蛮兵只凭勇力作战，但是疑心重，如果看见疑兵，必然不敢进攻；至于孟达，诸葛亮知道其与蜀国大臣李严曾结拜为生死之交，诸葛亮回成都时，留下李严镇守永安宫，诸葛亮写了一封信，冒充李严的亲笔信，派人送给孟达，孟达见信后必然推病不出，不会率军进攻汉中；还有一路是魏军的嫡系，由曹真领兵侵犯阳平关，但阳平关地势险要，完全可以守住，诸葛亮调赵云引一支军队把守关隘，只镇守，不出战，曹真如果见蜀军不出战，时间久了就会自己退去，此路军也不必担忧。为防万一，诸葛亮还秘密抽调关兴、张苞二将，令其各带领三万人马，屯守于紧要之处，为各路救应。

果然不出诸葛亮所料，以上四路军队，皆被蜀军击退。至于东吴这一路兵，诸葛亮也已经有了退敌之策，但尚需一名能言善辩之人，作为使臣前往东吴（施行这一计策）。刘禅听了，这才安下心来。

百官之中，只有邓芝看出了诸葛亮的心思，于是诸葛亮上奏后主，请求派邓芝为使臣前往东吴游说孙权。经过邓芝的努力，孙权终于答应撤军。这样，魏国的"趁火打劫"之计未能得逞。

当己方内部出现危机，敌人企图趁火打劫的时候，首先也是最重要的，是保持冷静的头脑，沉着分析形势、研究敌情，在稳住己方阵脚的前提下，方可妥善处理危机，化险为夷，反败为胜。

诸葛亮正是在危机四伏的情况下保持住头脑的冷静，所以他能敏锐地看到，曹魏、东吴、西番、南蛮和孟达诸家各自利益不同，各怀鬼胎，虽然军事力量很强，但结成的联盟犹如一盘散沙，然后针对他们的弱点"对症下药"，巧妙地分化瓦解各路敌军，使蜀汉转危为安，正是"运筹帷幄之中，决胜千里之外"。

◎晋惠公伐秦◎

趁火打劫虽然有利可图，却也很容易让人背上不仁不义之名，并因此陷入困境。

晋献公死后，晋国陷入混乱，正在梁地（今陕西韩城南）避难的晋公子夷吾向秦国许诺说：假使秦国可以护送自己回晋国，并帮助自己成为晋国国君，自己就把河西的五座城池割给秦国。然而，在当上国君（即晋惠公）后，夷吾却反悔了，秦国为此非常生气。

晋惠公掌权没几年，晋国就发生了大饥荒，饥荒一直持续了五年，晋国的国力大受影响，国家粮库空虚，百姓民不聊生，四处逃难。晋惠公无奈，只得再次向秦国求援，希望秦国能帮助自己渡过难关。不过，秦国的国君秦穆公仍然对几年前晋惠公背约的事情耿耿于怀，他的第一反应便是拒绝。秦大夫公孙枝听说后，赶忙找到秦穆公，说："当年是晋侯违背约定，晋国的百姓是无辜的。现在晋国的百姓正在受灾，我们应该援助他们。"秦穆公听了，改变了主意，答应了晋惠公的要求，晋国的百姓对秦国很感激。

但秦穆公万万没有想到，第二年秦国也闹起了饥荒，秦国本来有足够的粮食可以抵御饥荒，只是这些粮食早在一年前就作为援助送给了晋国。一时间，秦国人心惶惶。秦穆公派人到晋国求援，他想到秦国屡屡向晋国伸出援手，晋国不会对秦国的困难坐视不管，更何况这一年晋国粮食大丰收。

晋国的大臣韩简认为，晋国应当知恩图报，支援秦国，但大夫郤芮、虢射不仅反对帮助秦国，还唆使晋惠公趁秦国闹大灾时联合梁国一起攻打秦国。晋惠公动了心，采纳了虢射等人的意见，整顿兵马大举攻秦。

晋国的背信弃义大大激怒了秦国，秦国国民上下一心奋勇抗晋。一开始，局势对秦国十分不利。激战中，秦穆公还险些被晋军俘虏，幸亏被山野土著救出。秦、晋两军在韩原展开大战（今陕西韩城西南），背负不义之名的晋军被杀得落花流水，晋惠公也成了秦人的俘虏。

晋惠公本想趁火打劫捞取利益，却没料到此举会让他陷入失道寡助的境地，他不仅没能从这场战争中获取好处，还被秦人俘获，自身难保。一想到晋惠公几次三番违背诺言，秦穆公就愤怒不已，打算将他杀死祭天。若不是秦穆公的夫人（即晋惠公的姐姐）及时阻止，晋惠公恐怕要死无全尸了。最后，秦国和晋国缔结了盟约，晋惠公也被

晋惠公伐秦。

送回了晋国。

趁火打劫不但要选好时机，还要考虑天时、地利、人和等因素，否则就要像晋惠公那样"偷鸡不成蚀把米"了。

◎山海关之战◎

趁火打劫的关键在于掌握好劫的时机，计划采用此计的一方必须小心拿捏"火"烧的程度，审时度势，为自己争取最大的利益。

清军大破山海关。

1644年，明朝崇祯皇帝自杀身亡，李自成的农民军开入京城，明王朝寿终正寝。这年四月，李自成挥兵北上，计划平定北方，掌握辽东。四月二十一日，他和驻守山海关的吴三桂展开激战，双方人马斗得昏天暗地，不可开交。

山海关曾是明朝的军事重地，包括关城、东罗城、西罗城、南翼城、北翼城、威远城、宁远城等七大城堡，要想将其攻克十分不易。然而它偏偏又是李自成掌握辽东必须攻克的堡垒，李自成率领农民军同时向西罗城、东罗城和北翼城发起攻击，随着战事的推进，其获胜的希望越来越大。

这让吴三桂非常惊慌，照这样下去，用不了多久李自成就会将山海关攻破，到时他自己就性命难保了。情急之下，吴三桂将生存的希望寄托在清军身上。他非常明白，野心勃勃的满洲人也很想拿下山海关这一重镇。只是相对于李自成而言，协助清军对吴三桂本人更为有利，至少帮助清军入关，清军不会伤害他的性命。

而清军也早有趁火打劫之心，不过面对吴三桂的求援，指挥清军的多尔衮却选择了坐山观虎斗，坐收渔人之利。在多尔衮看来，吴三桂并不值得信赖，不把他逼到山穷水尽的境地，他不会乖乖降清。另一方面，若清军过早出手灭掉李自成，吴三桂就有机会保留一定的军事力量对付清军。因此多尔衮假意为吴三桂提供帮助，实际上只打掉了一小部分农民军，并未对整体战事起到什么影响。

吴三桂心急如焚，最后只能亲自前往清军大营，以表投降的诚心。多尔衮借机向吴三桂提出相当苛刻的条件，要其剃头盟誓，归降大清，吴三桂只好一一照做。

多尔衮这才正式出兵援吴，他的介入极大地改变了战场的形势。清军集中力量攻打李自成的阵尾，吴三桂则主要负责攻打李自成的阵头，两相配合，李自成首尾受敌，应对不暇，很快陷入被动。再加上清军多为骑兵，而农民军多为步兵，根本不可能抵挡住前者的冲锋，面对清军的猛攻，农民军只得步步后退。

山海关之战结束了，李自成大败。多尔衮联合吴三桂追击李自成。李自成回到紫禁城后，匆匆举行登基仪式，没过几天就离开了北京。而清军不仅缴获了农民军的大量辎重，还顺利地进入北京城，进而一举南下，统一了全国。

在山海关之战中，清军采用"趁火打劫"之计，不仅取得了山海关，攻入北京城，还为统一全国创造了条件。

商业案例

◎低价买进摩托车厂◎

乘人之危谋求利益，是"趁火打劫"的一个显著特征。这一计策在商业领域常常用到。

20 世纪 80 年代，德国慕尼黑市有一家生产摩托车的工厂，建厂已有 67 年的历史了。该厂生产的摩托车曾风靡全欧洲。但是，后来由于日本摩托车低价倾销欧洲市场，使这家摩托车厂受到了极大冲击，再加上经营管理不善，财政出现了极大的困难，不得不宣布破产。因为急于清偿债务，厂家打算卖掉整个工厂。工厂的大部分设备都是当时最先进的，但其售价非常低廉。

天津自行车工业公司得知这一信息后，经过充分调查，认定这是一个难得的机会，打算出资购买该厂的全部设备。可惜脚步慢了一拍，一位伊朗商人捷足先登。慕尼黑厂家于是回绝了天津自行车工业公司。

然而没过多久，这位伊朗商人因为短时期内筹措不到足够的资金，不得不中止了合同，这对慕尼黑厂家来说无疑是雪上加霜。为了尽快还清债务，他们主动要求与天津自行车工业公司展开谈判。

当时，慕尼黑厂家一方面急于卖掉工厂还债，另一方面则遭遇了第一个购买合同中途告吹的困境，天津公司瞅准了对方的处境，利用他们急于出手的心理，逼迫对方一再压价，最后以 500 万美元的价格成交。而这个价格比当初伊朗商人所开的价格还要低 200 万美元。

天津自行车工业公司巧用趁火打劫的策略，不仅购得了国外先进设备，而且为国家节约了大量外汇。

◎摩根财团趁火打劫要挟美国政府◎

1873 年，美国爆发了大规模的经济危机，几乎每小时都有企业宣布破产。库克公司是费城一家著名的投资银行，因在南北战争中帮政府出售国库券而名声大噪，库克被认为是投资银行家中最杰出的人物，谁知在这次经济危机中也未能幸免。他的破产在当时的商业界所引起的巨大震动可想而知。不过，后来的事实证明，即便库克能侥幸度过危机，其力量也早已衰微，根本无力面对约翰·摩根的挑战。

摩根在国内外出售证券的能力堪称举世无双，他与其他几位大银行家联合，于 1871 年从库克手中夺走了价值两亿美元的国库券，并把其中大部分成功地出售给外国投资者。与之相比，库克在出售他那部分国库券时却并不顺利，这也是导致其破产的原因之一。

在这场经济危机中，摩根公司一跃而成为美国实力最雄厚的投资银行，并控制了美国政府的债券市场，同时还在继续向欧洲抛出优惠证券。而摩根的地位又在 1884 年的金融危机中进一步得到巩固，一直到 1913 年去世，他一直是美国投资银行业中最具影响力的人物。

1884 年 11 月的金融危机以来，美国财政部的库存黄金大量外流，市面上掀起了一股抢购黄金的狂潮。与此同时，一个谣言也在华尔街迅速流传开来：美国政府被迫放弃用黄金来支付货币的做法。尽管当时的美国总统格罗弗·克利夫兰亲自出面澄清这并非事实，但是收效甚微，人们仍旧继续抛售美国证券来套购黄金，时间一长，国库几乎到了无力清偿债务的地步。

为了稳定经济形势，制止金库空虚所造成的经济恐慌，必须立即筹集一笔巨额资金。据政府财政当局估计，这笔资金至少要一亿美元。格罗弗·克利夫兰总统一筹莫展，不得不求救于大金融家摩根和贝尔蒙，请他们想办法稳定金融市场。

摩根深知，这股抢购黄金的狂潮，与各地工人为争取八小时工作制所举行的罢工有很大关系，而且政府已经到了无计可施的地步。于是他同贝尔蒙商定了一个计划，由他们两家银行财团组成一个辛迪加（资本主义垄断组织的重要形式之一），承办黄金公债，这样既可以解救财政部的危机，又可以获得高额利润。

当然，摩根为此提出的附加条件极其苛刻，不仅总统本人难以接受，就连美国国会也拒绝通过这一建议。

然而，强硬的态度往往需要强大的经济实力作为后盾，而当时的美国政府并没有其他办法来缓解危机。无奈之下，总统只得再次将摩根召入白宫，打算和他摊牌。

不过，事情远比总统想象的要棘手得多，因为摩根之前已经通过秘密渠道探知国库存金只剩下 900 万美元，这让他坚定了趁火打劫逼政府就范的决心。

摩根从头到尾态度都极其顽固，丝毫不肯让步，而且胸有成竹地说："总统先生，据我所知，除了我和罗斯查尔组成辛迪加，让伦敦的黄金重新流回国内之外，似乎再没有第二条路可以确保国库能渡过难关。现在，我手头就有一张总额为 1200 万美元的黄金支票，而且今天就到期了，如果今天不能将这张支票兑现，那么一切就都完了。是否需要我在这里拍一封电报，然后立刻汇往伦敦呢？"

在摩根近乎赤裸裸的威胁下，克利夫兰总统不得不以去洗手间为名，每隔五分钟就出去与等候在另一室的财政部长卡利史尔商量对策。

摩根清楚地知道，如果不拿出强硬的手段，白宫方面绝不会轻易就范。因此，在面谈中，他单刀直入，步步紧逼，丝毫不给总统喘息的机会，明知道克利夫兰总统讨厌雪茄烟的气味，他却在谈判时故意掏出雪茄吸了起来，神态极为悠闲，仿佛笃定了总统只能按照自己的步骤来，从精神上给对方施加了极大的压力。

结果，总统在走投无路的情况下，不得不答应了摩根提出的条件。当夜，摩根就取出大量美元交给财政部，帮助财政部融通资金，渡过了难关。当然，摩根财团的慷慨正是先予后取的一招——在后来向政府承办公债的过程中，摩根财团利用市场差价，轻轻松松就净赚了 1200 万美元。

谈判者要想在谈判中达到预期目的，必须真正掌握对方的情况。摩根与总统谈判之所以能大获全胜，就是因为他事先探知国库存款确实已近枯竭，才能放心大胆地趁火打劫，逼得总统不得不答应他的苛刻条件。

从对手级别、整个谈判过程以及最后的收益来看，趁火打劫的商战高手应当首推摩根这位华尔街大佬。

◎死鸡变凤凰◎

一家因经营不善而倒闭的企业或商店，就像一只死鸡一样，无人愿意去理会。但在广东话中，却有"执（捡）死鸡"一说，意思是捡到了便宜。乍看之下令人不解：捡到死鸡怎么可能算捡到便宜？不过，在瞬息万变的商场上，"执死鸡"还真是大有文章可做。

在美国就有位专门"执死鸡"的富翁，他的名字叫作保罗·道弥尔。有一次，道弥尔得知一家玩具厂因管理不善而倒闭清盘，他当即找到那家玩具工厂的老板，说自己想买下这家工厂。

工厂倒闭，老板急欲脱手转让，无心讨价还价，所以道弥尔只出了极低的价钱就捡到了这只"死鸡"。道弥尔通过调查分析，找出了工厂经营失败的原因，制订了全盘改造工厂经营的详细计划，接下来，工厂按照他所制订的行之有效的计划重新开工，半年后，这家工厂起死回生，而且产量翻了一番。

下面要说的另外一位"执死鸡"的能手名气极大，他就是美国的石油大王哈默尔。从 20 世纪 60 年代开始，哈默尔就热衷于石油开发事业。

当时有一家叫德士的石油公司，在旧金山以东的河谷里勘探天然气，可是在钻井时，一直钻到 5600 英尺的深度，却仍然不见天然气的踪影。德士公司的决策者认为之前已经耗资太多，再继续钻下去很可能徒劳无功，不愿再白费人力物力，便宣判了此井"死刑"，然后匆匆打道回府了。

哈默尔一听说这个消息，立即派专家前去德士公司废弃的天然气井处进行考察，并轻易占有了德士公司的劳动成果，然后在原井上架起钻机，又钻进 3000 英尺后，天然气喷涌而出。

后来，哈默尔又听说世界著名的埃索石油公司和壳牌石油公司在非洲利比亚探油未成而扔下了不少废井，他当机立断，带领大队人马奔赴该地，故技重施，在被宣判了"死刑"的枯井上又架起钻机，继续深钻，结果有九口"枯井"被开采为高产自喷油井，这正是哈默尔"起死回生"的成果。

面对"死鸡"，有的人会置之不理，而真正有商业头脑的人则会趁众人不屑一顾之际，及时将其"劫"来，为我所用，只需稍费功夫，"死鸡"就能变成"凤凰"。

【点评】

《孙子兵法》中说："乱而取之。"《十一家注孙子》也说："敌有昏乱，可以乘而取之。"趁火打劫，真是孙子这一思想的体现。

趁火打劫，乱而取之。

趁火打劫在平日是一种不道德的行为。不过在战争中，除了战争本身的性质之外，是不可以普通的仁义道德来衡量的。

敌人的"乱"有三种情况：一是内忧，二是外患，三是内外交困。这些混乱情况就是敌人之"火"，我方需要做的就是抓住机会，乘势"打劫"。"打劫"要讲究时机和方法，不仅容易成功，还往往有意外的收获，否则如火中取栗，甚至会引火烧身。

"趁火打劫"的含义包括以下四种：

一、乘乱取利。

二、落井下石。趁敌人混乱之机给它制造更大的危难，以获得完全的胜利。

三、名为"救火"，实则取利。当敌人后院起火时，我方装出"救火"的姿态前去，既不会被拒绝，也不容易引起注意，不仅可以暗中捞取好处，还方便在需要时暗中再点"新火"。

四、还有一种情况，当别人点了火在趁火打劫时，我方也可以趁机相助一臂之力，事成之后便可论功分利。

⊙名家论《三十六计》

"敌之害大，就势取利。刚决柔也。"这是本计的解语。害，指敌人所遭遇到的困难，危厄的处境。刚决柔也：语出《周易·夬》卦。本卦上卦为兑，兑为泽；下卦为乾，乾为天。兑上乾下，意为有洪水涨上天之象。《夬》卦象辞说："夬，决也。刚决柔也。"决是冲决、冲开、去掉的意思。因乾卦为六十四卦的第一卦，乾为天，是大吉大利、吉利的贞卜，所以此卦的本义是力争上游，刚健不屈。所谓刚决柔，就是下乾这个阳刚之卦，在冲决上兑这个阴柔的卦。此计是乘敌之危，就势而取胜的意思。我们来仔细分析这句解语的意思：害是指敌人所遇到的困难。利是指利益。意思是说，当敌人出现危难时，应该趁机进击，取得胜利。

理解趁火打劫这个谋略时，关键在于把握"火"这个字的含义。可以这样说，就战略全局来讲，造成敌人困难的"火"通常来自两个方面。一是内忧：例如天灾人祸；二是外患：例如强敌入侵。这是我们发兵的最好机会，所以，我国古代有的军事思想家就认为："敌害在内，则劫其地；敌害在外，则劫其民；内外交害，则劫其国。"意思就是说，敌人有了内忧，就抢占他的土地，敌人遇上外患，就抢夺他的人民，敌人既有内忧，又有外患，就趁机吞并他的国家。

——薛国安

❋◎ 第六计　声东击西 ◎❋

【原文】

敌志乱萃①，不虞，坤下兑上之象②。利其不自主而取之。

【注释】

①敌志乱萃：语出《易经·萃》卦中《象》辞："乃乱乃萃，其志乱也。"乱萃，乱成一团。萃，丛生的野草，引出下文的萃卦。②不虞：没有意料到，不及提防。坤下兑上：萃卦是由下面的"坤"和上面的"兑"构成。在八卦中，坤象征地，兑象征泽，萃卦的意思是高出地面的水泽，必然溃决，寓意是一群乌合之众，注定失败。见《易经·萃》卦。

【译文】

当敌人混乱得像丛生的野草，无法预料将要发生的事情时，这正是《萃》卦中所说的水高出地面（必然溃决）的象征。必须利用敌人不能自主的机会去消灭他们。

【计名讲解】

计名出自唐杜佑《通典》卷一百五十三《兵六》："声言击东，其实击西。""声东击西"指造成要攻打东边的声势，实际上却攻打西边，这是一种制造假象诱使敌人上当进而出奇制胜的计谋。

历代兵家对此计均十分重视，古代兵书中对其论述颇多。如《孙子兵法·势篇》说："故善动敌者，形之；敌必从之。"《淮南子·兵略训》说："将欲西，而示之以东。"

声东击西。

《百战奇谋·声战》说："声东而击西，声彼而击此；使敌人不知其所备，则我所攻者，乃敌人所不守也。"

古人的按语说："西汉景帝时，吴、楚等七国造反，周亚夫固守城中，坚不出战。当吴军向围城东南角发起总攻时，周亚夫便下令加强西北方向的守备。不久，吴王果然派精兵攻打西北角，因为周亚夫事先做了准备，所以吴王的行动遭受失败。这是指挥者建议沉着、不为敌方所惑的战例。东汉末年，朱隽在宛城围攻黄巾军，他先在城外筑起小山以便观察敌情，然后擂鼓下令，指挥部队向宛城西南方向发起佯攻，黄巾军得到消息后，便仓皇拼凑兵力集中于西南方向进行防守。于是朱隽亲自率领精兵五千，出其不意地攻击东北方，遂乘虚而入。这是主将临战之时方寸已乱，无法应变的战例。由这两个例子可知，运用声东击西的策略，一定要先观察敌方指挥官的意志，然后再做出决定。当敌志混乱时，用计便能成功；否则，反而有战败之虞。所以，这的确是一条险策啊。"

● 声东击西

此计是伪装攻击方向的谋略，以假象造成敌人的错觉，是用灵活机动的军事行动，忽东忽西，似打即离，不攻而示之以攻，欲攻而示之以不攻，敌人顺情而推理，我恰因势而用计，以达到出敌不意地夺取胜利的目的。

遇到强敌

壹
示以假象 使敌人聚首于一处。

贰
快速攻击敌人的戒备松懈处。

叁
致使敌军无法适应而事变。

敌军溃败

实用谋略

🉐 ○班超破匈奴○ 🉐

　　与敌人交战时，我方若以假动作欺敌，掩护主力在第一时间击其要害，往往能取得预想不到的胜利，这便是声东击西之计。班超破莎车的故事，便是对"声东击西"的一次成功运用。

　　汉武帝时，张骞出使西域，加强了汉王朝与西域各国的联系。汉宣帝设立西域都护以后，西域诸国一直与汉朝保持着良好的关系。后来，王莽改制时贬黜了西域各国王号，引起了普遍不满。王莽派军前去攻打，结果全军覆没，西域诸国也完全断绝了与汉王朝的联系。

　　一直公开与汉王朝对立的匈奴单于见状，趁机于新莽末年和东汉初年大肆扩充实力，准备重新夺回西域。

东汉建立后，莎车（今新疆莎车）和鄯善派使者前往洛阳朝贡，并请求东汉政府派遣都护。但当时东汉政权尚未完全稳固，刘秀忙于铲除地方割据势力，便没有应允两国的请求。建武二十一年（45），鄯善、车师等十六国又遣子入侍，并再次请派西域都护，可惜仍然未获同意。后来，西域各国互相攻伐，匈奴乘虚而入，控制了西域地区，得到了西域诸国的人力、物力，实力大增，其后更是屡次兴兵进犯东汉河西诸郡，边地百姓不堪其扰，叫苦不迭。

班超率军大破匈奴。

班超奉命出使西域，就是为了团结西域各国，共同对抗强大的匈奴。要想使西域诸国能联合起来共同对抗匈奴，就必须先打通南北通道。莎车国地处大漠西边，归附匈奴后，它还经常煽动周边小国一同反对汉朝。班超遂决定首先平定莎车。

班超联合于阗（今新疆于田）等国，率二万五千人进攻莎车，莎车国王大惊，立刻向龟兹（在今新疆、拜城、库车一带）求援，龟兹王得报，便亲率五万人马援救莎车。班超见敌众我寡，不可力敌，必须智取，于是决定用声东击西之计，迷惑敌人。

班超先是召集于阗王和各部将领，说明己方人数少，难以取胜，不如假装各自撤退，还特别嘱咐出发时把动静闹大一些。然后派人在军中散布士卒对主将的不满言论，制造因不敌龟兹而准备撤退的假象。班超还特意"关照"了几位莎车俘虏，保证让他们能听得一清二楚。

这天黄昏，班超大军分两路撤退：他自己率部分人向西，而于阗大军则向东撤退，队伍表面上显得慌乱，其实是故意制造机会让俘虏脱逃。俘虏逃回莎车军营，第一时间报告了汉军慌忙撤退的消息。龟兹王大喜，认为班超是因为惧怕自己才慌忙逃走，便想趁机阻截。龟兹王被喜悦冲昏了头脑，没经过详细侦查，就立刻下令兵分两路，派八千骑兵向东追击于阗军，他本人则亲率一万精兵往西边追杀班超。

班超早已是成竹在胸，大漠广袤无垠，而茫茫夜色更是掩藏形迹的最好帮手。班超率军撤退十里地后，下令部队就地隐蔽。龟兹王求胜心切，也不仔细哨探，结果率领追兵从班超军的隐蔽处飞驰而过，错失了消灭班超的良机。

班超派出的探子报告说，龟兹王所率领的大股骑兵已经离去，于是他立即集合部队，与事先约定的东路于阗人马汇合一处，迅速回师杀向莎车，到达目的地时正是鸡鸣时分。班超军宛如从天而降，莎车猝不及防，还没来得及组织抵抗就已经土崩瓦解，士卒只顾四散奔逃，被斩杀者有五千多人，大批牲畜财物也成了汉军的战利品。莎车王来不及逃走，只得主动投降。

龟兹王气势汹汹地追逐了一夜，却连班超部队的影子都没看见，正在疑惑时，却传来莎车被打败的消息，他知道大势已去，只能率部返回龟兹。经此一役，班超之名威震西域。

◎郑成功奇袭鹿耳门◎

郑成功收复台湾的故事可谓是家喻户晓。在收复台湾的过程中，郑成功采用了声东击西的策略，一举攻下了荷兰殖民者的据点赤嵌城，从而为彻底打败荷军扫平了道路。

明天启四年（1624），荷兰殖民者侵占我国台湾。清朝初年，在东南沿海一带抗清的郑成功立志收复台湾。

　　1661 年四月，郑成功率领二万五千将士在金门举行了隆重的誓师仪式，并顺利登上澎湖列岛。郑成功命四位将领留守澎湖，然后自己率军继续东征。

　　要赶走荷兰殖民者，收复台湾岛，必须先攻下赤嵌城（今台南安平）。为了全面掌握军情，郑成功派出熟习水性的兵勇侦察荷军情况，并亲自查看地形，寻访当地老人，了解到攻打赤嵌城只有两条航路可走：一条是大员港，又叫南航道。这条道港阔水深，船只可以畅行无阻，又较易登陆，所以荷兰人在此设有重兵，并修建了坚固的工事和密集的炮台，港口还有敌舰巡视防

郑成功奇袭鹿耳门。

守。另一条是北航道，直通鹿耳门，但是水浅道窄，礁石密布，只能容许小船通过。荷兰殖民者还故意凿沉了一些船只，以阻塞航道，他们认定这里无法登陆，因此只派了少量兵力驻防。

　　在与当地老人的交谈中，一条重要信息引起了郑成功的注意：北航道的海水涨潮时，大船也可以通过。军情万分紧急，郑成功当机立断，决定趁海水涨潮时强行渡海。一些将领认为风大浪险，劝主帅不可冒险，但郑成功不为所动，决定从北航道向荷军发起进攻。

　　郑成功计划已定，首先派出部分战舰，装作从南航道进攻。

　　荷兰殖民军急忙调集大批军队防守航道。为了迷惑敌人，郑成功的部队喊声震天，炮火不断。这一下，郑成功非常成功地把殖民军的注意力全部吸引到了南航道，而北航道上却一片宁静。郑成功趁南航道激战正酣，便于三十日晚亲自乘船冒着暴风雨横渡海峡，经过一番努力，部队于四月一日拂晓抵达鹿耳门港外。

　　郑成功乘胜进兵，包围了赤嵌城中的荷军，并割断了赤嵌城与台湾城之间的联系，让它们彼此孤立起来。

　　赤嵌城中的荷兰人本想负隅顽抗，却发现自己腹背受敌，心中大为惊恐，纷纷抱头鼠窜，郑军趁势猛攻，将敌人一举歼灭。荷兰人走投无路，不得不挂白旗投降。郑成功在登陆后第四天，就收复了赤嵌城。

　　接着，郑成功一鼓作气，拿

荷兰殖民者向郑成功乞降。

下了台湾城，收复了整个台湾岛。台湾终于重又回到了祖国的怀抱。郑成功不愧是我国伟大的民族英雄。

❁❁ ○韩信讨伐魏王豹○ ❁❁

兵不厌诈，声东击西需要人制造假象诱骗敌人，让敌人错误地判断我方的攻击地点，制订错误的兵力部署计划。韩信在讨伐魏王豹时就运用了这一方法。

公元前205年，刘邦在彭城（今江苏徐州）被项羽击败，损失惨重，很多原本归顺他的人都倒向了项羽，魏王豹就是其中之一。

当初，魏王豹借口回老家探望生病的母亲，离开汉军返回封地，而一到封地，他就向项羽示好，切断了黄河渡口紧邻晋关的要道，拉起了反汉的旗帜。

魏王豹有十万人马，他的背叛对刘邦而言无疑是火上浇油，汉军登时面临着被项羽和魏王豹夹击的危险。刘邦派人游说魏王豹，希望他能重新加入汉军，却遭到了魏王豹的拒绝。

最后，刘邦只好命韩信为左丞相，要他和灌婴、曹参一起，率领十万大军攻打魏王。魏王豹得知这个消息，就派大将柏直率领大军死死扼住黄河东岸的蒲坂（今山西永济西蒲州镇），阻止汉军过河。

韩信仔细观察了蒲坂的地形，发现这里地势险要，易守难攻，直接硬攻胜算渺茫。于是他离开蒲坂前往黄河上游的夏阳（今陕西韩城南）考察情况。在夏阳，他发现了一件令人惊喜的事情，由于魏王几乎将所有注意力都放在了蒲坂，致使夏阳驻军防守力量单薄。韩信遂决定采取声东击西的战术，假装攻打蒲坂，实则攻打夏阳。

韩信将军营扎在蒲坂对岸，在军营四周插起旗子，又找来一些船，大张旗鼓地训练起士兵，似乎在向对岸的魏军表示，汉军早晚要从这里渡河。与此同时，他又悄悄地将汉军主力调往北边，为真正的决战做好准备。渡河需要船只，韩信一面叫人砍树制舟，一面安排人买小口大肚的瓦瓮。灌婴、曹参不明白他的用意，韩信就告诉他们，将这样的瓦瓮封住口，口朝下倒立起来，数十只一起排成长方形，再用木头夹住，就制成了筏子。这种筏子不但制作起来方便快捷，承载能力比普通的木筏子要高很多。

没过多久，韩信就做好了渡河的准备。他要灌婴带一万兵马在蒲坂对岸虚张声势，做出要过河的样子，迷惑敌人。而他自己则和曹参一起带领大部队乘着用瓦瓮做的筏子由夏阳偷偷渡河。

魏军果然上当了，密切关注着蒲坂的局势，等了好久，只看到对面的汉军叫嚷着要渡河，却始终不见有汉军渡过来，就在他们以为汉军不打算过河的时候，突然听到韩信已拿下魏城安邑（今山西夏县北）的消息，韩信正势不可当地杀向魏王豹所在的平阳（今山西临汾）。

魏王豹这才知道韩信已经渡过黄河，他赶忙组织力量阻截汉军，可是已经回天乏术，不久平阳失守，而他自己也被汉军俘获了。

韩信用瓦瓮制作渡河用的筏子。

◎贾诩观行迹智守南阳◎

东汉末年，曹操南下征伐占据南阳的张绣。张绣深知曹操兵势强大，自己绝不是他的对手，因此决定高挂免战牌，坚守南阳不出。不久，曹操兵临南阳城下，亲自指挥大军攻城，可是一连攻了十多天，也没有把它拿下来。

面对这一困境，曹操暗自想道：南阳城异常坚固，而且周围还有一条又深又宽的护城河保护着，这样强攻下去不会有什么效果。想到这里，曹操立即下令暂且停止攻城，亲自骑马到城池周围观察地形，寻觅取城良策。这时，他发现南阳城的东南角多有毁坏，是城防的薄弱点，因此心中顿生一计。回到军营后，他马上召集众将官，通令全军攻打南阳的西北角。

张绣的谋士贾诩在城楼上看到曹操视察地形，立即猜到曹操的意图，于是他求见张绣，对张绣说道："我在城楼上看到曹操绕城观察地形，他定是发现南阳城东南角多有毁坏，防守不够坚固，便暗自选择以那里为突破口，却假意来攻打西北角，这是他的'声东击西'的计策。他一定是想等我军把注意力集中在西北角时，在夜间乘我不备而攻打东南角。我们可以'将计就计'，多派百姓装扮成守城的士兵，佯装中计，去守卫西北方。我军再选出精锐之士于夜间埋伏在城东南角的房屋内。等曹操从东南角入城时，我军趁机杀出，到时定能大获全胜。"张绣听罢，十分赞成贾诩的建议，于是开始依计行事。

贾诩向张绣献计。

果然，曹操看到张绣派出"重兵"防御南阳的西北角，而东南角却没有多少人防御，以为张绣中计，心里暗自高兴起来。到了这天夜里的三更时分，曹操亲率大军由东南角翻过壕沟，砍开城外的鹿障，很快就在城墙上掘开一个大洞，曹军见城内异常安静，便鱼贯而入。

这时，只听到一声炮响，突然从城中屋内涌出大量伏兵，一齐杀向曹军。曹军见大事不妙，纷纷向后溃退。而南阳守军则越战越勇，直杀得曹军抱头鼠窜，曹操也弃马而逃。

南阳之战中，曹操损失惨重，只得率军撤回北方。

在这则战例中，贾诩根据曹操的举动，成功地识破了其"声东击西"的意图，于是将计就计，出奇匿伏，从而一举打败曹军。正所谓"一招错满局皆落索"，贾诩的这种判断，

曹军于南阳被伏击。

是根据自己城池东南不牢固的实际情况，以及曹操绕城一周后改变攻城战术的反常举动中，判断出曹操是欲用"声东击西"之谋的。

◎ 姜维声东击西骗魏军 ◎

魏景元四年（263）七月，魏国大将军司马昭派遣镇西将军钟会率军十万，从长安出发，大举开往汉中，又令安西将军邓艾从陇右出击，前往沓中牵制蜀将姜维，向蜀汉发起全面进攻。魏军兵势强大，蜀军不能抵挡，很快就丢掉汉中之地。此时，驻守沓中的姜维，也被邓艾击败，情势相当危急。

姜维声东击西骗魏军。

姜维听到汉中失守的消息后，打算前去救援，但是去汉中的必经之路阴平桥，此时已被魏将诸葛绪占据。想到这里，姜维万分着急，他仰天长叹道："这是老天要让我命丧于此啊！"

就在这危急时刻，副将宁随向姜维建议道："尽管现在魏兵已切断阴平桥头，但雍州兵力必然空虚，如果我军从孔函谷抄近路去奇袭雍州，诸葛绪一定会把驻守阴平桥的守军调走去援救雍州，到那个时候，我军再夺取阴平桥，继而守住剑阁，便可以收复汉中了。"姜维想了想，觉得这招"声东击西"的计谋很好，便采纳了宁随的建议。

这时，驻守阴平桥的诸葛绪听说姜维去攻打雍州，心里暗自想道：雍州一向由我驻守，一旦有了闪失，上峰一定会责罚我的。于是连忙撤走大部分军队去回援雍州，桥头只留少量军兵把守。

姜维率兵走出三十里左右，得到诸葛雍回援雍州的消息，便调转方向，迅速赶往阴平桥，轻而易举地拿下了阴平桥，烧毁敌寨，率兵直奔剑阁。

诸葛绪赶回雍州后，听说姜维拿下了阴平桥，这才知道中计，等他返回阴平桥时，姜维已率军过去半日了，他因此受到了钟会的责罚。

在这则战例中，姜维实施"声东击西"之计，成功地调动了诸葛绪，使其离开阴平桥，从而乘虚而入，夺取剑阁，收复了汉中。

商业案例

◎ 娄维川故作姿态逼对手让步 ◎

在商业谈判中，先把自己的目标隐蔽起来，把一些次要的问题渲染成很重要的问题，而让对方误以为自己多占了些便宜，这便是对声东击西策略的成功运用。

娄维川，山东省烟台市塑料编织袋厂厂长。1985年春，娄维川与日本株式会社东吉村先生达成正式购买生产线的口头协议。4月5日，娄维川一行人开始在青岛与日方进行谈判。

经过为期一周的技术交流后，谈判进入了实质性阶段，对方主要代表发言说："我方经销的生产线，是由日本最守信誉的三家公司生产的，具有世界领先水平，全套设备的总价为240万美元。"该代表报完价后，便摆出一副不容置疑的神情。

娄厂长微微一笑，根据实地考察以及多方收集到的情报，他早已得知，以前中国进口的同类设备，最贵的不过 180 万美元，而便宜的才 140 万美元，这次分明是对方以为自己不了解业界底细，狮子大开口。于是娄维川缓缓站起身，朗声说道："据我们掌握的情报，你们的设备性能与贵国某某会社提供的产品完全一样，我省 B 厂购买的该设备，比贵方开价便宜一半。因此，我提请你重新出示价格。"

日方代表听罢，意识到中方对市场行情相当了解，这一点显然出乎他们的意料，只能相视而望，首次谈判就这样宣告结束。

当天晚上，日方就各类设备的价格列出了一份详细清单，次日报出总价 180 万美元。经过几轮激烈的争论，中方将总价压到 140 万美元，后又到 130 万美元。至此，日方表示价格已达底线，无法再压。

随后，双方又展开了长达九天的谈判，共计谈崩了 35 次，但这次拉锯战并没有取得丝毫进展，双方均不肯让步。

"是不是到了该签字的时候了？"娄维川开始思考这个问题，这时，他突然灵机一动，计上心头。娄维川回顾整个谈判过程，他觉得，之前基本上是日方开价、我方还价的模式，我方一直为对方所牵制，处于较被动的地位。而且这种模式会让人觉得中方是抱着过了这村就没这店的心理来谈判的，所以才坚持不肯让步。

想通了这一节，娄维川当即与另一家西方公司进行洽谈联系。当然，这个小动作很快被日方发现，便把总价降至 120 万美元。虽然这个价格算是相当不错了，但当时有几家外商正同时在青岛竞销各自的编织袋生产线，娄维川了解到这一信息，认为形势对自己相当有利，应当牢牢把握这个机会，迫使对方进一步让价。

这时，谈判桌上的较量几乎已经达到了白热化的程度，双方在日商住所谈了整整一个上午，终于，日方代表愤怒地说道："娄先生，我们多次请示厂东，四次压价，将报价从 240 万美元降到 120 万美元，比原价已经降了 50%，可以说是仁至义尽，如今你们还不签字，实在太苛刻，简直是毫无诚意！"他一边说，一边生气地把手中的提包甩在了谈判桌上。

娄维川毫不示弱地站起身："先生，请记住，中国不再是几十年前的任人摆布的中国了，你们的价格，还有先生的态度，我们都是不能接受的！"说完，娄维川同样生气地将提包甩在桌上。不过，他却是有意这么做的，那提包的拉链没拉上，他这一甩，让里面装的西方某公司的设备资料与照片都撒了出来，日方代表见到照片和资料后，大吃一惊，急忙拉住转身欲离去的娄维川，赔笑道："娄先生，我的权限只有这么多，请允许我请示厂东之后，再行磋商。"娄维川见对方态度软化，心中欣喜，但表面上依旧寸步不让："请转告贵厂东，这样的价格，我们不感兴趣。"说完，毫不犹豫地抽身离去。

可是到了第二天，日方那边却毫无动静，中方有谈判人员怕真谈崩了，落个竹篮打水一场空，便有些沉不住气，但娄维川表现得泰然自若，说："沉住气，明天上午会有信儿来的。"

事情果不出他所料，第二天清早日方那边就传来消息，希望中方暂时不要和其他厂家谈判，厂东正在联系生产厂家，进行协商，希望几家一齐让步。

当天下午，日方设宴邀请中方，并在宴会上宣布第五次压价，娄维川反应迅速，立即跟上，要求再降 5% 即可成交。他心知日方代表目前陷于两头受挤压的处境，便善解人意地主动缓和气氛，说道："你们是客人，理应由我们来宴请，这次宴会费用，我们包了，价格问题请再和东京恳请一下。"

日方经过再次请示，宣布再让 3%，最后开价为 110 万美元，与中方的报价只差三万多美元。娄维川知道这已经是最后价格，便与日本代表握手成交，同时提出日方来华安装设备的费用一概由日本方面承担，这个建议把那 2% 的差价又挤过去不少。可以说基本上实现了娄维川最初的构想。

娄厂长能将设备售价从一开始的 240 万美元降到最后的 110 万美元，其高超的谈判艺术和技巧着实令人佩服，主要原因在于：娄厂长预先对市场进行了全面了解，并在谈判中运用了"声东击西"的谋略，使谈判对手慌了手脚，结果在犹豫中败下阵来。

◎哈利巧售柠檬水◎

美国有一位促销奇才名叫哈利，他15岁时在一家马戏团当童工，当时他已经初步展现了自己的商业头脑，非常善于吸引观众前来光顾，于是团主让他站在马戏团门口招徕观众。勤劳聪明的哈利果然不负团主所托，为马戏团招来不少观众。但是哈利并未安于现状，还想凭自己的智慧和才能做出更多成绩。经过一番思考，他想出了一个好主意。

这一天，他请求团主允许自己在马戏场内出售饮料，团主说，可以允许哈利出售饮料，但前提是不能影响演出收入。哈里神秘一笑，让团长放心，说马上会有更多观众。

于是，哈利买回了花生和柠檬水，自己躲在屋子里面炒花生。花生炒得酥脆之后，他就用纸将花生米分成一个一个小包。然后带着这些小包站在马戏团售票口处，使出浑身的力气，扯开嗓门大声吆喝道："来！来！来看马戏的人，买一张马戏票，赠送一包顶好吃的花生米啦。精彩的马戏，又香又脆的花生米，一边吃一边看，快来啊……"

卖票的人一听，惊讶地看着哈利问道："赠一包花生米？那你不是亏了吗？"哈利只是冲他笑笑，并不回答。观众闻到花生米的香味，纷纷围了过来，甚至很多本来没打算看马戏的人也被这免费赠送的花生米引得动了心，纷纷拿出钞票："给我一张票，花生米别忘了。""我要一张票……""我也来一张。""还有我……"在前面人潮的带动下，观众们就像被磁石吸引的磁铁一样全涌了过来，马戏票瞬间被卖得精光。

马戏开始后，观众们一边观看精彩的马戏，一边嚼着又香又脆的花生米。一小包花生米很快下了肚，人们便觉得有些口渴，想着要是有水喝就好了。就在这时，哈利又出现了，手里拿着柠檬水，轻声问道："我这里有柠檬水，谁要柠檬水？"话音未落，观众们纷纷高喊道："我要柠檬水！""我也要！"就像刚才的花生米一样，柠檬水瞬间也被人们抢得干干净净，哈利的口袋被钞票装得鼓鼓囊囊，大赚了一笔。

吃花生米容易使口腔发干，而且哈利在炒花生米的时候又加了不少盐，吃完了自然口渴难耐，这样他的饮料生意才能兴隆。表面上是赠送花生米，实际上是推销柠檬水，哈利"声东击西"的策略既帮马戏团招来了大量观众，也让自己收益颇丰，这的确是一个妙招。

◎雅马哈在市场争夺战中败下阵来◎

在市场竞争中，把对手的注意力吸引到我方不感兴趣的地方，避免与对手直接交锋，转而攻占其尚未关注的市场，这是声东击西之计在商业领域的又一运用。

本田、铃木、雅马哈是日本摩托车生产行业中三家最大的生产企业，号称日本摩托车的"三巨头"。三家中，本田一直是龙头老大，占据了近一半的市场。但是，20世纪70年代末到80年代初，本田将注意力转到了轿车生产和拓展海外市场上，导致市场份额逐渐下降。而雅马哈瞅准时机，频频发起攻势，意欲趁机扩展市场，夺取日本摩托车市场的头把交椅，于是本田和雅马哈之间爆发了一场激烈的霸主争夺战。

但是，由于雅马哈多次在市场判断上出现失误，结果在争夺中败下阵来。1967年，雅马哈趁着铃木忙于开发轻型汽车的机会，夺得了摩托车生产领域第二名的头衔。而这一次，铃木趁着本田同雅马哈打得难解难分之际，乱中取利，重新坐上了第二把交椅，雅马哈再次沦为三强之末，真可谓是"赔了夫人又折兵"。

在这场争夺战之前，摩托车大致可分为三种类型：一种是大气缸运动型摩托车，主要供警察和体育比赛使用；第二种是实用型摩托车，主要用作交通工具；第三种是娱乐型摩托车，用于消遣玩乐。到了70年代中期，一种轻便摩托车开始崭露头角，它造型小巧、启动方便，适用于女性和白领人士，各大厂家都瞄准了它的市场潜力，争相投入开发和生产。本田和雅马哈争夺战便围绕这种轻便摩托车而展开。

最早发现这一市场并推出产品的是本田，它不仅生产了各种款型，而且价格低廉，又请来意大利著名影星罗兰做广告，结果广受女性消费者的追捧，迎来了一个所谓的"轻便摩托车时代"。

虽然晚了一步，但是由于雅马哈产品的独特性，加上它大力的广告宣传，硬是从被本田占据的大半壁江山中杀出了一条血路。到1981年，本田和雅马哈在日本的摩托车市场占有份额都是近40%，相差无几。1982年，雅马哈一次性投入300亿日元，建成袋井第二工厂，以便提高生产能力，为实现年产400万辆这一生产目标打下基础。这边，雅马哈全力以赴、大规模地扩建工厂；那边，不想将市场拱手相让的本田重整旗鼓，表面上继续稳固海外市场，暗中却不断开发新产品，强化销售网络，准备全力反击，一鼓作气夺回之前失去的日本本土市场。

虽然中途一度落了下风，但本田毕竟是日本的摩托车之王，一旦它全力以赴，很快就占据了上风。1982年，本田的市场份额又回升到50%左右，雅马哈则降至32.8%。1983年，二者的差距继续拉大。除了销售网络，本田的实力之强也体现在对新产品的开发能力上。1982年和1983年，本田平均每月都有三四种新产品亮相。与之相比，雅马哈在速度和种类上均存在较大差距，这一点连它的技术开发人员也不得不甘拜下风。

80年代初，日本经济发展速度减缓，进入停滞时期，社会购买力随之下降。雅马哈提出增产口号不久，便开始出现过剩现象，大量摩托车卖不出去。据估计，雅马哈当时积压的摩托车将近100万辆，而它的年产量是220万辆，占了将近一半。而且，摩托车是时髦品，一旦没有在流行季节销售出去，待过了流行期，其命运可想而知。

雅马哈最终在这场市场争夺战中败下阵来，并付出了沉重的代价，营业利润大幅度下降，甚至到了借债度日的地步。仓库中堆积的摩托车多达上百万辆，只能降价处理。1983年5月，雅马哈终于做出减产、裁员和调整库存的决定。但大量裁员并没能挽救公司的危机，最后，连雅马哈最高决策者、会长川上源一也不得不引咎辞职了。

【点评】

声东击西，是制造假象，佯动以伪装进攻方向。通常是用灵活的行动，忽东忽西，巧妙制造假象，使敌人做出错误的判断，我方便可出其不意，一举取得胜利。

此计一般用在我方处于进攻态势时。"西"是真正的进攻目标，但为了迷惑敌人，故意"声东"，虚晃一枪，使敌人因此而放松对西的戒备：本来打算进攻乙地而不打算进攻甲地，却佯攻甲地，而不显出任何进攻乙地的迹象。这是保证此计成功的关键。

在现代商业活动中，声东击西主要是把对方的注意力引到我方并不感兴趣的地方，在为我方谋得利益的同时，最大限度地增加对方的满足感，从而使双方保持良好的关系，这是谈判中常常使用的重要策略之一。在谈判中，一个成熟老练的谈判者往往会巧妙地将自己的目标隐藏起来，而故意将一些次要的问题渲染成非常重要的甚至是关键问题，让对方以为占了便宜，自己见目的已经达到便"勉强"表示让步。这种策略不必冒重大风险，可以成为影响谈判的积极因素，而且能熟练掌握，对方很难做出反击。

《孙子兵法》与《三十六计》

中国现存最早的兵书

Vs

中国古代三十六个兵法策略

《孙子兵法》，《计篇》居首，统摄全局；《作战篇》《谋攻篇》，分别就物质基础与总体战略方针依次展开；《形篇》以下，纵论策略、战术。

《三十六计》的基本目标，是解决临阵对垒中的策略问题，因此，其理论系统主要表现为：依据敌我双方临阵形势之优劣，而分别采取相应的对策。

孙武

Vs

檀道济

就总体而言，《孙子兵法》的基本立足点，在于国家之全局，国家生死存亡之大势、综合国力的较量、道义与人谋等多种要素形成之合力的对抗。

《三十六计》的基本立足点，是临阵对垒的敌我形势，其要旨是在"不可捉摸"中，"捉摸"出变化规律来。因此，它的主体内容，是一个个具体的对应方略。

《孙子兵法》与《三十六计》的互补性

　　《孙子兵法》在统摄全局中，可以从战略高度对《三十六计》给予高屋建瓴式的指导，而《三十六计》在局部上，尤其是诡道的实施上，可以对《孙子兵法》给予精当的补充，详尽的阐释，以及更直接的发挥。

第二套
◎敌战计◎

✾◎第七计 无中生有◎✾

【原文】

　　诳也①，非诳也，实其所诳也②。少阴、太阴、太阳③。

【注释】

①诳：欺骗、诳骗。②实：实在、真实，这里是意动用法，把……当作真实的。③少阴、太阴、太阳：参见第一计瞒天过海的注释。这里将三者并列，以说明阴阳相互过渡、相互转化的道理。兵法上主要指欺敌活动的发展过程：由虚假逐渐转化为真实，简单来说就是用大大小小的假象去掩护真相，使敌人再次上当受骗。少阴，指虚假。太阴，指虚假之极。太阳，指真实之极。

【译文】

　　使用假象欺骗敌人，但并非一假到底，而是巧妙地让对方把欺骗当作真实。即开始用小的假象，然后用大的假象，（造成敌人的错觉使其）最后把假象当成真相。

【计名讲解】

　　此计名出自《老子》（即《道德经》）第四十章："天下万物生于有，有生于无。"此计本是道家术语，指万物来源于"无"。后来引申为凭空捏造，把本来不存在的事说成确有其事。广义上指一种采取真真假假、虚虚实实的手法，用假象欺骗敌人，使敌人判断失误而采取错误行为的计谋。

　　后来，尉缭子把"无中生有"的思想运用到军事上，他说："战权在乎道之所极，有者无之，安所信之？"提倡以"无"来迷惑敌人，乘其对"无"习以为常时，变虚为实，给敌人以致命一击。

　　古人按语说："无而示有，诳也。诳不可久而易觉，故无不可以终无。无中生有，则由诳而真，由虚而实矣，无不可以败敌，生有则败敌矣。""无中生有"其实是诳敌的战略。这句话的意思是说：无中生有是一种骗局，但是骗局容易识破而不能长久。因而"无"不能始终为"无"，而是要弄假成真、由虚转实。因此，用无不能击败敌人；把无变为有的时候，就能使敌人受挫。

无中生有。

● 无中生有

用假情况来欺骗敌人，但并不是完全弄虚作假，而是要巧妙地由虚变实，由假变真，以各种假象掩盖真相，造成敌人的错觉，出其不意地攻击敌人。

迷惑敌人为目的

以假象掩盖真相。

用虚实结合的战术。

敌人陷入困境因判断失误和行动失误。

乘势追击取得胜利

实用谋略

 ◎张巡力挫令狐潮◎

"无中生有"的关键在于真假要有变化，虚实必须结合。先假后真，先虚后实，无中必须生有。张巡挫败令狐潮的战例，就是对无中生有的一次成功实践。

公元755年，安史之乱爆发。次年正月，叛军将领张通晤攻陷宋州、曹州等地。谯郡太守杨万石慑于叛军威势，打算率领全郡军民投降，并逼迫张巡为其长史（副职）。张巡接到委命后，不但不为所动，反而更坚定了讨伐叛军的决心。当时，单父县尉贾贲也起兵拒叛，击败了张通晤后，进兵至雍丘，与张巡会合，共有士兵二千人。

这时，叛军将领令狐潮率军围攻雍丘。张巡领导军民英勇杀敌，多次击退叛军的进攻。令狐潮在初攻雍丘失败后，又引叛将李廷望率众四万攻城，一时人心震恐。但张巡沉着冷静，布置一些军队守城，其余分成几队，亲自率军向叛军发起突然攻击。叛军猝不及防，大败而逃。次日，张巡命人在城上筑起栅栏加强防守，然后捆草灌注膏油向叛军木楼投掷，使叛军无法逼近，致使叛军木楼攻城之策失败。

令狐潮见无法取胜，便下令把雍丘围得水泄不通，打算困死城中军民。两军相互对峙四十多天，城中粮草短缺，朝廷的援兵也一直没有赶来。令狐潮听说唐玄宗已经到蜀地去了，又用书信招降张巡，但是张巡不为所动。

令狐潮曾经招降张巡的六员部将，于是派这六个人进入雍丘城，让他们以张巡兵力不够、无法与敌对抗的现实向张巡劝降，并且还

张巡鼓舞全军士气。

说："皇上是死是活还不知道呢，不如投降令狐将军吧。"

张巡沉思了一会儿，假装答应。第二天，张巡在公堂上摆出唐玄宗的画像，率领众将士向画像朝拜，人人都泣不成声。张巡将这六个人带到堂前，以国家兴亡的大义斥责他们，然后把他们杀掉，城中军民的士气大增。

然而，此时城中的箭都已经用完了，张巡很头疼，他想："现在没有箭了，如何守住城池呢？是否可以用诸葛亮的草船借箭之计呢？对，就这么办！"于是，他下令将士们将禾秆束成上千个草人，并给他们穿上黑衣，将士们都不明白他为什么这么做。

一天晚上，张巡令士卒用绳子拴着草人，然后将它们放到城下，令狐潮的士兵以为是守军偷袭，纷纷向草人射箭，过了一段时间，才知道从城上下来的是草人。张巡得到几十万支箭，城防的力量有所增强。

在之后的几天夜里，张巡又从城墙上放下草人来，叛军又朝着草人射箭，待确定下来的是草人后，便不再射箭。又过了一段时间，叛军觉得好笑，便不再防备了。

张巡见叛军失去戒心，便在一天夜里组织了敢死队，共有五百人，然后把他们送到城下。叛军以为又是草人，因此没有在意，也没有向城下射箭。敢死队趁机杀向令狐潮的军营，令狐潮的军队大乱，烧掉营垒逃跑。张巡看准时机，率领城中守军杀出，向前进攻了十多里地。令狐潮大败，被迫退到离城数十里的地方驻扎下来。之后，张巡率领守军再破令狐潮的叛军，令狐潮率领残军退到陈留，不敢再出来了。

张巡利用草人借箭，待敌人识破"草人借箭"的计谋后，张巡又继续迷惑敌人，多次放草人出城。敌人放松警惕，不再对草人放箭，张巡便利用这个机会，放真人出城，出其不意地攻入敌人的军营，取得一场大胜。这一故事正是对"无中生有"之计的成功运用。

◎ 祖珽造谣害死斛律光 ◎

要想使"无中生有"成功，就要以各种假象掩盖真相，给敌人造成错觉，出其不意地打击敌人。北周以离间的手段除掉北齐大将斛律光的事迹，就是对这一计谋的一次成功运用。

斛律光，字明月，北齐著名大将。他骁勇善战，治军严明，威望甚高，历任大将军、太傅、右丞相、左丞相等职，封咸阳王。当时北齐后主高纬昏庸无能，宠信奸臣祖珽等人，朝政大权都

把持在这些小人手中。斛律光为人正直，对祖珽这些人的胡作非为非常不满，经常斥责他们，祖珽等为此怀恨在心，无时无刻不想着加害于他。但是，斛律光的一个女儿是齐孝昭帝太子高百年的妃子，另一个女儿就是高纬的皇后，整个家族在北齐尊贵无比；况且斛律光治家甚严，生活节俭，不肯谋求私利、收受贿赂，也不肯结党营私、干预朝政，祖珽根本拿不到他的任何把柄，一时也奈何他不得。

当时，北周的勋州刺史、骠骑大将军韦孝宽也是一员名将，他企图进攻北齐，却屡次败在斛律光手中，北周其他人更是一听到斛律光的名字便望风而逃。

韦孝宽知道在战场上无法打败斛律光，想起高纬昏庸，又听说斛律光与权臣祖珽等人素来不睦，觉得有机可乘，于是制造斛律光篡位的谣言，编成儿歌，派出间谍在北齐国都邺城传唱，歌曰："百升飞上天，明月照长安。高山不推自崩，槲树不扶自树。"

祖珽听到后，觉得这是个陷害斛律光的绝佳机会，于是又居心叵测地在最后加了两句："盲眼老公头颅落，饶舌老母不得语。"还派人教孩子们在街上大肆传唱。

果然，这些谣言后来慢慢传到了后主高纬的耳中，他不解其意，便询问心腹祖珽。祖珽知道自己的机会来了，便拿出事先准备好的说辞："'百升'合起来为一斛（斛是古代一种计量单位），'明月'是斛律光的字。'高山'指高氏江山，'槲树'就是指斛律氏。这些童谣分明是说斛律光意图谋朝篡位。至于最后两句，'盲眼老公'是指我（祖珽双目失明），'饶舌老妇'则是指陛下的乳母。这童谣听着真让人不寒而栗啊。"

祖珽用心险恶，他说出这番话的目的就是要挑唆高纬对斛律光产生猜疑，进而除掉斛律光。高纬此人虽然昏庸，但生性怯懦，他也知道斛律光为栋梁之材，因此一直犹豫不决。祖珽一计不成，又生一计，他买通了斛律光手下的一个幕僚，指示他诬告斛律光秘密调集军队进京，并在家中暗藏兵甲器械，还豢养了几千家丁，一俟时机成熟，便要犯上作乱。高纬信以为真，终于下定决心杀掉斛律光。

但斛律光位高权重，又手握重兵，如果公开动手，必定会引起动乱，如何才能顺利杀掉他呢？祖珽又适时地给高纬献上一条奸计，说道："如果陛下命令斛律光前来，恐怕他心存怀疑而不肯从命。不如派人送他一匹好马，告诉他说，皇上明天去东山游玩，邀请他同行。他一定会入宫拜谢，到那时正好趁机下手。"

于是高纬假称赏赐斛律光骏马一匹，约其第二天一起游观东山。斛律光不备，独自一人前往皇宫，来到凉风堂时，高纬的卫士刘桃枝从后击其后脑，斛律光屹立不倒，回头斥道："你们经常做这种卑鄙无耻之事，但我到死也不会做对不起国家和皇帝的事。"刘桃枝和另外三个人见斛律光丝毫不作抵抗，便用弓弦勒死了这位一代名将。斛律光死后，高纬以谋反罪尽灭其族，派人抄家时，只搜出一些宴射用的弓箭刀鞘，此外再无余财。

高纬自毁长城，朝野为之痛惜。周武帝得知斛律光被害，极为高兴，下令大赦全国，并于公元577年发兵攻入邺城，灭了北齐，然后下诏追封斛律光为上柱国、崇国公，并指着诏令对众人说："此人若在，朕岂能至邺？"

斛律光戎马一生，从无败绩，却死于敌人散播的谣言之下，含冤莫白。北齐自毁栋梁，结果自取灭亡。

高纬假意赏赐斛律光骏马一匹。

◎宋太祖杯酒收钱财◎

北宋建立之初，有两个节度使起兵造反，宋太祖亲自出征，费了很大的力气才平定叛乱。此事也让宋太祖忧心忡忡，担心将领们的威望太高、兵权太重，国家将来会重蹈唐朝藩镇割据的覆辙，对皇权造成威胁，于是来了个"杯酒释兵权"，收回了地方将领的兵权。从此以后，这些将领赋闲在家，一个劲儿地积蓄财产，整日只顾着吃喝玩乐。但看到他们手中的财产逐渐增多，宋太祖又担心会另生事端，受"杯酒释兵权"的启发，他又想出一个"杯酒收钱财"之法。

首先，宋太祖给每位将领赏赐了一块宝地，让他们在这块土地上修建豪宅。宅地是皇上所赐，将领们当然不敢怠慢。接到赏赐后，将领们立即大兴土木，等到住宅完工了，宋太祖就招他们进宫，赐宴招待他们。酒宴上气氛很好，君臣和乐，宋太祖趁机再三劝酒，结果那些将领个个喝得酩酊大醉，连路都走不动了，更不用说自己回家。

宋太祖杯酒收钱财。

宋太祖传令，让每位将领家中来一个公子，把各自的父亲搀扶回家。宋太祖将宾客送到大殿门外，在他们即将离开的时候，若无其事地说："你们的父亲刚刚在酒宴上都表示愿意捐给朝廷十万缗（一千钱为一缗）钱。"

将领们酒醒后，发现在自己家中，于是连忙叫来家里人询问自己是怎么回来的，在皇上面前是否有失礼之处。自然也在询问中知道了捐钱之事。尽管将领们都怀疑自己是否真的在酒醉时许诺过向朝廷捐钱，但是既然此事是从皇帝口中说出，不管真假皆已成定局，第二天都非常识时务地上交了十万缗钱。

宋太祖担心将领们手中积蓄的钱财太多，对自己的统治有所不利，就想从他们手中收取一部分作为限制。但他毕竟是一国之君，怎么能主动开口向手下臣子要钱呢？于是，宋太祖便巧使一招"无中生有"之计，反正当事人也无法确认自己一定没有说过给朝廷捐献之言，这样既保全了皇上的尊严，又帮朝廷大赚了一笔，将领们却无话可说，真可谓一石三鸟。

商业案例

◎承包商赚钱有术◎

有一个建筑承包商专门承揽大项建筑工程，而每次揽下生意后，他就把大工程划分成若干个小工程，再进行转手，分别承包给其他施工单位。这个承包商只要出手，几乎每次都能用较高的价格揽下生意，然后以最低的价格很快将工程分包出去，因此赚了不少钱。他的同行们觉得很奇怪，直到后来才偶然发现了他的独门经营"秘方"。

事情的经过是这样的：每次要从别人那里承揽生意时，这位建筑承包商总会派出自己的心腹，假扮成另外几家承包商来与自己竞争。等到这些假承包商分别报出极高的价格之后，他才不慌不忙地站出来，报出一个相对较低的价格投标。有了这样的比较，发包方当然就选择了出价最低的他。

实际上，如果在业界做个调查就会发现，他所出的"最低价"往往是此类工程中的最高价。

而他向外发包时，也有一套"独门秘方"：将工程承揽下来之后，他就开始与投标者洽谈分包价格，一开始，他总是迫使对方不断压价。等到谈判进入僵持阶段时，他的秘书便会适时地敲门进来，说是来了紧急电话需要马上接听。每当这时，承包商总是会露出慌乱的神情，手忙脚乱中竟然将"机密材料"落在了谈判桌上。

这些材料中的内容，他的谈判对手自然是非常感兴趣的，看到他离开必定会偷偷翻看，不看则已，一看顿时慌了手脚，原来竟然是所有施工单位关于此项工程的"竞价单"。他们还会暗自庆幸，幸亏自己及时发现了如此重大的"机密"，不然，这项生意就在不知不觉中被别人抢走了。

等承包商"接完电话"重返谈判桌时，投标者就会主动把投标价格压得很低，于是双方很快成交。就在这些投标者庆幸煮熟的鸭子终于没有飞走的时候，又哪里知道，他们偷看的那些"机密材料"，其实都是这位承包商事前精心伪造的。

这位聪明的承包商在承揽生意时，会虚拟出一些与自己竞争的抬价者；而在向其他施工单位分包时，又会虚拟出一些与对方竞争的压价者。而无论是抬价者还是压价者，实际上都是不存在的。承包商巧用"无中生有"之计，保证了自己在行业竞争中始终立于不败之地。

◎ "无中生有"的电话订货 ◎

日本东京住着一个名叫矢田一郎的人，他的儿子是残疾儿童，每次大小便都需要他去帮助，这样，他总是累得满头大汗，而且儿子也觉得很痛苦。长此下去也不是办法，在照顾儿子时，矢田一郎一直在想：要是有一种专供残疾人使用的便器该多好啊！

受到这个想法的启发，矢田一郎干脆开动脑筋，开始专心研制一种专供残疾人使用的安全便器。经过两年的努力，他终于成功了，并给这种便器取了个名字叫作"安便器"。然后矢田一郎信心百倍地带着安便器前往东京各商店进行推销。

但令矢田一郎失望的是，无论他怎么不厌其烦地向各商店的业务主管人员介绍安便器性能及使用价值，向他们指出其蕴含的广阔的市场前景，这些业务主管们都采取一副观望的态度，毕竟安便器是新产品，不知道它是不是真的有销售市场，而且，在橱窗里陈列便器太不雅观，对商店形象不利，所以业务主管们最后都不约而同地婉言拒绝进矢田一郎的货。

矢田一郎并非商人，他将安便器申请获得了专利，投入全部家产进行生产。他想的是，社会上残疾人为数不少，他们在生活上多有不便，给自己和家庭都带来了一些困难，如果能将安便器推广开去，不仅可以减少残疾人的生活困难，减轻因此带给他们的痛苦，还可以让自己获得一笔可观的收入。但没想到现在碰了壁，而且这些货物如果一直积压，自己将会有倾家荡产的危险。

正当矢田一郎快要绝望的时候，他的一个好朋友想出了一个点子。

当时，通过电话订货的业务正在日本盛行开来，几天后，东京好几家百货商店都接到了下面类似的订货电话：

"请问贵店有专供残疾人使用的安便器吗？"

"非常抱歉，本店没有这种货物供应，请去别的商店询问一下吧。"

由于几天时间内接到好多这样的订货电话，这开始引起了商店的重视，并将情况反映给了所属的百货公司。

既然有不少客户需要，公司自然不愿错过这一商机，非常重视这个"信息"，想迅速进货来满足商店的营业需要，在记忆中苦苦搜索一番之后，他们终于想起，曾经有个叫矢田一郎的人来推销过这种商品。当时没意识到其中的市场前景，便一口回绝了，现在看来，真是太失策了。

于是他们找到矢田一郎的住址，主动上门拜访，从他那里购进了大批安便器。矢田一郎之前积压的产品一下子全都脱手了，获得了一笔相当可观的利润。

安便器上市后，因为它确实具备特殊性能，给残疾人带来了方便，所以购买者很多。

不过，之前商店方面接到的所有订货电话，都是矢田一郎通过他的朋友拨打的。在这些无中生有的电话的帮助之下，安便器立刻成了热销商品。

◎假想对手以振奋己方士气◎

在日本热水瓶业界，"象"和"泰佳"是两个彼此敌视的品牌，它们之间的斗争之激烈可说是有目共睹。

最初，泰佳热水瓶是独霸热水瓶业的老大，很长时间内没有人敢去和它争夺市场。而象牌热水瓶作为后起之秀，刚开始成立时只是一家不起眼的小公司，根本没有人能想到它日后会崛起成为能与泰佳分庭抗礼的大企业。

然而，当一个名叫市川重幸的年轻人就任董事长后，情形逐渐变得大不一样了。市川重幸上任后，始终牢记一个信念：独霸热水瓶业的泰佳是象牌的劲敌，一定要用各种方式去战胜它。

于是，这位董事长对某一个将要出差的员工都要再三叮嘱说："你们到各地出差时，在旅馆和饭店，一定要注意服务员手中的热水瓶，如果他拿出来的是泰佳牌热水瓶，你们立刻走出去，选择别的地方，坚决不要在那里住宿或吃饭，记住，一定要选择不使用泰佳热水瓶的旅馆和饭店。"

刚开始，员工们不了解董事长的心意，觉得这个要求有些奇怪，但依旧非常认真地执行。过了不久，董事长的话就传达给了每一个员工，这种有些过分的敌视政策逐渐变成全公司一致的"战胜泰佳"的信念。在这种上下团结一心的企业精神的鼓舞下，象牌终于杀进了泰佳的地盘，公司销售额也逐渐追上了泰佳，到后来甚至相差无几，将不可能的事情变成了可能。

泰佳之前一直是热水瓶行业的王者，象牌奋起直追时，泰佳并不把这家小公司看在眼中，却没想到对方竟然是一个劲敌，业绩蒸蒸日上。泰佳董事长终于意识到事情不妙，开始将象牌引为不共戴天的仇敌："情况非常不妙，我们必须打倒象牌才能生存！"

在日本的热水瓶业，只有象牌和泰佳两家的销售额是不断增加的，其中最大的原因，就是两家公司在强烈的敌对意识的鼓动下不断去跟对方竞争。

在对方没有敌意的情况下预先将其树为假想敌，这样的做法放在普通生活中缺少君子风度，有制造事端、推波助澜之嫌。但放在宛如战场的商场上，情况就有所不同了：二流企业要向一流企业迈进，必须全力以赴，让全体员工团结一心，企业经营者必须设法激起员工的斗志。在这种情况下，假设一个强大的敌人，即使这个敌人是无中生有的，也往往能起到良好的效果。

【点评】

无中生有，就是真假相参，虚实互变，以扰乱敌人，使其行动出现失误。在运用"无中生有"之计的时候，主要分三步：第一步，示敌以假，使其误以为真；第二步，故意让敌人识破我方制造的假象，令其因此而掉以轻心；第三步，我方化假为真，却让敌人仍误以为假。

一般来讲，"无"是指迷惑敌人的假象，"有"是指我方的真实意图。另外，无还可以指没有条件，有则指创造出了条件。

运用此计的人，往往是利用对方判断失误或人们普遍存在的一种贪利心理。而谨防无中生有，就是要相应地克服这种心理上的弱点，做到知己知彼，切忌为假象所迷惑。

◎第八计 暗度陈仓◎

【原文】

示之以动①，利其静而有主②，益动而巽③。

【注释】

①示：给人看。动：这里指正面佯攻、佯动等迷惑敌方的军事行动。②利其静而有主：敌方静下心来专注于（我方的佯动）则对我方有利。主，专心、专一。③益动而巽：语出《易经·益》："益动而巽，日进无疆。"意思是，充分发挥军事行动的灵活性，像风一样乘虚而入、迂回偷袭。益，增加。巽，八卦之一，象征风，风无孔不入，有隙即钻。

【译文】

采取佯攻的行动，利用敌人在某地集结固守的有利时机，迅速绕到敌人的薄弱之处发动突袭，出奇制胜。

【计名讲解】

此计全称为"明修栈道，暗度陈仓（古县名，位于今陕西省宝鸡市东）"，出自西汉司马迁《史记·淮阴侯列传》。"明修栈道，暗度陈仓"是汉大将军韩信运用过的一个计谋，也是古代战争史上的著名战例。

秦朝末年，群雄并起，楚怀王许诺：先入关中者为王。

公元前207年，项羽在巨鹿之战中大败秦军，想要趁势一举攻下咸阳。但当他到达函谷关时，却获悉刘邦早已趁着他与秦军激战时抢先进入关中，攻占了咸阳，并与关中父老约法三章，赢得了民众的支持，自立为关中王。

项羽大怒，仗着自己的军事实力强大，率军直逼关中，扬言要消灭刘邦，刘邦自知不敌，于是将咸阳和关中拱手相让。

公元前206年，项羽自封为西楚霸王，定都彭城（今江苏徐州），势力范围包括今天的江苏、安徽、山东、河南等地区。然后项羽给各路诸侯"计功割地"，按说其中刘邦功劳最大，项羽却视而不见，故意将偏僻荒凉的巴、蜀分封给刘邦，刘邦因此获得了"汉中王"的称号。

但就是这样，项羽仍然不放心，又将与汉中相邻的关中之地一分为三，分封给秦朝的三位降将——雍王章邯、塞王司马欣和翟王董翳，让他们率领重兵镇守，以遏制刘邦北上。其中，直接与刘邦相接的是雍王章邯。

刘邦见状，心中怨愤不已，就想立即率兵进攻项羽，在萧何、张良的一再劝阻下，才决定隐忍不发。

眼见天下分封已定，张良打算离开刘邦，回韩国侍奉韩王成。临行前，刘邦送给张良许多金银珠宝，张良却悉数转赠给项伯，并请求他说服项羽将汉中地区加封给刘邦。项伯果然照办。

刘邦送给张良许多金银珠宝，张良却悉数转赠给项伯。

于是刘邦占据了秦岭以南巴、蜀、汉中三郡，建都南郑（在今陕西南郑县东北）。

刘邦前往汉中时，张良为他送别，走到褒中（今陕西褒城）时，张良见此处群山环抱，沿途都是悬崖峭壁，只有栈道可以通行，于是建议刘邦沿途烧毁入蜀的栈道，一方面表明自己绝无东扩之意，消除项羽的戒心，一方面也可以防备他人的袭击。然后在蜀中养精蓄锐，等待时机。刘邦也依计而行。

刘邦前往汉中时，张良为他送别。

刘邦内心深处一天也没有忘记过争夺天下的雄心，进入汉中后，他励精图治，积极休整。公元前206年，刘邦见时机成熟，便派大将军韩信东征。而陈仓，正是刘邦从汉中入关中的必经之地，两地之间有崇山峻岭阻隔，又有雍王章邯率重兵把守，要强攻夺取，殊为不易。

为了麻痹敌人，韩信向刘邦献上一计，他故意派出樊哙带领一万士兵，大张旗鼓地修复已经被烧毁的山间栈道，并限令一个月修好，摆出一副要从原路杀回关中的架势。

章邯果然中计，一方面觉得十分好笑，因为这样浩大的工程没有几年是无法完成的；另一方面也确实如韩信所料那样密切注视着修复栈道的进展情况，并调来重兵在栈道所经地区的各个关口严加防范，准备阻拦汉军进攻。

但令章邯万万没有想到的是，就在栈道开始重修不久，韩信早已暗中率领汉军主力部队翻山越岭，从隐蔽的小道偷偷来到了陈仓，出其不意地从侧面发动袭击，一举攻下了陈仓。章邯听说陈仓失守，慌忙率兵迎战，结果连连失利，章邯见大势已去，被迫自杀。在不到三个月的时间里，刘邦就趁势一举平定了三秦，夺取了关中地区，并以这块富饶的宝地为基点，开始了争夺天下的大业。

"暗度陈仓"意思是正面迷惑敌人，悄悄绕到敌人侧面发动突然袭击。

古人按语说："奇出于正，无正不能出奇。不明修栈道，则不能暗度陈仓。"意思是说：奇兵与正兵要相互配合，如果没有正面攻击，就无法出奇制胜。就好像如果不去明修栈道，也就没有暗中东出陈仓一样。这则按语讲出了"奇""正"的辩证关系。奇正相互对立，又相互联系。孙子说："凡战者，以正合，以奇胜。"这里的"正"，指的正是兵法中的常规原则；这里的"奇"，指的是与常规原则相对而言的灵活用兵之法。其实，奇正也可以互相转化。比如说，"明修栈道，暗度陈仓"，写入兵书，此法可以说由奇变为正，而适时的正面强攻又可能转化为奇了。按语中举了三国时邓艾与姜维的故事："昔邓艾屯白水之北，姜维遣廖化屯白水之南而结营焉。艾谓诸将曰：'维今卒还，吾军少，法当一渡不而作桥；此维使化持吾，令不得还，必自东袭取洮城矣。'艾即夜潜军，径到洮城。维果来渡。而艾先至，据城，得以不破。"在这则故事当中，邓艾识破了姜维的"暗度陈仓"之计，认定姜维派廖化屯白水之南，不过是想迷惑自己，目的是袭取洪城，等姜维偷袭洪城时，邓艾已严阵以待了。邓艾懂得兵法中奇正互变的道理，识破姜维之计。由此可见，对于熟悉兵法的人来说，战场上千变万化，使用各种计谋，必须审时度势，机械搬用某种计谋，是难以成功的。

● 暗度陈仓

本计全称为"明修栈道，暗度陈仓"，出自司马迁《史记·淮阴侯列传》。敌人固守一方时，己方采取正面佯攻，故意暴露行动，而暗中却悄悄地迂回偷袭的策略，这是一种用造假象的手段来乘虚而入、出奇制胜的策略。

敌人固守一方时

壹

敌军集中兵力应对我军攻击。

我军假装正面攻击敌军。

我军暗中迂回偷袭。

贰

敌军应对不暇我军乘虚而入。

出奇制胜

实用谋略

◎ 韩信二施"暗度陈仓"之计 ◎

通常情况下，成功实施了某一计策之后，敌人多半会吸取教训，防止再次上当，聪明的将领甚至会将计就计，借势取胜。因此，故伎重演往往很难奏效。但韩信不愧是古代军事奇才，他在暗中出陈仓，取汉中后，再施"暗度陈仓"之计，将敌人玩弄于股掌之间，堪称一绝。

在楚汉相争过程中，各路诸侯自知力量不足，于是均密切关注战争动向，随时替自己寻找靠山。

西魏王豹最初依附于刘邦，后来见汉兵失利，马上就转身投靠项羽了，并公然反对刘邦。大将军韩信率兵进攻西魏，大军行进至黄河渡口临晋关（在今陕西大荔东）。西魏王豹闻讯，赶紧调集大军前往把守临晋关对岸的蒲坂（在今山西永济西），打算倚仗黄河天险，封锁临晋关河面，将韩信拒之门外。

作为一个优秀的将领，韩信深知，如果强行从临晋关渡河作战，难度太高，不仅会给己方造成大量伤亡，而且成功的把握太低。于是决定故伎重施，再来一次"暗度陈仓"。

韩信一边制造从临晋关渡河的假象，一边抓紧调派人马，赶造船只，还派出探子秘密沿黄河上游察看地形。经过认真调查和反复比较，韩信发现黄河上游夏阳（在今陕西韩城南）地势险要，魏兵守备虚弱，于是韩信决定从那里渡河。

韩信命令佯装从临晋关渡河，让部分士兵大声击鼓呐喊，并拖船入水，摆出大举强渡的架势，魏军紧张地注视着汉军在临晋关的一举一动，却无论如何也想不到，韩信已经率领汉军主力从夏阳渡河，然后一路直扑魏都平阳（今山西临汾）。

等到西魏王豹得到消息，匆匆出动人马堵截汉军时，一切都为时已晚。汉军势如破竹，占领了西魏，生擒了西魏王豹。

◎邓艾偷渡阴平◎

三国时期，魏将邓艾施用"暗度陈仓"之计，灭掉了蜀国。

三国后期，蜀主昏庸，吴主残暴，魏国实力最为强大，不过大权都掌握在司马氏手中。司马昭为统一天下，派大将邓艾和钟会率军伐蜀。

钟会开始连战皆捷，占领了蜀国许多城池，后来却被蜀国大将姜维阻挡在剑阁之外，无法继续西行。钟会手下人数虽多，却奈何不了姜维，再加上粮草供应跟不上，只能盘算着撤兵回去。

正在这时，邓艾从阴平赶来。当时，钟会统领着十万大军，他自恃兵多将广，根本不把手下仅有三万人马的邓艾放在眼中。

邓艾早就听说钟会在剑阁受阻，当时他就在心中暗自盘算：剑阁地势险峻，无法通过，是否还能找到别的入蜀通道呢？

于是他派出许多探马去调查当地的地形、环境，终于发现了一条从阴平通往成都的隐秘小路。这条小路据说是当年汉武帝南征时派人开凿的，四面都是崇山峻岭，已经有三四百年无人行走了。

听到这个消息后，邓艾心中大喜，心想：真乃天助我也。既然此路已有好几百年无人通行，想必蜀军做梦也想不到我会率军从此路秘密前往成都，自然也不会加以防范。

而剑阁地势险要，素来有"一夫当关，万夫莫开"的说法，邓艾赶到剑阁后见此情形，知道短时间内无法从正面攻破剑阁，于是把自己的想法告诉了钟会。

钟会当时早已是身经百战、沙场经验丰富的大将，素来瞧不起邓艾，现在听他讲出这种异想天开的计策，更是万分不屑。但是钟会想让邓艾出丑，所以并不阻拦。

邓艾知道钟会的想法，便向司马昭建议说不如派一支队伍偷渡阴平天堑，过汉中德阳亭，然后直取成都，姜维得到消息，必定率军援救，到时候就可以乘虚攻下剑阁了。

司马昭觉得此计甚为合理，便予以采纳。他一方面命令钟会继续从正面进攻，并架起云梯炮架，只管猛攻剑阁，以吸引姜维的注意力，另一方面派邓艾领兵偷偷往阴平而去。

邓艾命儿子邓忠为先锋，率五千精兵

邓艾偷渡阴平。

手执斧头、凿子等器具，逢山开路，遇水架桥，自己亲自率领三万人马带着干粮、绳索沿着开凿的险路紧随其后。魏军几次陷入绝境，但硬是凭着勇气闯了过去。就这样马不停蹄地奔行了二十多天，他们共走过了七百多里的崎岖山路。

最后，魏军来到江油北面的摩天岭，邓忠与开路的士兵见前面已是深谷绝壁，人马无法前进，也无法再开凿道路，唯恐前功尽弃。邓艾对将士们说："'不入虎穴，焉得虎子。'我们已经走过了七百多里山路，前面就是江油。哪怕脚下是刀山火海，我们也绝不能后退半步，一定要闯过去。"将士们受到邓艾慷慨之气的激励，表示愿意与他同生共死。

于是，邓艾命令士兵们将武器扔下山去，然后带头用毡裹住身子滚下深谷。部将们也不顾生死，紧紧跟随邓艾，有毡的裹着毡滚下山，没有毡的就将绳索绑在腰上，攀着树木，鱼贯而行。终于，邓艾率军成功越过了摩天岭，然后直奔江油。

当邓艾军突然出现在江油城下时，蜀军守将正在家中饮酒。他本以为守住了大路就万无一失，却根本料不到邓艾会突然出现，结果很快就被消灭，邓艾轻松拿下了江油。

接着，邓艾又乘胜前进，一路拿下涪城、绵竹，后主刘禅听到消息，也不打算率军抵抗，率太子及群臣六十多人出城投降，蜀汉就此灭亡。

◎李允则筑城御敌◎

由于五代十国时期，石敬瑭把幽云十六州割给辽国，中原地区的北面门户大开。北宋建立后，一直想收回幽云地区，但辽国已在此经营多年，北宋的几次进攻都无功而返。后来，辽国频频南下，北宋始终处于不利地位，只能采取守势。

北宋真宗时，李允则担任雄州知州，为防备契丹大军突然南下进犯，他打算修筑城池，防患于未然。

但问题在于，当时契丹与北宋已经签订了和约，如果公开在边境修城筑墙，怕契丹以此为借口，趁机进行武装挑衅，到时候反而落个主动挑起战事的责任。再加上契丹军事实力强大，北宋朝廷一味苟安求和，因此必须更加谨慎行事。

在雄州城北门外原来有一个瓮城（又称月城、曲池，是为了加强城堡或关隘的防守，而修建的半圆形或方形的护门小城，多建在城门外，但也有建在城门内侧的特例），李允则想修筑一个大城，把这个瓮城也包围进来。于是他先下令在城北修建了一座东岳祠，购置了许多祭祀器具，同时派人在路旁演奏，一时鼓乐喧天，这其实主要是为了引起契丹人的注意。

过了几天，李允则命手下人偷偷将东岳祠中的祭祀器具全部运走，然后放出风声，说这些器具是被契丹人盗走的。李允则还煞有介事地派人四处捉拿盗贼，闹得满城风雨。趁此机会，李允则表示：盗贼横行无忌，必须筑城围护才行。

有了这个借口作为掩护，他开始大张旗鼓地修整城墙，并把原来居住于瓮城的人全部纳入新修的大城之中。

每年祭祀河神的时候，李允则都会在两国界河举行划船比赛，并欢迎契丹人前

李允则筑城御敌。

来观看。这个划船比赛其实是水战演习。

雄州北面原本挖了许多陷马坑，还修建了许多供瞭望用的土堡，李允则故意对人说："我大宋既然与契丹讲和，还要这些东西干什么呢？"于是命令填平陷马坑，拆除土堡，在上面开垦田地，并在四周修建矮墙，种上大片荆棘。结果这样一来，这个地方反而比之前更加难以行走。

李允则还在北部修建了一座佛塔，站在塔顶，可以将方圆三十里的景象尽收眼底。又命人在边界种上榆树，时间一久，这些地区树木林立，自然而然地形成了天然屏障。李允则告诉身边的人："成长起来的榆树是最好的障碍物，能使敌人的骑兵无用武之地。"

李允则煞费苦心，制造种种假象，巧妙筑城设防，敌人却误认为他的所作所为只是为了让百姓有一个良好的生活环境，并无其他企图。在契丹尚未明白李允则的真实意图时，一座牢固的防御堡垒已经建成。

商业案例

 ◎**福特巧施妙招收回股权**◎

在商战中，要想在竞争中取胜，可以向对手的某一方向进行佯攻以吸引对手的注意力，然后利用对手已决定在这一方面固守的时机，悄悄地迂回到另一地方进行偷袭。

1902年，亨利·福特创办了福特汽车公司。短短几年内，福特汽车公司就发展成为美国最大的汽车公司。今天，福特公司已经成为世界第二大汽车公司，亨利·福特是当之无愧的"汽车大王"。

不过，任何一个人在通向成功的道路上都会遭遇各种挫折，这位"汽车大王"也不例外，他在确立自己"汽车大王"地位的过程中，也碰到过各种麻烦和障碍。

1916年11月的某一天，福特和往常一样，坐在办公室里阅读报纸，突然看到报纸上一个大标题，上面写道："爆炸性新闻！道奇兄弟状告福特！"

原来，道奇兄弟在福特公司占有大量股份，他们因为福特进一步降低T型车的价格，并把全部利润用于扩大再生产，认为这严重损害了股东的利益，于是一纸诉状将福特告上法庭，说其侵犯股东利益，有意垄断汽车行业，同时要求公司对巨额利润进行分红。

这件官司非常漫长，一直拖到1919年3月，法庭才做出宣判：福特降低T型车价格的利他主义精神固然值得提倡，但是作为公司的管理者，他有义务将红利分发给股东。于是法院判决福特必须将不低于1900万美元的利润分发给股东，而剩余的一半利润，他可以用于扩大投资。

以福特公司的财政状况，要给股东发放高额红利并不困难，但法院做出的这一裁决却并不能让福特满意：那些所谓的股东只在公司创建之初投入了一点钱，然后就只顾坐享其成，根本就没有为公司的发展尽一点力，现在却还想伸手要钱，福特的确心有不甘。

福特心中对股东非常不满，心想：怎样才能让这些股东主动离开公司呢？经过一番冥思苦想，一条妙计诞生了。

第二天，福特宣布辞去福特汽车公司总裁的职务，由他的儿子接任。没过多久，报纸上就登出了一则新闻："亨利·福特正准备成立一个大型的新汽车公司！"新闻还说，这家新成立的汽车公司完全由福特家庭控股；在新公司里，福特可以尽情生产便宜实用的大众车，到时候，这家新公司肯定会超越现在的福特汽车公司。

这则新闻就像一颗炸弹，福特汽车公司的股东们听到这个消息后，开始着急起来，都在心里盘算着：福特的儿子任总裁后，公司前途还有希望吗？自己的利益还能保住吗？自己手中的股票又会怎样？

就在他们彷徨无措时，一个中间人像救星一样"及时"出现了，他表示自己愿意做股东们出让手中股份的中间人。为了维护自己的利益，股东们当然巴不得手中的股票越早出手越好，大概心里还在奇怪：在这种关键时期，到底还有谁愿意收购福特汽车公司的股票呢？

而这个人，正是亨利·福特本人。他花了 1.06 亿美元，将股东们手中的福特汽车公司的股票全部买了下来。

福特汽车公司凝聚着福特多年的汗水，福特怎么可能轻易放弃？因此，他玩了一个小手段，施用暗度陈仓之计，买下了所有的股份，同时如愿以偿地赶走了那些对公司毫无贡献而只会坐享其成的股东。福特汽车公司终于成为亨利·福特的家族公司。

◎三井东山再起◎

三井和三菱是日本两大著名财团，有道是"一山不容二虎"，这两大财团相互对立，就成了很自然的事情。

在一次业务竞争中，三井失败，导致产品大量积压，资金周转不灵，另外还有一项革新技术没有公开。

为了帮助公司摆脱困境，有人建议，将现有产品以低于三菱公司的价格出售，然后将革新技术转让出去，与三菱作最后一搏。

三井公司的董事长没有采纳这一建议，他看准了三菱公司狂傲自负这一弱点，故意对外宣布三井公司停止营业，并大量裁减人员，同时向媒体宣布：三井公司将改变经营性质。

三菱听说三井公司准备改变经营性质，错误地认为三井已经垮台，从而放松了对三井的警惕。而三井则利用这个机会，暗地里集中全力将新技术应用到新产品中。

其实，当初三井在裁员时早已经过了慎重选择，留下的全部是技术骨干。两个月后，三井的新技术转产成功，大批新产品瞬间涌入市场，风行全日本。短短一周的时间里，三菱公司的产品全部滞销，三井用暗度陈仓之计战胜了三菱。

◎音乐教室的回报◎

在商业竞争中，"暗度陈仓"也不失为一个良策。通过表面现象迷惑和麻痹对手，暗中为实现真实目的而积极行动，以此来战胜对手，这样才能赢得顾客，获取经济效益。

川上源 38 岁时担任了日本乐器公司——山叶音乐振兴会的董事长。他上任后，首先就行业和市场状况进行了调查分析，知道要想在激烈的商业竞争中获胜，就必须先仔细规划，铺好制胜的道路，再一步步走向成功。于是，一个关于公司发展的长远计划在川上脑海中诞生了。

川上热心地开办了一家名为"山叶"的音乐教室，以推广音乐教育，先后接收的学生多达数百万名。实际上，音乐教室是山叶音乐振兴会的一部分，川上投入了二十多亿日元的资金来支持这项教育事业。

山叶音乐教室分为长笛班、电子合成器班、特殊人才训练班等，而且从幼儿班到妈妈班全部包括。音乐教室配备了最好的老师和最好的教材，师资力量相当雄厚。支持这项教育事业，看上去是一件相当亏本的事情，但川上一直表现出浓厚的兴趣，不断为其注入资金，并且声明开办这个教室纯粹是为了支持音乐教育事业，不带有任何商业色彩。

那么，事实真的如此吗？

实际上，虽然早已禁止授课教师在课堂上进行任何关于山叶乐器的宣传，但在他们的协助下，学员的大名单已经送到了山叶音乐振兴会的手中，这些人就成了山叶乐器推销员的主要推销对象。而且，课堂教程是由音乐振兴会制定的，如果不使用山叶的电子琴，就无法弹奏出来。加上班级层次越高，学员的水平也越高，要想更好地演奏该级别的音乐，必须使用山叶乐器。综上所述，推行音乐教育其实对山叶音乐振兴会大有裨益。

面对激烈的竞争，川上源没有硬拼，而是"明修栈道，暗度陈仓"，在音乐教室的掩护下，成功麻痹了对手，暗中让山叶音乐振兴会取得了成功。当他的对手明白过来的时候，山叶乐器早已在市场上站稳了脚跟。

【点评】

　　"暗度陈仓"与"声东击西"有异曲同工之妙：都要有迷惑敌人、隐蔽进攻的作用。不同之处在于：声东击西隐蔽的是攻击点，而暗度陈仓隐蔽的是进攻路线。

　　在此计中，明修栈道是故意做给敌人看，掩人耳目，以吸引和牵制敌人的主力，其实暗度陈仓才是真实意图。只有一"明"一"暗"配合得当，才能保证行动的成功。

　　当我方正面进攻不便，又另有可"度"之路的情况下，就可以使用此计。

　　在现代商业经营活动中，暗度陈仓常常表现为制造假象，迷惑对手或消费者，使其购买本企业的产品，或者要求本企业为其提供服务，从而巧妙地达到占领市场的目的。

⊙名家论《孙子兵法》

　　"奇出于正，无正不能出奇。不明修栈道，则不能暗度陈仓。"这里所谓"正"，指的是兵法中的常规原则；所谓"奇"，指的是与常规原则相对而言的灵活用兵之法。古人认为，只有活用"奇"与"正"，明修栈道与暗度陈仓相结合，才能收到以迂为直、出其不意的效果。

　　根据这句话的意思，我总结出了暗度陈仓的三大特征：

　　1. 以正为明。大张旗鼓，让敌人知道，按照通常的战术原则和常规思路在正面战场作战，摆出我方要打堂堂之阵的态势；

　　2. 以奇为暗。暗中根据战场情况，运用计谋攻其不备，出其不意打击敌人；

　　3. 以明隐暗。一明一暗两套办法同时使用，明的一套大张旗鼓，让敌人知道；暗的一套，"藏于九地之下"，让敌人无从发现。

　　……

　　在现代的信息战争中，由于科技的高度发达，一切都在监视之中，暗度陈仓是不是根本就不可能实施了？就算还可以用这一计，如果本来计划好好的，但是却在"暗度"时被敌人发现了，又该怎么办呢？

　　这的确是一个值得注意和需要回答的问题。在现代战争中，各种侦察监视手段越来越先进，战争的"迷雾"已经越来越清晰，暗度陈仓计谋使用的条件也发生了很大的变化。但是任何先进的武器总会有漏洞，也会存在弱点，比如先进雷达探测范围也有盲区、盲点，侦察卫星的侦察时间也有空白时段，并且也可以被击毁。而现代隐形技术已经有很大发展，比如各种隐形飞机、隐形战舰层出不穷。因此暗度陈仓这一计谋在现代条件下仍可被施用，只是更加需要现代伪装、更加强调信息干扰了。

　　至于在"暗度"时，被敌人发现了怎么办？通常有两种办法：第一种是快速通过，减少损失。现代战争是以快打慢，要求迅速达成战役目的，这样即使敌人发现了，但已经晚了。第二种是将计就计，明修栈道与暗度陈仓是相互配合的。如果暗度陈仓时被敌人发现了，可以以奇为正，以正为奇，这样敌人不能确定哪一个是我的主攻方向，还是会上当受骗。

　　（由上可知）暗度陈仓的思想核心是出奇制胜、反常用兵，这是兵家利用人们的思维定式而施用的计谋，常常能收到出乎意料的战果。古代名将韩信就是将这一计谋用到出神入化的地步，才赢得了"韩信将兵，多多益善"的美誉。另外，暗度陈仓这一计谋不但韩信本人曾经使用过，古今中外也有很多战争都曾经采用过。

——薛国安

○第九计 隔岸观火○

【原文】

阳乖序乱①，阴以待逆②。暴戾恣睢③，其势自毙。顺以动豫，豫顺以动④。

【注释】

① 乖：违背，抵触，这里是分崩离析的意思。②逆：叛逆。③暴戾恣睢：这里指横暴凶残，互相仇杀。戾，凶暴、凶狠。恣睢，任意妄为。④顺以动豫，豫顺以动：语出《易经·豫》："彖曰：豫，刚应而志行，顺以动，豫。豫，顺以动。"意思是，顺任事物自然发展，自然于我有所得；若想必有所得，就必须顺任事物自然发展。这里指采取顺应的态度，不要逼迫敌人，让其自相残杀，我方再乘机取利。

【译文】

当敌方内部矛盾激化，甚至明显表现出分崩离析之势时，我方应暗中静观其变，等待敌方形势进一步恶化。敌人横暴凶残，互相仇杀，势必自取灭亡。我方应采取顺其自然的态度，相机行事，坐收渔人之利。

【计名讲解】

此计名最初见于唐代僧人乾康的诗："隔岸红尘忙似火，当轩青嶂冷如冰。"本义为在河的这边看对岸失火。比喻在别人出现危难时袖手旁观，以便从中取利。敌方自相残杀之际，却是我方渔翁得利之时，此时静观其变，顺势取利，实乃明智之举。

古人按语说：乖气浮张，逼则受击，退而远之，则乱自起。昔袁尚、袁熙奔辽东，尚有数千骑。初，辽东太守公孙康，恃远不服。及曹操

隔岸观火。

破乌丸，或说操遂征之，尚兄弟可擒也。操曰："吾方使康斩送尚、熙首来，不烦兵矣！"九月，操引兵自柳城还，康即斩尚、熙，传其首。诸将问其故，操曰："彼素畏尚等，吾急之，则并力；缓之，则相图。其势然也。"意思是说：敌人内部矛盾加剧，这时如果我方前去攻击，反而会促使它内部团结起来，对我进行攻击。如果我们不逼迫得太急，暂时停止进攻，敌人内部就会发生叛乱。当初，袁尚、袁熙带领数千人马逃向辽东。起初，辽东太守公孙康仗着自己所处偏远，不肯服从曹操。当曹操击破乌桓以后，有人劝说曹操乘胜远征公孙康，袁尚、袁熙兄弟也可一并气擒获。曹操说："我正叫公孙康送袁尚、袁熙兄弟的人头来，用不着劳师远征了。"九月，曹操率领大军从柳城撤回，公孙康立即杀了袁尚、袁熙两兄弟，并把他们的人头送来。诸将领不明白为什么会这样，向曹操请教原因，曹操说："公孙康一向惧怕袁尚、袁熙等人，如果我们急着进攻，他们定然会合力抵抗；如果我们暂时放缓一下攻势，他们就会自相火并。这种形势的发展是很自然的事情。"

● 隔岸观火

当敌人内部矛盾激化时，我方应静观其变，等待敌方发生内乱。敌人自相仇杀，势必自取灭亡。这就是以柔顺的手段坐等愉快的结果。此计运用顺时以动的哲理，利用敌人的内乱，我不急于采取攻逼手段，等到时机成熟我即坐收其利，一举成功。

敌人出现内乱

我军追击

敌军因遭袭而重新团结。

敌人奋力还击。

敌军因陷入绝境而反击，可能会因此而恢复军队士气，导致我军失败。

我军坐观

敌军陷入混乱我军乘势掠夺敌军战备。

敌人自相残杀。

静观其变坐收渔翁之利

实用谋略

○苏代巧言退敌○

战国末年，秦将武安君白起攻打赵国，长平之战全歼赵军四十万，并将降卒尽数坑杀，只有少部分人回去报信。

赵国上下一片恐慌，军心涣散，白起乘胜连下赵国十七城，兵锋所向，直指赵国国都邯郸，消灭赵国，指日可待。

在这生死存亡的危急关头，平原君的门客苏代挺身而出，表示愿意冒险赶往秦国，以解赵国倒悬之危。赵王给了他很多金银珠宝，让他见机行事。

苏代带着厚礼，星夜赶到咸阳，求见应侯范雎。苏代对范雎说："武安君经过长平一役，声望日隆，现在攻破邯郸指日可待，到时候他就成了秦国统一天下的头号功臣。这虽然是天大的喜事，我却为应侯您担心啊。虽然您现在地位在武安君之上，

赵国处在生死存亡的危急关头。

但将来恐怕您不得不屈居其下了。而武安君这个人，可不太好相处。"

苏代看准范雎此人心胸狭隘，便离间其与白起的关系，果然说得他沉默不语。过了好一会儿，范雎才向苏代询问有何对策。苏代见机会来了，胸有成竹地说道："赵国经过连番交战，国力早已衰弱，不足为惧，应侯何不趁此机会劝秦王暂时罢兵议和。这样一来就能名正言顺地剥夺武安君的兵权，您的地位也就稳如泰山了。"

范雎听了，立即进宫面见秦王，对秦王说道："秦兵长期在外征战，劳苦日久，急需修整，不如暂时宣谕息兵，允许赵国割地求和。"秦王向来对范雎言听计从，结果，秦、赵两国议和，赵国献出六城，终于获得了喘息之机。

白起眼看就能建立不世之功，却突然被召班师，心中恼怒不已，后来听说是应侯范雎的建议，即使知道对方这么做的目的，但也无可奈何。

两年后，秦王撕毁和议，再次发兵攻赵。当时白起身患疾病，于是秦王派王陵统帅十万大军前往。赵王这次起用了老将廉颇，抵御秦军进攻。廉颇善于防守，稳扎稳打，秦军久攻不下。秦王大怒，命白起挂帅出征，白起却称病不出。秦王派王陵围攻邯郸，但始终没有进展。

范雎进宫面见秦王。

秦王无奈，只好再次下令白起挂帅，白起自言病重，拒不受命。秦王怒不可遏，立即削去白起官职，将他赶出咸阳。

范雎见白起这个老对头失势，趁机向秦王进言，最终促使秦王将白起赐死。

当初白起攻打赵国时，秦国上下一心，但是苏代入秦，巧妙地点燃了范雎的妒忌之火，引起了秦国内乱，以致文武失和，赵国隔岸观火，免遭覆亡。

◎曹操隔岸观火除二袁◎

官渡之战后，袁绍兵败身亡，他的两个儿子为了争夺权力不断争斗，曹操趁火打劫，袁氏兄弟大败，只得投奔乌桓。曹操继续进兵，击败了乌桓。袁氏兄弟只得带领几千人马投奔了辽东太守公孙康。

这时，曹营诸将建议曹操乘胜远征，一鼓作气平定辽东，擒拿袁氏兄弟。曹操却说："你们少安勿躁，公孙康自会杀了袁氏兄弟，然后将他们的首级送上门来，我们用不着劳师远征。"众人听了，认为曹操是在开玩笑，心里都不以为然。

曹操只管下令班师，转回许昌，静观辽东局势。

曹操与众人计除二袁。

到了九月，公孙康果然杀了袁氏兄弟，并派人向曹操送来他们的人头和一封降书。众将非常惊讶，于是询问曹操其中的道理。曹操笑着说："袁家父子向来有夺取辽东的野心，现在二袁兵败，如丧家之犬，投奔辽东实为迫不得已。而公孙康向来害怕袁氏兄弟吞并他，如今二袁上门投靠，他心存疑虑，相互间必生猜疑之心。若我当时从外部

公孙康向曹操献上二袁首级。

用兵急攻，他们必然会暂时放下仇怨而联合起来对付我。倘若我远远地回避，他们就会自相残杀，而我尽可以坐收渔翁之利了。"大家听了，对曹操佩服不已。

事实也正如曹操所猜测的那样，公孙康担心收留二袁后会留下后患，而且还会得罪势力强大的曹操。但他又考虑到，如果曹操趁势攻打辽东，自己势单力薄，无法阻挡，因此不得不拉拢二袁，以共同抵御曹操。所以，当公孙康探听到曹操已经班师转回许昌的消息后，认为曹操并无进攻辽东之意，便觉得袁氏兄弟没有利用价值了。于是设下伏兵，然后召见二袁，突然将其擒获，割下他们的首级，并立即派人把首级和降书送到曹操营中。

曹操一招"隔岸观火"，不费吹灰之力便得了二袁首级，又得了公孙康的降书，可谓一举两得。曹操能成功运用此计，源于他对当时局势的正确分析和判断。

◎秦国隔岸观火坐收渔利◎

打仗是为了争夺利益，什么时候打，什么时候停，怎样打，和谁打，都应该以"利益"为中心。若出战不能为自己带来利益或不能为自己带来那么多利益，就不如按兵不动，隔岸观火，待时机成熟再展开行动。

战国时期，韩国和魏国打仗，打了整整一年，都没打出个结果来。远远关注着这场战争的秦惠王打算要它们停止战争，于是向大臣们征询意见："我想使韩魏两国休兵，大家觉得怎么样？"

有的大臣表示支持，认为从道义上说，秦国帮助韩魏解决纷争是件好事。有的大臣则表示反对，理由是别的国家打仗，和秦国没有关系，秦国没必要蹚这湾浑水。就在大家争论不休的时候，一个名叫陈轸的楚国客卿说话了："大王想统一天下吗？"

秦惠王答："当然想。"陈轸听了，要求给秦惠王讲个故事。秦惠王答应了。

"春秋时期，鲁国有个武艺高强的人名叫卞庄子。一天，卞庄子到一个地方住宿，听说当地有两只老虎常跑出来伤害家禽，还咬伤、咬死过人。卞庄子便决心为民除害，带了把闪着寒光的青铜剑去山上刺虎。

卞庄子所在的旅店有个小伙子也跟着卞庄子一起去刺虎，两人来到一个山谷里，看到一大一小两只老虎正在吃一头牛。卞庄子拔了剑就要往前冲，小伙子却拦住了他，说道：'这两头虎正吃牛吃得起劲，吃到后面，一定会发生争夺，一争夺就会相互撕咬。小的会被大的咬死，大的会被小的咬伤。这时你再冲上去。对付一只受伤的老虎不比同时对付两只健壮的老虎要省力得多么？'

卞庄子认为此计甚妙，就和小伙子一起藏进了附近的树林。过了一会儿，两头虎果然争斗起来。大者伤，小者死。卞庄子跳出来刺死了受伤的大虎，一下子得到了杀掉两头老虎的名声。"

陈轸的故事讲完了，秦惠王似有所悟。陈轸接着说："如今韩魏交战，打了一年还没有打完，势必大国损伤，小国危亡，到时您讨伐受伤的大国，一定可以一举两得。"

秦惠王采纳了陈轸的意见，直等到魏国受了重创，韩国被打得破败不堪的时候，秦国才派大兵袭击这两个国家。隔岸观火的策略让秦惠王不费吹灰之力就从韩魏手中夺走好几座城池。

卞庄子杀虎。

商业案例

◎ ◎ ○保险公司隔岸观火挖人才○ ◎ ◎

"隔岸观火"与"坐山观虎斗"的意思相近，使用的正确方法是按兵不动，让对手互相残杀，力量削弱，甚至自行瓦解；而当对手发生矛盾冲突、内讧火并之际，却也正是鹬蚌相争、渔翁得利之时。因此，静观其变，从中取利，确实不失为明智之举。

在保险业领域，A保险公司的分区经理李经理在业内享有较高的名声，他每年签下的优质车险、财产险及意外险业务总金额在3600万元以上，各家保险公司均希望得到这个"宝贝"。

A保险公司的老总很赏识李经理，同时他也怕失去这个人才，因此对李经理非常重视，也非常尊重，而对于李经理提出的各种需求，他都尽可能予以满足。所以，尽管别的保险公司为李经理开出了更加优越的条件，但李经理从未考虑过跳槽的问题。

2010年2月，A公司的人事发生很大变动，原先的老总调到其他省分公司任职。而新到任的老总性格倔强，而且刚愎自用，喜欢听下属的吹捧，而容不得别人犯错误。李经理向来只知道埋头苦干，不懂得溜须拍马，说话也比较耿直，因此没有得到新老总的信任和赏识。

B保险公司一直希望得到李经理这样的人才，也几次三番地向李经理抛出橄榄枝，但是均没有成功。但这一次，B公司敏锐地感觉到，他们的机会来了，于是，该公司开始密切地留意着李经理与新老总之间的关系。终于有一天，两人的矛盾爆发了。

原来，因为新老总对李经理的忽视以及对李经理拓展的一个大项目上没有给予足够的支持，李经理在与其他同事交流的时候流露出了不满的情绪，结果让新老总的一位亲信听到了，新老总很快听到这个消息。

新老总把李经理叫到办公室，然后对他狠狠地批评了一顿，并且还当面辱骂了李经理。李经理再也无法容忍，当面顶撞了新老总几句，并愤怒地拍了桌子，一怒而去。

B保险公司第一时间得到这个消息，于是，该公司的总经理让人打电话邀请李经理在当天晚上参加一个聚会。席间，B公司的总经理故意装作不知道这件事，并与李经理以兄弟相称，只谈感情不谈工作。酒过三巡之后，李经理终于吐露心中不快，B公司的总经理当即表示愿意以更高的职务与薪酬邀请李经理加盟到自己的公司之中，同时承诺将在展业方面给李经理以更大的权限及相关支持。巨大的心理落差让李经理此次欣然接受了B公司的邀请。第二天，李经理向A保险公司递交了辞职信，成为B保险公司的得力干将。

在这个案例中，B保险公司使用了"隔岸观火"的策略，成功地将李经理招致麾下。

【点评】

隔岸观火，就是"坐山观虎斗"。俗话说：见蛇不打三分罪，见火不救七分过。但是在战场上，当敌人陷入内部分裂，互相倾轧的处境的时候，也正是我方坐收渔翁之利的绝佳时机。不过，施行此计不可操之过急，以免反过来促成敌人暂时联手，共同对付我方。正确的做法是静观其变，让几股敌人互相残杀，等其力量大幅度削弱，甚至自行瓦解后再见机行事。

要想使用此计，必须有两个先决条件：一是有"火"可"观"，即敌人出现混乱的局面；二是有"岸"可"隔"，否则将会面临极大的风险。

◎第十计 笑里藏刀◎

【原文】

信而安之①，阴以图之；备而后动，勿使有变。刚中柔外也②。

【注释】

①信：使相信。安：使安心，这里指不生疑心。②刚中柔外：这里是内藏杀机、外示柔和之意。

【译文】

设法使敌人相信我方是善意友好的，从而不生疑心，放松警惕；我方则暗中策划，积极准备，相机而后动，决不可让敌人有所察觉而采取应变措施。这是一种内藏杀机而外示柔和的谋略。

【计名讲解】

此计名可追溯到唐代大诗人白居易的《劝酒》诗："且灭嗔中火，休磨笑里刀。不如来饮酒，稳卧醉陶陶。"

笑里藏刀，原意是形容外表和善而内心狠毒。与口蜜腹剑、两面三刀含义相同。此计用在军事上，是一种表面友善而内藏杀机的谋略，即运用政治、外交上的伪装手段，欺骗、麻痹对方，以掩盖己方的行动。

古人的按语说：兵书云："辞卑而益备者，进也；辞强而进驱者，退也；轻车先出居其侧者，

笑里藏刀。

陈也；无约而请和者，谋也；奔走而陈兵车者，期也；半进半退者，诱也。"故：凡敌人之巧言令色，皆杀机之外露。宋曹武穆玮知渭州，号令明肃，西人惮之。一日，方召诸将饮，会有叛卒数千，亡奔夏境。堠骑报至，诸将相顾失色，公言笑如平时。徐谓骑曰："吾命也，汝勿显言！"西人闻之，以为袭之，尽杀之。此临机应变之用也。若勾践之事夫差，则竟使其久而安之矣。

这段按语的意思是说："《孙子兵法》中说道：'敌方使者言词谦卑而暗中加紧战备的，是要向我发起进攻；敌方使者言辞强硬而敌军又向我驱驰进逼的，是在准备撤退；敌人先出动轻型战车并且部署在侧翼的，是在布列阵势；敌人没有事先约定就突然来请和的，其中必定有阴谋；敌人（频繁调动）往来奔走，并且已经摆开兵车列阵的，是想要与我军交战；敌军半进半退（往复徘徊）的，是想要引诱我军上前。'所以，凡是敌人的花言巧语，都是使用阴谋诡计的表现。宋代时，曹玮任渭州州牧的时候，他的军纪严明，西夏人十分惧怕他。有一天，曹玮正与属下饮酒，突然有数千名士兵发动叛乱，逃到了西夏。当探子前来报告时，将官们听了都面面相觑，十分惊恐。而曹玮却谈笑自如，好像什么都没有发生一样。这时，他站起身来，对身边的将官说道：'请别声张，他们都是遵照我的命令行事的！'西夏人听到这话，还以为前来投奔的宋军士兵是假投降，于是立刻把他们处决了。这正是曹玮在谋略上的运用。"

● 笑里藏刀

原指表面和气，内心阴险，口蜜腹剑的两面派。《旧唐书·李义府传》："义府貌状温恭，与人语必嬉怡微笑，而褊忌阴贼。既处要权，欲人附己，微忤意者，辄加倾陷。故时人言义府笑中有刀。"军事上，一般指通过政治外交上的伪装手段，欺骗麻痹对方，以掩盖己方的军事行动。

我军以友好的态度示敌

壹 诱使敌人懈怠。

贰 我军暗中谋划伺机而动。

待敌军松懈 一举歼灭

实用谋略

祭祭 ○公孙鞅轻取崤山○ 祭祭

"笑里藏刀"是一种表面友善而暗藏杀机的谋略，它是运用外交上的伪装手段，欺骗和麻痹对方，来掩盖己方的军事行动。公孙鞅智取崤山，便是成功地运用了一招"笑里藏刀"。

公孙鞅，战国时卫国人，又名卫鞅、商鞅。他应秦孝公求贤令入秦，主持变法二十余年，使秦国强大起来，实力凌驾于六国之上。

黄河、崤山一带地势险要，秦国要对外扩张，必须夺取这一地区。当时，这一地区是魏国的领土，秦王派公孙鞅为大将，率兵攻打魏国。

公孙鞅领命出发，大军直抵魏国的吴城城下。吴城当年是魏国名将吴起苦心经营之地，吴起在此构筑了坚固的工事，加上此处地势险要，秦军正面强攻恐怕是劳而无功。

正在公孙鞅为攻城之策苦苦思索时，他派出去的人打探到魏国守将是公子卬，公子卬与公孙鞅曾经有过交往。公孙鞅心中大喜，觉得可以从这一点下手，于是马上修书一封，主动与公子卬套近乎。

信中说，虽然你我二人现在各为其主，但鉴于过去的交情，罢兵议和方为上策。字里行间无不流露出对昔日友谊的怀念。公孙鞅还在信中建议约定一个时间商谈议和之事。

就在这封信送出的同时，公孙鞅命令秦军前锋立即撤回，摆出主动撤兵的姿态。

公子卬看到来信，又得知秦军退兵的消息，非常高兴，立马给公孙鞅回了信，约定了会谈日期。公孙鞅见公子卬已

公孙鞅轻取崤山。

经完全相信了自己，于是下令在约定的会谈地点暗中设下埋伏。

会谈当天，公子卬只带了三百名随从前往约定地点，见公孙鞅的随从更少，而且全都没有携带兵器，心中更是对对方的诚意深信不疑。

会谈开始后，气氛友好而融洽，公孙鞅和公子卬重叙旧谊，借此表达与对方交好的诚意。然后公孙鞅设宴款待公子卬，公子卬欣然入席。谁知还不等坐定，忽听公孙鞅一声号令，四周突然杀出重重伏兵将魏兵包围，公子卬和三百随从事先毫无准备，还没来得及做出反应，便全部被生擒活捉。

随后，公孙鞅从被俘的随从中挑选了几个人，让他们前去诈开吴城城门，自己领兵紧跟其后，迅速占领吴城。魏国无奈之下，只得向秦求和，主动割让西河一带。

公孙鞅用"笑里藏刀"之计轻轻松松就帮助秦国夺下了崤山地区。

◎口蜜腹剑◎

"笑里藏刀"不只是一种作战计谋，也是为人处世的一种策略。不过，这一策略通常含有贬义，我们常把笑里藏刀的人看作是奸邪之徒，如唐朝的奸相李林甫，便是笑里藏刀之人的典型代表。

李林甫出身于李唐宗室，是唐高祖堂弟长平王叔良的曾孙，从辈分来讲，他还是唐玄宗李隆基的远房叔父。此人品行和声望素来不高，但因为善音律，懂才艺，加上善于谄媚逢迎，因此从最初负责宫廷宿卫、仪仗的低级官吏，逐步爬上了宰相的高位。

李林甫在与人接触时，总是做出一副平易近人的样子，口中总是有无数的甜言蜜语。据《旧唐书》记载，他"貌状温恭，与人语必嬉怡微笑"，只看他那和蔼可亲的笑容，不少人都会以为他是一位忠臣。

实际上，李林甫肚子里却藏着毒剑，随时准备暗中伤人。正如北宋史学家司马光在《资治通鉴》中所描写的那样："李林甫为相，凡才望功业出己右，及为上所厚、势位将逼己者，必百计去之。尤忌文学之士，或阳与之善，啖以甘言，而阴陷之。世谓李林甫'口有蜜，腹有剑'。"意思是说：李林甫当上宰相后，对于朝中百官，凡是才能和功业在自己之上而受到玄宗宠信或官位快要超过自己的，一定要想方设法除去，尤其忌恨由文学才能而进官的士人。有时表面上装出友好的样子，说些动听的话，而暗中却阴谋陷害。所以世人都称李林甫"口有蜜，腹有剑"。

李林甫开始受宠的时候，与他同任宰相的还有张九龄，此人贤明能干，清正廉明，素有政绩，声望极高。李林甫对他嫉妒得要命，生怕自己被张九龄比下去了而失宠，所以想方设法排挤张九龄。

加上张九龄为人正直，对李林甫的所作所为非常鄙视，根本不把他放在眼里，这自然令李林甫恼恨万分，急欲除之而后快。但张九龄大权在握，李林甫只能表面上处处讨好他。

当时，玄宗最宠爱武惠妃，她所生的寿王和盛王也特别受宠，而太子却逐渐被皇帝疏远了。

但武惠妃并不满足，她想让自己的儿子当上太子，于是在玄宗面前诬告太子结党营私，图谋不轨。李林甫也跟着在皇帝面前煽风点火，说太子有怨言。玄宗大怒之下，就想立刻废掉太子。

但废太子是一件非常重大的事情，必须征询百官的意见。皇帝于是召来当朝几位宰相，询问他们的意见。张九龄认为此事非同小可，太子为国家之本，又是由皇帝亲自教养，并无大的过失，所谓的谋反之事证据不足，不可因为皇帝的喜怒而废掉太子。

李林甫当时也在场，但从头到尾都一言不发。背地里，他却在玄宗宠信的宦官们面前说："皇家的事，何须别人插手。"言外之意就是说张九龄多管闲事，手伸得太长。

李林甫心里很清楚，要不了多久，这些话就会传到玄宗的耳朵里。正如他所料，玄宗听了之后，也觉得张九龄太专断。他和李林甫谈起此事，李林甫趁机在玄宗面前说了许多关于张九龄的坏话。

公元 736 年，唐玄宗想要加封朔方节度使牛仙客。张九龄认为牛仙客不过是一个庸人，他在任上所做的都是分内工作，可以适当赏赐，却不应加封，还约李林甫一起进宫劝谏玄宗。李林甫慷慨激昂，当面表示赞同，进见时却一直默默无语，回来后还私自把此事告诉了牛仙客。

张九龄力谏止废太子。

第二天，牛仙客面见玄宗，泪流满面地表示自己要放弃官爵。玄宗仍想加封牛仙客，张九龄据理力争，玄宗非常恼火，质问张九龄说："什么事情都要听你的吗？"张九龄表示这是自己的分内之事，而且牛仙客出身小吏，目不识丁，将这样一个人拔擢为宰相根本不合适。

李林甫瞅准时间，向玄宗进言道："天子用人，有何不可？张九龄不过是区区一介文官，却泥古不

李林甫口蜜腹剑。

化，不识大体，根本成不了大器。"玄宗听了，更加不喜欢张九龄，渐渐疏远了他。

张九龄与中书侍郎严挺之是好友。严挺之前妻离婚后嫁给了蔚州刺史王元琰。恰好王元琰被指控贪赃枉法，玄宗将此案交给严挺之等审查，严挺之替王元琰脱了罪。李林甫把这个消息秘密地告诉了唐玄宗，玄宗认为严挺之包庇王元琰，打算严厉追究。张九龄极力替严挺之辩护，却不知道自己正好中了李林甫的奸计。玄宗把以前积累的猜疑与此事联系起来，认为张九龄结党营私，最后罢免了他的宰相职务。李林甫成功地独揽了唐朝大权。

◎杨廷和计除江彬◎

明武宗朱厚照虽然天资聪颖，但是性好玩乐，纵情于声色犬马，不理朝政，先后宠信大宦官刘瑾、奸臣江彬，幸亏朝中尚有一批能干的大臣支撑。

明武宗死后不久，内阁大学士杨廷和负责主持朝廷大事，他在入宫禀告过皇太后的情况下，以武宗遗诏的名义，撤销了威武团练诸营，并将所有受命入卫京师的边兵都遣归原地，为了安抚军心，众将士均得到了厚赏。

当时江彬正担任兵马提督，忙于改组团营，没有时间入宫，因此没有在第一时间得到武宗的死讯。当他接到遗诏，得知要罢团营、遣边兵时，不由大惊失色，赶紧招来心腹商议对策。

其中就有人建议说，现在皇帝刚刚归天，朝政不稳，不如趁此机会起兵造反。江彬其实早就心怀异志，恨不能早成大事。但谋朝篡位毕竟非同小可，一旦事败，不仅身首异处，还要株连九族，为了谨慎起见，他派安边伯许泰入宫打探消息，等摸清楚宫内外的情况后再作打算。

杨廷和见许泰前来，知道这是"来者不善，善者不来"，脸上不动声色，心中却已经有了计较。寒暄过后，杨廷和微笑着对许泰说："许伯爵来得正好，大行皇帝突然晏驾，诸事忙乱，头绪繁杂，我等正为此苦恼，本欲请诸公前来协助办理，偏偏遗诏上清清楚楚地写着'罢团营，遣边兵'。而要妥善处理这些事宜，必须仰仗江提督，故而一时没有奉请，还望见谅。"

许泰见杨廷和所言有理，又态度谦和，便打消了心中的疑虑，回去向江彬复命。

许泰前脚刚走，杨廷和立即唤来志同道合的幕僚，一番密谈之后，决定伺机捉拿江彬。然后杨廷和命手下的魏彬立即入宫，将此事秘密禀报给皇太后，太后当场允准了这一计划。

随后，杨廷和又与江彬会了一次面，向他详细述说了内阁的情形，而且言辞谦恭，此举使得江彬更加安心不疑。

又过了一天，江彬带着几名贴身卫士入宫。等候在门口的魏彬一见江彬到来，立刻迎上前，说："坤宁宫刚刚落成，昨日太后颁下懿旨，命朝中大员及工部官员致祭，江公你来的正是时候。"

江彬一听，欢喜不已，赶紧换了一身衣服入宫去祭。祭祀完毕，江彬在往外走的时候遇到了杨廷和的心腹张永。张永亲热地跟江彬打招呼，随即又邀请他一同宴饮。

江彬束手就擒。

酒过数巡，太后懿旨忽至，命令逮捕江彬，江彬接旨时惊慌不已，当场推案而起，翻身上马想要离去。但此时城门早已关闭，无路可逃的江彬被官兵当场拿下。

面对政局不稳、危机四伏，奸臣随时可能起兵作乱的情形，杨廷和外松内紧，用"笑里藏刀"之计使江彬丧失了应有的警觉，最后不得不乖乖束手就擒。

商业案例

◎《佐贺报》靠真诚来打动消费者◎

笑里藏刀是一种表面和善而暗地里暗藏杀机的谋略。在商业领域，面对消费者，也可以采用这一策略，只不过，这里的"笑"要表现出足够的诚意，其目的当然是成功地推销自己的产品。

《佐贺报》是日本的一家地方性报纸，迄今为止已经有一百多年历史。《佐贺报》之所以能在激烈的市场竞争中屹立不倒，靠的就是处处为消费者考虑，以自己的诚意打动客户。

佐贺位于日本九州岛西北部，南、北、东三面临海，是典型的海洋性气候，全年雨量充沛。这给报纸的传递带来极大不便。为了不让消费者收到湿漉漉的报纸，《佐贺报》的董事长规定，每天早晨投递员送报纸时，都要用塑料袋细心包裹报纸，这样一来，即使遇到雨天，也不会淋湿报纸了。

《佐贺报》对消费者的这份真诚和温馨，使它能够在全领域中保持优势，这种"笑里藏刀"的策略收到了明显效果。

实际上，消费者花钱购买商品，除了渴望买到货真价实的商品之外，还希望能够得到另一种不花钱的额外"商品"，那就是商家的"诚意"。这个"诚意"就是"笑"，而隐藏着的"刀"便是商业活动的目的，即实现效益，在市场中立于不败之地。《佐贺报》的成功告诉我们，只有用真诚、有礼貌的服务对待顾客，才能赢得顾客的芳心。

【点评】

"笑里藏刀"之计的关键在于一个"笑"字。笑必须拿捏好分寸，表现得真实自然，千万不可将隐藏其中的"刀"露出来。否则，笑得做作或过火，反而会引起对方的怀疑和警觉。笑只是手段，真正的杀招是藏在笑容中的刀，至于出刀的方式，则视情况而定，但必须迅速果断，使敌人应变不及。

笑里藏刀。

两方相较，敌人相对强大而我方相对较弱，敌我的矛盾尚未明朗时，适宜运用此计。要注意针对敌方指挥者的不同特点来实施：对于骄傲自大的，要助长其骄横之气；对于胆小怯懦的，要示以诚意，使其放松警惕。我方则暗中做好准备，等待时机。

孔子曰："巧言令色，鲜矣仁。"无论是在战场上，还是在日常生活中，都要谨防笑面虎，万不可为笑容所迷惑，而忽视了其隐藏在背后的祸心。

◎第十一计 李代桃僵◎

【原文】

势必有损，损阴以益阳①。

【注释】

① 损阴以益阳：这里是指以暂时的、局部的牺牲为代价，来换取长远的、全局的胜利。阴，这里指局部。阳，这里指全局。

【译文】

当局势发展到必然会有所损失的时候，就应该牺牲局部来换取全局的胜利。

【计名讲解】

此计名出自《乐府诗集·鸡鸣篇》："桃生露井上，李树生桃旁，虫来啮桃根，李树代桃僵，树木身相代，兄弟还相忘？"本义是指李树代替桃树受虫蛀。这里比喻兄弟之间的关系，就如桃李共患难一般，要互助互爱。

此计作为计谋，是指在双方势均力敌，或敌优我劣等很难获取全胜的情况下，用较小的代价或牺牲，换取大的胜利，是一种舍小保大的谋略，类似于象棋比赛中"弃车保帅"的战术。

两军对峙，敌优我劣或势均力敌的情况是很多的。如果指挥者主观指导正确，常可变劣势为优势。孙膑赛马的故事为大家所熟知，他在田忌的马总体上不如对方的情况下，使田忌仍以二比一获胜。但是，运用此法也不可生搬硬套。战国时齐魏桂陵之战，魏军左军最强，中军次之，右军最弱。齐将田忌准备按孙膑赛马之计如法炮制，孙膑却认为不可。他说，这次作战不是争个两胜一负的结果，而应大量消灭敌人。于是用下

李代桃僵。

军对敌人最强的左军，以中军对势均力敌的中军，以力量最强的部队迅速消灭敌人最弱的右军。齐军虽有局部失利，但敌方左军、中军已被钳制住，右军很快败退。田忌旋即指挥己方上军乘胜与中军会合，力克敌方中军。得手后，三军合击，一起攻破敌方最强的左军。这样，齐军在全局上形成了优势，终于取胜。

古人的按语说道："我敌之情，各有长短。战争之事，难得全胜，而胜负之诀，即在长短之相较，乃有以短胜长之秘诀。如'以下驷敌上驷，以上驷敌中驷，以中驷敌下驷'之类：则诚兵家独具之诡谋，非常理之可推测也。"意思是：敌我双方的情况互有短长。战争中企图在各个方面压倒敌人，这实在难于做到。战争的胜败，取决于双方力量的对比，通常是占有优势的一方能够获得胜利。但是，为使我方取得优势地位，应当运用以劣胜优的诀窍。就像战国时孙膑向田忌献计一样，"用下等马对对方的上等马，以上等马对对方的中等马，以中等马对对方的下等马"。

● 李代桃僵

原喻指兄弟之间互相爱护互相帮助，后用来比喻互相顶替或代人受过。出自南宋郭茂倩《乐府诗集·鸡鸣》。此计用在军事上，指在敌我双方势均力敌，或者敌优我劣的情况下，用小的代价，换取大的胜利的谋略。

两军对垒

舍弃小部分利益应敌。

我军 → 敌军

保全大局 确保胜利

实用谋略

◎赵氏孤儿◎

李代桃僵，指的是面对困难时，以小的代价换取大的胜利的谋略。这一谋略的关键在于舍弃"李"，春秋时程婴以亲子代替赵氏孤儿，并最终消灭奸臣屠岸贾的故事，其中运用的便是"李代桃僵"之计。

春秋时，晋景公手下有一个大奸臣名叫屠岸贾，他鼓动晋景公除掉对晋国有功的赵氏家族。晋景公默许了，于是屠岸贾率三千人马把赵家团团围住，将赵朔、赵同、赵括、赵婴齐等全部杀掉。

赵朔的妻子庄姬公主是晋侯的姑姑，当时她已经怀了身孕，被秘密送进宫中躲藏起来。屠岸贾闻讯，决心赶尽杀绝，便撺掇晋景公杀掉公主以绝后患。但景公念在姑侄情分上，不肯杀公主。屠岸贾知道公主已经怀了孩子，见景公不杀公主，便决定等公主分娩后，杀掉赵朔的遗腹子以斩草除根。

公孙杵臼和程婴是赵朔的门客，两人是好友，对赵家非常忠心。赵朔死后，两人秘密见了面。

公孙杵臼质问程婴："你为何忍辱偷生？"

程婴说："赵朔的妻子已经怀了赵家的骨血，如果生下来的是个男孩，我就把他抚养成人，让他去报仇雪恨；如果生下来的是个女孩，我就彻底失望了，到时只好以死来报答赵氏的知遇之恩。"

不久，庄姬公主分娩，在宫中生下了一个男婴。屠岸贾听说后，亲自带兵到宫中进行搜索，公主将婴儿藏在裤内，侥幸躲过了一劫。程婴派一个信任的人假扮医生，入宫给公主看病，在忠臣韩厥的协助下，趁机将婴儿装在药箱中偷偷带出宫外。

屠岸贾猜测婴儿是被偷送出宫了，于是立即悬赏缉拿。

眼看庄姬公主母子俩好不容易逃脱了这次劫难，程婴对公孙杵臼说："虽然屠岸贾这次没有找到孩子，但他绝对不会善罢甘休。你觉得该怎么办？"

公孙杵臼没有回答，却问程婴："抚育孤儿与死亡，哪件事更容易？"

程婴回答："当然是死亡容易，抚育孤儿难。"

公孙杵臼说："赵君生前对你最好。我不如你，只好请你去做最难的事情，我只能去做容易的事情，所以，让我先去死吧。"

两人商议过后，决定采用调包计：找一个男婴与赵氏遗孤对调，然后公孙杵臼带着这个婴儿逃到首阳山，程婴则故意去告密，让屠岸贾搜到假的赵氏遗孤，这样他才会停止搜捕，赵氏的嫡脉才能保全。

当时，程婴的妻子也恰好刚刚分娩，生下了一个男婴，程婴于是决定拿自己的儿子代替赵氏遗孤。程婴回家后，心中悲痛万分，因为他知道自己的孩子肯定会被屠岸贾杀死。但程婴还是用大义说服了妻子，然后含泪将自己尚在襁褓之中的儿子抱上，与公孙杵臼一齐逃到了首阳山中。程婴的妻子则带着赵氏孤儿往另一个方向逃走。

屠岸贾很快就知道了此事，迅速带兵赶到首阳山。程婴假装走投无路，从山中出来，对屠岸贾说："程婴不肖，无法保全赵氏孤儿的性命。反正孩子免不了一死，如果屠岸贾将军付给我千金，我就把孩子的藏身之处告诉你。"

屠岸贾一心想要知道赵氏孤儿的下落，当场就答应了程婴的要求。在程婴的带领下，屠岸贾等人终于找到一间隐匿在山中的小茅屋，公孙杵臼就住在里面，屠岸贾还从屋中搜出了一个用锦被包裹着的男婴，想来这就是赵氏遗孤了。

公孙杵臼当着众人的面大骂程婴背信弃义，一边骂还一边佯装乞求："杀了我吧，孩子是无辜的，请放他一条生路。"

心狠手辣的屠岸贾一心想要斩草除根，当然不会答应，于是当场摔死了婴儿，杀了公孙杵臼。

赵氏孤儿。

程婴眼睁睁看着亲子和好友当场惨死，却只能按捺住满心的悲痛和愤恨，装出若无其事的样子。从此，程婴背负着忘恩负义、出卖朋友的"骂名"，忍受着世人的唾骂，带着赵氏孤儿逃往外地，隐居起来，将他抚养成人，并让他学会了一身本领。

十五年后，赵氏孤儿终于长大成人，他就是赵武。赵武知道了自己的身世后，立誓要向屠岸贾复仇，替赵家讨回这笔血债。后来，赵武与朝中韩厥里应外合，杀了奸臣屠岸贾，报了血海深仇。而公孙杵臼的忠烈之名和程婴的忠义精神也终于大白于天下。

程婴见赵氏大仇已报，自己不肯独享富贵，遂拔剑自刎。赵武为程婴服丧三年。而程婴与公孙杵臼合葬于一墓，他们被后人称为"二义"，其忠义英烈之名流传千古。

在对手的总体实力强于己方的情况下，采用"李代桃僵"的策略，可以变劣势为优势，从而战胜对手。

◎田完子舍身保全齐国◎

春秋末年，齐国国君姜氏的势力逐渐衰弱，大夫田成子取代姜氏独揽了齐国大权。但是，田成子上台名分不正，所以朝野上下及齐国内外都感到不服气。

怨气积累久了，总会有爆发的时候，何况有心人更不会放过这个机会。终于有一天，越国以田成子谋逆篡权为借口，派军队攻打齐国。

田成子得知这一消息后心慌意乱，赶紧召来幕僚商议对策。但是幕僚们的意见本身就存在很大分歧。

有的说："越国发兵来犯，欺人太甚。虽然我国军事力量弱小，但可以发动齐国上下共同抗敌。"

有的说："目前国内局势不稳，人心浮动，如果倾城而出，恐怕会怨声载道，难以服众。"

有的说："越国强大，大王您何不效仿其他国家，割让几个城池给越国，让它主动退兵，或可免动干戈。"

田成子想来想去，觉得上述建议都不是破敌良策，而他自己一时又拿不出好计策，因此陷入了苦恼之中。

正在这时，田成子的哥哥田完子为他献上一计，说："我想率领一批忠良之士出城迎敌，迎敌一定要真打，打了一定要战败，不仅是战败，而且一定要全部战死。请大王准许，因为只有如此，才能让越国退兵，从而保住齐国。"

田完子自告奋勇，决定自己献身以救齐国。

田完子的话刚一说完，满座皆惊，田成子同样大惑不解，便追问道："你为何要带一批忠良之士出城迎敌？"

田完子回答："王弟你刚刚拥有齐国，人心未定，百姓们并不知道你的治国之才，甚至有人对你恨得咬牙切齿，骂你是窃国大盗、无能之辈，所以在目前这种情况下，很难指望百姓们为你卖力。只有那些心中存有大义，认为齐国蒙受了耻辱的忠良之士，才愿意撇开私怨，冒死抵御外敌。"

田成子又问："即便如此，那为什么要做到战必败，败必死的程度呢？"

田完子答道："越国也知道现在就吞并齐国是不可能的，所以此次出兵，目的无非是在各路诸侯面前耍耍威风，顺便还能捞个'正义'的名声。我带忠良之士出兵迎敌，战败身死，这就是'以身殉国'。越国见自己杀死了大王的兄长，教训齐国的目的已经达到。同时也知道了齐国尚有这样一批慷慨赴死的勇士，必然心生畏惧，认为没必要为此次行动付出过高的代价。所以，越军在我们死后，一定会班师回国。"

田成子听了，为兄长的自我牺牲精神所感动，当场流下热泪。为了将齐国从危机中拯救出来，他不得不听从了兄长的建议。

果然不出田完子所料，越军在杀死了以田完子为首的一批忠良之士之后，旋即班师，齐国终于转危为安。

田完子反复权衡利弊，做出了以身殉国的决定，用"李代桃僵"的计策，将齐国从灾难中拯救了出来。

○田忌赛马○

战国时，齐威王和齐国的大将田忌都很喜欢赛马，因此两人经常在一起比赛。

两人约定的比赛方式是：把各自的马分成上、中、下三等，比赛时，上等马对上等马，中等马对中等马，下等马对下等马。齐威王是一国之君，他的马自然比田忌的马要强一些，所以每次比赛田忌都是三场连败，田忌因此输了不少钱。

有一次，田忌的好友孙膑也去看了比赛，结果自然又是田忌输了。田忌觉得很扫兴，正要垂头丧气地离开赛马场时，却听见有人叫自己的名字，抬头一看，原来是孙膑。

孙膑招呼田忌过来，然后拍了拍他的肩膀，说："我刚才看了赛马，才发现原来威王的马比你的马快不了多少呀。"

孙膑话还没说完，田忌就瞪了他一眼："没想到居然连你也来挖苦我。"

孙膑说："我没有挖苦你。你再同大王赛一次，我保准能让你赢他。"

田忌疑惑地看着孙膑，问道："你是说另外换马比赛？"

孙膑摇摇头，说："一匹马也不用换。"

田忌一听，立刻泄了气，说："那还不是照样得输。"

孙膑胸有成竹地说："你按照我的安排去做，保准没问题。"

田忌知道孙膑足智多谋，虽然心中困惑不已，但还是决定听他的话。

齐威王之前屡战屡胜，正在得意扬扬之际，看见田忌在孙膑的陪同下迎面走来，便讥讽田忌说："怎么，难道你不服气，嫌输得不够，还想再来

田忌赛马。

一次？"

田忌说："当然不服气，咱们再比一场！"还掏出一大堆银钱放在桌子上作为赌注。

齐威王见了，心里暗暗觉得好笑，不过田忌之前每次都是他的手下败将，现在居然主动把钱送上门，他自然也不会拒之门外，于是吩咐手下人把前几次赢的钱全部拿来，还追加了一千两黄金。然后满怀信心地说道："现在就开始吧！"

齐威王与众臣观看赛马。

随着一声锣响，比赛开始了。第一局，还是田忌输了，而且是以极大的差距输掉了这场比赛。齐威王兴奋地站起来说："想不到大名鼎鼎的孙膑先生，想出来的对策也不过如此。"孙膑并没有与齐威王做口舌之争，因为他自信能够挽回败局。

在接着进行的第二场比赛中，田忌的马竟然胜了一局，齐威王有点慌了。

但更让齐威王目瞪口呆的事情还在后面，第三局比赛还是田忌获胜。这样，在三局比赛中，田忌胜了两局，结果自然是田忌获得了最终的胜利。田忌不仅收回了之前输掉的赌注，还大赚了一笔，孙膑也因此更受信任和重用。

面对这样出乎意料的结果，齐威王百思不得其解。原来，孙膑发现，田忌的马和齐威王的马之间的差距并不大，于是第一场比赛用下等马对齐威王的上等马，第二场比赛用上等马对齐威王的中等马，第三场比赛用中等马对齐威王的下等马。田忌赛马的故事，正是用了"李代桃僵"的计谋。

孙膑主动先败一局，以换取后两局的胜利。还是同样的马匹，孙膑只是巧妙地调换了一下出场顺序，结果就转败为胜。

商业案例

◎椰菜娃娃风靡全美◎

20世纪80年代，一种需要办理领养手续的玩具娃娃风靡全美。心理学家认为，这种玩具有助于培养儿童的爱心和责任感；玩具专家认为，这种玩具代表着欧美玩具业的发展趋势；营销学者认为，这种玩具促销成功证明，"创造市场"的时代已来临。这就是美国克莱克公司制造并推出的一种以领养方式出售的布娃娃——椰菜娃娃。

椰菜娃娃由美国克莱克公司制造并推出，它不像其他布娃娃那样被摆在货架上，而是放在小小的婴儿床上，随身还有出生证明，上面写着姓名，性别，出生年月、地点。有心"领养"的小朋友们先要办好手续，才能将自己的"孩子"抱回家中。

1983年，椰菜娃娃刚投放市场，就赢得了广大消费者的青睐，在不到六个月的时间里，这种娃娃一下子销售了300万个，它已成为美国家喻户晓的"人物"，成为连环画、漫画的主角，甚至成为"爱"和"成功"的代名词。

椰菜娃娃的促销活动之所以取得如此大的成功，一方面是因为克莱克公司的公共关系人员通过深入的调查研究，了解了公众心理，掌握了市场动态，从而以"李代桃僵"的形式，使宣传工作深入人心，一举中的；同时也因为该公司善于利用新闻媒介扩大影响，在整个促销活动中，克莱克公司向各大电讯网及图片辛迪加发送的文字和图片报道有五十余篇，通过电视网播放的有关椰菜娃娃的电视节目也有五十多个，从而达到了促销的目的。

【点评】

在两军阵前，在政治舞台上，在商场中，要想不付出任何代价就大获全胜非常困难，所以总是不可避免地要付出一定的代价或牺牲。在这种情况下，必须牢记"两利相权取其重，两害相权取其轻"的原则，以保全大局和长远利益为重。

而当敌我双方势均力敌或者敌强我弱时，也可以运用李代桃僵之计，以少量的损失换取极大的胜利，从而逐渐将劣势转化为优势。李代桃僵，就是趋利避害，以少量的损失换取很大的胜利，这就是李代桃僵之计的实质。

在此计中，"李"表示要做出牺牲的一方，"桃"则表示被保全的一方。在实施此计时，有两点需要注意：李与桃之间必须具备一定的联系，否则将无法完成替代任务；李轻而桃重，决不能反向替代。

此计有五种含义：

一、弃车保帅。

二、寻找替罪羊。让别人替自己背黑锅，这通常被认为是一种非常阴险的手段。

三、弃子争先。虽然损失了一些棋子，但有利于占据先手，从而让整盘棋都活了。相反，如果过于计较眼前利益，每子必争，往往一败涂地。

四、忍痛割爱。

五、代人受过。

在现代商业活动中，经营者要从全局出发，对优劣形势进行对比分析，既不可为小利所引诱，也不可为小害所妨碍，要争取主动和优势，但不必寸步不让，适当的时候以退为进，从而达到最终的目的。

李代桃僵。

○第十二计 顺手牵羊

【原文】

微隙在所必乘①，微利在所必得。少阴，少阳②。

【注释】

①微隙：很小的空隙，这里指敌方的某些漏洞、疏忽。②少阴，少阳：意思是抓住敌方小的疏漏，变为我方小的胜利。少阴，阴之初始，比喻敌人的小漏洞。少阳，阳之初始，比喻我方的小胜利。

【译文】

敌人出现的漏洞再微小，也必须趁机利用；利益再微小，也要力争获得。要变敌人的小漏洞为我方的小胜利。

【计名讲解】

本计语出《草庐经略·游失》："伺敌之隙，乘间取胜。"关汉卿著元杂剧《尉迟恭单鞭夺槊》台词中，就出现了本计计名。《水浒传》第九十九回写道："前面马灵正在飞行，却撞着一个胖大和尚，劈面抢来，把马灵一禅杖打翻，顺手牵羊，早把马灵擒住。"但以上说的均不是战争。中国历史上，有很多顺手牵羊的战例，例如：晋献公途经虞国灭掉虢国，回师虞国时又乘其不备，灭掉了

顺手牵羊。

虞国；秦穆公攻打郑国，兵至滑国时，知郑人已有戒备，灭郑没有希望，就顺手灭掉滑国，然后班师回秦。

"顺手牵羊"的本义是顺手把别人的羊牵走。比喻在实现主要目的的过程中，伺机取得意外收获。在军事上是指看准敌人出现的漏洞，抓住其薄弱环节，乘便获利的谋略。

古人对顺手牵羊之计非常重视。《六韬》中说道："善战者，见利不失，遇时不疑。"（意思是说要善于捕捉战机，乘隙争利。）《鬼谷子·谋篇》中说："察其天地，伺其空隙。"（意思是说根据天地万物的变化，抓住敌人的间隙，趁机将其消灭。）《草庐经略·游兵》中说："伺敌之隙，乘间取利。"（意思是说看到敌方有间隙可趁，便伺机谋取好处。）《登坛必究·叙战》中说："见利宜疾，未利则止。取利乘时，间不容息，先之一刻则大过，后之一刻则失时也。"（意思是说看到有利可图就迅速行动，没有好处就不轻举妄动。谋取好处要掌握时机，恰逢其时，如果时机未到就采取行动，或是已经错过最佳时机，就不能实现预定目的。）这些兵法中虽未出现"顺手牵羊"四个字，却是对这一计策的最好说明。

古人的按语说："大军动处，其隙甚多；乘间取利，不必以战。胜固可用，败亦可用。"意思是说：凡是大军行动的时候，一定会留下很多缝隙和漏洞，我方可以乘虚而入，在这种情况下，一定要争取获得胜利，而且不必使用过多的兵力或经过特别大的战斗。这种战法，强者固然可以使用，而弱者同样也可运用。

● 顺手牵羊

一旦出现微小的漏洞，必须要及时利用；发现微小的利益，也要力争获得。利用敌方小的疏忽，为我方争取小的胜利。此计是一种"伺隙捣虚"、创造和捕捉战机的谋略，谋略的实质在于乘敌之隙。

为我军创造战机

微小漏洞

及时利用。

微小利益

力争获得。

变敌军疏忽
为我军战机

实用谋略

❀ ◎楚王问鼎◎ ❀

实施"顺手牵羊"之计，要把握好时机，一方面敌方必须得留下可乘的间隙，一方面我方要有消灭敌方的绝对实力。春秋时期楚庄王在灭掉陆浑之戎后，想趁机顺手灭掉周朝，但是由于时机不成熟，楚庄王并没能抓到这只"羊"。

楚国位于江、汉流域，向被视为南方之蛮夷。其先熊绎在西周初期曾被成王封为子爵，但楚国对周室时服时叛，不受封建之约束。春秋初年，王权衰微，楚君熊通索性于公元前 740 年自立为王（即楚武王），欲与天子分庭抗礼，一较长短。不久其子文王定都于郢（今湖北江陵西北），国势进一步强大起来。春秋初期，强楚实乃中原诸国之心腹大患，而中原诸侯经常说的"尊王攘夷"，也往往以抑楚为其主要目标。

楚早就有窥伺中原的志向，所以长期以来，它一方面并吞周围小国，一方面不断向北推进。但它先在齐桓公时被阻于召陵，继而在晋文公时战败于城濮，其北进图谋一再受挫。后来，楚庄王即位，开始任用贤才进行改革，使楚国迅速强大起来。

公元前606年，楚庄王亲自率领军队讨伐周都洛邑西南方的陆浑之戎。陆浑之戎是姜戎的一支，是不同于华夏族的少数民族。陆浑之戎原住在西北的瓜州，由于不臣服于秦国，秦国率兵把它驱逐到远处。晋献公认为，姜戎是炎帝后裔，应与华夏族同等对待，所以把伊水中上游的山地封赐给姜戎。姜戎在伊水立国，熊耳山区尽为戎地。陆浑之戎成为楚国北扩的重大障碍，楚庄王决定以武力将其剿灭。

陆浑之戎生性剽悍，习于骑战，但不习于战阵兵法。楚军长驱直入，大破陆浑之戎。返回楚国的时候，楚军到达洛水之畔，楚庄王在这里举行盛大的阅兵式，打算顺手牵羊，一举灭掉周朝，从而实现其称霸中原的目的。

楚军阅兵于周朝边境的消息传到了洛邑，周王极为恐慌。周朝的大夫王孙满自告奋勇，表示能劝退楚王。周王便下令让王孙满慰劳楚王，以观楚军的动静。

王孙满素有贤德，是一位杰出的政治家。他到达洛水之南，见楚军营帐相连，甲胄鲜明，楚王居于中帐，不降阶相迎。王孙满看到楚王的架势，知道他态度傲慢，浑然不把自己这位"代天巡狩"放在眼里。但是，王孙满并不介意，他仍旧向楚王致答了周天子劳师之意，说道："周朝天子听说大王率军路经此地，因此特派小臣前来慰劳。"

楚庄王听了王孙满的话，心里更加得意了，他并不向王孙满致谢，而是傲慢地问道："九鼎现在都在周朝，其大小轻重如何？"

王孙满一听楚王打听九鼎的大小轻重，深知其有灭周之心，于是从容地回答说："大小、轻重在于德而不在于鼎。"

楚庄王听后，大惑不解，忙问道："这句话怎么说呢？"

王孙满回答道："从前，夏朝施行德政的时候，远方的国家把物产画成图像进献，九州又进贡了各自出产的铜。夏王于是用这些铜铸成了九鼎，把图像铸在鼎上，鼎上各种事物都已具备，使百姓懂得哪些是神，哪些是邪恶的东西。所以百姓进入川泽、山林，就不会碰上不顺利的事情。

"因此能使上下协调一致，承受上天的福佑。夏桀昏乱无德，九鼎便迁到商朝，前后六百年；商纣暴虐，九鼎又迁到了周朝。如果德行美好光明，九鼎虽小，也重得无法迁走。如果德行奸邪昏乱，九鼎再大，也是轻的。上天保佑有圣明德行的人，也是有限度的。成王将九鼎安放在王城时，曾占卜预告周朝传国三十代，享国七百年，这个期限是由上天决定的。周朝的德行虽然衰落，天命并没有改变。九鼎的轻重，也就不必询问了。"

楚庄王闻此，知道取代周王室的时机还不成熟，于是率领军队撤退了。

王孙满知道楚庄王的亡周之心，他阐述"德"，一方面是想以理说退楚王，一方面也说明想取得天下，只能凭借德行，才能令天下顺服。仅仅通过得到鼎来窃取天下的权力，纵然能够成功，也不能长久。楚王在听到王

楚王问鼎。

孙满的一番言论后，知道自己还无法取代周朝，于是只得撤军了。这样，楚王顺手牵羊的美梦破灭了。

◎夏侯惇劫营◎

擅长打仗的人都有一双善于发现克敌机会（通常是敌人的疏漏）的眼睛，并深谙随机应变之道。曹操的大将夏侯惇就是如此，他在曹操夺取汉中的过程中发挥了重要作用。

公元215年，曹操挥兵汉中，攻打张鲁，一开始战争进行得很顺利，曹军很快便打到了阳平关（今陕西宁强西）下。他要夏侯惇负责对阳平关的战

夏侯惇劫营。

事，但后者一直攻了十多天，没能攻下阳平关。另一方面，驻守阳平关的张卫、杨任等人仗着阳平关地势险要，固若金汤，所以拒不投降。曹操眼看伤亡的人数每日剧增，带来的粮草也不多了，就改变了计划，转而采纳了谋士刘晔的意见，暂停攻关，另作他计。于是，他要许褚通知前方的夏侯惇暂停进攻。

由于阳平关依山而建，有十余座城墙，所以夏侯惇将兵力分散在其周围的各座山上，短时间内很难将士兵集合起来，其前锋部队在赶往集合地点的时候还迷了路。不过，这支部队不只没给夏侯惇惹什么麻烦，还给他带来了惊喜——误打误撞地发现了张卫的一个别营。

事发突然，该部队没有时间将自己的发现报告给夏侯惇，当即就和张卫的部队打了起来。张卫的部队没有准备，仓促迎战，误以为曹军已将阳平关攻克，大惊之下斗志全无，竟然全军撤退。夏侯惇军乘胜追击，三下五除二便拿下了别营。之后，他们没有停下来享受这小小的胜利果实，而是跟着张卫的逃兵，杀入了阳平关。

夏侯惇接到这个消息，连忙调整作战策略，他立即召回已经开始撤退的部队，用最快的速度将兵力集合起来，在夜色的掩护下杀向阳平关。而此时，关内的守军已乱作一团，杨任拼尽全力也没能阻止夏侯惇的长驱直入，张卫见败局已定，遂弃城逃跑。阳平关素来被张鲁当成是对付曹操的最大筹码，阳平关失守后，张鲁为免全军覆没，很快就投降了曹操，曹操顺势夺取了汉中。

虽说顺手牵羊需要运气，但如果夏侯惇在得知属下进入阳平关后，没有及时改变作战方案，曹军也不可能一鼓作气拿下这座一度久攻不克的堡垒。

◎韩信取三齐◎

顺手牵羊的关键在于抓住时机，乘虚而入，从全局着眼，只要不会出现"因小失大"的状况，就不要轻易放过获利的机会。公元前203年，韩信被封为齐王，而他之所以能成为齐王，多亏听从了谋士蒯通的建议，借项羽和刘邦兵戎相向的机会，顺手牵"齐"。

公元前205年，齐王田荣和刘邦分别从东西两面夹击项羽。项羽亲自率领大军击败田荣，和刘邦在荥阳对峙。不过，由于在攻打田荣的过程中，楚军残忍地焚烧城郭、坑杀降卒，齐国发生了叛乱。田荣的弟弟田横趁机收容散兵，聚集力量攻打项羽。

项羽一心对付刘邦，无暇顾及齐国的内乱，田横便乘虚而入夺回齐国，并立田荣的儿子田广做了齐王。与此同时，作为刘邦的左膀右臂，韩信正忙着为刘邦开疆拓土，他采纳广

燕国派使者向韩信归服。

武君李左车的意见，不用一兵一卒便迫使燕国投降，使其归服自己。

韩信原本就计划夺取燕、齐两国，但就在他准备挥师齐国的时候，刘邦派郦食其做说客劝说齐王田广背楚降汉。郦食其很好地完成了任务，素来对汉军有所提防的田广遂放下了对汉军的戒备。

既然田广不再与汉为敌，韩信也没有必要讨伐他了。因此，听说此事后，韩信便打消了伐齐的念头，但他的谋士蒯通却建议他顺手牵羊。蒯通对韩信说："将军是奉诏攻打齐国，汉王只不过暗中派遣一个密使游说齐国，难道有诏令命你停止进军吗？为什么不进军呢？况且郦生不过是个读书人，坐着车子，凭着三寸之舌，就收服齐国七十余座城邑。您为将多年，反不如一个读书小子的功劳吗？"

韩信被蒯通说动了，于是按照蒯通的计谋，重又拉起旗帜，大举伐齐。齐王得知韩信要来攻打自己，又惊又气，一面派人向项羽求助，一面烹杀郦食其泄愤。然而，尽管项羽马上派来二十万大军援救田广，田广仍没保住自己的国家。最后，齐国被收入韩信囊中，刘邦也只得封韩信为齐王。

夺取齐国，一方面得力于韩信出众的指挥能力，一方面也得力于蒯通的审时度势。后者敏锐地捕捉到楚汉战场的形势变化——项羽正和刘邦对峙，不可能将太多力量放在齐国身上，而齐国则由于刚刚接受了刘邦的劝降，对汉军没有防备——这些都是韩信顺手牵羊不可或缺的条件。

商业案例

○电影《少林寺》带来的商机○

中国电影《少林寺》在美国上映后，引起了极大的轰动，中国功夫一举名扬海外，令无数外国人津津乐道，而作为电影主角的少林寺和尚也随之"身价倍增"，甚至连他们脚上穿的粗布鞋也令美国人羡慕不已，恨不得自己也能拥有一双，好像穿上之后就能和少林寺的和尚一样身怀绝世武艺。

一个美国商人敏感地注意到了这种潮流，认为这是一个绝佳的赚钱机会。他依据电影《少林寺》中和尚们所穿的僧鞋，很快设计出了一种"少林鞋"。

设计完成后，这位美国商人专程赶往上海，与一家中国鞋厂合作生产这种鞋，然后返销到美国。

正如这位美国商人之前所预料的那样，借助《少林寺》掀起的"少林热潮"，少林鞋在美国上市后迅速畅销，他趁机大赚了一笔。

商机总是一纵即逝，因此，当机会出现在面前时，一定要牢牢抓住。顺手牵来的"羊"虽然不是长久经营的目标，但偶尔为之，顺势赚一笔同样能获得可观的利润，不可错过。

【点评】

从某种意义上讲，"贪"是人类生活的根本追求：人类贪求更香的食物，于是学会了用火烤制熟食；人类贪求更安逸的生活，于是学会了盖房子，然后逐渐出现了高楼大厦；人类贪求更方便的出行方式和更快的速度，于是有了汽车、轮船、飞机等交通工具。顺手牵羊也是人类"贪"的本性的一种自然流露。

顺手牵羊。

实施此计，关键在于"顺手"二字，如果是在不顺手的情况下勉强为之，不仅徒劳无功，可能还会对原有的主要目的造成妨碍。

"顺手牵羊"中，"羊"比喻意外的小利，但并不是见羊就要"牵"。首先要观察它是不是敌人布下的诱饵；其次要明确，小利终归是小利，不能因此而偏离了自己的主要目的，只有在通观全局，确定不会因小失大的前提下，才能顺手牵羊，否则很可能捡了芝麻丢了西瓜。

军队在行动的过程中，肯定会出现很多漏洞。比如，当行军速度较快时，可能造成协调不灵，给养跟不上等问题，战线拉得越长，漏洞越多。只要有利，即使不能完全取胜，也可以抓住时机给予敌人一击。

无论是强者还是弱者，胜利者还是失败者，战争史上经常会出现这样的情况：一方开始处于劣势，然后用小股精锐部队钻入敌人的心脏，神出鬼没地打击敌人，从而转化为优势。

在现代商业经营活动中，经营者经常在市场竞争中运用此计：在宣传本企业产品的特点和优点的同时，还要暗示对方产品的缺陷和不足，贬低对方，以抬高自己。不过有一点，这种对比是确实存在的，否则一旦发现是虚假信息，这种宣传就只能起到反效果了。

⊙名家论《三十六计》

可能有人会问：顺手牵羊什么情况才能"下手"，有没有可能遇上偷鸡不着蚀把米，或赔了夫人又折兵的时候？在回答这个问题时我们要注意到这样的情况：实施顺手牵羊这一计的时候要注意"顺"，即来去顺路，取之顺手，赢之顺时，得之顺便。如果在不顺手的情况下强行取利，不仅徒劳无功，而且会影响原有的主要目标的实现。必须明确的是，小利终归是小利，不能代替自己的主要目的。只有在不影响主要目标实现的前提下，才能顺手去取意外之利。否则会因小失大，捡了芝麻丢了西瓜。另外，还要看所要牵的"羊"是不是敌人为我们准备的诱饵，要根据当时的战场态势详察明判，并不是见"羊"就可以牵。

顺手牵羊作为一种伺隙捣虚，捕捉战机的计谋，要明白战机是很重要的，也是很难得的，难以把握的，往往是"先之一刻则太过，后之一刻则失时"，一瞬间即可扭转整个战局。所以要"见利不失，迁时不疑"。发现敌人的漏洞，要见缝插针，手疾眼快，果断出手，这样才能见微知著，扩大战果，获得胜利。

——薛国安

《三十六计》成书年代及内容

　　《三十六计》成书于明末清初。时引用"三十六计，走为上计"的人越来越多，于是有心人采集群书，编辑成《三十六计》。它是根据中国古代军事思想和丰富的斗争经验总结而成的兵书。

		胜战计	含六计
处于优势所用之计		敌战计	含六计
		攻战计	含六计
前三套			
后三套			
		混战计	含六计
处于劣势所用之计		并战计	含六计
		败战计	含六计

三十六计

【解说】
　　均系依据《易经》中的阴阳变化之理及古代兵家刚柔、奇正、攻防、彼己、虚实、主客等对立关系相互转化的思想推演而成，含有朴素的军事辩证法的因素。

【原典】

【按语】
　　多引证宋代以前的战例和孙武、吴起、尉缭子等兵家的精辟语句。

第一计　瞒天过海

原典
备周则意怠，常见则不疑，阴在阳之内，不在阳之对。太阳，太阴。

解说
所谓瞒天过海，此是较意一两事，兵而三也用做装的手段造成敌错觉于彼对方放松戒备然后突然行动，误而达到取胜的目的

第三套
◎攻战计◎

◎第十三计 打草惊蛇◎

【原文】

疑以叩实①，察而后动；复者②，阴之媒也③。

【注释】

①疑以叩实：发现了可疑情况就应当考实调查清楚。叩，询问、寻求。②复者：反复去做，即反复去叩实，察而后动。③阴：指某些隐藏着的、尚不明显或者尚未暴露的事物、情况。媒，媒介。

【译文】

发现了可疑情况就要去寻求实情，只有调查清楚后才能采取行动；反复查探分析，是发现敌人阴谋的重要方法。

【计名讲解】

此计名出自段成式《酉阳杂俎》。

唐代时，当涂县有个县令叫王鲁，此人贪得无厌，见钱眼开，一天到晚只想着贪污受贿，搜刮民脂民膏，只要是有利可图，他就可以不顾是非曲直，肆意颠倒黑白，因此干了许多不法之事。

常言道：上梁不正下梁歪。

打草惊蛇。

见到上司贪赃枉法，大开方便之门，王鲁属下的大小官员自然也不会客气。

一天，有个人递了一张状纸到衙门，原来是当地百姓联名控告王鲁手下的主簿贪赃枉法。王鲁将状纸粗粗扫了一眼，状纸上所陈述的各种罪状几乎和他平日的违法乱纪行为一模一样，简直就好像是在控告自己一样。

王鲁做贼心虚，一边看着状纸，一边忍不住全身都在颤抖，生怕自己的不法行径也会暴露。他越想越害怕，连状纸都不知道该怎么批了，竟然不由自主地在状纸上写下了此刻内心的真实感受："汝虽打草，吾已惊蛇。"意思是说你这么做，本来的目的是为了打地上的草，但我就像躲在草丛中的蛇一样，被大大地吓了一跳。后来，人们就将王鲁所写的这八个字简化为"打草惊蛇"了。

"打草惊蛇"本义是指惩治甲而警告乙。后比喻做事不密，使人有所戒备。运用在军事上，一是指己方行动不够机密，致使对方有所察觉而提前采取对策，从而隐藏得更深；二是指敌情不明或有可疑之处时，先佯动诱敌，待敌人暴露出真实的情况后再采取行动，目的是防止坠入敌人的陷阱之中，或者诱使敌人按照我方的战略意图行动。正如《虎钤经》中所说："观彼动静而后举焉。"

● 打草惊蛇

语出段成式《酉阳杂俎》：唐代王鲁在当涂担任县令时，搜刮民财，贪污受贿。有一次，县民控告他的部下主簿贪赃。他见到状子，十分惊骇，情不自禁地在状子上批了八个字："汝虽打草，吾已惊蛇。"打草惊蛇，作为军事谋略，是指敌方兵力没有暴露，行踪诡秘，意向不明时，切不可轻敌冒进，应当查清敌方主力配置、运动状况再说。

摸清敌人实情

壹 对敌军的军情生疑。 → 贰 侦察探听获得情报。 → 叁 发现敌军隐藏的军情。 → 肆 反复侦察确认情报。

顺利采取行动

实用谋略

◎崤之战◎

打草惊蛇是三十六计之一，但它有时也是兵家大忌，如果行动过早而被敌人得知，那么极有可能导致全部军事计划作废。战国时期，好武善战的秦穆公就曾在这方面有过很大的教训。

周襄王二十四年（前628），郑文公、晋文公相继去世，帮助郑国守卫城池的秦国大夫杞子等认为这是偷袭郑国的好机会，便告诉秦穆公，自己掌握着郑国的北门，如果偷偷地派兵伐郑，拿下郑国指日可待。

秦穆公听到杞子的汇报，非常高兴，遂征求大夫蹇叔的意见。但蹇叔不看好这个计划。蹇叔以为，从来没听说过让疲劳之师去攻打远方的国家，军士疲劳，远方的君主又有所防备，事情恐难以成功。秦军的动作，郑国一定会知道，而军队长途跋涉又没有所得，注定会产生反叛之心。但是秦穆公完全听不进蹇叔的话，因此下了攻打郑国的命令，派大臣百里傒的儿子孟明视、蹇叔的儿子西乞术以和白乙丙统领大军出征。

出征的那天，蹇叔哭着说，自己只能看到秦军出发却看不到他们回来。秦穆公听了很是不快。

秦军出发了，到达滑邑。一个名叫弦高的郑国商

弦高智退秦军。

贩在滑邑的市场上看到秦国大军，就顺手将自己的十二头牛献给秦军，说："听说秦国想灭掉郑国，郑国的国君很小心地进行防备，还派我送牛来犒劳贵国将士。"秦国的军官听到这话，互相说："郑国已经察觉到我们偷袭他们的事情了，继续前进不会有什么好结果。"

弦高立刻返回郑国，将秦军袭郑的事情告诉郑国国君郑穆公，后者则在探明情况后立即派大夫皇武子暗示留在郑国的杞子等人，郑国已知晓秦国的计划，杞子等人听后都知趣地离开了郑国。而秦军方面得知秦在郑国的内应已经离开，伐郑的胜算甚小，便改变了作战计划，转而攻打并灭掉了滑邑。

不过，事情并没有就此结束。正值服丧期的晋国得知秦国打算偷袭郑国，认为这正是天赐的攻秦良机。晋襄公采纳了中军帅先轸的意见，起兵攻秦，为鼓舞士气，晋襄公还穿着丧服亲自督战，晋军在崤函地区的东、西崤山之间设下埋伏，就等着秦军送上门来。

此时，秦军正在孟明视的率领下经过崤山，还没有对当地的地形进行侦察，不知不觉进入晋军的埋伏圈。晋军封锁了山谷的两头，堵死了秦军的退路，对秦军发动猛攻。晋襄公亲临战场，率兵出击，秦军被打得措手不及，进退不能，最后秦军被悉数歼灭，领军的几位大将也成了晋军的俘虏。秦军因打草惊蛇全军覆没，晋军则因为行动隐秘获得成功。

◎李自成与明军大战于朱仙镇◎

打草惊蛇有两重含义，一重是遇到事情不能轻举妄动，以免过早暴露行踪，于己方不利；一重是故意"打草"，引出敌人，将其引入自己的埋伏圈，再予以打击。

1642年，李自成围攻开封，崇祯皇帝连忙调兵遣将，援助开封。

明朝大军由丁启睿、左良玉等人率领，号称四十万，李自成所率的农民军则号称三十万，双方人马在开封西南九十里处的朱仙镇展开对决。由于不想让明朝援军和开封守军集合起来，李自成决定将明军分割开来，分别在开封和朱仙镇设置包围圈，又在南面的交通要道挖开了一条长百里、宽一丈六的壕沟。这条沟一来可以截断明军的粮道，二来可以成为明军逃跑路上的障碍。

为了打赢这场仗，顺利拿下开封，李自成作了周密的部署，而他的敌人却迟迟没能拿出完整的作战计划。丁启睿主张主动出击，左良玉则认为应坚守不出。李自成注意到这个问题，将手下兵士

分成两路，一路猛攻位于朱仙镇的由虎大威率领的明军，制造混乱，打草惊蛇，让敌军深陷于陷阱。一路负责攻打左良玉，迫使其动弹不得，无法为虎大威提供增援。李自成的计划得到了有力执行。结果，明军方面，虎大威战死，左良玉不知所措。左良玉见局势对自己越发不利，最后竟不顾丁启睿的号令，连夜出逃。李自成故意放出一条路让左良玉及其军队逃亡，果然不出他的所料，左良玉逃到了农民军事先挖好的大沟前。沟宽且深，骑兵不能跨越，逃兵败将纷纷丢盔弃马，就在这时，又杀出一路农民军，明军死伤惨重，尸体充满了壕沟。

李自成大破明军。

左良玉被打得惊恐不已，他所率之部全军覆没，自己逃了上千里，一直逃到湖北襄阳，才松了一口气。其他明朝将士的命运也好不到哪儿去，丁启睿狼狈不堪，逃跑时弄丢了皇帝御赐的尚方宝剑。

李自成的打草惊蛇之计大获成功，农民军不只拿下了开封，还招降了明朝二万步兵、八千骑兵，缴获了大量粮草、武器，士气大增。相反，明朝却因这次失利元气大伤，这四十万兵马本是其最精锐的一支部队。更重要的是，此次失败极大地挫伤了明军的士气，朱仙镇大战后不足两年，明朝的都城北京就被李自成攻克。

◎诸葛亮于汉水巧战曹操◎

有时为了更好地迷惑敌人、扰乱敌人计划，可以重复"打草"，反复"惊蛇"，让敌人陷入虚实莫辨、惊恐不安的境地。

公元218年，刘备领兵十万围困汉中。曹操得知后非常吃惊，亲自率领四十万大军与之相抗。蜀军见曹操来势汹汹，便退驻到汉水以西，蜀魏大军隔水相望。

一天，刘备和军师诸葛亮外出观察两岸情况，思考克敌之策。诸葛亮见汉水上游有一片土山，认为可以埋伏千余士兵，回营后，便要大将赵云带着五百名士兵，伏于土山之下。临行之前，诸葛亮还特地要这五百士兵都带上鼓角，他告诉赵云，每到黄昏时分，只要听到营中有炮声响起，就擂鼓吹角，但不能出战。

第二天，曹军到阵前挑战，蜀军却坚持按兵不动。曹军叫喊了一阵，见对方没有动静，便班师回营。

赵云依计擂鼓吹角。

271

诸葛亮站在高处观察敌军的动向，这天夜里，他见曹营的灯火熄灭了，便命令士兵开炮为号，埋伏在土山处的赵云等听到炮声，马上擂鼓吹角。

曹兵被蜀军的动静惊动了，非常恐慌，怀疑蜀兵会来劫营，忙起来迎敌，不想出营一看，并未看到有人劫营。这样一夜折腾了好几次，曹兵不由怨声载道，他们被蜀军的号角弄得魂不守舍，寝食难安。而曹操虽然知道这是诸葛亮的计谋，却也

蜀军大败曹魏。

不敢号令将士不去理会蜀军的战鼓战号，万一蜀军发动了真正的袭击，精神松懈的曹军很可能反应不过来。考虑再三，曹操最终决定退兵三十里，另寻地方安营扎寨。

诸葛亮见曹兵后退了，便趁势率部渡过汉水。而在渡过汉水之后，诸葛亮又让将士们背水扎寨，故意让蜀军身处险境，同时也让曹操大惑不解。曹操担心诸葛亮又在耍什么计谋，就修书一封给刘备，和他约定时间进行交战。

约定的日子很快到来，战斗一开始，蜀军就假装失败，向汉水方向撤退，但在撤退的时候，蜀军却故意将不少辎重弃于道旁，曹操不由疑心大起。为了避免落入敌人圈套，曹操早早便鸣金收兵，禁止魏军追击蜀军。有人不明白曹操的意图，问："为何不乘胜追击？"曹操则答道："蜀军背水扎寨本就可疑，现又故意丢弃辎重则更令人怀疑，小心为上，必须火速撤兵。"

然而，就在曹兵开始后撤的时候，诸葛亮亮起了旗号，指挥蜀兵重新杀来，曹军猝不及防，慌乱溃散，损失惨重。原来诸葛亮的"打草惊蛇"，就是为了让曹军陷入恐慌混乱，给蜀军创造获胜的条件。曹操猜不透诸葛亮的意图，保险起见计划撤兵，结果正中诸葛亮之计。

商业案例

◎艾柯卡重振"克莱斯勒"◎

"打草惊蛇"的好处之一就是可以帮助人们发现隐藏起来的敌人，人只有知道敌人在哪里，才好有的放矢，将其各个击破。

1978年，李·艾柯卡出任克莱斯勒汽车公司的总经理。他一上任就面临着一个棘手的问题：如何将克莱斯勒从破产的边缘拉回来？面对债台高筑的"克莱斯勒"，艾柯卡认为必须向美国政府求助，争取得到政府的担保，并以此为基础向银行借贷。至于到底需要借多少钱，艾柯卡心中的理想数目为12亿美元。

克莱斯勒打算借巨额贷款的事很快便闹得沸沸扬扬，绝大多数人都对此表示反对。原来，在美国，很多人认为企业借助政府的力量发展经济会破坏自由竞争的原则。艾柯卡和克莱斯勒顿时成

了众矢之的。

然而，艾柯卡没有被排山倒海的反对声所吓坏，反而向反对他的人进行了反击。他反驳说，在他之前，美国政府曾给不少大企业提供过帮助，比如洛克菲勒公司、华盛顿地铁公司以及全美五大钢铁公司。这些公司通过美国政府的担保从银行那里一共贷到了四千多亿美元，而现在克莱斯勒需要的不过是 12 亿美元，艾柯卡不明白为什么那么多企业会对克莱斯勒有这样大的非议。之后，艾柯卡又向人们强调，拯救克莱斯勒不仅不会破坏美国的自由竞争原则，相反，还会保护竞争。整个北美只有三家大的汽车公司——克莱斯勒、福特和通用，若克莱斯勒破产了，北美的汽车市场就成了福特和通用的天下了，这对消费者来说显然不是件好事。

艾柯卡态度强硬地要美国政府帮助自己，他用数字向美国政府发出警告，倘若政府拒绝向克莱斯勒施以援手，一旦克莱斯勒破产，美国政府必须支付高达 27 亿美元的失业保险金和其他社会福利。而美国政府到底是愿意帮克莱斯勒贷 12 亿呢，还是愿意为克莱斯勒的破产花 27 亿？答案不言而喻。另一方面，艾柯卡还提醒那些试图阻挠克莱斯勒获得政府担保的议员，克莱斯勒在全美各地设有很多机构，一旦克莱斯勒倒台，这些机构的工作人员就失业了，考虑到克莱斯勒的员工和与其有经济往来的公司、人员数目庞大，议员们有理由担心自己的支持率会因此而下降。

当艾柯卡大张旗鼓地要求美国政府为克莱斯勒担保时，很多人都以为他疯了，认为他的贷款计划一定敌不过强大的舆论压力。然而最后，艾柯卡却成功地拿到了 12 亿美元的贷款，并用这笔钱帮助克莱斯勒起死回生。原来，艾柯卡之所以高调地要求政府为其做贷款担保，就是想用打草惊蛇的办法摸清贷款之路上会遇到哪些阻碍，看清楚究竟有谁在反对，又是因为什么原因而反对。正是在掌握了这些情况的基础上，他才可以有针对性地将种种困难一一解决。

【点评】

在进军途中，如果经过坑地、水洼、芦苇、密林及山隘等地，一定不能麻痹大意，稍有不慎，就会"打草惊蛇"而被埋伏之敌所歼。可是，战场情况复杂，变化多端，有时己方巧设伏兵，故意打草惊蛇，让敌军中计的战例也层出不穷。

运用此计前，首先要明确究竟什么是"草"，什么是"蛇"。

草与蛇虽然性质不同，却是互相联系的：蛇借草藏身，草能迅速地向蛇传递信息，尤其是危险来临的讯号。可见，草指敌人的盟友，或者敌人的小股部队，蛇指敌人自身或者敌人的主力。

打草惊蛇。

打草惊蛇有三重含义：

一、引蛇出洞。因为蛇潜伏在草丛中，不易发觉，因此在行动时故意先打草，让蛇暴露踪迹。一旦蛇的位置不再隐蔽，要想消灭它也就很容易了。

二、打草惊走蛇。直接打蛇，蛇可能随棍而上，这种情况比较危险。而通过远远地击打草丛吓走蛇，往往比较有效。当不愿或者不能与敌人正面交锋时，便可使用这种间接驱敌之法。

三、甲和乙互相关联，可以通过打击甲来警告乙，是一种间接警告之法。

○第十四计 借尸还魂○

【原文】

有用者，不可借；不能用者，求借。借不能用者而用之，匪我求童蒙，童蒙求我①。

【注释】

①匪我求童蒙，童蒙求我：语出《易经·蒙》。匪，通"非"，不、不是。童蒙，年幼无知的小孩，这里指受支配者。

【译文】

有作为的，不求助于人；无作为的，求助于人。利用那些无所作为的并顺势控制它，结果就不是我受别人支配，而是我支配别人。

【计名讲解】

此计名出自元代岳伯川的杂剧《吕洞宾度铁拐李岳》："岳寿，谁想你浑家将你尸骸烧化了，我如今着你借尸还魂，尸骸是小李屠，魂灵是岳寿。"这个剧本原型应当是中国古代的一个民间故事。

从前，有一个叫李玄的人，曾拜太上老君为师，跟他修道，学习长生不老之术。

一天，李玄应太上老君之召，留下肉体凡胎，灵魂出窍，飘飘然游于三山五岳之间。临行前，他嘱咐徒弟看护好自己的肉体，说是七日便回。

徒弟也一直很小心地在一旁守护，但是到了第六天，徒弟忽然接到消息，说是母亲病危。徒弟看李玄的躯体之前一动不动，现在摸上去浑身冰凉，连呼吸也停止了，认为师父已经死了，就算离他之前说的七日之期还有一天时间，但人死了也不可能复生，便匆匆忙忙将李玄的身体火化后回家去了。

待李玄神游归来，却发现徒弟不见踪影，自己的躯体也不见了，魂魄无所归依。这种状态持续的时间一长，他的灵魂也将跟着消散，落得个魂飞魄散、灰飞烟灭的下场。

李玄苦苦思索着办法，眼看时间越来越少，恰好路旁有一个刚死的乞丐，尸体还可以借用。慌乱之中，李玄也来不及查看，便将灵魂附在了这具乞丐的尸体上。

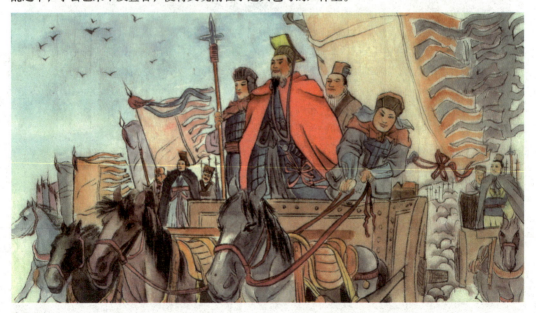

借尸还魂。

借尸还魂后的李玄，蓬头垢面，胡子拉碴，袒腹露胸，而且一条腿还跛了。虽然不甚满意，但总算是活了过来。为了方便行走，李玄对着一根竹竿轻轻吹了一口气，竹竿立即变成了一条铁杖，李玄因此被称为"铁拐李"，他原来的名字反而逐渐被人淡忘了。

"借尸还魂"的本义是指人死后灵魂还能借着别人的尸体复活。比喻已经没落或死亡的事物、势力、思想等，又假借某种形式重新出现或复活。运用在军事上，是指利用那些没有作为的名义或势力来达到我方的目的。另外，当处于被动或面临失败时，利用一切有利条件来扭转局势，争取主动，实现自己的目标，也可视为"借尸还魂"。

● 借尸还魂

在失去主动或处于败局的情况下，要善于利用一切可以利用的东西，转换战争局势，变被动为主动，以实现既定的军事意图。此计的本意是利用出兵援助别人的机会，趁机控制或占领人家的地盘。

使敌人
麻痹大意

↓

我军以友好
的态度示敌

壹
诱使敌人懈怠。

贰
暗中谋划伺机而动。

待敌军松懈
一举歼灭

◎巧借亡者之名发动起义◎

借尸还魂，是说已经死亡的东西，又借助某种形式复活。秦末陈胜、项梁就曾使用此计，不但壮大了自己势力，还最终灭掉了秦国。

秦朝末年，赋税和徭役十分繁重，百姓怨声载道。公元前209年，终于爆发了陈胜、吴广起义。

陈胜、吴广本是秦朝征发到渔阳的戍卒中的小头目，他们前往渔阳途中，遇上了大雨，无法按时到达目的地。这令陈胜、吴广十分着急，因为按照秦律规定，戍卒延期抵达目的地，就要被斩

陈胜为起义制造舆论。

首。于是，陈胜、吴广聚在一起，悄悄商议对策。他们二人一致认为，与其因为误期而被杀，还不如起来造反。陈胜表示，公子扶苏和楚将项燕都深得民心，但是他们都被害死，所以不如假托这两个人的名义，向全国发出号召，一定会得到天下人的响应。吴广完全赞成陈胜的主张。

两人经过精心准备，杀死负责押送戍卒的两名官吏，然后把众戍卒召集起来，号召大家一起反抗秦朝的暴政。众戍卒听罢，齐声高呼，表示愿意追随陈胜、吴广。于是，陈胜让戍卒们冒充是公子扶苏和项燕的队伍，并祖露右臂，作为义军的标志，打出了大楚的旗号。陈胜又筑起一座高台，用那两个军官的头颅祭天，举行誓师仪式，立誓同心协力推翻秦朝的暴政。

陈胜和吴广率先向暴秦发难以后，天下云集响应，各地义军风起云涌，很快席卷了大半个中国，秦朝的覆灭已成大势所趋。

陈胜和吴广在起义时借用了公子扶苏和楚将项燕的名号，吸引了不少人的追随，响应者中不断有人仿效他们，采用了"借尸还魂"之计来提高队伍的威信，增强号召力。

公元前208年，陈胜战死，但起义军的余部仍在坚持斗争。楚人项梁和他的侄子项羽也在乱世中拉起了一支人马。项梁正是楚国名将项燕的后人。

另外一支义军则找到了楚国贵族的后裔，并推举他为领袖，也有不少人闻风前去归附。

项梁在薛城召开会议，商议推举楚王的事宜。项梁既为名将之后，便产生了自立为楚王的想法，但谋士范增劝他说："八十多年前，楚怀王被诱骗到秦国，然后被囚禁在那里，至死不得还归。这样的奇耻大辱，楚人一直铭记于心。如果能找到一位楚国王室的后代，立他做楚王，不但可以将原先的楚国百姓笼络至将军麾下，而且楚地的其他义军也会前来归附。"

项梁听从了范增的建议，派人四处寻找楚王的后人，最后终于找到了楚怀王的一个孙子，名叫熊心，当时他还只是一个十三岁的牧童。项梁按照先前的计划，拥立这个幼小的牧童登基，称其为楚怀王。

"楚怀王"的出现，更加激起了百姓对秦朝的强烈不满和反抗情绪，起义军方面则是信心倍增，凝聚力大大增强，势力日益壮大，在接下来的战斗中又取得了一系列胜利。

陈胜号召戍卒起义。

范增主张拥立楚怀王的后人为王，其实这使用的就是"借尸还魂"之计。楚国早已被秦国灭掉，成了过去，但它在反秦斗争中仍有相当大的号召力。抬出楚国这面大旗，可以有效地号令天下，给项梁等人的反秦起义披上了一层合情、合理的外衣，借历史上的楚怀王，来实现灭亡秦朝的目的。

◎ 清初"朱三太子案" ◎

借皇族后裔之"尸"来实现自己夺取天下的计划，是不少野心家常用的手段。康熙时发生的若干起打着"朱三太子"旗号对抗朝廷的事件，就是极好的例子。

康熙十六年（1677），绰号"白头贼"的福建永春人蔡寅自称是朱三太子，借助巫术，领数万兵马，在台湾郑经的配合下攻打漳州。不过，蔡寅的借尸还魂并没有成功，第二年便在天宝山（福建省漳州西北郊）被清朝将领黄芳世所灭。这年六月，河南柘城也有人自称是明朱三太子，率众起事，也遭到了清廷的镇压。

借助"朱三太子"之名来反清复明。

277

康熙年间影响较大的是杨起隆的"朱三太子案"。杨起隆为人果敢，又有谋略。康熙十二年（1673）十二月，杨起隆借吴三桂在云南发动叛乱的机会在京城举事。虽然行动很快被镇压下去，但杨起隆成功逃脱。清朝政府费了很大的力气追捕他，始终一无所获。几年之后，又有人借杨起隆之名在陕西汉中领兵抗清，行事手法和杨起隆十分相像。然而，事后发现，这人只是杨起隆的部下。此人后被清廷逮捕，押往北京处死。

实际上，朱三太子本是明崇祯皇帝的三子朱慈焕。明亡后，朱慈焕流落民间，过着颠沛流离的生活，并没有萌生过反清的念头。相反，为了安度余年，他还隐姓埋名，生怕被人利用。但一直以来都有人以他的名义进行谋反，康熙四十七年（1708），朱慈焕被清廷抓获，被交往九卿科会审，清朝政府找到几个投降清廷的老太监辨认他的身份，老太监们皆称不认识他。最后，清廷以"假冒朱三太子"为名，将朱慈焕凌迟处死。朱慈焕的几个儿子也被杀死。

对清朝政府来说，朱三太子并不可怕，可怕的是朱三太子的名号。该名号的感召力太大了，激起了无数人"反清复明"的心。每每有人打着朱三太子的旗号起义，都让康熙有芒刺在背的感觉。而朱慈焕死后，朱三太子并没有消失。康熙四十六年（1707）冬天，在江苏太仓州和浙江四明山都有人以朱三太子之名起事，让康熙好不烦恼。而十三年后，在遥远的台湾，百姓朱一贵也自称是朱三太子，发动起义。清初有相当长一段时间，对那些渴望反清复明的人来说，朱三太子都是一面极具吸引力的旗帜。

虽然很多反清人士都非常聪明地亮出朱三太子的名号为自己的行动增加影响力，但最终，他们的起义都失败了，这从一个侧面说明借尸还魂必须有足够的实力作支撑，否则即使成功地拉起旗帜，也不能得到圆满的结果。

◎刘备占益州◎

借尸还魂的一个重要内涵就是借他人的名义，夺自己的地盘；借用他人的力量，扩充自己的势力范围。三国时期，刘备就是凭借此计占据了益州。

公元211年，益州牧刘璋唯恐曹操进攻巴蜀，他的谋士张松便给他出谋划策，要他迎接刘备入蜀。刘璋同意了，遂派法正带四千人及巨款送给刘备。这对刘备而言正是天赐良机，巴蜀地理位置好，资源丰富，很方便英雄大展宏图，建功立业。于是，刘备接受了刘璋的请求，和庞统一起进入益州，留诸葛亮、关羽等据守荆州。

刘璋派人来请刘备入益州。

刘璋热情地欢迎刘备到来。而此时，由于被刘备的英雄气概所折服，原为刘璋谋事的张松、法正都建议刘备杀掉刘璋自立。但刘备认为自己初来乍到，人心尚未归服，不能轻举妄动。进入益州后，刘备十分注重提高自己的声望。刘璋推荐他做大司马，领司隶校尉，刘备也推荐刘璋做镇西大将军，领益州牧。刘璋配给刘备士兵，命其督白水军，还令他攻击张鲁。尽管刘备当时总共有三万多人，车甲、器械、资货甚多，但他并未急着出兵，而是树立恩德，收买民心。

刘备和刘璋的友好关系一直维持到公元 212 年。这年曹操出兵征讨孙权，孙权向刘备求援。刘备便请求刘璋给自己万名士兵和军事物资，但刘璋只许诺为他提供四千兵马和一点点物资。

刘备马上抓住这个把柄骂刘璋不义，然后将矛头对准刘璋，向刘璋宣战。刘璋根本不是刘备的对手，几场仗打下来，刘备的势力越来越大，刘璋的势力则越来越小。公元 213 年，曹操停止讨伐孙权，这

刘备占据益州。

让诸葛亮等刘备的得力助手得以腾出手来率军入川，有了他们的帮忙，刘备如虎添翼。公元 214 年夏天，刘备率汉军围成都数十日，派简雍为说客，劝说刘璋投降，刘璋终于放弃了抵抗。

刘备如愿以偿地占据了益州，为蜀国的建立打下了基础。在这个过程中，刘璋即他所借的"尸"，他以助刘璋抗曹为名，进驻益州，又借刘璋在益州的影响力，迅速地建立起自己的势力，最终反客为主，夺取了对益州的控制权。

商业案例

◎派克公司的"借尸还魂"◎

为趋于没落的事物注入新的灵魂，让其重新焕发生机，是借尸还魂的关键。不少公司都是利用这一策略让濒临绝境的品牌起死回生、再创奇迹的。

很长一段时间，派克公司都牢牢占据着中国钢笔市场龙头老大的地位，它的钢笔和自来水笔销量都十分可观。20 世纪四五十年代，凭借着这两款产品，派克公司在中国市场进入巅峰时期。然而就在这时，有人发明了圆珠笔。廉价实用的圆珠笔一经问世就受到了消费者的喜爱，买圆珠笔的人一多，买钢笔的人自然而然就少了很多，派克公司大受打击，利润也直线下滑，照这样持续下去，派克公司很快就会出现财务危机。

派克公司对此大为懊恼，为了夺回失去的市场，其不得不将一部分精力放在圆珠笔的生产上。但这仍然不能改变派克公司江河日下的境况。派克公司欧洲高管马科利为此伤透了脑筋。就在这时，他从一封老朋友的来信中得到启发。信是这样写的：

"我家附近有个卖器皿的商店，价格便宜东西又好，大家都很喜欢。没多久，这家店就把周遭的同行都给挤跑了。过了一段时间，我家隔壁又开了家商店，我问老板：'您打算卖什么？'老板说：'卖器皿。'我觉得奇怪，问：'您不是找死吗？您难道不知道不远处有个生意很火的器皿店吗？'老板说：'我知道，可我卖的不是物美价廉的器皿，而是古董。'"

朋友告诉马科利，现在这两家器皿店都经营得很好。

马科利马上意识到派克的问题出现在哪儿了，并想到了解决问题的办法。派克在生产策略上犯了严重的错误，它不应该以己之短攻人之长，而应利用自己的优势开拓新的市场。于是马科利为派克制定了全新的发展战略，他不再在"物美价廉"上做文章，转而赋予了派克钢笔高贵、典雅的新形象，让派克从普通的大众消费品摇身一变成一种彰显身份的奢侈品。为了凸显派克钢笔的珍贵，派

克公司在提高自家钢笔价格的同时，削减了它的产量，又加大了广告宣传的力度。马科利甚至找到了英国女王伊丽莎白二世，想方设法使派克钢笔成为女王专用笔。而在和皇室搭上关系后，派克钢笔果然身价倍增。公众对它的印象渐渐发生了变化，一切都如马科利预料的那样顺利进行。

派克钢笔脱胎换骨，提起它，人们想到的不再是"便宜易用"，而是"奢华精致"。对此，马科利做了这样一番感叹："当你山穷水尽的时候，不要总盯着前方的绝境怨天尤人……如果人类只专注于在陆地上跑得快，就不会发明飞机，而事实证明，再快的汽车也跑不过飞机。派克笔就是这样，既然在地上跑不过你，那就飞到天上去。"

◎Java的诞生◎

1990 年，个人电脑的兴起让太阳公司有了危机感，它的市场正一天天变小。太阳公司的负责人考特·曼克尼为此忧心忡忡。一天，一个名叫努顿的员工来找曼克尼，向曼克尼申请辞职。曼克尼请求他在辞职之前把对太阳公司的建议写下来。

努顿答应了，他写了一份长达 12 页的建议书，并亲手把它交给了曼克尼。在建议书里，努顿指出，太阳公司的用户界面太枯燥，公司应该专注地研究一种视窗技术。不只是曼克尼，太阳公司其他高级管理人员都很认真地阅读了努顿的这份建议书，认为他的提议一针见血。他们想方设法留住了努顿，任命他为高级工程师，并要他和一个名叫高斯林的人负责代号为"绿色"的项目。

努顿和高斯林希望设计出一个在任何地方都能运行的小巧、简单的软件系统，研制出可以控制常用家电的装置。1991 年，他们设计出新的程序语言"Oak"（橡树），不久之后，又推出了用来运行这一软件的硬件——装着电池的小盒子。他们兴致勃勃地将这个小盒子拿给曼克尼看，曼克尼非常满意。

太阳公司为了努顿等人的小盒子专门成立了子公司。该公司和日本的三菱、法国电讯洽谈合作，遗憾的是，它们都对这个新产品缺乏兴趣。直到 1994 年，太阳公司仍没有找到理想的合作对象，也许是 Oak 的设计理念太超前了，人们迟迟不愿意接受它。

这时太阳的首席技术官埃瑞克·施密特萌生了一个念头："为什么不试试将 Oak 和因特网结合起来呢？"于是，太阳公司改进了 Oak，还给它起了个新名字"Java"。之后太阳通过因特网免费将 Java 发放给少数几个人试用，比如网景的创始人安德森。安德森对这项技术赞不绝口，还在硅谷最大的报纸《圣何塞新闻》上发表了赞赏它的言论。

Java 一炮走红。1995 年 5 月，Java 正式对外宣布，十分看好网景公司，因此果断买下了它的执照，此后不过几个月的时间，就有数百万台联网的电脑拥有了支持 Java 的浏览器。Java 的诞生对计算机软件开发和软件产业产生了深远的影响，同时它也给太阳公司带来了巨大的利润。

产品没有预期的那样受大众欢迎并不代表它一无是处，也许稍稍做些改变，它就会成为改写整个行业历史的革命性产品，并给创造它的人带来成功。

【点评】

"借尸还魂"在政治、经济、军事、外交甚至文化领域运用甚广，尤其是在历史上经常出现这样一种情况：在一个朝代的末期，反抗者总会首先扶植一个前朝亡国之君的后代，以他的名义来号召天下。这就是典型的借尸还魂。在此计中，"借尸"只是手段，"还魂"才是目的。所以借尸时还需注意一点，"尸体"的灵魂仍在，即必须具有一定的影响力和号召力，否则时间过得太久，早已被人们遗忘了，以至于响应者寥寥无几，也就达不到目的了。

◎第十五计 调虎离山◎

待天以困之①，用人以诱之②。往蹇来返③。

【注释】

① 待天以困之：指在战场上，我方等待自然条件或情况对敌方不利时，再去围困它。天，这里指天时、气候，也包括地理环境。②用人以诱之：用人为的假象去引诱敌方使其就范。③往蹇来返：语出《易经·蹇》："蹇，难也，险在前也，见险而能止，知矣哉。"意思是往前走危险，就返身离开。

【译文】

等到自然条件对敌人不利时再去围困它，用人为的假象去引诱调动敌人。向前进攻有危险时，就要设法使敌人反过来攻打我。

【计名讲解】

调虎离山。

"调虎离山"一语出自《管子·形势解》："虎豹，兽之猛者也，居深林广泽之中则人畏其威而载之。人主，天下之有势者也，深居则人畏其势。故虎豹去其幽而近于人，则人得之而易其威。人主去其门而迫于民，则民轻之而傲其势。故曰：'虎豹托幽而威可载也。'"意思是说：虎豹是兽类中最威猛的。当它们居住在深山大泽中时，人们就会因惧怕其威风而敬畏它们。君主是天下最有势力的人，如果深居简出，人们便会害怕他的势力。虎豹若是离开它们居住的深山大泽而走近人类居住的地方，人们就可以将它捕捉使它失去原来的威风。做君主的若是离开王宫的门而与普通人混在一起，人们就会轻视他而以傲慢的态度看待他。所以说，虎豹只有不离开它们居住的深山幽谷，其威风才会使人感到畏怯。这里虽然尚未使用"调虎离山"一语，但已经包含只有将老虎调离深山，才能将其制服的意思。后来在民间文学作品中便逐渐出现了"调虎离山"的说法。

调虎离山的本义是设法使老虎离开山冈。比喻为了便于行事，设法诱使对方离开原来的地方。老虎是兽中之王，又占据了对它来说属于有利地形的大山，必然横行无忌，难以捕获。然而，再凶猛的老虎，一旦失去了高山密林作为倚仗，也会威势大减，很容易受到攻击，也很容易被制服。这就是俗语说的"虎落平阳被犬欺"。因此，要想捕捉老虎，就要引诱它离开大山。

此计作为一种军事计谋，是指有目的地调动敌人并将其消灭的谋略。调虎离山的核心就在一个"调"字。"虎"是指敌人，"山"是指敌人占据的有利地形或指其凭借的有利条件。《十一家注孙子》中说："兵得地者昌，失地者亡。地者，要害之地。"在两军对峙中，当敌方占据了有利地形，兵力众多，防范严密时，我方应设法引诱敌人离开有利地形，或使其失去有利条件，然后展开包围或袭击，这些都可以视为调虎离山的具体应用。

● 调虎离山

等待天时对敌方不利时再去围攻它，用人为的假象去诱骗它。向前进攻有危险，那就设计让敌人反过来攻击我方。此计是一个调动敌人的谋略，调动敌人脱离良好的阵地，就会使敌人化强为弱。

遭遇强敌

佯装攻敌要害。

敌军主力应战。

我军

敌军

我军主力再出击

敌军余部遭袭
我军获胜

实用谋略

◎孙策占领庐江◎

如果敌方占据了有利的地势，并且兵力众多，这时我方应把敌人引出坚固的据点，或者把敌人引入对我方有利的地区，才可以取胜。东汉末年，孙策正是采用了"调虎离山"之计，才得到了江南重镇庐江，并据此巩固了自己的势力。

东汉末年，军阀割据，彼此混战不休。孙坚之子孙策年仅十七岁，却是江东有名的少年英豪，他继承父志，决心在乱世中做出一番事业。经过不断拼杀，孙坚的势力逐渐强大起来。

建安四年（199），孙策平定了长江以南诸郡之后，又欲向北推进，计划攻取江北的庐江郡。

但是庐江郡以南是长江天险，北面又有淮水阻隔。当时占据庐江的是军阀刘勋，他的兵力不弱，且野心勃勃，要想战胜他，殊为不易。

不过，刘勋志大才疏，嗜财如命，针对这一弱点，孙策在和众将商议之后，

孙策占领庐江。

决定以财物为诱饵，采用调虎离山之计，以夺取庐江。

计议已定，孙策当即派一名特使带着他的亲笔书信和厚礼前去拜见刘勋。

使者对刘勋说："我们素来对太守十分敬仰，愿意与太守交好。眼下上缭经常派兵侵扰江南各国。我们势单力弱，无法远征，因此，特备礼上书，请求太守发兵征伐上缭。如果太守肯出兵，将是对江南弱国的莫大恩惠，我们感激不尽，愿倾力支援太守。"说完即献上书信和厚礼。

刘勋见到厚礼，心中大喜，又见孙策在信中把他大肆吹捧了一番，夸他声名远播，所以心里更加得意了。更何况，刘勋早就听说上缭乃殷实富庶之地，占领了上缭就意味着有丰厚的收获，他其实对上缭觊觎已久，只是觉得有后顾之忧，因此一直没有采取行动。现在他见孙策软弱无能，便打消了顾虑，当即同意出兵上缭。

刘勋的部属刘晔极力劝阻道："上缭虽然地方狭小，但城坚池深，易守难攻，短时间内难以攻克。我看这是孙策所施的'调虎离山'之计，等大军都调出去之后，他就会乘我们内部空虚，发动突然袭击，到那时，庐江郡很可能就保不住了。"

但是，刘勋目光短浅，刚愎自用，早已被孙策的奉承和厚礼迷惑了神志，不听刘晔劝告，坚持出兵讨伐上缭，庐江城剩下的只有一些老弱残兵。

孙策密切监视刘勋的动向，见他率几万主力远征上缭，城内空虚，遂亲率大军，水陆并进，偷袭庐江，一路上几乎没有遇到什么抵抗就顺利地攻下了庐江。

刘勋猛攻上缭，却始终不能取胜，正在这时，突然传来消息，说庐江失守，这才知道中计，却是悔之晚矣，也无心再战。于是，这只丢了窝的"虎"只能带领人马灰溜溜地投奔曹操去了。

从此，孙策占据了整个江东地区，为吴国的建立奠定了基础。

◎虞诩调虎离山平羌乱◎

调虎离山计，用在军事上，是一种调动敌人的谋略。它的核心在于一个"调"字。如果敌方占据了有利地形，并且兵力众多，防范严密，此时我方不可硬攻。若硬攻，纵使攻得进去，也只是白白送死。虞诩进攻羌人的时候，充分认识到形势的凶险，因此采用了调虎离山之计。

东汉末期，北边羌人发生叛乱。元初二年（115），羌人攻打武都（治所在今甘肃成县西）。此时，东汉朝廷正由邓太后临朝，代十三岁的汉安帝处理政事。眼看羌人将要攻陷武都，并有继续南下的意图，于是邓太后立即任命素有将略的虞诩出任武都太守，并在嘉德殿接见了他，给了他很厚的赏赐。

虞诩接到任命后，亲率三千兵马前往武都。羌军早就听说虞诩十分厉害，这时又得知朝廷正派他前来征讨，所以感到很紧张，羌人首领便率领几千人马，在陈仓（今陕西省宝鸡东）道上的崤山山谷（大散关）凭险设防，计划在这里拦截虞诩的军队。虞诩走到半路，听说羌人在崤山驻下重兵，防备严密，于是立即命令随行人马停止前进，并且宣称已上奏朝廷请兵增援，要等援军赶来之后，再一起发起进攻。羌人听到这一消息，被虞诩的计谋所迷惑，认为虞诩暂时不会向羌人发起攻击，因此肆无忌惮地分头到邻近的县城去抢掠，而只留下少数羌军在崤谷驻守。虞诩见羌人放松了警惕，立即下令将士们日夜兼行百余里，并且命令士卒每人挖两个灶坑。以后每人每天再增挖两个。羌人见灶坑的数量天天增加，都以为是汉军的援兵赶来了，所以不敢逼近他们。

军中有人不明白虞诩的意图，于是向他询问说："当初孙膑减灶，如今您却增灶，况且兵法上说每日行军不超过三十里，如今您日夜兼程，急行军二百里，这是什么缘故呢？"虞诩回答说："我军人少，增加灶坑是为了迷惑敌人；急行军二百里，那是让敌人难以发现我军的行踪。"（《后汉书·虞诩列传》）。周围人听了虞诩这番话，连连点头称是，佩服虞诩用兵有方。

果然，羌人误以为朝廷援军已到，自己的力量又已经分散，所以不敢轻易出击。虞诩顺利地通过崤谷，转入外线作战，羌人在时间和空间上都转入被动。不久，虞诩平定了羌人的叛乱。

◎诸葛亮调虎离山败曹魏◎

要想成功地将"虎"调出"山"，就要准备出足够诱人的诱饵。

公元234年，诸葛亮率34万大军讨伐魏国，魏国则派司马懿为大都督领40万军迎击。两军在渭水之滨严阵以待。双方都知道对方是不容小觑的对手，因此都不敢掉以轻心。诸葛亮在祁山排兵布阵，司马懿则将大军屯在了渭水之北。出征之前，魏明帝曾嘱咐司马懿到了渭水之畔后，最好坚守壁垒，不要轻易和蜀军交战。蜀军见魏军只守不攻，一定会假装撤退引诱魏军，因此，魏

魏明帝嘱咐司马懿坚守壁垒。

明帝要司马懿万万不可盲目追击，蜀军的粮草耗尽后，自然会撤走，到那时再趁机攻打他们。

司马懿听从了曹睿的建议，和蜀军打了几场小仗后，就挖沟造垒，只守不攻了。诸葛亮见此情况，非常焦急，蜀军远道而来，粮草有限，不能长时间地和魏军对峙下去。于是诸葛亮将计就计，他特意高调地下达了分兵屯田的命令，要求士兵和当地百姓一就地生产军粮。此举无异于向司马懿传递一个信息：蜀军已经想到了解决粮草问题的办法，蜀军做好了和魏军打持久战的准备。

司马懿知道后，不由得担心起来，而诸葛亮则一不做二不休，他研制了方便长途运送军粮的木流牛马，要士兵带着它往来穿梭，以便给敌人造成蜀军不愁没有粮草的假象。他还命令士兵在山上虚搭窝铺草营，装成和百姓一起屯田的样子，引诱魏兵过来劫营。而司马懿果真动了劫营之心，很想一把火将蜀军的粮草烧光，逼蜀军退兵。不过，由于担心诸葛亮设下埋伏，司马懿一改过去让主攻部队走在前面的做法，让部将在前面冲锋，负责吸引蜀军主力出营，自己则领大军在后面支援，

趁蜀军主力被吸引走的工夫，烧掉蜀军的粮草。

然而，诸葛亮早就揣测到司马懿的心思。当他看到魏军袭击蜀军大营时，立即意识到这是司马懿的佯攻之计。他赶忙命令士兵虚张声势，奔走呐喊，就好像真的调动主力迎击魏军一样。与此同时，诸葛亮却命一队精兵趁司马懿举大军来烧粮草的时候，偷袭司马懿的"后院"。

蜀军干净利落地夺了魏军的营地，司马懿及其所领军队杀了好一阵才发现自己上了当，他们被蜀军引入山谷，中了埋伏，一时间利箭如雨点般从山谷两边射了下来。魏军大乱，想要逃跑，不想其周围尽是蜀军搭建好的草房。蜀军将草房点燃，魏军登时陷入一片火海。若不是突然下起了雨，司马懿自己也性命难保。

诸葛亮利用司马懿求胜心切的心理，成功地将他这只"虎"调出了山，取得了这场战役的胜利。

诸葛亮虚张声势，命蜀军偷袭司马懿老巢。

魏军中伏。

商业案例

○范旭东调虎离山智斗"卜内门"○

遇到强敌时，不妨采取调虎离山的办法，迫使对手将注意力投往他处，从而使其停止或减轻对己方的攻击。

第一次世界大战爆发后，"洋碱"输入中国的数量大幅减少，中国市场上的碱出现稀缺。原本从事盐业生产的企业家范旭东见机会难得，遂于1918年成立了中国第一家制碱企业"永利制碱公司"。然而永利的成立却引起英国卜内门公司的极大不快。在相当长的一段时间里，中国的碱市场都被卜内门公司垄断着，现在中国人有了自己的制碱企业，洋人独霸中国碱市场的日子结束了。这让卜内门心里十分不甘，它不想和永利共同分享市场。因此，卜内门调来大批纯碱，以低于原价40%的价格在中国市场倾销，企图抢走永利的市场。

面对咄咄逼人的卜内门，范旭东不想坐以待毙，决定予以还击。但永利成立的时间不长，市场占有率有限，远不如卜内门财大气粗。这意味着永利不可能也用倾销的办法来对付卜内门。如果永利不顾自身情况盲目调低产品价格，用不了多久，就会面临财务危机。但如果永利拒不降价，产品就卖不出去，资金无法收回，用不了多久，也会悲惨破产。

范旭东陷入了深思。

一天，范旭东在书房做事，无意中看到自己留学日本时的照片。原来，范旭东早年曾参加戊戌变法，变法失败后为避免被清政府迫害，他东渡日本，在日本学习了一段时间。看到这张照片，回想起往日情景，范旭东突然有了灵感："为什么不避开卜内门的锋芒，远赴日本呢？"永利的建立就是利用了西方制碱企业因第一次世界大战无暇顾及东方市场的时机，那么现在永利大可以"故技重施"。另一方面，日本又刚好是卜内门在远东的重要销售地，一战刚刚结束，卜内门还没有完全恢复生产，其销往远东的碱本来就没有多少，为了对付永利，卜内门一下子在中国倾销了大量的碱，其投入日本的碱产品必然减少。此时的日本一定非常需要碱。而对永利来说，去日本发展一可以开辟新市场，缓解眼下的危机；二还能调虎离山，通过抢占卜内门在日本的市场份额，迫使卜内门将注意力从中国市场转移到日本市场，无暇兼顾在中国的竞争对手。

虽然永利销往日本的纯碱数量只占卜内门公司在日本销量的1/10，却让卜内门不敢小视。为了保住日本的大市场，卜内门停止了对永利的攻击，主动要求和永利进行谈判。调虎离山不止帮助范旭东解决了危机，还让他拥有了和对手讨价还价的筹码。范旭东遂向卜内门提出要求，从今以后卜内门必须在争得永利的同意后，才能在中国市场变动碱价，卜内门只得同意。

【点评】

《孙子兵法》已经告诉我们：攻城为下。而不顾一切地攻城终将以失败而告终。当敌人已经占据了有利地形，并做好了充分准备时，我军千万不可直接争地，应该巧妙地用小利将敌人诱离坚固的防御地区，而引诱至对我军有利的地区，然后我方就可以变被动为主动。

调虎离山主要有两种方法：一是引诱敌人离开防御严密的据点；二是将敌人引诱至我军的次要方向，以减轻其对我正面战场的压力。

大致说来，调虎离山可以分为以下几种方式：

一、如果敌方较为明智，尽量晓以利害或大义，使其自动退让。此为上策，也是理想状况，不过多数情况下较难实现。

二、诱之以利。

三、用虚虚实实的办法扰乱敌人的视线，使其漫无目的地四处奔走，然后伺机将敌人引诱至对其不利的地形中。

四、巧妙地激怒敌人，使其丧失理智，轻举妄动，最终落入我军的圈套。

五、在敌人内部或外部制造祸害，使其为了自保而自动逃离。

总之，调动敌人一定要审时度势，因势利导，做到巧妙灵活，千万不可被敌人看出形迹。

在现代商业活动中，当自己与对手争夺同一块市场时，如果无法协商解决，就可以考虑攻击对手的另一处市场，使其首尾难以兼顾，或分散对手投注在此处的精力，迫使对手做出让步或者己方乘虚而入，以达到抢占市场的目的。

在体育竞技中，比赛双方都希望能在主场作战；在商业谈判中，人们都会争取在己方场地与对手谈判，这样就不必分心去熟悉或适应环境，而将全部精力都集中在谈判上。而且拥有了主场优势，遇到情况可以及时进行汇报并得到反馈，而对方"客场作战"，不能不更加注重礼仪，也不好过分逼迫主人，此消彼长之间，己方就在心里和气势上都占了上风。因此，谁能将对手调离其熟悉的环境，谁就争取到了主动权。

◎第十六计 欲擒故纵◎

【原文】

逼则反兵，走则减势①。紧随勿迫，累其气力，消其斗志，散而后擒，兵不血刃②。需，有孚，光③。

【注释】

①逼则反兵，走则减势：将敌人逼迫得太紧，它就可能拼死反扑；如果让其逃跑，则可以减削它的气势。走，跑。②兵不血刃：兵器上没有沾血。形容未经战斗就轻易取得了胜利。③需：指《易经》中的《需》卦，这里是耐心等待而不进逼敌人之意。有孚：这里指让敌人相信。光：光明，这里指战局前途光明。

【译文】

如果将敌人逼得太紧，它就可能拼命反扑；如果让敌人逃跑，则可以削减它的气势。对逃跑之敌要紧紧跟随，但不要过于逼迫，以此来消耗其体力，瓦解其斗志，等到敌人士气低落、军心涣散时再去擒拿它，这样就可以不动刀枪，避免不必要的流血牺牲。总之，不过分逼迫敌人，并使其相信这一点，就能使战局前途充满光明。

欲擒故纵。

【计名讲解】

此计名最早见于《老子》第三十六章："将欲歙之，必固张之；将欲弱之，必固强之；将欲废之，必固兴之；将欲夺之，必固与之。是谓微明，柔弱胜刚强。"意思是说：想要收敛它，就一定要先扩张它；想要削弱它，就一定要先使它强壮；想要废除它，就一定要先抬举它；想要夺取它，就一定要先给予它。这就是虽然微妙而又显明，以柔克刚的道理。

上面这句话体现了老子的辩证思想，后世在此基础上多有发挥。《鬼谷子·谋篇》中说："去之者纵之，纵之者乘之。"

"欲擒故纵"也写作"欲擒姑纵"，意思是为了捉住对方，故意先放开他。比喻为了更好地控制而故意放松一步。

"擒"和"纵"是一对矛盾，擒是目的，纵指方法。要想制服敌人，先要放任它，古人有"穷寇莫追"的说法，其实不是"不追"，而是要看怎样去追。因为把敌人逼急了，它必然会集中全力，拼死反扑。所以不如故意放松一步，使敌人放松警惕，松懈斗志，然后突然发动进攻，歼灭敌人。因此，欲擒故纵是一种放长线钓大鱼的计谋。

古人的按语说："所谓'纵'者，非放之也，随之，而稍松之耳。'穷寇勿追'，亦即此意。盖不追者，非不随也，不追之而已。"意思是说：所谓的"纵"，并非对敌视而不见，而是尾随其后稍松一些而已。兵书说"对溃败之敌，不要穷追不舍"，也即这个意思。这里所说的不追，并非不尾随跟踪，只是不过分紧逼罢了。

● 欲擒故纵

此计是指当敌人锐气正盛时，我方故意避战示弱，使敌人骄纵起来，放松警惕。在我方掌握主动权的情况下，要充分考虑到将要面临的困难，主动创造条件，抓住时机消灭敌人。

追击敌人

迫使敌军无路可退。

⬇

敌军在绝境反而重获斗志。

⬇

敌军反击我军损失惨重。

目的在于使敌军以为能够逃跑，有一线生机，从而斗志磨灭，士气锐减，进而再次对其发起进攻，则事半功倍。

作势让敌军能逃跑。

⬇

消耗敌军体力瓦解敌军士气。

⬇

我军进攻敌军惨败。

⬇

取得胜利

实用谋略

❀❀◎郑伯克段于鄢◎❀❀

　　"欲擒故纵"中的"擒"和"纵"，是一对矛盾：擒是目的，纵是方法。如果把敌人逼急了，它只得集中全力，拼命反扑。不如暂时放松一步，使敌人放松警惕，斗志松懈，然后再伺机而动，歼灭敌人。

　　春秋时，郑国的国君郑武公从申国娶了一个女子，名叫武姜。武姜为郑武公生了两个儿子，大儿子是后来的郑庄公，小儿子叫共叔段。

武姜生庄公时因为难产而受到惊吓，所以给他取名为"寤生"，而且心里一直不喜欢他，偏爱共叔段，甚至对寤生继位非常不满，想改立共叔段为世子，于是多次向武公提出这个请求，但武公并没有答应。

武公死后，庄公即位，武姜请求郑庄公把共叔段分封到一个叫作"制"的城邑去。

庄公婉言拒绝说："制邑地势险要，原属虢国，从前虢叔就在那里丧命，封给共叔段不太合适。若是要求封给其他城邑，我都可以照您的吩咐办。"于是武姜请求封给共叔段另一个叫"京"的城邑，庄公答应了，让共叔段住在那里，称之为"京城太叔"。

大夫祭仲知道后，极力劝阻说："分封的都城，其城墙如果超过三百丈长，就会成

共叔段扩充自己势力。

为国家的祸害。按照先王所订立的制度，国内最大的城邑不能超过国都的三分之一，中等的城邑不能超过国都的五分之一，小的城邑不能超过国都的九分之一。现在，京邑的城墙不合法度、不合礼制，您的利益将会受到损害。"

庄公说："母后执意如此，我又怎能推却呢？"

祭仲回答说："姜氏哪里会有满足的时候？必须及早处置，不能让祸根滋长蔓延，一旦滋长蔓延就很难办了。蔓延的野草尚且很难铲除干净，何况是您那备受宠爱的弟弟呢？"

庄公却只说了一句话："做多了不义的事情，必定会自取灭亡，你姑且等待吧。"

共叔段被封在京邑后，十分得意，仗着有武姜做后盾，觉得庄公对自己无可奈何，便肆意妄为。

过了不久，共叔段使原来属于郑国的西边和北边的边邑归附自己，让这两座城邑同时向两方交纳贡赋。这一举动明摆着没把郑庄公这个国君放在眼中。

公子吕对郑庄公说："一个国家不能有两个国君，现在您打算怎么办？如果您打算将郑国交给太叔（共叔段），那么我请求去服侍他；如果不给，那么就请您设法除掉他，不要让百姓们心存疑虑。"

庄公说："不用管他，他这样下去自己会遭受灾祸的。"

共叔段见郑庄公没什么作为，胆子越来越大，拼命扩张自己的势力，又把两处地方改入自己统辖的范围，这样一来，他的领地一直扩展到廪延（在今河南延津北）。

公子吕十分着急，又去求

姜氏向郑庄公请封制邑。

见郑庄公，说："现在可以行动了！共叔段的土地越来越大，如果现在还不动手，继续放任下去，他将得到百姓的拥护，到时候恐怕难以制服。"

庄公从容地说："对君主不义，对兄长不亲，这样的人即使土地扩大了，最终还是会垮台的。"

共叔段一步一步做好了谋反的准备：他集结兵力，修整城郭，征集了充足的粮草和战车，修缮了武器盔甲，准备偷袭郑国国都。

武姜和共叔段约定了起事日期，到时武姜打开城门做内应。

庄公探知了共叔段起兵的日期，他等的就是这一刻，于是果断地说："现在可以出击了！"

庄公假称自己出行去朝见周天子，暗地里却命令子封率领二百辆战车秘密攻打京邑。

共叔段毫无防备，等他得到消息时，郑庄公已经兵临城下。京邑的人民早就知道共叔段的不义行径，都背叛了，共叔段只能仓皇逃到鄢城。郑庄公又率军追到鄢城。共叔段众叛亲离，无处容身，只能远远地投往共国。

共叔段仗着母亲的宠爱和纵容，早有谋反夺位之心，而且其行为嚣张狂妄，郑庄公怎么可能不知？从历史事实来看，郑庄公老谋深算，他怎么会不介意母亲之前多次请求立弟弟为国君之事，又怎么可能容得下这种野心勃勃的弟弟？

只是事情一开始，共叔段的野心尚未完全显露，又有母亲的庇护，庄公故意满足共叔段的欲望，正是为了让他骄横自满，胡作非为。

朝中大臣虽然多次建议庄公采取行动，但彼时共叔段的反叛行为尚不明显，轻易出兵讨伐，师出无名，还可能落下欺侮亲弟的不义名声。

直到共叔段主动起兵造反，罪行暴露无遗，民众离心，失道寡助，郑庄公才果断采取行动，一举平叛，显得自己仁至义尽。

《春秋》记载国君攻打臣子，一般都会用"伐"字，以显示其行动的正义性。而郑庄公对自己的亲弟弟失于教导约束，甚至故意纵容他胡作非为，这一招"欲擒故纵"就是为了将其彻底铲除。所以《春秋》中记载道："郑伯克段于鄢。"只用了一个"克"字，就将作者对庄公的责难蕴于其中，这正是著名的"春秋笔法"。

◎ 七擒七纵 ◎

诸葛亮七擒孟获的故事，可谓家喻户晓。在这个故事里，诸葛亮为了彻底使南蛮各部归顺蜀国，便采用了"欲擒故纵"之计，南蛮首领孟获终于为诸葛亮的诚意所感动，诚心诚意地臣服于蜀国。

三国时期，趁着吴、魏交兵，无暇觊觎蜀汉之际，诸葛亮于黄初六年（225）南下平定雍闿等人的叛乱。出兵之前，诸葛亮向马良的弟弟马谡征求意见，马谡建议说："南中的人仗着当地地形险恶，早已怀有不臣之心。

雍闿等人发动叛乱。

孟获被擒。

就算今天被打败，明天还会再反叛。一旦您北伐强敌，国内空虚，他们就会迅速反叛。将他们赶尽杀绝，既是残暴不仁的行为，也不是短时期内所能办到的事情。因此，您此次出兵应当以使他们心服为目标，所谓攻心为上，攻城为下；心战为上，兵战为下。"

带着这一建议，诸葛亮亲自率领军队向南中地区出发了，并顺利击败雍闿、高定，就在蜀军准备撤兵之际，西南夷酋长孟获纠集被打散的残余人马，继续对抗蜀军。

考虑到将来的北伐大计，诸葛亮认为必须彻底解决这个后顾之忧。诸葛亮知道孟获不但性格坚毅、作战勇敢，而且待人忠厚，在南中一带颇有威望，当地的汉人中也有不少非常钦佩他的，考虑到之前马谡的建议，诸葛亮决定将孟获争取过来，把他变为自己的盟友，于是下令务必将其生擒活捉。

蜀军主力在泸水（今金沙江）附近的山谷中埋下伏兵，然后诱敌出战。孟获虽然作战勇猛，但不懂兵法和谋略。眼见蜀军败退，孟获以为对方不敌，便轻率地追了上去，结果闯入伏击圈内被生擒。

按说擒拿敌军主帅的目的已经达到，只要乘胜追击，自然可以大破敌军。但诸葛亮为了彻底收服孟获，让他心悦诚服，然后使其主动请降，这样才能真正稳定南方，不然就算一时打了胜仗，南方各部落仍然不会停止侵扰。于是诸葛亮断然下令释放孟获。

本来孟获被俘后，认为自己必死无疑，因此对自己说：就算死也要死得像个好汉，不能丢人。谁知诸葛亮不仅没杀他，还亲自给他松绑，并好言劝他归顺。

但孟获对这次失败感到非常不服气，便傲慢地拒绝了。诸葛亮也不勉强他，反而陪他参观自己的军营，还特意问他："你觉得这军营布置得怎么样？"

孟获从头到尾都看得很仔细，发现军营里都是一些老弱残兵，于是得意地笑了，很直率地说：

"我以前是不知道你们的虚实，所以才会兵败被抓。现在看了你们的军营，原来也不过如此嘛。如果你放我回去，我肯定能够很轻松地打赢你。"

诸葛亮听了他的话，也不作解释，只是笑了笑，当场就把孟获给放回去了。他猜到孟获今晚会带人来劫营，因此早早地布好了埋伏。

孟获回去后，兴高采烈地对手下人说：蜀军净是些老弱残兵，不足为惧，而且蜀军军营的布置情况他也已经看清楚了，根本没什么了不起；今夜三更时分前去劫营，一定能逮到诸葛亮。

当天夜里，孟获从军中挑选了五百名刀斧手，悄悄地摸进了蜀军大营，一路上非常顺利，完全没有遇到阻挡。孟获暗暗高兴，以为成功在望，却见到蜀军伏兵突然从四面杀出，结果当场被擒住。

经过七擒七纵，孟获对诸葛亮心悦诚服。

诸葛亮问孟获服不服，孟获自然不服，于是诸葛亮又放了他。

孟获接连被擒，不敢再鲁莽行事。他回营后便带领所有人马退到泸水南岸只守不攻，并下令拖走所有船只，以阻止蜀军渡河。

蜀兵到了泸水以后，没有船不能渡河，加上天气酷热，的确对士气造成了不小的打击。诸葛亮下令赶制了一些木筏和竹筏，派少量士兵佯装渡河，当他们渡到河心时，对岸就会乱箭飞射，于是趁势后退，然后再去渡河，这样就分散了孟获的注意力。同时将大军分成两路，分别绕到泸水上

诸葛亮安抚属下。

游和下游的狭窄处，趁其不备偷渡过河，并袭击了孟获的粮仓，还包围了孟获据守的上城。

孟获大怒，要严惩军士，激起了手下人的反抗。他们相约投降蜀军，趁孟获不备将其绑了起来，送到了蜀军军营。

孟获说自己是被手下人暗算，不是被诸葛亮亲手抓住，仍然不服。于是诸葛亮再次饶过他，设宴款待他之后又将他释放。

孟获三次被擒，又三次被释，蜀军将士中有人对诸葛亮这种反复释放敌酋的做法不理解，认为他对孟获太过仁慈宽大了。

诸葛亮解释说："要想彻底平定南方，就必须重用孟获这样的人。如果他能心悦诚服，就能帮助我们约束当地人，这样一来甚至能抵得上十万大军。你们现在虽然要辛苦一些，但以后就不必再来这里打仗了。"

以后孟获又施了许多计策，但都被诸葛亮一一识破，四次被擒，四次被释放。其间，孟获还把南蛮各部族首领邀来共同对抗蜀军，结果被一网打尽，最后诸葛亮又把他们尽数释放回去。

最后一次，诸葛亮火烧孟获的藤甲兵，第七次生擒孟获，又准备放了他。

孟获见自己屡屡"食言"，诸葛亮却始终宽大为怀，终于被深深地感动了。他不愿意再走，流着眼泪真诚地说："丞相七擒七纵，待我可说是仁至义尽。我打从心底里敬服，从今以后，绝不再反。"

诸葛亮平定南中后，准备率兵返回成都，临走之前，他并没有留下官员来治理南中，而是让孟获和各部落的首领照旧管理他们原来的地区。大家不明白这是为什么，有人问诸葛亮："我们好不容易才征服了南中，为什么不派官员来治理，反而仍旧让这些头领来管理呢？"

诸葛亮耐心地解释说："我们派官员来，只有不方便，而没有任何的好处。因为留下我们的人治理，就得留兵。留下大批兵士，粮食就会成为负担，这样不行。再说，南蛮毕竟刚刚叛过，打过仗，难免有所死伤，自己心里本来就会有所忌惮，如果我们再留下官员治理，很可能引起他们的猜忌，又引发祸患。我们不派官吏，既不需要留下军队，又不需要运送军粮。让各部落自己管理自己，汉人和部落之间相安无事，岂不更好？"大家听了这番话，都钦佩诸葛亮设想周到。

通过"攻心"战，诸葛亮彻底平定了南方。回到成都后，解除了后顾之忧的诸葛亮一面积蓄财富，一面加紧训练人马，一心一意准备大举北伐，收复中原。

◎康熙擒鳌拜◎

要想捉住一个人不一定要在他身后步步紧逼，还可以假装放开他，待他以为没有威胁后，再对他下手。欲擒故纵之计很适合用在那些麻烦的、比自己强大的敌人身上。

康熙是清朝杰出的君主，他在位六十一年，为清朝的兴盛奠定了基础。而他即位的时候，还只是个八岁的孩子。顺治帝临终之前，留下遗诏，命四位辅政大臣帮助康熙处理国家大事。这四位大臣分别是索尼、苏克萨哈、遏必隆、鳌拜，其中数鳌拜最有权势。

鳌拜仗着自己手握重兵，并不把年幼的康熙放在眼里，不时便会违逆康熙的旨意。大臣们对此都敢怒不敢言，稍稍和他意见不合，就会遭到他的迫害。康熙亲政后，鳌拜的嚣张气焰一点都没有收敛，还杀害了同为辅政大臣的苏克萨哈。这让康熙萌生了铲除鳌拜的念头。但是顾忌到鳌拜的权势，康熙并没有把这一想法表露出来，相反，对鳌拜，还表现得比往日更加谦恭。

康熙明白，单凭一己之力无法铲除鳌拜，便找来了自己最亲密的伙伴——索尼之子索额图，任命索额图为御前侍卫，和索额图一起筹备对付鳌拜的事宜，他以娱乐为名，让索额图在贵族子弟中挑选出一批少年入宫担任侍卫。这些少年个个都长得矫健强壮。康熙把他们留在身边，天天练习摔跤，一连几天都不处理政事。

鳌拜对康熙的变化感到奇怪，决定到宫中探个究竟。于是，在早朝后直奔康熙和小侍卫们一起"玩耍"的布库房。

在布库房，康熙故意用话刺激鳌拜，要鳌拜和小侍卫比试。鳌拜答应了，三两下就把小侍卫打倒在地。康熙假意奉承了鳌拜一番，鳌拜心满意足地告退出去。在鳌拜看来，康熙无非是个胸无大志的贪玩少年，根本没有扳倒朝中权臣的能力。

康熙成功地迷惑住鳌拜，不动声色地训练着少年侍卫。一段时间之后，这些少年侍卫的武功都有了很大的长进。康熙见时机成熟，便单独宣鳌拜进武英殿面圣。

骄横惯了的鳌拜不知有诈，没有一点戒备就去了，而他刚进入武英殿的大门就被不知从哪里钻出来的一群少年扑倒，他努力挣扎想脱身离开，却怎么也挣扎不动。就这样，权势熏天的鳌拜被擒住了。

鳌拜擅权已久，势力庞大，若和他硬碰硬地对决，即使身为皇帝也没有百分百的胜算。因此，康熙通过欲擒故

康熙智擒鳌拜。

纵，故意给鳌拜制造了一种假象，促使鳌拜误以为他只是个贪恋玩耍的寻常少年，从而放松了对他的戒备，也给了他扶植亲信、筹备倒鳌计划的时间。

商业案例

◎原一平的销售秘诀◎

原一平是日本最富传奇色彩的推销员，连续 15 年在日本保险业绩排行榜中排名第一。而他最擅长的销售方法，当属"欲擒故纵"。他很讨厌对着一个客户不停地说上半天话，遇到难以沟通的客户，他还会主动停止谈话，借故告辞。

有一次，原一平和一位企业家约好了时间谈保险方面的事。尽管很早就听说那名企业家很难打交道，但真的见到对方时，原一平还是有些吃惊。前台的工作人员将原一平带到企业家的办公室，原一平很有礼貌地和企业家打了招呼。但企业家只抬头看了原一平一眼，什么话都没有说，就又转头去做自己的事情了。

原一平很是尴尬。突然，他用非常大的声音喊了一句："您好，我是原一平，很冒昧打扰了您，我改天再来拜访。"

企业家被吓了一跳，大惑不解地看着原一平："您说什么？"

原一平一面站起身做出要离开的样子，一面说："我告辞了，再见！"

企业家有些不高兴了，还从来没有人这样对待过他，于是吼住了原一平："你这人怎么回事？刚一来就走，你到底想做什么？"

原一平转过身，看着企业家说："我之前听前台小姐说您很忙，就拜托她给我一分钟的时间见一见您，和您问声好。我已经问候您了，事情完成了，所以向您告辞。谢谢您，改天我再来拜访，再见！"

原一平留下了自己的名片，随后走出了企业家的办公室。

通常，对一般的客人，问候一声，留下张名片，并不会让对方把你记在心上，再说站在待人接物的角度，这样做也不大礼貌。但对付骄傲自大的客人这招非常管用。该企业家被人逢迎惯了，很少遇到像原一平这样不客气的人，对原一平及其拜访自己的用意充满好奇。因此，几天之后，当

原一平再去拜访企业家时，企业家对他的态度和上次明显不同。他一看到原一平，就立刻站起身迎接："又是您！您这人真奇怪，前几天才来了没一会儿，什么也没说就走了。"

原一平笑了笑答道："那天真是抱歉，打扰了您。"

企业家忙招呼原一平就座，不等原一平开口，就主动和他攀谈起来。原一平借机推销起保险，顺利地谈下了单子。

对原一平来说，与其追着客户不放让客户厌烦，或者被客户冷落讪讪而归，倒不如用一些"反常"的做法吊起客户的胃口，让客户期待和你再度见面。按照常人的逻辑，推销员总是满脸笑容地巴结客户，而原一平偏偏反其道而行之，欲擒故纵，故意做出对客户爱答不理的样子，诱使客户主动向他敞开沟通的大门。

【点评】

一般来说，打仗都是以消灭敌人、夺取地盘为目的，所以说"纵虎归山，后患无穷"。

但是，在特殊情况下，纵敌也可以成为一种有效的歼敌手段。比如兵法上常说"穷寇勿追"，就是指当敌人尚未被彻底打败，还有一定的实力时，不可急于进攻。否则敌人被逼得狗急跳墙，作困兽之斗，拼命反扑，将会给我造成不必要的损失。这时候，正确的做法是放敌人一马，但并不是真的放过它，只是虚留生路，让敌人看到一线希望，令其斗志松懈，只想着如何保命，从而无法下定死战到底的决心，逐渐消耗、拖垮敌军，我军则寻机将其全歼。

诸葛亮七擒七纵孟获之事乃"欲擒故纵"之计的典型应用。诸葛亮此举绝非感情用事，他的最终目的是使孟获心悦诚服，永不再叛，然后就可以利用孟获在当地的影响力，稳住整个南方的局势，为将来北伐解除后顾之忧。

军事谋略有"变""常"之分。在通常情况下，抓住了敌人都不会轻易将其放走，更何况是敌军主帅，因此释放敌人主帅显然属于"变"。诸葛亮审时度势，采用攻心之计，最后终于达到了目的。

当然，纵敌须有节有度。诸葛亮之所以敢七擒七纵，是因为他在不动声色间一直将主动权牢牢掌握在手中。而历史上"当断不断，反受其乱"者也比比皆是：商纣王囚禁了周文王，却又敌不过珍宝的诱惑放走了他，最后在鹿台自焚被周人夺了天下；项羽不听范增劝谏，在鸿门宴上放走刘邦，最后被刘邦逼得在乌江自刎；建文帝妇人之仁命部下不可伤害燕王朱棣，又放走了朱棣的两个儿子，最后被朱棣夺了皇位……这些都是历史上因纵敌不当而导致国破身死的血淋淋的教训，后人须谨记。

由此可见，纵敌并不是放任不管，而是战略上的必要放松，主要是防止敌人做垂死挣扎。"纵"是手段，"擒"才是目的。

施行此计时，尤其要注意以下三点：

一、敌人刚刚逃跑时，不要急着追赶，等到敌人跑得筋疲力尽之时，自然能手到擒来。

二、对于自己的宿敌和潜在之敌，等养肥了再动手，便可将其势力尽数收入囊中。当然，养须有度，决不能坐视敌人成长为心腹之患。

三、如果敌人实力非常强大，可以先用鲜花掌声、甜言蜜语麻痹他，然后给敌人以突然一击。好话人人爱听，真正扛得住这种糖衣炮弹的少之又少，所以此计屡屡奏效，历史上不知道有多少地位高、权势大的人最后均败在了这一招下了。

施行此计的人，首先应当具有宽广的胸怀和远大的目光，能够摸透对方的心理；同时，施行此计的人也必须具有超凡的智慧和高妙的手段，方能随时将敌人轻松擒回来。

○第十七计 抛砖引玉○

【原文】

类以诱之①，击蒙也②。

【注释】

①类以诱之：用类似的东西去诱惑敌人。②击蒙：这里指诱惑敌人，然后便可打击这种受我诱惑的愚昧之人。击，打击。蒙，指《易经》的《蒙》卦。蒙的本义是事物的初始状态，这里指使敌人懵懵懂懂地上当。

【译文】

用类似的东西去引诱敌人，使敌人懵懵懂懂地上当受骗。

【计名讲解】

抛砖引玉，出自《传灯录》。《传灯录》中记载了一个故事：相传，唐代诗人常建听说赵嘏要去游览苏州的灵岩寺。为了请赵嘏作诗，常建先在庙壁上题写了两句，赵嘏见到后，立刻提笔续写了两句，而且比前两句写得好。后来文人称常建的这种做法为"抛砖引玉"。

北宋释道原《景德传灯录·卷十·赵州东院从稔禅师》说："大众晚参，师云：'今夜答话去也，

抛砖引玉。

有解问者出来。'时有一僧便出，礼拜。稔曰：'比来抛砖引玉，却引得个墼子（墼指的是没有烧的砖坯）。'"

"抛砖引玉"的本义是抛出砖去，引回玉来。后来比喻用自己不成熟的意见或作品引出别人更好的意见或好作品。此计用在军事上，指的是用相类似的东西去迷惑、诱骗敌方，使其落入我方事先设好的圈套之中，然后伺机粉碎敌人的计谋。在这里，砖和玉是一种形象的比喻："砖"喻指小利，即诱饵；"玉"喻指作战的目的，即大的胜利。"引玉"，才是最终的目的；"抛砖"，是为了达到目的而采取的手段。这就好比钓鱼需用钓饵，先让鱼儿尝到一点甜头，它才会上钩一般；把小的利益抛给敌人，使其得到一点好处，占了一点便宜，敌人就会放松警惕，才会误入我方事先设好的圈套里，从而一举将敌人消灭。

古人的按语说："诱敌之法甚多，最妙之法，不在疑似之间，而在类同，以固其惑。以旌旗金鼓诱敌者，疑似也；以老弱粮草诱敌者，则类同也。"

按语的意思是说：迷惑敌人的办法有很多，最好不要使用似是而非、引人起疑的办法，而是要用同类相似的方法，用以加深敌方的错觉。凡是以旗帜招展与锣鼓齐鸣的办法来迷惑敌人的，是疑似之法；凡是用老弱残兵和粮食柴草迷惑敌人的，才是类同之法。

● 抛砖引玉

指的是用类似的事物去迷惑敌人，使敌人懵懂上当。此计出自《传灯录》，传说唐代诗人常建听说赵嘏来到苏州，断定他一定会去灵岩寺，于是就在寺前写下两句诗，赵嘏看到后，就在后面续了两句，完成一首绝句，而且后续的比先前的两句要好。所以后人称常建的做法为"抛砖引玉"。

出动诱敌之军。

敌军主力应战。

我军

敌军

我军主力再出击

实用谋略

❀◎楚国轻取绞城◎❀

抛砖引玉，即用相类似的事物去迷惑、诱骗敌人，使其懵懂上当，中我圈套，然后趁机击败敌人的计谋。春秋时期，楚国轻取绞城，用的正是抛砖引玉的计谋。

公元前700年，楚国发兵攻打绞国（在今湖北郧县西北）。

楚军兵势强大，行动迅速，很快就兵临城下。绞国见楚军士气旺

楚国大举伐绞城。

盛，自知出城迎战肯定凶多吉少，于是决定坚守不出。

绞城地势险要，易守难攻，楚军的多次进攻均被击退。两军就这样相持了一个多月。

楚国大夫莫傲屈瑕在仔细分析了双方的情况后，认为绞城只可智取，不可硬攻。他面见楚王，献上了一条"以鱼饵钓大鱼"的计谋。

莫傲屈瑕说："既然绞城强攻不下，不如利而诱之。"

楚王向他询问诱敌之法，莫傲屈瑕建议说，绞城被围月余，城中必定会缺少薪柴，我们正好可以利用这个，派一些士兵装扮成樵夫，上山打柴。敌军见了，一定会出城劫夺柴草。头几天，我军按兵不动，让他们先占得一些小利。他们必定因此而麻痹大意，派出大批士兵出城劫夺柴草，到时我们先设下伏兵断其后路，然后聚而歼之，趁势夺城。

楚王认为此计虽好，但绞国不一定能够上当。莫傲屈瑕说："大王放心，绞国虽然小，但是轻敌躁进。轻敌躁进就会少虑寡谋。现在我们主动送上香甜的钓饵，不愁它不乖乖上钩。"

楚王于是依计行事，命一些士兵装扮成樵夫上山打柴。

绞侯听探子报告说有樵夫进山，忙问这些樵夫周围是否有楚军保护。

探子说，他们都是三三两两进山，身边并无兵士跟随。

绞侯立刻布置人马，等这些"樵夫"背着柴火从山中走出时，突然发动袭击，顺利得手，抓了三十多个樵夫，夺得了不少柴草。

一连几天，绞军频频出动，收获颇丰。既然有利可图，又不见楚军出动，出城劫夺柴草的绞国士兵越来越多。楚王抛出的诱饵已经被敌人吞下，便决定及时收杆，逮到这尾大鱼。

第六天，绞国士兵仍然像前几天一样大摇大摆地出城劫掠，"樵夫"们见绞军来劫掠，顿时吓得没命逃奔，绞国士兵穷追不舍，却在不知不觉中被引入了楚军早已设下的埋伏圈中。霎时间，伏兵四起，杀声震天，绞国士兵本来战斗力就不如楚军，加上毫无防备，哪里抵挡得住，慌忙之余，只想后撤，却早已被伏兵断了归路，结果死伤无数。

趁此机会，楚王迅速派兵攻城，绞侯这才知道自己中了计，但已经无力抵抗，只得主动开城投降。

楚军巧用"抛砖引玉"之计，轻轻松松拿下了之前久攻不下的绞城。

楚国轻取绞城。

◎芒卯救魏◎

战国时，诸侯之间既互相攻打，又随时因利益而结盟，时分时合，混战不已。秦国与赵国结盟，相约一起攻打魏国。秦国还许诺，打败魏国后，就将原属于魏国的邺城（今河南河阳）割让给赵国。

魏国两面受敌，上下均十分恐慌，魏王急忙召集群臣商议对策，但急切间大家谁也拿不出妥善的办法。最后，一个名叫芒卯的人对魏王说："大王无须为此事忧虑，秦、赵之间素来不和，现如今他们暂时联合起来，不过是为了瓜分我魏国的领土，扩大自己的地盘和势力。所以，我们只要主动让赵国尝点甜头，它自然会断绝与秦国的联盟关系。"然后芒卯就将自己的计划如此这般说了一遍，魏王一边听，一边连连点头称是。

按照计划，魏王派张倚出使赵国。张倚见到赵王，说："如今大王与秦国联手攻打我国，无非是为了邺城。反正邺城早晚都要失陷，魏王素有仁爱之心，为了使两国百姓免遭战争之苦，于是决定不动干戈就将邺城献给大王，请大王接纳。"

不用一兵一卒，就能白白得到邺城，赵王当然非常高兴，又问张倚："如果寡人接受了这份礼物，那魏王有什么期望呢？"

芒卯求见赵王。

张倚答道："魏、赵两国一直维持着友好的关系，而魏、秦之间素来互相视为敌人。而且秦国乃虎狼之国，请大王仔细权衡其中的利弊。如果您想与魏国结好，请大王断绝与秦国的联盟关系，然后就可以得到邺城，不然的话，魏国即使拼到城毁人亡，也誓将与敌人血战到底。"

赵王当夜便召来群臣商议此事，经过一番讨论，最后决定接受邺城，便宣布与秦国断交。芒卯计策的第一步——"抛砖"已获成功。

赵国与秦国断交后，就准备兑现当初与魏国的协议。赵王派了一支部队前去接收邺城，而守城的主将正是芒卯。他对领兵的赵国将领说："我奉魏王之命在此守城，怎么可能将城池拱手出让呢？张倚哄骗赵王说要把邺城献给赵王，这是张倚的罪过，跟我没关系，你还是去找张倚吧。"赵国大将没有办法，只好退兵。

听了将领的回报，赵王才意识到上了魏国的大当。而秦王正在因赵国擅自毁约之事而恼怒不已，于是四处联络，准备联合魏国攻打赵国。

赵王听到风声后，惊慌失措，惶惶不可终日，但又想不出对策，在走投无路的情况下，只能决定将赵国的五座城池割让给魏国，来换取魏与自己联手共同抗秦。

在这则故事中，魏国玩了一招"无中生有"，结果靠着抛出的空"砖"引来了真"玉"。

赵王与群臣商议救魏之计。

○契丹抛砖引玉诱唐军○

抛砖引玉，"砖"指的是小利，是诱饵；"玉"指的是作战的目的，即大的胜利。唐朝时，契丹便通过"抛砖"，实现了"引玉"的目的。

契丹抛砖引玉诱唐军。

公元696年，唐朝营州（今辽宁锦州市）都督施行暴政，轻侮契丹首领及其部属，引发了契丹人的强烈不满。加上契丹当时出现灾荒，饥民遍地，但是营州都督见死不救，不予赈济，更是严重激化了双方的矛盾。

五月，契丹松漠都督李尽忠、归诚州刺史孙万荣攻陷营州，俘虏数百人，并杀死了营州都督。李尽忠自称"无上可汗"，以孙万荣为前锋，四处攻掠河北诸州，所向披靡，数日间聚集起数万士兵，号称十万大军，又准备向檀州进军。

武则天闻讯，紧急调派左鹰扬卫将军曹仁师、右金吾卫大将军张玄遇、左威卫大将军李多祚等大将出征，想尽快夺回营州，平定契丹。

契丹先锋孙万荣熟读兵书，颇有谋略，他深知唐朝虚实，当初正是他乘着唐朝陷于内忧外患的境地才举兵反唐的。而在孙万荣的指挥下，契丹人连战连捷，声势益壮。

孙万荣看到唐军声势浩大，不宜与之正面交锋。他想到了攻破营州后囚禁在地牢里的被俘官兵，于是派人告诉这些俘虏说："我们是契丹士兵的家属，现在营州缺粮，我们饥寒难耐，等到官兵一到就立即投降大唐。"同时在营州城中大肆制造缺粮的舆论，等官兵到时，又故意让人放走被俘的唐军，还对他们说："眼下没有粮食养着你们，但是又不忍心杀你们，想来想去还是决定放你们回去。"

唐军统帅曹仁师见逃回的唐兵个个面黄肌瘦，又听到俘虏们回报说契丹方面粮食奇缺，军心不稳，因此心中大喜，认定契丹不堪一击，夺回营州指日可待。

其他将领也信以为真，张玄遇和麻仁节都想夺得头功，于是争先恐后地率轻骑向营州火速前进。一路上，他们又见到从营州逃出的契丹老弱士卒前来归降，他们声称营州粮荒严重，士兵们不堪忍受，纷纷逃跑，并且都表示愿意归降唐军。

于是张、麻二将对营州缺粮、契丹军心大乱之说

契丹大军与唐军交战。

更加深信不疑，加紧催动部队日夜兼程。赶到西峡石谷时，只见两边都是悬崖绝壁，中间只有一条狭窄的小道。按照兵法来说，这里正是设伏的绝佳之地。但是张、麻二人认为契丹士卒早就因为饥饿而不堪一击，加上夺取头功的私心作祟，于是没有仔细查探就命令部队继续前进。

唐军人数较多，只能排成长长的一列进入谷中，艰难行进。到了黄昏时分，忽听一声炮响，两边绝壁上飞下无数乱箭，骑兵也被绊马索绊倒，唐军人马自相践踏，死伤无数。

孙万荣见时机已到，亲自率领人马夹攻唐军。唐军前有伏兵，后有骑兵截杀，进退维谷，不战自乱，死者填满了山谷。张玄遇和麻仁节被契丹士卒生擒。

孙万荣利用从二人身上搜出的将印，写信报告曹仁师，谎称唐军已经攻下了营州，要他尽早前来处理契丹首领，并迫令张玄遇在伪造的信件上署了名字，随后派人把信送给曹仁师。

曹仁师收到这封假信后，立即下令唐军大部队急速前进，来到了西峡石谷，准备尽快通过峡谷赶往营州。结果，唐军在此又中了契丹的埋伏，导致全军覆没。

商业案例

◎新光人寿打响品牌◎

台湾新光人寿保险公司始建于 1963 年 7 月，总经理为吴家录先生，他还兼任台北市人寿保险同业公会理事长。吴家录先生多年来一直从事人寿保险业，他之所以能从竞争激烈的行业中脱颖而出，并成为一位大老板，主要靠的是腹中的各种妙计。

新光人寿保险公司成立之初，筹备工作较为仓促，当时公司就设在台北市繁华热闹的馆前路，整个办公室只有十张桌椅和一套沙发，以及十位员工。

制造业出售的是有形的商品，保险业则不同，它出售的是完善的服务与安全的保证，因此，保险单的设计对于一家人寿保险公司来说是至关重要的。

但是，新光人寿当时刚刚成立，人才稀缺，连一个能设计保险单的人都没有。公司欲向同业索取，又接连遭到婉拒，大家无计可施，整天愁眉不展。

见此情形，吴家录灵机一动，派本公司职员假装到别的人寿保险公司应聘。当时台北市共有八家保险公司，在不到三天的时间里，这八家保险公司的各种保单就统统摆在了吴家录的桌上。

他们首先研究八家保险公司的各种保单，分析其优点与缺点以及保费、投保内容、理赔项目等。

拿到需要的资料后，新光人寿开始进行细密研究，然后在此基础上设计出了自己的保单，不仅投保费用每月比其他八家公司中最低的还要便宜一块钱，而且在理赔项目中，飞机失事或火灾身亡的理赔金额是八家公司中最高赔偿金额的五倍。

如此优惠的"新产品"，加上新光人寿打出的广告——"最少的保费，最高的保障"，二者配合默契，相得益彰，在同业中一下子就出尽了风头，具有了强大的竞争力。

公司刚刚开张没多久，就打响了自己的牌子，初战告捷，下一步工作的突破点在哪里呢？

吴家录对当时的市场进行了仔细研究和分析，指出各家公司都集中在都市，导致台北人寿保险业竞争过于激烈，而农村在人寿保险业这一块项目上尚且属于真空地带，具有极大的发展潜力，于是吴家录决定，先开发农村。

虽然农村市场潜力很大，但阻力也同样很大，因为当时农村对人寿保险这个事物非常陌生，自然体会不到人寿保险的重要性，甚至认为投人寿保险不吉利。

为此，吴家录绞尽脑汁，专门设计了一种"样本保险"——先通过农村的村长了解到村子中有谁得了不治之症，并且离去世之期已经不远，新光人寿保险公司便主动免费为其提供保险。等人去世后，公司便按承诺如数拨给逝者的亲人一笔保险金，由村长转交，以便广为示范。这一招果然灵验，乡下人淳朴，由此认定新光人寿保险公司的的确确为乡民们带来了实惠，一传十，十传百，大家便纷纷加入了保险。

任何企业及其产品要想扩大知名度，除了质量过硬赢得好口碑之外，最主要的宣传手段莫过于做广告。在这一点上，新光人寿保险公司也是费尽心思。

但是在 20 年前，大众传媒并不发达，台北也不例外，当时的广告媒介既不普遍，价格还非常昂贵，一般公司根本负担不起。

但吴家录并不因此就知难而退，而是一直在苦思办法，功夫不负有心人，还真让他寻得了一条妙计。

每天晚上八点钟左右，吴家录就会前往生意红火、客源兴旺的电影院。但他并不是来看电影的，而是来发"寻人启事"的。寻人启事的文字是直接打在银幕上的，内容非常一致，都是"新光人寿保险公司某某，有人找"。但是实际上，根本没有新光人寿的员工在看电影，这样做的目的是让更多的电影观众熟悉并逐渐牢记新光人寿保险公司的名字。

与高昂的广告费用相比，每条"寻人启事"只需要花五角钱，价格非常便宜，所收到的效果却很不错。

就这样，新光人寿保险公司的品牌逐渐在城乡之间传了开来。吴家录的计策并不需要什么昂贵的代价，就是这一次又一次的微小付出，却为公司带来了巨大的收益，这是"抛砖引玉"之计在商业领域的最好体现。

【点评】

此计的顺利实施全靠"利而诱之"：抛砖，就是先给敌人一些甜头，引诱其上钩，以达到"引玉"的目的。

抛出的"砖"，可以是"真砖"，即实实在在的好处，也可以是"假砖"，即只是一个假动作，但不管是真是假，不管怎么将"砖"抛出，必须明确的是，抛出的是"砖"，引到的必须是"玉"，即抛出的诱饵一定要比后来所收获的东西价值小，否则就是得不偿失。

古人认为，引诱和迷惑敌人最好的办法，不是用敲锣打鼓、张设旗帜的方式虚张声势，而是示假隐真，利而诱敌。钓鱼要用诱饵，引玉先得抛砖。先让敌人尝到一点甜头，才可能让它吃大的苦头。

抛砖引玉有以下三重含义：我方用小利引诱对方，最后得到较大的利益，而用来做小利的诱饵并未丧失；我方以较小的代价换来较大的利益；我方以较小的事物来对抗对方较大的事物，最后二者同归于尽。虽然双方均有损失，但我方的损失比对方小得多，这也是一种胜利。

要想有所收获，首先须得付出，就像钓鱼必须先放诱饵一样，想引玉就得先抛砖，让敌人先尝到一点甜头，是为了让它吃到更大的苦头，而让自己收获更大的甜头。

⊙名家论《三十六计》

抛砖引玉本质上就是引敌上当，它与孙子所说的"利而诱之"有什么区别？我认为，迷惑、诱骗敌人的方法多种多样。利而诱之，着重是讲用利益去引诱敌人，让敌人觉得做某件事有利。抛砖引玉，着重是讲用相类似的事物去迷惑敌人，使敌人产生错误的判断，用作诱惑的东西不一定产生利诱的作用。二者都是为了误导敌人，使敌上当受骗，但手法上有区别。

——钟少异

◎第十八计 擒贼擒王◎

【原文】

摧其坚，夺其魁，以解其体。龙战于野，其道穷也①。

【注释】

① 龙战于野，其道穷也：语出《易经·坤》："象曰：龙战于野，其道穷也。"意思是强龙争斗于田野大地上，是走入了困顿的绝境，这里比喻敌人陷入绝境。

【译文】

摧毁敌人的主力，擒住或消灭它的首领，就可以瓦解它的整体力量。这就好像龙离开大海到陆地上作战，从而面临绝境一样。

【计名讲解】

此计名出自唐代诗人杜甫的《前出塞》诗："挽弓当挽强，用箭当用长。射人先射马，擒贼先擒王。"杜甫写这首诗的时代背景是：唐开元十八年（737），唐玄宗利用吐蕃人未作防备的机会，派兵入侵吐蕃，大败吐蕃军队，深入敌境两千余里。两年之后，金城公主去世，吐蕃遣使到长安报丧，并借此向唐朝求和，玄宗没有答应。公元740年，吐蕃攻占唐朝边境重镇石堡（今青海省会西宁西南）。天宝七载（748），唐朝派陇右节度使、大将哥舒翰统军三万三千人与吐蕃军决战。尽管此役收回了石堡，但是唐军死伤惨重。杜甫的《前出塞》诗，正是针对这一情况有感而发的，意思是说，只要能够制服敌国的首领，保住本国的疆土，防止异国的入侵就可以了，没必要杀太多的人。从当时历史背景来看，杜甫的这首诗寓含着对唐玄宗李隆基无节制地对外用兵的讽谏之意。

"擒贼擒王"的本义是捉坏人先要捉住其头领，和俗语"打蛇打七寸"的意义相近。比喻做事要抓住要害。运用在军事上，是指首先歼灭敌军主力或擒拿敌军主要将领，借此动摇敌人的斗志，扰乱其阵脚，使敌人彻底瓦解；也可指集中优势兵力，消灭敌人的有生力量。

古人按语说："攻胜则利不胜取。取小遗大，卒之利、将之累、帅之害、功之亏也。全胜而不摧坚擒王，是纵虎归山也。擒王之法，不可图辨旌旗，而当察其阵中之首动。"意思是说：战胜敌人就不能不趁机扩大战果，如果仅仅满足于小利，而失掉获得大利的战机，只顾使士兵减少伤亡，但是由于敌军的主力仍旧完好无损，就会给指挥者带来巨大的困难，甚至会前功尽弃。认为取得完全胜利而不消灭敌军主力并俘虏其首领，就像放虎归山，后患无穷。俘获敌军首领的办法，不要只辨别旗帜，而应观察在敌营中谁是指挥官。

擒贼擒王。

● 擒贼擒王

此计是指当敌人锐气正盛时，我方故意避战示弱，使敌人骄纵起来，放松警惕。在我方掌握主动权的情况下，要充分考虑到将要面临的困难，主动创造条件，抓住时机消灭敌人。

对敌人一击命中

抓住敌军将领

瓦解敌军整体

取得胜利

实用谋略

◎张巡智胜尹子奇◎

　　杜甫《前出塞》诗中有句写道："射人先射马，擒贼先擒王。"古往今来的许多战例，都出现过"擒贼先擒王"的情形，"张巡智胜尹子奇"的故事，便是典型的一个。

　　唐玄宗时爆发了安史之乱。一开始叛军声势浩大，连战连捷。公元 757 年，安禄山在洛阳被杀，他的儿子安庆绪接掌大权。安庆绪派手下大将尹子奇率十万劲旅向睢阳进犯，企图夺取江淮，继续扩大地盘。

　　睢阳守将许远知道情况危急，遂向河南节度副使张巡告急求援。张巡立刻带领三千兵丁火速前往救援，即便如此，两部人马合起来也不过七千人，与叛军相比，实在相差太悬殊了。

　　好在张巡足智多谋，作战经验丰富，善于用兵。叛军包围城池以后，连连猛攻，张巡身先士卒，奋力抵抗，并在敌强我弱的情况下，俘获叛军将领六十余名，斩杀两万多敌人。初战告捷，睢阳守军军心大振。

　　叛军自然不甘心就这样失败，于是仗着人多势众，旋即卷土重来。张巡虽然指挥唐军打退了叛军一次又一次的进攻，并且每次都有所斩获，但始终未能动摇其根本。而张巡人马少，更加经不起消耗。对于睢阳守军来说，当时的形势依然非常严峻。

　　而尹子奇见二十余次攻城均被击退，士兵已经非常疲惫，因此不得不鸣金收兵，暂作休整。

当天夜里，叛军刚刚准备休息，忽听城头战鼓隆隆，杀声震天，似乎唐军即刻就要开城出战。尹子奇迅速集合列队，准备与冲出城来的唐军激战。

谁知张巡却是"干打雷，不下雨"，虽然把战鼓擂得隆隆作响，却一直紧闭城门不出战。叛军被折腾了一整夜，没有得到休息，将士们又累又困，疲倦至极，连眼睛都要睁不开了，倒在地上就开始呼呼大睡。

正在叛军人困马乏的时候，只听城中一声炮响，张巡突然率领守军冲杀出来。

叛军在睡梦中被喊杀声惊醒，吓得乱作一团。张巡一马当先，接连斩杀敌将五十余名，士兵五千余人。

但叛军依然未伤元气，张巡召集将领们商议退敌方案，有的说：敌军有十万，而我军只有几千人，恐怕难以抵挡，最好赶快请来援兵。有的说：应该偷袭敌人的粮仓，乱其军心，断其后路，然后方能取胜。但是，就算派人杀出重围去请援兵，也要数月才能到达，远水解不了近渴，恐怕到时睢阳早已失守。而敌军粮草由重兵把守，显然是早有准备，难以劫下。所以这些方案很快就被一一否定。

张巡坚守睢阳。

这时，张巡分析道："如果硬拼，我军肯定不敌叛军，必须智取。只有先除掉叛军主将尹子奇，敌人定会乱作一团，我军再乘胜追击，打他个落花流水。"

但张巡以前从未见过尹子奇，现在两军混战，辨认起来更加不易。

于是张巡心生一计，当尹子奇又开始发动进攻时，他命士兵从城头向敌阵放箭，只是这箭枝是用蒿草秆做的。叛军中有人捡到箭，以为睢阳守军的箭已经用光了，心中大喜，立刻兴冲冲地拿去向主将报告。

张巡在阵前看得一清二楚，立即让部将南霁云张弓搭箭射向尹子奇。南霁云是有名的神箭手，虽然相距较远，但他依然一箭射中尹子奇左眼，这回可是"货真价实"的真箭，尹子奇立刻鲜血满面，差点落下马来。

张巡见尹子奇中箭，立即指挥几千精兵趁势掩杀，差点将尹子奇生擒活捉。尹子奇则如惊弓之鸟，仓皇逃命。主帅负伤遁走，手下将士顿失主心骨，乱成一锅粥，在唐军的冲杀下，兵败如山倒。

◎土木堡之变◎

攻打敌军主力，捉住敌人首领，这样就能瓦解敌人的整体力量。敌军一旦失去指挥，就会不战而溃。明朝中期瓦剌军俘获明英宗，就是一招"擒贼擒王"。

明英宗朱祁镇在位时，宠幸太监王振。王振便恃宠专权，作威作福，欺下瞒上，朝中大臣多半仰他鼻息，天下人对王振更是敢怒不敢言。当时，北方的瓦剌日益强盛，对中原这块沃土垂涎三尺。朝中有识之士建议在瓦剌南下的要道上设防，王振收了瓦剌首领也先的贿赂，断然拒绝了这一建议。

1449年，也先亲自率领大军从蒙古出发，进犯河北一带，大同作为重镇，自然是敌人攻击的重点所在。

明英宗被瓦剌军队俘获。

王振此人好大喜功，虽然是一名太监，却总想效仿历史上的名将建立不世之功，好让自己留名青史。战报传回朝廷，面对大军压境的处境，王振不但不忧心忡忡，反而顿觉自己扬名后世的机会终于到来，于是不断怂恿明英宗御驾亲征。

明英宗软弱昏庸，又无主见，向来是王振说什么就信什么，一听王振说瓦剌军不堪一击，居然真的相信了，决定亲往前线与瓦剌军对敌，还命从无作战经验的王振为统帅，一切军政事务均由他独断独行。在没有经过充分准备的情况下，五十万明军就仓促北上了。

途中又连降大雨，道路泥泞，部队行进速度缓慢。好不容易到达居庸关时，先头部队屡屡战败的消息频频传来，加上粮草缺乏，为了保护皇上安危，有部将建议英宗留驾居庸关，不再前行。但王振执意不肯，命令部队继续前行。部队粮草缺乏，士兵与战马饿死无数，沿途有很多倒毙的士兵和马匹。明军与瓦剌人交战，一触即溃，几乎全军覆没。

面对这样的战情，在众人的坚决要求下，王振被迫同意班师回京。但即便是在这样危险的环境下，鼠目寸光的王振居然还怀有私心——他先是要大军退兵时从他的家乡蔚州经过，想要跟乡里人摆摆威风，但是走到一半，他突然又怕大军损坏了自己田里的庄稼，硬是要求大军绕道而行。而且，在这样紧急的时候，他却让明军停下来，只是为了等候他装满私产的车队。

明军本来就行动缓慢，再经过这样的绕来绕去，几次拖延，结果走到宣府时，就被瓦剌大军追上，明军损失了三万骑兵。残余的明军狼狈逃到土木堡，瓦剌人紧追不舍，将土木堡围得水泄不通。

此时，明英宗身边只剩下少数护卫亲随，他们既打不过瓦剌大军，也无法突围而出，最后只得束手就擒。王振却打算扔下皇帝，独自逃走。英宗的护卫将军愤怒地喊道："我为天下杀此贼！"然后一锤打死了王振。

连皇帝都丢了，明军更加溃不成军，最后全军覆没。这就是历史上有名的"土木堡之变"。

瓦剌人捉到明英宗后，并没有杀他，而是如获至宝，因为他们想用明英宗做人质，以获得源源不断的财富。也先派人通知明朝送来一万两黄金，方可赎回英宗，钱到即放人。

明朝派人前往敌营，按约定献上万两黄金，却迟迟不见英宗被送还。后来才知道，瓦剌人早在前一天晚上就挟走了英宗，白白骗得万两黄金。

此后，瓦剌人继续向北京进发，一路挟持英宗同行。瓦剌军沿途烧杀抢掠，百姓深受其害，但明军因为英宗也在军中，投鼠忌器，不敢主动攻击。而瓦剌人显然也是瞅准了这一点，因此才让英宗随行。

长此下去，形势将对明朝越来越不利。兵部侍郎于谦认为应当另立新君，有识之士也纷纷表示赞成。于是，明朝另立新皇，是为景帝，而尊英宗为太上皇。

消息传出去后，英宗这个人质的价值大大降低，明朝对瓦剌的态度和口气越来越强硬。瓦剌人也渐渐明白，明朝不会为英宗付出太大代价。加上京城保卫战中，于谦表现优异，将之前不可一世的瓦剌骑兵打得大败。最后，瓦剌人终于同意将英宗送归明朝。

瓦剌人深谙"擒贼先擒王"的道理，因此捉到英宗后，屡次用其要挟明朝。但是，明朝另立新君，英宗不再是皇帝，自然也就失去了价值，从而粉碎了瓦剌人的阴谋。

◎李靖追捕颉利◎

"擒贼擒王"是指在交战之时，用消灭敌方指挥部门的方式击溃敌人。控制住敌人的首领就相当于控制了整个战场的形势。相反，如果让"擒王"的机会白白溜走，在很多时候即意味着给了敌人卷土重来的机会，就算取得了部分战场的胜利也不能高枕无忧。

由于屡屡遭到突厥进犯，贞观三年（629），唐太宗决定对突厥发动进攻，命大将李靖等人统率十万兵马讨伐突厥。第二年的二月，李靖在阴山之战中大败突厥颉利可汗，致使后者不得不带领麾下数万人仓皇逃跑。逃跑途中颉利可汗派人向唐太宗请罪，表示愿意举国依附大唐。唐太宗一面派鸿胪卿唐俭和颉利接洽，一面派李靖领兵迎接颉利。

然而，李靖却认为颉利虽然表面上臣服，实际上仍盘算和大唐为敌，只待草丰马壮后再卷土重来。考虑到放过颉利如同放虎归山，李靖和另一名讨伐突厥的大将李世勣商量，决定冒险违抗命令，突袭颉利，将其余部一网打尽。

于是，李靖带领人马进军阴山，路上，他们发现了数千顶突厥兵的帐篷，为了确保突袭计划不会提早泄露，李靖等人当即决定将这些突厥人全部俘虏充入军中。而此时此刻，颉利可汗则因为见到了唐使唐俭，以为一切皆在自己掌握之中，因此沾沾自喜，没有任何提防。当他察觉到李靖等人的行动时，后者距他的大帐只有十几里路了，摆在他眼前的选择只剩下一种——逃跑。

颉利惊慌失措地跳上马，带着一支部队踏上逃亡之路。而剩下的突厥大军则群龙无首，乱作一团，根本没有心思对付杀气腾腾的唐军。李靖等人势如破竹杀得酣畅淋漓，一口气杀了突厥一万多人，俘虏十余万，其中包括颉利可汗的儿子叠罗施。一场突袭下来，颉利的身边只剩下一万多人，这些人还大多被李世勣堵在了碛口。

颉利可汗一路逃至灵州附近的苏尼失那里，试图在此稍作休整后向南前往依吐谷浑。但他的行踪被唐大同道行军总管李道宗得知，李道宗向苏尼失施压，逼后者交出颉利。这次，尽管颉利藏进了深山中，却依然没能逃跑成功。

颉利就这样被唐军抓获了，颉利被抓后，苏尼失见大势已去，也归降大唐。根据《新唐书》的记载，苏尼失有帐部五万，原本位于灵州西北。他为人骁勇善战，又常给手下恩惠，所以归顺者众多，对大唐而言，也是一股不容小觑的力量。若颉利可汗没有被抓住，借助苏尼失的力量东山再起，大唐又不知增添多少麻烦。

由于苏尼失是"率众归服"，他归服之后，漠南之地尽归大唐的版图。唐太宗非常高兴，给了他优厚的赏赐，封他为北宁州都督、右卫大将军、怀德郡王。而颉利则被带到了长安，一直到死，他都没有能力再和唐朝作对了。

李靖追捕颉利。

商业案例

◎ "柳江"的成功之道 ◎

在企业经营中，"擒贼擒王"之计可引申为：紧紧抓住事物发展的关键，或把握问题的重点。在开发新产品时，面对强手如林的产品市场，应着力研制集众人之长于一身、技冠群雄的王牌产品，以增强产品的竞争力。

此外，在销售对象上，应善于抓住主要的消费人群，并针对他们的消费心理和需求，改进产品的质量、功能、式样和包装，以吸引顾客。

世界著名企业家的成功之路，无不是重点经营某一产业而起家的。如美国的石油大王洛克菲勒、钢铁大王卡内基，新加坡的玻璃大王陈家和，香港的船王包玉刚等，这些企业巨子，无不重点以生产或经营某种产品而著名。企业经营者，特别是中小企业的领导者，运用擒贼擒王之计，关键就在于集中人力、财力、物力，重点经营。如果不考虑企业实力，盲目扩大营业项目或多角经营，往往会因分身力薄而难以成功，至于大企业要搞多种经营或多角经营，经营的每一项，也要谨慎研究，集中力量抓住重点。

1969 年，柳州农机厂开始转产 2.5 砘 "柳江" 牌汽车，由于工厂沿用小生产经营方式，厂小而求全，除发动机外，其余零部件几乎都由自己生产。结果，"柳江" 牌汽车成本高、质量差，企业效益低，到 1980 年出现亏损，陷入困境。

厂领导经过研究，苦思对策，确定加入东风汽车联营公司，生产 "东风" 车。并改变了过去 "小而全" 的生产格局，走专业化生产之路，结果成本大大降低，效益显著提高。

以此为起点，柳汽又改汽油车为柴油车，从而适合大批个体运输户的需要，投放市场后，甚为走俏，1991 年生产 1 万辆后即销售一空；1992 年生产 1.5 万辆仍供不应求，这一创举，正是集中力量、重点经营的结果。

【点评】

在战争中，打败敌人了，将会取得丰厚的利益。但是，如果因为满足于小胜利而错过了大胜的好机会，就像仅仅击溃了敌军，却放走了 "贼王"，这无异于放虎归山。只有捕杀了敌人首领，摧毁了敌方的指挥部，使敌人陷于群龙无首的境地，才能迅速消灭敌人。

而从哲学角度看，"擒贼擒王" 中的 "王" 指主要矛盾或矛盾的主要方面，它是居于领导和支配地位，解决了主要矛盾或矛盾的主要方面，次要矛盾和矛盾的次要方面也就迎刃而解了。

"擒贼擒王" 的含义包括以下三重：

一、擒其首脑；二、攻击要害；三、提纲挈领。

人们常说："蛇无头不行。"一个组织的形成和发展，总是取决于少数关键性的人物。一旦关键人物不在了，余下的人就成了一盘散沙。

所以，要消灭和瓦解一个组织，首要的攻击目标就是它的首领和核心人物，这就是 "打蛇打七寸"。不过，擒王的具体实施方法有很多种，还可以与其他计谋联用。

从明处下手，硬擒硬杀是其中一种，但往往要付出高昂的代价，而且容易引起对方的警觉，成功的可能性比较低。

"调虎离山" 和 "美人计" 都是行之有效的手段，和武力擒王相比，代价较小，成功的系数也要高得多。总之，擒王的方法有很多，依照具体情况还能进行各种变通，但首先擒王这条原则是恒定不变的。

《三十六计》作者考证

长期以来，很多人把《三十六计》作者想当然地认为是《孙子兵法》的作者春秋时期的孙武，其实，《三十六计》作者是南北朝时期南朝的檀道济。

檀道济小档案

姓名：檀道济。
年代：南朝。
生卒：？—公元436年。
籍贯：高平金乡（今山东金乡县卜集乡檀庄）。
职业：军人。
成就：根据古代战争经验总结出《三十六计》，为后世留下了宝贵的军事著作遗产，被载入史册。

檀道济出身寒门，由士兵升至大将军。公元432年，因屡有大功，被封为司空，镇守寻阳。

公元436年，宋文帝刘义隆生重病，彭城王刘义康执政，担心檀道济会在刘义隆死后谋反，矫诏召檀道济入朝。

我率师御外寇，镇守边境，从没有辜负国家，国家又怎么会辜负我心呢？

震世功名，必遭人忌，古来如此，朝廷今无事相招，恐有大祸！

我们先把檀道济骗来建康，然后……

其妻劝他不要去建康，恐遭陷害。但檀道济认为自己忠心为国，不听劝阻。

结果，檀道济一到建康，就被刘义康逮捕。不久，檀道济在建康被处死。

第四套
◎ 混战计 ◎

◎第十九计 釜底抽薪◎

【原文】

不敌其力，而消其势①，兑下乾上之象②。

【注释】

① 势：气势。② 兑下乾上之象：指履卦。《易经·履》中说："柔履刚也。"这里含有以柔克刚之意。

【译文】

不直接面对敌人的锋芒与之抗衡，而是间接地削弱它的气势。也就是说用以柔克刚的办法来转弱为强。

【计名讲解】

计名出自北齐魏收所写的《为侯景叛移梁朝文》："抽薪止沸，剪草除根。"水凉水沸，是日常生活中常见的现象。要想让水不沸腾，可以加进一些凉水，即扬汤止沸，也可以抽掉锅底的柴草，即"釜底抽薪"。扬汤止沸，水一时凉了，很快又会再沸。这是因为没有从根本上止沸。釜底抽薪，因为水靠火沸，火要薪生，便从根本上消除了水沸的基础或依靠物了。

釜底抽薪本义是把柴火从锅底抽掉（使水停止沸腾）。比喻从根本上解决问题。

运用在军事上，指的是切断敌人的供给来源，从根本上动摇敌人的军心和士气，使

釜底抽薪。

其成为"无源之水，无本之木"，然后一举战胜敌人。尤其是当敌人力量强大时，决不能正面硬拼，而应该以柔克刚，避其锋芒，削弱其气势。在古代战争中，粮草是关键和重中之重，所以运用此计时多在粮草上做文章。到了近现代，"薪"的范围更加广泛。

古人按语说："水沸者，力也，火之力也，阳中之阳也，锐不可当；薪者，火之魄也，即力之势也，阴中之阴也，近而无害。故力不可挡而势犹可消。尉缭子曰：'气实则斗，气夺则走。'而夺气之法，则在攻心。"意思是说：锅水沸腾，靠的是一种力量，也就是火。星星之火可以燎原，迅猛而不可挡。柴草是火的灵魂，是发火的基础，其中蕴藏着极大的能量。但是，柴草本身却不凶暴，即使碰到它也不会受到伤害。因此，强大的力量尽管无法遏退，而从气势上使其自行瓦解的妙招，还是有的。尉缭子说："士气旺盛就要向敌发起进攻，士气低沉就主动退出战斗。"削弱敌军士气的办法，就在于巧妙地运用政治攻势。

● 釜底抽薪

语出北齐魏收《为侯景叛移梁朝文》："抽薪止沸，剪草除根。"此计用于军事，是指对强敌不可用正面作战取胜，而应该避其锋芒，削减敌人的气势，再趁机取胜的谋略。

避免直面战场

我军

直接交锋

避开敌军锋芒

削弱敌军气势 ➡ 敌军 ➡ 敌军战斗力削弱

克敌制胜

实用谋略

○勾践蒸粟还粮○

古今战争中，粮草为部队生存之根本，为部队战斗力的本源，因此，总是"兵马未动，粮草先行"。如果部队缺粮，就会陷入困境，以致遭受失败。

春秋末年，吴、越逐渐崛起，两国之间经常发生摩擦。吴王夫差先打败越国，越王勾践为保全国家，只能屈膝求和，并亲入吴国为奴，伺候夫差。勾践表现得谦卑而谨慎，从而蒙蔽了夫差。过了几年，夫差便允许其回国。

勾践回国后，卧薪尝胆，暗中积极备战，想要灭掉吴国，一雪前耻。

勾践让妻子织布，自己则带头下田耕作，并实行轻徭薄赋的政策，百姓吃穿不愁，家家蓄有余粮。人口逐渐增加，国力日渐强盛。

反观吴国，吴王夫差沉溺于酒色，不理朝政，他刚愎自用，生性多疑，不但重用伯嚭这样的小人，还逼死了忠臣伍子胥。夫差穷兵黩武，多次北上与中原诸侯争夺霸主之位，搞得国内怨声载道。

虽然越国已经国富民强，但为了麻痹吴国，勾践借口越国遇到灾荒，

勾践蒸粟还粮。

向吴国借了一万石粮食，许诺第二年将所借粮食如数归还给吴国。

眼看归还之期就要到了，勾践和大臣文种谈及此事，说："如果我们不还粮食，吴王就会以此为借口，兴兵讨伐我们，而越国尚未完全做好准备，况且这样做也是我们失信于人；但如果把粮食还给吴国，这就等于是帮助敌人，而不利于越国。怎样才能做到两全其美呢？"

文种说："粮食是一定要还的。但我们可以在粮食上做些手脚。我们从粮食中精选出一部分，蒸熟后再还给吴国。然后就有好戏看了。"

越国送还的粮食因为被蒸过，颗粒大而饱满，吴国人见了，非常高兴。于是到了第二年春天，许多人把这些粮食当作良种播到地里，他们本来以为会有好的收成。但是被蒸过的种子根本就不可能发芽，所以到秋天的时候，吴国的田地里几乎颗粒无收，严重的饥荒导致很多人饿死，吴国的国力大大衰弱了。

国以民为本，而民以食为天，勾践还的是蒸熟之粮，吴国不知内情而中了计，结果发生饥荒。这是一招典型的"釜底抽薪"之计。勾践通过施用这一计谋，从根本上削弱了吴国的实力，也为最终灭掉吴国奠定了基础。

◎乌兰布通之战◎

当处在困境的时候，不妨采用釜底抽薪的办法，寻找问题的关键所在，集中力量解决。在战争中，这就意味着要善于挖掘敌人的致命弱点。

1678年，噶尔丹的博硕克图汗建立了准噶尔汗国，之后，为扩张土地，其和清朝政府发生了严重的冲突。双方在1690年于乌兰布通发生激战。

乌兰布通山上有不少树木，十分利于隐蔽，再加上山的南北两面又都非常险峻，不利攀爬，很方便安营扎寨。于是博硕克图汗计划将乌兰布通山打造成一个军事堡垒。他要人找来上万头骆驼，在骆驼的背上装上盖着湿毛毡的箱垛，然后再让骆驼将山团团围住，相当于绕着乌兰布通山筑起一圈"骆驼墙"。而准噶尔中持有火器的士兵就藏在这道骆驼墙之间，和清军交战的经验告诉博硕克图汗，清军的长弓火枪无法射穿这道骆驼墙。

当清军抵达乌兰布通山下时，博硕克图汗已经做好了作战准备，站在高高的山上，他可以清楚地观察清军的举动。清军则正好相反，他们在乌兰布通西边摆好阵势，和准噶尔军隔河相对，准噶尔军有高山和骆驼作掩护，清军只有一条河。

统领清军的和硕裕亲王非常清楚，尽管从人数上，清军占了优势，不过要打赢这场仗仍不容易，

清军完全暴露在敌人的眼皮子底下，仿佛一个个活动的人肉靶子，不要说上山杀敌了，一旦开战，清军很可能被打得毫无还手之力。果然，战争伊始，清军的状况就非常糟糕。他们拉来了火炮，可由于不清楚准噶尔军的情况，只能漫无目的地向山上发射，炮弹打了不少，造成的伤亡却有限。

清军很快意识到，要想夺取战场上的主动权就必须找到克敌的关键，釜底抽薪解决问题，而此时此刻，清军面临的最大麻烦就是：对方知道自己的布阵情形，自己却不了解对方。清军当即针对这点调整了策略。当天晚上，一小支清军悄悄地渡了河，潜到乌兰布通山下，假意攻山，实则侦察敌人的火力部属。他们很好地完成了任务，发现乌兰布通山久攻不克的关键——骆驼墙。

之后，清军重又炮轰起乌兰布通山，只是这次他们将炮口对准了山周的骆驼。骆驼墙可以抵御枪弹箭弩，却对炮弹无能为力。在大炮的猛烈攻击下，骆驼墙很快就着起熊熊大火，藏在其中的准噶尔军早已顾不得射击，匆忙逃命，他们中很多人都因躲闪不及，被大火烧死。

骆驼墙破了，乌兰布通山不再坚不可摧，更重要的是，随着骆驼墙的毁灭，准噶尔军的士气大受打击。清将佟国维带着一队精兵冲到了乌兰布通山上，准噶尔军惊慌失措，应战无力。没过多久，清军就控制了战场的局势，博硕克图汗只得带领残兵余部向山林深处逃去。

由于清军包围了整座乌兰布通山，博硕克图汗见突围无望，只好向清军投降。不过，就在清军接见他派来的使者时，他逃跑了。1697 年，博硕克图汗死了，他的部下将他的尸体作为礼物送给了清朝。

◎刘备夺取汉中◎

赤壁之战后，曹操惨败而归，但仍然牢牢掌握着北方地区。孙权在战后巩固并扩大了自己在江南的地盘，刘备则占据了荆州，并趁势进军巴蜀，夺取了益州，形成三足鼎立之势。

汉中地处益州，地理位置十分重要，曹操进军汉中，威胁到了刘备的利益。刘备自然不甘心这样一块战略要地落入曹操手中，于是，曹、刘之间的汉中争夺战就这样爆发了。

公元 215 年，曹操设计消灭了西北的马超、韩遂势力，巩固了自己的大后方，随即便亲率大军进攻割据汉中的张鲁。

刘备与谋士商议进取汉中之事。

张鲁是东汉时期"五斗米道（又称正一道、天师道，是道教早期的一个重要派别）"的传教人，被东汉统治者封为镇民中郎将，领汉宁太守，成为一方统治者。

在得知曹操进攻汉中的消息后，张鲁自忖以汉中一隅之地及手下的将兵，不足以与曹操抗衡，便想开城投降，但他的弟弟张卫不肯。曹军到达平阳关（在今陕西勉县西北）后，张卫率一万多人拒关坚守，但最终为曹操所破，张鲁见此，便率部降了曹操。因此，曹操基本上控制了汉中及巴中地区。

刘备对此忧心忡忡，便派部将黄权出兵击败了曹军在巴中的势力，控制了该地区。

此时，曹操的大军正驻扎在汉中，手下大将司马懿曾建议他抓住时机进攻益州。曹操鉴于西蜀守备严密、地形易守难攻，而且虽然平定了马超和韩遂的势力，但后方并没有完全稳定，一旦长久相持，很可能发生变乱，因而没有采纳司马懿的献言。

没过多久，曹操就把原驻守在长安的大将夏侯渊调来驻守汉中，自己则领兵回到许都。

汉中的地理意义对刘备和曹操两方来说都极为重要：它是四川东北的门户，如果是曹操占据了汉中，那么益州北方就会无险可守，刘备刚占据四川不久，统治并不稳固，汉中落入曹魏手中无疑对他形成了极大威胁；而如果是刘备占据了汉中，不仅西北的门户守住了，而且进可直攻关中，退可固守成都。种种因素加起来，刘备自然决心将汉中掌控在自己手中。

公元217年，刘备留诸葛亮坐镇后方，坚守成都，负责粮草和军需供应，自己则亲率主力进攻汉中。刘备大军直抵阳平关下，想一举攻下这一战略要点。夏侯渊据险而守，顽强抵抗。刘备选精兵数万轮番进攻，怎奈阳平关本身易守难攻，加上魏军战力极强，两军在关前相持一年有余，始终不能分出胜负。

公元219年正月，刘备经过充分的准备与策划，决定采取行动来打破这种胶着不下的局面。刘备率蜀军绕过地势险要、防守严密的阳平关，悄悄南渡汉水，沿南岸山地疾速向东行进，一举攻占了军事要地定军山。

定军山地势险要，关系重大，是汉中西南的门户，攻下了定军山，就等于打开了直通汉中的道路，并且威胁到了阳平关曹军侧翼的安全。刘备这一出其不意的举措迫使夏侯渊将驻防阳平关的兵力东移，去与刘备争夺定军山。

为防止蜀军进军北上或继续东进，曹军在汉水南岸和定军山东侧建营垒、修围寨、设鹿砦（用树木设置的形似鹿角的障碍物，是一种防御工事）。

刘备趁着夜色的掩护攻打曹营，火烧南围鹿砦。夏侯渊命张郃守住东围，自己率轻骑援救南围。刘备又率军猛攻东围，同时派老将黄忠带领精兵埋伏在东、南围之间的险要地段。面对蜀军的猛烈攻势，张郃难以招架，夏侯渊得报又急忙率军回援东围。黄忠以逸待劳，等夏侯渊率军而过时，突然居高临下袭击行军中的曹军。曹军毫无防备，仓促应战，很快就溃不成军，死伤惨重，夏侯渊本人也被黄忠斩杀。张郃拼死力战，杀出东围，退守阳平关。

夏侯渊死后，张郃承担起统帅之职。曹操得知汉中战场失利，大惊，然后亲率主力从长安出斜谷，火速赶

刘备夺汉中。

往阳平前线救援汉中。而此时的蜀军已经夺取并保住了定军山，扭转了先前的被动局面，胜利后的蜀军士气空前高涨，刘备也信心十足，并对随从的部将说："曹操就算是亲身前来和我决战，也无力回天了。"

曹军疲于奔命，来回奔走。

曹操急于尽快收复定军山，情绪急躁；刘备则"以静待哗"，派遣多股游兵，深入曹军后方进行袭扰，劫其粮草，断其交通，并伺机消灭小股部队。曹军正欲向前，却攻险不胜，求战不得；后方又屡遭侵扰，军需供应受到破坏，粮食短缺，军心恐慌，士兵们逐渐失去了斗志，士气越来越低落，临阵脱逃者日益增多。

僵持了一个多月，曹操眼见取胜无望，不得不放弃汉中，全军撤回关中。刘备如愿占据了汉中。跟着，他派刘封、孟达等袭取了汉中郡东部房陵（今湖北房县）、上庸（今湖北竹山西南）等地，进一步拓展了自己的势力。至此，汉中争夺战以刘备的大获全胜而告终。

孙武在《军争篇》中提出，用兵作战最困难之处在于争夺有利条件。从刘备、曹操争夺汉中的战役中，也确实证实了孙子这一观点的正确性。交战之初，曹操据汉中，扼守阳平关军事要地，打退刘备军队的多次进攻，使得刘备长期处于屯兵要塞之下却毫无进展的被动状态之中；而后来，当刘备抢占了另一个更为有利的军事要地定军山后，形势便完全发生了转变。刘备由被动变为主动，由受制于人变成控制人——能够以逸待劳，调动曹军，使曹军疲于奔命，来回奔走，以至于最后打败曹军。

刘备之所以能变被动为主动，最主要的一点是他在关键时刻能够做到"以迂为直，以患为利"。刘备夺取汉中，是运用了孙子"迂直之计"而取得的。在汉中之争初期，刘备在争夺战中处于不利地位。但由于刘备用"迂直之计"，善于将不利因素化为有利因素，成功地抢占了军事要地——定军山，从而争得了这场战争的制胜权，最终占据了汉中，迫使曹军退出四川，取得了这场战争的胜利，也巩固了自己在四川的势力。

商业案例

◎ "釜底抽薪" 要看准时机 ◎

如果从釜底所抽之薪不足以灭掉釜底之火，那么不仅不能彻底止住釜中沸水，还会制造出大量呛人的烟。

始创于1958年的长虹是中国知名的家电企业，其资产多达六百多亿元，在国际上具有很强的竞争力。但和所有企业一样，其发展并非一帆风顺，不时便会遇到挑战。1996年中国彩电市场竞争异常激烈，很多厂家都不得不用压低价格、减少利润的办法确保自己产品的市场占有率不会下降，但这种做法毕竟给企业带来巨大的压力。

长虹也是如此，低价竞争让它疲惫不堪，它不得不思考应对之策。在对彩电市场进行了一番细致的研究后，长虹的决策者决定用釜底抽薪的办法解决难题——通过控制彩电零部件的销售控制彩电整机的成本价，进而掌握市场的主导权。

这个办法看上去很高明。一旦长虹主导了彩电整机的成本价，其产品至少在价格上就拥有了其他彩电品牌难以比拟的优势。而在彩电的所有零部件中，属显像管所占的成本最高，约占整个彩电成本的70%，长虹遂决定从彩电的显像管下手。其凭借雄厚的财力和良好的商业信誉，大量吸纳彩电显像管，一口气便买断了中国70%左右的彩色显像管。

长虹的做法引起了很多同行的恐慌。从1998年下半年开始，不少生产彩电的厂家就因显像管不足而不得不减少产量甚至停止生产。长虹借机扩大市场份额，一跃成为行业霸主。但是，中国的彩电市场并非只有长虹一家实力雄厚，况且彩电的生产技术总在发展，要降低成本并非只能靠压低显像管成本这一条途径。因此，长虹在彩电领域的好日子并没有持续多久，其彩电部门就出现了亏损。显像管不仅没能成为长虹制约其他彩电企业的"凶器"，还成为长虹的拖累，大批地积压在库房里。

釜底抽薪即意味着抓住问题最关键的环节，以此下手，一举解决整个问题。但是如果不具备抓住问题最关键环节的能力，就要慎用此计。

【点评】

为了让锅中的水停止沸腾，我们经常会把锅中的水不停地舀出来再倒回去（即"扬汤止沸"），或者直接倒入凉水，但这样治标不治本，因为只要火源还在，水很快还能再沸腾。因此，最好的办法是抽掉锅底的柴草，即"釜底抽薪"。

两军对阵时，如果敌人势力强大，一时难以阻挡，那么就应该避其锋芒，并从根本上动摇敌人。

釜底抽薪。

在冷兵器时代，粮草对军队的作用至关重要，"军无粮草则亡"。因此，绝大多数情况下，古代军事家将截断敌人的粮草视为"釜底抽薪"的目标。

而在近现代，此计运用的范围更加广泛，而"薪"所包含的内容也更加广泛。此计所包括的含义如下：

一、先治本后治标。任何事物都分为"标"（枝节、表面）和"本"（根本、本质）两个方面。只有先找出根本，从根本入手，才能彻底解决问题。

二、去其所恃。世界上的事物都是相互联系、相互依存的，一旦破坏了某事物赖以生存的基础，那么将会对这一事物造成致命的打击。

三、攻心为上。"夫战，勇气也"，作战主要凭借的就是一股士气。士气虽然不是实力本身，但它对实力能产生极大的影响。当我们不能或者不愿与敌人比拼实力时，可以转而攻气——对敌人展开强大的心理攻势，从内部瓦解敌人，削弱其气势，乱其阵脚。敌人自乱军心，我方便能毫不费力地取得胜利。

四、以柔克刚。硬碰硬往往会两败俱伤，当必须保存实力时，不妨用柔和的办法去制服刚强的敌人，这样做能收到意想不到的效果。

◎第二十计　混水摸鱼◎

【原文】

乘其阴乱①，利其弱而无主。随，以向晦入宴息②。

【注释】

①乘其阴乱：乘敌人内部发生混乱。阴，内部。②随，以向晦入宴息：语出《易经·随》，意思是人要顺应天时去安排作息，向晚就应当入室休息。随，顺从。

【译文】

趁敌人内部发生混乱，利用其力量虚弱而没有主见这一弱点，使敌人顺从我，就像人顺应天时到了夜晚就要入室休息一样。

【计名讲解】

"混水摸鱼"又写作"浑水摸鱼"，本义是趁着水浑把鱼捉住。比喻乘乱捞取利益。用到军事上，指的是当敌人内部出现混乱的时候，趁机抢夺利益或夺取胜利，这是一种乱中取胜的计谋。

混水摸鱼。

混水摸鱼的计名出自《三国志·蜀志·先主传》。

东汉末年，朝政黑暗腐败，爆发了黄巾起义。各路豪强纷纷起兵，彼此混战，借镇压黄巾起义的机会争夺地盘，壮大自己的势力。刘备就是其中的一个。

刘备是汉室宗亲，但是到他父亲那一辈的时候，家道已经衰落了。刘备不像曹操和袁绍等人那样有雄厚的基础，因此只能东奔西走，不断依附于别人。

有一次，刘备来到隆中，他三顾茅庐，请出了诸葛亮，有了自己的战略规划，并在诸葛亮的辅佐下，势力逐渐壮大。赤壁之战后，刘备先夺荆州，有了立足之地，后取西川，终于与魏、吴形成鼎足之势，这就是运用了混水摸鱼的计谋。

古人的按语说："动荡之际，数力冲撞，弱者依违无主；敌蔽而不察，我随而取之。《六韬》曰：'三军数惊，士卒不齐，相恐以敌强，相语以不利，耳目相属，妖言不止，众口相惑，不畏法令，不重其将：此弱征也。'是'鱼'，混战之际，择此而取之。如刘备之得荆州、取西川，皆此计也。"

这段按语意思是说：在动荡不稳的局势中，总是有几种相互冲突的力量同时存在。弱小者联合谁与反对谁的态度都没有明确，敌方又都受蒙蔽而没有察觉，我方则应毫不犹豫地顺手消灭他们。兵书《六韬·兵征》说："全军多次出现恐慌，军心不稳。又因高估敌情而心怀惧怕。互相传闻，说泄气话。谣言四起，听信假话。不畏惧军令，也不尊重将帅。这些都是怯弱的表现。"凡有这样的目标，都应趁势夺取。就像刘备能取得荆州、西川那样，那都是因为施用这一妙计的缘故。

混水摸鱼

原指趁着混乱的时机捞一把，这里引申为军事谋略，即趁着敌人内部发生混乱，利用它的力量虚弱而没有主见，使它顺从我，意在乱中取胜。此计重在以假乱真，采用主动的军事行动，然后再借机行事。

失去判断，顺从我军

我军

乘机制造假象，以假乱真

混乱的敌军

趁势行事
取得胜利

实用谋略

❊❊ ○草船借箭○ ❊❊

"混水摸鱼"应用到军事中，不能只靠等待，而应主动去制造可乘之机，一方主动去把水搅浑，一切情况开始复杂起来，然后可以借机行事。诸葛亮草船借箭的故事，就是一招典型的混水摸鱼。

曹操扫平江北后，打算南下灭掉东吴，从而一举统一天下。刘备得到消息后，派诸葛亮到江东去拜见孙权，以促成孙、刘联盟。

诸葛亮来到东吴后，见到孙权，并劝他与刘备联合。孙权权衡再三，答应了诸葛亮的请求，还委派大都督周瑜与诸葛亮一起讨论合作的事宜。

有一天，周瑜请诸葛亮来营中议事，说："我们即将跟曹军交战。水上交战，用何种兵器最好？"

诸葛亮说："水上交战，自然是用弓箭最好。"

周瑜说："先生跟我想的一样。但是现在军中缺箭，我想请先生负责赶造十万支箭。此乃公事，希望先生不要推脱。"

诸葛亮说："既然是都督委托，亮自当照办。却不知这十万支箭什么时候要用？"

周瑜问："十天够吗？"

诸葛亮说："眼看曹操大军即日将至，两军随时会开战，如果还要等待十天，恐怕会误了大事。"

周瑜问："那按先生的估计，几天可以造好？"

诸葛亮微笑着说："只要三天。"

周瑜说："眼下军情紧急，先生可不要开玩笑。"

诸葛亮说："这么重要的事，我怎么敢跟都督开玩笑？我愿意在此立下军令状，如果三天之内造不出十万支箭，亮甘受惩罚。"

周瑜听了，当场让诸葛亮立下军令状，并设酒席招待他，诸葛亮说："今天已经来不及了。从明天开始算起，到第三天，请都督派五百名军士到江边来搬取箭枝。"又喝了几杯酒之后，诸葛亮就告辞离去。

当天晚上，周瑜派鲁肃到诸葛亮的营中去打探消息。

鲁肃到了后，见诸葛亮并没有督促士卒制造弓箭，心里感到疑惑，便向诸葛亮询问到底怎么回事。诸葛亮微微一笑，并不答话。过了一会儿，诸葛亮请求鲁肃借给他二十条船，且每条船上要配置三十名军卒，船只都用青布幔子遮起来，还要一千多个草靶，分别竖在船的两舷。说完之后，诸葛亮还嘱咐鲁肃不要将此事告知周瑜。

鲁肃是个忠厚长者，他听了诸葛亮的话，便答应了他的请求，却并不明白诸葛亮的意图。回去后，鲁肃瞒着周瑜，私自拨了二十条快船，每条船上配备了三十名军士，并照诸葛亮事先吩咐的，布好了青布幔子和草靶，等诸葛亮调度。

第一天，不见诸葛亮有什么动静。第二天，仍然不见诸葛亮有什么动静。直到第三天夜里四更时分，诸葛亮才秘密地把鲁肃请到船上。

鲁肃奇怪地问他："你叫我来做什么？"

诸葛亮说："请你一起去取箭。"

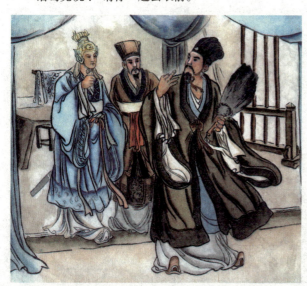

诸葛亮在周瑜面前立下军令状。

鲁肃更加不解："到何处去取箭？"

诸葛亮回答道："子敬（鲁肃的字）先不用问，去了自然便知。"

鲁肃感到莫名其妙，但也不再发问。诸葛亮随即命令把二十条船用长索连在一起，朝江北曹军大营的方向开去。

外面一片漆黑，浩浩江面上大雾弥漫，能见度极低，甚至连对面都看不清楚。五更时分，船队已经靠近曹军水寨。

这时，诸葛亮下令将船只头朝西、尾朝东，一字摆开，横在曹军寨前。然后，他又命船上的士卒一边用力擂鼓，一边高声呐喊，故意制造出击鼓进兵的假象。

鲁肃见状，吃惊地说道："我们只有这几个人，如果曹军冲杀过来，可怎么办？"

诸葛亮笑着说："江上雾大，曹操绝不敢派兵出战。你我只管放心地饮酒取乐，等到天亮了就回去。"

曹营中忽然听到江上传来鼓声和呐喊声，慌忙去报知曹操。正如诸葛亮所料想的那样，曹操传令说："江上雾气太大，敌人忽然来攻，恐怕有埋伏。我们看不清虚实，不要轻易出战。只调弓弩手来朝他们射箭，不让其靠近营寨便是。"

于是曹操急忙派人去旱寨调来弓弩手六千人赶到江边，会同水军射手共约万余人，一齐朝江中放箭。

一时间，箭如飞蝗，除了部分

诸葛亮与鲁肃在舟中对饮。

落入水中，其余的纷纷射在船边的草靶上。过了一会儿，船身开始倾斜，诸葛亮又从容地命令调转方向，船头朝东，船尾朝西，一字排开，并命士卒更加大声地擂鼓呐喊，逼近曹军水寨。

等到天渐渐亮了，雾快要散尽的时候，船两边的草靶上全都密密麻麻地插满了箭枝。诸葛亮命令所有的军士齐声高喊："谢谢曹丞相赐箭！"同时命令船队掉头返回南岸。

等到曹营兵卒将此事报知曹操后，曹操才知道自己上了大当，但是诸葛亮的船队此时早已驶出了二十多里，就算马上派水军去追赶也来不及了。白白损失了十万多支箭，曹操心中懊恼不已。

在返回的途中，诸葛亮对鲁肃说："每条船上大约有五六千支箭，二十条船加起来总共有十万多支。来日用曹操的箭射曹军，那不是很好嘛！"

事后，鲁肃回到中军大帐，见了周瑜，将诸葛亮借箭的经过详细说了一遍，周瑜大惊，感慨道："诸葛亮的确神机妙算啊。"

诸葛亮草船借箭正是靠的"混水摸鱼"之计。江面大雾便是"混水"，而曹军的十万支箭便是"鱼"。诸葛亮借着天降浓雾之机，摸到了"鱼"，顺利完成了周瑜交代的任务。

草船借箭。

◎刘备混水摸鱼取南郡◎

趁着混乱乘机捞取利益，这是"混水摸鱼"的显著特点。刘备就是用了此计，成功夺取了南郡。

赤壁之战中，曹军大败，曹操不得不率领残兵败将退回许昌。临行前，曹操派大将曹仁驻守南郡（今湖北公安），以防止孙权北进。

实际上，孙权和刘备两家都在打南郡的主意。赤壁大战的胜利，使孙权信心大增，于是派周瑜、程普等人乘胜追击，准备攻取南郡。与此同时，刘备也移师至油江口，意在夺取南郡。

在攻打南郡之前，周瑜先发兵攻下了彝陵（今湖北宜昌），然后乘胜攻打南郡。曹仁假装不敌，率军弃城而去，却暗中在城内埋下伏兵，周瑜中了诱敌之计，刚率军入城，就见乱箭从四周飞来，周瑜也中了一箭。

众将保护周瑜杀出一条血路，回营后医治，才发现箭头有毒。医生叮嘱周瑜必须静养，万万不可动怒，否则毒入心脉，将无力回天。

曹仁见周瑜中了毒箭，非常高兴，知道此伤不宜动怒，于是故意每天派人到周瑜营前叫骂。周瑜手下众将怕他知道了生气，于是坚守营门，不肯出战。但曹军骂声太大，还是被周瑜听见了，周瑜气得当场就要应战，被众将苦苦劝住。

周瑜中计，落荒而逃。

一日，曹仁亲自率领大军去东吴营前挑战，周瑜怒不可遏，带领人马就往外冲，东吴众将阻拦不住。开战不久，周瑜忽然大叫一声，口吐鲜血，坠于马下，众将大惊失色，赶紧将其救回营中。回营后大家才知道，周瑜早就打定主意将计就计，借此哄骗敌人。

没过多久，周瑜箭疮发作死去的消息迅速传开了。同时，东吴军营中奏起了哀乐，挂起了白幡，士兵们都戴着白孝，哭声震天。

曹仁闻讯，大喜过望，想着周瑜刚死，东吴群龙无

周瑜假装口吐鲜血。

首，军心涣散，正好趁机前去劫营，不仅能大败吴军，还能割下周瑜的首级，送到许都请赏。

趁着夜色，曹仁亲率大军去劫营，只留下陈矫带领少数军士守城。曹军冲进周瑜大营，却见营中空荡荡的，一个人影也见不着，四下里寂静无声。曹仁知道中计，急忙下令退兵，但已经来不及了，只听一声炮响，吴军从四面八方杀出，为首大将正是"已经归天"的周瑜。

曹军心慌意乱，无力抵抗，曹仁好不容易杀出重围，想要退返南郡。但周瑜早已料到这一点，预先在通往南郡的道路上埋下伏兵，曹仁受到阻截，只得往北逃去。

周瑜大胜曹仁后，立即挥军直奔南郡而去。但是，等周瑜率部赶到南郡城下时，却见南郡城头布满旌旗了，城头上站着一员大将——赵云。

原来，赵云奉诸葛亮之命，趁着周瑜和曹仁激战之时，轻松地拿下了只剩老弱残兵的南郡。诸葛亮又利用夺得的兵符，派人冒充曹仁连夜前往各处求援，很容易就夺取了荆州、襄阳。

在这场战役中，刘备趁着周瑜与曹仁大战的机会，采用"混水摸鱼"的计谋，轻而易举地拿下了南郡。

◎张守珪平契丹◎

"混水摸鱼"之计成功的关键，在于先把"水"搅浑了，然后趁着敌人摸不清我方的真实意图的时候，果断采取行动，给对方以致命一击。张守珪平定契丹的事迹，就是对混水摸鱼之计的一次成功运用。

张守珪，唐朝名将。开元十七年（729），契丹发动叛乱，大举进犯唐朝疆土，唐玄宗任命张守珪为幽州节度使，负责平定契丹之乱。

张守珪来到幽州后，一面积极整顿人马，训练士卒；一面加强幽州城防，将城墙加厚加高。契丹大将可突汗连攻数次，但均被打退。

一天，可突汗突然派使者来到幽州拜见张守珪。张守珪心中疑惑，便命军队加强戒备，然后打

张守珪平契丹。

开城门。契丹使者自称是来投降的，说是可突汗愿意重新归顺朝廷，永不进犯。实际上，这只是一个借口，突可汗是想趁此机会探听唐军的虚实。

张守珪见契丹兵力强盛，但是偏偏在这时主动求和，知道其中必定有诈，但他并没有揭破契丹的阴谋，而是将计就计，客气地接待了来使，还说："既然可突汗派你来表示和好之意，我会派人随你到贵处去慰问可突汗。"

第二天，张守珪派王悔

王悔劝李过折降唐。

代表朝廷随契丹使者前往可突汗营中持节宣抚，并叮嘱王悔一定要设法摸清契丹的情况。

王悔来到契丹营中，对可突汗说明了自己的来意，可突汗假意设宴盛情款待。王悔牢记自己的任务，在酒宴上留心观察契丹众将的一举一动：有的是真心实意地举杯相邀；有的则是虚与委蛇，表面热情，眼里却暗藏凶光。王悔由此断定：契丹众将对朝廷的态度并不一致。

随后，王悔发现契丹士卒中有一个人是自己认识的，两人交谈了一会儿，王悔从这名士卒口中探知，分掌兵权的衙官李过折与可突汗素有嫌隙，两人谁也不服谁，只是表面上假装友好罢了。

听到这一情况后，王悔决定利用它挑起契丹军的内讧，乘机铲除可突汗。于是王悔特意去拜访李过折，假装对他和可突汗之间的矛盾一无所知，当着李过折的面大肆夸赞可突汗的才干，以激起李过折的嫉妒之心。

李过折听了，果然怒火中烧，愤然道："都是因为可突汗挑起了这场战争，才导致生灵涂炭，他有什么才干？"李过折还告诉王悔，说契丹这求和根本是出于假意，可突汗早已在暗中向突厥借兵，不日就要攻打幽州。

王悔听后，知道时机已经成熟，便劝说李过折归顺唐朝，他说道："唐军兵势很盛，可突汗最后肯定会失败，李将军一世英雄，论才能并不输于任何人。只要你能除掉可突汗，便是立了大功，我会向天子保举你，让你得到王爵。"

王悔此言正中李过折下怀，当即表示愿意归顺朝廷。王悔见大功告成，又探知可突汗已经派人去突厥搬救兵，便立即辞别可突汗，赶回幽州，把情况告诉张守珪。

王悔走后的第二天晚上，李过折果然率领本部人马突袭可突汗大帐。当时可突汗正在熟睡之中，毫无防备，结果在乱军中被杀。

不过，李过折素来骄横狂妄，不得人心，这次袭杀可突汗，引起了可突汗的亲信和其他将士的不满。忠于可突汗的大将涅礼得知此事后，立即召集人马，与李过折展开激战，很快就杀了李过折，但李过折的军队并不投降，仍旧顽强抵抗，契丹军队陷入一片混乱之中。

张守珪探得消息，立即亲率大军前往契丹大营。唐军冲入契丹军营时，契丹军正在火拼，张守珪乘势发起猛攻，很快大破契丹军，斩杀无数，并生擒涅礼。契丹叛乱就这样被平息了。

张守珪之所以能平定契丹，关键在于先挑起了敌人的内讧，使之自相残杀，把"清水"搅浑之后，再趁乱下手，果然摸到了"大鱼"。

商业案例

◎ "金星"把水搅浑而赢得商机 ◎

"混水摸鱼"应用到商业上，可以为己方捞取更多的利益。

在金星金笔厂创办之初，一般人都以购买国外金笔为荣，国产金笔名不见经传，要想打开销路非常困难。

当时，上海中华书局、商务印书馆、大新、永安这四大公司均出售外国金笔，金星金笔厂要想打开销路，首先必须让自己的产品能进入这四大公司。

其中，永安公司一向以"环球百货"为经营宗旨，并因为选货严格、服务周到而在消费者中享有极佳的口碑，营业额一直居于榜首。国产商品无不以进入永安为荣——这是因为，一旦进入永安，商品就成了"精品"，从而身价倍增。

金星金笔厂创始人周子柏自然也将目光重点瞄准了永安公司，为了让产品能在永安的柜台上占有一席之地，他煞费苦心，精心策划了一个营销方案。

周子柏动员周围所有的亲朋好友，时不时就去永安公司询问："你们这里有没有金星金笔？""怎么金星金笔还没有上柜啊？"

这一招果然奏效，永安公司购进了少量的金星金笔进行试销。

试销期间，周子柏不惜自掏腰包，拜托亲朋好友们尽快将样笔全都买走，制造一种热销的假象来引起永安公司的注意。

不过，金星金笔本身质量过硬，用实力说话，渐渐地也就有了真正的购买者，从而树立起了自己的品牌。

在这种情况下，永安公司终于消除了疑虑，放开手脚大量进货。

金星金笔之所以能够走俏，一方面靠的是产品本身，另一方面得益于周子柏高明的推销手腕，他先把水搅浑，然后趁机将笔销售出去。

每一位经营者都想从市场这个水塘中摸到大鱼，但并非每个人都能如愿以偿，只有那些独具慧眼、手腕灵活的经营者，懂得趁着"水浑"的时候，凭借能力和智慧悄悄地把"鱼"摸去。

◎ 岛村施诈术，公司间相互倾轧 ◎

在市场竞争中，各方关系错综复杂，聪明的经营者能够利用这一点坐收渔人之利。

1988 年，以经销东北玉米为主要业务的北国粮油贸易公司刚刚成立，由于省内外经销单位很多，所以销路一直不畅，交易额较少，效益不好。

公司的经理张某对此十分着急，想尽各种办法以扩大公司的市场。就在他四处找销路的时候，省经济和信息化委员会的工作人员向他介绍了一位名叫岛村一郎的日本客户。

岛村是日本某化工公司的业务经理，他这次来中国，目的是为其公司订购一批生产所需的原材料，也就是张经理急于脱手的商品——玉米。

张经理自从上任以来，还未能在公司经营上做出成绩，这次遇到了一位大客户，便想着使出浑身解数把产品推销出去。他不仅热情周到地款待了这位客户，还向岛村表示愿意提供最优惠的条件。

对于这一切，岛村表示了感谢。他与张经理交谈了数次，又查看了样品，随即表示愿意促成这笔买卖，并向张经理询问出售价格。张经理给出的报价是每吨 32 美元，为了表示合作的诚意，张经理并没有要高价，这是当时的市场价格。

谁知岛村却流露出惊讶的神情，说："张经理，我真是想不到，你竟然如此没有诚意。这么高的要价谁受得了。我看这笔买卖还是不要谈了。"说罢，把一头雾水的张经理晾在一边，径自离去。

从那以后，岛村对张经理避而不见。张经理托人给岛村捎话说价格可以再商量，但岛村仍然推辞了，张经理有些不知所措。

正在这时，张经理接到了一个电话，对方自称是大连某家粮油公司的职员，并说道："请问岛村先生是否曾与贵公司商谈过进口玉米的事宜？"

"是的。"张经理回答道。他听说过这家公司，但并没有直接接触过。

"请问，你们给出的报价是多少？"

"每吨 32 美元。"

"好的，谢谢，我只是随便问问。"

放下电话后，张经理心想：看来岛村是打算另找合作伙伴。不行，我不能放过这个大好的机会，一定要做成这笔交易。

于是张经理当即开车赶到岛村下榻的宾馆，表示愿意每吨降价一美元，即以每吨 31 美元的价格成交。

岛村摇了摇头，不屑地说道："张经理，你要知道，我的订货量是很大的。你这样没有诚意，叫我该如何做呢！"

每吨 31 美元已经低于市场价格了，公司将会为此损失一大笔利润，可即便如此，岛村仍然不满意。张经理感到左右为难。

在接下来的几天中，张经理又陆续接到了来自辽宁和黑龙江的两家企业的电话，内容和之前一样，也是询问给岛村的玉米的报价。

张经理心想：这个岛村真是狡猾，做了好几手准备，看来这笔买卖没那么容易达成。尽管困难重重，但这笔交易数额可观，如果就此罢手，之前所花费的时间和精力就白白浪费了，这是他绝对不想看到的。

张经理暗暗下定决心，不管怎样也要促成这笔交易。

于是他又去找岛村，表示愿意把价格压到每吨 30 美元，这已经达到了价格最低点，也就是说，如果以这个价格成交，所获的利润将微乎其微。

但岛村并没有显出动心的样子，反而狡猾地一笑，说："张经理，实不相瞒，我已经与黑龙江、辽宁几家公司洽谈过，他们给出的最低报价是每吨 29.5 美元。"

张经理听了，暗自想道：每吨 29.5 美元，恰好是盈亏分界点的价格。如果这笔买卖做成了，己方虽然不赔本，但也赚不到什么钱。对于岛村的精明，他不由地暗暗佩服。

同时，张经理还在盘算另外一件事情：自己目前没有那么多库存来完全满足岛村所要的货物数量。不过如果这项交易能达成，自己再以较低的价格购进一些，还是可以获得一定的利润。

反复权衡了一下，张经理决定答应岛村的要求："好吧，就以每吨 29.5 美元的价格成交，这次你总该满意了吧？"

岛村微笑着说道："好吧，张经理，看来你还是很有诚意的。虽然其他公司给出的价格相同，但考虑到我们联系较早，所以我决定把这笔订单交给你了。不过，在做出最后的决定之前，我必须回去请示老板。这样吧，我马上回头去跟公司联系，等请示之后，后天一早我们就签协议。"

听到这句话，张经理如释重负，长长地舒了一口气，然后他便按照岛村的提议，回去准备签约的事情。

但是，到了第三天早上，也就是双方约好签订合同的这一天，岛村一直没有露面，张经理不放心，便来到岛村所住的宾馆。却听宾馆的服务人员说，岛村先生昨天就已经退房了，他们也不知道他去了哪里。

张经理听完，一下子懵了，不知对方葫芦里卖的是什么药。

此事过去几个月，在一次洽谈会上，张经理见到了之前给他打电话的那家大连粮油公司的经理。两人在交谈时说到此事，张经理这才了解到，就在岛村与张经理讨价还价的同时，其助手也正在与大连粮油公司进行商谈。

岛村知道大连那家公司有足够的现货，为了能实现以最低价格购进货物的目的，他精心设计了自己与数家公司同时接触、密切商谈的假象，而这几家公司相互间并没有什么联系，岛村正是利用这一点使之相互压价，最后在它们的混战中坐收渔人之利。张经理恍然大悟，自己竟然在客观上扮演了帮助日本商人给同行压价的角色。

从上面这个案例中我们不难知道：面对想要混水摸鱼的对手时，首先应当保持冷静的头脑，千万不能被对方牵着鼻子走。遇到自己不熟悉的情况，更是不能掉以轻心，一定要把事情一件一件弄清楚，不能留给对方可乘之机。

【点评】

无论是两军对阵，还是商场较量，抑或是政坛角逐，取胜之道数不胜数，而混水摸鱼便是一种有效的方法。这是因为，施行此计可以轻易达到目的，需要付出的代价往往也比较小。不过，混乱的局面并不能经常出现，一旦碰上，那就务必要牢记"机不可失，时不再来"八个字。

古代兵书《六韬》中列举了敌军衰弱的种种表现：士兵们交头接耳，窃窃私语，传播谣言，不畏惧军法，不尊重将领……如果发现上述情况，则说明"水已经浑了"，就应该趁机"摸鱼"，及时夺取胜利。

具体来说，混水摸鱼中的"鱼"有以下几种含义：可制服的敌人；可获取的利益；可利用的时机；可凭借的条件；可争取的力量。

在混浊的水中，鱼儿辨不清方向，会到处乱撞；在复杂的战争中，某一方经常会因为种种原因而出现观望、动摇的情况，这时就有了可乘之机。

总之，"混水"二字乃是运用此计的必要条件，它可以分为两种情形：水本来就混浊，我方抓住机会"乱而取之"；水本来是清澈的，我方故意将水搅浑，再趁乱"摸鱼"。二者相较，自然是后者的难度比前者大一些，因为更多时候，没有那么多可乘之机，光靠等待是没有用的，得自己主动去创造，让情况变得更加复杂，然后见机行事。就计策而言，"混水摸鱼"要比"趁火打劫"更具有谋略，因为它要求指挥者在运用的过程中发挥出更大的主动性。

混水摸鱼。

◎第二十一计 金蝉脱壳◎

【原文】

存其形，完其势①，友不疑，敌不动。巽而止蛊②。

【注释】

①存其形，完其势：保存阵地已有的战斗形貌，进一步完备各种作战态势。②巽而止蛊：语出《易经·蛊》，这里指暗中转移兵力，防止敌人造成危害。巽，退让。蛊，惑乱。

【译文】

保存阵地的原形，进一步完备作战态势，使友军不怀疑，敌人不敢轻举妄动。我方却趁机秘密转移了主力，安然躲过了战乱之危。

【计名讲解】

"金蝉脱壳"本是一个成语，它的字面意思指的是蝉脱去外壳的蜕变。后用来比喻制造或利用假象脱身，使对方不能及时发觉。或比喻事物发生根本性的变化。

此计名出自《元曲选·朱砂担》第一折："兄弟，与你一搭儿买卖呀，他倒过个金蝉脱壳计去了也。"

金蝉脱壳本义是指蝉在蜕变为成虫时，要脱去幼虫的壳。比喻巧妙地脱身逃走，使对方不能及时发觉。用到军事上，它指的是留下虚

金蝉脱壳。

假的外形来稳住敌人，自己则暗中撤退或转移，以实现脱离险境或迂回到其他作战地点的目的，这是一种走而示之不走的策略。

古人的按语说："共友击敌，坐观其势。倘另有一敌，则须去而存势。则金蝉脱壳者，非徒走也，盖为分身之法也。故我大军转动，而旌旗金鼓，俨然原阵，使敌不敢动，友不生疑，待以摧他敌而返，而友敌始知，或犹且不知。然则金蝉脱壳者，在对敌之际，而抽精锐以袭别阵也。"意思是说：与友军联合作战的时候，要仔细察明敌、友、我三方的态势。倘若另外又发现敌人，那就必须保持原有阵势而分兵对敌。使用此计，并不是要一走了之，而是分兵合击战胜敌军的战术。所以，当我方主力转移之后，仍要旗帜招展、锣鼓齐鸣，以保持原先的阵势。这样，敌军就不敢随意妄动，而友军也不会对我怀疑了。等到击溃别处之敌胜利而返时，友军和敌方才能发现，或是仍然没有察觉。金蝉脱壳之计，实际上是对敌作战时，暗中抽调精锐部队去突然袭击别处敌军的奇谋。

> **⊙名家论《三十六计》**
>
> 金蝉脱壳是一种积极主动的撤退和转移，这种撤退和转移又是在十分危急的情况下进行的，稍有不慎，就会带来灭顶之灾，因此，应该冷静地观察和分析形势，然后坚决果断地采取行动。而且在整个过程中都应该隐秘进行，不能让任何人发觉。
>
> ——薛国安

金蝉脱壳

是一种摆脱敌人、转移或撤退的分身之法。保存阵地的原形,造成还在原地驻守的气势,使友军不怀疑,敌人也不敢轻举妄动。在敌人迷惑不解时,隐蔽地转移己方的主力。

摆脱敌人的战略方法

壹　需要战略转移。

贰　切勿惊慌失措,消极逃跑。

叁　保存阵地原形,造成我军尚在原地防守的形势。

友军方面
不会怀疑我军撤退。

敌军方面
不会贸然进犯我军。

暗中转移兵力
阻止敌人进犯

实用谋略

◎悬羊击鼓◎

"金蝉脱壳"是指制造或利用假象脱身,使对方不能及时发觉,毕再遇"悬羊击鼓"而脱身,就是用了一招金蝉脱壳之计。

南宋开禧年间,金兵见宋室软弱,屡屡南下进犯。

南宋名将毕再遇多次与金军对垒,并打了好几次胜仗。金兵为歼灭毕再遇的军队,遂调集数万精锐骑兵,打算与毕再遇展开一场决战。

这时,毕再遇只有几千人马,而金军的增援部队却越来越多,两军实力相差悬殊,如果与金军决战,必败无疑。鉴于敌众我寡的态势,毕再遇准备暂时撤退,以保存实力。

但当时金军已经兵临城下,如果宋军公开撤退,金兵发现后一定会全力追击。那样的话,宋军肯定会损失惨重。

以往与金兵交战时,毕再遇总是命令手下将士擂鼓不止,认为这样既能威慑敌军,又能鼓舞己方的士气。一旦全营撤退，鼓声必将停止，到时候就会引起敌人的注意。

怎样才能瞒着金兵悄悄将部队转移呢？毕再遇苦苦思索。这时，帐外忽然传来阵阵马蹄声，毕再遇眼前一亮，想出了一条妙计。

于是，毕再遇召集众将商议撤退之事，他说道："现在敌众我寡，为保存我军实力，必须主动撤退。当然，撤退必须悄悄进行，越隐秘越好。但如果我方营中的军鼓声突然停止，势必被敌人发现。我有一计，可以让我军安全撤离。"于是他小声对属下嘱咐了一番，让众将依计行事。

悬羊击鼓。

毕再遇先暗中做好了撤退部署，等到深夜时分，突然下令兵士擂响战鼓。金军听见宋营中传来隆隆的战鼓声，以为宋军趁夜劫营，遂匆匆忙忙集合部队，准备迎战。

谁知道等了半天，只听到鼓声一直在响，却始终不见一个宋兵出城。一整晚，宋军都在连续不断地击鼓，搅得金兵整夜不得安睡。第二天，金军将领似有所悟：宋军这是在施用疲兵之计，想用战鼓搅得我们不得安宁，等到我们疲惫不堪的时候再发动突然袭击。

金军将领自以为识破了宋军的"诡计"，而宋营的鼓声连续响了两天两夜，这一举动越发让金军将领肯定了自己之前的猜测，于是传令全军将士一切行动如常，对鼓声不予理睬。

到了第三天，宋营的鼓声逐渐减弱，金军将领断定宋军已经疲惫，于是将部队分成几路，小心翼翼地向宋营包抄。走近后，见宋营毫无动静，金军将领令所有士卒一拥而上，迅速冲进宋营，却发现整个营寨空无一人，根本找不到宋兵的影子，这才知道上了当，而此时宋军早已经集体安全撤离了。

原来，毕再遇用的正是金蝉脱壳之计：他先命手下士兵找来数十头羊，临行前将羊的后腿牢牢绑在树上，羊被倒悬之后，因为难受便使劲挣扎，两只前蹄不停地蹬踢；毕再遇又命人在羊下面放了几十面战鼓，让羊的两只前蹄抵在鼓面上，随着羊腿拼命蹬踢，隆隆的鼓声不断传出；在鼓声

毕再遇金蝉脱壳。

的掩护下，宋军轻装简从，悄悄撤离了军营。

毕再遇用悬羊击鼓之法，成功迷惑了敌军，为己方争取了两天的时间，使全营将士安全转移。

○宋江私放晁盖○

在元末明初的小说《水浒传》中，施耐庵曾写过一个故事，说的是宋江在做押司的时候，听说官府要捉拿义兄晁盖，于是采用"金蝉脱壳"之计，偷偷地把这一消息告知晁盖，这才使晁盖避免了一场牢狱之灾。

这个故事要从"智取生辰纲"说起。原来，晁盖等人听说有人给太师蔡京送生辰纲，便使计劫夺了它。蔡京知道后大怒，责令济州知府在十天之内必须捉到劫走生辰纲的强人。

济州知府接到命令后，急忙派三都巡捕使臣何涛调查此事。何涛下去后，经过一段时间暗查，听说劫生辰纲的一干强人中，有一个叫"白日鼠"白胜的。何涛心想，只要抓住了白胜，就能顺藤摸瓜找出其他人，因此决定先捉拿白胜。

白胜夫妇被抓。

何涛带了几个公人连夜抓了白胜夫妻，又从床下挖出一包金银，然后将二人押到济州城。天亮后，知府升堂审讯白胜。白胜起初不肯招，但经不住毒打，只得招了为首的是晁盖，其他六人都不认识。

知府将白胜夫妇打入死牢后，命令何涛带着公文马上赶往晁盖所在的郓城县，令郓城县立即协助捉拿晁盖等七名正犯，拿回赃物，然后押赴济州发落。

何涛向宋江透露晁盖的事情。

为不走漏风声，何涛带着人星夜赶往郓城县。到达郓城县时，恰逢知县退了早衙，何涛便到衙门对面一家茶馆等候。

何涛问茶老板："今天县衙谁值日？"恰好对面一个吏员从衙门里走出来，茶博士指着他说："就是那位宋押司。"这位宋押司就是江湖上大名鼎鼎的"及时雨"宋江。

何涛向宋江说

宋江给晁盖通风报信，让其尽快逃走。

明来意，并让其向知县代为转告。宋江仔细询问了生辰纲被劫一事，何涛毫不怀疑，便一五一十地说了出来。宋江听完后大吃一惊，心里盘算着偷偷向晁盖等人通风报信。于是，宋江表面上假装痛恨劫生辰纲的"盗贼"，还对何涛说："晁盖本来就是个刁民，全县人没有一个不唾骂他的。现在他胆大妄为，自作自受，要捉拿他们就如同瓮中捉鳖，必定手到擒来。这封公文至关重要，必须由您亲手交给知县，让知县过目后再派人去抓捕犯人。"

何涛说："押司说的是，烦请引见知县。"

宋江说："知县大人正在吃饭，而且他早晨处理了不少公务，稍微歇息片刻后就会升堂处理公务，请您在此稍候片刻。我回家处理些私事，等会儿就请你去见知县。"

何涛认为宋江说得合情合理，便应允了。

原来，这正是宋江的"金蝉脱壳"之计，他稳住何涛后，骑上快马，飞快地直奔东溪村晁盖的家中。

这时，晁盖等七人正在家中，宋江见到晁盖，赶紧向他说明情况，并让他们赶快逃走。晁盖听后，大吃一惊，随后带着金银珠宝逃往梁山泊。等到何涛带兵赶到东溪村捉拿晁盖时，早已是人去屋空了。

◎王守仁遗诗避祸◎

刘瑾是明朝中期的宦官，他仗着明武宗朱厚照的宠信，独掌大权，飞扬跋扈，不仅欺压黎民百姓，还肆意残害忠良。

御史戴铣因为看不惯刘瑾胡作非为，甘冒风险上书弹劾他，结果反遭刘瑾诬陷，被削去官职，贬为庶民，还被发配边疆。

王守仁当时任兵部主事，出于义愤上书为戴铣求情。谁知奏折却落入了刘瑾手中，他看了之后恼羞成怒，下令对王守仁处以五十大板的杖刑，然后将其贬为贵州龙场驿丞。

龙场驿荒凉偏僻，离京师有万里之遥，是一个人烟稀少的多山地区。当王守仁行至钱塘时，仆人忽然告诉他，说自己得到消息，刘瑾对他怀恨在心，派出刺客埋伏在半路，准备劫杀他。

王守仁却不以为然，说："你多虑了，我现在都已经失势了，还被贬到那么偏远的地方，刘瑾根本就不会把我放在眼中。"

其实王守仁只是表面上装作满不在乎，心里早就另有打算。

第二天，仆人起床后，却不见王守仁踪迹，他赶紧四处寻找，最后在枕边发现了两句话："百年臣子悲何极，夜夜江涛泣子胥。"看这语气，像是绝笔。

王守仁将衣冠投到水中诈死。

仆人看完后，心中立刻产生了不祥的预感，猜测主人一定是投江了，于是立刻赶往江边，却看见江水上浮着冠履，捞起来一看，果然是王守仁身上的衣物。

王守仁投江自尽的事就此传了开去，此事闹得沸沸扬扬，当然也传到了追杀王守仁的刺客耳中，他信以为真，便拿着王守仁的冠履回京复命去了。

实际上，这是王守仁巧施的"金蝉脱壳"之计。他知道，刘瑾心狠手辣，对得罪过自己的人都要赶尽杀绝，因此，就算能躲过一次刺杀，刘瑾还会源源不断地使出各种毒辣手段，除非王守仁死了，否则刘瑾绝不会罢休。

于是王守仁故布疑阵，掩人耳目，让人们对他的死讯信以为真。正当王守仁的好友在江边祭奠他时，他早已换上了一身道袍，藏身于武夷山中，静静地等待刘瑾末日的到来。

御史戴铣被抓。

商业案例

◎李嘉诚金蝉脱壳◎

购买股票时，如果遇到很大阻力，不如把到手的股票转让给与自己关系密切且实力雄厚的人，这也是运用了"金蝉脱壳"的计策。

李嘉诚是香港著名的大富豪，他崛起于20世纪70年代，从事的是房地产业。

香港的每一块土地、每一栋房屋，李嘉诚几乎都认真观察过；每个上市公司的股市行情，李嘉诚几乎都分析透了，而且，李嘉诚还有一项绝技——"挖墙脚"，三者互相配合，才让他能对许多公司的绝密情报了如指掌。

正所谓"功夫不负有心人"，经过一番努力，李嘉诚终于获得了一项至关重要的绝密情报——怡和洋行是英国在香港最大的洋行，它虽然是九龙仓有限股份公司的大东家，实际上所占的股份却不到20%，这说明怡和在九龙仓的基础非常薄弱。

而且当时尖沙咀已是繁华的商业区，九龙仓就在它旁边，地价自然也跟着一路飞涨，已经是寸土千金。即便如此，九龙仓的股票价格却多年保持不变，股票面值极低，这些都是李嘉诚争夺九龙仓的有利条件。

如果大量购入九龙仓股票，即使脱票，也可以和怡和公开竞购。只要出价相同，持股的百姓显然更愿意将手中的股份卖给中国同胞。

购足50%的股票，就能取代怡和成为九龙仓的大东家，然后就有权运用九龙仓的土地发展房地产，堪称一本万利。

李嘉诚当即决定，分散吸进九龙仓股票。从1977年起，他悄悄分散户名，吸进了18%的股份。

李嘉诚大量吸进股票，促使九龙仓股票每股从10港元飞速上涨至30港元，这一变化引起了怡和洋行的警觉。眼看着李嘉诚就要由偷袭战转入阵地战，如果他在此时继续入股，怡和洋行必然进行回击，并以高价回收九龙仓股票。怡和财大气粗，李嘉诚的实力与其差距太大，如果公开对垒，只会惨败，但如果现在收手，之前所做的努力就付诸东流了。

作为一个有头脑的商人，李嘉诚决定以退为进——他找了一个人，一个可以代替自己跟怡和作战的人，于是将自己手中的全部股票都高价卖给了这个人。

1978年9月的一天，中环文华阁的某个高级包间里来了两位本地客人，双方进行了一次短暂而又神秘的会晤。虽然整个过程只有短短20分钟，却是一场非常关键的交易，因为它直接导致了价值20亿美元的九龙仓脱离了英资怡和洋行的控制。

这两位客人，一个就是李嘉诚，另一个则是船王包玉刚。李嘉诚将手头的2000万股票全部转卖给了包玉刚，而包玉刚将帮李嘉诚从汇丰银行中承购9000万股英资和记黄浦股票，这一结果可谓是皆大欢喜。

李嘉诚懂得知难而退，还能从退中获利，既卖了一个人情，又顺手赚了一笔。

包玉刚则借助李嘉诚的情报、信息以及卓越的判断能力，实现了多年的愿望。要知道，假如不是李嘉诚的这条妙计，包玉刚哪怕是出高价，也未必能直接买到九龙仓的控股权，更何况李嘉诚之前已经打好了基础，因此才能让他轻轻松松赢得价值20亿美元的九龙仓。

在这则故事中，李嘉诚在购买九龙仓的股票遇到困难时，及时出手转给实力雄厚的包玉刚，不但自己赚了一笔大财，也使包玉刚实现了掌控怡和洋行股权的目的，对李嘉诚来讲，这是一招成功的金蝉脱壳之计。

【点评】

　　"脱壳"的办法是多种多样的。实质度是用诡诈之术迷惑敌人，伪装和掩护真实的行动企图。

　　运用"金蝉脱壳"之计，关键在于一个"脱"字；而面对的敌人不同，脱的方法也不尽相同。

　　运用此计时，应注意以下几点：首先，一定要选好时机，既不能过早，也不能过迟。其次，只要还存在胜利的可能，就应该继续战斗下去，非到万不得已，不要轻易使用这种计谋。再次，如果败局已定，必须及时撤离，决不可孤注一掷，须知战场之上，多停留一分钟，就多一分危险，也会减少一分生还的希望。

　　金蝉脱壳绝不是惊慌失措，消极逃跑，恰恰相反，使用此计需要认真分析形势，做出准确判断，然后转移队伍，摆脱敌人，这是一种积极的战略撤退和转移。

　　在进行撤退和转移时，通常都是在十分危急的情况下进行的，如果稍有不慎，就会有全军覆没的危险。因此，行动前应该冷静地观察和分析形势，坚决果断地采取行动，尤其要注意做好保密工作，绝不能在敌人面前露出半点破绽。

金蝉脱壳。

◎第二十二计　关门捉贼◎

【原文】

"小敌困之①。剥，不利有攸往②。"

【注释】

①小敌困之：对弱小或者数量较少的敌人，要设法去困围（或者说去歼灭）它。②剥，不利有攸往：意思是小股顽敌行动诡诈难防，不利于穷追远赶。见《易经·剥》卦。上卦为艮为山，下卦为坤为地。意即广阔无边的大地吞没山，所以，卦名曰"剥"。剥，剥离、剥削。攸，所、向。

【译文】

对于弱小的敌人本应围而歼之。不过，对于那些看起来势单力薄的小股顽敌，不宜穷追远赶。

【计名讲解】

"关门捉贼"是三十六计中的一计，意思是关起门来捉进入屋内的盗贼。此计计名首见于《三十六计·秘本兵法》中："捉贼而必关门，非恐其逸也，恐其逸而为他人所得也。且逸者不可复追，恐其诱也。贼者，奇兵也，游兵也，所比劳我者也。"重点说捉贼的关键是先要关好门。

关门捉贼本是民间谚语，它与另一民间俗语"关门打狗"的意思差不多。后来，人们把日常生活中的这种小智谋移用到

关门捉贼。

战争之中。在军事实践中，它与兵家常用的围歼战、口袋阵等用法相近。古今中外战争史上，也有很多使用此计的战例。在中国古代战争史上，使用此计的著名战例，较早的有战国时代齐魏之间的马陵道之战、秦赵长平之战，汉初的楚垓下之战等，此后使用此计来消灭敌人的战例就更多了。

古人按语说：捉贼而必关门者，非恐其逸也，恐其逸而为他人所得也；且逸者不可复追，恐其诱也。贼者，奇兵也，游兵也，所以劳我者也。《吴子》曰："今使一死贼，伏于旷野，千人追之，莫不枭视狼顾。何者？恐其暴起而害己也。是以一人投命，足惧千夫。"追贼者，贼有脱逃之机，势必死斗；若断其去路，则成擒矣。故小敌必困之；不能，则放之可也。

意思是说：捉贼之所以必须关门者，不仅是为了防止敌人逃走，而且还防止其逃去后为别人所得而利用。况且，对逃跑的敌人不要再追，这是防止中了他的诱兵之计。所说的"贼"，是指突然来袭、出没无常的敌人，他们的目的在于使我军疲劳，以便实现其企图。兵书《吴子》中写道："现在让一个亡命之徒，隐藏在广大的原野里，纵然派出一千多人去追捕，也会视而不见和顾虑重重的。这是什么缘故呢？因为，只要一人豁出命来，反而会使另外的一千多人畏缩不前。"所以，

追赶盗贼的时候，如果盗贼发现有脱逃的机会，就会拼死搏斗；如果我军能断其归路，那么，盗贼就会产生绝望之心，（这么一来，他）非被我擒住不可了。因此，对于弱小的敌人，必须将其包围起来，然后再趁机歼灭；否则，暂时让其逃走，也不是不可以的。

● 关门捉贼

从字面上看，此计是一种围困并歼灭敌人、特别是小股敌人的策略。在施行这一计谋的时候，一般还得配合使用其他计谋。对付小股的敌人，要包围起来予以歼灭。零星散乱的小股敌人，虽然势单力薄，但是行动自由，不利于急追远赶。

我军佯装迎战。

敌军进军。

我军

敌军

放眼全局，形成包围

我军全胜
敌军就擒

实用谋略

◎三河之战◎

关门捉贼，就是要对小股的敌军采取四面包围、聚而歼之的策略。它的特点是行动诡秘，出没不定，行踪难测。太平军取得"三河大捷"，就主要得益于对这一计谋的成功运用。

天京事变后，太平天国内部元气大伤，形势开始由盛转衰。对于清军来说，这是千载难逢的良机，于是趁势发起进攻。1858 年，曾国藩手下悍将李续宾率湘军主力攻占九江，之后又连克太湖、桐城、舒城等地，前锋直指三河镇。

三河镇是通往安徽省会庐州的咽喉要道，一旦三河镇失守，庐州也岌岌可危。因此，太平天国若想在安徽立足，就要拼死保住三河镇。

一接到三河镇告急的文书，太平天国的青年将领、英王陈玉成便率本部人马星夜赶往三河镇，同时，他在路上也想出了一个"关门捉贼"的作战计划。

陈玉成率军首先截断了清军后路，同时命令庐州守将吴如孝会合捻军南下，切断李续宾部与舒城清军的联系。恰在此时，李秀成又奉洪秀全之命领兵前来作后援。经过这番调动，太平军对湘军形成了包围之势，李续宾部则成了瓮中之鳖。

陈玉成赶赴三河镇。

不久，陈玉成和李秀成兵分两路向李续宾的大营发起进攻，双方展开了激烈的战斗。

李续宾见形势危急，立即组织反击，向太平军发起了猛烈进攻，一度冲破了陈玉成的营垒。然而正在这时，天上突然降下浓雾，李续宾的军队就像掉进了迷魂阵中一般，无法辨别方向。太平军则趁势发起进攻，一举将李续宾部歼灭。紧接着，陈玉成和李秀成兵合

太平军大破湘军李续宾部。

一处，全力攻打湘军阵门，而三河镇的守将吴定规也瞅准时机从城内杀出，将湘军团团包围。一时间硝烟弥漫，杀声震天，湘军被杀得溃不成军，连失七座大营，最终大败而逃。这场战役被称为"三河之战"。

在三河之战中，太平军歼灭湘军六千余人，击毙清朝文武官员四百余人，其中还包括曾国藩的弟弟曾国华。李续宾则因全军溃败，走投无路，自缢而亡。

三河惨败的噩耗传来，曾国藩大为震惊，他沮丧地说道："三河之败，歼我湘人殆近六千，不特大局顿坏，而吾邑士气亦为之不扬。"而此前开始走下坡路的太平军则借助三河大捷止住了颓势，重振了军威。

在三河之战中，湘军孤军深入，犯险冒进。李续宾仅率数千人自湖北东犯，入皖之后，处处分兵驻守，结果"兵以屡分而单"。太平军以陈玉成、李秀成、吴定规三部，合围湘军李续宾部，形成"关门捉贼"之势，使湘军成为瓮中之鳖，最终实现了大胜。

○白起于长平大败赵括○

历史上著名的长平之战，也是一场运用关门捉贼计的典型战役。

公元前262年，秦昭王派大将白起攻打韩国，很快便攻占了野王城，这就切断了韩国上党郡和国都之间的联系。为了使秦国退兵，韩国想献出上党郡，与秦国讲和。但是，上党郡守冯亭不愿降秦，他请求赵国发兵援救上党郡。

秦昭王四十七年（前260），秦国再次派左庶长王龁攻打韩国，取得了上党郡。上党的百姓纷纷逃往赵国。当时，赵国在长平（今山西省高平市长平村）屯有重兵，而长平又临近上党，这对秦国构成了威胁。四月，王龁率领大军进攻长平，赵孝成王派大将廉颇率兵拒秦，于是，秦、赵长平大战爆发了。

长平之战开始后，赵军损失严重。廉颇根据秦强赵弱、初战失利的不利局面，决定采取坚守营垒的战略。尽管秦军多次向赵军发起进攻，但廉颇一直拒不出兵。双方僵持多日，秦军没能取得胜利，只好撤兵而回。这时，赵国发生灾荒，国内缺粮，赵孝成王担心军粮难以维持，遂多次催促廉颇主动出战。而秦相范雎趁机派人带重礼向赵国权臣行贿，用离间计挑拨赵国君臣的关系，散布流言说：秦国所痛恨、畏惧的，是马服君赵奢的儿子赵括；廉颇容易对付，他快要投降了。此时，赵王正因廉颇拒不出战而恼怒，而且赵国士卒又伤亡惨重，他听到流言，信以为真，便派赵括替代了廉颇，命赵括率兵击秦。

赵括刚一上任，便更改廉颇的部署，大批撤换将领，使赵军战力大大降低。秦王见赵国中了计，暗中任命白起为将军、王龁为副将，率领大军直奔长平。为了避免引起赵军的注意，秦王下令军中严守这一机密。

白起知道赵括只会"纸上谈兵"，而且还鲁莽轻敌，因此决定采取后退诱敌，分割围歼的策略。他下令前沿部队在赵军发起进攻时佯败后撤，将主力隐蔽在纵深构筑袋形阵地，另以精兵五千人，插入赵国先头部队与主力之间，然后再将赵军分割包围，直至

赵将廉颇固守城池，拒不出兵。

赵括被杀。

消灭。

果然，赵括一下子中了敌军的"关门捉贼"之计。他在不明虚实的情况下，轻率地向秦军发起进攻。秦军假意败走，暗中张开两翼，伏下奇兵向赵军包抄过来。赵军乘胜追击秦军，秦军"逃入"壁垒。由于壁垒坚固，赵军根本无法攻入。白起见时机成熟，遂令两翼奇兵迅速出击，将赵军截为三段，切断了赵军粮道。赵军首尾分离，此时秦军又派轻骑兵不断骚扰赵军。赵军形势危急，只得坚守，以待救兵。秦王听说赵国的粮道被切断，便亲自前来督战，以鼓舞全军的士气。同时，秦王下令征发十五岁以上男丁从军，赏赐民爵一级，以阻绝赵国的援军和粮草。

赵军在长平断粮四十六天，军士饥饿不堪，自相残杀。赵括走投无路，只得重新集结部队，分兵四路轮番突围，但是仍旧无法冲出包围圈。赵括亲率精兵出战，被秦军乱箭射死。赵军失去主帅，顿时大乱，秦军趁势发起

秦军坑杀赵军四十万降卒。

总攻，四十多万赵军士卒走投无路，只好投降了白起。白起假意接受投降，待赵军士卒丢下武器后，白起下令将他们全部坑杀，只留下二百余名士卒，让他们回去向赵国报信。

长平之战中，白起诱敌深入，等赵军进入自己的伏击圈后，再将其分割成数段，使其首尾不能兼顾，然后集中兵力把赵军合围起来，最终全歼了赵军，这便是关门捉贼之计的一次成功运用。

◎黄巢二取长安◎

如果敌人数量较少，攻击力不强，那么不妨将他们围困起来一网打尽。唐朝时，起义首领黄巢就利用唐军盲目庆功的时候，用一个"关门捉贼"的计谋，歼灭了敌人，反败为胜。

公元880年，黄巢率起义军攻陷了唐的都城长安，唐僖宗仓皇逃往四川成都，不久又集合兵力，准备夺回长安。公元881年，唐军大举反攻长安，所到之处，势不可挡，杀死了黄巢数员大将。眼看多路唐军已经打到长安周围，黄巢只得将全部人马撤出长安，出城向东退去。

另一方面，抵达长安的唐军迟迟不见起义军出城抵抗，觉得非常奇怪，便开进了长安城。他们发现黄巢大军已全部撤走，顿时欣喜若狂，开始得意忘形起来，全然不记得黄巢还没有走远，战争还在继续。唐军目无军纪，在长安城里胡作非为，大肆饮酒不说，还随意劫掠百姓财物，惹得民怨沸腾，而军中将领也对此睁一只眼闭一只眼，纵容他们作奸犯科的行为。

唐军大败黄巢军。

黄巢当然不甘心将长安城拱手相让，他要人返回长安城中打探唐军的情况。不久，探子回来，向他汇报了唐军的混乱情况。黄巢心下大喜，马上下令：回师攻城。

此时，唐军将士正在长安城里庆祝"胜利"，对即将来临的厄运浑然不觉。黄巢则顺势主导了一场关门捉贼的好戏，他率部队在夜色的掩护下杀入长安，打了唐军一个措手不及，连应战的准备都没来得及做，便稀里糊涂地丢了性命。

黄巢干净利落地夺回长安城，并以长安为据点，又接连打了几场胜仗，收复了几个战略要地。

商业案例

○对国外连锁经营特色的"探秘"○

海外零售业中有种颇有效益的经营方式，即连锁经营商店，这种经营方式体现了"关门捉贼"的要义。

连锁商店是零售商业、服务业的一种组织形式，它多指分散营业及经营同类商品或服务的中小企业。这是一种多店铺组成的、集团性的商业组织形式，在总部领导下，各企业像锁链组合成为一个整体，所以称之为"连锁"。

在全球商业市场上，有一些非常著名的连锁店，通常由一个较大的零售集团来运营，进行统一的管理与集中的采购，这些连锁百货店往往因为物美价廉的商品、细致周到的服务以及一些便利的人性化业务，受到消费者的欢迎，因而树立起良好的口碑，成为高客流、高效率、高收益的人气百货。

连锁店这种经营模式，最早始于1859年的美国，至今已经有了一百五十多年的历史，而且它越来越显示出顽强的生命力。为什么这种模式能够长久不衰呢？主要是因为其在百变的市场竞争条件下，适应了众多中小型企业求生存、谋发展的需要。多个中小型企业联合起来，互相帮助，合成一个整体力量，既能得到可观的利润和稳定的发展，又能与大型企业分庭抗礼，还能加强市场机制，减少资源浪费。除此以外，在商业服务业中，由于顾客分散，消费面广，所以连锁经营方式既可以满足商业分散的特点，也可以发挥规模方面的优势。

连锁经营的特点在于，它能发挥大批量、低价格的成本优势实现最大经济效益，这是独立经营难以做到的，连锁经营形式更便于实现专业化、标准化、一体化，使整个集团的经营达到高度统一；便于实现连锁店一体化的横向经营与资本联合、资本融通、经济协作联结纽带的产、供、锁纵向一体化经营，从而产生综合经济效益。

连锁店按所有权构成的不同可划分为直接连锁（指同属于一个资本的统一经营的店铺）、自由加盟连锁（指各店铺的经营保留单个资本所有权，是自愿连锁，由独立的加盟店和总部组成）的特许加盟连锁。

连锁店是美国商业的主要形式。以1859年创办的美国大西洋茶叶公司为例，它是全世界第一家连锁商店，到1930年时已有11%的零售商店采用这种方式经营。在20世纪50年代时，美国人口渐渐往郊区流动，连锁经营在这种形势下如鱼得水，很快发展到全国各地，主要集中在百货、杂货、服装、五金、汽油服务、餐饮等行业。到八九十年代，连锁店发展更为迅速，连锁形式渗透到零售、批发、饮食、食品加工、信息服务等行业，不仅形成了跨国甚至国际性的连锁经营形式，并且出现了许多发展迅速的连锁店。

连锁经营成功的秘密在于"关门经营"，这如同行业协会，同行业有统一的联盟，在价格、种类等方面有很大的优势，同时实行统一采购、统一配送、统一宣传的方式，把同行业的优势都集中起来。这种方式与行业垄断有异曲同工之妙。

⊙名家论《三十六计》

"小敌困之。剥，不利有攸往。"这是本计的解语。我们来仔细分析这句解语的意思：困是围困，意思是对弱小或者数量较少的敌人，要设法去围困他。"剥，不利有攸往。"，这句话出自《周易·剥》卦，意思是说对小股敌人要即时围困消灭，而不要去急迫或者远袭。综合起来，原文的意思就是：对弱小的敌人，要加以包围、歼灭。如果纵其逃去而又穷追强赶，那是很不利的。这是从《周易·剥》卦卦辞"剥，不利有攸往"一语中悟出的道理。

其实，关门捉贼围歼敌人之策，不仅限于"小敌"，在掌握战争主动权的前提下，也可以设法歼敌主力。其战术就是常用的伏击战，也叫"口袋战"。即通过在预定的战场上，四面埋伏，布设"口袋"，"请君入瓮"，使敌人处于被动不利的境地。在军事谋略的运用上，关门捉贼与欲擒故纵的意思正好相反，它是根据战争的具体情况，采取迂回包围的战法，一举歼敌，不使漏网。

……三十六计的各项计谋可以单独使用，也可以配合使用，可能在使用前定好的某一计，在使用过程中会随着战场情况的变化而临时调整成为另一计，高深精妙，瞬息万变，这正是战争的绝妙之处，也是研究兵法之士一生追求的最高境界。

因此，运用关门捉贼的谋略，应着眼于全局，选择适当的关门时间、地点和关门的方式，同时，还应该因势用计，因情变通。如果围之全歼有困难，或围之有可能造成困兽犹斗，得不偿失，就应虚留生路，让敌人逃跑，再在运动中伏击敌人。究竟如何运用这一计策，应根据战场具体情况，灵活运用。关门捉贼另外一个重要条件是集中兵力、兵器。中国古代兵家十分重视关门捉贼之计。如《孙子兵法·谋攻》中就说："故用兵之法，十则围之，五则攻之，倍则分之。"（意思是：若我方兵力为敌方十倍，则可以围攻它；若我方兵力为敌方五倍，则可以从正面进攻它；若我方兵力是对方的两倍，则可分兵相对。）……否则，兵力、兵器不足，是难以达到关门捉贼这一目的的。

——薛国安

◎请君入瓮——"斯航"的成功之道◎

处于同一地带的几间商店，经营相互关联的产品，如你经营成衣，我经营领带、胸花、袜子、内衣等；或者你专营食品，他专营烟酒等。这种经营类似于"配套经营"，其优点就是能"关门捉贼"，即能吸引顾客，使顾客在一个区域内就完成购买行为。

一个商业区域内可以用"关门捉贼"的计谋吸引大量顾客，而一个公司、集团也可以通过建造完善的服务体系，对客户实施配套服务，这样才能"捉住"更多的顾客。

1980 年，爆发了第二次石油危机，瑞典的斯堪的那维亚航空公司因为连续两年亏损，声誉越来越差。正当斯堪的纳维亚航空公司处境艰难之时，卡尔崇出任了该公司总裁。

为了挽救危机，重获信誉，卡尔崇进行了一系列改革。其中最重要的就是在空中、地面推行了一套新的服务标准。

卡尔崇改革措施的第一条是：以优质的服务来吸引因公出差人员。

卡尔崇经过细致调查，根据掌握的资料对因公出差人员的心理进行了分析。一般来说，因公出差人员的机票都要报销，所以，他们对机票价格的高低不在乎，却对服务质量很是挑剔。只要服务好，才能使他们感到满意。

于是，卡尔崇取消了大部分航班的头等舱，转而开设欧洲舱。欧洲舱设在飞机原头等舱的位置，并设有皮座椅，座位宽敞，且前后排间隔大，环境非常舒适，这就满足了因公出差人员要求服务好的心理。斯堪的那维亚半岛到欧洲其他地区的一些热门航线上，欧洲舱所占比重多达 60%。在大部分洲际航线上，欧洲舱的比重也能占到 30%。

卡尔崇改革措施的第二条是：对公司雇员进行培训。

为了更好地经营，卡尔崇对公司雇员进行多次培训，并在培训中反复强调，要想赢得更多客人，就必须在关键时刻向乘客提供关键服务。所谓"关键时刻"主要是指：办理登机手续时，以及登机出现问题时。卡尔崇发现，乘客一旦落座，可为他们提供服务的机会就几乎没有了。而这时的服务，其他航空公司做得一样好，乘客不会留下什么特别的印象。在关键时刻的服务，会深深地打动乘客。为了让这一服务得以有效执行，卡尔崇实行权力下放。当航班误点，机上服务人员不用经过许可就可以为乘客提供免费饮料等服务。任何职员都可以在乘客感到不满时，给予换票或发放优待券等服务，无须更多的手续。

除此以外，卡尔崇还与国际上131家旅馆组成了一个服务网。只要搭乘该公司航班，该公司就会为每一位乘客把行李送到下榻的旅馆房间里。离开旅馆时，乘客直接领登机牌上飞机，而行李则由前厅的斯航营业柜台派专人送到飞机上了。卡尔崇的改革措施使斯航一举成为全球知名的航空公司。

在这则案例中，卡尔崇研究乘客心理，不但为乘客提供全程服务，还为乘客的住宿提供便利，留给乘客深刻而良好的印象。

【点评】

关门捉贼，从字面上可以看出，是一种围困并歼灭敌人（特别是小股敌人）的计谋。

军队战斗力的强弱不是取决于士兵人数的多少，而是取决于士兵力量的发挥程度。小股的军队，如游击队之类，如果有天然屏障的掩护，便能声东击西，神出鬼没，且战且隐，以小股力量击败十倍、百倍，甚至千倍于自己的敌人。

所以，对待小股敌人，要围困他们，歼灭他们。解

关门捉贼。

放战争中的辽沈战役，就是典型的"关门捉贼"的战例。东北军在战斗中发现长春易守难攻，于是采取合围的战术暂时将长春守敌围住，而调集主力部队南下，在锦州与国民党军展开会战，并一举拿下锦州，从而封死国民党军逃跑的道路，也因此掌握了战争的主动权。可见关门捉贼的战略部署是这场战役的关键。

关门捉贼的策略在商战中也多次被应用。国际上的大公司，往往都是先占领一项产品的技术制高点，然后再通过专利把这个产品的门关上，回过头来，用知识产权作为壁垒打击其他竞争者。

所以，在市场竞争中，我们也要学会用知识产权筑成壁垒，把"门"关上，让竞争者望而却步，从而在竞争中大获全胜。

◎第二十三计 远交近攻◎

形禁势格①，利从近取，害以远隔②。上火下泽③。

【注释】

① 形禁势格：受到地势的阻制和阻碍。禁，禁止。格，阻碍。② 利从近取，害以远隔：此句意为先攻取就近的敌人有利，越过近敌先去攻取远隔之敌是有害的。③ 上火下泽：意思是火焰往上冒，池水往下淌，志趣不同的，也可以达到暂时的联合，就像两人同床异梦一般，换得一时的共同相处。语出《易经·睽》卦："上火下泽，睽君子以同而异。"睽，卦名。本卦为异卦相叠（兑下离上）。上卦为离为火，下卦为兑为泽。上离下泽，是水火相克，水火相克则又可相生，循环无穷。又"睽"，乖违，即矛盾。本卦《象》辞："上火下泽，睽。"意为上火下泽，两相离违、矛盾。

【译文】

当作战目标受到地理条件的限制时，攻取靠近的敌人就有利，越过近敌去攻取远敌就有害。火向上烧，水往下流，是我方与邻近者乖离的情形。

远交近攻。

【计名讲解】

"远交近攻"是一种高明的外交谋略，它指的是结交离得远的国家而进攻邻近的国家。语出《战国策·秦策三》："王不如远交而近攻，得寸则王之寸，得尺亦王之尺也。今舍此而远攻，不亦谬乎？"这是秦国用以并吞六国，统一全国的外交策略。

远交近攻最初作为外交和军事的策略，意为和远方的国家结盟，而与相邻的国家为敌。使用这种计策，既可以孤立邻国，又使敌国两面受敌，无法与我方抗衡。范雎用这一计谋灭六国而兴秦朝，足以证明远交近攻的神通。

不过，中国历史上也有错误运用远交近攻而导致亡国的例子，如宋朝"联金灭辽"和"联蒙灭金"。前者导致了靖康之耻的发生，宋朝幸有长江天堑，才勉强保住了半壁江山；而后者则直接导致了宋朝的灭亡。因此，施用远交近攻之计的时候，一定要认清形势，谨慎选择要联合的对象，否则有引火烧身的危险。

古人按语云："混战之局，纵横捭阖之中，各自取利。远不可攻，而可以利相结；近者交之，反而使变生肘腑。范雎之谋，为地理之定则，其理甚明。"

意思是说：在混乱的局势中，任何一方都会采取各种手段来谋取胜利。所以，对于远处之敌不可轻易发起进攻，不如给它一些好处，与其缔结外交关系。然而，对邻近敌国则不可妄用此策，如果也与其结交，反而会受到它的威胁。

● 远交近攻

语出《战国策·秦策》。范雎曰："王不如远交而近攻，得寸，则王之一寸；得尺，亦王之尺也。"这是范雎说服秦王的一句名言。远交近攻是分化瓦解敌方联盟，各个击破，结交远离自己的国家而先攻打邻国的谋略。

实用谋略

◎ "远交近攻"的策划实施者——范雎 ◎

远交近攻，作为外交和军事的策略，既可以孤立邻国，又使敌国两面受敌，不能与我方抗衡。范雎一计，灭六国，兴秦朝，足见这一计策的神通。

公元前268年，范雎从魏国逃到秦国，向秦昭王提出了"远交近攻"的战略。远交近攻之策是范雎对秦国的重大贡献，也是我国古代兵家计谋和军事谋略学的宝贵遗产。

范雎是魏国人，他自小便立有远大志向，长大后投在魏中大夫须贾门下当门客。然而，范雎因得罪了魏国相国魏齐，险些丢掉性命。后来在机缘巧合之下，范雎来到秦国，秦昭王听说范雎有才能，便召他入宫，并亲自向他求教。

范雎见到秦昭王，慷慨陈词，纵论天下大势，并向他提出了远交近攻的主张。范雎认为，秦国要想消灭六国，就要首先攻打与秦国接壤的魏、韩两国，以除心腹之患。而对齐、楚等距秦较远的国家，应暂时与他们和好，稳住他们，在秦国与韩、魏的交战中让他们保持中立，使他们不干预秦国攻打邻近诸国的事。下一步，等打败魏、韩等国之后，向北可威慑赵国，向南能讨伐楚国，最后再攻齐。这样由近及远，逐步向外扩张，这就好比蚕食桑叶一样，渐渐地秦国必能统一天下。

秦昭王对范雎的主张非常赞成，对范雎的才能也十分赞赏，于是封他为客卿，经常和他商议国家大事。几年后，范雎当了秦国的宰相。

范雎与秦王交谈。

昭王三十九年（前268），秦昭王采纳范雎的计谋，派兵讨伐魏国，攻占了魏国的怀地。两年后，又攻占邢丘。昭王四十二年（前265），范雎又为昭王谋划攻打韩国，首先攻占韩国咽喉之地荥阳，将韩国一分为三。韩国濒临灭亡，不得不听命于秦。经过一系列征战，秦国势力越来越强，各国无不震惊。

秦国在慑服魏国和韩国之后，开始把进攻的矛头指向赵国。公元前260年，秦国派大将白起、王龁率兵伐赵，大败赵将赵括，消灭赵军45万人。经长平之战，赵国一蹶不起，秦国则更加强大。

在攻打临近的韩、赵、魏三国的同时，秦国又派使者出使远方的齐、楚等国，并与齐、楚订立盟约，使它们在秦国攻打其他国家的时候保持中立，这样，秦国的"远交近攻"策略获得成功。

◎隋文帝平突厥◎

远交近攻可以起到分化敌人的作用，通过"交"与"攻"这两个截然不同的策略离间敌人，然后在敌人内斗时争取自己的利益。长孙晟就是用这一办法帮助隋文帝平定了突厥。

隋朝建立后，受到北方突厥的威胁。突厥虽然在6世纪中期建国，但是其内部有很多部落，此时，突厥有三个首领，分别是达头可汗、阿波可汗、沙钵略可汗。面对突厥的威胁，隋文帝打算率兵征伐，但大臣长孙晟及时阻止住他。长孙晟建议说，隋朝可以派人到西面和达头可汗、阿波可汗联手，一起对付东面的沙钵略可汗，再趁沙钵略可汗分兵防西的时候，去东面联络奚、契丹各部以及素来和沙钵略可汗不睦的罗侯。这样，十几年

长孙晟与隋文帝商议平突厥的大计。

后，隋乘隙出兵，即可成功扫除突厥的威胁。

隋文帝接受了长孙晟的建议，派大臣元晖出伊吾（今新疆哈密）道会见达头可汗。长孙晟则亲自到了黄龙（今辽宁朝阳）道，赏赐奚、契丹等部，并拜见罗侯，与其商议联合之事。元晖和长孙晟都出色地完成了任务。公元582年，沙钵略带领四十余万大军入侵隋朝，第二年，沙钵略计划继续向南行进，却遭到了达头的反对。沙钵略无奈，只得退兵。

隋文帝认为这正是讨伐突厥兵的好机会，他命大将杨爽为行军元帅，将兵力分为八路出击突厥。杨爽不负众望，

隋臣元晖出使突厥达头可汗部。

在朔州（今山西朔县）大破沙钵略军，致使沙钵略仓皇逃走。

逃走后的沙钵略袭击了阿波可汗的居住地，阿波立即向达头求援，和达头联手回击沙钵略。突厥内部发生了激烈的内斗，各个可汗都向隋朝派遣了使者，希望得到隋朝的帮助。隋文帝则对他们的请求不管不顾，只专注于攻打沙钵略，致使沙钵略屡战屡败。公元584年，沙钵略终于支撑不住了，于是派使者到隋朝来求和。

阿波可汗在与沙钵略的斗争中壮大了自己的势力，占据了西边大片土地，号称西突厥。隋文帝在公元585年派遣使者到达西突厥，表示对阿波可汗予以支持。不久，阿波可汗率部攻打沙钵略，沙钵略因此陷入困境，不得不再次向隋求援。这次，隋文帝答应了他的请求，协助他击败了阿波可汗的军队。沙钵略自此和隋朝定约，承认隋皇帝为"真皇帝"，自己为藩属国。

公元587年，沙钵略去世，莫何可汗继位。隋文帝得知此事，便派长孙晟作为使者前往东突厥，并赏赐莫何旗鼓。后来，莫何可汗讨伐西突厥，阿波可汗以为莫何有隋朝的撑腰，因此没有做任何抵抗，就派人向莫何求降，结果东突厥的士兵冲入阿波的营帐，把阿波可汗俘虏了。

莫何在公元588年去世，莫何死后，雍虞闾继位，称都蓝可汗。沙钵略的儿子染干，号突利可汗，居于北方。公元597年，隋文帝将安义公主嫁给他，遭到了都蓝可汗的嫉妒。作为报复，都蓝

隋文帝平突厥。

停止了对隋的朝贡，并和达头可汗结盟，攻打突利，而这正在隋的预料之中。长孙晟设计挟持突利到长安归降。隋文帝则派大将高颍、杨素攻打达头、都蓝。最后，都蓝战败而死，达头也落荒而逃。

利用远交近攻的策略，隋文帝巧妙地解除了突厥的威胁，还成为突厥名义上的君主。

◎远交近攻赢得霸主地位◎

如果面对的敌人很强大，那么在使用"远交近攻"计时，就要选择实力强大些的"远"国，只有与这种国家结盟，才能共同对付强敌。

春秋初期，群雄并起，逐鹿中原，周天子的地位实际上已经被架空了。在这种背景下，郑国开始脱颖而出，成为春秋早期的强国。

郑国的国君庄公是一个有着雄才大略的君主，他在位的时候，使郑国成为中原地区的霸主，这除了得益于郑庄公的卓越才干外，还与其"远交近攻"的战略思想有很大关系。

郑庄公在争霸的过程中，曾经遇到很多阻力。公元前722年，卫国为阻止郑国称霸，发动了对郑国的战争，结果是无功而返。仅仅过了三年，卫国、宋国、陈国、蔡国四国联军攻击郑国，很快到达了郑国的国都，围困郑都五天之久，最后仍是无功而返。其后，卫国又联合各国一起伐郑，尽管都被郑国击败，但郑庄公也逐渐意识到，如果没有强大的军事联盟，纵然自己顶住了卫国、宋国及其盟国军队的轮番攻击，郑国所处的被动挨打的局面也很难改变。于是，远交近攻、瓦解敌方的军事联盟的战略思想在郑庄公的头脑中渐渐形成了。为了实现称霸的目的，郑国积极拉拢位于卫国、宋国东侧的大国齐国和鲁国，通过齐、鲁两国的调解，郑国与宋、卫两国达成了和平条约，与此同时，郑庄公的儿子娶了陈国国君的女儿，郑国与陈国两国结为姻亲，使陈国脱离了宋、卫同盟，斩断了宋、卫的一只臂膀。

经过两年的外交调停，郑庄公已经完成其战略布局，开始寻找机会对宋、卫两国实施打击。公元前714年，郑国以宋国不向周王朝觐为借口，联合东方的齐国、鲁国，兵分两路对宋国发动进攻，宋国屈于三国的强大势力，主动向它们求和。次年，郑庄公再次率领三国军队攻打宋国。五月开始进军，六月大败宋军于营地，占领了宋国的部、防等地。七月，郑国的军队回到本国的领地上进行休整，宋国抓住这次机会，与卫国组成联军反攻郑国，与随后赶到的蔡国军队一起攻占了郑国的附属国戴国。

在这关键时刻，宋、卫、蔡三国联军内部出现了矛盾，郑庄公趁此机会包围了戴国，郑军将士团结一心，斗志高昂，很快攻破了戴国，占领戴国的宋、卫、蔡国军队全部沦为郑国军队的俘虏。九月，郑军攻入宋国，占领了宋国的许多城邑。公元前712年，郑庄公又联合齐、鲁两国发兵伐许（今河南许昌）。许庄公逃奔到卫国，许国灭亡。郑庄公派原来的许国大夫百里管理许地，命郑国大夫公孙获留在许地监护

郑国通过远交近攻赢得霸主地位。

百里。就这样，郑国在短时期内发展成为春秋时期的第一个强国。

此后不久，宋国发生政变，国君宋殇公被刺身亡，流亡在郑国的公子冯继任为国君。公子冯即位后，采取与郑国修好的政策，宋、卫军事联盟彻底瓦解。

在争夺中原霸权的过程中，郑庄公以"远交近攻"的策略，重点打击宋国；而郑国在选择盟友时，又找到了远离自己且实力较强的齐、鲁等国，所以能够实现自己的霸业。

郑庄公成就霸业。

商业案例

○店老板弃眼前小利与顾客成为至交○

荷伯·科恩是美国著名的谈判专家，著有《人生与谈判》一书，他在书中提出谈判是"利用信息和权力去影响人们的行为"。实际上，谈判就是说话，要学会说话，学习谈判大师的成功经验是很有必要的。

在荷伯·科恩几十年的谈判生涯中，曾经参加过各种各样的谈判。有一次，科恩准备买一台家庭录像机和一台有遥控的 21 英寸电视机，便来到一家家电商行，但是他对所要购买的商品的市场行情一无所知，怎样才能不多花冤枉钱又能买到称心如意的商品呢？

根据以往的经验，科恩决定先观察、了解，再见机行事。

科恩到商店时，店中空空荡荡，没有一个客人，于是他装作很悠闲的样子，与老板攀谈起来，两人先谈到近邻的一家新的商业中心的开业，谈到客流量的多少；然后又谈到信誉好的商店对顾客的重要性；此外，店主还谈到他不喜欢人们用赊购卡来购物。在交谈的过程中，科恩随意地向店主问起录像机的性能，店主做出了详细的解答。

这时，店主又说商业中心刚开业时，有一个人来到自己的商行，一次就买走了两三台录像机，并感叹说这两天生意不好，还没有卖出一台电器。科恩听后，问店主道："你是不是给那个人打了折扣，所以一下子卖出去两三台？"店主点了点头，并且说如果买得多，就卖得便宜一些。这时候，科恩才请老板给他推荐一台录像机。

老板把他自己正在使用的一款 RCA 介绍给科恩，并热情地为他作了演示。科恩看完店主的演示，诚恳地说："我相信你推荐的是 RCA 中最好的型号，以你的人格，我也相信你在价格上也会公平的，我不跟你还价，你说多少钱，我马上就付给你现金。"店主听了很高兴，默默地在纸上写了一个价格，但没让科恩看。

"我希望你能赚到利润，我也希望价格合理。"科恩望着老板说，"要是我再买一台电视机呢？能打折扣吗？"

店主眼前一亮，兴奋地说道："你的意思是要买两台？"

"对了，都要。"

"好的，等一下。"店主说完后，用笔在纸上计算起来。

当他要给科恩报价时，科恩又说道："对，我要提一下，我希望你的价格是公平的，双方都获益。如果真是这样，三个月后，我的公司也要买这么一套，现在就可以定了。"

"没问题"，店老板说，"让我到屋里去一下，马上回来。"他去查账本了。

店老板回来后又写下了一个数字。

就在这时，科恩看准时机大声地说："我正在考虑刚才您说过关于您的店资金周转的问题，我本来打算记账，但是现在改变了主意，因为我信任你。现在我给你付现金，你看这样对你是不是更方便些？"

"是呀"，老板感激地说，"这样会给我很大帮助，尤其在目前，真是太谢谢你了。"他说完后，又写出另一个价格。

"对了，你可以给我安装一下吗？"科恩说。店主爽快地答应了。

"谢谢你，价格是多少？我付你现金。"

两人高兴地做成了这笔交易。店主按承诺帮科恩把机子安装好，又多送了他一个录像机架。两个月后的一天，科恩遵守自己的诺言，又购买了一台录像机设备。这件事以后，两个人竟然做了朋友。

在这次交易中，尽管科恩事先对所购商品的情况不很了解，但他能在交流中留意细微的信息，了解店主的心理，终于实现了不多花钱又能买到称心如意的商品的目的，这真是"远交近攻"战术的合理运用。

从这个例子中我们可以看出，谈判时一定要揣摩对方的意愿，如果你摸准了对方的心理，站在他的位置上去考虑问题，这就创造了交易成功的必要条件。

【点评】

远交近攻是一个分化或防止敌方联盟，达到各个击破的战略策略。在兼并战争中，各自都有联合与分化的策略。各个击破，应从哪里开刀，如何开刀，这是需要权衡利弊和认真研究的问题。

远交近攻最初作为外交和军事的策略，指的是和远方的国家结盟，而与相邻的国家为敌。远交近攻的策略，不但适用于外交和军事领域，也适用于政治和社会生活领域。

诛杀开国功臣，贬放权臣，罢免任职长久的将相，起用没有根基的新人，等等，都属于对远交近攻谋略的运用。

运用此计的时候，应注意以下几点：

首先，对于帝王或领导人来说，重用任职长久的重要人物是极其危险的，起用没有根基的新人，才能避免其对主上的威胁；所以，没有威望、没有大的功劳的新人才是安全的。

其次，重用新人，新人就会感恩戴德，就会尽心尽力地效忠你。

再次，重用新人，可以捞取诸多好的名声。

最后，还能笼络人心。在现代管理谋略中，某些用人之道同上如出一辙。

从经营项目上看，远交近攻之计也适用于企业的规划发展，如果贸然从事非自己所擅长的行业，就如在远处作战一般，必遭失败。

在日常生活中，对于如何待人处事，远交近攻的思想仍可以获得广泛的运用，凡事总有轻重缓急，囿于条件暂时不能做到的，实行"远交"，先把它放在一边，而集中力量"近攻"力所能及的事情，然后一步步接近远交的目标。如此循环往复，方能获得成功。

○第二十四计 假途伐虢○

【原文】

两大之间，敌胁以从，我假以势①。困，有言不信②。

【注释】

①两大之间，敌胁以从，我假以势：句意为处在我与敌两个大国之中的小国，敌方若胁迫小国屈从于它，我则要借机去援救，造成一种有利的军事态势。假，借。②困，有言不信：意为处在困乏境地，难道不相信这些吗？语出《易经·困》卦。困，卦名。本分为异卦相叠（坎下兑上），上卦为兑为泽，为阴；下卦为坎为水，为阳。卦象表明，本该容纳于泽中的水，现在离开泽而向下渗透，以致泽无水而受困，水离开泽流散无归也自困，故卦名为"困"。困，困乏。卦辞："困，有言不信。"此计运用此卦理，是说处在两个大国中的小国，面临着受人胁迫的境地时，我若说援救他，他在困顿中会不相信吗？

【译文】

处在敌我两个大国之间的小国，当敌方威胁它屈服时，我方应立即出兵援助，以借机扩展势力。

假途灭虢。

【计名讲解】

"假途伐虢"语出《左传·僖公五年》："晋侯复假道于虞以伐虢。"

此计指的是以向对方借道为名，达到消灭对方或夺取对方要地的目的。以借路为名，实质上是将兵力渗透到对方的势力中去，以了解对方的情况，甚至控制对方，继而发起突然袭击，最终吃掉对手。也作"假道灭虢"。

此计的关键在于"假途"。善于寻找假道的借口，善于隐蔽假道的真正意图，突然出动奇兵，往往可以取得意想不到的效果。

古人按语说："假地用兵之举，非巧言可诳。必其势不受一方之胁从，则将受双方之夹击。如此境况之际，敌必迫之以威，我则诳之以不害，利其幸存之心，速得全势，彼将不能自阵，故不战而灭之矣。如：晋侯假道于虞以伐虢，晋灭虢，虢公丑奔京师，师还，袭虞灭之。"意思是说：采取假道用兵的军事行动，并不是仅仅依靠花言巧语就可以欺骗的。选择"借道"的这个国家，必须受到来自敌我双方其中一方的威胁，或是受到两方的夹击。在这种情况下，假若敌人以武力相威胁，则我方就应该以不侵犯其利益为诱饵，利用其侥幸图存的心理，迅速地把己方的力量渗透进去，以控制全局。

这条按语讲了一种情况，说是处在夹缝中的小国，情况会很微妙。一方想以武力威逼他，而另一方却不侵犯它的利益，目的就是来诱骗它，乘它产生侥幸心理的时候，立即把力量渗透进去，控制它的局势，所以，不需要打什么大仗就可以顺利消灭它了。

假途伐虢

此计是一种以借路渗透、扩展军事力量，从而不战而胜的谋略。其关键在于：对于处在敌我两个大国之间的小国，当敌人迫使他屈服的时候，我方要立即出兵援救，借机把军事力量扩展进去。

对敌人一击命中

臣服归顺

我军

敌军

出兵援救

武力威胁

第三方小国

实用谋略

❀◎晋献公假途伐虢◎❀

　　"假途伐虢"用在军事上，其意在于先利用甲做跳板，去消灭乙，待达到目的之后，回过头来连甲一起消灭。

　　春秋时期，各诸侯国之间的兼并战争此起彼伏。位处中原地带的晋国，在这场弱肉强食的大混战中不断征服和兼并弱小的国家，势力迅速崛起。

　　晋献公时，晋国的南面有两个小国，即虞国（今山西平陆县东北）和虢国（今河南陕县东南）。晋国早有吞并这两个小国的野心，但是由于虞、虢二国是盟友，晋国同其中任何一国开战，就意味着要同时应对两个敌人，这必然会陷入两线作战的泥潭之中。因此，要想灭掉这两个国家，就必须拆散虢、虞两国的同盟关系。

　　为此，晋国大臣荀息向晋献公献上一计。他建议晋献公先用厚礼贿赂虞公，向虞国假道攻打虢国。等到虞国中计，虢国败亡之后，晋国再攻打虞国。

　　晋献公听从了荀息的建议。不久，晋献公派荀息携带着良马、美玉等奇珍异宝出使虞国。见到虞公后，荀息把珍宝献上，力劝虞公允许晋国假途伐虢。虞公贪利，又被荀息的巧言所迷惑，于是答应了荀息的请求。

这年夏天，晋国大将里克、荀息带领军队与虞国的军队一起讨伐虢国，晋军很快就占领了虢国的下阳（古邑名，今山西平陆县北），并一举控制了虢、虞之间的要地。

三年之后，晋献公再次向虞国借道，去攻打虢国。大臣宫之奇极力劝说虞公，说绝不能再借道给晋国，宫之奇说："虢国和虞国唇齿

虞公被晋军俘获。

相依，虢国一旦灭亡，虞国也必定跟着灭亡。晋国的野心不能助长，借路一次已经是过分了，怎么还能再借呢？俗话说，唇亡齿寒。嘴唇没了牙齿也难保。这就说的是我们虞国和虢国。"

虞公听后，不以为然地说："晋、虞同姓同国，晋国必然不会加害我国。结交一个力弱的朋友去得罪一个强有力的朋友，那才是愚蠢呢！"听完这话后，宫之奇预言：虞和虢将要同归于尽了。随即带领家眷逃往国外。

晋国大军借了虞国境内的道路，一举灭掉了虢国，虢公逃到了洛阳。晋军班师回国时，送给虞公很多劫夺来的财产。虞公见了更是大喜过望，盛情款待晋军。

等到虞公送晋军回国时，晋军大将里克装病，说这时不能带兵回国，暂时把部队先驻扎在虞国京城附近。几天之后，晋献公亲率大军前来，虞公出城相送，献公约虞公前去打猎。刚出城不久，就见京城中起火。虞公急忙赶到城外，没想到京城已被晋军占领了。就这样，晋国又轻而易举地灭了虞国，并生俘了虞公，终于达到了吞并两国的目的。

◎楚王伐蔡灭息◎

与大国为邻的小国常会有"夹缝中求生"的无奈，既要小心应付大国的武力威胁，也要提防大国的利益诱惑，稍有不慎，就会遭遇灭顶之灾。春秋时期，蔡、息两国就因中了楚文王的假途伐虢之计，惨遭灭亡。

蔡国在蔡桓侯在位时迅速崛起，这使它的邻国楚国备感威胁，再加上蔡国还和郑国、息国、陈国结盟，联手防御日益强大

春秋时期，小国为求自保，常在大国的夹缝中求生。

的楚国，楚国十分想将蔡国灭掉，可惜一直没有找到机会，直到公元前694年。这一年息侯迎娶了陈侯的女儿息妫。

要迎娶息妫，息侯需要路过蔡国，而息妫恰恰是蔡哀侯的妻子哀妫的妹妹，由于这层关系，蔡哀侯打算好好地接待一下息侯。不料，其间却发生了不快。

息侯迎娶陈侯之女息妫。

哀妫太想念妹妹了，息侯夫妇一到蔡国，她就派人将息妫接到宫里，留息侯一人在馆舍中休息。而息妫到宫里后，蔡哀侯又没有用对待上宾的礼仪款待她，让息妫颇为愤懑，息妫将此事告诉给息侯，息侯也非常生气。

这件事不知怎么传到了楚文王的耳朵里，楚文王心下大喜，认为可以好好利用息、蔡之间的罅隙对付蔡国。他忙派人和息侯联系，说服息侯帮助自己攻打蔡国。息侯也正有此意，他还给楚文王出了个主意，楚国可以假装攻打息国，到时息国向蔡国求救，蔡国定会发兵救息。息国再和楚国联手，一起攻蔡，蔡国必败。

楚文王一听，立即调兵，按照息侯的计策行事。而蔡侯一如息侯所料，一接到息侯求援的消息，马

息侯被抓。

上发兵救息，然而到了息国城下，息侯竟关上城门，将蔡国大军团团包围，还俘虏了蔡侯。

蔡侯痛恨息侯背信弃义，便向楚文王透露，息侯的妻子非常美丽。楚文王向来十分好色，将蔡侯的这番话记在心里，对息妫想入非非，息侯对此则一无所知。不久在息侯的帮助下，楚文王攻陷了蔡国，之后楚文王就以巡视为名率兵前往息国的都城。息侯不敢怠慢，亲自迎接，还设盛宴为楚文王接风洗尘。宴会上，楚文王要求息侯的夫人为自己敬酒，息侯只得答应。

楚文王见息妫果然天姿国色，马上萌生将其占为己有之心。第二天，他以举行答谢宴为由，将息侯骗了过来，绑架了息侯。息侯被绑后，楚文王又一举灭了息国，蔡、陈、息、郑的联盟就这样被粉碎了。

夹在大国中间的小国在受到强大的敌人的武力威胁时，其中某个强大的邻国常以出兵援助为由，将自己的力量渗透进小国，并打着保护小国的旗号出兵控制局势，待小国丧失自主权后，就可轻而易举地将小国收于囊中。

○成吉思汗联宋灭金○

"假途伐虢"一方面可以增加自己的力量，确保自己在发起进攻的时候没有后顾之忧；一方面可以迷惑借给我方"道"的一方，待时机成熟，再一举将其消灭。成吉思汗就深得其中的精髓。

统一蒙古后，成吉思汗有了更大的目标。当时，蒙古的东南面紧邻金，西南则挨着西夏，南宋则离蒙古稍远，其中数金对蒙古的威胁最大。成吉思汗首先将矛头对准西夏，在 1205 年、1207 年、1209 年三次入侵西夏，并在 1210 年迫使西夏向蒙古臣服。同时，成吉思汗又派使者和南宋通

宋蒙协商共同抗金。

好，并向一直苦于受金侵犯的南宋承诺，会帮助其一起对付金国。南宋答应了，尽管在金的威胁下，南宋没有协助蒙古伐金，但是它一直保持中立，为蒙古灭金减少很多阻力。

与南宋交好的策略为蒙古的伐金之路扫清了障碍，也让成吉思汗得以集中精力挥兵伐金。金国不敌，被打得落花流水，连连败退，不得不在 1214 年将都城由中都（今北京）迁往汴京（今河南开封）。蒙古人趁势拿下了中都，金很快失去了黄河以北的广袤土地，只剩下陕西和河南等地。眼见金国不能再对蒙古构成威胁，成吉思汗又调转矛头直取西夏，于 1227 年灭掉西夏。

成吉思汗在灭亡西夏前夕病故，但蒙古人的征伐战争并没有因此而停止。据《元史·太祖本纪》记载，成吉思汗在临终之前制定了借道宋境，灭亡金国的策略。1229 年，成吉思汗的三儿子窝阔台继承汗位。窝阔台即位后，谨遵成吉思汗的遗言，采用假途伐虢的计谋，借道宋境，开始大规模地进攻金。1231 年，窝阔台兵分三路合围汴京，并在钧州（今河南禹州市）的三峰山大败金军主力。1232 年，汴京再次被围，金哀宗逃往蔡州，汴京失守。

眼看金已经穷途末路，蒙古在 1233 年和南宋达成联合灭金的协定，合力攻打蔡州，金人在蔡州苦守三个月，最终不敌蒙宋联军。1234 年一月，金哀宗自杀，金国灭亡。

在攻打金的过程中，蒙古对南宋表现得十分友好，窝阔台甚至还修了孔庙以示对中原文化的尊重。但金一灭，其对南宋的态度就出现了大的转变。1235 年，窝阔台率领大军杀向南宋。此后

蒙古大军征伐金。

数十年的时间里，南宋与蒙古进行了一场漫长的战争。1271 年，成吉思汗的孙子忽必烈建立了元朝。八年之后，南宋大臣陆秀夫抱幼帝于崖山跳海自尽，南宋灭亡。至此，元朝统一了中国。

商业案例

◎爱波斯坦与"披头士"◎

说起甲壳虫乐队，人们便想起了摇滚，想起了"披头士"。披头士的成功，是经纪人布莱恩·爱波斯坦借他人之力，"假途伐虢"的应用典范。要想在市场上立足，就要巧妙地学会这种借力之道。

披头士乐队又译甲壳虫乐队，是英国利物浦一个名叫约翰·列侬的青年发起成立的。20 世纪50 年代末，这个乐队刚成立时，只有四个人。他们也只是在当地流动演出。后来，约翰看到摇滚乐深受观众的喜爱，当时，利物浦音乐舞台越来越繁荣，于是约翰率披头士乐队离开家乡，开始在英格兰北部举办了一系列演出。其后，乐队得到很快发展，1960 年在德国的汉堡灌制了第一张唱片，并在此演出四个月，引起极大反响。

后来，乐队返回利物浦，就在这时，英国一家唱片公司的老板布莱恩·爱波斯但不断接到要求录制披头士唱片的电话和信函，老板从来没有听说过利物浦有过披头士乐队。披头士乐队在自己的故乡仍然是个名不见经传的小乐队。爱波斯坦经过仔细寻找，终于在三个月后找到了乐队，就在那时他成了披头士乐队的经纪人。

爱波斯坦很会经商，他知道乐队的形象直接影响乐队演出的经济效益。所以他出任老板后，第一件事就是为小伙子们设计了特有的新发型，提高他们的演出报酬，还特别为他们组建起第一个"歌迷俱乐部"，称为披头士歌迷俱乐部，更加积极地寻找唱片的销路。最初，因为披头士乐队的名字在英国还没有多少人知道，所以一连被几家大公司拒绝，后来，在 1962 年 9 月有幸遇到了乔治·马丁，他是 EMI 唱片公司下属的一家子公司的负责人，他非常看好"披头士"的前景，爱波斯坦有幸得到了这份合同，随即为这家公司灌录了第一张唱片《一定要爱我》。

这张唱片十分畅销，因此，乐队不但成为歌迷关注的焦点，同时引起新闻界对他们的关注。资助人开始组织一场又一场的歌迷狂欢音乐会。一年以后，披头士乐队的名字首次在英国报刊上出现。

披头士的崛起使英国音乐舞台出现了空前繁荣的局面，各大唱片公司也如法炮制，各种各样的摇滚乐队在音乐界"爆炸"一样兴起，带来极好的经济效益，现代音乐也成了英国出口的头号"商品"。1963 年，披头士开始进军美国市场。刚到美国，他们的唱片《我想握住你的手》就获得流行歌曲唱片销售排行榜第一名。随着一场又一场的演出，该唱片的销售量更是呈直线上升趋势，披头士又一次红遍美国。

披头士乐队之所以能在短时间内风靡欧美，很大程度上是爱波斯坦的功劳。他先是让小伙子们形成自己的演出风格，然后对音乐、歌词、表演分别定位，这种激烈、震撼富有感染力的音乐对歌迷们有着极强的吸引力。

爱波斯坦带领披头士乐队，"假"美国之"途"，最终又使其占领美国市场，走向全世界。

◎借文化之名做美食◎

在中国的餐饮业，为菜肴起一个富于文化内涵的名字，是一种很普遍的现象。其实，这就是运用了"假途伐虢"的谋略。

在世界饮食文化中，中国菜一直享有很高的美誉。中国的菜品之所以在世界上很有名，不仅因为其色、香、味俱全，中国菜菜名的逗趣谐谑、妙趣横生也是一个重要原因。

例如，豆芽称为"龙须"，鸡蛋名为"芙蓉"或"凤凰"，鸡翅称作"华秀"，鸡爪名曰"凤爪"，豆腐又叫作"白玉"等。顾客会觉得"龙须""白玉"这些菜名更具有文化内涵，也更容易引起他们的兴趣。

不少菜名能够变俗为美，既形象又生动，引起人们的食欲。比如用豆腐、番茄加青菜做的汤叫"珍珠玛瑙翡翠汤"，再如"金钩挂玉牌"就是黄豆芽放在豆腐上，"龙凤呈祥"是鸡与蛇放在一起红烧……

还有一些专门代表"吉祥"含义的菜名。例如，过中国年时，家家总有一道鱼菜，取"年年有余"之意；竹笋炒猪排骨是"步步高升"；"金钱满地"就是冬菇摆在青菜上。还有一些菜品，人们在意的不是它的味道，而是菜名所引发的联想，像"掌上明珠""踏雪寻梅""苦凤怜鸾""翠柳啼红""金声玉振""碧血黄沙""游龙戏凤"等。

还有把茶蛋、松花蛋、卤蛋、咸鸭蛋等合放在一起的菜肴，这道菜叫"丹凤朝阳"；用红白萝卜和染色萝卜垫底，上面摆上八颗樱桃，插支孔雀的羽毛，再摆上一只母鸡头，这道菜叫"孔雀开屏"。菜的做法有很多，各有千秋，有的讲究食用价值，有的讲究观赏价值。还有一道菜，将莲藕切成薄薄数片，在孔眼中灌入江米，再将胡萝卜片刻成梅花的样子，这道菜就叫"梅花欢喜漫天雪"。

有些饭店菜名很通俗，如炒鸡蛋、酱肘子、烧熊掌、排骨汤等，虽然听着很明白，但是顾客听后觉得不文雅。所以，在不违背真实的前提下，给经营的菜肴起一些动听的名字，让普通的菜富有文化特色，这样更容易吸引顾客，也不失为一种经营方法。

【点评】

"假途伐虢"是以借路渗透，扩展军事力量，从而不战而胜的谋略。

假道的本意不是为了"敌胁"我援，而是为了顺势把兵力渗透进去，发动突然袭击，实现控制对方的目的。春秋时，晋国借道虞境，不但灭掉虢国，也顺手灭掉虞国。在这一过程中，晋献公以伐虢为由而借道虞境，从而一举两得，灭掉两个国家；虞公因为贪利而受了骗，朝夕之间便被人消灭。虞国大夫宫之奇为粉碎晋国阴谋，曾提出"辅车相依，唇亡齿寒"的观点，这也成为后世弱国联合抗击强国的重要战略思想。

假道伐虢在现代常用来指蒙骗利诱、借机攻取的策略，也就是以一个堂皇的名义，利用甲做跳板，去消灭乙，达到目的后，回过头连甲也一并消灭。因此，行动的时候一定要注意隐藏自己的企图，要注意骗取假联盟对象的信任，使其毫无戒备。否则，一旦被联盟对象发现，就会被揭穿，导致偷鸡不着蚀把米。

假途伐虢之计有以下三大特征：

一、托名。以堂皇的名义或诱以厚利建立假联盟。

二、借机。趁势发展自己的势力，站稳脚跟，控制联盟对象。

三、过河拆桥。灭掉假联盟对象，自己控制局面。

在商业活动中，假途伐虢之计，是自己在遇到经济危机或其他不利因素时，想出策略和计谋争取一切有利于自己的时机或者找出一个合情合理的借口，如扶危济贫之举等，取得有关部门和群众的支持及信任，从而深入其内部同他们拉好关系，获得长久发展，完成自己的真正目的。经营者应用此计，关键在于"假道"。当竞争对手的力量较强大时，依靠其他强者求得生存发展；当弱小的企业面临危机，可以通过技术援助控制或兼并他人的企业；也可以通过别的渠道，迂回发展，最后达到战胜对手、夺取市场的目的。

"三十六计"速记技巧

有学者为了便于人们熟记"三十六计",每计取一字,依序组成一首诗。全诗除了"檀公策"外,每个字包含了"三十六计"中的一计。熟读这首诗,也就记住了"三十六计"。

金玉檀公策, —— 金蝉脱壳、抛砖引玉。

借以擒劫贼, —— 借刀杀人、以逸待劳、擒贼擒王、趁火打劫、关门捉贼。

鱼蛇海间笑, —— 浑水摸鱼、打草惊蛇、瞒天过海、反间计、笑里藏刀。

羊虎桃桑隔, —— 顺手牵羊、调虎离山、李代桃僵、指桑骂槐、隔岸观火。

树暗走痴故, —— 树上开花、暗度陈仓、走为上、假痴不癫、欲擒故纵。

釜空苦远客, —— 釜底抽薪、空城计、苦肉计、远交近攻、反客为主。

屋梁有美尸, —— 上屋抽梯、偷梁换柱、无中生有、美人计、借尸还魂。

击魏连伐虢。 —— 声东击西、围魏救赵、连环计、假道伐虢。

第五套
◎并战计◎

◎第二十五计 偷梁换柱◎

【原文】

频更其阵①，抽其劲旅，待其自败，而后乘之，曳其轮也②。

【注释】

①其：本句中几个"其"字，均指盟友、盟军。②曳其轮也：语出自《易经·既济》卦。上卦为坎为水，下卦为离为火。水处火上，水势压倒火势，救火之事，大告成功，故卦名"既济"。既，已经。济，成功。本卦初九《象》辞：曳其轮义无咎也。意为拖住了车轮，车子就不能运行了；抽去梁柱，房屋就倒塌。

【译文】

频频变动友军的阵势（地），暗中抽换其主力，使其自取灭亡，而我则暗中控制它、吞并它。这就像控制了车轮就控制了车子的运行方向一样，而为我所用。

【计名讲解】

"偷梁换柱"作为一个成语，原意指偷偷地用梁来换柱。后来多比喻暗中玩弄手法，以假代真。偷梁换柱与"偷天换日"或"偷龙转凤"意思相同，语见《渔家乐传奇》中"愿将身代人金屋，做人偷天换日"一句。

作计谋时，其本意是乘友军作战不利，借机使其为己方所用。此计中包含尔虞我诈、趁机控制别人的权术，所以也常常作为一种政治谋略或外交谋略来用。

秦始皇活着时一直没有立太子，有一次，他外出巡视，结果得了重病，知道自己命不久矣，就嘱咐丞相李斯立扶苏为帝。但李斯竟与始皇的幼子胡亥、

偷梁换柱。

权臣赵高勾结，擅改遗诏，改立胡亥做了皇帝，这就是一招典型的偷梁换柱。

古人按语说："阵有纵横，天衡为梁，地轴为柱。梁、柱以精兵为之。故观其阵，则知其精兵之所在。共战他敌时，频更其阵，暗中抽其精兵，或竟代其为梁、柱；势成阵塌，遂兼其兵。并此敌以击他敌之首策也。"意思是说：布阵有东南西北的方位，"天衡"首尾相对，作阵的大梁；而"地轴"则连贯于中央，作阵的支柱。梁和柱之间的兵力部署，必须由主力来承担。所以，观察敌阵，就能够发现敌军主力的所在。而与其他军队联合作战时，就要时时改变其阵势，暗中抽换其主力，或派我方部队代其作梁、柱，这样一来，与己方联合作战的部队就无法守住阵地，我方可立即将其兼并，并立即把其兵力投入另一战斗中。这是吞并一个敌人，再去攻击另外一个敌人的谋略。

以上的这段按语，反映了战场上所谓的"友军"，不过是暂时与其联合罢了。因此，兼并盟友是十分寻常的事情。不过，作为一种谋略，此计的重点是对敌军"频更其阵"，也就是多次佯攻，促使敌人变更阵容，然后伺机攻击其弱点。这种调动敌人的谋略，往往能够收到很好的效果。

● 偷梁换柱

指用偷换的办法，暗中改换事物的本质和内容，以实现蒙混欺骗的目的。偷梁换柱应用到军事上，指的是联合对敌作战时，反复变动友军阵线，借以调换其兵力，等待友军有机可乘、一败涂地的时候，将其全部控制。

从敌军处制造获胜时机

迫使其不断改变阵型。

用计调开其精兵强将。

待敌军
自乱阵脚 不攻自破

我军趁机吞
并攻占敌军

实用谋略

 ◎吴汉智胜公孙述◎

在战场上，采用偷换的办法——这种"偷换"可以是转换行动方向，也可以是调换军队，总之是为了达到蒙骗敌军的目的，这就是"偷换换柱"的计谋。东汉时期大将吴汉击败公孙述的事迹，就是对这一计谋的一次成功运用。

东汉大将吴汉奉命率军讨伐在成都割据称雄的公孙述。吴汉的部队进入犍为郡所辖地区，攻克了广都县，又派轻装骑兵烧毁了成都市桥。不久，武阳以东的各城邑都投降了吴汉。

这时，吴汉接到了汉光武帝刘秀的诏书："成都有十多万敌军，不可轻视它，但应坚守广都，等待敌军来攻，不要主动出击与敌争锋。如果敌军不敢来攻，你就转移营阵逼迫它；必须等到敌军精疲力竭之时，方可进击它。"然而，吴汉并未把光武帝的话听进心里。他立功心切，竟擅自率领二万余步骑兵进逼成都，在距离成都十余里的江水北岸安营扎寨。为方便渡江作战，吴汉还下令在江上架设浮桥，同时让副将刘尚率万余人驻扎在江水南岸，致使南北两营相距二十余里。

光武帝在得知吴汉的行动后，非常吃惊，马上派人传诏书给吴汉，命其立即率兵返回广都坚守待敌。可是，没等光武帝的诏书送到吴汉手里，公孙述就派谢丰、袁吉带十余万人攻打吴汉，又另派大将率数万人马袭击刘尚的营寨，分别从南北两端牵制汉军，让其首尾不能相顾。

对汉军来说，情势十分危急。吴汉和公孙述的大军激战一天，不能胜利，只得退回营垒，眼看公孙述的人马即将对汉军形成包围之势。吴汉急中生智，想到了偷梁换柱的办法。他将众将召集到一起，激励他们说："我和诸位将军共同越过艰难险阻，转战千里，才得以深入敌人腹地。现在敌人兵临城下，我与刘尚的军队都遭到了包围，不能相救。任这种局面发展下去，后果不堪设想。因此，我打算秘密地转移兵马，与刘尚会合，集合力量，抗击敌人。如果齐心协力，人人奋勇杀敌，大功便可告成。若不如此，则必然失败。现在正是决定成败的关键时刻，是胜是负，就看这次行动了。"

战场之上，但凡陷入困境，必要以巧计争得生机。主意已定，吴汉以酒食款待将士，安顿战马，关闭营门拒不出战。同时，他又命令手下在军营中多多插立旗帜，保证营中烟火不断，给敌人造成吴汉军困营中的假象，迷惑敌人。

吴汉奉命率军讨伐在成都割据称雄的公孙述。

汉军南北两营分驻江水两岸，相距二十余里。

吴汉大破公孙述。

偷梁换柱的关键在"偷",所有行动都必须在暗中进行。吴汉成功地骗过敌人的耳目,在三天之后的一个晚上,悄悄地引兵过江,和刘尚会合。而公孙述对此还一无所知。

第二天,公孙述仍按照之前的战斗计划,命一部分兵攻打江北汉军,一部分攻打江南汉军。而吴汉则早已带领全部人马气势汹汹地从江南杀来。公孙述来不及调整战术,战场的形势在不知不觉间发生了变化。到了傍晚,公孙述这边已被杀得七零八落,大将谢丰、袁吉也战死沙场。

吴汉乘胜追击,在掌握了战场局势后,派刘尚率军进击公孙述,自己则带人驻守广都。他将战事报告给光武帝,毫不讳言自己的失误。光武帝看后回应说:"你率兵还守广都,很得要领。公孙述必定不敢丢下刘尚直接来攻击你。如果他先攻打刘尚,你从广都率领全部步骑兵行军五十里支援,那时公孙述定已疲困不堪,到时就很容易击败他了。"

吴汉接受了刘秀的建议,和公孙述军交战于广都与成都之间,八战八捷,成功进驻成都外城。公孙述兵败逃走,不久就被吴汉的大将杀死。其手下见大势已去,便打开城门,悉数投降。至此,蜀地割据势力被完全平定了。

◎偷天换日起死回生◎

春秋末期,晋国"六卿"掌握了晋国的大权,这六卿即范氏、中行氏、智氏、赵氏、韩氏和魏氏。晋出公十七年(前458),范氏和中行氏争权失败后仓皇出逃。智氏的智瑶独揽晋国朝政,称智伯,他与赵、韩、魏共分范氏和中行氏的封地。

之后,晋出公率军伐四卿,兵败身亡,智伯立昭公的曾孙骄为晋君,就是后来的敬公。当时智伯操纵政令大权,拥有土地最多,因而"四卿"中以智伯势力最强。从那时起,智伯心里就有了灭掉韩、赵、魏,自己取代晋君的打算。公元前403年,智伯为了消灭韩、赵、魏三家,便依照亲信缔疵的计策,以晋、越两国争当盟主,晋国要出兵讨伐越国为借口,令韩、赵、魏各献出自己的部分领地,如有不允,就出兵灭掉它。赵氏(赵襄子)、韩氏(韩康子)和魏氏(魏桓子)知道这是智伯假借晋侯之令,心里都对智伯充满了怨恨。

赵襄子率军民固守晋阳。

韩康子和魏桓子不服，想联合抗拒智伯，但权衡再三，只好忍气吞声割地给智伯。智伯得了韩、魏的土地后，更加骄纵了，又向赵氏要地。赵襄子年轻气盛，他与智伯本来就有间隙，听说韩康子和魏桓子割地给智伯，心里特别气愤，他回信给智伯，拒绝其无理要求。智伯愤怒之极，立即率韩、魏、智三家人马攻打赵国。赵襄子自知不敌，便出走到晋阳（今山西省太原东南）。

晋阳是赵襄子的父亲赵鞅的辖地，赵鞅管理晋阳时政通人和，百姓安居乐业。赵鞅临终前，让赵氏家臣尹铎治理晋阳，尹铎对待百姓很和善，人民都很拥戴赵氏。

张孟谈建议赵襄子联合韩、魏。

晋阳占地利、人和的优势，智伯率三家大军围攻晋阳，久攻不下，又引水灌城。晋阳为大水所淹，水面距城墙顶部仅有五六尺的距离。

眼见晋阳有被淹没的危险，被围困在晋阳城内的赵襄子，感到晋阳城危在旦夕。他召谋士张孟谈进帐共商对策。张孟谈说："对解救晋阳之危，臣已思索很久了。眼下智氏联韩、魏攻赵，灭赵后必以同样手段再灭韩、魏。臣知韩、魏并不甘于受智氏驱使。依臣之见，可以用'偷梁换柱'之计解晋阳之危。臣愿只身前往劝说韩康子和魏桓子，使之与我们联合，一起对付智伯。"赵襄子听后大喜，说："赵氏宗族得以保存，这次就全仰赖你了。"于是赵襄子让张孟谈即刻潜出晋阳，秘密会见韩康子和魏桓子。

见到韩康子和魏桓子，张孟谈对二人说："现在智伯统率你们两家攻打赵襄子，倘若赵襄子被打败了，韩、魏也会跟着灭亡。因为赵、韩、魏三国唇齿相依，唇亡则齿寒。为了我们的共同利益，不如韩、赵、魏三家联合伐智。"韩康子和魏桓子对张孟谈说："我们都知道这个道理。只怕智防范严密，事未成功，我们的密谋便泄露了。"张孟谈说道："此计出自我们三人，别人谁也不知道，只要我们守口如瓶，就不会泄露出去，你们放心好了。"经张孟谈反复劝说，二人终于同意订盟，约定日期，届时赵、韩、魏三家各率人马共击智军。订盟后，张孟谈悄然回到晋阳城内，向赵襄子复命。

到了约定的日子，赵襄子先派人连夜摸上水堤，杀掉守兵，将水堤挖决，放晋水灌入智伯军营。智军措手不及，顿时乱作一团。韩、魏两军乘势从左右两翼掩杀过来，赵襄子见智军慌乱，急命大开城门，率军由城内杀出来，以策应韩、魏两军。在韩、赵、魏三家的联合打击下，智伯的军队被杀得大败。

智伯骄纵轻敌，中了偷梁换柱之计，在韩、赵、魏三家盟军的共同攻击下，全军覆没。随后智氏宗族也全部被消灭，智伯也被杀死。晋国出现三家分晋的局面。

◎吕后杀韩信◎

"偷梁换柱"计经常在政治斗争中得以运用，可以起到蒙蔽敌人，使其麻痹大意的效果，吕后除韩信的过程中，就成功运用了偷梁换柱的计谋。

刘邦建立汉朝后，大封追随他征战的功臣们，有功的将领很多被封为王侯。而这些异姓诸侯王个个手握重兵，这无疑对刘氏天下形成了潜在的威胁。于是，如何剪灭异姓诸侯王，巩固汉朝的统治，便成了刘邦所要面临的首要问题。

在诸多异姓王中，以韩信势力最大，他自然也成了刘邦的首要敌人。项羽兵败后，手下的大将钟离眛四处逃亡，由于他以前与韩信关系很好，于是前去投奔韩信。岂料消息泄露，有人告发韩信谋反。韩信的谋臣建议韩信杀了钟离眛，以示自己的清白。韩信与钟离眛商议此事，钟离眛道："现在刘邦之所以不攻打楚国，正是因为我在你这里。你想擒拿我去讨好刘邦，我今天死了，随后灭亡的就是你韩信。"说完就自尽身亡。

刘邦在云梦泽捆绑韩信。

恰好刘邦采用了陈平的计策，宣称自己要巡游云梦泽。韩信不知是计，便带着钟离眛的首级去谒见刘邦。刘邦一见到韩信，就命令手下的武士将韩信捆绑起来，把他放在跟在皇帝后面的副车上。

韩信仰天长叹道："人们都说'狡兔死，走狗烹；飞鸟尽，良弓藏；敌国破，谋臣亡'，如今天下已定，我本来就应该被处死！"刘邦将韩信押回洛阳，最终还是赦免了韩信的罪过，将他贬为淮阴侯，并从楚地调回京城居住，实质上是变相软禁。

韩信被贬之后，深知刘邦畏惧他的才能和威名，所以经常装病不参加朝见或跟随皇帝出行。其实韩信虽然立有大功，但一直对刘邦忠心耿耿，当初楚汉相争最激烈的时候，谋士蒯通曾建议韩信背弃刘邦自立为王，三分天下，但韩信感念刘邦对自己的厚遇，断然拒绝了蒯通的建议，后设十面埋伏困项羽于垓下，最终逼得项羽乌江自刎，助刘邦一统天下。而今却落得这样的下场，心中的怨恨和不满越来越强烈了。

公元前200年，刘邦任命陈豨为代相，命其统率边兵对付匈奴。陈豨临行前向韩信辞行。韩信屏退左右，以自己的遭遇为例，告诫陈豨说："你所管辖的地方，屯聚了天下的精兵，而你又是陛下亲近宠爱的臣子，如果有人密告你谋反，陛下一定不相信；而如果有人再次密告你谋反，陛下

陈豨劝韩信谋反。

心中就会有所怀疑；如果有人第三次告诉你谋反，陛下必定会勃然大怒，然后亲自率军征讨。你不如趁此机会，起兵反汉，我在京城里接应你。"陈豨平素就信服韩信的才能，当下表示一切听从韩信的指示。

公元前197年，陈豨果然在代郡反叛，自立为代王。刘邦亲自率兵前往征讨，韩信称病，没有随高祖出征。当初二人约定：陈豨起事后，韩信在夜里诈称奉刘邦密诏，赦放那些囚徒和官奴，然后率领他们去袭击吕后和太子。恰在

吕后杀韩信。

此时，韩信的一位门客因得罪了韩信，就定下了铲除韩信的计谋。吕后派人在京城四处散布消息，说陈豨已被杀死，皇上得胜，即将凯旋。

韩信听到这个消息，又不见陈豨派人前来联络，心中甚是恐慌。恰好丞相萧何亲自来到韩信家中，宣称皇上得胜回朝，诸侯群臣都进宫朝贺，请韩信立即进宫。韩信素来对萧何比较信任，便与他一同乘车进宫。吕后一见韩信，便命武士把韩信捆绑起来，在长乐宫中的钟室里斩杀了他，并夷其三族。韩信临死前叹息道："吾不用蒯通计，反为女子所诈，岂非天哉！"

可惜韩信聪明一世，却不知道陈豨已死的消息根本就是一个谎言，他死了两年之后，陈豨的叛乱才彻底被平定。

吕后和萧何设计在宫中除掉韩信，但是他们生怕韩信不中计，便谎称陈豨已经被杀，刘邦也已得胜归来。韩信不知是计，这才误中圈套。在这则故事里，萧何和吕后施用的便是偷梁换柱之计。

商业案例

◎阿根廷香蕉◎

在商业活动中，通过变更自己商品的名称，也可以获得利益。

吉诺·普洛奇被誉为"商界奇才""美国食品大王""推销怪杰"。普洛奇出身贫寒，长大后在杜鲁茨食品商大卫·贝沙的超市连锁店找到一份推销工作，不久，他很快凭着自己的推销才能，被提拔到总店工作。

初到超市时，普洛奇主要负责卖水果，正当普洛奇勤劳工作的时候，发生了一件意外的事情。贝沙连锁店冷藏水果的冷冻厂起火了，等救火队员将火扑灭时，发现有18箱香蕉被火烤得有点儿发黄，香蕉皮上还有许多小黑点。贝沙将这18箱香蕉交给普洛奇，告诉他说，价钱低些也无所谓，只要卖出去就行。

接过这些香蕉，普洛奇犯难了，他不知道如何是好。他心里想，谁会买这些难看的香蕉呢？普洛奇担心，如果这18箱香蕉卖不出去，贝沙先生可能会怀疑他的工作能力。

普洛奇硬着头皮将这些发黄的香蕉摆了出来，标上很低的价格拼命叫卖，但只有几个人来摊位前看一下，问完价又转身走了。无论普洛奇怎样解释这些香蕉仅仅是外表不好看，味道绝对可口，但还是没有人买。

这棘手的任务该怎么完成呢？正当他失落之际，他随手剥开一根香蕉咬了一口，觉得香蕉倒

是别有一番滋味。他突然想出了一个好主意，"对，就这么办！"普洛奇高兴得叫了起来。

"美味的阿根廷香蕉，风味独特，快来买呀。"第二天，普洛奇早早地摆出了水果摊，大声吆喝起来。

吆喝声吸引了不少人，他们围在水果摊前，盯着这些皮稍微发黄的香蕉。"独此一家，过时不候。"普洛奇又大声吆喝起来。

"这真是阿根廷香蕉吗？"看着这些带着小黑点的"阿根廷香蕉"，大家疑惑地问道。

"当然是"，普洛奇肯定地说，"您肯定从来没见过。我敢保证，它的确与众不同，不信您尝尝。"

"嗯，的确与众不同。"那人尝后点点头对周围人说。说完，那名顾客掏出钱来要买香蕉。

普洛奇凭三寸不烂之舌，将阿根廷香蕉说得天花乱坠，然后又剥开一根香蕉递到另一个人的手里。

这时，围观的人们也纷纷掏钱来买阿根廷香蕉，尽管它的价格比普通香蕉贵了近一倍。但是没过多长时间，18箱香蕉就被抢购一空了。

普洛奇在推销香蕉的时候，运用了偷梁换柱之计，称自己所卖的被火熏黄的香蕉为阿根廷香蕉，这就引起了顾客的兴趣，于是很快就把香蕉卖出去了。

◎偷梁换柱害人又害己◎

偷梁换柱之策，在商务谈判中，有其特殊作用，即根据谈判双方都急于了解对方底细的心理，使对手上当。如故意让对方得知自己的假底细，或将假情况故意泄露给对手，等等。因此，在谈判过程中施用"偷梁换柱"之计，可以给对手制造假象，耗费其精力，以取得谈判的胜利。

在经商活动中，采用偷梁换柱这一计，主要表现在两方面：其一是盗用名牌商标，以欺骗的手段，生产制造假冒伪劣产品，从中牟取暴利。在商品经营活动中，这种方式是屡见不鲜的，如市场上出现的假名牌酒、假名牌烟等。这种投机经营的行为只能一时得势，是不会长久的。无论是对生产者还是经营者都是不可取的。其二则是反其意而用之，通过不断更改自己的形象，在激烈的市场竞争中取胜。产品在生产初期，尚处于试制试销阶段时，需要经常变更形象，待产品成熟后，再以固定的形象出现在消费者面前。

变更的形式有多种：一、变更企业名称。当企业在消费者心目中信誉不佳的时候，采取这种策略，目的是重新树立新的企业形象。二、模仿名牌商标。即利用名牌商标推销自身产品。但这种模仿应该是质量过硬、价格低廉，否则易导致消费者对产品厌弃。三、改变产品商标。在产品初创、不知市场反馈如何的时候，先不注册商标，等产品质量过硬后再注册商标。

在经济活动中，有些企业不依法经营，只顾赚钱而不讲道德，竟采取偷梁换柱手段，以劣充好，欺骗客户，这种方式是不可取的。

某市第一毛纺厂与第二毛纺厂签订了一份购销合同，合同规定：在毛纺厂仓库交货。第一毛纺厂按合同规定的时间提前打包封装，两次向第二毛纺厂发货。第二毛纺厂收到货后，经抽样检查和上机试验，发现所收货物不符合质量要求，根本不能使用，于是电告第一毛纺厂停止供货，并到银行办理了拒付款手续。第一毛纺厂收到拒付理由书后，以第二毛纺厂违约为由，向某经济合同仲裁委员会申请仲裁，告第二毛纺厂违反了合同。仲裁委员会经过充分调查，认为违约的不是第二毛纺厂，而是第一毛纺厂。第一毛纺厂以次充好，交付不能使用的产品，按规定实属违约，应负全部责任。因此，仲裁庭裁决第一毛纺厂向第二毛纺厂偿付违约金并承担仲裁费和质量鉴定费，已交付第二毛纺厂的劣次品全部退回，往返运费由第一毛纺厂承担。第一毛纺厂的这种违法经营方式，不但败坏了自己企业形象和声誉，还要受到法律的制裁。

【点评】

　　自20世纪80年代中后期一直到90年代初期，大众读物市场是属于新派武侠小说"金梁古温"四大家的辉煌时代。许多四十岁左右的人至今依然能够清晰回忆起自己初看"全庸著"小说时的恍惚与迷惑，以及搞清被愚弄之后的气急反笑。在他们的脑海里，其实不仅有"全庸"，还有"金康""全康""金唐"等名目。当这些"加减法"被识破之后，更高妙的技法应运而生："金庸巨著"，四字连成一线，根本不容你分辨是"金庸巨——著"还是"金庸——巨著"，"金庸新著""金庸力作"自然也在此列。对应着古龙的有"古尤""吉龙""古犬"等。梁羽生除"梁诩生"外，尚被偷"梁"换"梁"为"梁羽生"。

假借君主委托接收军权是"偷梁换柱"之计的典型实用手法之一。

　　梁和柱是建筑结构中最关键、最重要、最结实、作用最大、选料最精的部件。建筑物是否稳固，取决于梁和柱；梁软屋塌，柱拆房垮。

　　正因为梁和柱在房屋建筑中起如此巨大的作用，梁和柱除了用来类比其他事物的关键与精华部件外，还经常用来比喻国家和社团里重要的、关键的、优秀的、起中坚作用的精英人物。虽然二者都很重要，但二者所起的作用是有重大区别的。偷梁换柱作为一个比喻，指使用手段，暗中更换事物的关键部分，从而改变事物的性质和内容。用现在流行的说法，是属于制假贩假一类的手法，因此，要对付它，就得打假。

　　无论用在政治上还是商业上，偷梁换柱都是不那么光彩的。可是有这么个故事，看了后你就会明白，熟悉它、掌握它，还是有用的！

　　清朝康熙年间，有一粮店的刘老板，为了提高利润，他打算把秤调小。当时的计量单位为十六两一斤，他想改为十五两一斤的。他摆了一桌酒席，让儿子把制秤的吴师傅请来。酒过三巡后，吴师傅问刘老板打算制作什么秤，刘老板就把自己的想法说了，接着把沉甸甸的五十两银子递了过去。吴师傅勉强答应了，可刘老板的儿子不同意这样做，他认为：这样只能骗一时，过不了多久人们就会察觉出来，再也不会来这里买粮食了，那样粮店也就黄了。但他没有立即表明自己的态度，当刘老板让他送吴师傅时，出了二门后，他悄悄地对吴师傅说："我父亲刚才说错了，其实想让您做十七两一斤的秤。"说着把一块足有七十两的银子递了过去，并对吴师傅说："给您添麻烦了，请您笑纳。"吴师傅愣了一下，接过银子，告辞走了。三天后，刘老板的小儿子取回了秤并放在柜台上。又过了一个月，刘老板上店里看生意时，一个小伙计对他说："老板真是有福，隔好几条街的人都上咱这买粮食。"刘老板一听，心里别提多高兴了，但没有细想为什么会有这么多人来。一晃到了年底，盘账时比往年多赚了五千多两银子，当刘老板神秘地把因为秤上少一两才赚这么多钱的秘密告诉家人时，他小儿子突然跪下了。在场的人都楞了，小儿子磕头请求父亲原谅，当刘老板问什么事时，小儿子就把让吴师傅改秤的事说了一遍。刘老板听后大吃一惊，让大儿子把秤取来验证，果然是多一两。第二天，刘老板对全家人宣布，小儿子升为店里的掌柜，负责店里的经营。

○第二十六计 指桑骂槐○

【原文】

大凌小者，警以诱之①。刚中而应，行险而顺②。

【注释】

① 大凌小者，警以诱之：强大者要控制弱小者，要用警戒的办法去诱导他。② 刚中而应，行险而顺：语出《易经·师》卦。师，卦名。本卦为异卦相叠（坎下坤上）。本卦下卦为坎为水，上卦为坤为地，水流地下，随势而行。这正如军旅之象，故名为"师"。本卦《彖》辞说："刚中而应，行险而顺，以此毒天下，而民从之。""刚中而应"是说九二以阳爻居于下坎的中信，叫"刚中"，又上应上坤的六五，此为此应。下卦为坎，坎表示险，上卦为坤，坤表示顺，故又有"行险而顺"之象。以此卦象的道理督治天下，百姓就会服从。这是吉祥之象。毒，督音，治的意思。

【译文】

强者制服弱者，要用警告的办法来诱导他。主帅强刚居中间正位，便会有部属应和，行事艰险而不会有祸患。

【计名讲解】

"指桑骂槐"作为一个成语，本意指的是指着桑树骂槐树。后来比喻借题发挥，指着这个骂那个。指桑骂槐的意思与指桑说槐、指东说西、指猪骂狗、捉鸡说狗等相似。这几个词语意义相近，结构相似，由于桑槐、东西、猪狗、鸡狗等事物与人们的日常生活关系密切，故而人们在表达指此说彼的意思时，便自然用到了这些词语，以达到生动形象的效果。

作为一计，语见于《金瓶梅词话》六十二回："他每日那边指桑树骂槐树，百般称快；俺娘这屋里分明听见，有个不恼的？"

指桑骂槐。

《红楼梦》第十六回中也说道："凤姐道：'你是知道的，咱们家所有的这些管家奶奶，哪一个是好缠的，错一点儿，他们就笑语打趣，偏一点儿他们就指桑骂槐……'"

作为作战的计谋，指桑骂槐本是一种间接训诫部下，以使其敬服的谋略。此计还引申为运用各种政治和外交谋略，"指桑"而"骂槐"，向对手施加舆论压力以配合己方的军事行动。对于弱小的敌人，可以用警告和利诱的办法，不战而屈人之兵；对于强大的对手，则可以旁敲侧击以威慑他。

古人按语说："率数未服者以对敌，若策之不行，而利诱之，又反启其疑，于是故为自误，责他人之失，以暗警之。警之者，反诱之也。此盖以刚险驱之也。或曰：此遣将之法也。"意思是说：统率那些一向不听指挥的部队对敌作战，如果我发令而部下不执行，如果靠利益去拉拢，反而使其怀疑。这时，可以故意制造事端，责难其发生过失，借以暗示警告。所谓警告，是从另一面使其折服，这是使用强硬而果敢的手段以慑服部下的办法。因此，这也是调兵遣将的一种手段。

● 指桑骂槐

此计用在军事上，指的是战争指挥者用"杀鸡儆猴、敲山震虎"的最有效的暗示手段，来慑服部下、树立威严。通俗地说，作为一个有德、有信的军事指挥员，必须刚强而不偏激，果断而勇敢，这样才能使士兵信服和顺从。

大国

小国

适当的强硬。 使其拥护

果敢的手段。 使其敬服

诱导其归顺

实用谋略

◎ 田穰苴严军纪斩庄贾 ◎

当自己身处高位，但尚不能服众时，可以借有人不服从自己的机会，扬刀立威，杀一儆百，以树立自己的威信。

春秋后期，晋国和燕国经常联合起来侵扰齐国西北部边境。公元前531年，燕国军队攻入齐国河上之地，晋国军队则侵入齐国的阿、甄等地。边境的告急文书，一个接一个地飞往齐国的都城临淄，齐国国内大乱。齐景公忧心忡忡，便找来相国晏婴一起商量对策。晏婴认为，齐军屡败的原因，主要是主将无能，眼下当务之急是选拔一位有才能的大将，于是他向齐景公推荐了田穰苴。

田穰苴是齐国贵族田完的后裔，出身于田氏的庶支旁系，到他这一代田氏族人已经是一般平民了。虽然田穰苴地位卑微，但是他勤奋好学，尤其喜欢读前人的兵书。从军之后，田穰苴屡立战功，常常凭着自己的武略威慑敌人，是一位有勇有谋的军事人才。

齐景公听了晏婴的介绍，真是喜出望外。于是，齐景公立即派晏婴备厚礼，前往东海之滨请田穰苴。田穰苴来到临淄，齐景公拜他为大将，命他领兵去迎战晋、燕两国的军队。

田穰苴身材矮小、容貌丑陋，他深知自己人微言轻，难以调动军队，于是就请求派一位德高望重的大夫做他的监军，齐景公沉思片刻，决定派自己的宠臣庄贾担当监军之职。

一切准备就绪，田穰苴与庄贾向齐景公告辞，出来后田穰苴对庄贾说：“现在军情紧急，请监军大人明天中午在军营门口会合整饬军马。”第二天，田穰苴提前赶到军营，在营门前竖起计时的标杆，上面挂着滴漏铜壶，等待庄贾的到来。

到了正午时分，还不见庄贾的踪影。于是，田穰苴命令部下，立即砍倒标杆，放掉漏壶中的水，然后返回营中，集合全军，点兵遣将，部署出征的事宜。庄贾为何没有及时赶到呢？原来，庄贾向来骄纵，仗着齐景公对自己的宠信，对新提拔的田穰苴根本不放在眼里，对于中午在军营门口会合的事更是不当回事，这次自己又是全军的监军，所以只顾与送行的亲友喝酒取乐，把昨天的约定完全丢在了脑后。

齐景公任用田穰苴。

处理完军务后，田穰苴身着戎装在军营门口等待庄贾，一直等到日落西山，还没见到庄贾的踪影。田穰苴正要返回营帐，忽见庄贾乘着华丽的马车正向军营驶来。等到庄贾走下马车，田穰苴强压住心中怒火，厉声问道：“军情紧急，约好监军大人今天中午在军营门口会合。现在太阳都下山了，监军才来到军营，这是为何？”

“啊，是这么回事，亲戚朋友听说我做了监军，特邀我去吃了几杯酒。所以来晚了一会儿。”田穰苴听罢，愤怒地说道：“你作为监军，难道不知道军纪吗？执行命令是一个军人的天职！现在敌人侵我国土，边境上的将士都在浴血奋战，你倒有心思喝酒庆贺！”说到这里，田穰苴转过身，向后边的军法官问道：“庄监军违犯军令，按军法该如何处置？”

“当斩！”

庄贾一听到“斩”字，吓得腿都站不稳了。他心知不妙，急忙打发随从快马加鞭，赶紧去向景公求救。

“立即拿下去斩首示众！”田穰苴一声令下，士卒将庄贾绑了起来，然后押到营门外等候处斩。

田穰苴把国君的宠臣绑了起来，三军将士见了无不震惊。过了一会儿，齐景公派来的使者手执符节，直驰营中，向田穰苴传达景公赦免庄贾的命令。田穰苴大怒道：“将在外，君命有所不受！庄贾贻误军机，触犯军法，按军法

田穰苴严明军纪。

当斩，谁都不能庇护！"

没过多长时间，庄贾的人头就悬挂在辕门的旗杆上了。

田穰苴又回头问军法官："在军中策马奔驰者，该当何罪？"

"当斩！"

齐景公的使者听说自己犯了"军中驰马"的死罪，顿时吓得瘫在地上，拼命地喊他是齐王派来的。田穰苴说："国君的使者不能斩首，如果那样做，是对国君的大不敬。既是国君派来的使者，可以不杀，但必须执行军纪。"于是下令斩了使者的仆人，砍了马车左厢的木柱，宰了左边那匹驾车的马，以此来代替使者的死罪，并号令三军，以正军法。顿时，三军军威大震，三天之后部队出发了。

正在进攻齐国的晋军得知田穰苴率军赶来，且听到田穰苴斩杀庄贾的事情，知道田穰苴不容易对付，便收兵离开了齐国。燕军听到晋军已经撤退回国的消息，感到势单力孤，不愿与齐军争锋，也急忙北渡黄河，撤兵回国了。田穰苴率军乘胜追击，一举收复了被晋、燕侵占的疆土，安抚那里的百姓，然后班师回朝了。

田穰苴领命之初，深知自己人微言轻，难以服众，所以便拿庄贾扬刀立威，作为严肃军纪的突破口。其目的是在军中树立起自己的威严，告诫部下必须严明执法。

其实田穰苴此举是设置了一个"圈套"，但这个圈套并不是故意陷害人的。如果庄贾严守军纪，对别人同样能够产生正面的榜样作用，将士们看到庄贾严守军纪，就会这样想：连齐景公的宠臣都无条件地执行司马穰苴的命令，我们还有什么好说的，谁还敢不服从命令？如果庄贾因违纪而被处罚，那就全军树立了一个反面典型，假如有人胆敢违抗命令，就会得到与庄贾同样的下场。连齐景公的宠臣都敢杀，还有谁不敢杀呢？因此，可以说田穰苴斩杀庄贾是对指桑骂槐之计的一次巧妙运用。

○西门豹治邺○

初到一个地方管理事务，可以采用指桑骂槐的办法，间接地打击该地的不良现象，并树立自己的威信。

魏文侯派西门豹治理邺城，到邺城后，西门豹向当地德高望重的人请教地方的风土民情，当他听到"为河伯娶妻，穷尽民财"时，心里有些疑惑。当地人告诉他，为免水患，每年邺城百姓都要张罗给河伯娶个妻子，邺城的三老、廷椽也以此为名向百姓征缴重税，而负责此事的女巫则要在小户人家中拣选未婚女孩作为河伯之妻。仪式开始后，被挑选为河伯妻子的姑娘就被放在一张草席上，送入河

西门豹向邺地百姓询问当地情况。

中。河水湍急，载着姑娘的草席漂不了多远就沉没了。邺城的百姓都对此事敢怒不敢言。

西门豹认为，要想消除这一恶俗，其关键是惩处通过这件事而获利的三老，于是，西门豹告诉当地百姓："到了河伯娶妻的时候，希望三老、巫祝、父老都到河边去送新娘，到时我也要亲自送这名女子去嫁给河伯。"

河伯娶妻的日子到了，西门豹来到仪式现场，发现当地的三老、官员、巫祝果然都到齐了，百姓也来了很多，足有上千人之多。

负责主持仪式的巫祝是个上了年纪的巫婆，她身后还跟着不少衣着华丽的女弟子，西门豹假装对河伯娶妻的事情非常好奇，他要巫祝把即将成为河伯妻子的女子带过来，西门豹将她上上下下打量一番，说："这女子不漂亮。"然后，他又看了看站在身后的巫婆，

西门豹命人投巫婆入河。

说："麻烦你到河里去禀报河伯，就说需要重新找个女子，过几天再给他送去。"说完，便命左右差役将巫婆扔到河里。

西门豹在河岸上站了好一会儿，又转过头对巫婆的女弟子说："你们师父去了那么久都没回来，你们去催催她吧。"于是，巫婆的女弟子也被扔到河中。

又过了一会儿，西门豹又对三老说："巫婆和她的弟子都是女子，不能把事情讲清楚，请三老替我说明情况。"接着又把三老扔到河里。此时，站在三老身旁的廷掾早已吓得面如土色，慌忙跪倒在地，不住地磕头谢罪。西门豹饶恕了廷掾，自此之后，邺城没有人再敢提议为河伯娶妻了。

西门豹借口为河伯挑更漂亮的妻子，把巫婆、三老扔到河中，此举不仅警告了那些通过为河伯娶妻而牟利的人，还震慑了当地所有搜刮民财、伤害百姓的人，大大改善了邺城的风俗。而在消除了河伯娶妻的陋习后，西门豹开始带领邺城百姓治水，他们通水渠，筑堤坝，经过多年的努力，终于消除了邺城的水患。

○古弼巧谏太武帝○

《孙子兵法》在阐释"指桑骂槐"时提到，这是一种居上位者控制处下位者的方法。但在现实生活中，处下位者也可对居上位者施用此计。有些时候，对于一些问题，处下位者意识到了，可是居上位者没有，由于种种原因，处下位者的声音很难被居上位者听到。这时处下位者便可用指桑骂槐的办法来吸引居上位者的注意力。北魏大臣古弼就是这样使原本专注下棋的太武帝认认真真地倾听自己关于民生情况的报告的。

公元444年的一天，古弼接到了

朝廷在上古建造皇家范围给老百姓带来了极大的灾难。

一封来自上谷（今河北省张家口一带）民众的信，信上说朝廷在上谷建造皇家苑囿给老百姓带来了极大的灾难，劳民伤财不说，还让大量农民失去了赖以生存的土地。当地百姓希望朝廷能悯恤下情，将土地还给农民。

古弼看完信后，马上写了奏折，进宫向太武帝进谏。不巧的是，他进宫时，太武帝正在和一个名叫刘树的大臣下棋，整个人都专注在棋局上，没心思理会古弼。古弼站在旁边等了很久，都没见太武帝流露出一点听自己说话的意思。

古弼巧谏太武帝。

古弼又急又气，但他不能直接打断太武帝下棋，向太武帝诉说自己的不满。于是，他急中生智，突然抓住刘树，将他从凳子上扯下来。然后，一只手揪住刘树的耳朵，一只手攥成拳头猛打刘树的后背，刘树被打蒙了，太武帝也愣住了，惊讶得连手里的棋子都掉在了地上。古弼一边打一边骂："国家的事没治理好，全都是你的罪过。"太武帝一听，很快反应过来古弼是在指桑骂槐。但他没有因此发怒，而是一面制止古弼，一面表示是自己不好，没有及时处理古弼的奏折："是我的过错，和刘树没关系，快放开他！"

古弼见太武帝明白了自己的用意，就松开刘树，将上谷民情一一陈述。太武帝听了，马上下令将当地皇家苑囿的一半土地分给贫民。几天之后，古弼为殴打刘树一事向太武帝赔罪，太武帝没有怪罪他，还嘱咐他，如果以后再有什么民情国事要禀报，不用拘泥于礼节，只管大胆去做便可以了。

古弼的指桑骂槐起到了很好的效果，太武帝显然对自己下棋误政的行为进行了反思，肯定了古弼大胆进谏的行为。不过，需要注意的是，如果古弼面对的不是一个勇于纳谏、知错能改的英明君主，那他的做法多半会起到反效果。因此，如果打算用指桑骂槐的方法向某人提意见，首先要看对方是怎样的人，若对方会因此而恼羞成怒，则不妨采取更为委婉的方式转达自己的意图。

商业案例

◎指桑骂槐成就了"小职员"◎

日本寿险业有近百万名从业人员，在日本，很多人不一定知道全日本二十家寿险公司总经理的姓名，却没有一个人不认识原一平，他的一生充满传奇。

原一平身材矮小，其貌不扬，在机缘巧合之下进入了日本著名的寿险公司——明治公司。在明治公司工作三年后，原一平为了大幅度、高层次地推销保险业务，构想出一个详尽而周密的推销计划。他找到保险公司的董事长串田万藏，要了一份介绍日本大企业高层次人员的资料。串田先生不仅是明治保险公司的董事长，还是三菱银行的总裁、三菱总公司的理事长，是整个三菱财团的最高首脑。原一平想，通过串田，不仅可以使自己经手的保险业务打入三菱的所有组织，而且还能打入与三菱相关的所有大企业。但原一平不知道，保险公司早有约定：包括董事长串田在内，凡从三菱来明治工作的高级人员，绝对不介绍保险客户。

果不其然，原一平刚见到串田，就被当场回绝，而且还受到对方的一顿奚落。原一平觉得串田有些咄咄逼人，便顶撞了他几句。串田身为集团总裁，还没有哪个下属敢违逆他的决定，因此十分生气，就把原一平赶了出去。

原一平气冲冲地走出三菱大厦。一路上他想了很多，他为自己的计划被拒绝而感到失望，对自己的上司也很气恼。当他无可奈何地回到保险公司，正要向上司阿部提出辞职请求时，电话铃响了。

阿部拿起电话。电话是串田打来的，他告诉阿部，原一平到他那里对他恶语相加，他非常生气。停了一下，串田说道："也许原一平的想法是对的。保险公司以前的约定确实偏激，我们也是保险公司的高级职员，理应为公司贡献一分力量。我想，我们还是参加保险吧。"

第二天，串田亲切会见了原一平。他说已经召开过临时董事会，决定凡三菱的有关企业必须把全部退休金投入明治公司，作为保险金。

在这则故事中，原一平面对上司咄咄逼人的架势，不但毫不退缩，还敢于顶撞，终于使对方对他产生敬服之心，所以采纳了他的计划。这则故事正是指桑骂槐的计谋在商业领域的成功运用。

◎凯瑟琳的"诚实无欺"策略◎

凯瑟琳·克拉克是一位能干的主妇。她凭着自己高超的厨艺，开了一家小家庭式面包屋。凯瑟琳当时开面包屋的想法很简单，就是增加一些收入来补贴家用。可谁曾想到，就是这间小小的面包屋，在十年时间里竟然发展成一家年收益 400 万美元的大型食品公司。凯瑟琳经营的秘诀是什么呢？只有四个字，那就是"诚实无欺"。

凯瑟琳标榜她的面包是"最新鲜的食品"，保证绝不卖存放超过三天的面包。为了得到消费者的信任，凯瑟琳在包装上特别注明了面包的烘制日期。

起初，这个规定给她带来巨大的麻烦。因为一种新产品上市，不可能马上就有销路。存货一多，要严格执行"不超过三天"的规定的确很困难。尤其是各经销店，不愿天天检查面包的烘制日期，他们宁愿把过期的面包留在店里卖。凯瑟琳知道后，坚决把过期的面包收回，许多人开始抱怨凯瑟琳，说她这样做未免太认真了；再者，一个面包存放三天也不会变质，为什么非要坚持这一规定呢？凯瑟琳不听这一套，还是一如既往地坚持这一原则。她严格要求自己的职工，让他们无论如何都要保证面包的新鲜度。

有一次，发生一场水灾，市场上面包紧缺，凯瑟琳公司的外勤人员由于没有接到特别的指示，照常按循环表到各经销店送刚烘出来的新鲜面包，回收超过期限的面包。

一天，运货员在几家偏僻商店收回了一批过期面包，返程途中停在人口稠密区的一家经销店前，立刻被一群抢购面包的人围住了，提出要购买车上的面包。

运货员向他们解释，说面包是过期的，不能卖给大家。这群人不信，说这是囤积居奇，想卖大价钱。人越围越多，连记者也赶来了。

运货员被逼无奈，只得解释说："各位女士、先生，请相信我。我不是不肯卖，更不是想囤货投机，实在是我们规定得太严了。车上面包全是过期的，如果我们经理知道了我把过期的面包卖给顾客，我就会被开除的。因此请你们原谅我吧。"

不管运货员如何解释，顾客们非要坚持买车厢里的面包。运货员无奈之下，只得答应了他们的请求，结果这车面包很快就被抢购一空。回去后，这位运货员果然受到凯瑟琳的严厉指责。记者们知道了这件事后，都替这位运货员鸣不平。这件事后，大家都为凯瑟琳的诚信与严谨而感到敬佩，面包房的名气越来越大了。

凯瑟琳为了保证面包房的良好信誉，对公司职员严格要求，对于运货员被迫销售"过期"面包的行为，凯瑟琳对其进行严厉批评，这对面包行业的其他经营者也是一个警示，起到了"指桑骂槐"的效果。

○人和产品为先，然后才是利润○

"把利润放在人和产品之后是福特公司造就的奇迹。"福特公司前任 CEO 唐·皮特森如是说。

美国福特公司是奉行生产观念的典型代表，该公司创始人亨利·福特于 20 世纪初开发汽车市场时，通过改进生产线，大规模地生产黑色 T 型车，大大降低了成本，使大多数美国人都能开上福特车。但降低成本并不是福特汽车追求的最终目标，福特公司一直将人和产品放在利润之前，并致力于创造一个完美的"顾客企业"。

企业与顾客的关系也叫"顾客资本"。在智力资本的三大领域（人力、结构和顾客资本）中，顾客资本无疑最具价值，因为顾客是衣食父母。正因如此，顾客在财务上留下来的足迹，比其他人、系统或能力更容易跟踪分析。

福特汽车公司在经过研究后得出结论：顾客忠诚度（下一次仍买福特汽车的顾客人数）增加一个百分点等于年利润增加一亿美元。福特汽车将诸如此类的问题一个个细化到每一位负责人手上，将"顾客利益至上"的法则体现得淋漓尽致，另外他们在处理体现在投诉信、顾客回头率、交叉销售、顾客推荐、回复电话的速度等方面的问题时，都有比较出色的表现，可以预见的是，通过种种努力，福特汽车势必进一步巩固和发扬"顾客企业"的模式。

福特汽车已然是世界一流的汽车企业，但它仍然坚守着亨利·福特先生开创的企业理念："消费者是我们工作的中心所在。我们在工作中必须时刻想着我们的消费者，提供比竞争对手更好的产品和服务。"正因为这样，2004 年，福特汽车的 32 万名雇员在世界各地二百多个国家的福特汽车制造和销售企业中，共同创造了 35 亿美元的净收入。

福特汽车公司通过一如既往的"利润第二"法则，在取得了客户的信任与支持后，其旗下拥有的汽车品牌也不断增多，此外，还拥有世界最大的汽车信贷企业——福特信贷（Ford Credit）以及汽车服务品牌（Quality Care）。这些都是人们非常熟悉的品牌，同时，由于福特汽车公司多年的苦心经营，这些品牌本身在消费者心目中都具有巨大的价值。

一个成功的企业，必须要有对利润的预见性，不论是将利润排在第几位，其目的还是利润，长期和客户的利益共存，设身处地地为客户着想，这是全球化经济时代必须要实施的战略。"利润第二"法则有"指桑骂槐"的智慧。

【点评】

民间有很多关于"指桑骂槐"的轶事，在传说与历史故事中，又有很多指桑骂槐的高手，如淳于髡、孟优、东方朔等，几乎把这个"骂人术"变成了一门高雅的艺术。

在经商活动中，使用"指桑骂槐"之计，对于强大的一方来说，可以用来警戒震慑弱小的一方。对力量弱小的一方来说，采取强硬、果敢手段，也能取得意想不到的效果。

"指桑骂槐"是"指此说彼"的最有效的暗示手段。

◎第二十七计 假痴不癫◎

【原文】

宁伪作不知不为，不伪作假知妄为①。静不露机，云雷屯也②。

【注释】

① 宁伪作不知不为，不伪作假知妄为：宁可假装着无知而不行动，不可以假装知道而去轻举妄动。②静不露机，云雷屯也：语出《易经·屯》卦。本卦为异卦相叠（震下坎上），震为雷，坎为雨，此卦象为雷雨并作，环境险恶，为事困难。"屯，难也"。《屯卦》的《彖》辞又说"云雷，屯"。坎为雨，又为云，震为雷。这是说，云行于上，雷动于下，云在上有压抑雷之象征，这是屯卦之卦象。

【译文】

宁愿假装不知道而不采取行动，而不要假装知道而轻举妄动。要沉着冷静，不露出真实动机，如同雷霆掩藏在云雷后面，不显露自己。

【计名讲解】

"假痴不癫"作为三十六计中的一计，本意指的是假装痴呆，掩人耳目，另有所图。此计出自《左传·僖公二年》："晋荀息请以屈产之乘，与垂棘之璧，假道于虞以灭虢。"

计名是从民间俗语"装疯卖傻""装聋作哑"等转化而来的。商

假痴不癫。

朝末年，箕子佯狂就是运用此计的一个典型。以后，人们把它运用于军事上，主要有两种用法：一是用于举行兵变，主要是为了麻痹敌人，以便自己积蓄力量，等待时机发起攻击。二是作为一种愚兵之计。

假痴不癫，重点在一个"假"字。这里的假意为伪装。装聋作哑，痴痴呆呆，而内心里却特别清醒。此计作为政治谋略，就是韬光养晦之术，在形势对自己不利的时候，表面上装疯卖傻，留给人以庸碌无为的假象，借此隐藏自己的志向或才能，以免引起对手的警惕。刘备早有夺取天下的抱负，只是当时自己力量太弱，根本无法与曹操抗衡。一日，曹操请他喝酒，席上曹操问刘备谁是天下英雄，刘备列了几个名字，曹操都一一否定了。这时，曹操突然说道："天下的英雄，只有我和你两个人！"一句话说得刘备惊慌失措，吓得手中的筷子掉在地上。幸好此时打了一声雷，刘备急忙遮掩，说自己被雷声吓掉了筷子。曹操见状，大笑不止，认为刘备成不了什么大事，不足为惧，于是对刘备放松了警觉。后来刘备摆脱了曹操的控制，终于成就了一番大业。

古人按语说："假作不知而实知，假作不为而实不可为，或将有所为。当其机未发时，静屯似痴；若假癫，则不但露机，且乱动而群疑。故假痴者胜，假癫者败。或曰：假痴可以对敌，并可以用兵。"意思是说：善于用兵制胜的人，并不沽名钓誉，也向来不炫耀自己的战功。当战机还未成熟的时候，要沉着准备如痴似呆。如果佯作疯狂，则不但暴露战机，而且因为过早行动而引人猜疑。所以说：装呆者必胜，佯癫者必败。

● 假痴不癫

此计可以当作政治谋略，就是韬晦之术。用在军事上，它指的是虽然自己具有相当强大的实力，但故意不露锋芒，装作糊涂而不行动，用以麻痹敌人，使敌人骄纵，然后伺机给敌人以措手不及的打击。

面对复杂局面

佯装糊涂
碌碌无为

暗中筹划
不露声色

寻得时机
一举成功

要如雷电在冬季
蓄而不发一般

冒充聪明
轻举妄动

误中圈套
功败垂成

实用谋略

◎司马懿装病篡权◎

"假痴不癫"是一种以退为进，后发制人的策略。用在政治上，就是一种韬光养晦之术。三国时的司马懿，就曾用这种计谋除掉了自己的心腹大患。

司马懿是三国时期的政治家、军事家，他出身士族，很早就追随曹操南征北战，立下赫赫战功。在中国历史上，司马懿是一个不可多得的将才，同时又是一个善于玩弄权术的阴谋家。魏文帝曹丕当政时，司马懿受到重用，地位逐渐显赫起来。到魏明帝曹睿时，他曾多次抵御蜀国的进攻，成为曹魏的股肱之臣，并开始专擅朝政，扩充司马氏的势力。

魏明帝临终前，把年仅八岁的太子曹芳托付给大将军曹爽和司马懿，希望他们能够共同辅佐幼主。曹爽仗着自己是宗亲贵胄，便有些瞧不起司马懿，更不想让司马懿与自己分享权力。曹爽采用明升暗降的手段，让弟弟曹羲上表，将司马懿提升为太傅，从而剥夺了司马懿的兵权。司马懿丢了兵权，他知道曹爽的势力强大，自己一时斗不过他，只能暂时忍下这口气，待以后寻找机会，再把大权夺回来。于是，司马懿运用韬光养晦的招数，借口年老多病，从此不再上朝，他的两个儿子司马师、司马昭也退职闲居。

曹爽对司马懿还是有些不太放心，这时，朝廷命李胜做荆州刺史，曹爽让李胜以拜辞为名，到司马懿府中去察看动静。

司马懿听说李胜来辞行，早就猜透了他的来意，立刻想好了对策。他急忙爬上床，扔掉头冠，披头散发，然后躺在床上，由两名侍女在旁服侍。

李胜走进司马懿的卧室，只见司马懿"病容满面"，早已没了先前率兵出征时的豪气。司马懿躺在病床上，他见到李胜，连忙作势要披衣坐起，

司马懿装病掩人耳目。

可是他的手颤颤发抖，不但没能穿上衣服，还把衣服滑落到了地上，最后还是在两名侍女的帮助下，司马懿才勉强穿上衣服。李胜看到司马懿的情况，心中暗暗高兴，他说："我听说您旧病复发了，没想到病得这么厉害！我就要去荆州上任了，今天特地来向您辞行。"司马懿张口想说话，不料一口气接不上来，张大嘴喘了半天才缓过劲来，他故意上气不接下气地说道："并州……在北方，离胡人很近，你……你要多加小心，严加防备。我这条老命快不行了，怕是再也见不到你了。我这两个儿子——司马师、司马昭，还请你多费心照顾啊。"

李胜见司马懿把"荆州"听成"并州"，只道他耳朵不好使了，便说道："我要去的是荆州，不是并州。"司马懿说："是啊，是啊，你是说……你刚从并州回来？"李胜听后，觉得好笑，又重复了一遍。司马懿摇了摇头，似乎清醒了些："我上了年纪，耳朵又背，都快成老糊涂了，难怪别人说什么都听不懂。"两个侍女给他喂药，他吞得很艰难，汤水还从口中流出，沾满了前胸，就像个小孩子一样。接着他对李胜说："如今我年老病笃，死在旦夕，如果见了大将军，就请代我说，我的两个儿子不肖，还望大将军格外照顾。"说罢又上气不接下气地咳起来。

李胜回去后，向曹爽报告了自己的所见所闻，曹爽听罢，如释重负，说道："看样子，司马懿马上就要死了。司马懿一死，我就高枕无忧了！"从此，曹爽放松了对司马懿的警惕。

一日，曹爽请魏主曹芳去拜谒高平陵，祭祀先帝，大小官僚皆随驾出城了。司马懿得知这一消息，认为时机成熟了，急忙与二子商量杀掉曹爽的计策。司马懿知道这时宫内空虚，于是密令司徒高柔代行大将军事。其后，司马懿亲自披挂上阵，召集了过去的老部下，带着司马师和司马昭迅速占领了曹爽的兵营。紧接着，司马懿进入宫中，在太后面前一一细数曹爽的罪名，威逼太后同意除掉曹爽。太后没办法，只得照他的话去做。

不久，曹爽为司马懿所擒，司马懿以篡逆的罪名，诛杀了曹爽一家以及曹爽的党羽，又把曹爽家财抄没入库，独揽了朝中大权。从此，魏国大权落在司马懿之手。曹芳封司马懿为丞相，加九锡，司马氏父子三人共管朝政，曹魏政权已是有名无实。

○韦皋大智若愚擒逆○

在形势不利于自己的时候，表面上示弱，给人以碌碌无为的印象，掩盖自己的真实意图，以免引起敌人的警觉，专一等待时机，到时一举消灭敌人。

唐德宗年间，发生了"朱泚之乱"。朱泚本是凤翔节度使，他野心勃勃，一心想取李氏而代之。

唐德宗看出他的野心，便决定削夺他的权力。朱泚得到消息后，遂决定先发制人，派遣他的部将牛云光带领幽州兵五百人前往陇州。临行前，朱泚交给牛云光一份任命陇右营田判官韦皋为陇右留后的委任书，希望韦皋能为己所用。牛云光到达陇州后，没有立即传达朱泚的"旨意"，而是想先设下伏兵把韦皋擒住，待局势稳定后再传达朱泚的意思。谁料牛云光的计划不慎泄露出去，他担心陇州出现动乱，便带领部下逃出陇州。

朱泚派牛云光向韦皋劝降。

牛云光逃走后，准备回到凤翔，恰好这时碰上了朱泚派往陇州的使者苏玉，苏玉见到牛云光，向他了解了情况，并说朱泚准备加封韦皋为中丞。苏玉又说："韦皋不过是一介书生，如果他接受诏书，便是我们的人。如果不接受，你便派兵杀掉他，以绝后患！"

牛云光听罢，便和苏玉率领军队一起返回陇州。他们来到陇州城下，韦皋从城上问牛云光说："前些时候，你不告诉我一声就走了，今天又回来了，这是为什么呢？"牛云光说："先前我不知道你的本心，现在我们皇帝颁下诏书，打算任命你为中丞，所以我再次回来，愿意与你和好如初。"韦皋听后，毫不犹豫地表示愿意接受诏书。

韦皋先让苏玉入城，恭敬地收下诏书。然后对城外的牛云光说："如果你没有异心，为了使城中人不怀疑你，请将铠甲兵器悉数交出来，你的人马才可以进城。"牛云光认为韦皋是一介书生，轻看了他，便同意了韦皋的要求，于是将全部铠甲兵器搬送给韦皋，然后率众进了城。

第二天，韦皋为了表示他的诚意，特意在郡中的公舍里大摆宴席，宴请苏玉、牛云光和他们的部下。韦皋事先埋伏好了军队。在酒宴上，韦皋极力劝酒。苏玉、牛云光等人得意忘形，丝毫没有戒备之心，均喝得酩酊大醉。这时，韦皋的伏兵突然杀出，苏玉和手下还没来得及反抗，就被擒获了。

韦皋诛杀了牛云光，将叛军全部斩首。然后韦皋筑起坛场，与城中将士盟誓，决心誓死效忠唐室，讨伐叛贼。

在这一则故事中，韦皋运用愚兵之计，假装归顺叛军，在取得叛军信任后，再一举将其消灭，这正是对"假痴不癫"之计的成功应用。

◎海瑞智惩胡衙内◎

假痴不癫，重点在一个"假"字。这里的假，意思是伪装，装聋作哑，而内心里却特别清醒，这是一种高明的谋略。

明朝嘉靖年间，奸相严嵩当权，在全国各地广植党羽。浙江总督胡宗宪便是其中的一个。胡宗宪的儿子胡衙内仗着父亲的权势，为非作歹，欺压百姓，人们敢怒不敢言。

有一次，胡衙内带着几个随从离开杭州，溯富春江而上，直抵浙西。他们一路上游山玩水，作威作福，所经府县的官吏惧怕胡宗宪的权势，无不殷勤招待。胡衙内得意忘形，更加骄横起来。

然而，等胡衙内来到淳安县时，却是另一番景象：城门边没有一人出来迎接，住到馆驿后知县也不来看望一下。胡衙内不由得恼怒起来，喝令将驿吏捆绑起来，拿起马鞭边打边骂："我从杭州出来，一路上哪个不来讨好我？知府大人还为我牵马呢！只有你们淳安县的知县不肯出来迎接我。等我回去后，就会告诉总督大人，到时定叫你们吃不了兜着走！"馆驿的人赶紧将此事报告给知县。

这个知县便是有名的清官海瑞。海瑞闻报，十分生气，打算立即派人去抓胡衙内，但转念一想：他老子毕竟是自己的顶头上司，公开与他作对，未免要吃亏。海瑞思索了一会儿，想出一条"假痴不癫"的妙计。

不久，海瑞带着捕快直奔馆驿。进门后，海瑞见胡衙内在屋内毒打驿卒，大声喝道："把这个恶棍抓起来！"胡衙内满不在乎地说："我是堂堂浙江总督的儿子，你们谁敢抓我？"海瑞冷笑道："你是何方恶棍，胆敢冒充胡总督的公子？胡总督是朝廷一品大臣，处处体恤民情，爱护百姓，他的公子定是文质彬彬之人，怎么会是你这样的花花太岁？来人，将这个冒牌货捆起来，先掌嘴五十！"捕快不由分说，把胡衙内捆起来，朝着他的嘴巴打去，一时间，胡衙内满嘴流血，两腮红肿。

"再搜他的行李，看有无违法物品！"海瑞大声吩咐。捕班从胡衙内的行李中搜出许多银子和贵重礼品。海瑞沉着脸问道："这些赃物是从哪里来的？"胡衙内回答："都是沿途官吏送的。"海瑞冷笑道："这么说，你肯定是个冒牌货了。若是胡公子出游，他每到一处必定访古问幽，决不会像你这样搜刮银子和宝物。你骗得过别处知县，却骗不过本知县。冒充胡公子胡作非为，败坏胡总督的名声，罪该万死！"这么一来，胡衙内再也不敢吱声了，吓得浑身直打哆嗦。几天后，海瑞差人将胡衙内押解到总督府，并交给胡宗宪一封信。胡宗宪拆开信，只见海瑞写道："属县近来查获一名冒充总督公子的诈骗犯。该犯以胡公子之名，到处招摇撞骗，敲诈勒索，骗得数千两银子和很多珍宝。属县深知老大人教子甚严，府上公子每日攻读，怎能有闲出游。如若出游，必然瞻仰名胜古迹，以增加自己的见识，怎会专门搜罗金银财宝？属县故此一眼将其识破，所骗赃物，一律充公。特将该犯押往府上，请老大人严惩！"胡宗宪看完信，又看看被打得鼻青脸肿的儿子，气得一句话都说不出来。毕竟自己的儿子做了错事，把柄抓在海瑞手里，胡宪宗只得打掉牙往肚里咽，埋怨儿子一番，此事也便不了了之。

海瑞明知眼前的"胡衙内"正是胡宗宪的儿子，却故意说他是假冒的，然后狠狠地将其毒打一顿，即便胡宗宪知道了，也不会追究此事，这便是一招典型的假痴不癫之计。

海瑞智惩胡衙内。

商业案例

◎骗局◎

前面说过，"假痴不癫"重在一个"假"字，只有假得逼真，才能取得成效。这一计谋在商业领域经常用得到。

德路比克是个服装商人，他和自己的弟弟在一块繁华地段开了家服装店。兄弟二人的服务十分周到，每天，德路比克都要站在服装店的门口，向行人推销。

在这家服装店里，常常会出现这样的场景：两兄弟中的一个，热情地把顾客拉到店中，反复介绍某件衣服既物美又价廉，穿上后又得体又漂亮。经过这么一番推销，顾客往往会被动地询问衣服的价格。

这时，德路比克先生把手放在耳朵上问：“你说什么？”

“这衣服多少钱？”顾客只得又高声问了一遍。

“噢，你问多少钱呀，等我问一下老板。十分抱歉，我的耳朵不好。”德路比克转过身去，向那边的弟弟大声喊道：“喂，这套衣服卖多少钱？”

弟弟站起身来，看了顾客一眼，又看了看服装，然后说：“那套嘛，72 美元。”

“多少？”

“72 美元。”弟弟喊道。

哥哥回过身来，微笑着对顾客说：“先生，42 美元一套。”

顾客一听，随即掏钱买下了这套便宜的衣服，溜之大吉。

其实，德路比克兄弟两人的耳朵一点也不聋，而是借“聋”给想占小便宜的人造成一种错觉，利用其爱占小便宜的心理来促销自己的服装。

还有一个类似的例子。

某城有两家专卖廉价商品的店，这两家的店面相邻，但店主却是死对头。

一天，A 店的橱窗中挂出一幅广告，上面写着：出售亚麻布被单，价格低廉，每床售价 5.5 美元。

人们看到这则消息，纷纷奔走相告，趋之若鹜。没过多久，隔壁 B 店的橱窗里赫然出现了这样一则广告：再来我店看看，亚麻布被单，注意价格：每床 4.95 美元。

这样一来，拥向 A 店的人看到 B 店卖得比这里更便宜，马上离开 A 店，转而拥向 B 店，只过了一会儿，被单就被蜂拥而至的人们抢购一空。

这样的竞争在这两家店之间可以说从未间断过，不是我盖过你，就是你压过我，竞争异常激烈，从未停止过。而当地的人也总在盼望他们之间的竞争，这样好坐收渔翁之利。

除了利用广告相互压价竞争，两家店的老板还常常站在各自的店门口，相互指责、对骂，甚至拳脚相加，场面十分激烈，但最终总有一方败下阵来，打斗才能停止。

这时等待已久的市民们一般都会拥向胜利一方的店，将店内的商品一抢而空，不论能买到什么样的商品，他们都感到占了大便宜。

一晃，多少年过去了，两家店的主人也老了。突然有一天，B 店铺面上了锁，老板不见了。没过多长时间，A 店的老板也将店拍卖了，随后也搬走了。

终于有一天，店的新主人发现了一桩令人费解的事情：两家店之间有一条秘密通道相连。

原来这两个冤家竟是一对亲兄弟，他们平时相互威胁、相互攻击，都是故意装给外人看的。所有的一切都是骗局。他们二人“打斗”结束后，不论哪一方获胜，都会把失败一方的货物连同自己的一齐卖掉。几十年来，他们利用了人们贪图便宜的心理，欺骗了不少消费者。

◎ “包退包换” 的生意经 ◎

“假痴不癫”的一个特点是以退为进，后发制人。经商时，给对方以精神或物质上的补偿，往往能取得更大的收益，“包退包换”的生意经就很好地体现了这一谋略。

有一位先生到商店为单位买奖品，顺便给自家的小孩买了件衣服，回家后才发现妻子也为孩子买了一件衣服，而且比他买的好看多了。第二天，他到商店退货，可是商店说什么也不退，惹得这位男顾客很生气，他对周围的人说，再也不去那服务不好的商店买东西了。

有位古人，在商人“八训”中曾经写道：“当顾客买的东西不随心意来退货时，应比卖货时更客气地对待。”这话颇有道理，因为常有卖主对买东西的顾客态度很好，一见退货就不高兴；再说顾客买了不称心的东西心里也不痛快，如果顾客退货时，卖主比卖货时服务态度还好，顾客就会感谢你，他会成为你的回头客，或许给你带来更多的顾客。

在某些商店经常看到这样的告示：削价商品概不退换。其实，这种告示完全是多余的，对商店反而会有潜在不好的效果。作为商店应该鼓励退货，为了使买主买着放心，卖主卖着自信，商店就要做到保退保换。

【点评】

有智慧的人表面看来往往有点"愚"。装愚可以掩盖自己的聪明，更可以掩盖自己的失误。一般来说，装得很愚的人，往往是个有远见、能成大事的人。

在现实生活中，那些有大智慧的人，往往不在众人面前，尤其不在同行、同事或同伴面前显露才华，外表上好像很愚笨，其实，这既是一种至高的人生境界，又是人生的大谋略。

外表愚笨而内心明智的人，是在人前收敛自己的智慧，表现出一副浑浑噩噩的样子。在小事上常常不如一般人精明，应变能力好像差一些。殊不知这正是"大智若愚"的表现。韬光养晦，让人以为自己无能，让人忽视自己的存在，而在必要时，能够不动声色，以自己的智慧，先发制人。

美国第九任总统威廉·亨利·哈里逊原出生在一个小镇上，他小时候是个文静怕羞的孩子，人们都把他看作是个愚笨的人，而且还经常捉弄他。他们经常把一枚五分硬币和一枚一角硬币扔在他的面前，让他任意捡一个，威廉总是捡那个五分的，于是大家都嘲笑他。有一天一位好心人问他："难道你不知道一角钱比五分钱值钱吗？"

"当然知道。"威廉慢条斯理地说，"不过，如果我捡了那个一角的，恐怕他们就再没有兴趣扔钱给我了。"

大智若愚，从一个角度来说，也可理解为小事愚，大事明。对于个人来说，这是一种很高的修养。所谓愚，是指有意糊涂。该糊涂的时候，就不要顾及自己的面子、学识、地位及权势，而一定要糊涂。该聪明、清醒的时候，则一定要聪明。由聪明而转糊涂，由糊涂而转聪明，则必定会取得成功。

无数事实证明，人们在交际方面，不要表现得过于"精明"。交际应是人与人情感的沟通和交流，只要诚恳待人就足够了。如果在与人交往时表现得精明，那就很容易把应该纯朴真挚的关系，人为地搞复杂了。

"假痴不癫"之计，用于商业经营之中常常是经营者为了掩盖自己的企图，以"假痴"来迷惑众人，装出糊涂的样子，以掩盖自己的聪明。

⊙名家论《三十六计》

假痴不癫确实需要装疯卖傻，这样才能骗过你的对手。但欺骗对手只是手段，目的是通过麻痹和误导对手，最终制服或战胜对手。所以用这一计一定要有一个明确的目标，无论如何装疯卖傻都要瞄着这个设定目标才行，否则就自装了。其次，使用这一计如同演戏，你是演员，对手是观众，所以既要演的像，又不能演过火。"癫"就是过火了，太想演好，结果把戏演过了，穿帮了，反倒让人看出了破绽，这就不能达到目的。本计中要求"不癫"，就是告诉用计人要把握好分寸和火候，把戏演得活灵活现，又恰到好处，这样才能得其所愿。所以解语中说："宁伪作不知不为，不伪作假知妄为"。前一句就是"假痴"，要演到位；后一句就是"不癫"，不能演过火。这两者可不能混为一谈。

——任力

◎第二十八计　上屋抽梯◎

【原文】

假之以便，唆之使前，断其援应，陷之死地①。遇毒，位不当也②。

【注释】

①假之以便，唆之使前，断其援应，陷之死地：这句话的意思是，借给敌人一些方便，即故意暴露出破绽，以诱导敌人深入，乘机切断对方的后援，最终陷对方于死地。假，借。②遇毒，位不当也：语出《易经·噬嗑》卦。噬嗑，卦名。本卦为异卦相叠（震下离上）。上卦为离为火，下卦为震为雷，是既打雷，又闪电，威严得很。又离为阴卦，震为阳卦，是阴阳相济，刚柔相交，以喻人要恩威并用，严明结合，故卦名为"噬嗑"，意为咀嚼。本卦六三《象》辞："遇毒，位不当也。"本意是说，抢腊肉中了毒，因为六三阴兑爻于阳位，是位不当。古人认为，腊肉不新鲜，含有毒素，吃了可能中毒。

【译文】

故意（露出破绽）使敌人觉得方便（进攻我方），引诱它深入我方，然后截断它的后援和接应，使其陷入绝境。（敌人抢腊肉而）中毒，便会失去原有的地盘。

【计名讲解】

"上屋抽梯"作为三十六计中的一计，本意指上楼以后拿掉梯子。借指与人密谈。也用以比喻怂恿人，使人上当。

关于此计，有一个典故：东汉末年，益州牧刘表偏爱少子刘琮，不喜欢长子刘琦。刘琮的后母害怕刘琦得势，影响到儿子刘琮的地位，就非常嫉恨他。刘琦感到自己处在十分危险的环境中，于是多次向诸葛亮请教对策，但诸葛亮总是找借口推脱。一天，刘琦请诸葛亮到一座高楼上饮酒，当二

上屋抽梯。

人正坐下饮酒的时候，刘琦暗中派人拆走了楼梯。诸葛亮无奈，只得为他献上一计。

古人按语说："唆者，利使之也。利使之而不先为之便，或犹且不行。故抽梯之局，须先置梯，或示之以梯，以乘机自起。"意思是说：唆使、引诱或资助对方，使对方在不知不觉中进入一个他自认为很好的位置。当对方正沾沾自喜的时候，我方突然停止援助或切断其退路，置对方于前进不得，后退不能的尴尬地位。这是对付强敌的有效方法。要想实现此计，关键要先不动声色地诱敌上屋，而不留下一丝痕迹；然后突然抽梯，完全不留给对方可乘之机。

按语中的"唆"指的是用利去引诱敌人。倘若敌人不上钩，这该怎么办？这就需要事先给敌人开个方便之门，即给敌人安放一个"梯子"。既不能让敌人猜疑，也不能让其意识到这个梯子的存在。只要敌人爬上了梯子，就不怕它不进我提前设置的圈套。苻坚就是中了慕容垂、姚苌的上屋抽梯之计，轻率地去攻打东晋，结果在淝水遭受惨败。而慕容垂、姚苌则趁机迅速扩张起来了。

● 上屋抽梯

└─ ──利用敌人贪求不应得之利益的心理，使其陷入孤立无援的死地。

示弱诱敌
向敌军暴露破绽

诱敌
深入我方

示利诱敌
让敌军知道利益所在

切断敌军前应后援　→　再诱敌军进入埋伏

击敌于前后无援的情形之下

实用谋略

◎郑袖施计，美人割鼻◎

　　"上屋抽梯"是一种诱逼之计，在敌人面前，假意和他（她）友好，在骗取对方信任，使其放松警惕后，再从背后插上一刀，以实现消灭敌人的目的。

　　战国时期，魏王送了一个美女给楚怀王，楚怀王非常喜欢这个绝色美人，逐渐冷落了原来的宠妾郑袖。看到楚王对新来的美人百般宠爱，郑袖心里十分嫉妒。尽管如此，郑袖表面上却和美人以姐妹相称，对她疼爱有加。吃穿用度各方面，郑袖都把最好的东西送给美人，还时常陪她聊天谈心，对她的感情似乎比楚怀王还深。不仅如此，郑袖还时常在怀王面前赞

郑袖施计，美人割鼻。

赏美人。魏王认为郑袖
识得大体，十分满意，
感叹道："郑袖知道我
宠爱美人，还爱她胜于
爱我，这就好比孝子侍
奉双亲，臣子忠于君主
啊！"看到美人和楚王
都对自己信任不疑，郑
袖开始施计除掉美人。

一天，郑袖又陪美
人聊天。郑袖装作无意
地说："妹妹生得着实
漂亮，难怪大王喜欢。
可是，你的鼻子美中不

郑袖施计，美人割鼻。

足，真可惜呀。"美人不解，问郑袖何出此言。郑袖便告诉美人："大王屡次跟我提起你的鼻子不
美，我才好意提醒你。"美人心慌意乱，忙不迭地求郑袖指教。郑袖见美人中计，于是建议她再次
见到大王的时候掩住自己的鼻子，这样才能一直得宠。美人得此良方，对郑袖感激涕零。之后，楚
怀王每次见到美人，美人都想方设法捂住自己的鼻子。楚王心生疑惑，便向郑袖问起此事。郑袖见
时机已成熟，便抓住机会说："这件事不知当讲不当讲。"楚王更加好奇，忙向郑袖询问缘由。郑袖
这才说："其实美人一直不喜欢大王身上散发出来的味道，所以想掩住鼻子以免闻到。大王对她如
此宠幸，她实在有些不识抬举。"楚怀王一听，顿时怒不可遏，立即下令把美人的鼻子割掉了，并
将她打入冷宫。

郑袖先是虚情假意，骗取了美人的信任，之后略施小计轻易除掉了美人，从此受到怀王专宠。
这便是对上屋抽梯之计的一次成功运用。

◎曹玮诱敌◎

制造某种假象，让对方觉得大好时机到了，着手行动。假象中掩盖圈套，如果敌方果真采取
行动，一定会落入圈套，走向失败了。

北宋中期，宋朝西北边境经常遭
到西夏人进犯。宋朝派大将曹玮驻守
边疆抵御西夏人的进攻。

一次，西夏军队又来骚扰边境，
曹玮领兵作战，英勇无比，西夏人不
敌，只能撤军，宋军取得了初步胜利。
眼见敌人已经走远，曹玮下令将西夏
军逃走时留下的辎重和牛马带回军营。
于是，宋军士兵搬运辎重、驱赶牛马
缓缓地撤回营地。

西夏军队本来已经逃出了几十里，
这时主将听说宋军正押运辎重回营，

曹玮诱敌。

料想宋兵一定军心涣散，毫无戒备，于是决定原路返回，再次袭击宋军。

曹玮诱敌。

曹玮正率领军队返回军营，这时，忽听探子回报，说西夏军马上就要杀到，曹玮的部下大惊失色，纷纷提议让士兵扔掉辎重与牛马，重整队形准备作战。谁知曹玮不理会众人建议，命令军队继续缓慢前行，一直行进到一处利于作战的位置，才让军队停下备战，等待西夏军队的到来。

不久，西夏军追了上来，曹玮派人传话说："你们长途跋涉，人马疲惫，此时和你们开战，是我宋军乘人之危，胜之不武，有辱我军威名。准许你们先休整一段时间，等你们休息好了，我军再与你们决一死战。"

西夏军队远道而来，本来就很累了，正愁没有时间休整，这时听到曹玮的建议，都以为占到了大便宜，十分高兴，立刻就地休息。

过了一段时间，双方战鼓齐鸣，开始决战。宋军不费吹灰之力就将西夏军打得落花流水，西夏军再次落荒而逃。宋军大胜，班师回营。曹玮却令将士丢弃辎重与牛马上路。

属下不明白为何这么做，便向曹玮询问缘由。曹玮这才解释道："之前让士兵负赘而行，目的就是装出一副贪图小利、懒散缓慢的样子，将西夏军引诱回来。现在已经两次打败他们，想必他们短时间内再也不敢侵犯边疆，辎重、牛马对于我军来说并不是十分重要，现在带着它们只会增加负担，影响回去的速度。"

又有属下追问给敌军时间休整的原因。曹玮说道："西夏军再次来袭，必定奔走了几十里路程，他们刚到时余勇尚存，我军势必陷入苦战，结果就未可知了。但如果留下时间让他们休息，士兵就会感到肌肉酸痛麻痹，那时敌人连站都站不稳，士气自然低迷，胜利就是我们的囊中之物了。"属下听了，深表佩服。

曹玮给西夏军队留下休息的时间，其实并不是真的要公平决斗，而是趁此躲避西夏军的锋芒，消磨其斗志。等到敌人士气低落的时候，再趁机消灭它们，这则故事也是运用上屋抽梯之计的典型战例。

◎张郃于木门道中计◎

"上屋抽梯"计用在军事上，就是制造某种使敌方觉得有机可乘的局面，引诱敌方进入某种境地，然后截断其退路，使其陷于绝境，给敌方以致命的打击。

蜀汉建兴九年（231）二月，诸葛亮第五次率领蜀军北伐。在行进过程中，诸葛亮下令割取陇上的麦子，以充军粮。又在卤城（今甘肃天水西南）伏击了司马懿，并大败西凉援兵。

诸葛亮大败魏军时，正值初秋季节，祁山一带连日大雨，道路难行。负责运粮的李严，深恐军粮无法按日运抵蜀国大营，遭受诸葛亮责怪，便假传后主刘禅的旨意，命诸葛亮班师回成都。诸葛亮接到圣旨，不由一惊，他不知道国内到底发生了什么事，眼下正是进攻曹魏的大好时机，无奈圣旨到了，只好做好退兵的准备。他知道，此时撤军，司马懿必定会乘机率大军追击。诸葛亮沉思片刻，终于想出了一招两全其美的妙计。

张郃率军追击蜀军，逐渐陷入诸葛亮设好的圈套中。

不久，诸葛亮命令马忠、杨仪领兵在剑阁和木门道两处埋伏，约定以响箭为号，一旦听到响箭声，便迅速塞断道路，两下夹击追兵。又令魏延、关兴引兵断后，并在卤城虚设旗号，然后大军向木门道撤退。

魏军打探消息的兵士把蜀军撤退的情况立即向司马懿禀报，司马懿听罢，高兴地说："现在诸葛亮已经撤退，谁敢去追？"大将张郃主动请缨，要求领兵追击。司马懿想了想说："不能让你去，你性子太急躁了。"张郃听了很不服气，他说道："都督出兵之时，已命我为先锋。现在正是杀敌立

诸葛亮向诸将布置任务。

功的好机会，却又不用我了，这是何故呢？"司马懿说："蜀军现在撤退，一定会在险阻之处设下埋伏，性子太急躁了容易吃大亏，万一中了埋伏，将损兵折将，只有十分谨慎的人，才可以派去追击蜀军。"张郃听了，不以为然地说道："这一点我明白，请都督不必担忧。"司马懿见张郃执意要去，只得让他带领五千兵马先行，再让魏平率两万军队紧随其后，以防蜀军埋伏，司马懿亲自率领三千人在后面接应。张郃出发时，司马懿再三叮嘱说："蜀军虽然撤退，途中必设埋伏，将军切勿大意。"

张郃率兵追赶蜀军。走到三十多里，忽然听到背后杀出一支人马，为首大将正是魏延。张郃见到魏延，立即率军冲杀过去。魏延佯装不敌，大败而逃。张郃引兵在后面追杀，又行了三十余里，刚翻过一座山坡，迎面遇到蜀将关兴。张郃见伏兵杀来，毫不畏惧，勇猛地向前冲去。关兴抵挡一阵，也仓皇而逃。

张郃直向前追赶，蜀军在沿途丢弃了许多衣甲辎重，魏兵见了，都下马争抢。张郃见蜀军狼狈逃窜，更加毫无顾忌地向前行进，把司马懿的叮嘱全都抛在了脑后。

到了傍晚时分，张郃追击蜀军到木门道口。木门道中漆黑一片，这时，只听得几声箭响，山上火光冲天，大石乱柴不断滚落下来，塞断了前面的山路。张郃大惊，知道中计，急忙后退，谁知后面的道路已经被木石堵住了。在悬崖峭壁间是一段空地，张郃被堵在这里，进退无路。这时，山上万箭齐发，张郃及魏军士兵都被射死在木门道中。等到司马懿大军赶到时，战斗早已结束，蜀兵也

都撤走了。司马懿想去追赶蜀军，又怕中诸葛亮的埋伏，只好带兵退回了魏国。诸葛亮则率领军队安全地回到了汉中。

商业案例

◎洛克菲勒上屋抽梯◎

在商业活动中，撒下诱饵，谋取利益，是十分常见的事情。

19世纪初，梅里特兄弟从德国移居到美国，定居在密沙比。住了一段时间，梅里特兄弟无意中发现，密沙比是一个铁矿区，地下蕴藏着丰富的铁矿石。为了开采当地的铁矿石，梅里特兄弟成立了一家铁矿公司。

1873年，美国爆发经济危机，银根短缺，梅里特兄弟因借不到款而导致公司陷于困境。有一天，一位名叫劳埃德的中年牧师登门拜访兄弟俩，梅里特兄弟恭恭敬敬地把牧师请进屋里，并热情招待他。劳埃德了解到了梅里特兄弟的难处，就对他俩说，他的一位朋友是大财主，看能不能帮助他们借笔款。几天后，劳埃德牧师再次来到梅里特兄弟的公司，说他的朋友答应借款给兄弟俩。梅里特兄弟不知怎么感谢才好，于是双方立下字据："今有梅里特兄弟借到考尔贷款42万元整，利息三厘，空口无凭，立字为证。"梅里特兄弟为能借到如此低息的贷款而感到欣喜。

过了半天，劳埃德牧师突然来到梅里特家。一进门就严肃地说："我的那位朋友叫洛克菲勒，他让我马上索回借给你们的钱。"

梅里特兄弟听了一愣，字据上不是写的借到考尔贷款吗？怎么现在又成了借洛克菲勒的钱了？再说了，这笔钱早已投在矿产开发上了，眼下根本拿不出这么多的钱。就这样，他们被逼上了法庭。

在法庭上，原告律师说，借据上写得很清楚，梅里特兄弟借的是考尔的钱。"考尔贷款"英文的意思是贷款人随时可以索回的贷款，所以其利息低于一般贷款。法律规定，借款人或者立即还款，或者宣布破产，两者必居其一。

梅里特兄弟是德国移民，英语不是很精通，以为"考尔贷款"就是向一个叫考尔的人借钱呢。事已至此，两兄弟只好宣布破产，将矿产作价52万元卖给了洛克菲勒。几年后，钢铁行业竞争日趋激烈，洛克菲勒以1941万元的价格将密沙比铁矿卖给摩根。

洛克菲勒很善于等待时机，在经济危机时放出"鱼饵"，并在"鱼饵"上偷梁换柱，使梅里特兄弟"上屋"后无"梯"可下，只好乖乖地把铁矿让给了他。

◎无路可走的建筑公司◎

"上屋抽梯"的关键，是引诱对方上钩，等到时机成熟了，适时截断其后路，使其任由我方摆布。

某建筑公司的董事长刘某在助手的陪同下，到一家大理石厂进行考察。这家大理石厂是家乡镇企业，该厂的王经理听说城里来了位大客户，便热情地接待了他们，并带他们参观了工艺和加工部门。经过反复观察、分析，建筑公司的刘董事长认为，尽管该厂生产的大理石还达不到外国的先进水平，但是该大理石厂的原材料质地优良，如果采用先进的技术和方法，是能够生产出他们建筑所需要的大理石的。刘董事长建议该厂购进生产这种大理石的机器设备，王经理听了刘董事长的分析，欣然接受了这个建议，很快购进了生产大理石的机器设备。

不出他们所料，更换后的机器设备加工出来的大理石果然能够替代从意大利进口的大理石，双方都特别高兴。该建筑公司决定，该厂生产的大理石，建筑公司全部购买。这对刚来城里闯天下不到一年的王经理来说，真是喜从天降，该厂没费吹灰之力就有了一个长期的大客户，这对双方都是有利的。

双方决定就有关问题进行谈判。

谈判前夕，建筑公司公关部经理给董事长提出建议，要求谈判时将价格压低一些，这将大大降低公司的建筑成本；而且，经分析，大理石加工厂会同意的，因为这么大的买主他们到哪里去找呢？在建筑公司看来，该厂的厂长王经理经验不足，又不懂如何做生意，很容易对付，所以己方可以任意提出条件，甚至不用谈判，只由建筑公司单方决定也无妨。

谈判时间到了，在谈判桌上，建筑公司首先提出大理石的价格问题。很显然，价格较低。加工厂王经理说："完全依贵公司的建议。"谈判似乎利于建筑公司，建筑公司董事长心中正暗自高兴，以为谈判已成定局，价格决定了，其他问题似乎都好解决了。

这时，加工厂王经理突然说："价格依你方，但我厂有一个要求不知你们能否同意？"董事长说："有何要求，请提出来。"王经理说："我厂想入股贵公司。"刘董事长听后吃惊地睁大眼睛，他没想到这个农民企业家会提出这样的要求，他说："你们入股我们公司？你们有多少资金？"这种傲慢的态度，确实让人无法忍受，但是王经理并没有动怒，他说："入股贵公司是我们出售大理石的唯一条件，否则，大理石我们一块不卖。"

刘董事长听了很生气，第一次谈判就这样结束了，双方未达成协议。

建筑公司如果不购买该厂的大理石，就要购买进口的高价大理石，这样，建筑公司被逼得进退维谷，没有退路，只好第二次与大理石加工厂进行谈判。大理石加工厂再次提出入股建筑公司的要求。为了不再进口高价大理石，降低建筑成本，刘董事长别无选择，只好同意了加工厂的条件，双方达成了协议。

此例中，大理石厂王经理首先听从建筑公司的建议，更新了设备，果然生产出建筑公司在国内寻找的可替代进口的大理石，建筑公司决定购买。谈判时，大理石厂首先同意了建筑公司提出的低价格，在建筑公司看来，谈判似乎已成定局，大功告成。可大理石厂突然提出入股市建筑公司的条件。建筑公司好不容易在国内寻找到低价可替代进口的大理石，如果拒绝其条件，就只得再从国外进口高价大理石，这样，大理石厂王经理将建筑公司逼到无路可退的境地，对方也只能答应他的条件了。这则商业案例也是上屋抽梯之计的一次成功运用。

【点评】

"上屋抽梯"是一种诱敌之计，其步骤有四：一、首先制造某种使敌方觉得有机可乘的局面（置梯与示梯）；其次，引诱敌方做某事或进入某种境地（上屋）；接着是截断其退路，使其陷于绝境（抽梯）；最后一步是逼迫敌方按我方的意志行动，或对敌方施以致命的打击。

刘琦引诱诸葛亮"上屋"，是为了求他指点，"抽梯"，是断其后路，也就是打消诸葛亮的顾虑。此计用在军事上，是指利用小利引诱敌人，然后截断敌人援兵，以便将敌围歼的谋略。这种诱敌之计，自有其高明之处。要充分估计对方的力量，认真分析敌我双方的优势与劣势。敌人一般不是那么容易上当的，所以，应该先给它安放好"梯子"，也就是故意给敌人以方便，待敌人"上楼"，也就是进入已布好的"口袋"后，即可拆掉梯子，围歼敌人。

如何安放梯子，这里有很大学问。为了使敌方进入圈套，己方要设法进行引诱。引诱，即投放诱饵；投饵要准确有效，那就必须知敌性识敌情。诱敌，要知道敌人爱什么，要考虑投什么饵。生性贪婪的敌人，以财货为诱饵；放荡淫逸的敌人，以美色为诱饵；好大喜功的敌人，以我弱易战为诱饵；贪功图名的敌人，以权力为诱饵……总之是投其所好，才能诱其上钩。

○第二十九计 树上开花○

【原文】

借局布势，力小势大①。鸿渐于陆，其羽可用为仪也②。

【注释】

① 借局布势，力小势大：句意为借助某种局面（或手段）布成有利的阵势，兵力弱小但可使阵势显出强大的样子。
② 鸿渐于陆，其羽可用为仪：语出《易经·渐》卦。渐，卦名，本卦为异卦相叠（艮下巽上），上卦为巽为木，下卦为艮为山。卦象为木植长于山上，不断生长，也喻人培养自己的德行，进而影响他人。渐，即渐进。此卦上九说"鸿渐于陆，其羽可为仪，吉利"，是说鸿雁走到山头，它的羽毛可用来编织舞具，这是吉利之兆。

【译文】

借助别人的局面，把我方的弱小的力量装点成阵势强大的样子。鸿雁飞到山上，落下来的羽毛可以用做装饰，增加气氛。

【计名讲解】

"树上开花"是由"铁树开花"一词变化而来的。《碧严录》上说："体去歇去，铁树开花。"另见于明代王济的《君子堂日询手镜》："俗谚见事难成曰须铁树开花。"

三十六计中的"树上开花"，意指制造假象，迷惑敌人。树本无花，经过精心伪装，就会看上去有花了。用在军事上就是通过伪装使自己看起来十分强大。

古代的按语说："此树本无花，而树则可以有花。剪彩

树上开花。

粘之，不细察者不易觉。使花与树交相辉映，而成玲珑全局也。此盖布精兵于友军之阵，完其势以威敌也。"意思是说：此树本来不开花，也可使其开花。把五彩丝剪成花朵粘在树枝上，不细心观察的人就不易察觉其真假。使美丽的花朵与树枝相互映衬，放出异彩，就显得精巧细致了。这是我把主力置于友军的阵地上，形成强大阵势以威慑敌军。此按语的最后一句，强调把自己的军队布置在盟友的阵地上，以造成强大声势而慑服敌人。不过，古今战争史上，能做到这一点的十分罕见。

由上可知，树上开花有三大要点。第一个要点是"布势"。这种布势是对形式的重视。形式通常是为内容服务的，这是一种规律；管仲所以所提出来的"三权"，就是注重形式为内容服务。第二个要点是"剪粘"。当树上需要用花来点缀的时候，可以人为地剪彩花，然后粘贴在树上。不仔细观察，是很难分辨花的真假的。第三个要点是"威敌"。这里强调的是与联军配合作战。配合慑敌，是此计的主要目的。使用树上开花的计策，一般是形势对自己不太有利的时候，借用其他一切可以借用的力量，虚张声势，有意造成大举进攻的态势，是以假乱真的疑兵之计。

● 树上开花

当自己的力量薄弱时，可以借别人的势力或某种因素，使自己看起来强大，以此虚张声势，慑服敌人。当己方处于劣势的时候，隐瞒自己的实力，明明乏力却故作很有实力的样子，让敌方摸不清真实情况，以便能出奇制胜。

我军 —— 出动诱敌之军。 →

← 敌军主力应战。 —— 敌军

我军主力再出击

实用谋略

○田单孤城复齐○

当己方处于劣势的时候，隐瞒自己的实力，明明乏力却故作很有实力的样子，让敌方摸不清真相，以便能出奇制胜，颇有置之死地而后生的味道。

战国后期，燕国派大将乐毅率领诸侯联军讨伐齐国，一举攻下齐国七十多座城池，只剩下莒城和即墨两座城池还在抵抗，齐国濒临灭亡的危险。就在这危急存亡的时刻，齐国出现了一名智勇双全的将领，他救齐国于危难之间，不仅挫败了燕国的进攻，还使齐国再次成为七雄之一，这位将军就是田单。

田单深得军民拥戴。

田单是齐国田氏血缘关系较远的宗族。齐湣王的时候，田单担任临淄管理市政的小吏，深得百姓的拥戴。燕国进攻齐国时，田单带领宗族来到即墨。齐湣王死后，大家都拥立田单为将军，希望他在即墨抵御燕国军队。

尽管被委以重任，但是田单深知要击败乐毅绝不是一件容易的事情，因为燕军除了自己的国土之外，还包括齐国的七十多座城池，而齐国现在就只剩下莒城和即墨这两个地方了，双方的实力过于悬殊，如果贸然硬拼，齐军不但不能打败燕国，反而会使仅剩的两座城池落入燕国之手。因此，在时机尚未成熟的情况下，田单决定按兵不动，静观其变。

不久，机会终于来临了，向来宠信乐毅的燕昭王去世了，而新立的燕惠王与乐毅素有间隙。这对齐国来说，实在是一个天大的好消息。田单认为这是除掉乐毅的大好机会，便派人潜入燕国，施用离间计，挑拨燕国君臣之间的关系。不久，乐毅果然被夺了军权。

田单令军民供出食物引飞鸟前来，以迷惑燕军。

乐毅去了赵国，燕军的士卒向来拥戴乐毅，因此均感到愤懑不已。这时，燕惠王派去的将军骑劫来到军中，准备整饬军队，进攻即墨城里的齐军。

田单见燕军准备攻城，于是下令城中军民供出食物，以祭祀祖先。天上的飞鸟望见城里供奉着食物，都飞过来争着吃。燕军看到了，觉得非常奇怪，不知道齐军为什么这么做。

田单又暗下派人，假说城里有天神显灵，要派神师来相助，所以连海鸟都来朝拜，这城是永远攻不破的。燕兵听了，自然也信以为真，害怕起来，谁愿意去和神作对？

田单在即墨城里装神弄鬼，搞得燕军的将士都摸不到头脑，一时竟不敢轻举妄动，暂缓攻城的行动。田单见自己的计谋有了效果，又设法使燕军激怒齐军，齐军将士人人悲愤不已，都请求出城与燕军决一死战。

田单看到齐军士气高涨，觉得时机快要成熟了，于是亲自拿着夹板铲锹与兵士们一起修缮防御工事，把自己的妻妾都编在行伍之中，并将库存的酒食全部拿出来犒劳军士。同时，田单还命装备精良的兵士埋伏起来，让老弱妇孺都到城上去防御。

齐军大摆火牛阵。

到了一天夜里，田单把城中一千多头牛集中起来，给它们披上大红色丝帛制成的被服，在上面画上五彩缤纷的蛟龙图样，在犄角之上绑着锋利的刀子，把渍满油脂的芦苇捆绑到牛尾上，然后点燃牛尾巴。牛尾巴一烧着，这一千头牛发了疯似的向燕国的兵营狂冲过去。五千名"敢死队"紧随其后，呐喊着向前冲杀。城上的老弱妇女拼着命地敲击铜器。霎时间，火光四起，声震天地。燕军被一片震天动地的喊杀声从梦中惊醒，跑出大帐一看，只见无数火龙东奔西突，所向披靡，顿时被吓得魂飞天外、转头就逃。燕军将帅一时都慌了手脚，很快就溃不成军。齐军乘机追击，大败燕军，杀死统帅骑劫。田单整顿好队伍，立即展开反攻。各地燕军听说主将阵亡，纷纷退却。那些已投降燕国的齐军将士也叛离燕军，准备迎接田单。田单的军队打到哪里，哪里的老百姓就起来响应，军民奋战，势如破竹，一鼓作气收复七十余城池。

田单运用"树上开花"之计，大摆火牛阵，一举打败了燕军，使齐国转危为安。

○虚张声势退顽敌○

唐朝初年，突厥南下突袭长安，李世民以"树上开花"计成功退敌。

公元626年十月，突厥的颉利可汗和突利可汗率领十万大军入侵唐朝。此时，唐太宗李世民刚刚即位，他立即派尉迟敬德统兵御敌。突厥兵分两路，一路由突利可汗率领，从正面进攻；一路则由颉利可汗率领大部分兵马，绕过尉迟敬德的防线，直逼唐朝腹地关中。尉迟敬德把突利可汗阻截在泾阳一带，而另一路由于没有遇到阻击，很快便抵达距唐朝京都长安只有数里远的便桥。

突厥大军抵达长安的消息传来，唐朝众大臣惊慌失措，纷纷请求唐太宗收缩兵力，以加强京都长安的防御力量。在大臣们看来，只要能够死守住长安，使都城免遭浩劫，便算是不幸之中的万幸了。

面对突如其来的变故，唐太宗镇定自若，他对大臣们说："我已经有了退敌的计策，大家不必担心。"众臣听罢，都感到疑惑，不知道唐太宗的"退敌之策"指的是什么。但是大伙见皇帝胸有成竹，心中的恐惧也减少了很多。

突厥方面，颉利可汗率兵来到便桥，见到唐军没有动静，心里疑惑起来。颉利可汗担心唐军迂回包抄，断了他的后路，因此不敢立即攻打长安，只下令全军原地待命。为了探听虚实，颉利可汗先派出了心腹将领执失思力去长安进谒唐太宗。

唐太宗见到执失思力，问他为什么率兵前来，思力道："上国发给的金币，岁无定额，没有一点诚意，所以敝国的两位可汗，特地率领百万大军，前来讨一个说法。"

唐太宗听后，生气地说道："我与你们的可汗曾经约和亲，所赠送的金帛不计其数，现在你们的可汗自负盟约，引兵入侵大唐，明明是你们做错了，却还敢遣使来见我！我本来想你们居住在戎狄之地，而我又对你们恩赐有加，没想到你们忘恩负义，自夸强盛，我应当先斩杀你，然后与你们可汗交战，看看到底谁能取胜！"

唐太宗义正词严，执失思力担心被杀头，吓得双腿一软，赶紧跪地求饶。这

突厥大军奔赴长安。

时，朝中的大臣都劝太宗手下留情。太宗沉思一会儿，说道："罢了，权且把你的首级寄放在这里，我马上就要督兵亲征，让你看看谁胜谁负，然后再杀了你！"唐太宗又令左右把执失思力拖出大殿，关入监牢，令人"严"加看管。

其实，这正是唐太宗的计策。待突厥使者被关入监狱后，唐太宗暗中悄悄令人设法让执失思力从牢中侥幸逃走了。

执失思力逃走后，唐太宗立即召集禁军，整装待发，随后亲自披甲戴盔，跨上御马，带着高士廉、房玄龄等六骑，出玄武门，径奔渭水便桥而去。

唐太宗率军直奔渭水便桥。

颉利可汗在营中等待执失思力的消息，好长时间也不见执失思力回来，他再也坐不住了，焦躁地在大帐内走来走去。这时，执失思力失魂落魄地跑回来，禀告说唐太宗神武英勇，已经做好迎敌准备。过了一会儿，又有人来报，说唐朝天子来了，颉利可汗大吃一惊，慌忙上马出营，隔水遥观对面的情形。

颉利望见对面人马中，当先一位身着盔甲，正是唐太宗李世民。这时，颉利可汗忽然听到对面李世民大声喝道："颉利可汗，我与你曾立下盟约，你也曾经当着我的面许下盟誓，说以后双方不再相犯。然而你几次三番违背约定，我正要兴师问罪，你却引兵来犯我朝，莫非是前来送死么！"说到这里，李世民扬起马鞭，指向空中，说道："天日在上，我国并不负可汗，可汗独负我国，负我就是负天，试问可汗果然敢违背天意吗？"

颉利听到这话，心里觉得惭愧。颉利可汗身边的几名侍卫，不禁被唐太宗这番正气凛然的话所折服，一齐下马俯首拜倒。

正在这时，阵阵鼓声传来，只见旌旗蔽天，唐军如天兵天将般降临，摆成了一字长蛇阵，军容强盛，不可抵挡。颉利见状大惊，急忙拔马回营，紧闭大门不敢出来了。

颉利仓皇退回去后，大臣怕唐太宗轻敌进击，连忙劝唐太宗还朝，唐太宗却不为所动，并对大臣们说道："现在突厥大军深入我国境内，又为我军的威严所震慑，所以尽管我军力量弱小，但颉利可汗一定以为这是我军的主力，不敢与我们交战。过不了很长时间，他就会主动向我们求和了。"

果然，没过多长时间，突厥使臣渡水而来，向太宗乞和。太宗同意与突厥议和，并约定次日订盟。

第二天，唐朝与突厥歃血立约。其后多年，突厥慑于李世民的声威及唐朝的强大，再也不敢轻举妄动。到公元630年，李世民在各方面条件成熟后，一举消灭了东突厥。

唐军虚张声势退顽敌。

◎张飞怒吼吓退曹操◎

"树上开花"的关键，是人为地造成强大的表面声势，以便震慑敌人。张飞怒吼吓退曹操，就是借用了树上开花的计谋。

三国时期，刘备一度不敌曹操，退守江陵。在逃亡途中，刘备的妻子甘夫人、幼子阿斗在乱军中走散。刘备麾下的大将赵云不顾性命前去营救，并最终带着阿斗冲出重围。赵云策马飞驰，想尽快与刘备人马会合，然而曹军猛追不舍。赵云一路不敢停歇，到了长坂桥处，已经精疲力竭了。正担心时，他一眼看到蜀军另一员猛将张飞立在桥头。原来刘备担心赵云安危，派张飞前来援助断后。赵云大喜，谢过张飞后携阿斗飞奔而去。

赵云救走阿斗。

然而，由于蜀军势单力孤，兵力薄弱，张飞此次来援，只带了二十多个人。张飞自知手下骑兵虽然个个武艺高强，但难敌实力雄厚的曹军。危难之时，他心生妙计，命令率

张飞怒吼吓退曹操。

领的二十几个骑兵在曹军到来之前，到长坂桥附近的树林里砍下粗壮的树枝绑在马后，然后在树林中来回奔走打转。树林中的尘土被树枝搅动，高高飞扬，远看就如同千军万马远道而来扬起的尘土一样。刚刚布置好，曹操手下将领的兵马就到了。

曹军将领见到张飞在战马上横跨长矛怒目而视，已经大吃一惊，又看见不远处的树林中尘土飞扬，害怕是诸葛亮的计策，不敢上前，只好叫人禀报曹操。曹操听说，急忙上马从阵后到前线指挥，果然看见张飞气势汹汹地挡住去路。他对左右将领说："这张飞在百万大军中可以轻易砍下敌将的头颅，犹如囊中取物一般，还是小心为上。"张飞见曹操亲自前来，想必他已经生疑，心里一急便突然大声喝道："我张飞在此，谁敢上来与我决一死战？"曹操见张飞底气十足，气概非凡，便料定有诈，萌生了退意。张飞见曹军阵脚有所移动，似要后退，便趁势将长矛一挺，又喊道："要战又不战，要退又不退，是什么原因？"这一声吼得地动山摇，实在威猛，竟使曹操身边的一名将领夏侯杰吓得肝破胆裂，应声栽倒在马下。曹操见此，赶紧撤军向西逃走，放弃了对赵云和刘备的追赶。

◎杨阜"虚张声势"胜马超◎

巧借他人的力量来壮大自己的声势，使自己看起来强大，借以慑服敌人，这就是"树上开花"之计的典型特征。三国时期杨阜打败马超，用的就是这一计谋。

东汉建安十六年（211），曹操率领大军向西进攻，打算消灭汉中的张鲁。原本依附于曹操的马超、韩遂，趁此机会在潼关发动叛乱。曹操闻讯后，率兵赶赴潼关，大破马超。马超遭受挫败，引兵败退至凉州地区。

杨阜"虚张声势"胜马超。

凉州刺史韦康见马超大军来到，起初不肯开门投降，在城中坚守了七个多月，但一直没有援兵赶来，遂派人请求停战，打开城门迎接马超。马超进城后派杨昂杀死了韦康等人。

韦康死后，他的谋事杨阜与部属梁宽、赵冲等人被迫归顺马超。杨阜心中有向马超报仇的志向，但是自己力量薄弱，难以对付马超，遂决定前往历城，向驻守历城的妻兄姜叙借兵。杨阜把凉州的情况对姜叙说明了一番，这时，姜叙的母亲也在旁边，她对马超等人的行为十分气愤，于是力劝姜叙听从杨阜的计策。计议确定后，他们又与同乡人姜隐、赵昂、尹奉、姚琼、孔信，武都人李俊、王灵共同计划谋略，商定了讨伐马超的期约。不久，杨阜又派人联络驻守冀城的梁宽、赵冲等人，以壮大自己的声势。誓约明定后，建安十七年（212）九月，杨阜与姜叙在卤城起兵。马超听说杨阜等人起事，自己率领军队进攻卤城。这时，梁宽、赵冲等人释放关在冀城的杨岳，聚集城中数千军民，乔装成曹操大军，一起征伐马超。马超与杨阜交战数次，没有占到丝毫便宜，这时忽然看到有大批敌军杀来，还以为是曹操的援军杀到，遂马上撤军。这样，马超丢掉了梁州地区，只好率领残余军队前往汉中，投靠张鲁了。

在这则故事中，杨阜在实力虚弱的情况下，采用"树上开花"计谋，巧借姜叙、梁宽等人的力量，虚张声势，使马超不敢硬拼死战，终于取得了胜利。

商业案例

◎白兰地在美国的精彩亮相◎

"树上开花"计用在商业上，就是要经营者善于制造声势，以提高商品的知名度。

商品本是无情物，然而将商品不动声色地以"情"的名义让人顺理成章地接受，将作为商品的酒与异国元首的诞辰联结起来，构思奇妙，设计精细，实在是一大妙招。

六十多年前的某日，在美国首都华盛顿的主干道上，竖立着一块巨型彩色标牌，上面这样写道：欢迎您，尊贵的法国客人！美法友谊令人心醉！

在整洁的售报亭上悬挂着一长列精致的美、法两国小国旗，国旗在微风中轻轻地飘拂，似乎是在传递着温馨的情意。

在报亭主人特意设计绘制的"今日各报"的广告牌上，最抢眼的画面是"美国鹰"和"法国鸡"一起干杯。最醒目的标题是：总统华诞日，贵宾驾临时。

原来，这一天是美国总统艾森豪威尔的诞辰，而人们要欢迎的法国贵宾，不是政府要员，也不是社会名流，而是两桶白兰地！这是法国公关专家精心策划的一幕公关杰作。

当时，白兰地在法国国内已享盛誉，畅销不衰。如何把白兰地推向世界呢？厂商的目光开始瞄向美国市场。他们知道，如果能打开美国市场，无疑是拿到了一张走向世界的通行证。为此，他们对这次策划极为重视，邀集了几位公关专家认真研讨公关方案。受聘请的专家们通过大量调查，收集了很多美国酒市场的资料，了解到民众饮酒的习俗，美、法关系的态势，公众对白宫班子的评价，艾森豪威尔总统在新闻界的形象以及在美国年内有影响的节假日和庆典活动等等信息。

经过仔细斟酌，专家提出了一项颇具新意的设计，主要内容包括：

一、公关宣传的基点是法、美人民的友谊；

二、整个规划的主题是"礼轻情义重、酒少情意浓"；

三、择定美国总统艾森豪威尔67岁寿辰的最佳宣传时机；

四、要求尽可能广泛地利用法、美两国的新闻媒介。传播程序是：先法后美，由内向外；

五、赠送的是两桶窖藏长达67年的白兰地酒，贺礼由专机送往美国，酒桶特邀法国著名艺术家特别设计制作；

六、总统寿辰日，在白宫的花园里举行隆重的赠送仪式，将由四名英俊的法国青年身穿法兰西传统的宫廷侍卫服装抬着这两桶白兰地正步前行，进入白宫。

准备就绪后，公司首先向美国国务卿呈上一份礼束，上面写道：尊敬的国务卿阁下，法国人民为了表示对美国总统的敬意，将在艾森威豪威尔总统67岁生日那天，赠送两桶窖藏67年的法国白兰地酒。请总统阁下接受我们的心意。

这项公关规划立即得到公司最高决策者的批准，并且得到法国政府的赞赏和大力支持，外交方面政府为他们亮起了绿灯。

于是，美国公众在总统寿辰一个月之前就分别从不同的传播媒介获得了上述信息。

一时间，法国白兰地即刻成了新闻报道、街谈巷议的热门话题。千百万人都期盼着这两桶名贵白兰地的光临，一睹那令人激动的场面。

到了这一天，果然呈现出万人空巷的盛况。

当这两桶仪态不凡的美酒登场亮相时，群情沸腾，欢声四起，有些人甚至大声唱起了法国国歌《马赛曲》。

此刻，美国公众似乎已经闻到了芬芳的酒香，品尝到了友谊佳酿的美味。从此，法国白兰地畅行无阻地进入美国市场，一时间，国家宴会、家庭餐桌上少不了白兰地酒。白兰地酒进军美国市场后，其他地方的市场也很快被打开了，白兰地公司收益大幅度增加。

◎ "借题发挥"以赢得商机 ◎

"红豆生南国，春来发几枝。愿君多采撷，此物最相思。"

这是唐朝诗人王维写的《相思》中的名句。红豆鲜红浑圆，晶莹如珊瑚，南方人常用以镶嵌饰物。传说古代有一位女子，因丈夫死在边地，哭于树下而死，化为红豆，于是人们又称其为"相思子"。

有这样一家公司，它根据消费者对商标名称的心理作用，巧用"红豆"作为专用商标，在"红豆"上大做文章，借红豆的典故、红豆影片、红豆树之题，把红豆挖掘得淋漓尽致，给人以难以抹去的印象。

如果去这家服装厂参观，听到的不是服装款式、品牌的介绍，而是听有关"红豆"典故的故事，观看台湾新片《一颗红豆》，参观红豆树，最后赠送真正的红豆。这种避开推销产品质量、性能，利用"红豆"给人的心理作用，以红豆为题材引导消费，促进销售的做法，是提高国货精品市场竞争力的一种新举措。

中国有着悠久的历史，灿烂的文化，许多民间的传说、名人轶事、历史典故供经营者"借题发挥"，而且行之有效。

在上海，人们常常看到，精明的经营者纷纷亮出招牌，借用各种题材吸引顾客。如南京路上吴良材眼镜店，专设一个一百多年来的各种类型的眼镜柜台，选择眼镜变迁的历史和奇闻轶事题材，介绍给顾客；云南的马路旁开设一家奇特的"水饺馆"，以宣传"饺子文化"为题，备有多种各地民族风味的水饺，结果饺子馆天天爆满；还有以介绍"花语"为题的华山路花苑，以介绍"茶道"为题的八仙桥汪怡茶艺馆等，这些都是以特有的方式满足人们对文化消费日渐增强的愿望。

【点评】

"树上开花"之计，原意是指树上本来没有花，但可以借用假花点缀在上面，让人真假难辨。

由于战争现象较之任何别的社会现象更难捉摸，指挥员的主观判断就很容易为各种假象所迷惑。或设置假情况，巧布迷魂阵，以此虚张声势，常可以充作实际力量来慑服敌人。

此计用在军事上，是指当自己的力量薄弱时，可以借别人的势力或某种因素，使自己看起来强大，以此虚张声势，使敌人慑服。

树上开花，虚张声势，慑服敌人。

这一计谋给从事商业活动的人提供了一个重要的谋略，那便是制造声势。"善战者，求之于势"，只有在激烈的市场竞争中大造声势，以适时、准确、广泛、生动的宣传，提高本企业的知名度，增强消费者对企业的信任感和企业产品对消费者的吸引力，以达到抢占市场、扩大销售的目的。此外，借助产品的规格、式样、包装，或借助商店店面装潢装饰，也可以吸引消费者，提高竞争能力。

⊙名家论《三十六计》

可能有些人会说：树上开花，其实就是虚张声势。这和有些动物在遇到危险或劲敌时，就会竖起毛发、张牙舞爪，嘴里还发出恐吓的声音不是一样的吗？

如果从动物的本能来说，这些动物正是在本能地运用树上开花的计谋。你看，这些动物充分利用它身上所有可以用来吓唬对手的东西，毛发呀、爪牙呀、声音呀等，这就是"借力"；它们竖起毛发，张开爪牙，发出吼叫，有的还能改变颜色、释放味道，这一切都做得逼真，而且这些声音、颜色、味道、形象，形成了一个整体，刺激对手的感官，这就是"造势"。

这所有的动作，都传达出一个不容置疑的信号：我是非常强大的，我可不是好惹的，把我惹毛了你的下场会很惨，你还是乖乖认输，或赶紧逃命去吧，这就是"慑敌"。

所以动物是很懂得运用树上开花的。从兵法谋略的运用上看，树上开花的中心含义就是本来没有这么大的力量，却要设法利用所有可以利用的内在和外在因素，造成种种假象和声势，向对手显示出强大的实力和威胁，以使对手屈服或避让。

——任力

◎第三十计　反客为主◎

【原文】

乘隙插足，扼其主机①，渐之进也②。

【注释】

①乘隙插足，扼其主机：找准时机插足进去，掌握它的要害关节之处。②渐之进也：语出《易经·渐》卦。本卦《象》辞"渐之进也"，意为渐就是渐进的意思。此计运用此理，是说乘隙插足，扼其主机。

【译文】

乘着有漏洞就赶紧插足进去，扼住它的关键要害部分，循序渐进地达到自己的目的。

【计名讲解】

"反客为主"是三十六计中的精彩一计，它的原意是：本是客人却用主人的口气说话。后来泛指在一定场合下，采取主动措施，以声势压倒对手。

反客为主最早见于《三国演义》第七十一回：袁绍屯兵河内，缺少粮草，十分忧虑。老友韩馥知道后，主动派人送去粮草，以助袁绍解决供应的问题。但是袁绍觉得等待别人送粮草，不能从根本上解决问题。他听了谋士逢纪的劝告，决定夺取粮仓冀州，而当时的冀州牧正是老友韩馥。袁绍竟不顾旧交情，马上对韩馥下手，他首先给公

反客为主。

孙瓒写了一封信，建议与他一起攻打冀州，公孙瓒答应了袁绍的请求。袁绍又暗地派人去见韩馥，说："公孙瓒和袁绍联合攻打冀州，冀州难以自保。袁绍过去不是你的故交好友吗？最近你不是还供给过他粮草吗？你为什么不联合袁绍，来对付公孙瓒呢？主动让袁绍入城，冀州不就能够保存了吗？"韩馥只得邀请袁绍带兵进入冀州。袁绍入城后，表面上尊重韩馥，暗地里却将自己的部下安插到冀州的要害部位，这时，韩馥才明白过来，他这个"主"被"客"取而代之了。为了保全性命，他只得只身逃离冀州了。

古人按语说："为人驱使者为奴，为人尊处者为客，不能立足者为暂客，能立足者为久客，客久而不能主事者为贱客，能主事则可渐握机要，而为主矣。故反客为主之局，第一步须争客位，第二步须乘隙，第三步须插足，第四步须握机，第五步乃成为主。为主，则并人之军矣。此渐进之阴谋也。"意思是说：为别人所役使的是奴隶，受人尊敬的是贵宾，还不能站稳脚跟的是临时的宾客，能够站稳脚跟的才是真正的客人，长时间做客却不能参与军机要务的就不被尊重，能够参与其事而又渐渐掌握大权的才能（摇身一变而）成为主人。要想实现反客为主的局面，第一步要先取得客位，第二步要善于乘虚而入，第三步要站稳脚跟，第四步要掌握大权，第五步要摇身一变成为主人。做了主人之后，当然也就全盘地控制他人了。这是稳步依次而进的谋略。

● 反客为主

在战争中变被动为主动，争取掌握战争主动权的谋略。面对敌人时，要尽量想办法钻空子，插脚进去，控制它的首脑或要害，然后抓住有利时机，兼并或控制他人。古人在使用这一计策时，多是针对盟友的，往往是借援助盟军的机会，先站稳脚跟，然后步步为营，取而代之。

变被动为主动

壹
遇到敌军漏洞就要趁机而入。

贰
直接攻击敌人的要害。

叁
要采取循序渐进的作战方式。

取得胜利

实用谋略

◎郭子仪单骑退敌群◎

尽量想办法钻空子，插脚进去，控制它的首脑机关或者要害部位，抓住有利时机，兼并或者控制他人，这便是"反客为主"的计谋。郭子仪到回纥营中退敌的故事，就是反客为主的典型事例。

公元765年，回纥、吐蕃受唐朝叛将仆固怀恩的挑拨，出动几十万大军进攻长安。唐代宗急忙下令官军前去抵挡，但是很快便被击退。回纥、吐蕃联军一直打到长安北边的泾阳（今陕西泾阳），京都受到严重威胁。

长安危急，唐代宗和群臣惊慌失措。这时，宦官鱼朝恩劝代宗逃出长安，大臣们极力反对，大家都认为，要想打退回纥、吐蕃，只有指望郭子仪。于是代宗急令郭子仪到泾阳御敌。

此时，郭子仪手中只有一万人马，一到泾阳，便被回纥、吐蕃联军四面合围，他一面吩咐将士不许跟敌人交战，加紧构筑防御工事，一面派探子去侦察敌军的情况。

派去侦察的人回来报告说，回纥和吐蕃两支大军虽说是联军，但他们内部不团结，谁也不愿听谁的指挥，两股力量捏不到一块儿去。

郭子仪知道情况后，决定采取分化敌人的办法，各个击破。早先，回纥的部族曾经出过兵，配合郭子仪平定安史之乱，其中不少将领跟郭子仪颇有交情。因此，郭子仪打算说服回纥退兵。

当天晚上，郭子仪派手下将领李光瓒悄悄地到了回纥的大营，去见回纥都督药葛罗。李光瓒见到药葛罗后说道："郭令公特意派末将前来，向您问一句：回纥本来和唐朝友好，可如今为什么要追随吐蕃，来进攻唐朝呢？"

回纥、吐蕃进犯唐朝。

药葛罗听罢，说道："仆固怀恩说郭帅被奸臣陷害，因此我与吐蕃一起来报仇。"李光瓒说道："那是谣言，郭令公怎么会被陷害呢？眼下郭令公就在泾阳。"药葛罗说什么也不相信。并说："要是郭令公真的还在，那就请他亲自来见个面。"

李光瓒回到唐营，把药葛罗的话转告给郭子仪。郭子仪深知，只有争取到回纥和唐军联合，才能击败吐蕃，取得最终胜利。于是，郭子仪立即决定，他要亲自到回纥军营走一趟，也许能劝说回纥退兵。将领们都觉得这是个好办法，但又都担心这样做太冒险。还有人提出，派五百个精锐的骑兵跟郭子仪一起去，万一有什么意外，也有人保护。

郭子仪说道："带这么多人去，反而会坏事。只要几个人陪我一起去就行了。"说罢，郭子仪便命令兵士给他牵过战马来。

这时郭子仪的儿子郭晞上前拦住马说："您老人家现在是国家元帅，怎么能到虎口去冒这个险呢？"

郭子仪说："这一趟我非去不可。现在国家更危险，我以至诚相待，亲自劝说回纥退兵，以使国家转危为安。这样，即便我有什么三长两短，也没有什么可顾惜的。我这次去回纥军营，如果和他们谈判成功，那就是国家的大幸啊！"说完之后，便纵马奔驰而去。

回纥兵士望见远处有几个人骑马过来，连忙去报告药葛罗。回纥将领们大吃一惊，药葛罗怕唐军前来袭营，赶紧命令兵士摆开阵势，弯弓搭箭，准备迎战。

郭子仪见回纥戒备森严，就命令随行兵士摘下头盔，卸掉铁甲，把枪也扔在地上，随后拉紧马缰，缓缓向营门这边走来。

郭子仪在回纥人中有很高的威信，回纥人一向称他为郭令公，以表示对他的尊敬。郭子仪来到回纥营寨，回纥将士一齐向他跪拜。郭子仪跳下马来，将他们

回纥兵回报说有唐军前来。

——扶起。当他走到药葛罗跟前时，上前一把握住他的手，亲切地说："你们回纥人曾经帮助过唐朝平定安史之乱，还立过大功，唐朝待你们也不错，今天为什么要毁弃合约，变朋友为仇敌呢？你们帮助仆固怀恩闹叛乱，仆固怀恩背叛唐朝，连爹娘也可以不顾，对你们还能安什么好心吗？他这是在利用你们，借助你们的力量实现他的野心。"

药葛罗低下头，愧疚地说："我们上了仆固怀恩的当，他说皇帝和令公都已经死了，中原没有主人，国内大乱，叫我帮他去收拾残局。原来令公还健在，见到你我才明白。这真是一场大误会啊！"

经过一番交谈，郭子仪猜透了药葛罗的心事，他进一步对药葛罗说："吐蕃人确实不讲理，居然也怂恿你们来打我们，教我们大家互相厮杀，同归于尽，他便顺手共治两国臣民，好一个一箭双雕的毒计，真是岂有此理！你们和他们不是世仇吗？今天必须教训吐蕃一顿才行。"说到这里，郭子仪偷眼看看药葛罗，见他有些动容，就继续说道："现在正可以乘机消灭吐蕃，劫了他们的物资，这不管是对回纥，还是对唐朝，都是一举两得的好事。"

回纥将领听了都很高兴，一致高喊："坚决拥护都督和郭令公！"于是摆酒欢宴，互相敬祝。郭子仪高举酒杯，与药葛罗盟誓。随后，郭子仪又派人送来罗锦，唐朝与回纥和好如初。

郭子仪出使回纥兵营。

郭子仪单骑访回纥，促成两国结盟的消息传开了，吐蕃的将领闻知，大吃一惊，连夜收拾辎重，拔寨向西南方撤走。回纥穷追不舍，郭子仪率大军紧随其后，在灵武台西原大破吐蕃，斩杀吐蕃士卒五万余人，生擒上万人，缴获的牛羊驼马，三百里内接连不断。

面对回纥与吐蕃联军的合围，郭子仪亲身犯险，来到回纥军营，并向回纥将领晓之以理，动之以情，使回纥归向自己一方，这正是对"反客为主"之计的一次成功运用。

◎李渊称帝建唐◎

反客为主为"渐进之阴谋"，既是"阴谋"，又必须"渐进"，才能奏效。李渊在夺得天下之前，先尊隋朝宗室为帝，后来还是把其消灭了，这就是用了反客为主的计谋。

隋朝末年，天下大乱，农民起义风起云涌，地方官吏也纷纷起兵反隋。在诸多反隋势力中，李渊起步较晚，却能够在短时间内脱颖而出，一年之内便攻下都城长安。其后，李渊在长安称帝，定国号为唐，从而开启了唐朝289年的基业。

李渊是隋朝的太原留守。太原是隋朝的军事重镇，兵源充足，粮饷充盈。李渊有四个儿子，其中二儿子李世民是个有胆识的青年。他看到隋朝统治腐朽，天下英雄纷纷起来反隋，便有心成就一番事业。

有一次，太原北面的突厥进攻马邑，李渊派兵抵抗，接连打了几次败仗。李渊深怕这事被隋炀帝得知后追究责任，急得不知所措。李世民趁此机会，几次三番劝说李渊起兵反隋。李渊刚开始吓得要命，后来他思量再三，终于决定起兵反隋。

大业十三年（617）六月，李渊父子杀死副留守王威、高君雅，在晋阳起兵，顺势攻取西河（今山西汾阳）。随后，李渊自称大将军，带领三万人马离开晋阳，浩浩荡荡向长安进军。李渊一路上不断招募人马，并仿效农民起义军的办法，打开官仓发粮给贫民，应募的百姓越来越多。

李渊建唐称帝。

三个月后，李渊率领二十万大军攻打长安，守在长安城里的隋军拼死抵抗，但是却无能为力，不久，李渊部将雷永吉用云梯首先登上城墙，长安很快被攻占了。

攻下长安以后，李渊担心成为众矢之的，没有急于称帝，为了争取民心，宣布约法十二条，把隋王朝的苛刻禁令一概废除，打出了尊隋的旗号，架空隋炀帝，把年仅十三岁的杨侑立为皇帝。杨侑名为皇帝，其实不过是李渊"挟天子以令诸侯"的工具。这样做一方面可以避免担上谋反的罪名，一方面可以打着安定隋室的旗号公开招兵买马，扩大势力。同时，李渊对隋朝旧臣大肆封赏，以收买人心。

公元618年四月，隋炀帝在江都被杀，消息传出后，秦王杨浩、越王杨侗相继称皇帝，其他地方势力和起义军也纷纷称王。几个月后，杨侑禅位，李渊登基称帝，国号唐，史称唐高祖。随后，李渊花了八年的时间，终于消灭了各地的割据势力，统一了全国。

李渊在晋阳起兵，攻下长安后，并不急于称帝，而是先立杨氏子孙为帝，待时机成熟后，再"反客为主"，废掉傀儡皇帝，建立了唐朝。

◎晁盖在梁山反客为主◎

《水浒传》中有一个"反客为主"的事例，即晁盖利用梁山泊火并而坐头把交椅的故事。

晁盖等人智取生辰纲后被官府追杀，走投无路之下来到了梁山泊。梁山大头领"白衣秀士"王伦热情款待晁盖一行人。

晁盖与吴用密议。

筵席散后，晁盖心里很高兴，对吴用等六人说道："我们犯下这等弥天大罪，现在无处安身。要不是王头领如此错爱，我们就没有容身之处了，此恩不能忘掉啊。"吴用却说："哥哥觉得王伦肯收留我们吗？你刚才没有注意他的神情，所以没看透他的心思。王伦一开始与兄长说话，看起来和你很有交情。后来兄长说明我们被官兵追捕，他脸色就有些变了。虽然他口头上答应收留我们，但实际上是另有打算。假如他有心收留我们，早就当场议定了座位。我看你是空欢喜了一场。"

晁盖听到这里，心里有些失落。这时，吴用又补充说："不过，也不是没有出现转机的可能，林冲原是京师禁军教头，不是一般人，他现在不得已坐了第四把交椅，他对王伦非常不满，只是没有机会发作。明日在他面前说几句话，让他们本寨自相火并，那时我们就可以控制梁山了。"

次日清晨，晁盖等人刚刚睡醒，突然有人来报，说林冲来看望众人。众人连忙迎接林冲，吴用对林冲说道：我们不才，承蒙林教头错爱，心里十分感激。早先听说林教头在东京是人人敬仰的豪杰。不知后来是谁推荐教头上山的？"林冲说是柴大官人。吴用拍手说："太好了，我们也是柴大官人推荐的，这下有容身之处了。"林冲却冷笑说："我看没那么简单，王伦心胸狭窄，不会收留你们的。"吴用故意装作惊讶道："王头领待人接物一团和气，如何称得上心胸狭窄？"林冲道："他昨天听见兄长所说众位杀死官兵一事，便有些不自然，这就是他不肯收留你们的意思。"吴用失望地说道："既然王头领不想收留我们，那么我们还是改投别处去了。"说完便要作势离去。林冲拦住众人，平静地说道："众位豪杰不要离开，山寨不是王伦一个人的，这件事我自有主意。"说完林冲起身别了众人，上山去了。

第二天一早，王伦派人来到晁盖一行人的住处，说山寨头领们请众好汉去山南水寨亭上赴宴。晁盖等人把兵器暗藏在衣服里，前去赴宴。酒过三巡，晁盖几次和王伦提起加入梁山的事，王伦总是故意将话题岔开。吴用偷偷看林冲，只见林冲侧坐在椅子上，两眼盯着王伦。酒宴进行到了一半的时候，王伦对晁盖说："承蒙各位豪杰看得起梁山，要到此聚义，只恨山寨养不下许多真龙，因此略备些薄礼万望笑纳，还请各位再投奔大一些的山寨，等各位英雄事业有成，我再到各位的山寨里投奔。"

听了这话，林冲愤怒地说道："当初我上山寨时，你也推说粮少房稀。今日晁兄与众豪杰到山寨来，你又说出这样的话，你到底安的是什么心？"吴用一看有机可乘，立刻说道："各位头领要冷静，都是我们来得不是时候，千万不要坏了各位的情分。今日王头领以礼相待送我们下山，还送我们盘缠，又不是把我们赶走。请众位头领息怒，我等这就下山。"

林冲从座位上跳起来，快步来到王伦面前，说道："那些笑里藏刀的人，我今日绝不会放过他！"王伦一看事情不妙，就高声喝道："这畜生又喝醉了，还用言语来诋毁我，真是以下犯上呀！"

林冲听后，针锋相对地说道："你不过是个落第的腐儒，胸中没有半点文墨，怎能坐山寨的头把交椅呢？"吴用跟着说道："没想到因为我们前来投靠，反倒坏了各位的情分，我们还是赶快走了吧。"晁盖等七人起身就要下山。林冲把桌子踢翻，从衣襟底下掣出一把刀来。

吴用一使眼色，晁盖、刘唐冲进亭子抓住王伦道："不可伤了和气。"吴用一手扯住林冲，一边对他说道："头领不可造次。"阮小二又冲过去摁住杜迁，阮小五同时摁住宋万，阮小七抓住了朱贵，梁山的几个头领同时都被控制住了，小喽啰们都吓得目瞪口呆。林冲一把揪住王伦，冲他

林冲大骂王伦。

骂道："你以为这梁山泊是你这个酸秀才的么？倘若不杀了你，留你又有什么用处呢？我看你也没有什么胸襟度量，做不了山寨之主！"于是一刀砍下去，便把王伦杀死了。吴用从血泊里拽过王伦的座位，让林冲坐在上面，并向众人说道："今天有不服林教头的，王伦就是他的榜样。从今以后林教头就是山寨的大头领。"林冲说："王伦心胸狭隘，嫉贤妒能，我从山寨的长远利益考虑，

晁盖坐上梁山泊的头把交椅。

因此杀了他。晁兄仗义疏财，智勇双全，当今天下人人都知道他的大名，我今日推立他为大头领，各位同不同意？"众人怕走王伦的覆辙，都纷纷点头。这样，晁错反客为主，成为梁山的大头领。

商业案例

○借新闻发布会使产品"反客为主"○

在信息传播日益发达的今天，如能充分利用新闻媒介进行"公关"传播活动，发布产品信息，提高产品知名度，将会达到"名声在外，客来四方"的效果。这其实是一招典型的"反客为主"。

新闻发布会是信息传播的较高层次的手段，具有庄重、直接、广泛和经济等优点。如果能够选时恰当，往往能起到事半功倍的效果。

某市一家制笔厂研制生产出一种新型的台笔，这种台笔具有造型新颖、功能超群的特点，不仅具有很高的实用价值，还具有装饰和观赏价值。如何将这种新型台笔通过传播媒介传播出去呢？做广告的话，费用太高；而找销售员推销的话，局限性又很大。这成了企业领导当时面临的难题。

经过再三考虑，企业领导决定采用新闻发布会的形式推销这种新型台笔。经过周密的策划，他们决定把新闻发布会定于十二月举行。为什么要定在十二月呢？决策人有他们的打算。

原来，每年的元旦和春节这两个节日，很多单位要总结这一年的工作，表彰奖励先进工作者和先进生产者；多日不见的亲朋好友，要利用假日走亲访友，亲朋好友要彼此馈赠礼品。这种新型台笔既高雅大方，又经济实惠，如果把它作为馈赠礼品和奖品的话，那是再合适不过了。

在邀请参加新闻发布会的人选方面，除了有众多知名的新闻单位的记者外，他们还邀请了文化单位、商业机构的领导和有关专家。新闻记者是新闻发布会的目标公众；请文化部门、商业单位、工矿企业的领导和专家参加新闻发布会能提高宣传报道的真实性和权威性。

发布会如期举行，多家新闻单位的记者和有关部门的领导、专家出席了发布会。会后，电台、电视台及报纸杂志分别以不同形式进行了报道。结果，这个新产品很快打开了知名度。

对于新产品如何能尽快让消费者接受的问题，要跳出老框框，借用各种方式，使不被人知晓的新产品（客）成为人们乐于接受的"礼物"（主），这种方法是反客为主策略在商业活动中的成功运用。

○金融界巨头折戟沉沙○

英国吉尼斯集团是靠酿酒起家的，随着公司业务的发展，其经营范围已伸向许多行业，其家族成员遍布英国工、商、军、政各界，因此人们称其为"吉尼斯王朝"。

1981年，46岁的桑德斯出任公司董事长兼总经理的要职，仅仅用了五年的时间，吉尼斯集团的资产就比以前扩大了六倍，桑德斯也成为当时英国最出名的企业家之一。然而，这个企业巨子却在事业处于顶峰的时候折戟沉沙了。

1986年，吉尼斯集团在一场兼并战中，为了能够在伦敦股票交易所抬高吉尼斯股票价格而击败竞争对手，于是采取行贿的手段，通过"局内人"挖情报，以27亿英镑兼并了英国最大的威士忌酒制造商——英国造酒公司。其幕后交易涉及欧美一二十家大银行、公司和律师事务所。

行贿的方式，与战争策略中的"反客为主"有些相似，都是乘有漏洞控制对方的统御大权，不过它属于经济犯罪的行为，应当坚决抵制。

桑德斯在这场兼并战中的违法行为败露后，又暗中指使手下人编造假账，销毁罪证。终于自食其果，锒铛入狱。

企业扩大经营就能扩大利润这是常理，也是经营者努力追求的奋斗目标。而那种只为眼前利益铤而走险，不顾法律，干出违法乱纪的事，是不值得提倡的。

【点评】

反客为主，指的是处于被主导地位的客，夺取主导地位，替代原来的主，并把原来的主放到客的位置上。概括地讲，就是变被动为主动，把主动权慢慢地掌握到自己手中来。因此，它是一种换位法，或者说是夺位法。

用在军事上，"反客为主"就要把别人的军队拿过来，控制指挥权。李渊在夺得天下之前，写信恭维李密，后来还是把李密消灭了。刘邦在兵力不能与项羽抗衡的时候，很尊敬项羽，鸿门宴上，以屈求伸，对项羽谦卑到了极点。后来他力量扩大，由弱变强，垓下一战，终于将项羽逼死在乌江。《三国演义》中，法正到了夏侯渊的地盘，巧施计谋，调动夏侯渊来攻，夏侯渊成为客，法正则反客为主，争取了主动权，一举拿下定军山，为蜀军进入汉中铺平了道路。此外，刘备得到荆州、益州，也均是采用了反客为主之计。

⊙名家论《三十六计》

可能有些人感觉反客为主与偷梁换柱好像不容易区别。在这里我们应该看到反客为主与偷梁换柱都是并战计中有代表性的计策，但二者着眼点不同。反客为主强调的是利用时机以"客"的身份进入对方内部，然后逐步控制其要害部门，夺取主导权，达到兼并目的。偷梁换柱重点在于将对方的精锐或骨干人员调离、替换，以削弱对方的力量，然后控制对方，达到兼并目的。这两个计谋也可以结合起来使用，效果更好。比如，《水浒传》里晁盖、吴用等人被逼上梁山，本来是"客"，王伦还是首领。但王伦心胸狭窄，嫉贤妒能，容不下晁盖等人，于是在"智多星"吴用的策划下林冲手刃王伦，推举晁盖为新的首领，获得梁山众好汉的拥戴。这就是一个典型的反客为主之计。

反客为主的要义就在于先以客的身份打入对方内部，然后逐渐控制对方的机要和关键部门，进而取而代之，达到完全控制和主宰对方的目的。此外，这一计也有变被动为主动、变不利为有利的含义。

——任力

"三十六计"智慧启示

暗度陈仓

暗度陈仓、瞒天过海、笑里藏刀、假痴不癫、抛砖引玉，共同之处是示假隐真，通过伪装，达到出其不意的效果。

学会透过现象把握事物的本质和规律。看见的往往是假象，看透的往往是本质。

以逸待劳

声东击西、以逸待劳、围魏救赵、偷梁换柱、欲擒故纵，都强调反客为主，避敌锋芒，采取迂回战术，出奇制胜。

学会辩证地看待事物，用创造性思维解决问题。

擒贼擒王

釜底抽薪、擒贼擒王、上屋抽梯，强调集中优势兵力，攻其要害，断其后路，一举瓦解敌军。

学会分清主次，集中精力先解决主要问题。

第六套
◎ 败战计 ◎

◎ 第三十一计 美人计 ◎

【原文】

兵强者，攻其将；将智者，伐其情①。将弱兵颓，其势自萎。利用御寇，顺相保也②。

【注释】

①兵强者，攻其将；将智者，伐其情：句意是对兵力强大的敌人，就攻击它的将帅；对明智的敌人，就打击它的情绪。②利用御寇，顺相保也：语出《易经·渐》卦。本卦九三《象》辞："利御寇，顺相保也。"是说利于抵御敌人，顺利地保卫自己。

【译文】

对于兵力强大的敌人，就攻击他的将帅；对于有智慧的将帅，就打击他的意志。将帅斗志沦丧，兵士颓废消沉，敌人的气势必然会自行萎缩。利用这些方法来控制敌人，可以顺利地保存自己。

【计名讲解】

美人计，简而言之，就是以美女诱人的计策。

美人计的例子，有史料记载的最早的是《韩非子·内储说下》：春秋前期，晋献公想要讨伐虢国，而虞国是晋国讨伐虢国的必经之地。晋献公想假道虞国，但是又担心虞君不答应。这时，晋大夫荀息向他建议：把屈地出产的良马和垂棘出产的美玉献给虞君，又向虞君献上几个美女，意在迷惑其心智，扰乱其朝政。虞君果然中计，没有听从大臣宫之奇的劝告，借道给晋国军队。结果，晋国灭掉了虢国，回师的时候又顺便灭掉虞国，并把虞君掳到了晋国。

美人计。

先秦的兵书《六韬》中也说："养其乱臣以迷之，进美女淫声以惑之。"（《六韬·文伐》）意思是说，对于用军事手段难以征服的敌方，要善于使用"糖衣炮弹"，先从思想意志上击败敌方的将帅，使其内部丧失战斗力，然后再趁机进行攻取。

古人按语云："兵强将智，不可以敌，势必事之。事之以土地，以增其势，如六国之事秦，策之最下者也。事之以币帛，以增其富，如宋之事辽、金，策之下者也。惟事之以美人，以佚其志，以弱其体，以增其下之怨。如勾践之事夫差，乃可转败为胜。"意思是说：如果敌军强大，而其将也十分明智，就不要轻易与其作战，这是为形势所迫，必须暂时假装安抚敌人。安抚的方式有很多种：割地求和能使其声势壮大，就像战国时六国贿赂秦国那样，这是最下的策略；此外，用钱币布匹能使其财力与物力增强，就像宋朝向辽、金贡献岁币那样，这也不是高明的策略；只有运用美人计，以腐蚀敌军主帅的意志，并能刺激敌将部属的不满情绪，就像越王勾践对吴王夫差那样，才可以转败为胜，变弱为强。

● 美人计

在敌人气势正盛之际，采取不直接进攻的战略，而是坚守住自己的阵地，消磨敌人士气，使敌人疲于奔命。同时审时度势，寻找最有利的战机，从而后发制人、一举破敌。

以进献美人的方式消磨敌军将领意志

将士斗志衰退	士兵士气消沉

敌军失去战斗力
我军瓦解敌军

实用谋略

◎范蠡施美人计而灭吴◎

中国历史上关于"美人计"的有名的例子有很多，勾践借西施灭吴的故事当属著名的一个。

公元前496年，吴王夫差为报杀父之仇，领兵攻打越国，大败越王勾践，并把勾践围困在会稽山。勾践走投无路，只得向吴王求和，并以自己为人质，与夫人和大夫范蠡到吴国都城姑苏做了奴隶。

三年后，勾践三人回到越国，并开始实施自己的复仇计划。一方面，勾践任用文种主持国政，采取休养生息政策，努力恢复和发展经济；另一方面，勾践让范蠡训练军队，做好随时讨伐吴国的准备。同时，为了迷惑吴国，越国还搜罗大量金银珠宝，并寻找了一批美女，一起送往吴国。

吴王夫差贪利而好色，他一见到财宝和美女，便欢喜得不得了。尤其是越国进献来的美女，个个长得美丽动人，夫差左拥右抱，对这些美人爱不释手。在进献来的美人中，以西施最为出名。

据载，范蠡出访民间的时候，来到诸暨苎萝山下若耶溪，巧遇正在浣纱的西施，当即为她的"倾国倾城貌"所倾倒，于是两人在若耶溪畔订下白首之约。

后来，范蠡随勾践到吴国为奴，等他回到越国，便开始筹划以美人计惑乱夫差的心智，使夫差丧失进取之心。这时，范蠡便想忍痛割爱，献出自己的爱人西施，与其他美女一起进献给夫差。最初，西施不愿意去吴国充当美人，范蠡对西施晓以利害，劝西施以国家利益为重。最后，西施被范蠡的爱国热情感动了，挺身而出，同意去吴国。

夫差见到西施后，见她生得国色天香，便立即封她为妃子。从此，夫差沉迷于西施的美色，过着骄奢淫逸的生活。

西施聪明、伶俐，她知道自己

夫差宠爱西施。

来吴国的使命，便用尽浑身解数得到吴王的宠爱。大臣伍子胥认为这是美人计，苦心劝谏，夫差却充耳不闻，并将西施升做贵妃。此后，西施集"三千宠爱于一身"，吴王夫差命人在灵岩山为西施建了馆娃宫，在馆娃宫附近修了玩花池、玩月池、吴王井、琴台，还有采香径、锦帆径和打猎用的长洲苑。

夫差中了越国的"美人计"，越来越贪图享乐，致使国家空虚，人民生活苦不堪言。后来，夫差听信西施及伯嚭的谗言，杀了忠臣伍子胥。这时的吴国，貌似强大，实际上已经"病入膏肓"了。

果然，在公元前473年，勾践趁着吴国内忧外患，以范蠡为大将军，率领越国大军攻入吴国。吴军毫无斗志，屡战屡败。最后，越军攻入吴都姑苏，夫差后悔没有听伍子胥的忠告，羞愧自杀。

◎王允巧计献美人◎

罗贯中在他的《三国演义》里说："司徒妙算托红裙，不用干戈不用兵，三战虎牢徒费力，凯歌却奏凤仪亭"。这句不是三国演义的人物说的，是第八回中后人诗词赞美王允用美人计离间董卓、吕布的。

貂蝉，东汉献帝时期人，原为大司徒王允府中的歌伎，能歌善舞，美丽异常，是中国古代四大美人之一。

自汉献帝迁都长安后，董卓仗着手中的权力及义子吕布的勇猛，为非歹，做起坏事来更加肆无忌惮。一天，百官在朝堂议事，吕布突然来到董卓身边，耳语数句，董卓点了点头。吕布来到司空张温身边，将张温揪下朝堂。不久，侍从便托着一张红盘进入朝堂，盘中搁的竟是张温的首级！董卓命吕布劝酒，把人头在各人面前一一呈过。董卓说："你等对我孝顺，我不害你们。我是受天保佑的人，害我的人一定会失败。"

对于董卓嚣张跋扈、擅权误国的恶行，司徒王允忧心忡忡，他一心想除之而后快，但又苦无良策，终日茶饭不思。义女貂蝉得知王允的心事后，表示"如有用妾之处，万死不辞"。王允突生一计，于是王允把自己的想法和貂蝉说了，精心设计了个"连环美人计"，先将貂蝉许给董卓义子吕布，未及迎娶又献于太师董卓，挑起董、吕两人的矛盾。貂蝉对王允的意图心领神会，处处设计离间董卓、吕布之间的父子关系，成功地施展了美人计，使董卓、吕布反目成仇，最后更诱使吕布杀死董卓，夷其三族，为汉室铲除了一大祸害，立了大功。

在王允的连环计里，套用了"美人计"和"反间计"。其过程大致可分为以下五个步骤。

第一步：巧施美人计。"董卓、吕布皆好色之徒"——这是王允正确的判断。恰巧又有"色伎俱佳"的貂蝉甘愿配合王允。于是王允安排了酒宴上貂蝉献酒的一幕。结果吕布中计，为貂蝉的美色所迷倒。王允乘机许诺嫁貂蝉给他，并约定了日期。

第二步：再施美人计。吕布中计后，王允背着吕布进貂蝉给另一"好色之徒"董卓，并立马把貂蝉送给了他。

第三步：接着故意透风给吕布，并用言语挑拨唆使，把董卓蒙在鼓里，让吕布对董卓怀恨在心。

第四步：反间计。如果说前三步是王允设计的，第四步则是完完全全由貂蝉来实施了。"色伎俱佳"的貂蝉"色伎并用"，取得董卓的宠爱后又巧妙地和吕布眉目传情，加深了吕布对她的爱慕和对董卓的仇恨，同时也让董卓记恨上吕布。接着又巧妙地安排了凤仪亭幽会，让董卓和吕布彻底反目。

第五步：火上浇油。当一触即发的火并在李儒的劝解下暂时平静后，董卓迫不及待地把貂蝉转移到他的私人宫殿郿坞。王允适时出现在愤愤不平但又无奈的吕布身边，王司徒唆使吕布杀董卓。万事俱备！

吕布与貂蝉。

◎赔了夫人又折兵◎

使用美人计，要选择好时机，但前提是要得到"美人"的配合，否则，即使己方准备再充分，也可能是空欢喜一场。

荆州地处西川与东吴之间，自古以来便是兵家必争之地。三国时，荆州成为吴、蜀争斗的战场。当初，刘备窘迫时，向东吴"借"荆州以栖身，靠这块地休养生息，积蓄力量。等刘备恢复过来，东吴再三索要荆州。然而，作为自己唯一的立足之地，刘备当然不会轻易放弃荆州，于是以各种理由再三推托。东吴的大都督周瑜十分气恼，便想用计取回荆州。

不久，荆州牧刘琦病死。东吴派鲁肃以吊唁为名，向刘备讨还荆州。孔明让刘备写下借据，说等刘备取了西川便归还荆州。

鲁肃回报周瑜，周瑜大骂刘备言而无信。这时，探子回报说刘备夫人甘氏死了，周瑜听后便生一计。

周瑜为孙权设下一计，他让孙权把妹妹许配给刘备，并以此为名义把刘备骗到江东。等刘备来到江东后，再扣下刘备，然后以刘备换回荆州。周瑜写好信，让鲁肃送给孙权。

孙权看信后大喜，便让吕范到荆州去提亲。吕范到荆州和刘备说了亲事，孔明在屏风后偷听。刘备踌躇不决，不知如何是好，便让吕范先行住下，日后再作答复。

孔明从屏风后转出来向刘备道喜，他劝刘备答应这门婚事，可刘备怕周瑜加害于他，不肯去江东。孔明听后大笑说道："周瑜的计策，瞒不过我。我自有办法，既让主公娶得孙权的妹妹，又保荆州万无一失。"于是，孔明让孙乾去江东商议婚事。

建安十四年（209）十月，刘备及赵云、孙乾率领五百士卒乘快船前去南徐迎亲。临行前，孔明交给赵云三个锦囊，告诉他，每

诸葛亮与刘备密议。

个锦囊里都各有一个妙计，让他到危急关头时依次打开，按上面的计策行事，就能解围。

赵云保护刘备到了东吴后，赵云按诸葛亮的吩咐拆开第一个锦囊。依孔明之计，赵云命五百军士到市集上采购猪羊果品，并到处宣扬刘备和孙权妹妹结亲的事。之后，刘备和赵云牵羊担酒，去拜见孙策和周瑜的老丈人乔国老，并告知刘备和孙权妹妹结亲的事。

乔国老知道后就来向吴国太道喜。吴国太还被蒙在鼓里，不知道是怎么回事。她忙派人打听，才知刘备确实是来与女儿成亲的。

吴国太正在为这事发怒，恰好孙权进来。吴国太见了孙权，气得拍着胸脯大哭起来。孙权得知详情后，告诉吴国太说："没有这事，这只是计谋。"国太更加气愤，大骂孙权、周瑜，当下要在甘露寺与刘备相见，说若不中意，就任孙权他们处置。

孙权按母亲的话办理，同时悄悄在甘露寺埋伏下刀斧手，如果母亲看不中刘备，就把刘备扣押下来。

刘备来到甘露寺，吴国太看了这位"准女婿"，觉得他器宇轩昂，将来定成大事，因此便答应了这门亲事，还吩咐摆上酒席，要好好招待刘备。

但是，孙权心里放不下荆州，依然想扣押刘备。这时，赵云走到刘备身边，在刘备耳旁悄悄说了几句话，刘备连忙跪在国太面前，求国太救他。吴国太不知出了什么事，就向刘备询问。刘备禀告国太，说房内有刀斧手埋伏。国太听了大骂孙权，孙权却推说这是贾华的计谋，与自己无关。国

乔国老派人来向吴国太道喜。

太便要斩了贾华，刘备和乔国老都为贾华求情，贾华这才保住了性命。

这时，刘备请求乔国老，让他到国太面前美言几句，希望能够早日与孙权妹妹成亲。国太一口答应，于是择了一个吉日，让女儿孙尚香与刘备成亲。

孙权见事情弄假成真，心里不由得怪罪周瑜。周瑜又献上一计，让刘备在东吴吃喝玩乐，尽情享受。刘备天天喝酒作乐，时间久了就把荆州忘得一干二净。

赵云见此情状，连忙看过第二个锦囊。

孙夫人与刘备回荆州。

看完之后去见刘备说："军师派人来报，说曹操起五十万大军奔荆州杀来，扬言要报赤壁之仇，事情紧急，请主公回去。"刘备说他自有道理，便令赵云先行。

其实，刘备与赵云说的话，都被孙夫人听到了。刘备向孙夫人说了自己的心事，孙夫人就决定随刘备回荆州。二人商定，假借元旦那天到江边祭祖，然后逃走。

元旦那天，在赵云的护卫下，刘备与孙夫人离开南徐往江边出发。孙权因与众官喝酒喝醉了，等他知道消息后，已经到了第二天。于是，他下令派人去追捕刘备。

刘备与孙夫人在赵云保护下，行到柴桑地界。忽见后边有兵将追来，赵云便将第三个锦囊拆开。刘备接过锦囊里的纸条，看完后将周瑜给孙权出主意，用美人计陷害自己的事情告诉了孙夫人。孙夫人听后不禁大怒，恨孙权不念兄妹之情。追兵越来越近，眼看情况紧急，刘备请孙夫人解救。

孙夫人命人卷起车帘，大骂前来捉拿刘备的徐盛、丁奉、陈武、潘璋四将。四人不敢惹怒孙夫人，连连赔罪，不一会儿便退至路边。

不久，徐盛、丁奉急忙飞报周瑜，请求从水路追赶。

刘备一行人马来到刘郎浦，见东吴的水军将至，正慌乱间，忽见江边停了二十余艘商船。刘备与孙夫人上了船后，才知道船中的商人，都是荆州水军，原来是军师诸葛亮亲自来接应刘备。正在这时，只见周瑜领水军追来，诸葛亮令船靠岸，周瑜也追到岸上。突然，关羽率军从陆上杀出，周瑜抵挡不住，急忙上船。诸葛亮让荆州士兵齐声高喊："周郎妙计安天下，赔了夫人又折兵。"周瑜听了，又急又气，却也无可奈何。

周瑜本来想借孙尚香消磨刘备的意志，然而，孙尚香嫁与刘备之后，与刘备一心一意，因此周瑜的这招"美人计"没能奏效。由此可见，施行"美人计"的时候，除了要把握好时机，还要选好适合的"美人"，如果美人不与己方合作，那便很有可能前功尽弃，"赔了夫人又折兵"。

商业案例

◎难忘的"太太"情怀◎

"借"是一种策略，但更是一种高深的智慧。"借"字所含意义极为广泛，它可以是"借力""借智"等多个方面。当自身条件不足时，不妨借用一下别人的力量，以最小的成本做成最大的"买卖"，使自己的梦想实现。这就是善借外力，出奇制胜的智慧。

在现代商业活动中，美人计已被广泛使用，在许多电视、街头广告、商品包装上，都会出现美女的头像或全身像。在施用美人计的时候，关键是要迎合消费者的爱美心理或感官刺激，这样就可以取得理想的效果。

1993年，几位闯深圳的年轻人推出了"太太口服液"。口服液在当时市场上已经有近三百个品种，仅深圳就有五六十种。在众多的商家中，想要赢得人们的好感，首要的是营销术。而营销术中，最重要的是广告术。

太太口服液广告语有"三个太太两个黄""三个太太一个虚""三个太太三个喜"，这样，一下就抓住了太太们的心理，激起了她们对"太太口服液"的强烈好奇心。

太太口服液在国贸大厦灯箱上，一改以往国内广告语的宣告式或询问式语言，以一种轻松、幽默的平常口语甚至双关语，导出了一系列引人注目的话题，如"太太脸上有难，也写在了丈夫脸上""拥有'太太'，你可能一夜成富翁"，等等。

他们在灯箱外包上一块黄布，上面写着"里面有一个太太""里面有两个太太""里面有三个太太"，背后写着巨大的"猜"字。这种方式吸引了很多进出大厦的人。他们还在人流如潮的地方，拉出长180米、宽1.2米的巨大布幅，写着"太太留名"，成千上万人在布幅上写了名字。一连串的广告活动，使太太在人们的记忆中更深刻了。

太太的决策者们在广告的时间、媒体发布上也有自己的见地。在电视媒体上，他们选择了中央电视台黄金时间。太太公司邀请了著名歌星帮助塑造系列电视广告形象，"挚情长真，永驻我心"的广告词与动人的画面，较强的故事性，加上名人效应，很快赢得了消费者的喜爱，从而扩大了太太口服液的知名度。

此外，太太公司还注重从包装上进行创新，推出"九五新装样式"以满足消费者求新的心理。

就这样，通过各种媒体广告的配合，太太成了家喻户晓的品牌，深深地印入了人们的心中。有的企业在创业时拼命打广告，等到销售情况渐好时就撤广告，太太口服液不这样，当销售迅速上升时，太太公司照样坚持做广告，从而加深公众对太太的印象。时间一长，就形成一种消费气候，在许多家庭，丈夫买太太送给妻子，已成为一种时尚。

在这则案例中，太太口服液在做广告的时候，一是通过直观的美女形象赢得消费者的青睐，一是在设计广告词时抓住男性消费者的心理，成功施展"美人计"，所以能在竞争日益激烈的口服液市场中长久不衰。

【点评】

在中国古代，曾有很多关于"美人计"的故事。在现代政治与军事斗争中，也不乏使用美人计的例子。现代美人计多采用间谍的方式来实现目的。

常言说：英雄难过美人关。施展美人计是消灭敌人的有效方式，但运用美人计时，也要懂得策略：

第一、要投其所好。美人计中所用的"美人"，只有被接受的时候，才能产生威力，也就是美人只是外因，必须通过内因才能起作用。所谓内因即对方接受美人后沉迷于酒色不理政务。要使对方的内因起作用，首要的一条就是要投其所好。

第二、要伐情损敌。美人计是用以摧毁敌人心智的武器，是通过"伐情"来损敌的，也就是消磨敌之意志，挫败敌之锐气。

第三、要相机取事。美人计一般是实现最终目的的辅助手段，其主要目标是摧毁敌人的精神壁垒，但达不到彻底歼灭敌人的效果。所以在施用美人计的时候，要积极创造或寻找其他的方式，以实现彻底消灭敌人的目的。

◎第三十二计 空城计◎

【原文】

虚者虚之，疑中生疑①；刚柔之际②，奇而复奇。

【注释】

①虚者虚之，疑中生疑：第一个"虚"为形容词，意为空虚的，第二个"虚"为动词，意为使它空虚。全句意为空虚的就让它空虚，使他在疑惑中更疑惑。②刚柔之际：语出《易经·解》卦。解，卦名。本卦为异卦相叠（坎下震上）。

【译文】

兵力空虚时，愿意显示防备虚空的样子，就会使人疑心之中再产生疑心。用这种阴弱的方法对付强刚的敌人，这是用奇法中的奇法。

【计名讲解】

空城计亦为三十六计中的著名的计策，它指的是在敌众我寡的情况下，己方缺乏兵备而故意表现出不设兵备的样子，给敌方制造错觉，从而惊退敌军的计谋。后来泛指在危急处境下，掩饰空虚，骗过对方的高明策略。

此计出自明朝罗贯中的《三国演义》。《三国演义》第九十五回中说："'如魏兵到时，不可擅动，吾自有计。'孔明乃披鹤氅，戴纶巾，手摇羽扇，引二小童携琴一张，于城上敌楼前，凭栏而坐，焚香操琴，高声昂曲。"这讲的就是诸葛亮摆空城计智退司马懿的故事。

古人按语说："虚虚实实，兵无常势。"意思是说：用兵必须虚虚实实，而没有固定的方式。之后，古人又举了张守珪和

诸葛亮在城楼上抚琴。

祖珽的例子，其中对于祖珽大摆空城计的例子，古人这样描述道："北齐祖珽担任徐州刺史的时候，刚到职就遇上了南陈的大举来犯，当地的百姓大惊，趁机发动了叛乱。祖珽见到这种情况。于是下令不关城门，并让士兵到城中的各个街巷进行防守，并禁止路人通行。这样一来，徐州城陷入一片寂静之中，就连鸡鸣狗吠的声音都听不到了。南陈的探子想刺探军情，但是什么也没有发现，怀疑这是一座空城。就在敌军疑惑不定时，祖珽突然下令士兵高声呐喊，声音震天，南陈军队大吃一惊，（以为城内伏有重兵，）就立刻纷纷撤走了。"这是古代巧用"空城计"的著名战例。

● 空城计

当己方兵力空虚的时候，要故意向敌人暴露己方的空虚，这就是所谓的"虚者虚之"。敌方心存疑虑，就会犹豫不前，这就是所谓的"疑中生疑"。敌人担心城内有伏兵，所以就不会攻击我方。使用此计的关键在于，要清楚地了解并掌握敌方将帅的心理状况和性格特征。

兵力虚弱时敌军进犯

壹

示敌以安稳
无防守之状。

贰

作势迷惑敌人，
使其无规可循。

敌军不敢冒进

我军以计守城

实用谋略

◎楚国与郑国互施"空城计"◎

在敌盛我虚的时候，一定要掌握对方主帅的性格和心理特征，对其展开心理战，这样才有脱离险境的机会。

公元前 676 年，楚文王因过度操劳，一病不起，不久便离开了人世。其后，楚成王即位，当时他还是个十多岁的孩子，他以叔父子元为令尹，主持政事。素以"桃花夫人"著称的妫夫人，虽然年龄已过三十，但姿色仍不减当年，子元对这位天下绝色的嫂嫂逐渐产生了非分的念头。为了排解妫夫人寡居孤独的苦闷，子元在她的宫室旁边盖了一座豪华的新殿，常命乐伎在这里奏乐，跳万舞，一时热闹非常。

子元立志攻打郑国。

一天，妫夫人问身边的侍女，宫外乐舞之声从何处而来？侍女回答说，是从令尹的新殿中传来的。妫夫人听了不禁叹息道："先君以万舞演习备战，征服诸侯，来楚朝贡的人络绎不绝。今楚兵不至中原已十年了，令尹不以为耻，整日沉溺于乐舞之中。"

这些话不知怎么传到子元的耳朵里，子元感慨地说："妇人尚不忘中原，我反而忘了；我不打郑国，非丈夫也！"从此便有了攻打中原的念头。其实，他是打算通过战争的胜利来博取妫夫人的欢心。不久，即公元前666年，子元亲自挂帅，发兵车600辆，浩浩荡荡杀奔郑国而来。

楚国大军一路连下数座城池，直逼郑国国都。郑文公听说楚兵杀来，急忙召集百官商议。大家都知道郑国国力较弱，都城内更是兵力空虚，无法抵挡楚军的进犯。

郑国危在旦夕，群臣顿时慌乱起来，有的主张拼一战死，有的则主张纳款请和，还有的主张固守待援。上卿大臣叔詹说："依我之见，楚兵不久就会自行退兵了。"郑文公听了不解地说："这次出兵令尹亲自挂帅，怎么肯轻易退兵。"叔詹说："大臣们的这些主张一时都难解国之危。请和与决战都非上策。固守待援，倒是可取的方案。我听说郑国和齐国订有盟约。而今郑国有难，齐国会出兵相助。现在固守恐怕是难守住。以前楚国用兵，都没有用六百乘兵车，这次出动如此多的兵力，说明子元势在必得，他想打个胜仗。子元伐郑实际上是想邀功图名讨好妫夫人，他一定急于求成，又特别害怕失败。若楚兵来了，我有一计，可退楚军。"

正在商议，忽有士兵来报告，说楚军已进桔秩关，不久就要到逵市了。叔詹让大家不要怕，他自有破敌之计。于是，叔詹安排甲士埋伏在城内，放下吊桥，大开城门，街市百姓来往如常，没有一丝慌乱之色，摆出完全不设防的样子。

楚军先锋到达郑国都城城下，见此情景，不敢妄动，等待子元。子元赶到城下，也觉得好生奇怪，他心里起了怀疑：莫非城中有了埋伏，诱我中计？他率众将到高地眺望郑城，见城内旌旗整肃，甲士林立，看了一会儿，叹息说："郑国有三位贤臣，其谋不可测！万一失利，有何面目见妫夫人？待探听虚实，方可以

街市百姓来往如常。

416

攻城。"于是按兵不动。

第二天，有人来报告说，听说齐侯同宋、鲁诸侯，亲率大军，前来救郑。子元听了大惊，便对诸位将领说："齐、宋、鲁大军若截我去路，我腹背受敌，必定损兵折将。我们好在也打了几个胜仗，还是赶快撤退为妙。"他害怕撤退时郑国军队会出城追击，于是暗传号令，全军连夜撤走，人衔枚，马裹蹄，不出一点声响。所有营寨都不拆走，旌旗照旧飘扬。

到了清晨，叔詹登城瞭望片刻，说楚军已经撤走了。众人见敌营旌旗招展，不信叔詹的话。叔詹分析说："楚军确实撤军了。如果营中有人，怎么会有那样多的飞鸟盘旋上下呢？他也用空城计欺骗了我，急忙撤兵了。"

◎ 李广阵前摆空城 ◎

己方实力空虚，或因遭受意外压力而走投无路时，采用空城计，就可以蒙混过关，或避免遭受更大的损失。

汉景帝是西汉前期的皇帝，他在位时，匈奴大举入侵上郡（今陕西省北部及内蒙古部分地区），飞将军李广任上郡太守，阻止了匈奴南进。

一天，汉景帝派到上郡的宦官带人外出打猎，遭到三个匈奴兵的袭击，结果这名宦官被射伤了。宦官急忙逃回李广营中，李广听罢，猜想这三人一定是匈奴的射雕能手，一定要活捉他们，说完之后，李广率领一百名骑兵前去追击。一直追了几十里，终于追上，李广命令部下左右散开，从两边包抄过去。李广拉开弓，只两箭就射死其中的两个，剩下的一个被活捉了。一审问，果然是匈奴的射雕能手。李广喝令把俘虏绑在马上，然后撤回营地，当李广等人走到一半时，探子回报，说后面有数千匈奴骑兵向李广追来。

匈奴骑兵与李广越来越近，他们见李广手下只有一百多人，为首的匈奴将领以为这是汉朝大军诱敌的前锋，恐怕中了埋伏，不敢贸然攻击，急忙上山摆开阵势，以观察动静。

李广的骑兵见了匈奴骑兵，大吃一惊，想掉转马头逃走。李广沉着冷静，及时稳住队伍，他对手下说，我们只有百余骑，离大营有几十里远。如果现在我们慌张逃跑，匈奴肯定会追杀我们，他们追上来一顿乱箭，我们马上就会被杀光。如果我们按兵不动，敌人肯定会疑心我们有大部队在后面行动，他们绝不敢轻易进攻的。如果要来进攻，为什么迟迟不动呢？这正说明他们惧怕，担心有埋伏。李广接着命令部下，千万不要快步跑，要徐徐向前进发。

到了离敌阵仅二里地的地方，李广下令："大家都下马，把马鞍也卸下来！"有个骑兵问："敌军人数是我们的数十倍，又离我们这么近，一个冲锋便到我们面前，这太危险了。"李广说："敌人开始以为我们准备撤走，现在看到我们卸下马鞍，他们就更相信我们确是诱敌的骑兵了。"李广的士兵提心吊胆地卸下马鞍，躺在草地上休息，看着战马在一旁悠闲地吃草。

李广活捉匈奴射雕能手。

这时，有个骑白马的匈奴将领，出阵来检查他的部下。李广飞身上马，率领十几个骑兵，向那个匈奴将领冲去。李广一箭射死了他，然后又回到队伍中，卸下马鞍继续休息。匈奴部将见此情形，更加恐慌，料定李广胸有成竹，附近定有伏兵。

天色渐渐暗了下来，李广的人马仍无动静。匈奴部将担心会遭到汉朝大军的突然袭击，便悄悄撤走了。

第二天天刚亮，李广见敌军已不见影踪，这才率队返回军营。

这则故事中，李广手下仅仅有一百多名骑兵，当他们陷入匈奴大军

李广阵前摆空城。

的包围圈后，故意装出胸有成竹的样子，匈奴军队便以为李广是汉军的诱饵，因此迟迟不敢进攻。最终，李广安全地回到了营地。这个故事是对空城计的一次成功运用。

◎死诸葛吓走司马懿◎

三国时，刘备三顾茅庐，请出了卧龙诸葛亮。此后，诸葛亮尽心竭力，辅佐刘备成就了王霸之业。刘备白帝城托孤之后，诸葛亮继续辅佐后主刘禅。

为了报答刘备的知遇之恩，诸葛亮希望能在有生之年收复中原，所以几次与曹魏开战，怎奈魏国国富民强，兵多将广，加上对手司马懿深通兵法，又谨慎小心，后来一直坚守不出，诸葛亮六出祁山均未能成功。

诸葛亮身为丞相，又受命托孤，平日事无巨细均要亲自过问，饭量越来越小，身体也每况愈下。司马懿正是料定了这一点，才有意拒不出战。

事情也真如司马懿所预料的那样，第六次北伐时，诸葛亮因为积劳成疾，在五丈原病倒了，他知道自己将不久于人世，于是将平生所学传给了晚年所收的弟子姜维。

这一天，诸葛亮强支病体，最后一次巡视各营，回到帐中，他召来众人安排后事，将军国大事托付于费祎、蒋琬等人，又交代了其他大小事务，最后吩咐杨仪负责撤退事宜，并对他言道："我死之后，不可发丧。你派人制作一个大龛，将我的尸体坐于龛中，在我口中放上七粒米，在脚下点燃明灯一盏。军中不可举哀发丧，一切安静如常。司马懿心中必然惊疑，不敢前来劫营。撤退时可令后军先退，然后一营一营缓缓而退。如果司马懿领兵来追，可布成阵势，回旗返鼓。等他来到阵前时，就将我先前所雕的木像安放在车上，推到两军阵前，令军中大小将士分列左右。司马懿见到后，必然大惊而走。"杨仪领命而去。

建兴十二年八月二十三日，诸葛亮病逝于军中。

因为诸葛亮事先做了安排，杨仪和姜维按照他的嘱咐，秘不发丧，对外则严密封锁这一消息，并传令各营缓缓而退，魏延断后。

司马懿本来听说诸葛亮已死，亲自带着两个儿子司马师和司马昭一起领兵追击蜀军。蜀军撤退缓慢，眼见要追上了，正在这时，忽然传来一声炮响，从树影中竖起中军大旗，上书"汉丞相武乡侯诸葛亮"几个大字，姜维等数十员上将簇拥着一辆四轮车现身。

司马懿远远看去，却见车上端坐着面色与平时无异的孔明，顿时大惊失色，觉得自己又中了计，心中叫苦不迭。与此同时，杨仪等人率领部分人马大张旗鼓向魏军发起进攻。

魏军见蜀军军容严整，旗鼓大张，又见诸葛亮稳坐车中，面色如常，便不敢轻举妄动。司马懿素知诸葛亮"诡计多端"，一见蜀军这副架势，立刻如惊弓之鸟，怀疑他此次退兵也是早已设下的诱敌之计，不知蜀军还有什么花招，立刻拨转马头落荒而逃，一见主帅带头撤退，魏军也跟着一路狂奔。

姜维见司马懿退兵，知道机不可失，马上指挥蜀军主力火速撤离，安全转回汉中。

司马懿后来得到消息，才知道他刚一离开，蜀军军营中立刻哀声震天，全营将士尽皆戴孝，诸葛亮是真的已经死了。

不过，他此时再想派兵

死诸葛吓走生仲达。

司马懿仓皇逃走。

追击，为时已晚。最后，司马懿最后不得不叹服一声："我能料其生，不能料其死。"

诸葛亮临死前还用"借尸还魂"之计吓退了司马懿及魏国大军，使蜀军得以全身而退。

商业案例

◎无中生有，门庭若市◎

在商业领域，当己方资金不充足，但又想提高知名度时，可以采用"空城计"。

做广告需要一定的资金，这对大厂商来说也许不成问题，而对小企业、小商店来说可是较为困难的。能不能不花钱同样起到做广告的效果呢？

某市有一家饮食店，由于资金不够，店开张营业后，没有钱做广告，于是老板就想了一个办法。他让专门端菜到顾客家里去的店员，拿着一个写着自己店名的空箱子，里面装着空碗，四处跑来跑去。附近的人看到店员这么忙碌，总是跑来跑去的，心里就想，这家饮食店什么时候开设的，店员这样忙忙碌碌，生意准不错。这种假装忙碌的宣传方式，结果收到了效果，很多人都到这家饮食店订菜，饮食店的生意越来越好。

与此类似的，还有个例子。我国某城市有家个体服装店，刚刚开业，没有什么知名度，门前冷冷清清，服装店老板在开店前几乎把资金全部用光，没有钱去做广告。如何让人们知道这家服装店呢？

一天，老板来到附近一家电影院，在电影开演前几分钟，他雇的店员前来找他，只听电影院的广播喇叭喊：某某服装店的王老板，外面有人找。他听到第五遍时，便起身走出影院。连着几天，用同样的方法在附近的几个影院都试了几遍。随后的日子里，他开的服装店，光顾的人越来越多。尽管这则故事中采用的方法不值得提倡，但大胆的想象还是值得借鉴的。

做广告并非一定要花钱，不花钱的广告同样有效，这就是"空城计"在商业领域中的运用。无论你开的是什么店，刚刚起步的时候一定缺少顾客，如果在开业时就资金短缺，那就不如多动动脑子，在不花钱的前提下提高知名度。饮食店用写有自己店名的空箱子做广告，服装店借助影院的广播做广告，这两个小故事都是绝妙的例子。

【点评】

空城计，是一种被动作战的行为，要挽救危局，还是要凭真正实力。只有到了走投无路的时候才可能采用此招，目的就是企图蒙混过关或避免遭受更大的损失。由于此计具有很大的不确定性和风险性，主动权和机遇掌握在对方手里，因而，非在万不得已的情况下，不宜使用"空城计"。同时，"空城计"也不宜重复、多次使用。因此，"三十六计"把它列为"败战计"的一种。

空城计。

空城计的奇巧之处，在于要善于正确、及时地把握对方的战略背景、心理状态、性格特征等，因时、因地、因人地以奇异的谋略解除自己的危机。

在战争中，进攻与防守是经常的事，它是人力物力的较量，更是勇气与智慧的较量。在商业活动中，经营者一个大胆的计划，一种奇异的构思，配以虚张声势的行动，往往能收到意想不到的效果。

⊙名家论《三十六计》

运用空城计必须注意的一个问题，就是用计者必须了解你的对手，对于那些工于心计、足智多谋的人用上这一招成功的概率会大一些，而对鲁莽之人最好别用。说到底，空城计是两个智者心理和谋略的较量，成功的奥妙在于大智若愚，无招胜有招，你做得太直接、太简单了反倒让你的对手看不懂了，起疑心了，不敢动了。若换个有勇无谋的，这套针对智者的唬人把戏立马就被揭穿了。

——任力

◎第三十三计 反间计◎

【原文】

疑中之疑①。比之自内，不自失也②。

【注释】

① 疑：疑兵、怀疑。② 比之自内，不自失也：见《易经·比》卦："比，辅也。"意思是有来自对方内部的援助，自己就不会受到损失。

【译文】

在疑局中再布设一层"迷雾"，顺势利用隐蔽在自己内部的敌人间谍去误传假情报，这样就不会因有内奸而遭受损失。

【计名讲解】

反间计是三十六计中著名的计策，它原指使敌人的间谍为我所用，或使敌人获取假情报而有利于我的计策。后来多泛指用计谋离间敌人引起内讧。语出元曲《英雄布》。

在战争中，敌我双方使用间谍是十分常见的事情。《孙子兵法》里就特别强调间谍的作用，认为将帅作战前必须事先了解敌情。要准确掌握敌情，不能依靠鬼神，也不能依靠经验，而是要"必取于人，知敌之情者也"。这里所说的"人"，指的就是间谍。《孙子兵法》里有一篇《用间篇》，专门讲了用

反间计。

间的种类和方法。间谍的种类有五种：利用敌方乡里的普通人作间谍，这是因间；收买敌方官吏作间谍，这是内间；收买或利用敌方派来的间谍为我所用，这叫作反间；故意制造和泄露假情况给敌方间谍，并使其将假情况回馈给敌人，这叫作死间；派人去敌方侦察，再回来报告情况，称为生间。唐代杜牧曾经说道："敌有间来窥我，我必先知之，或厚赂诱之，反为我用；或佯为不觉，示以伪情而纵之，则敌人之间，反为我用也。"这就很好地解释了用间的方法。

我方可以对敌施反间计，敌也可以对我方施反间计。为了谨防后面的情况的出现，我方可以采取以下几个对策：一、封锁信息。凡是重要情报，绝不可随便泄露出去，要对知道情报且有可能接触敌方的人员进行严格审查。二、要选择可靠的间谍。凡我方派出的间谍，不但要具备做间谍的基本素质，更要有坚定的立场。三、情报要仔细推敲。即便我方派出的间谍不被收买，他所获取的情报也未必就是真的。四、多方取证印证。比如，对于同一件事情，可以派出若干间谍，让他们从各个方面获取情报，这样我方便可以用得来的信息相互印证了。

古人按语说："间者，使敌人自相疑忌也；反间者，因敌之间而间之也。"意思是说，间谍的任务之一，就是设法挑唆敌营内部互不信任，使其内部产生矛盾；反间则是利用敌人离间我方的阴谋，再转而对敌使用。

● 反间计

在疑阵中再布疑阵，使敌内部自生矛盾，我方就可万无一失。说得更通俗一些，就是巧妙地利用敌人的间谍反过来为我所用，这样自己就不会有损失了。

有利于

我方
↓ 利用
敌方间谍
↓ 传递假情报
敌方
↓
误判误动 → 遭受损失

实用谋略

▩ ◎诸葛亮计黜司马懿◎ ▩

三国时期，曹丕之子曹睿即位。顾命大臣司马懿担任骠骑大将军，负责训练监督雍州、凉州等地的兵马。

消息传到蜀国，丞相诸葛亮忧心忡忡，他知道司马懿谋略过人，现在统领雍州、凉州等地兵马，等他训练好军队，必定成为蜀中的大患，所以他决定趁早发兵攻打司马懿。

参军马谡说："现在丞相刚刚平定南中，军马疲乏，只宜存恤，岂可再次远征？我倒有一计，能使司马懿死于曹睿之手。"诸葛亮问是何计，

马谡向诸葛亮献计。

马谡说："司马懿虽是魏国大臣，但曹睿对他素怀疑忌之心，何不暗地派人前往洛阳、邺城等处散布流言，说司马懿想要谋反，使曹睿心疑，杀死此人呢？"

诸葛亮听后，觉得此计甚妙，于是派人前往中原密行反间计。

果然，司马懿准备谋反的消息传到曹魏朝廷，曹睿大惊失色。大臣华歆、王朗等人也都说："太祖皇帝（曹操）早就说过，司马懿有'鹰视狼顾'之相，

诸葛亮计黜司马懿。

又深明韬略，善晓兵机，且素有大志，不可付以兵权，久必为国家之祸。今日果然应验，可速诛之，以绝后患。"

曹睿听罢，立即下旨，要御驾亲征，讨伐司马懿。唯有中军大将军曹真认为司马懿没有造反之心，并说道："这一定是蜀、吴奸细所行的反间之计，目的是使我君臣失和，他们便可以乘虚而入。"

曹睿听了，犹豫不决。华歆等人奏道："即使如此，也不可以把兵权交给他，恳请皇上罢了他的官职。"曹睿依言，遂将司马懿削职，令其回乡，改命曹休总督雍、凉兵马。

消息传到蜀中，诸葛亮很高兴，说："我早有伐魏之心，奈何有司马懿总督雍、凉兵马。今司马懿既遭贬黜，此乃天赐良机。"遂向后主奏上《出师表》，尽起蜀中之师，开始了北伐战争。

◎李世民智退突厥兵◎

故布疑阵，使敌内部自生矛盾，我方就可万无一失。李世民以"反间计"退突厥兵，就很好地体现了这点。

唐朝初年，突厥经常侵扰唐朝边境地区。公元624年，突厥倾全部兵力，大举入侵唐朝。突厥的两位首领颉利可汗、突利可汗率军深入到唐朝的幽州地区。幽州临近长安，如果幽州不保，唐朝将面临覆灭的危险。于是，唐高祖李渊急忙派秦王李世民和齐王李元吉带兵前往抵御。

面对来势汹汹的突厥大军，李世民认为，不能与之硬拼，而只能运用智谋使其退军。于是，李世民说服了李元吉，亲自率领一百多名骑兵来到突厥大军的阵前。颉利、突利两位可汗见唐兵只有一百多骑前来，感到非常奇怪，他们担心唐军暗设埋伏，因此

李世民智退突厥兵。

不敢轻举妄动。

李世民来到突厥阵前，见到颉利可汗，大声说道："我是大唐的秦王，你若有胆量，就与我单独较量！"

然后，李世民又走到突利可汗的身边，对他和善地说道："你我曾订立盟约，说有急事互相救助。现在你不但不救助，反而引兵来攻，哪里还有香火之情、兄弟之谊？"颉利隐约地听李世民说"订立盟约""兄弟之谊"之类的话，疑心突利与李世民之间有密谋，遂引兵后退。突利见状也领兵退去。

此后，接连下了十几天雨。李世民在一天夜里率军偷袭敌人。突厥军队遭到重创，被迫向后撤退。李世民又派人以重金贿赂突利，说明利害，突利有些动摇。颉利主张再战，突利表示不同意。颉利怕突利与李世民之间有什么阴谋，为避免自身遭受祸患，便同意与唐朝订立盟约。突厥旋即退兵。

在此，李世民运用了反间计。他知道颉利、突利二人虽同是突厥的可汗，但分属于不同的部落，相互之间也有猜忌。李世民正是利用这一点，假装与突利有过秘密交往，使颉利起了疑心。主帅之间不和，这就导致军队没有战斗力了。颉利怕中了李世民和突利之间的圈套，所以才最终退兵。

◎施巧计韦皋破吐蕃◎

巧妙地利用敌人，使其间接地为己所用，这需要精心地谋划。

安史之乱后，唐王朝一直处于内忧外患之中：一面要应对藩镇割据的困局，一面要面对吐蕃在边境地区的巨大军事压力。

吐蕃位于唐朝的西面，依仗兵力强大不断东进，在侵占河西走廊后，不时侵扰唐朝边境。为保境安民，唐军与吐蕃军在边境地区进行了约五十年的战争，双方互有胜负。不过，由于唐朝失去了陇右等战略要地，所以唐军在相当长的一段时期内，一直处于被动挨打的不利局面。

公元778年，吐蕃兴兵十万，大举进犯唐朝的川西地区，川西守将韦皋誓死抵抗。两军对峙了一段时日，吐蕃王见短时间内难以拿下川西，心里十分焦躁，便写信给云南王，让他出兵相助。

云南王接到吐蕃王的信后，左右为难。此时云南已归附唐王朝，如贸然出兵，出尔反尔，就会得罪唐朝，这将给自己埋下祸患；云南过去一直与吐蕃结盟，而今吐蕃有事不去相助，万一吐蕃兴师问罪，云南立时就有刀兵之患。正在左右为难之际，大臣中有一人出主意说，可效仿战国时期五国攻秦时齐国的办法，先答应派兵，但不出兵只是驻扎观望，等待双方胜负有了结果时再作打算。云南王一听大喜，马上答应吐蕃，即刻向川西发兵。吐蕃王接到回信，得知云南王已经发兵，于是开始向唐军发动更猛烈的攻击。

此时韦皋正在全力对付吐蕃，当得知云南兵正向川西而来的消息后，大吃一惊，忙从川内调兵阻挡。哪知云南兵抵达泸水（今四川雅砻江下游）后，便停下来驻守扎营，并未从唐军的背后发起进攻。韦皋闻报，顿时松了一口气。

韦皋明白，云南兵在驻扎观望，等自己和吐蕃决出胜负后再作打算。一旦自己失利，那么云南兵从背后杀过来，唐军就会处于腹背受敌的局面。要变被动为主动，眼下就必须争取云南兵倒向自己这一边。然而，要实现这一点，必须设法破

大臣向云南王献计。

坏云南王与吐蕃王的关系。韦皋苦思一夜，终于想出了一个办法。

第二天，韦皋写了一封信。信上说，云南王已决定归附大唐，这是明智之举，此次出兵名义上助吐蕃，但实际上是帮唐军夹击吐蕃，此举甚好。若一举灭了吐蕃，愿把吐蕃的牛羊马群分给云南王。随后将信用以前给云南王送信用的银匣装好，封上封印，揣在怀中，然后与吐蕃军交战。对阵时，韦皋佯装战败，仓促后退，逃跑时从怀中掉出银信匣。

施巧计韦皋破吐蕃。

吐蕃战将见有银器落地，忙拍马来抢。韦皋大声命令手下说：“那是机密，快去夺回来。”唐军掉回头与吐蕃军争抢银匣。谁知银匣早被吐蕃抢走，韦皋带兵冲向吐蕃大营，试图抢回银匣。等快到吐蕃大营时，韦皋又假装不敌不得已而退兵回营。

吐蕃王打开银匣，看到这封信，十分生气，立即拨出两万人马，扼住云南王的要道，以防云南兵来助韦皋。云南王见吐蕃无缘无故派兵阻击自己，也很恼怒，马上下令班师回朝。韦皋解除了后顾之忧，便集中全力对付吐蕃兵，最终将吐蕃兵打得大败。

韦皋乘胜追击，他率领步骑两万，兵分九路杀入吐蕃境内，先后转战四个月，攻下七座城池，击溃吐蕃、大食联军十六万人。经过这次战役，基本上解除了吐蕃对唐朝西北边境的威胁。

◎皇太极用反间计除袁崇焕◎

要想除掉敌军中的关键人物，可以采用挑拨离间的方式，假借敌人之手将其除掉。清皇太极就用了这样的方式，除掉了明朝名将袁崇焕。

明朝末年，建州女真部在首领努尔哈赤的率领下，逐渐统一女真各部，并不断进攻明朝在关外的军事据点。崇祯即位以后，有着很强的忧患意识，他对关外的后金十分警惕，并希望增强蓟辽的防守力量，以遏制后金。在群臣的举荐下，崇祯任命袁崇焕

后金军不断进攻明朝在关外的军事据点。

为兵部尚书，令其督师蓟辽。

袁崇焕，祖籍广东东莞，出生于广西梧州。万历四十七年（1619），赐同进士出身，授福建邵武知县。在邵武任职不久，袁崇焕遵照朝廷的规定，于天启二年（1622）到北京朝觐，接受朝廷的政绩考核。他利用在京的时机，独自骑马出关，视察边塞，了解形势，为辽事提前作准备。

不久，明军在广宁战事中失利，袁崇焕临危受命，被擢升为兵部职方主事。袁崇焕上任后，向朝廷上呈《擢佥事监军奏方略疏》，力请练兵选将，整械造船，固守山海关。后来，袁崇焕又被调到明朝的关外重镇宁远，负责宁远防务。后金多次进攻宁远，但袁崇焕指挥有方，与将士同心协力，力保宁远不失。

袁崇焕凭着自己卓越的军事指挥才能，逐渐得到朝廷官员的赞扬与拥护，天启末年，袁崇焕又被任命为辽东巡抚，领兵部侍郎衔。

崇祯早就听说了袁崇焕的大名，所以刚即位就对他委以重任。袁崇焕到辽东赴任时，崇祯帝亲自为其设宴送

袁崇焕炮轰后金军。

行，并赏赐他尚方宝剑，"令其便宜行事"。袁崇焕到达辽东后，尽心竭力地整顿蓟辽防务，他配置西洋火炮，加固城墙，筹集粮草，操练军队，作长期固边的准备。此外，他还严明军纪，对违抗军令、懈怠防务的兵将予以严惩。其间，他果断杀掉了据地称雄的总兵毛文龙。接下来，他又改革军政管理办法，与登州、莱州、天津各驻军建立了防御联盟，彼此互为依托。经过袁崇焕等边将的努力，明朝训练出了一支拥有五十余万步兵和八万骑兵的国防军队，这支军队令寇边的后金多次受挫。1132年，努尔哈赤进攻宁远城，袁崇焕以孤军坚守城池，力挫后金的精锐之师，而后金统帅努尔哈赤也在攻城时身负重伤，这是明朝自与后金交战以来取得的第一次重大胜利。

努尔哈赤死后，其子皇太极继位。皇太极知兵善战，他看到袁崇焕在宁远一线布防严密，于是就改变原先的进攻路线，取道蒙古然后穿过喜峰口，一举攻占了京城北地护卫城市遵化，进而挥师南进，直逼北京。崇祯得知后金进攻北京，十分震惊。就在这时，得到消息的袁崇焕火速率军入关驰援。崇祯皇帝闻知袁崇焕率兵前来救援，这才安下心来，当即颁诏嘉奖，又命袁崇焕节制各路援军。

袁崇焕率军到达北京以后，明军的实力大增，而后金则处于不利的地位。就在这时，北京城内突然流言四起，有人说正是因为袁崇焕拥兵纵敌，所以才导致后金进犯北京；也有人说袁崇焕暗中与后金媾和，与其订立了"城下之盟"；等等。生性多疑的崇祯听到这些流言以后，心里非常害怕，他担心袁崇焕迟早有一天会造反，所以便对袁有了提防之心。

后金故意散播袁崇焕通番卖国的谣言，好让被俘虏的明朝太监听到。

皇太极在得知崇祯对袁崇焕生疑的消息之后，便利用崇祯的多疑妄动心理，施展借刀杀人的离间计。这时，皇太极正好扣押了两名明朝的太监，于是他就大声说自己与袁崇焕订下了密约，故意让被俘而关押在金营的明朝太监听到。后来皇太极又故意放松看押，让其中的一个太监逃出来。那名太监在逃出金营之后，立即回到了北京，把他在金营里所听到的袁崇焕已与金主订下盟约之事告知了崇祯皇帝。

袁崇焕在北京西市甘石桥被处死。

崇祯听到这一情报之后，竟然信以为真，他当即下令捉拿袁崇焕，当众宣布袁崇焕通敌叛国，并命令锦衣卫将袁关入监狱。不久，袁崇焕在北京西市甘石桥被凌迟处死。袁崇焕堪称明朝的擎天柱，然而崇祯帝却不辨真伪将其处死，可谓自毁长城，敌国称快。后来清朝史臣谈论此事，认为崇祯"年少昏聩"，误杀忠良，"自崇焕死，边事更加无人"（《明史》），从此后金的兵锋所至"如入无人之境"。

商业案例

◎一则招聘广告◎

商业活动中，经营者为谋取更高的利润，常常通过利诱的方式，套取有价值的情报。

1971年的一天，法国巴黎的一些报纸登出了一则醒目的招聘广告：本公司将在欧洲开设分公司，拟招聘八名高级化学工程师，报酬优厚，应聘者从速。

这则广告的登出者是一个美国人。登出广告的时间恰恰是法国的一家化工厂即将研制成功一种新型洗涤剂的时候。

法国的许多化工专家为这则诱人的广告所动，纷纷前往报名。经查阅应聘者名单，这位美国人惊喜地发现其中竟有八人参加了法国那家化工厂新型洗涤剂的研制工作。他以应聘者众多，需要一个一个认真面试为由，分别同他们会面。这些化工专家为了博得美国人的赏识，充分显示了自己的才能和知识，把自己掌握的技术情报和盘托出。经过面试，这位美国人从他们的口中套出了新型洗涤剂的部分配方和制造方法，然后，他再把得来的信息进行分析，轻而易举地获得了新型洗涤剂的配方和生产流程。

面试过后，应试者天天盼望着那位美国人寄来一纸应聘文书，然而他们做梦也不会想到，招聘者早已偷偷地溜回了美国。

不久，这种新型洗涤剂便在美国面世，并打入了国际市场。

◎巧克力间谍大战◎

在各行各业，利用"商业间谍"窃取行业秘密，已经成为很寻常的事情。

巧克力糖几乎人人爱吃。据说，法兰西第一帝国的皇帝拿破仑也很喜欢吃巧克力，每次出征，他总让随从的副官带上大包大包的巧克力，遇到身体疲乏或者用脑过度时，就往嘴里塞上几块。

墨西哥人很早就掌握了制作巧克力的技术。制造巧克力的主要原料来自可可树。这种树在中美洲和墨西哥南部最多。古时，玛雅人把可可树称为生命之树，每诞生一个孩子，他们便要栽种一棵可可树，以此祝福新生婴儿健康成长。他们认为，可可树果象征着人心，用它制成的食品便是血液，能给人补充精力。

1519年，西班牙骑士列戈以周游列国为名来到墨西哥。墨西哥人很好客，见列戈风度翩翩、态度友善，便热情地招待他。列戈提出想参观当地的加工业，好客的墨西哥人破例答应了他的要求，带他参观了巧克力的生产过程。

可是，墨西哥人怎么也不会想到，这个道貌岸然的"贵客"原来是一个产业间谍。他成了西班牙第一个窃取墨西哥巧克力生产技术的人。他在窃取了巧克力的生产技术后，便偷偷地溜回了西班牙。从此，巧克力的生产就在西班牙开始了，并很快成了西班牙新兴的食品工业。许多西班牙人因生产巧克力而发了财，这引起了欧洲其他国家商人们的垂涎，他们纷纷前往西班牙，想在西班牙"取经"。无奈，西班牙人对巧克力生产技术始终守口如瓶。

翻开世界巧克力食品工业的历史，你就会看到，巧克力食品工业的发展史就是一个用间与反间的商战史。

1606年，意大利人用重金买通关节，窃取了西班牙巧克力的生产秘方，一举打破了西班牙对巧克力生产的垄断。英国的生产商急起仿效，于1763年偷到生产配方，并大胆加以改进，生产出了奶油巧克力，使英国一跃而成为巧克力生产大国。到了1800年，瑞士工业间谍又如法炮制，窃取到巧克力的生产技术，使自己变成了世界闻名的"巧克力王国"。同时，德国的厂商也偷到了巧克力的生产技术，并把巧克力制成糖出售，和瑞士等国展开了竞争。其后，日本也加入了这场巧克力间谍大战之中。

【点评】

清代朱逢甲先生在《间书》中提出著名观点："古名将之遇名将，用间者胜。"用间之要在于用心，以假骗敌，诱敌上当，才是本计的真谛。

这里还要注意区别离间与反间。离间与反间是不同的计策，"三十六计"的解释是：离间是使敌人自相怀疑和猜忌；反间是使敌人的间谍反过来为我所用。所以，周瑜用蒋干是反间，田单害乐毅则是

反间计。

离间，陈平除范增是反间和离间并用的。二者相比之下，反间更为巧妙，更让人拍案叫绝。

不过，作为计谋的离间不属于道德的范畴。如果要做出区别的话，或许可以这样说：作为计谋的离间主要用于对敌斗争；如果把它用在朋友身上，就属于不道德的行为了。所以，要用离间计得看对象，千万不要随便施用，避免人与人之间的相互怀疑和猜忌。

◎第三十四计　苦肉计◎

【原文】

人不自害，受害必真；假真真假，间以得行①。童蒙之吉，顺以巽也②。

【注释】

① 间：计谋。② 童蒙之吉，顺以巽也：出自《周易·蒙》卦。童蒙，幼稚的孩子。顺，恭敬顺从。巽，通"逊"，谦逊。本义是正受启蒙教育的孩子对老师是很顺从谦逊的，可引申为只要顺着性情哄玩幼稚孩童，他就会相信你。

【译文】

人们通常不会自我伤害；如果受了伤害，大家就会认为是他人所为。因此，假若我方以假为真，以真为假，就会使敌人信而不疑，这样，我方的计谋就得以实施了。这就像对待天真的孩子，只要顺着其性情逗玩，他就会相信你一样。

【计名讲解】

苦肉计是三十六计中"败战计"里的一计，它指的是故意毁伤身体以骗取敌人的信任，从而施展反间的计谋。

此计出自《三国演义》。说到苦肉计，人们总会想到"周瑜打黄盖，一个愿打，一个愿挨"，这可以算是中国最有名的苦肉计了。但是，在施用苦肉计的时候，往往也要付出很大的代价。要离想刺杀庆忌，为了赢得庆忌的信任，不但让阖闾砍去他的一只胳膊，而且还把自己的老婆也叫来，让阖闾当众把她杀了。这个苦肉计付出的代价不可谓不大。至此，要离得到庆忌的信任。最后，当要离刺中庆忌时，庆忌还没有断气，说要离是个勇士，可见这个苦肉计是相当成功的。"王佐断臂说文龙"的事迹，也是受了"要离断臂刺庆忌"的启示，王佐拿刀砍下自己的一条胳膊，这样才得到金兀术的信任，才可能靠近陆文龙，然后把实情告知文龙，使文龙最后投奔到宋军大营中来。

古人的按语说："苦肉计者，盖假作自间以间人也。凡遣与己有隙者以诱敌人，约为响应，或约为共力者，皆苦肉计之类也。"意思是说：运用苦肉计，就是要假装受到迫害以打入敌人内部，再乘机进行间谍活动。

苦肉计。

苦肉计

凡是派遣与己有矛盾的人去诱骗敌人，不论作为内应，或协同作战，都是属于苦肉计一类的计谋。

诱使敌军中计

壹

进行自我伤害

依据常人不会对自己进行伤害的心理，使对方相信有伤害必为真实情况，深信不疑。

贰

以假乱真
使敌人信而不疑

叁

以离间法
从内部
瓦解敌军

实用谋略

◎周瑜打黄盖◎

要想让敌人放下对自己的戒心，把自己当成朋友那样信赖，不付出点代价是不行的。三国时期，周瑜和黄盖之所以要上演"苦肉计"，就是为了要博取曹操的信任。

赤壁大战前，周瑜与诸葛亮商定了火烧曹军的作战计划。而这个计划要想顺利实施，就需要一个在东吴有一定军事影响力的人以投降为名，引着装满草垛的船队接近曹营。

周瑜想到了老将黄盖。这

周瑜打黄盖。

天，周瑜故意对黄盖说："现在尚无人自愿去曹营诈降，我该怎么办呢？"黄盖一听，马上毛遂自荐："我愿前往。"周瑜说："如果这样的话，只得让老将军受些苦，否则曹操怎能相信你？"黄盖说："我受东吴大恩，无以为报，即使肝脑涂地，亦无怨言。"于是，周瑜与黄盖商定了"苦肉计"。

第二天，周瑜对众将说："曹操有百万大军，看来破曹非一日之功。你们每人先领三个月的粮草，准备长期御敌。"话音刚落，黄盖大声嚷道："不要说三个月，就是三十个月也破不了曹操，依我看，还是依张昭所言，向曹操投降罢了！"周瑜大怒："吴侯有令，再敢说降曹者必斩。今日你说出此话，扰乱军心，定斩不饶。"众将见状不妙，忙跪下苦苦求情。周瑜免了黄盖的死罪，打了黄盖五十军棍。黄盖被打得皮开肉绽，鲜血直流，几次昏死过去。

黄盖回到营帐，一连数日卧床不起。好友阚泽看出了其中的奥秘，愿替黄盖去送降书。曹操看了阚泽送来的降书也有些怀疑，由于阚泽机智应付，没有露丝毫马脚，加上刚得到探子送来的黄盖被打的情报，曹操才信以为真。

到了约定的日子，黄盖率几十艘大船，张满风帆，直驶北岸。接近曹军兵船时，黄盖令士兵们放火。曹军兵船因被铁链锁在一起，无法分散，顷刻间被大火烧成灰烬。

◎ 王佐断臂 ◎

1128 年，金兵南侵。金以四太子兀术为统帅率兵南侵。金兵渡过长江，南宋派岳飞领兵抵挡，两军在朱仙镇拉开阵势，准备决战。

兀术有个义子名叫陆文龙，他武艺超群，率先上阵进攻宋军，好几位宋将都败在他手下，如此劲敌让岳飞头疼不已。无奈，岳飞只好挂出免战牌，思谋新计。

岳飞手下有位部将名叫王佐，原是杨幺部下，自从来到岳飞营中，自觉没有建树。他见岳飞为抗金之事日夜忧心，苦苦思索退敌良策，便想为其分忧解难。

这天晚上，他突然来到岳飞帐中，禀报说他有破敌之策。岳飞大喜，忙问他是什么计策。王佐说："十三年前，金兵攻陷潞州，陆登和夫人双双自尽，兀术感怀一门忠烈，见陆文龙还在襁褓之中，不忍下手杀害，便把他和乳娘带到金国，把他抚养成人。在下愿去金营说服陆文龙来降。"岳飞一听，非常高兴，但转念一想，王佐打入金营实非易事，不禁犯难起来。王佐看出岳飞的意

王佐向金兀术诈降。

思，便说道："这个在下早已有计了。"说罢抽出剑来，便要作势砍自己的右臂。岳飞赶忙来制止，已经来不及了，王佐忍着剧痛，附在岳飞耳边说了一番打入金营的办法，岳飞听罢感动得热泪盈眶。

随后，王佐来到金营，要求见兀术。金兵带他来见兀术，王佐痛哭流涕，对兀术说："在下好意劝岳飞识时务，不要跟强大的金国对抗，尽快休兵与金讲和，没想到激怒了岳飞，被岳飞骂为奸贼，并斩下我的右臂，还让我

来金营报信：'即日便来生擒兀术，直捣黄龙，踏平金国。'"王佐说罢，声泪俱下，表示愿意归顺金朝，还把血肉模糊的断臂给兀术看。兀术看到后，很同情王佐，安慰他一番，封王佐为"苦人儿"。见王佐已不能出阵打仗，就把他留在军营内，需要了解宋营将士情况时便找他来问。

王佐呈给陆文龙图画。

王佐本是儒将，饱读诗书，金兵们最爱向他打听中原历史故事，再加上对他的遭遇深表同情，所以金兵们都对他很友善。

一日，王佐来到陆文龙的帐前，见一老年妇人身着汉人服饰，在帐外晒衣服。王佐看左右没人注意，便上前搭话，果然是陆文龙乳母。乳母把他请入帐中，询问宋国情形，谈话间不时流露出对宋朝的思念之情。王佐见她情真意切，趁机问她日后有什么打算。妇人见王佐是汉人，也不避讳，表示出南归之意。王佐当下表明了自己的身份，陆文龙的乳母非常高兴，两人便商量着游说陆文龙的办法。

于是，在陆文龙乳娘安排下，王佐常去陆文龙营中给陆文龙讲历史故事。陆文龙当时才十六岁，稚气未脱，非常喜欢听王佐讲故事。这天，王佐带去一幅画，说要为陆文龙讲一个精彩的故事。说着，王佐取出自画的"陆登尽忠报国图"让陆文龙来看，只见上面画着一座官衙大堂，一位金将坐在堂上，堂前躺着一位宋将和一位妇人，皆已身首异处。旁边站着一位妇人在抹眼泪，怀里还抱着个孩子。王佐给他讲了金兵血洗潞州，逼死陆登夫妇，抢走其幼子陆文龙的故事。陆文龙感到非常奇怪，问："那小孩怎么与我同名？"王佐痛心地说："那小孩就是你。画上的那位抱小孩的妇人，就是你乳娘。"陆文龙半信半疑，这时，乳娘从帐后出来，哭着讲述了当时的经过。陆文龙听罢，又恨又气，恨兀术杀死父母，气自己全然不晓，认贼作父。

从此，陆文龙不断把金兵的动向和军情通报给岳飞。后来，在王佐的安排下，陆文龙和他的乳母乘机投奔岳飞去了。

◎要离刺杀庆忌◎

春秋末年，吴国发生了一场动乱，在这场动乱中，吴王僚被刺身亡，幕后主使者是吴王僚的堂兄公子光。公子光登上王位后自称阖闾。

吴王僚有个儿子叫庆忌，力大无比，武艺超群，能走追奔兽，手接飞鸟，有万夫不当之勇，曾独自一人斩杀水中蛟龙，在吴国号称"第一勇士"。庆忌还是一个智勇双全的将领，善于带兵打仗。

阖闾很担心庆忌为父报仇。当时，庆忌正在卫国扩大势力，暗中招兵买马，妄图为其父报仇。如何才能除去这个心腹大患，成了阖闾的一块心病。阖闾整日提心吊胆，要大臣伍子胥替他设法除掉庆忌。

伍子胥向阖闾推荐了一个人，名叫要离。阖闾见要离矮小瘦弱，说道："庆忌人高马大，勇力过人，你如何杀得了他呢？"要离说："刺杀庆忌，不能靠气力而要靠智慧。只要我能接近他，事情就好办了。"阖闾说庆忌为人猜疑，一向防范很严，常人难以接近。"要离听了阖闾的话，说道："只要大王砍断我的右臂，杀掉我的妻子，这样我就能取信于庆忌。"阖闾不肯答应。

要离对阖闾说："为国亡家，为主残身，是我心甘情愿的。"阖闾还是不忍心，但是后来一想，只要庆忌一日不死，自己就会寝食难安，于是答应了。

不久，吴都忽然流言四起：阖闾弑君

伍子胥向阖闾举荐要离。

篡位，是个无道的昏君。吴王下令追查散布流言的人，知道是要离干的。于是，阖闾下令捉了要离和他的妻子，要离当面大骂昏王，阖闾大怒，挥剑斩断了要离的右臂，逮捕并杀死了他的妻子，当众焚尸扬灰。

这件事很快就在吴国传开了，邻近的国家也都知道了。要离逃到卫国，来到庆忌的军营。为了接近庆忌，要离在军营找了份养马的差事，等待机会。

要离很善于养马，不久就引起了庆忌的注意。庆忌见要离虽然形容瘦小，然而谈吐不凡，觉得他不是个普通人，就问要离说："我看你也算是有抱负的有识之士，怎么会愿意屈居此处养马呢？"

要离望了一眼庆忌，恨恨地说："我本是吴国人，因与当今吴王有仇，才逃到这里。我的右臂就是吴王砍断的，我发誓，一定要报此仇。我听说大王在此招兵买马准备攻打吴王，所以特来投奔，可惜大王的将军都嫌我瘦小，不愿收我，我只好去养马了。"庆忌听了后，没说什么便离开了。

要离与庆忌讨论治军之法。

几天后，庆忌身边的一个人从外面回来，禀报说果然有这回事，要离曾因在吴王宴会上大骂吴王而被砍了右臂，他的妻儿也都被阖闾杀死了。

要离求见庆忌，要庆忌为他报断臂杀妻之仇，庆忌于是将要离调到身边做近侍，常与他谈论如何治军。渐渐地，两人竟越来越投机，庆忌对要离越来越信任重用，视要离为心腹，委任他训练士兵。

吴王听说了这些，又见要离迟迟不行动，怕要离反悔，于是派人送信给要离。要

要离刺杀庆忌。

离叫来人带话给吴王，说他要离是重守承诺的人，从没忘记此行的目的，叫吴王放心，之所以至今没动手，是因为时机未到。

眼见庆忌的军队一天天强大，吴王害怕，不断派人催促要离动手，要离都说时机未到。

这一天，庆忌对要离说："我就要攻打吴国了，你我的仇终于要报了。"要离先是惊愕，随即大喜。

大军驶向吴国，庆忌走水路进军，要离手提短刀站在庆忌的身边。船行驶到江心，忽然刮来一阵强风，战船被风刮得摇晃不定，庆忌随着船体的摇晃也有些坐立不稳，他用宽阔的袖子掩住眼睛。要离一看时机来了，猛地掏出短刀向庆忌的腹部刺去，动作之猛用力之大以致连刀柄都陷入腹中，刀尖穿出后背。庆忌转过身，一把抓住要离，大声说："我以诚待你，视你为知己，你怎么还要杀我？"

要离回答说："之前有几次机会我都可杀你，却一直不忍下手，因为我也把你当朋友。然而我毕竟与吴王有约在先，大丈夫不能言而无信，事到如今我也没有办法，我只能遵守承诺。"

庆忌的属下想把要离碎尸万段，庆忌摇着手说："天下竟有如此勇士敢行刺我！能杀我庆忌的，也是天下英雄。你我总算是有交情的，我就成全你，你既已完成任务就回去吧。"

庆忌知道自己必死无疑了，于是命众人放了要离，出手抽出刺穿身体的短刀，之后便倒地而亡。

吴王听说庆忌死了，十分高兴，立即派人去接要离，要给他封赏。要离和几个随从返回吴国，途中他突然停了下来，不愿往前走了，随从们问他为什么不往前走。他说："我为了杀庆忌而搭上我的妻子和孩子们的性命，是不仁义的；庆忌对我不薄，可我为了给新君主效命而杀死了他，是不讲义气的；庆忌死了，我即便得到高官厚禄，还有什么脸面活在这个世上呢？我是个不仁不义的人啊！"说完，一剑砍断了自己的双脚，接着就自刎了。

商业案例

◎木村自残盗情报◎

苦肉计，不仅用于战争之中，还广泛地见于社会生活的各个领域。在现代经商活动中，经营者高调地销毁不合格的产品即在施展苦肉计，他们通过这种办法引起消费者的注意，以便给消费者留下"对待产品质量一丝不苟"的良好印象。他们深知，这样做会让他们树立良好的声誉，而良好的声誉又会帮助他们赚取更多的利益。

20世纪60年代初，日本的汽车工业远远落在美国后面。为了振兴汽车工业，日本想了很多办法，都没有起到明显效果。为此，日本一家汽车公司想出了一个办法，从公司的高级职员中选出一批人才送到美国去学习。木村便是这批学员中的一个。

木村在美国的一家汽车公司学习了一年多，但这家汽车公司对他十分"关照"，根本不让他了

解关键技术。眼看着就要回国了，还没有学到想要的东西，木村心里十分着急。

这天，木村接到一份电报，打开一看，是公司发来的。电报上说：如果你（木村）拿不到公司需要的东西，就不要再回日本了，本公司也将不再录用你。

这份电报对于木村而言简直是晴空霹雳。这天晚上，木村独自一人到酒店喝酒，由于心情沉闷，不知不觉喝醉了。昏昏沉沉之中，他走到街上，突然想到了自杀。他想，在美国这个地方结束自己的生命，也是一个很有意思的事情，反正不成功便成仁，这也没什么不好。

正当他胡思乱想的时候，一辆高级轿车迎面开了过来，木村借着酒劲，一头撞了过去，汽车立刻刹车，可是已经来不及了，车轮从木村的一条腿上轧了过去，木村疼得一下子昏了过去。等他醒过来的时候，发现自己躺在医院的病床上。

这时候，有一个美国人走了过来，向他问候。木村看了这位美国人一眼，就再也不理他了。这个美国人告诉他，他是美国一家汽车公司总经理的秘书，是总经理的车撞了他，问他有什么要求。木村没好气地说："没有什么要求，只想快一点死在美国！"秘书听了后，连连劝他，请他不要这样自暴自弃，并对他说："您有什么要求，可以尽管向我提出，总经理说了，只要有可能，会尽量满足您的。"

木村这时候想到了"苦肉计"，这不是机会吗？想到这里，他便对秘书说，自己的一条腿已经没有了，到别处怕是连工作也不好找，能不能给他在公司里找个终身的工作，他可以一直干到退休。

过了几天，秘书来告诉他，总经理说可以为他养老，不必来公司工作。木村一听急了，说："我不想让别人养，我可以到公司里干清洁工，如果不同意我的意见，那我只有死路一条！"总经理看到木村态度很坚决，只好同意了他的请求。

从此，木村到公司里当清洁工，他工作十分卖力，常常加班加点，全厂每一个角落都被他打扫得干干净净，一些重要的设备车间他也常常去打扫。

开始的时候，有的人对他还不放心，后来一想，这是他的终身工作，像他这样一个残疾人，离开了公司也是无法生活的。

一年之后，木村提出要回国探亲，公司答应了他的请求并为他买了飞机票。临走时，公司派人秘密检查了他的行李，没有发现任何可疑之处。

可是，让这家汽车公司想不到的是，木村回到日本后，从假腿中取出了微型胶卷。

两年之后，大量的日本汽车开始拥入美国，美国汽车公司的总经理想不明白，日本汽车怎么发展得这么快呢？直到有一天，当在谈判桌上看到了日本公司的首席代表木村先生时，这位美国汽车公司的总经理这才恍然大悟，可是已经太晚了。

在这则故事中，木村在身体残废后，宁愿到美国汽车公司里做一名清洁工，其目的就是要盗取汽车生产技术。尽管遭遇车祸是一次意外事故，但是木村借着这个机会，委屈自己到汽车生产车间负责清洁工作，这也是运用了一招苦肉计。

【点评】

"周瑜打黄盖——一个愿打，一个愿挨"，这已是尽人皆知的故事了。两人事先商量好了，假戏真做，自家人打自家人，骗过曹操，诈降成功，火烧了曹操八十三万兵马。

苦肉计，不仅用于战争之中，还广泛地见于社会生活的各个领域。在现代经商活动中，经营者利用"苦肉计"，对自己不合格产品集中进行销毁，用以引起广大群众的注意，树立自己企业的良好形象，为下一步赚回更多的钱而埋下伏笔，是非常可取的计策。

就苦肉计的用法而言，使自己遭受皮肉之苦只是最简单的方法，更多的时候，需付出更大的牺牲，甚至性命，才能诱敌中计，其关键在于必须假戏真演，更要演得真切，既要障敌眼目，又要不为己方不知内情的人所识破。反之，倘若不能瞒过众人，很容易被识破，也就只能落得个"赔了夫人又折兵"的结果，连"老本"也要丢了。

◎第三十五计 连环计◎

【原文】

将多兵众，不可以敌①，使其自累，以杀其势②。在师中吉，承天宠也③。

【注释】

① 敌：抵挡。② 杀：削弱，减杀。③ 在师中吉，承天宠也：其含义是带军的将帅指挥正确的话，就是大幸大吉，就像得到了神明帮助一样。出自《周易·师》卦。在师，带领军队。中，不偏不倚。天，天子，有人说应指"神明"。宠，恩宠、支持、帮助。

【译文】

当敌方兵多将广时，不能够硬拼，要想方设法使其互相制约，以减弱其势力。因此，只要将帅指挥恰当，就会像得到神明的相助一样。

【计名讲解】

"连环计"的本意为环环相扣、互相呼应的一组计策。它本是元杂剧中的一个剧本的名称，剧本写汉末董卓专权，王允设计，先许嫁美女貂蝉与吕布，后又献给董卓，以离间董、吕二人的关系，致使吕布杀死

连环计。

董卓。后来，连环计用以指一个接一个相互关联的计策，语出《儿女英雄传》："莽撞人低首求筹画，连环计深心作笔谈。"

一般来说，连环计就是叫敌人行动不灵并自相牵制，然后我方再谋攻围歼敌人的策略。前计累敌，后计攻敌，两计结合运用，任何强敌都能被摧毁。

古人按语说："庞统使曹操战舰勾连，而后纵火焚之，使不得脱。则连环计者，其结在使敌自累，而后图之。盖一计累敌，一计攻敌，两计扣用，以摧强势也。如宋毕再遇尝引敌与战，且前且却，至于数四。视日已晚，乃以香料煮黑豆，布地上。复前博战，佯败走。敌乘胜追逐。其马已饥，闻豆香，乃就食，鞭之不前。遇率师反攻，遂大胜。皆连环之计也。"

在上面这段按语中，古人举了庞统和毕再遇的战例，形象说明连环计是一计累敌，一计攻敌，两计扣用的计策。而此计的关键正在于使敌"自累"，因此，我们要从更高层次上去体会这"使其自累"四个字。

由上可知，连环计有时并不见得要看用计的数量，而要重视用计的效果，"使敌自累"的办法，可以当成是战略上使敌人自己牵制自己，让敌人兵力分散、战线拉长，为我军集中优势兵力，实施各个击破的策略创造有利的条件。这也正是连环计在谋略思想上的集中反映。古人说："大凡用计者，非一计之可孤行，必有数计以襄（辅助）之也。……故善用兵者，行计务实施。运巧必防损，立谋虑中变。"这句话表明，用计重在是否奏效，一计不成，又出多计，在形势变化的时候，要相应再出计策，这样才可以使敌人防不胜防。

● 连环计

敌人兵力强大的时候，不能与之硬拼，应当想方设法分散他们的力量，不能使之形成一股合力。将帅如果能够正确地运用计谋，就能战胜敌人。

实用谋略

○开连环计先河的子贡○

外交活动中，一个连环计便有可能改变很多国家的命运。子贡游说诸侯的故事就充分证明了这一点。

春秋末期，齐国大夫田常想在齐国作乱，但是他忌惮高、国、鲍、晏四个家族的势力，所以想调动他们的军队攻打鲁国。此时，正周游列国的孔子听到这一消息，心里很忧虑，因为鲁国是自己的祖国，他不想看到祖国灭亡。孔子的弟子子贡看出老师的心意，因此主动请缨，说他有办法解救鲁国的危机。孔子思量再三，终于答应让子贡去试一试。

子贡到了齐国，他见到田常，先向田常表示"伐鲁"不是明智之举。田常听后，自然觉得疑惑，便向子贡询问理由。子贡向他解释说："忧患来自国内，那就攻打强大的国家；忧患来自外部，那就攻打弱小的国家。现在您的忧患来自国内，即使攻打弱小的鲁国而取胜，也是理所应当，没有什么特殊功劳，对您不但没有利处，反而会令国君疏远您。这样一来，您在齐国就很危险了。所以说不如讨伐吴国，讨伐吴国不能取胜，百姓死在外面，大臣势力空虚，这样齐国就很容易掌握在您的手中了。"

田常听罢，非常高兴，便让子贡出使吴国，让他说服吴王夫差救助鲁国而讨伐齐国。

子贡来到吴国，见到夫差，说齐国将要讨伐鲁国，这对吴国建立霸业很不利，因此建议夫差率兵援救鲁国。夫差对子贡的建议很感兴趣，但是他也有自己的难处，那就是与吴国临近的越国一直是自己的心头大患，他担心越国会趁机攻打吴国。子贡了解到他的忧虑，便对他说道："越国的国力超不过鲁国，吴国的强大超不过齐国，大王舍弃齐国而攻打越国，到时齐国就已经平定鲁国了。况且仁义的人不使别人处于困境，现在大王保全越国向诸侯展示吴国的仁德，救助鲁国讨伐齐国，子贡游说吴王夫差。

向晋国施压，诸侯一定争相来到吴国朝见您，这样霸业就会成功。"为了彻底打消夫差的顾虑，子贡表示愿意去越国说服越王勾践率军追随夫差北伐，到时就不必担心越国趁吴国内部空虚而进行偷袭了。吴王听了很高兴，就派子贡到越国去。

　　来到越国后，越王亲自打扫道路，到郊外迎接子贡，然后又驾着马车载子贡到达接待外宾的馆舍。子贡见勾践态度恭敬，便向他说明来意，建议勾践派出一支军队随吴国北伐，并说："倘若大王派兵辅佐吴王以迎合他的志向，拿贵重的宝物以讨他的欢心，他一定会去讨伐齐国的。倘若他不能取胜，这正是您的福祉啊。倘若能够取胜，一定会出兵到达晋国，到时我请求向北拜见晋君，让他联合您一起攻打吴国，削弱吴国一定会成功的。"勾践对子贡的建议很赞赏，同意了子贡的请求。

　　说服越王勾践成功后，子贡返回吴国，见到吴王夫差，说越王已经答应追随吴国出兵伐齐。夫差心里很得意，便决定出师伐齐。

　　子贡离开了吴国，抄近路来到晋国，对晋君说："我听说，计谋不率先制定好就不能应付突然发生的事情，兵士不率先准备好就不能战胜敌人。现在齐国将要和吴国交战，倘若它不能取胜，越国叛乱是一定的；倘若与齐国交战能取胜，必定会发兵到晋国。"晋君很害怕，说："这该怎么办？"子贡说："铸造兵器，休养军队，伺机消灭吴军。"晋君答应了。

　　不久，吴国的军队与齐国军队在艾陵展开一场大战，齐军大败，吴军活捉了齐军的七员大将，并一鼓作气攻到了晋国。

子贡出使吴国。

　　吴、晋两国军队在黄池相遇了，吴王因打了胜仗并不把晋军放在眼里，而晋君听从了子贡的劝告，早已做好了战斗的准备，两军一阵厮杀，晋军越战越勇，吴军吃了败仗。

　　越王听到吴军被打败的消息，马上带领部队渡江进攻吴国。

　　夫差听到勾践偷袭吴国的消息，急忙率领残部返回吴国。在五湖正遇上进犯的越军，接连交战三次，吴军都失败了。几年后，吴国为越国所灭。越国也因此成为春秋末期的霸主。

　　子贡一次出使，本意在保全鲁国，却由此引起一串连锁反应：鲁国平安无事，齐国却遭战乱之苦，吴国灭亡，晋国日益强大，越国成为霸主。子贡所施的连环计，在十年之内使五个国家的命运发生了大的转变。

○张仪对楚国施连环计○

　　连环计的一大好处，就是能够使敌人始终处在我方的掌控之中，张仪对楚国施用连环计，便是一个很好的例子。

　　张仪做了秦国的相国后，为了破坏六国的合纵联盟，施用一连串的外交手段，导致了六国之间相互争斗，合纵同盟最终瓦解。

　　战国中后期，齐国成为东方的强国，它先后打败了赵国和魏国，并与楚国结成联盟，两国曾联合打败过秦国，夺得了曲沃这块地方。因此，齐楚联盟成了秦国的心腹之患。

　　《屈原列传》记载，屈原被免官后，秦国想进攻齐国，齐国便与楚国联合抗秦。秦惠王想拆散齐楚联盟，便问张仪有什么对策，张仪说："齐、楚之所以结成联盟，是因为它们之间有利害关系，臣愿凭三寸不烂之舌，亲自到楚国走一趟，必能使楚国和齐国绝交。"于是秦惠王便派张仪到楚国去。

　　楚国有个嬖臣名叫靳尚，楚怀王对他言听计从。张仪到了楚国后，先重金贿赂靳尚，通过他的引见，张仪见到了楚怀王。

　　楚怀王一向惧怕秦国，没想到秦国会主动派使者前来修好，因此感到惊讶。楚怀王向来仰慕张仪的才能，很高兴地接待了他。见到楚怀王，张仪直截了当地说："臣此次是奉秦王之命，想与贵国缔结联盟，大家罢兵息争，和平共处！"楚王说："秦国屡次侵犯我国，这怎么能结盟呢？"

　　张仪说："秦王早就想和楚国联合，这次派我前来，就是要和贵国修好。但是很可惜，我还是来迟了。"

　　楚怀王不禁一愣，不知张仪所说的是什么意思。张仪道："大王不是已经和齐王结成同盟了吗？很明显，齐楚联盟是用来对付秦国的。"

张仪戏楚王。

　　楚王沉吟半响，说："楚国和齐国结成同盟，是为了防范被人攻打而已。"

　　张仪说："齐王一向野心勃勃，总想与秦王一争高下。他与楚国结盟，无非是想利用楚国而已。你想，一旦秦、楚两国交战，齐国会不惜损兵折将前来救援吗？齐王巴不得秦、楚两败俱伤，到那时候楚国的处境会怎样呢？"张仪见楚怀王面有难色，继续说道："秦王早就有了与楚国和好的打算，不过他最不满意的就是齐王，贵国又与齐国结盟，所以不便和大王结交。如果楚国真能同齐国断绝外交关系，秦国愿意给大王献上商於一带六百里的土地。这样一来，齐国没有大王的支持，马上就会衰弱下来，楚国既可以和秦国结交，暗中又得了商於的土地，为大王的利益着想，正是一举三得，又何乐而不为呢？"

楚怀王一心想得到商於一带的土地，就相信了张仪，不但把楚国相印交给张仪，还派人立即去齐国，断绝与楚国的联谊关系。之后，楚怀王又派逢丑父跟张仪入秦地。

张仪假装从马车上摔下。

一路上，张仪和逢丑父饮酒谈心，亲如弟兄。到了咸阳后，张仪假装喝醉，从车上跌落下来，左右慌忙扶他去就医。张仪嘱咐逢丑父暂时住在馆驿，待自己伤好了再去朝见秦王。

张仪回家躲了起来，闭门谢客。过了一段时间，逢丑父求见他，但是张仪说自己的腿还没有好，不能带他去见秦王。就这样等了一天又一天，三个月过去了，一点消息也没有。

楚怀王听到消息，以为秦王嫌楚与齐断绝关系不够坚决，便挑选了一位强悍的勇士，手持楚国符节，匆匆赶赴齐国去辱骂齐王。齐王见楚怀王背信弃义，而且派人骂上门来，不禁大怒，因此一面与楚国绝交，一面派人入秦，希望联合秦国攻打楚国。

张仪得知齐国使者到了咸阳，知道目的已经达到，便开始出门活动。张仪在宫门外遇上逢丑父，故作惊讶地问他怎么还没回去。逢丑父说还没有得到秦国的土地，无法回楚国交差。

张仪说道："这件事我自己就可以做主，不必求见秦王，现在就答应把我的封地六里献给楚王。"

逢丑父闻之愕然，据理力争道："我奉楚王之命，来接收商於六百里地方，怎么现在变成奉邑六里了呢？"张仪说道："楚王一定听错了，我说的是六里不是六百里。"

逢丑父知道中了张仪的计，只得匆忙赶回楚国去报告楚王。楚怀王怒不可遏，非要向秦国报复，于是下令攻打秦国，结果在丹阳遭到齐、秦联军的伏击，损失八万大军，秦国还趁机夺取了丹阳、汉中等地。

这样，凭着三寸不烂之舌，张仪运用连环计，成功瓦解了齐、楚联盟，并且使两国互相残杀。齐、楚反目成仇，楚国元气大伤，更助长了秦国征服天下的勃勃雄心。

◎侯嬴施连环计退秦军◎

"连环计"本是环环相扣、互相呼应的一组计策。施用连环计时，要注意前后所施的这些计策一定要有关联，否则就难于实现目标。

公元前258年，秦国在长平大败赵军后，接着进兵围攻邯郸。赵惠文王急忙向魏国请求增援。魏王派将军晋鄙率领十万大军去解救赵国。秦王得到消息后，立即派使者去魏国，恐吓魏王说，如果魏国敢援救赵国，秦国就发兵攻打魏国。

魏王慑于秦国的威胁，马上派人去阻止晋鄙，把军队驻扎在邺地，名义上是救赵，其实是左右摇摆，从旁观望。魏公子无忌多次请求魏王营救赵国，并让自己的宾客和能言善辩之士不停地劝说魏王。魏王畏惧秦国，终究不听无忌的话。无忌于是请求宾客凑够车马一百辆，打算率领宾客一起去迎击秦军，和赵国共存亡。

无忌一行路过夷门时，他的宾客侯嬴站在那里，无忌告诉他打算以死抵抗秦军的情况。侯嬴说道："公子好好努力吧，老臣不能跟随您了。"无忌听着心里不痛快，觉得侯嬴太不顾情义。后来走在半道上，无忌心里想："我用来对待侯嬴的礼数已经很周到了，天下没有人不知道，现在我将要死去，而侯嬴没有一言半语送给我，我难道有什么过失吗？"又调车回去，询问侯嬴。

侯嬴见无忌返回来，便笑着说道："我本来就知道公子要回来的。"又说："公子喜欢士，这天下人人皆知。现在遇上大难，而您准备和秦军拼命，这就好比把肉扔给饥饿的老虎，又能有什么功效呢？那还养这些宾客有什么用呢？然而公子对待我很是优厚，公子前去而我没有送行，这是因为我知道您您怨恨我，又会返回的。"

无忌这才知道侯嬴并非不顾情义，而是使出了一招"欲擒故纵"之计，于是赶紧向他请教对策。侯嬴避开旁人，悄悄地向无忌建议说，可以借助魏王宠妃如姬偷出指挥军队的虎符，然后夺了晋鄙的兵权，到时就可以援救魏国了。无忌听从侯嬴的计谋，请如姬帮忙。无忌曾对如姬有恩，如姬爽快地答应了，果然偷到晋鄙的兵符交给无忌。

无忌拿到兵符后，侯嬴又说道："公子即便合了兵符，但晋鄙倘若不交给公子兵权，那么事情就会很危险了。我的朋友朱亥是个大力士，可以和您一起去。晋鄙要是听从您，那最好不过；要是不听的话，可以让朱亥杀了他。"

到达邺地的魏军军营后，无忌假托魏王的命令代替晋鄙。晋鄙心里有所怀疑，打算不听命令。朱亥便从袖中投掷出四十斤重的铁锥，击杀了晋鄙。无忌就统率晋鄙的军队，整饬兵士，从中选出八万士兵，进兵攻打秦军。秦军见魏国大军杀来，不敢交战，于是撤走了。这样，邯郸之围解除了，赵国也得以保全。

侯嬴先用欲擒故纵计打消无忌率宾客抗秦的念头，继而巧借如姬的力量偷出兵符，继而以朱亥杀死晋鄙，使无忌取代晋鄙指挥魏军，终于击退了秦军，解除了邯郸的困境。

◎刘锜奇计败兀术◎

1140年，刘锜被任命为东京（今河南开封）副留守，他率军三万前往东京，以伺机牵制金兵，防止金兵南下。

当大军行进到顺昌（今安徽阜阳）时，刘锜得到消息，说东京已被金兵占领，而且金兵正向南进发。刘锜听罢，决定在顺昌固守，以抵御南下的金兵。

为了能有效地牵制金兵，刘锜下令，日夜赶制防御器械，加固城墙，并在城墙上增修躲避箭矢的工事。

工事修好后，金兵便气势汹汹地扑了过来。刘锜让属下大开城门，以迷惑金兵。果然，敌兵担心中宋军的埋伏，只是远远放箭，不敢冲杀过来。宋兵的避箭工事此时派上了用场，兵士都伏在城墙内侧，从洞口射箭，金兵伤亡惨重。

金兵本想一鼓作气夺下顺昌，却遭到宋军的顽强阻击。双方僵持一阵，金兵始终无法攻克顺昌，只得向后撤退，寻机再作打算。刘锜见金兵撤走，趁势率部冲杀出去，打得金兵狼狈逃窜。

金兵退守至离顺昌城二十里远的地方，扎下营寨，试图重新组织攻城。刘锜出其不意，趁金兵还没准备好，命令部将阎充率领五百名勇士，偷偷摸进了金兵大营。金兵见到宋军，大吃一惊，以为宋军从天而降，更加溃不成军。金兵只得再后退三十里扎营。第二夜，刘锜从军中挑出百余人，每人都身穿黑衣，并随身携带一支竹制的哨子。这时，天降大雨，雷鸣电闪，宋军勇士趁机猛砍金兵，同时吹响哨子，随后又伏下不动。金兵以为袭营的是"怪物"，吓得抱头鼠窜，相互踩踏，死伤无数。金军主将见此情况，又下令向后撤退五十里。

金兵在顺昌遇阻，主帅兀术听说后，亲自率领十几万大军，火速从东京赶来增援。这时，兀术收到一封刘锜送来的信件，信上说："听说完颜大帅（兀术）亲自前来，在下想与大帅进行决战。不知大帅是否有胆量渡过颍水与我军决战？如果有这个胆量，我将在颍水上架五座浮桥来迎接你。"

兀术看完信，顿时气得火冒三丈，即刻率主力杀到颍水边。他放眼一看，果然颍水上架着五座浮桥。兀术见状，立即挥军从浮桥上杀过颍水，结果金兵连人带马都掉到颍水中。

这时，刘锜让手下备足水、粮，乘金兵人仰马翻的机会杀了过来，专攻金兵防守薄弱的地方，之后又隐蔽起来。等金兵疲惫不堪时，再以小股突袭。兀术找不到宋军主力，己方又陷入被动局面，于是只好撤兵了。

商业案例

◎ "半球" 广告连环套 ◎

将连环计运用到广告上，往往会取得意想不到的好效果。

广东半球实业集团公司是一家大型家电企业，在产品地域推广上，他们选择在浙江市场集中推出厨房家电类产品。当时，来自广东的"爱德牌"和"万家乐牌"厨房家电产品，广告投放量大，市场上的指名购买率及销量都比较高。这些企业凭借资金雄厚、规模大等优势气势凶猛地打入浙江市场。但是，反观半球公司，由于其在浙江地区的广告宣传不足，其产品在该地区的知名度十分有限。

半球公司要想在浙江市场站稳脚跟，必须以最快的速度提升企业及产品在消费者心目中的知名度。为了实现这一目的，半球集团聘请了专业的广告创意组合公司为自家产品进行广告宣传。广告创意组合针对半球集团当时的状况，特别成立了"半球专户小组"策划宣传活动，专户小组以提高"半球"企业和产品知名度为突破口，设计了一整套方案。

半球广告专户小组将杭州作为重点实施行销策略的公司，计划利用杭州作为浙江省政治、经济、文化中心的优势，首先在杭州展开市场攻势，然后再以杭州为中心带动、拓展、巩固其他地区的市场。

半球公司在杭州的广告活动大致可以分三个步骤，这三个步骤步步为营，层层递进：

一、以大量的、有效的广告活动，在五六月份迅速提高半球在浙江消费者心目中的知名度，为以后的广告活动打好基础。二、根据浙江自七月起天气越来越热，人们不愿待在厨房里的情况，半球在七八月间推出以电饭煲为重点的广告，迅速占领杭州市场，为半球众多的产品打开市场突破口。三、借助前两步广告活动的成果，利用"十一"前后的结婚高峰期和消费热潮，推出"半球新系列"，即半球公司从未在浙江推出过的产品，提高市场占有率。

实践证明，这次策划是成功的。半球公司按照专户小组的意见打出广告，如愿以偿地打开了浙江市场。而连环计式广告最巧妙的地方在于，它将一个个独立的广告按照一定的顺序组合成一个"广告组合"，其威力要比单纯地将每个独立的广告相加大得多，因为它并非单简单地重复强化自己在消费者心目中的形象，而是靠一次次及时而主动地迎合消费者的需求博得消费者的好感。

◎ 图德拉妙用连环计进入石油海运的行列 ◎

在委内瑞拉的石油和航运业中，有一位知名度很高的企业家，名叫拉菲尔·图德拉，他巧设连环计，使自己从一个普通的小商贩变成了赫赫有名的大富豪。

20世纪60年代中期，图德拉还是个小商贩。一天，他在报刊上偶然获悉阿根廷打算从国际市场上采购价值 2000 万美元的丁烷气。这条消息引起了图德拉的注意，他决定前往阿根廷去考察一下，看看是否真有这么回事。

图德拉到了阿根廷，经打探得知，此事千真万确。图德拉不禁为之一振，他开始盘算怎样争取到这笔生意。在当时，作为一个小商贩，他也知道这是一宗大买卖，若以自身的实力和资本去实现这一想法，其难度是非常大的。而且从一般人的角度来看，这是根本不可能的事情。

最关键的是，图德拉从未接触过石油行业，对该行业可谓一窍不通。且这宗生意已有两个非常强大的竞争者：一个是英国石油公司，另一个是壳牌石油公司。在当时，这两个公司在世界石油界已赫赫有名，他们财力雄厚，并且有着丰富的石油经营经验。图德拉想，如果从正面与这两大竞争对手较量，无疑是"以卵击石"。于是，他决定巧借他人之力参与这一买卖的竞争。

图德拉先对阿根廷市场作深入的调查研究，结果发现那里的牛肉过剩，正急于寻找出口的机会。图德拉得知这一信息后突发奇想：如果自己能帮助阿根廷推销过剩的牛肉，就可以创造出让阿根廷购买自己丁烷的条件。

有了这个条件，就找到了与英国石油公司和壳牌石油公司竞争的突破口了。于是，他着手开展对牛肉市场的调查和推销工作。与此同时，他向阿根廷政府承诺说，如果阿根廷向他购买 2000 万美元的丁烷气，他便向阿根廷订购 2000 万美元的牛肉。阿根廷政府觉得图德拉的条件优于其他竞争者，于是做出决定，把采购烷气的投标机会给了他。

图德拉在调查中又发现，西班牙有一家制造能力很强的大船厂，该厂由于缺少订单，致使工厂一直处于半停产状态，西班牙政府对此十分关注。图德拉认为这信息又是一个很好的机遇。

于是，他立即飞到西班牙，来到造船厂，找到一位负责人说："如果你们收购我手中的两千万美元的牛肉，我就在你们的造船厂订购一艘造价 2000 万美元的超级油轮。"由于西班牙牛肉销量大，造船厂的那位负责人便愉快地接受了他的建议。这样，图德拉把阿根廷的牛肉转手卖给了西班牙。

图德拉在向西班牙推销牛肉时，一直在到处物色购船的客户。最后他找到美国的太阳石油公司，以购买对方 2000 万美元的甲烷为交换条件，让石油公司租用正在西班牙制造的超级油轮。太阳公司的决策者想，反正自己要租用油轮的，现在他能买自己的产品，这条件是有利的，所以欣然接受了。

图德拉这种经营手法，可以说是"连环计"的活用。就这样，步步连环、一环扣一环的买卖终于做成了。在此之后，图德拉又连续运用了几次这种集推销和经营于一身的策略，屡获成功。他这种"一石三鸟"的办法是一种十分灵活而又严谨的经营活动。对于经营者来说，这个例子具有一定的研究和借鉴价值。当然，要在如此复杂的经营过程中取得成功，除了运用计谋之外，更重要的是必须要有广阔的视野、确切的信息和灵活多变的头脑。

从一个普通的小商贩，经过近 20 年时间，成为一个拥有十亿美元以上资产的大富豪，图德拉就是这样成功的。

【点评】

连环计，顾名思义，是一种多步骤、多环节的计谋。少则两步骤（两环节），多则无定数，步步相接，环环相扣，如同长链环环相连。简单说，连环计就是两个以上的计策连用。赤壁大战时，周瑜巧用反间，让曹操误杀了熟悉水战的蔡瑁、张允，又让庞统向曹操献上锁船之计，再用苦肉计让黄盖诈降。三计连环，打得曹操大败而逃。

在现代商业活动中，经营者采用一环扣一环的公关营销活动，确能显示出该计的妙处。

◎第三十六计 走为上◎

【原文】

全师避敌①。左次无咎，未失常也②。

【注释】

① 避：回避，退却。② 左次无咎，未失常也：出自《周易·师》卦。左次，古人都崇尚右，表示升职、向前，所以左次就是降职、退却之意。咎，灾难、罪责。失，违背、违反。

【译文】

在面临强大的对手时，要进行有计划、有目的的退却。退却待机就不会遭受祸患，也没有违反正常的用兵法则。

【计名讲解】

此计名出自《南齐书·王敬则传》："檀公三十六计，走为上计。"檀公指南朝名将檀道济，相传有《檀公三十六计》。这句话意为败局已定，无法挽回，唯有退却，才是上上之策。此语后人经常拿来引用，宋代惠洪著《冷斋夜话》："三十六计，走为上计。"到明末清初的时候，引用此语的人就更多了，于是有心人采集群书，编撰成《三十六计》。

"走为上"计，用在军事上，指的是战争中看到形势对

走为上计。

自己极为不利时就逃走。前人曾经提出过相类似的谋略，《孙子·虚实篇》中这样说："退而不可追者，速而不可及也。"意思是说主动撤退而无法追击的敌人，即使快速地追赶它也不能赶上。

此外，我国古代其他兵法对于此计也多有论述。《淮南子·兵略训》上说："实（力量强大）则斗，虚（寡不敌众）则走。"在我国的另一部兵书《兵法圆机》中也提到"避而有所全，则避也"；《吴子·料敌》也说"凡此不如敌人，避之勿疑；所谓见可而进，知难而退也"，这些都与"走为上"意义相近。

古人按语说："敌势全胜，我不能战，则必降、必和、必走。降则全败，和则半败，走则未败；未败者，胜之转机也。"意思是说：当敌军占绝对优势，而我方没有丝毫战胜可能时，出路只有投降、媾和或退却。前两者都含被动的意味，而退却则是主动的，它也是转败为胜的关键。按语的最后，举了"悬羊击鼓"的故事，就很好地体现了"走为上"的合理性：

南宋时毕再遇与金兵对垒，为了保存实力，他于一天晚上把一些活羊吊起来，使它们的两只蹄子放在鼓面上。羊受不了倒悬的痛苦，挣扎中两只前蹄便频频击打在鼓面上发出响声，而宋军则趁乱转移主力。金兵没有察觉宋军撤走了，几天后才发现宋军的营地空了，这时宋军早已远去了。这可以称得上是善于退却的了。

● 走为上

在敌人气势正盛之际，采取不直接进攻的战略，而是坚守住自己的阵地，消磨敌人士气，使敌人疲于奔命。同时审时度势，寻找最有利的战机，从而后发制人、一举破敌。

我方居于劣势

全军撤退　　　伺机待发

以退为进伺机反攻

扭转劣势

实用谋略

◎范蠡功成身退累万金家产◎

"走为上"用在军事上，是看到形势对自己极为不利时就逃走。同时，这一计策也可以作为一种为人处世的谋略。如果自己身处的形势不利，就选择退却、逃避，这样不但可以保全自己，有时还会使自己获得更多的好处。

范蠡，字少伯，楚国宛人。他出身贫寒，但是勤奋好学，又富有文韬武略，是个很有抱负的人。由于他在楚国不得志，所以转而投奔了越国。范蠡在辅佐越王勾践期间，身经劳苦，勤奋努力，帮助勾践治理越国二十二年，终于灭掉了吴国，雪洗了勾践当年在会稽所受的耻辱。

以后，他又向北进兵，渡过淮河，紧逼齐国和晋国，进而向中原各国发号施令，尊奉周王室。勾践实现霸业以后，范蠡号称上将军。

范蠡功勋卓著，不过，正是由于他与勾践相处的时间很长，所以才十分了解勾践的为人，知道其可以共患难，但难以共处安乐。而范蠡知道自己名气大了，难以久留，如果不急流勇退，后

范蠡、文种事越王。

果不堪设想。所以，在越国处于最强盛的时候，范蠡向勾践递交了一份辞职信，信上说："我听说主上心忧，臣子就该劳累分忧；主上受侮辱，臣子就该赴死难。从前君王在会稽受侮辱，我所以没有死，是为了报仇雪耻。现在已经报仇雪耻，我请求追究使君王受会稽之辱的罪过。"

勾践看到范蠡的信，非常生气，立即把他找来，沉着脸说道："我要把越国的江山分给你一半，让我们共同享有。不然的话，就要惩罚你。"范蠡知道，勾践所说的话前一句并非真心，但后一句倒是实意，对此他早有准备，便从容地向勾践说道："君主执行自己的命令，臣子实践自己的意愿。"

回到家后，范蠡就打点包装了细软珍贵珠玉，与私属随从乘船从海道走了，以后再也没有回到越国。范蠡走后，勾践曾让工匠铸了一尊铜像，放在自己的座位旁边；另外，他还把会稽山作为范蠡的奉邑，以表示对他的怀念之情。两百多年后，司马迁在谈到有些人"知进而不知退，久乘富贵，祸积为崇"时，还以范蠡的事迹与这些人做比较，认为范蠡功成身退，名传后世，这是很难达到的境界。

离开越国之后，范蠡经由海路来到齐国，改名换姓，自称"鸱夷子皮"。

后来，范蠡一家在齐国的海滨定居下来，他们吃苦耐劳，勤奋努力，治理的产业颇为丰厚。住了没多久，范蠡就累计了数十万的财产。齐国人听说他有才能，就让他做了相国。范蠡叹息说："住在家里能弄到千金财产，做官做到卿相，一个普通人能这样，也就达到顶点了。长期享受尊贵的名号，是不吉利的。"于是归还了相国的印信，全部发散他的家财，分给相知的好友和乡亲们，带着贵重的财宝，悄悄地离开，到陶地住了下来。他认为这里是天下的中心，交易买卖，和各地相通，做生意可以致富。于是他自称为"陶朱公"。又规定父子耕田畜牧，囤积储存，等候时机，转卖货物，追求十分之一的利润。待了不久，范蠡就积累了万贯的家产。

范蠡退隐累家财。

◎黄巢避实就虚的流动作战◎

"走"不一定是被动的，如果可以将走和进攻巧妙地结合起来，就可以牢牢地攥住战争的主导权。唐朝末年，起义军领袖黄巢就以"走着打"的流动战方式沉重打击了训练有素的政府军。

公元 875 年，为响应王仙芝的起义，黄巢揭竿而起，一下子就募集到数千人马。一开始，黄巢义军还活动在曹（今山东曹县）、濮（今山东鄄城东北）一带，其队伍很快就由最初的几千人发展到数万人。为镇压起义军，唐政府命令淮南、忠武、宣武、义成、天平等五节度使自三个方向对起义军进行合围，试图一鼓作气将义军全部消灭。为了应对强大的敌人，起义军采取了流动作战，即"打得赢就打，打不赢就走"的办法。他们没有固守曹、濮等地，而是根据"避实就虚"的原则，在唐军还未完成包围以前，就主动向唐军防御比较松懈的地方转移，攻打位置偏远、守备薄弱的沂州（今鲁南和苏北一带），使唐军在曹、濮等地疲于奔命，挫败了唐军的第一次围剿。

公元 876 年七月，黄巢率领义军从沂水直插河南，连克阳翟（今河南禹县）、郏城（今河南部县），又在九月攻克汝州（今河南临汝），严重威胁唐朝东都洛阳。

黄巢率领义军流动作战。

唐僖宗急了，忙调忠武、昭义、义成、那宁、凤翔等节度使，一面围剿义军，一面增强洛阳及关、陕地区的防御力量。

由于唐政府在中原地区集结了大批兵力，起义军采取了迂回作战的策略。他们利用藩镇割据的特点，在长江中下游及淮南一带活动。在南面，他们先后攻克鄂、复、随、安等州，在东面，他们又占据了庐、寿等地。唐的地方州官为保存自己实力，对起义军采取观望态度，为黄巢等人扩展势力创造了条件。起义军只用了短短两三个月的时间就纵横千里，歼灭了唐军大量有生力量。

在被唐军重兵包围的不利形势下，起义军十分有必要不断进行战略转移。走着打可以帮助起义军保存实力、寻找克敌契机，事半而功倍。

从表面上看，走是被迫的，但站在战术的角度，走又是主动的，和"打"紧密地结合在了一起。黄巢的思路非常明确——避开敌人锋芒，但不放过任何一个主动进攻的时机——不死守，不攻坚，避实就虚，钻隙走险。

◎楚国伐庸◎

在局势不利于自己的情况下，有计划地主动撤退或许是最明智的选择，它不但能避开对手的锋芒，还能留下更多的时间思考，准备新的应敌之策，从而为自己争取到有利局面。

公元前 611 年，楚国向庸国发起进攻，不料第一场仗就以楚军的失利而告终，楚将杨窗被俘，楚军的士气也受到了影响。然而，这场败仗却给楚将师叔以启发：庸国大军因首战告捷扬扬自得，楚军大可利用这点反败为胜——多打几次败仗，以迷惑庸国，让其误以为楚军不堪一击，进而对楚军掉以轻心。

楚国伐庸。

师叔马上制订好作战方案。等到楚军和庸军交战时，两军才打了一会儿，师叔就率着楚军撤退，故意给庸军留下楚军畏战、实力不济的假象。考虑到楚军打一两次败仗还不足以麻痹庸军，师叔又决定带着楚军多败几次。于是，此后每每和庸军交战，楚军都特地做出一副狼狈相，一打就退，仓皇逃跑。

楚军一连撤了七次，败了七次。

起初，庸军还将楚军当作不容小觑的敌人，但眼见楚军一败再败，很快就不把楚军放在眼里，认为无须费什么心思，就能将楚军打得一败涂地。骄傲的情绪在庸军之中迅速地弥漫开来，其斗志日益衰落，戒备也一天比一天松懈。庸军没有注意到，自己正一步步地落入楚军的陷阱。

师叔悄悄地观察着庸军心理的变化。与此同时，为了给庸军致命一击，楚国还派人暗地里和秦国搭上了联系，说服秦国和自己联手共同攻打庸国。庸国位于秦、楚之间，一想到拿下庸国对自己十分有利，秦国就爽快地答应了。

楚庄王亲自率领大军奔赴前线支援师叔，他将楚军分为两路以方便对庸国的都城进行夹击。决战的时刻终于到来，庸军尚不知大难临头，他们匆忙地准备战事，当发现情形不对的时候，已经太迟了。这次楚军一上阵，一改以前的颓势，其战斗力也远远超过了庸军的预期，再加上秦国的帮

楚庄王亲率大军伐庸。

忙，庸军被杀得落花流水，被迫向后撤退。然而，此时庸军的退路早已被楚军截断，大部分士兵都成了楚军的俘虏。

庸军的大败直接导致了庸国的灭亡。而在"灭庸"的过程中，师叔的"走为上"策略发挥了至关重要的作用，正是通过它，楚军成功地麻痹了敌人，诱导敌人犯下"轻敌之误"，为最终的胜利创造了条件。

商业案例

◎保存实力东山再起◎

从事商业活动，要有止损意识。一旦发现自己所在的行业呈现败象，就要果断调整投资方向，保存财力，以图找到新的生财之路，走向辉煌。

20世纪60年代初，正是日本经济萧条时期。恰在这时，为了扩大生产规模，日立公司投入了大量资金，购买了一批新设备。然而，设备刚买回来，日立就发现这并不是一个明智的选择。经济萧条造成民众购买力的下降，在这个时候扩大生产规模很容易造成产能过剩、产品积压的问题。但是，如果停止投资、暂缓新设备的使用，又意味着之前花在这方面的金钱、精力都要白白浪费。这真是一个艰难的抉择。

在认真地讨论研究后，日立公司决定暂停扩大生产的计划，把资金投放到其他方面，积蓄财力，寻找其他的发展之道。

事实证明，这一决策是正确的。从1962年开始，日本三大电器公司中的东芝和三菱的营业额都有明显下降，但是日立直到1964年还在上升。60年代后半期，日本逐渐摆脱了经济衰退的阴霾，迎来了繁荣发展的时期，日立公司这才放开手脚，大胆投资，由于蓄势已久，底气充足，仅1967年一年日立就投入了102亿日元，到了1968年上半年这个数字一下子长到1220亿。再看效益，在1966至1970年的短短五年里，日立的利润提高了1.8倍。

每个企业的决策者都要有在危急关头不惊不慌，镇定自若的能力，冷静地分析状况，大胆地展望未来，当机立断地"砍掉"阻碍自己发展的东西，比如冗余的部门、鸡肋般的产品、不当的计划，这样才能轻松应对突然变化的形势，转危为安。

◎撤退的哲学◎

经营企业要知进知退，在面对巨大挑战或身处困境的时候，果断选择"走为上"，方可摆脱困境，求得生机。

1964年的一天，日本松下公司突然宣布停止生产已经开发的大型电子计算机的决定。为了研发大型电子计算机，松下已经花了近五年的时间，投下了十多亿日元。因此，在宣布这件事情之后，公司内外反应十分强烈，如果是因为经营困难，才不得不停止生产，大家还会理解。但现在并不是这样，公司的发展势头正猛，根本不存在人力物力上的困难。在这个时候突然宣布停产，很难让大家接受。一时间，对这个决策，出现了很多反对的声音。

但松下的高层并不为所动，其之所以决定停止研发大型计算机，是因为在当时，大型计算机的市场竞争已相当激烈。包括松下在内，整个日本共有七家生产电子计算机的公司，但是这几个厂家都经营得不太顺利。松下的电子计算机部门几乎年年都出现赤字，只是因为别的部门赚钱才没有拖垮整个公司。松下集团的董事长松下幸之助在反复思量后认为，虽然经营大型计算机还有利可图，可面对激烈的市场竞争，稍有不慎就会损失惨重，到那时再撤退，就来不及了，不如趁现在一切都还顺利，果断采取撤退的策略。

事实上，像西门子、RCA 这种世界性的大公司，都陆续从大型计算机的生产领域撤退，美国市场几乎全被 IBM 独占。有这样一个强而有力的公司独占市场就绰绰有余了，更何况在日本这样一个小市场，富士通、日立等公司都急着抢滩，他们也都投入了相当多的资金，等于赌下了整个公司的命运。在这场竞争中，松下也许会生存下来，也许就此彻底败下阵来。松下权衡再三，终于决定从电子计算机领域撤退。

【点评】

俗话说：三十六计，走为上计。凡图谋事情的时候，都必须事先分析成功的概率。在与敌人或对手较量时，如果我方明显处于劣势，一旦面对的是一个死局，就不要硬走下去，凡事不要好胜逞强，硬拼是以鸡蛋碰石头。

智者应知进知退，以保存自己实力为根本。"走"并不是一味逃跑，是在认清自身劣势下进行的战略调整，保存、积蓄实力，以图东山再起，争取更大、更全面的胜

适时的撤退是为了日后的东山再起，以图更大、更全面的胜利。

利。如果遇事只是一味硬拼，到头来会令自己一蹶不振。忍一时风平浪静，退一步海阔天空。

走看起来容易，但是真要实践起来，也并非易事。因为我们总想着争利，而忘记了放手。要知道，退一步你会有更多的选择。很多时候，摆脱痛苦和困境的最好办法就是离开。

⊙ 名家论《三十六计》

"走为上"计与战场上的败退和逃跑有什么区别呢？

首先，走为上计所说的撤退是未经与对手激烈交锋而实施的撤退和避让行动，是一种建立在对战局及时、准确的判断和预见基础上所采取的主动行为；败退和逃跑是在战败的情况下的一种被动无奈之举，是缺乏预见性和决断性的必然结果。其次，走为上计的撤退是有计划、有组织地进行的，可以有效地保存力量，避免或减少损失；败退和逃跑则基本上是一种无序的、溃败的状态，即使侥幸能保存部分力量，也是些失去战斗力的残兵败将。再次，走为上计的撤退是为了以暂时的退让换取长远的进取和胜利，是一种目的明确的积极主动的策略运用；败退逃跑则是一种只顾眼前的、完全被动无目的的消极行为，所以二者是不可同日而语的。

由此，走为上计的含义，概括起来就是在敌我力量对比悬殊的情况下，准确判断形势，及时做出决断，不与强敌硬拼实力，明智地采取主动撤退或避让的行动，以保存实力，有效化解眼前的危机，以退为进，以曲求伸，为将来转劣为优、反败为胜创造有利条件。走为上计不同于被动逃跑，它是在敌优我劣条件下做出的最优化的策略选择，它是一种目的明确的积极主动的策略运用，它的最终目的是打败对手，赢得胜利。这一策略在古今中外战争史上被广泛运用。

——任力

《三国演义》中的"三十六计"

诸葛亮	智绝 →	智谋出众
曹操	奸绝 →	奸诈无比
关羽	义绝 →	义薄云天

王允连环计

董卓为乱朝政。司徒王允先将义女貂蝉许给董卓义子吕布，不久却把她送给董卓。吕布大怒，在凤仪亭与貂蝉相会，被董卓发现，貂蝉乘机离间董吕的关系。王允与吕布联合，诱使董卓离开长安，吕布杀死董卓。

诸葛亮空城计

司马懿进攻蜀国街亭，诸葛亮派马谡驻守失败。司马懿率兵乘胜直逼西城，诸葛亮无兵迎敌，便大开城门，自己在城楼上弹琴唱曲。司马懿怀疑有埋伏，引兵退去。等得知西城是空城回去再战，赵云赶回解围，最终大胜司马懿。

刘备借刀杀人计

吕布被曹操俘虏，表示愿投降曹操。曹操疑惑不定，当时身为曹操部下的刘备进言："明公不见布之事丁原及董太师乎！"曹操接受刘备的建议，处斩了吕布。其实，是刘备不想吕布为曹操所用，成为自己日后争天下的隐患。